Cap Maths CE2

NOUVEAUX PROGRAMMES 2016

GUIDE DE L'ENSEIGNANT

DIRECTEUR DE COLLECTION

Roland Charnay
Professeur de mathématiques

Georges Combier
Professeur de mathématiques

Marie-Paule Dussuc
Professeur de mathématiques en ESPE

Dany Madier
Professeur des écoles

www.orthographe-recommandee.info
Cette publication est conforme à la nouvelle orthographe

Cet ouvrage applique l'orthographe recommandée par le ministère de l'Éducation nationale.

Hatier

La nouvelle édition de Cap Maths CE2

Cette nouvelle édition de **Cap Maths CE2** est le fruit d'une réflexion alimentée par plusieurs enquêtes réalisées auprès d'enseignants ainsi que des commentaires spontanés qui nous sont adressés. Elle prend en compte les attendus du programme en vigueur depuis la rentrée 2016 pour le cycle 2.

Ce programme conforte le choix d'une méthode d'enseignement qui accorde **une place essentielle à la réflexion des élèves au travers de situations de recherche** qui sont à la base des principaux apprentissages, sans négliger **la part importante qui doit être dévolue aux exercices d'entraînement et de consolidation.**

Ce choix se trouve en accord avec cette affirmation de l'introduction du **programme de cycle 2 :**

> Au cycle 2, la résolution de problèmes est au centre de l'activité mathématique des élèves, développant leurs capacités à chercher, raisonner et communiquer. Les problèmes permettent d'aborder de nouvelles notions, de consolider des acquisitions, de provoquer des questionnements.

L'enseignement des mathématiques au cycle 2 est organisé autour de **six compétences essentielles** (BO spécial n° 11 du 26 novembre 2015, p. 74) qui concernent tous les niveaux de ce cycle. Les mêmes compétences sont également déclinées pour les cycles 3 et 4. Voici comment les six compétences du programme (sur fond bleu) sont prises en compte dans **Cap Maths CE2.**

Chercher

- S'engager dans une démarche de résolution de problèmes en observant, en posant des questions, en manipulant, en expérimentant, en émettant des hypothèses, si besoin avec l'accompagnement du professeur après un temps de recherche autonome.
- Tester, essayer plusieurs pistes proposées par soi-même, les autres élèves ou le professeur.

Ce que propose Cap Maths CE2 :

→ La plupart des nouveaux apprentissages sont mis en place à partir d'une situation qui engage les élèves dans un travail de recherche.

→ Des séances spécifiques sont consacrées à un travail sur des stratégies de recherche : inventorier les cas possibles (*unité 1*), sélectionner des informations (*unités 2 et 10*), faire des essais (*unité 6*), organiser les étapes de la résolution et procéder par déduction (*unité 9*).

→ Les pages « Banques de problèmes », à la fin de chaque unité, offrent d'autres occasions de placer les élèves en situation de recherche.

Modéliser

- Utiliser des outils mathématiques pour résoudre des problèmes concrets, notamment des problèmes portant sur des grandeurs et leurs mesures.
- Réaliser que certains problèmes relèvent de situations additives, d'autres de situations multiplicatives, de partages ou de groupements.
- Reconnaitre des formes dans des objets réels et les reproduire géométriquement.

Ce que propose Cap Maths CE2 :

→ Des problèmes proposés dans tous les domaines d'étude : Nombres et calculs, Grandeurs et mesures, Espace et géométrie.

→ Pour les structures additives : des situations de complément, d'augmentation et de diminution, de comparaison (écarts) et de recherche de distances. Pour les structures multiplicatives : des situations de groupements réguliers, d'organisation d'objets en lignes et colonnes régulières et de partages équitables.

© Hatier, Paris, 2016   ISBN : 978-2-218-96440-4

→ Dans le domaine des grandeurs et mesures, des expériences s'appuyant sur du matériel permettent de comprendre la signification des différentes grandeurs (longueurs, masses, contenances, durées) et de préciser les moyens de les mesurer avec différentes unités usuelles.

→ Les activités géométriques s'organisent pour l'essentiel autour de deux grands types de tâches : l'identification de formes et de solides, d'abord de manière perceptive puis contrôlée avec les instruments en faisant appel aux propriétés des objets géométriques ; la reproduction qui mobilise les propriétés des objets géométriques.

Représenter

- Appréhender différents systèmes de représentations (dessins, schémas, arbres de calcul, etc.).
- Utiliser des nombres pour représenter des quantités ou des grandeurs.
- Utiliser diverses représentations de solides et de situations spatiales.

Ce que propose Cap Maths CE2 :

→ Les élèves sont amenés à prendre des informations sur différents supports (texte, illustration, tableau, graphique).

→ Ils sont incités à recourir à des schématisations comme supports de résolution de problèmes ou pour rendre compte d'une stratégie de calcul.

→ La progression est pensée pour articuler le travail sur les nombres et sur les grandeurs.

→ En géométrie, placés en situation de communication, les élèves découvrent différents types de représentation, en produisent et les utilisent.

Raisonner

- Anticiper le résultat d'une manipulation, d'un calcul, ou d'une mesure.
- Raisonner sur des figures pour les reproduire avec des instruments.
- Tenir compte d'éléments divers (arguments d'autrui, résultats d'une expérience, sources internes ou externes à la classe, etc.) pour modifier son jugement.
- Prendre progressivement conscience de la nécessité et de l'intérêt de justifier ce que l'on affirme.

Ce que propose Cap Maths CE2 :

→ Le recours à des situations expérimentales, qui favorisent l'appropriation d'une situation et la validation des réponses anticipées par les élèves, est un axe fort du travail proposé.

→ Dans des moments collectifs (les mises en commun), les élèves sont incités à justifier leurs propositions et à développer des arguments en faveur d'une solution ou pour mettre en défaut la proposition d'un autre élève.

→ En géométrie, après la phase d'analyse de la figure à reproduire, les élèves doivent mobiliser leurs connaissances sur les objets géométriques et sur les instruments pour définir un ordre dans lequel effectuer les tracés.

Calculer

- Calculer avec des nombres entiers, mentalement ou à la main, de manière exacte ou approchée, en utilisant des stratégies adaptées aux nombres en jeu.
- Contrôler la vraisemblance de ses résultats.

Ce que propose Cap Maths CE2 :

→ Le calcul mental fait l'objet d'un entrainement quotidien et de séances d'apprentissage spécifiques, en veillant à faire expliciter les procédures utilisées dans le cas du calcul réfléchi.

→ Les techniques de calcul posé (soustraction, multiplication) ne sont introduites que lorsque les élèves sont capables d'en comprendre le fonctionnement.

Communiquer

- Utiliser l'oral et l'écrit, le langage naturel puis quelques représentations et quelques symboles pour expliciter des démarches, argumenter des raisonnements.

Ce que propose Cap Maths CE2 :

→ Tout au long de la progression, notamment pour les nouveaux apprentissages, la compréhension des élèves s'articule autour de trois langages mis en relation : celui des objets et des représentations imagées, celui des mots (principalement à l'oral) et celui des symboles mathématiques.

La démarche de Cap Maths CE2

Les sept piliers de la démarche d'apprentissage proposée.

1
CHERCHER

Acquérir un nouveau savoir a du sens si ce savoir se révèle être un outil qui permet de répondre à des questions, de résoudre de nouveaux problèmes.

Ce moment du travail aide l'élève à s'approprier ces questions et problèmes, et à s'engager dans une première élaboration du savoir sous-jacent.

2
EXPLOITER

La confrontation avec les autres élèves permet une première mutualisation des réponses et démarches (ou procédures).
Elle donne également lieu à des échanges d'arguments à propos de la validité de ces réponses et des erreurs identifiées.

3
METTRE AU POINT UNE NOUVELLE CONNAISSANCE

Les apports de l'enseignant sont indispensables pour compléter, mettre en forme et en mots, et officialiser ce qui est à retenir.

Le recours à des écrits de référence établis avec l'enseignant ou fournis aux élèves (Dico-maths de Cap Maths) contribue à cette reconnaissance du savoir à maitriser.

4
S'ENTRAINER

Pour stabiliser et rendre les connaissances opérationnelles, on s'appuie sur la mémorisation de certains résultats et sur la répétition de certaines procédures
Des moments d'entrainement sont donc indispensables.
Les exercices ou problèmes traités peuvent être corrigés individuellement si quelques élèves seulement n'ont pas réussi, ou collectivement en cas de difficultés plus nombreuses dans la classe.

5
ÉVALUER

L'évaluation est nécessaire pour piloter les apprentissages des élèves. En ce sens, elle a d'abord un **rôle formatif** et peut prendre des aspects divers :

– **au quotidien,** en cours d'apprentissage, les travaux des élèves sont une source essentielle d'observation et d'analyse pour l'enseignant, sans qu'il soit besoin d'exercices spécifiques ;

– **régulièrement,** au terme de chacune des 10 unités d'apprentissage, les réussites et les difficultés sont identifiées pour mettre en place des réponses pédagogiques adaptées : remédiation, consolidation ;

– **au terme de chacune des périodes de l'année scolaire,** un point est fait pour savoir comment les élèves ont capitalisé leurs acquis et s'ils sont capables de les mobiliser dans des situations variées, de complexité différente.

6
CONSOLIDER, REMÉDIER

L'apprentissage est rarement linéaire et sans embûches.
Suite aux observations faites et analysées par l'enseignant, des moments personnalisés sont nécessaires, visant à remédier à une difficulté, à consolider un acquis fragile ou encore à enrichir une compréhension trop faible.

7
RÉVISER

Un nouvel élément de savoir est rarement définitivement acquis.
Des moments de reprise sont nécessaires.

Cela peut être fait à l'occasion d'un nouvel apprentissage qui mobilise cet élément de savoir ou être réalisé par des activités de révision après la période d'apprentissage.

L'organisation du travail avec Cap Maths CE2

● L'ORGANISATION EN 10 UNITÉS

Les apprentissages dans **Cap Maths** sont organisés sur **10 unités** de 3 semaines chacune environ, soit **30 semaines**. L'année scolaire étant organisée sur **36 semaines**, cela laisse donc une marge de temps disponible (de 5 à 6 semaines) pour d'autres activités, notamment pour les évaluations périodiques prévues par l'Institution et pour leur exploitation.

Par rapport à l'organisation en 15 unités proposée dans l'édition précédente, le découpage de **Cap Maths** en 10 unités présente l'avantage de mieux organiser les apprentissages en une suite de séances réalisables sur une même unité et de laisser une plus grande souplesse et initiative à l'enseignant pour la gestion des apprentissages.

Chaque unité correspond à 13 ou 14 séances de travail d'une durée de 1 h à 1 h 15 min :

– **10 séances** sont décrites de façon détaillée (9 pour les apprentissages, 1 pour le bilan de fin d'unité) ;

– **3 ou 4 séances** restent à disposition de l'enseignant pour tenir compte des besoins de ses élèves. Pour cela, il peut utiliser les différentes ressources qui lui sont proposées : banques de problèmes et exercices de consolidation du Fichier Nombres et Calculs ou du Cahier Mesures et Géométrie, Fiches différenciation fournies dans le CD-Rom du Guide, activités complémentaires proposées dans le « CD-Rom Jeux interactifs » ou dans la brochure « 90 Activités et jeux mathématiques au CE2 ».

● LE PLAN DE TRAVAIL PROPOSÉ PAR CAP MATHS

Le schéma proposé par **Cap Maths** prend en compte les horaires officiels, mais d'autres organisations sont bien entendu possibles.

▶ Plan de travail pour l'année

Année scolaire horaire officiel : 180 h	• 10 unités de 15 h chacune, soit 150 h. • Compléments, évaluations périodiques : 30 h.

▶ Plan de travail pour chaque unité

Unité de travail de 3 semaines : 15 h	• 9 séances d'environ 1 h 15 min avec pour chacune : calcul mental, révisions et nouveaux apprentissages *(voir tableau suivant)*. • 1 séance d'environ 1 h pour le bilan de fin d'unité. • 3 ou 4 séances d'environ 45 min ou 1 h chacune pour les pages problèmes, les consolidations et la remédiation.

▶ Plan de travail pour chaque séance

Calcul mental oral et révision	• 30 minutes (9 séances par unité)	Ces 2 blocs (calcul mental / révision et nouvel apprentissage) sont prévus comme pouvant être deux moments différents d'une même journée.
Nouveaux apprentissages	• 45 minutes (9 séances par unité)	
Bilan	• 45 minutes ou 1 h (1 séance en fin d'unité)	
Pages problèmes, consolidation, remédiation	• 1 h (3 séances par unité) ou 45 minutes (4 séances par unité)	

● DANS UNE CLASSE À COURS MULTIPLES

Au CE2, les activités mathématiques nécessitent souvent une présence importante de l'enseignant, notamment dans les moments de travail sur de nouveaux apprentissages. **Trois choix** ont été faits pour faciliter l'utilisation de **Cap Maths** dans une classe à cours multiples.

▶ **La régularité de l'organisation des séances consacrées à de nouveaux apprentissages** permet de prévoir deux temps distincts dans la journée (de 30 minutes et de 45 minutes), ces deux temps n'étant pas nécessairement consécutifs (voir plan de travail pour chaque séquence, p. V).

▶ **Le temps de travail sur le Fichier Nombres et Calculs ou le Cahier Mesures et Géométrie** est renforcé avec des activités de consolidation et remédiation, et doit progressivement devenir de plus en plus un temps de travail autonome pour l'élève.

▶ **Les moments de recherche individuelle ou en équipe** peuvent permettre à l'enseignant de se rendre disponible pour travailler avec d'autres niveaux, mais il doit pouvoir observer ce que font les élèves en vue de l'exploitation collective.

● DIFFÉRENCIATION ET AIDE AUX ÉLÈVES EN DIFFICULTÉ

Tous les élèves ne progressent pas au même rythme et n'empruntent pas les mêmes chemins de compréhension. **Cap Maths** propose plusieurs moyens pour prendre en compte les besoins de chacun.

▶ Différenciation par les modes de résolution

Dans la plupart des situations-problèmes proposées aux élèves, plusieurs modes de résolution corrects sont possibles. Il est important de faire comprendre et accepter par les élèves qu'un problème peut être résolu en élaborant une solution personnelle et non en essayant de deviner celle qui est supposée être attendue par l'enseignant.

La possibilité donnée à l'élève de traiter une question, en utilisant les moyens qui correspondent le mieux à sa compréhension de la situation et aux connaissances qu'il est capable de mobiliser, constitue le moyen privilégié de la différenciation. Il permet à l'élève de s'engager dans un travail sans la crainte de ne pas utiliser le seul mode de résolution attendu par l'enseignant.

Il convient toutefois d'avoir le souci d'amener les élèves à faire évoluer leurs modes de résolution vers des modes de résolution plus élaborés. **Cap Maths** fournit des indications sur les moyens d'atteindre cet objectif.

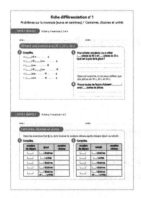

▶ Différenciation et aide par l'aménagement des situations

Le plus souvent, dans la phase de mise en place des notions, les situations proposées le sont dans des conditions identiques pour tous les élèves. À l'issue de ce travail, il peut être nécessaire de reprendre, avec toute la classe ou avec quelques élèves, certaines activités, en adaptant des données ou en autorisant ou non le recours à tel ou tel matériel (file numérique, calculatrice…).

Les **Fiches différenciation** reprennent des exercices du Fichier Nombres et Calculs ou du Cahier Mesures et Géométrie, avec la possibilité pour l'enseignant de choisir certaines données. Ces fiches, disponibles sur le CD-Rom du guide, permettent ainsi une adaptation des exercices dans la perspective d'une aide appropriée aux besoins et aux possibilités de chacun.

▶ Différenciation et aide par le choix des tâches proposées

À d'autres moments, il est nécessaire d'apporter une aide particulière à un élève ou à un groupe d'élèves pour remédier à des difficultés ou pour consolider une connaissance particulièrement importante pour la suite des apprentissages.

Des pistes de travail sont fournies dans le Guide de l'enseignant à la fin de chaque unité :

– l'enseignant peut proposer des **exercices** et **problèmes de remédiation et de consolidation** dans les pages « Je consolide mes connaissances » du Fichier Nombres et Calculs ou du Cahier Mesures et Géométrie ;

– dans une double perspective d'aide et d'approfondissement, il est également possible de faire appel à des **problèmes choisis dans les pages « Banque de problèmes »** du Fichier Nombres et Calculs ou du Cahier Mesures et Géométrie ou encore aux **activités** de l'ouvrage « 90 Activités et jeux mathématiques au CE2 » ;

– les **activités** du « CD-Rom Jeux interactifs » peuvent également être utilisées à ces fins, notamment pour l'**entraînement au calcul mental**.

● TRACES ÉCRITES ET DICO-MATHS

L'identification des éléments de connaissance importants et leur mémorisation sont parfois difficiles pour de jeunes élèves. La méthode **Cap Maths** insiste sur les phases d'élaboration (résolution de problèmes), de mise en évidence par l'enseignant (synthèse) et d'exercices (entraînement, consolidation et révision).

Il est également nécessaire que les élèves puissent se référer à des **écrits provisoires ou permanents** qui permettent d'organiser les connaissances sur des supports écrits qui leur sont accessibles, ce que les enseignants appellent souvent les « traces écrites ». Celles-ci peuvent prendre plusieurs formes.

▶ Le Fichier Nombres et Calculs et le Cahier Mesures et Géométrie ne comportent pas d'éléments de cours. La mise en place des apprentissages se fait essentiellement à partir d'activités proposées dans le Guide de l'enseignant et parfois avec l'appui des fiches photocopiables. Cela n'enlève rien à la nécessité de garder des traces de ce qui a été appris.

▶ Des écrits provisoires peuvent rester affichés quelques jours pour que les élèves puissent s'y référer lors des séances qui suivent un nouvel apprentissage. À titre d'exemple, suite à la reprise de l'étude de la numération décimale en unité 1, des exemples de différentes expressions des nombres peuvent rester affichés et servir de référence aux élèves pour quelques séances. Ces écrits provisoires peuvent être formulés avec les mots des élèves dans la mesure où ceux-ci ne contreviennent pas au sens mathématique.

▶ D'autres écrits sont destinés à être conservés de façon plus durable pour être consultés par les élèves ; ils peuvent alors donner lieu :

– soit à des **affichages** facilement accessibles pour les élèves, par exemple affichage des figures géométriques et leurs noms, des unités de longueur (cm ou m)… Ces affichages ne doivent cependant pas être trop nombreux pour éviter que les élèves ne s'y perdent ;

– soit à des **traces écrites individuelles** consignées dans un cahier.

▶ Le Dico-maths complète ces diverses traces écrites. Son usage habitue l'élève à se reporter à une source de renseignements sure chaque fois qu'il a oublié le sens d'un mot ou qu'il veut retrouver une méthode, un procédé appris mais oublié (souvent partiellement). Au départ, et notamment avec de jeunes élèves, il est d'abord utilisé avec l'aide de l'enseignant et sous son impulsion. Puis, progressivement, les élèves sont invités à y avoir recours de manière plus autonome. Évidemment, l'enseignant reste libre d'en autoriser ou pas l'usage en fonction de l'activité proposée à ses élèves.

À propos d'évaluation, on pense souvent uniquement à des exercices spécifiques, codifiés et donnant lieu à un inventaire de compétences ou à une appréciation. En réalité, l'évaluation peut revêtir diverses formes.

▶ Évaluation intégrée aux activités quotidiennes

Au quotidien, **en observant et en analysant les productions écrites ou orales de ses élèves**, l'enseignant obtient des informations utiles au pilotage de son enseignement. Cette évaluation intégrée, qui ne s'appuie pas sur des exercices spécifiques, suffit souvent pour apporter les ajustements nécessaires pour la classe ou une partie des élèves. La description des procédures ou des erreurs possibles fournie dans le Guide de l'enseignant constitue pour cela une aide précieuse.

▶ Les bilans de fin d'unité

Tout au long des apprentissages, il est nécessaire de savoir comment les connaissances travaillées ont été comprises afin de pouvoir réagir au plus vite, si nécessaire. À la fin de chaque unité, dans le Fichier Nombres et Calculs et le Cahier Mesures et Géométrie, un bilan des nouveaux apprentissages est proposé :

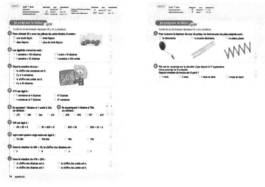

Fichier p. 14   Cahier p. 4

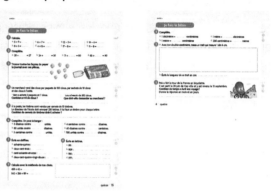

Fichier p. 15   Cahier p. 4

1. Le bilan est préparé avec l'enseignant, à l'aide des supports de « **Je prépare le bilan** » sous forme de QCM permettant une auto-évaluation. Les élèves peuvent ainsi, en autonomie, faire un premier inventaire de ce qu'ils ont acquis et de ce qu'il faut encore travailler. À partir de là, avant le bilan lui-même, l'enseignant peut reformuler l'essentiel de ce qu'il fallait retenir et revenir sur certains apprentissages.

2. Les élèves traitent les exercices de la page « **Je fais le bilan** ». À partir de leurs réponses, l'enseignant peut renseigner un **bilan de compétences** pour chaque élève (bilans fournis dans le CD-Rom du guide) et envisager les consolidations à mettre en place *(voir Consolidation des apprentissages)*.

▶ Les évaluations de fin de période

Il est également important, régulièrement, de faire un **bilan exhaustif des acquis des élèves**, centré sur les apprentissages essentiels inscrits dans le programme, et de relever des difficultés persistantes. Les supports de ces évaluations sont disponibles à la fois dans le Matériel photocopiable et le CD-Rom du Guide, et commentés dans le Guide. À partir de ces évaluations, l'enseignant peut renseigner les documents demandés par l'Institution et communiquer avec les parents sur la progression de leur enfant.

● CONSOLIDATION DES APPRENTISSAGES

Cap Maths met à disposition des enseignants **plusieurs outils pour organiser la consolidation des apprentissages** (remédiation, approfondissement, prolongement…). L'utilisation de ces outils est laissée à l'initiative de l'enseignant en fonction de l'organisation de sa classe et des besoins de ses élèves. Les activités de consolidation peuvent être utilisées **à la suite des bilans de fin d'unité**, mais peuvent aussi l'être **en cours d'apprentissage** lorsque l'enseignant juge utile d'insister sur des connaissances dont l'acquisition présente des difficultés.

► Exercices de consolidation du Fichier Nombres et Calculs et du Cahier Mesures et Géométrie

Pour chacun des deux outils, ces exercices sont situés en fin d'unité après les pages consacrées au bilan. Certains exercices peuvent être proposés à tous les élèves, d'autres seulement à quelques-uns, dans un atelier d'aide personnalisée par exemple. En **calcul mental**, les exercices de la page **Fort en calcul mental** située au début de chaque unité dans le Fichier Nombres et calculs peuvent également être utilisés pour consolider les compétences des élèves.

Fichier p. 7   Fichier p. 16-17   Cahier p. 5

► Fiches différenciation

Ces fiches sont situées dans le **CD-Rom du guide**. Elles reprennent des exercices du Fichier Nombres et Calculs ou du Cahier Mesures et Géométrie, et sont à compléter par l'enseignant qui choisit par exemple les valeurs numériques sur lesquelles il estime utile de faire travailler ses élèves. Leur utilisation est du même type que les exercices de consolidation.

► « 90 Activités et jeux mathématiques (CE2) »

Cet ouvrage propose de nombreuses activités, souvent sous forme de jeux, qui peuvent être utilisées en complément de celles décrites dans le Guide.

Regroupées par thèmes, elles sont destinées à entrainer ou approfondir des connaissances travaillées au cours de chaque unité. Elles peuvent être utilisées dans le cadre d'une action différenciée en vue de consolider des apprentissages (par exemple dans une optique de remédiation) ou bien être conduites soit en ateliers dans un coin mathématiques, soit collectivement.

► « CD-Rom Jeux interactifs (CE1-CM1-CM2) »

Ce CD-Rom reprend certaines situations en favorisant le travail autonome de l'élève et en exploitant l'interactivité permise par l'ordinateur. Les activités proposées peuvent être utilisées à plusieurs fins :
– se substituer à des moments d'apprentissage proposés dans Cap Maths, notamment pour les classes à cours multiples ou pour les classes hétérogènes ;
– offrir des modalités de soutien pour des élèves en difficulté ;
– favoriser l'entraînement individualisé des élèves.

► « Activités pour la calculatrice (CE2-CM1-CM2) »

Cette brochure propose des activités qui peuvent être conduites avec une calculatrice sur les différents apprentissages du domaine « Nombres et calculs ».

► « Appli Calcul mental pour tablette et smartphone (CP-CE1-CE2) »

Cette application, disponible sur App Store et Play Store, propose des activités graduées pour un entrainement individualisé au calcul mental.

Toutes ces activités de consolidation des apprentissages sont indiquées dans le Guide de l'enseignant après chaque bilan d'unité, dans la rubrique Consolidation « Autres ressources », à l'exception des activités de l'Appli Calcul mental.

Les principaux apprentissages pour les 10 unités

Progression en calcul mental : se référer au Fichier Nombres et Calculs **p. 4**.

Activités de révision et de consolidation :
se référer au Fichier Nombres et Calculs **p. 2-3** et au Cahier Mesures et Géométrie au **dos de la couverture**.

	Problèmes Gestion de données	Nombres et calculs		Grandeurs et mesures	Espace et géométrie
		Nombres et numération	Calculs		
Unité 1	Nombres et calculs • Problème « pour apprendre à chercher » : inventaire des possibles • Banque de problèmes *Le Parc des oiseaux*	Nombres jusqu'à 999 • Centaines, dizaines et unités : valeur positionnelle des chiffres, décompositions • Lecture et écriture	Addition soustraction • Addition : calcul posé ou en ligne	Longueur • Mètre (m) et centimètre (cm) Temps • Jours, mois et année : calendrier • Dates et durées en mois et jours	
Unité 2	Nombres et calculs • Problème « pour apprendre à chercher » : information sur différents supports • Banque de problèmes *À la douzaine ou à la dizaine*	Nombres jusqu'à 999 • Comparaison, rangement, encadrement • Ligne graduée	Multiplication division • Groupements itérés	Longueur • Règle graduée	Angles droits • Coin du carré et du rectangle Figures planes • Carré et rectangle : propriétés des côtés et des angles
Unité 3	Espace et géométrie Nombres et calculs • Banque de problèmes *La classe de Julien*		Addition soustraction • Soustraction : calcul réfléchi, calcul posé Multiplication division • Objets en disposition « rectangulaire » • Répertoire multiplicatif : table de Pythagore	Lecture de l'heure • Heures et minutes Longueur • Centimètre (cm) et millimètre (mm)	Figures planes • Carré, rectangle, triangle rectangle : reproduction, construction
Unité 4	Nombres et calculs • Banque de problèmes *Les images d'animaux*	Nombres jusqu'à 9 999 • Milliers, centaines, dizaines et unités : valeur positionnelle des chiffres, décompositions • Suite de nombres • Lecture et écriture	Multiplication division • Multiplication par 10, 100 • Multiplication par 20, 500…	Longueur • Longueur d'une ligne brisée, périmètre d'un polygone	Alignement • Points alignés, milieu d'un segment Figures planes • Reproduction sur quadrillage
Unité 5	Nombres et calculs • Banque de problèmes *La cible*	Nombres jusqu'à 999 • Centaines, dizaines et unités (valeur positionnelle des chiffres) • Suites de nombres	Addition soustraction • Complément et différence • Soustraction : calcul réfléchi, calcul posé Multiplication division • Multiplication : calcul réfléchi et posé (multiplicateur < 10 ou du type 40…)	Temps • Durées en heures et minutes	Figures planes • Cercle : reproduction, construction, description

Les principaux apprentissages pour les 10 unités

	Problèmes Gestion de données	Nombres et calculs		Grandeurs et mesures	Espace et géométrie
		Nombres et numération	Calculs		
Unité 6	Nombres et calculs • Problème pour apprendre à chercher : essais et ajustements Espace et géométrie • Banque de problèmes *Carrés et demi-cercles*	Nombres jusqu'à 9 999 • Ligne graduée : placement approché	Addition, soustraction • Estimation de sommes et de différences Multiplication, division • Multiplication : calcul réfléchi	Contenance • Litre (L), décilitre (dL), centilitre (cL)	Polyèdres • Description, reproduction • Cube, pavé droit • Patron d'un cube
Unité 7	Nombres et calculs • Banque de problèmes *Au cinéma*		Addition, soustraction • Problèmes liés à des écarts, à des comparaisons Multiplication, division • Multiplication : calcul posé Calcul avec parenthèses et calculatrice • Gérer un calcul	Temps • Durées en minutes et secondes	Figures planes • Carré, rectangle : programmation du tracé sur un écran • Description de figures complexes
Unité 8	Nombres et calculs • Tableaux et diagrammes Grandeurs et mesures Nombres et calculs • Banque de problèmes *Le gouter d'anniversaire*		Addition, soustraction • Problèmes liés à des augmentations et des diminutions (état initial, valeur de la transformation) Multiplication, division • Problèmes de partage équitable Calcul avec parenthèses et calculatrice • Gérer un calcul	Longueur • Kilomètre (km) et mètre (m)	Symétrie axiale • Axe de symétrie d'une figure • Figure superposable à elle-même dans un retournement
Unité 9	Nombres et calculs • Problème pour apprendre à chercher : déduction, étapes Grandeurs et mesures • Banque de problèmes *L'emploi du temps*		Multiplication, division • Problèmes de groupements réguliers • Division : calcul réfléchi (diviseur < 10 ou égal à 10 ou 100)	Masse • Comparer, mesurer des masses (kg et g) • Calculer des masses	Repérage dans un espace familier • Lecture et utilisation d'un plan
Unité 10	Nombres et calculs • Problème pour apprendre à chercher : sélectionner les informations, étapes • Banque de problèmes *Je pense à des nombres*		Addition, soustraction • Sommes et différences égales Multiplication, division • Problèmes liés à des déplacements sur une ligne graduée • Produits et quotients égaux	Grandeurs et unités de mesure • Unités du système métrique	Polyèdres • Différents points de vue : photographies, dessins… Repérage dans un espace plus vaste • Lecture et utilisation d'une carte

Nombres et calculs

Programme du cycle 2 (en vigueur à partir de la rentrée 2016)

La connaissance des nombres entiers et du calcul est un objectif majeur du cycle 2. Elle se développe en appui sur les quantités et les grandeurs, en travaillant selon plusieurs axes.

Des résolutions de problèmes contextualisés : dénombrer des collections, mesurer des grandeurs, repérer un rang dans une liste, prévoir des résultats d'actions portant sur des collections ou des grandeurs (les comparer, les réunir, les augmenter, les diminuer, les partager en parts égales ou inégales, chercher combien de fois l'une est comprise dans l'autre, etc.). Ces actions portent sur des objets tout d'abord matériels puis évoqués à l'oral ou à l'écrit ; le travail de recherche et de modélisation sur ces problèmes permet d'introduire progressivement les quatre opérations (addition, soustraction, multiplication, division).

L'étude de relations internes aux nombres : comprendre que le successeur d'un nombre entier c'est « ce nombre plus un », décomposer/recomposer les nombres additivement, multiplicativement, en utilisant les unités de numération (dizaines, centaines, milliers), changer d'unités de numération de référence, comparer, ranger, itérer une suite (+ 1, + 10, + n), etc.

L'étude des différentes désignations orales et/ou écrites : nom du nombre ; écriture usuelle en chiffres (numération décimale de position) ; double de, moitié de, somme de, produit de ; différence de, quotient et reste de ; écritures en ligne additives/soustractives, multiplicatives, mixtes, en unités de numération, etc.

L'appropriation de stratégies de calcul adaptées aux nombres et aux opérations en jeu. Ces stratégies s'appuient sur la connaissance de faits numériques mémorisés (répertoires additif et multiplicatif, connaissance des unités de numération et de leurs relations, etc.) et sur celle des propriétés des opérations et de la numération. Le calcul mental est essentiel dans la vie quotidienne où il est souvent nécessaire de parvenir rapidement à un ordre de grandeur du résultat d'une opération, ou de vérifier un prix, etc.

Une bonne connaissance des nombres inférieurs à mille et de leurs relations est le fondement de la compréhension des nombres entiers, et ce champ numérique est privilégié pour la construction de stratégies de calcul et la résolution des premiers problèmes arithmétiques.

Attendus de fin de cycle :
- Comprendre et utiliser des nombres entiers pour dénombrer, ordonner, repérer, comparer.
- Nommer, lire, écrire, représenter des nombres entiers.
- Résoudre des problèmes en utilisant des nombres entiers et le calcul.
- Calculer avec des nombres entiers.

Les principales connaissances et compétences relatives au domaine des Nombres et calcul travaillé au CE2 s'organisent, dans Cap Maths, autour de quatre grands pôles :

1. La Numération décimale

2. Le calcul mental et les autres modes de calcul
Parmi les différentes modalités de calculs (calcul mental, calcul posé, calcul instrumenté), le calcul mental occupe une position centrale.

3. Le sens des opérations
À l'école primaire, l'intérêt du calcul réside principalement dans les capacités des élèves à mobiliser les opérations connues pour résoudre des problèmes, ce qu'on désigne traditionnellement par « sens des opérations ».

4. Les problèmes – L'organisation et gestion de données

1. La numération décimale

❶ LES CONNAISSANCES ET COMPÉTENCES FONDAMENTALES

Les principales connaissances et compétences relatives à la désignation des nombres (en chiffres et en lettres) sont étendues aux nombres inférieurs à 10 000. Elles peuvent être résumées par le schéma suivant :

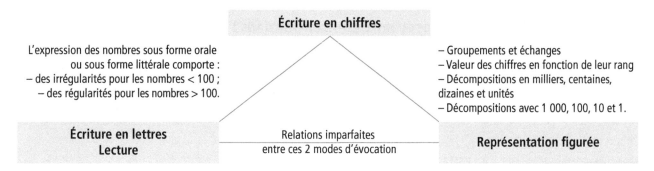

Écriture en chiffres

L'expression des nombres sous forme orale ou sous forme littérale comporte :
– des irrégularités pour les nombres < 100 ;
– des régularités pour les nombres > 100.

– Groupements et échanges
– Valeur des chiffres en fonction de leur rang
– Décompositions en milliers, centaines, dizaines et unités
– Décompositions avec 1 000, 100, 10 et 1.

Écriture en lettres Lecture

Relations imparfaites entre ces 2 modes d'évocation

Représentation figurée

❷ LES RÉPONSES À QUELQUES QUESTIONS

▶ **Le programme parle d'unités de numération. Que faut-il entendre par là ?**

Les unités de numération correspondent aux termes unités (parfois appelés aussi unités simples), dizaines, centaines, milliers… Chacune de ces unités de numération permet d'exprimer une quantité d'objets : on dira par exemple que dans une boite il y a 150 craies (la quantité est exprimée en unités simples) ou encore 15 dizaines de craies (la quantité est exprimée en dizaines) ou encore 1 centaine et 5 dizaines de craies (la quantité est exprimée de façon complexe avec deux unités de numération). La maitrise de notre système de numération décimale (écriture des nombres en chiffres) peut être caractérisée par deux points essentiels :
– le rang d'un chiffre qui correspond à une unité de numération et indique la valeur exprimée par ce chiffre ;
– les relations entre unités de numération comme 1 centaine = 10 dizaines = 100 unités.
Il faut ajouter que les groupements de chiffres correspondent aussi à une valeur, par exemple dans 150, le groupement « 15 » correspond à 15 dizaines.

→ **Cap Maths** y consacre de nombreuses séances, soit de façon spécifique (activités *Les timbres* et *Crayon, compteur et calculatrice* en **unité 1**, *Beaucoup de timbres* et *Des timbres par dizaines et par centaines* en **unité 4**), soit en travaillant sur d'autres apprentissages (comparaison des nombres, placement de nombres sur une ligne graduée, opérations posées, multiplication par 10 ou 1 000, mesure de longueurs…).

▶ **Faut-il utiliser un matériel de numération ?**

Il est fondamental que les élèves donnent du sens aux mots *milliers, centaines, dizaines* et *unités* et comprennent que 1 millier = 10 centaines = 100 dizaines = 1 000 unités, que 1 centaine = 10 dizaines = 100 unités et que 1 dizaine = 10 unités. Le recours à un matériel de numération est pour cela indispensable (*cf. schéma ci-dessus*), chaque fois que ces relations doivent être illustrées ou chaque fois qu'un élève semble avoir oublié la signification de ces mots ou qu'il a des difficultés à donner à chaque chiffre sa valeur dans l'écriture chiffrée d'un nombre.

→ **Cap Maths** fournit un tel matériel (**fiches photocopiables**). D'autres matériels peuvent être utilisés en complément.

▶ Faut-il utiliser le tableau de numération ?

Le tableau de numération est une aide pour la reconnaissance de la valeur des chiffres dans l'écriture chiffrée d'un nombre. Mais son usage ne doit pas être systématisé. Au contraire, il faut inciter les élèves à repérer directement la valeur d'un chiffre ou d'un groupe de chiffres.

→ Avec **Cap Maths,** le tableau est utilisé en écrivant soit un chiffre par colonne (en association avec la décomposition la plus fréquente) ou plusieurs chiffres par colonne en relation avec d'autres décompositions exprimant la valeur de différents groupements de chiffres (**voir dico-maths 8**).

▶ Quelles difficultés les élèves peuvent-ils rencontrer dans l'apprentissage du repérage sur une droite graduée ?

Le repérage sur une ligne graduée de 1 en 1 peut être mis en relation avec l'utilisation d'une règle graduée, par exemple en cm. Si la ligne est graduée à partir de 0, le nombre associé à un repère exprime la distance entre le repère associé à 0 et le repère associé à ce nombre (l'unité étant la distance entre deux repères consécutifs).

Lorsque la ligne n'est pas graduée à partir de 0, la distance est obtenue en faisant la différence des nombres associés aux deux repères (ici 12 − 7).

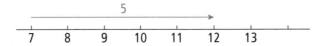

La difficulté s'accroit pour les élèves lorsque le saut de la graduation n'est plus égal à 1, mais prend d'autres valeurs comme 10, 50 ou 100 ou si tous les repères ne sont pas tracés.

Au CE2, est également abordé le placement approximatif de nombres sur une ligne graduée en relation avec la notion d'encadrement de nombres et celle de calcul approché de sommes et de différences.

→ Pour **Cap Maths,** le travail sur une ligne graduée porte d'abord sur les nombres connus des élèves (nombres inférieurs à 1 000) en **unité 2.** Il est repris ensuite avec des nombres plus grands en **unité 6,** en même temps qu'est abordé la notion de placement approximatif.

▶ Pourquoi mettre en place une procédure particulière de comparaison des nombres ?

La procédure souvent enseignée distingue deux cas, selon que les nombres sont écrits ou pas avec le même nombre de chiffres, mais elle constitue souvent un obstacle pour l'apprentissage de la comparaison de nombres décimaux. La procédure que nous proposons est plus simple. Elle est valable quelle que soit la taille des nombres et s'étend facilement au cas des nombres décimaux. Enfin, elle peut être expliquée et comprise facilement à partir des connaissances des élèves relatives à la numération décimale.

2 016 > 416 → parce que 2 016 comporte des milliers et que 416 n'en comporte pas
(et que 416 est plus petit qu'1 millier).

2 016 < 2 035 → parce que les deux nombres comportent le même nombre de milliers et de centaines
et que 2 016 comporte moins de dizaines que 2 035 (et que 6 est plus petit qu'1 dizaine).

Dans tous les cas, il s'agit de parcourir les écritures chiffrées des deux nombres à partir de la gauche et de conclure dès qu'apparaissent deux chiffres différents (416 pouvant être considéré comme 0 416).

→ Dans **Cap Maths,** cette procédure est travaillée sur les nombres inférieurs à 1 000 en **unité 2** (activités *Deux nombres à ranger* et *Trois nombres à ranger*) et sur les nombres inférieurs à 10 000 en **unité 4** (activité *Deux nombres à ranger*).

2. Le calcul mental et autres modes de calcul

❶ LES CONNAISSANCES ET COMPÉTENCES FONDAMENTALES

Le calcul mental est pointé par plusieurs études comme jouant un **rôle décisif** dans la réussite des élèves en mathématiques. Le schéma suivant permet d'en comprendre les raisons.

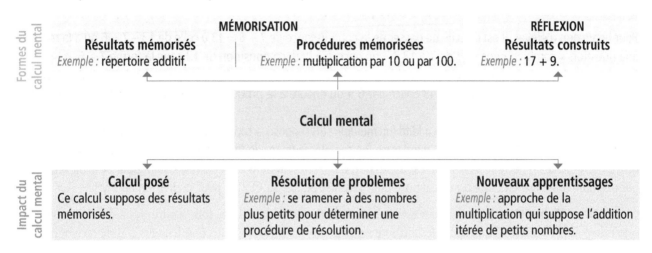

❷ LES RÉPONSES À QUELQUES QUESTIONS

▶ **Comment aider les élèves à mémoriser des résultats ?**

La mémorisation de résultats ou de procédures est le fruit d'un processus avec plusieurs caractéristiques pouvant être précisées ainsi :

● **Certains résultats sont mémorisés plus rapidement que d'autres.**
– **Pour l'addition**, on peut citer en exemple les ajouts de 1 ou 2, les doubles, les résultats jusqu'à 10…
– **Pour la multiplication**, ce sont les résultats des tables de 2, 5 ou 4.

● **Certains résultats n'ont pas à être mémorisés car une propriété de l'opération permet de les obtenir.**
– **Pour l'addition**, il s'agit de l'ajout de 0 et de l'ajout de 1 (qui donne le nombre suivant).
– **Pour la multiplication**, il s'agit de la multiplication par 0 et de la multiplication par 1.

● **Avant d'être mémorisé, un résultat est souvent d'abord reconstruit.**
Ainsi, avant d'être associé immédiatement à 24, 4×6 peut être retrouvé en appui sur 4×5 à partir d'un raisonnement comme « 6 fois 4, c'est 5 fois 4 plus 1 fois 4, donc 20 plus 4 ». Il peut l'être aussi en appui sur 2×6 en considérant que « 4 fois 6, c'est le double de 2 fois 6 ».

● **Certains résultats vont servir de point d'appui à l'élève pour construire d'autres résultats.**

– **Pour l'addition**, il s'agit notamment des doubles des nombres inférieurs à 10, des compléments à 10, de sommes du type $10 + 4 = 14$, du fait que l'addition est **commutative** (si $9 + 3$ est connu, $3 + 9$ l'est aussi).

– **Pour la multiplication**, il s'agit des tables de 2 et de 5, des carrés, des produits dont un facteur est inférieur ou égal à 5, du fait que la multiplication est **commutative** (si 9×3 est connu, 3×9 l'est aussi).
Prendre conscience du fait que la multiplication est commutative est particulièrement important car :
– pour la **table de 2** (première table étudiée), 8 résultats sont à mémoriser : de 2×2 à 2×9 ;
– pour la **table de 5**, 7 résultats nouveaux sont à mémoriser puisque 2×5 ou 5×2 sont connus ;
– pour la **table de 4**, 6 résultats nouveaux sont à mémoriser puisque 2×4 ou 4×2, 5×4 ou 4×5 sont connus ;
– pour la **table de 8**, 5 résultats nouveaux sont à mémoriser puisque 2×8 ou 8×2, 5×8 ou 8×5, 4×8 ou 8×4 sont connus, etc.

• **L'entraînement enfin joue un rôle essentiel et doit faire l'objet d'un travail quotidien.**

→ Dans **Cap Maths,** le **répertoire additif** est consolidé en début d'année de CE2.

Pour le répertoire multiplicatif, des séances sont consacrées à sa mise en place sous forme de table de Pythagore (activité *La table de multiplication* en **unité 3**). La mémorisation progressive des tables fait l'objet d'un travail tout au long de l'année dans le cadre des séances quotidiennes de calcul mental.

▶ La mémorisation des résultats soustractifs ou relatifs à la division découle-t-elle directement de celle des résultats additifs ou multiplicatifs ?

Pour beaucoup d'élèves, il est difficile de passer de la connaissance de **7 + 6 = 13** à celle de 13 − 7 = 6 ou à la réponse à la question « combien pour aller de 7 à 13 ? » ou encore à la décomposition de 13 sous la forme 7 + 6.

De même, il n'est pas toujours aisé de passer de la connaissance de **8 × 6 = 48** aux réponses à des questions comme « combien de fois 6 dans 48 ? » ou « 48 divisé par 6 » ou encore à la production de la décomposition de 48 sous la forme 8 × 6 ou 6 × 8.

Or, une maîtrise complète des répertoires additif (ou multiplicatif) suppose la capacité à donner très rapidement les sommes (ou les produits), les différences (ou les quotients), les compléments (ou le facteur d'un produit) et les décompositions qui relèvent de ces répertoires. Un travail soutenu doit donc être fait dans ce sens, nécessaire pour pouvoir envisager par exemple une mise en place du calcul posé pour la soustraction au CE2 ou pour la division au CM1.

→ Avec **Cap Maths,** dans la plupart des **activités de calcul mental**, les élèves sont confrontés à différents types de questions où par exemple on propose le calcul de sommes (ou de produits), de compléments (ou de recherche d'un facteur) ou de différences (ou de quotients en fin d'année).

▶ Faut-il enseigner des procédures de calcul réfléchi ?

Pour chaque calcul ou type de calcul, il existe plusieurs procédures possibles. Prenons deux exemples :

Exemple 1 : calcul de **72 − 69**

Une procédure souvent enseignée (voire imposée) consiste à soustraire 70, puis ajouter 1. Elle est bien entendu valide, mais d'autres procédures sont possibles :

– les nombres en jeu (notamment la proximité de 69 et de 72) peuvent inciter à chercher ce qu'il faut ajouter à 69 pour obtenir 72 (dans ce cas, le calcul soustractif est remplacé par un calcul additif, *voir p. XXI pour un travail sur cette équivalence dans le cadre de la résolution de problèmes*) ;

– on peut aussi soustraire 60, puis 9 ;

– il est également possible de se ramener à 12 − 9 en soustrayant 60 aux deux termes de la différence.

Exemple 2 : calcul de **15 × 4**

Là encore plusieurs procédures sont envisageables :

– on peut décomposer 15 en 10 + 5 et considérer que 4 fois « 10 plus 5 », c'est 4 fois 10 plus 4 fois 5, donc 40 + 20 = 60.

– une autre procédure consiste à considérer que 4 fois 15, c'est 2 fois « 2 fois 15 », donc 2 fois 30, donc 60 ;

– certains peuvent également penser à la relation entre quart d'heure (15 minutes) et heure (60 min) qui est aussi 4 quart d'heures…

Ces considérations peuvent être résumées par le schéma suivant :

un calcul mental	peut être traité de plusieurs façons	Procédure 1
		Procédure 2
		Procédure 3
		…

Cela à deux conséquences :

– Tout d'abord, il est important de ne pas focaliser sur une seule procédure, car le plus souvent plusieurs procédures sont d'égale efficacité.

– Dans la conduite des moments de calcul réfléchi, un temps suffisant doit être laissé aux élèves pour l'élaboration de leur procédure et un autre temps doit être consacré à faire verbaliser les procédures utilisées et à les illustrer par un écrit ou à l'aide d'un matériel (voir les questions suivantes).

→ **Cap Maths** incite souvent, dans les **activités de calcul mental**, à faire suivre certains calculs proposés d'un moment de mise en commun des procédures utilisées de façon à montrer leur diversité. En effet, il est parfois préférable, en particulier s'agissant du calcul réfléchi, de proposer moins de calculs mais d'étudier d'une manière approfondie les procédures possibles *(voir questions suivantes)*.

▶ **Le programme évoque «** *les propriétés implicites des opérations* **» et «** *les propriétés de la numération* **». Comment faut-il penser un travail dans ce sens pour le calcul réfléchi ?**

Au préalable, il faut souligner que les procédures de calcul réfléchi se déroulent très différemment de celles en œuvre pour le calcul posé :

– Le calcul réfléchi porte essentiellement sur des mots alors que le calcul posé porte sur des chiffres.

– Très souvent, le calcul réfléchi se déroule « de gauche à droite » alors que le calcul posé se déroule de « droite à gauche ». Ainsi, pour calculer *vingt-six plus trente-quatre*, va-t-on plutôt calculer *vingt plus trente égale cinquante* (éventuellement en passant par l'ajout de 2 dizaines et de 3 dizaines), puis *six plus quatre égale dix* et, enfin, *cinquante plus dix égale soixante*. Les élèves en difficulté en calcul mental sont souvent des élèves qui posent l'opération dans leur tête. D'où l'importance de ne pas mettre en place prématurément des techniques de calcul posé qui pourraient avoir un effet négatif sur l'élaboration de procédures de calcul mental.

Pour pouvoir mettre en œuvre et comprendre les procédures de calcul réfléchi, les élèves doivent pouvoir s'appuyer sur des résultats mémorisés solides et sur des stratégies efficaces qui consistent très souvent à décomposer un ou plusieurs des nombres en jeu, puis à recomposer les nombres obtenus, avec un calcul plus simple que celui donné initialement.

● Addition et soustraction

Du point de vue stratégique, la plupart des procédures efficaces s'appuient sur une décomposition (additive ou soustractive) de l'un ou des deux termes en jeu, le plus souvent en référence à la numération décimale.

Les propriétés sous-jacentes sont pour l'**addition** :

– la **commutativité** : le calcul de 9 + 23 peut être remplacé par celui de 23 + 9 ;

– l'**associativité** : 23 + 17 = 23 + (7 + 10) = (23 + 7) + 10, ce qui justifie un calcul par ajouts successifs.

Pour la **soustraction**, les propriétés les plus utilisées sont liées au fait que :

– soustraire une somme revient à soustraire successivement chacun de ses termes :
40 − 13 = 40 − (10 + 3) = (40 − 10) − 3 ;

– soustraire une différence revient à soustraire son premier terme et à ajouter ensuite son deuxième terme au résultat : 45 − 19 = 40 − (20 − 1) = (40 − 20) + 1.

Les calculs exprimés ici, en ligne avec des parenthèses, sont souvent mieux compris des élèves lorsqu'ils sont formulés oralement ou explicités sur une ligne numérique ou encore illustrés avec du matériel.

● Multiplication

Le calcul réfléchi est principalement lié à la construction progressive des résultats des tables étudiées et précède leur mémorisation. Trois points d'appui principaux sont liés à des propriétés de la multiplication :

– la **commutativité** de la multiplication : si **3 fois 5** est connu, 5 fois 3 l'est aussi ;

– la **distributivité** de la multiplication sur l'addition : **3 fois 15**, c'est 3 fois 10 plus 3 fois 5 ;

– l'**associativité** de la multiplication utilisée notamment dans le cas où un des facteurs est un double ou un multiple de 10 : **4 fois 15**, c'est 2 fois (2 fois 15) ou **20 fois 13**, c'est 10 fois (2 fois 13).

→ Dans **Cap Maths**, le calcul réfléchi de **soustraction** fait l'objet d'un travail particulier au CE2, d'abord sur les nombres inférieurs à 100 (**unité 3**), puis en relation avec le calcul de compléments (**unité 5**).

Pour la **multiplication**, un travail spécifique est fait au CE2 sur l'utilisation de ces deux propriétés (distributivité sur l'addition et associativité) sans qu'elles soient pour autant formalisées (**unités 5 et 6** notamment).

▶ Est-il pertinent d'utiliser des supports matériels pour le calcul mental ?

Souvent, l'expression verbale des procédures gagne à être accompagnée par une **illustration imagée** qui peut faire référence à l'aspect cardinal des nombres (quantités) ou à leur aspect ordinal (ligne numérique).

Exemple : calcul de **36 + 9** en passant par **40**

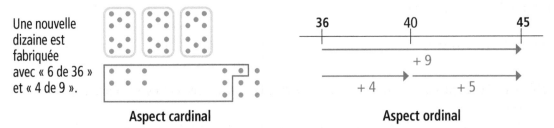

Une nouvelle dizaine est fabriquée avec « 6 de 36 » et « 4 de 9 ».

Aspect cardinal　　　　**Aspect ordinal**

▶ Quel intérêt y a-t-il à proposer des « petits problèmes » dans le cadre des activités quotidiennes de calcul mental ?

Portant sur des nombres bien connus des élèves, qui ne les effraient pas, les problèmes à traiter mentalement mobilisent plus facilement leur attention sur le raisonnement à mettre en œuvre et sur le sens des opérations sollicitées *(voir p. XX et suivantes)*. Leur présentation orale évite bon nombre de difficultés que certains élèves rencontrent face à un texte et permet donc un accès plus rapide au travail mathématique.

→ **Cap Maths** propose, deux fois par unité, des petits problèmes de calcul mental que les élèves doivent résoudre mentalement (en général séances 1 et 5).

▶ Quelle place faut-il donner à l'apprentissage du calcul posé ?

Aujourd'hui, même s'il n'est pas nul, l'intérêt pratique des **techniques de calcul posé** est moindre de ce qu'il était avant la vulgarisation de l'usage des calculatrices. Mais leur intérêt pédagogique et culturel demeure : leur étude peut renforcer chez les élèves la connaissance des nombres, de la numération décimale et des propriétés des opérations, à condition que leur apprentissage vise la compréhension des mécanismes à l'œuvre dans leur exécution.

▶ Quelle technique pour la soustraction posée en colonnes ?

Plusieurs techniques de calcul posé sont envisageables. Toutes supposent, pour être comprises une bonne connaissance des résultats du répertoire additif et une bonne maîtrise de la numération décimale. Sur le site « Cap Maths » et dans le CD-Rom du guide, un document plus développé de cette introduction contient une analyse de ces techniques et une justification du choix de la technique dite par cassage ou démontage d'une centaine, d'une dizaine…

→ **Le choix de Cap Maths** a été guidé par l'importance donnée par le programme à la nécessité de mettre l'accent sur la compréhension des techniques enseignées. Compte tenu des acquis des élèves, la technique retenue est appelée « par cassage ou démontage de la centaine, de la dizaine… », déjà envisagée au CE1. Nous proposons de la conserver au CE2, mais l'enseignant reste libre de proposer une autre technique à ses élèves, en fonction des choix de l'équipe enseignante de l'école.

Cependant, il est possible que des élèves arrivent au CE2 **en ayant déjà systématisé d'autres techniques que celle enseignée dans Cap maths**. Il convient alors d'être prudent avec le passage à une autre technique et, si nécessaire (au moins provisoirement), de leur permettre de conserver une technique qui fonctionne et avec laquelle ils sont plus à l'aise. Cela revient à permettre que, dans une même classe, des élèves calculent avec des techniques différentes, ce qui peut être préférable à une situation de déstabilisation. De plus, cela n'est un handicap ni pour le présent ni pour l'avenir.

Par ailleurs, il est probable que des élèves auront des difficultés à comprendre les différentes étapes de la technique choisie pour la soustraction, mais sont capables d'en maitriser le déroulement mécanique, notamment s'il est entrainé. Pour eux, on pourra revenir ultérieurement (au CM1 ou même plus tard) sur le travail de justification.

▶ Quelle technique pour la multiplication posée en colonnes ?

Avant d'aborder le calcul posé de la multiplication, il est indispensable que les élèves aient travaillé à la mémorisation des tables, à la multiplication d'un nombre par 10, 100, 20, 200… et au calcul réfléchi de produits mettant en œuvre des propriétés qui sont également utilisées dans la multiplication posée.

Lors de ce travail, l'accent est mis, avant tout entraînement, sur les étapes du calcul qui sont justifiées par les mêmes propriétés de la multiplication que celles déjà mobilisées en calcul réfléchi : calculer **86 × 34** en posant l'opération revient à décomposer 34 en 30 + 4 et à calculer 86 × 4 et 86 × 30, puis à additionner les deux résultats précédemment obtenus.

$$
\begin{array}{r}
86 \\
\times\ 34 \\
\hline
344 \\
2580 \\
\hline
2924
\end{array}
$$

$\ \leftarrow 86 \times 4$
$\ \leftarrow 86 \times 30 = 86 \times 3 \times 10$
$\ \leftarrow (86 \times 4) + (86 \times 30)$

Boite à retenues pour 86 × 4

| | 2 | |
|m|c|d|u|

Boite à retenues pour 86 × 3

| | 1 | |
|m|c|d|u|

On reconnait la **propriété de distributivité de la multiplication sur l'addition**.

Dans l'apprentissage, une première étape consiste donc à apprendre à multiplier un nombre par un nombre inférieur à 10 (pour être capable de calculer 86 × 4). Une deuxième étape consiste à apprendre à multiplier un nombre par des nombres comme 20, 200… (pour être capable de calculer 86 × 30). Pour cela, on transforme 86 × 30 qui est égal à 86 × (3 × 10) en (86 × 3) × 10, d'où l'écriture d'un 0 au rang des unités dans cette étape du calcul. On reconnait la **propriété d'associativité de la multiplication**. Enfin, la dernière étape consiste à combiner ces deux calculs pour multiplier un nombre par n'importe quel autre nombre.

Il faut ajouter que la gestion des retenues doit être différente de celle utilisée pour l'addition ou la soustraction, si on veut éviter des confusions, sources de difficultés pour les élèves. D'où l'idée des boites à retenue situées à côté de l'opération.

→ **Dans Cap Maths**, la multiplication posée en colonnes est envisagée à partir de l'**unité 5** pour la multiplication par des nombres comme 4 ou 40, puis en **unité 7** pour le cas général, lorsque tous les éléments qui permettent de la comprendre sont mis en place.

Il est conseillé, à côté de chaque opération posée, d'indiquer explicitement les **calculs intermédiaires** à effectuer (*comme ci-dessus*), de préférer l'écriture du ou des 0 (résultant par exemple du calcul 86 × 30) à l'utilisation d'un simple décalage et enfin d'utiliser **des boites à retenues** à côté de l'opération posée pour éviter la confusion entre retenues de l'addition et retenues liées au calcul des produits intermédiaires.

▶ Les calculatrices peuvent-elles être utilisées au CE2 ?

Au cycle 2, il est difficile d'envisager un travail sur des spécificités des calculatrices au-delà des touches qui correspondent aux opérations usuelles. C'est la raison pour laquelle nous n'avons pas prévu de séance spécifiquement réservée aux calculatrices, en dehors de leur utilisation pour traiter des calculs avec parenthèses.

→ **Dans Cap Maths**, les calculatrices sont utilisées comme support de certains apprentissages : en **unité 1** pour l'étude de la numération décimale (activité *Crayon, compteur et calculatrice*) et en **unité 7** pour celle des calculs comportant des parenthèses. Mais elles peuvent être utilisées tout au long de l'année comme outil de calcul dans certaines activités ou pour vérifier un résultat obtenu mentalement ou par écrit. Elles peuvent alors aussi être mises à la libre disposition des élèves pour résoudre des problèmes lorsque l'enseignant l'estime nécessaire.

3. Le sens des opérations

L'expression « **sens d'une opération** » évoque la capacité des élèves à utiliser à bon escient cette opération pour résoudre un problème. La situation est plus complexe que ne pourrait le laisser supposer cette expression.

Comme l'ont montré de nombreux travaux et en particulier ceux de Gérard Vergnaud en France (*voir par exemple* http://www-irem.ujf-grenoble.fr/revues/revue_n/fic/38/38n2.pdf *pour le cas des structures additives*), **une même opération peut être sollicitée pour résoudre une grande variété de problèmes**. Il serait plus juste de parler des « différents sens » d'une opération. Si, pour certains problèmes, la reconnaissance de l'opération ne pose guère de difficulté, pour d'autres au contraire cette reconnaissance est plus tardive et nécessite la mise en place d'un enseignement organisé sur la base de situations appropriées.

Pour résumer cette problématique, on peut se référer au schéma suivant :

une opération	permet de résoudre plusieurs types de problèmes	Problème de type 1
		Problème de type 2
		Problème de type 3
		...

un problème	peut être résolu de plusieurs façons	Procédure 1
		Procédure 2
		Procédure 3
		...

● L'EXEMPLE DE LA SOUSTRACTION

Au début, pour beaucoup d'élèves, c'est l'opération qui permet de **trouver ce qui reste** à la suite d'une diminution. En quelque sorte, **soustraire, c'est enlever**. Ce sens de la soustraction est assez tôt accessible, mais il peut aussi constituer un obstacle pour l'accès à d'autres sens de la soustraction. Elle est en effet utile pour :

– Trouver un complément

Exemple : Combien de billes bleues dans un ensemble qui comporte 25 billes dont 18 rouges, sachant que toutes les autres sont bleues ?

Dans cette situation, il est plus naturel de se demander ce qu'il faut ajouter à 18 pour obtenir 25, autrement dit de raisonner d'un point de vue additif que d'un point de vue soustractif .

– Calculer un écart ou une différence

Exemple : Léo a 25 billes. Tom en a 18. Léo a plus de billes que Tom. Combien de plus ?

– Calculer une distance entre deux repères sur une ligne graduée ou entre deux positions sur une carte.

– Calculer une valeur initiale qui a subi une augmentation.

– Calculer la valeur d'une augmentation ou d'une diminution...

Il existe d'**autres catégories de problèmes** qui peuvent être résolus par la soustraction. L'essentiel ici est de souligner cette pluralité de sens et le fait que, au-delà de ce qu'on pourrait appeler le « sens naturel », la maitrise suppose un travail didactique et ne peut pas être seulement le fruit de problèmes rencontrés de façon plus ou moins hasardeuse.

Prenons l'exemple de la recherche de la valeur d'un complément :

Combien de billes bleues dans un ensemble qui comporte 25 billes dont 18 rouges, sachant que toutes les autres sont bleues ?

Les élèves peuvent résoudre ce problème :
– par un dessin ou un schéma en dénombrant directement les billes bleues ;
– par un complément en allant de 18 à 25 et en comptant le nombre de pas ou en passant par 20 ;
– par addition à trous : 18 + … = 25 ;
– par le calcul de 25 – 18.
Le fait que ces différentes modalités sont équivalentes et peuvent être remplacées l'une par l'autre est à construire avec les élèves.

À partir de là, deux questions se posent :
– Faut-il proposer des problèmes relevant d'un sens particulier avant qu'il ait été enseigné ?
– À quel moment tel sens particulier peut-il être enseigné et comment ?

Pour la soustraction, des éléments de réponse peuvent être schématisés de la façon suivante :

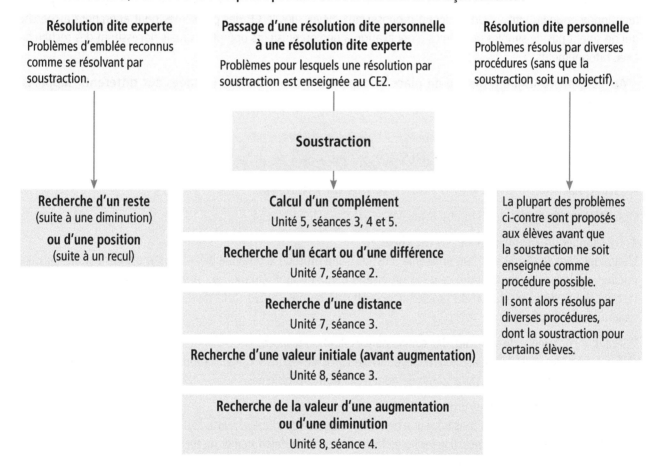

Après apprentissage de la soustraction comme procédure possible pour résoudre ces problèmes, certains élèves y ont encore peu recours. Pour eux, l'enseignement doit se poursuivre parfois tout au long du CM.

Il faut noter également que, selon la situation et en particulier selon les nombres en jeu, un problème relevant de la soustraction peut être plus avantageusement résolu par d'autres moyens. Un bon niveau d'expertise consiste justement dans le choix du moyen de résolution le plus adapté à chaque situation particulière.

4. Les problèmes - L'organisation et gestion de données

❶ LES CONNAISSANCES ET COMPÉTENCES FONDAMENTALES

• **Dans Cap Maths, la résolution de problèmes est travaillée dans trois directions :**

1. Partir d'un problème pour apprendre une nouvelle connaissance : cela permet à l'élève de comprendre à quoi elle sert, quel est l'intérêt de la maîtriser.

2. Utiliser les connaissances acquises dans des problèmes nouveaux : cela permet d'en renforcer le sens et d'étendre leur champ d'utilisation.

3. Développer les capacités à chercher : exploiter des informations, explorer une piste et la remettre en cause, s'aider d'un dessin ou d'un schéma, faire de petites déductions, expliquer pourquoi une réponse convient ou ne convient pas sont autant de compétences que l'enfant doit commencer à développer très tôt. C'est ce que le programme mentionne en indiquant : « On veillera à proposer aux élèves, dès le CP, des problèmes pour apprendre à chercher qui ne soient pas de simples problèmes d'application à une ou plusieurs opérations mais nécessitent des recherches avec tâtonnements. »

• **Au CE2, on continue à mettre en place la capacité à exploiter des données sur différents supports : tableaux ou graphique simples.**

❷ LES RÉPONSES À QUELQUES QUESTIONS

▶ Pourquoi faut-il proposer des problèmes de recherche ?

Trois raisons principales peuvent être avancées :

1. Développer un « **comportement de chercheur** ».
S'engager dans la résolution d'un problème n'est pas une attitude spontanée des élèves. Il est donc nécessaire, par l'action, de leur faire comprendre ce que l'on attend d'eux en mathématiques : prendre des initiatives, accepter la responsabilité de la résolution du problème, accepter de ne pas trouver tout de suite, argumenter à propos de la validité d'une solution...

2. **Prendre conscience de la portée des connaissances dont on dispose.**
Celles-ci ne permettent pas seulement de résoudre des problèmes dits « d'application » mais, même peu nombreuses, elles peuvent être mobilisées pour traiter de nombreux autres problèmes.

3. **Préparer des apprentissages ultérieurs.**
L'appropriation d'un nouveau sens pour une opération suppose que l'élève mette cette opération en rapport avec une nouvelle catégorie de problèmes. Il le fera plus facilement s'il est déjà familier de tels problèmes qu'il a eu l'occasion de résoudre par d'autres méthodes.

▶ Quel déroulement pour le travail sur un problème de recherche ?

Le plus souvent, un problème de recherche gagne à être résolu en petites équipes, après un temps d'appropriation individuel.

• **Phase de recherche**

Elle est élaborée au brouillon. Cela permet aux élèves de se sentir libre d'explorer une piste, puis une autre, sans se soucier de faire « juste » et « propre » du premier coup avant même d'avoir commencé à chercher.

• Phase d'exploitation

Pour ces problèmes, une mise en commun est préférable à une correction. Il s'agit alors, avec les élèves, d'examiner différentes productions pour discuter la validité des procédures utilisées, pour identifier les erreurs et pour mettre en relation des procédures de résolution différentes.

Ce travail sur les solutions des élèves est un des moyens de les faire progresser, en montrant qu'il y a rarement une seule façon de résoudre un problème et en leur permettant de s'approprier d'autres procédures que celles qu'ils ont utilisées.

▶ Faut-il une synthèse et une trace écrite à l'issue du travail sur un problème ouvert ?

• Une synthèse est toujours nécessaire.

Elle peut, selon les problèmes, porter sur des points différents, par exemple :

– sur les **comportements attendus** dans ce type d'activité : on peut ne pas trouver tout de suite, au brouillon, on peut essayer, barrer, recommencer ;

– sur les **modalités du travail en équipes** : s'écouter, proposer, suivre une piste, en débattre, choisir une solution…

– sur les **résolutions valides** et leur mise en relation ;

– sur **une stratégie particulière** : faire un essai et en tenir compte pour l'essai suivant, organiser un inventaire des possibilités, déterminer des étapes possibles… ;

– sur des **erreurs caractéristiques**.

• Dans certains cas, une trace écrite peut être jugée utile.

Elle peut alors prendre différentes formes :

– **trace écrite collective** (avec différentes solutions validées) au tableau, sur affiche, sous forme de document projetable (TNI, par exemple) et pouvant être utilisée comme source d'information par les élèves ;

– **document photocopié** remis aux élèves et contenant différentes solutions validées ;

– **trace écrite personnalisée**, chaque élève recopiant l'une des solutions qu'il pense avoir comprise et qu'il pense pouvoir utiliser dans un problème voisin qui lui sera effectivement proposé prochainement.

▶ Comment utiliser les pages Problèmes ?

• Pour chaque série, les problèmes sont variés :

– ils peuvent être situés dans un même contexte, ce qui contribue à maintenir l'intérêt des élèves et leur permet de se concentrer davantage sur les questions posées ;

– ne pas relever tous du même domaine mathématique, de manière à favoriser la réflexion quant au choix des procédures de résolution ;

– avoir des données fournies avec des supports divers (dessin, texte, schéma, graphique).

• Chaque élève ne traitera pas obligatoirement l'ensemble des problèmes.

Le choix, l'utilisation et la mise en œuvre de ceux-ci sont laissés à l'initiative de l'enseignant. Certains problèmes peuvent être proposés en résolution individuelle. D'autres sont résolus en équipes, soit directement, soit après une phase de résolution individuelle.

• La recherche se fait d'abord au brouillon.

Elle se fait sur une feuille à part. Ensuite, les élèves peuvent consigner leurs réponses dans le fichier.

Les **tableaux de progression**
sur les apprentissages de **Nombres et calculs,**
et **résolution de problèmes** de Cap Maths CE2
se trouvent dans le CD-Rom du guide.

Grandeurs et mesures

Programme du cycle 2 (en vigueur à partir de la rentrée 2016)

Dans les différents enseignements mais aussi dans leur vie quotidienne, les élèves sont amenés à comparer des objets ou des phénomènes en utilisant des nombres. À travers des activités de comparaison, ils apprennent à distinguer différents types de grandeurs et à utiliser le lexique approprié : longueurs (et repérage sur une droite), masses, contenance (et volume contenu), durées (et repérage dans le temps), prix. La comparaison de grandeurs peut être directe, d'objet à objet (juxtaposer deux baguettes), nécessiter la comparaison à un objet intermédiaire (utiliser un troisième récipient pour déterminer laquelle de deux bouteilles a la plus grande contenance) ou à plusieurs objets de même grandeur (mettre bout à bout plusieurs baguettes identiques pour comparer les longueurs de deux lignes tracées au sol). Elle peut également reposer sur la comparaison de mesures des grandeurs.

Dans le cas des longueurs, des masses, des contenances et des durées, les élèves ont une approche mathématique de la mesure d'une grandeur : ils déterminent combien de fois une grandeur à mesurer « contient » une grandeur de référence (l'unité). Ils s'approprient ensuite les unités usuelles et apprennent à utiliser des instruments de mesure (un sablier, une règle graduée, un verre mesureur, une balance, etc.).

Pour résoudre des problèmes liés à des situations vécues, les élèves sont amenés à calculer avec des grandeurs. Ils utilisent les propriétés des nombres et les opérations, et en consolident ainsi la maitrise.

Pour comprendre les situations et valider leurs résultats ils doivent aussi donner du sens à ces grandeurs (estimer la longueur d'une pièce ou la distance entre deux arbres dans la cour, juger si un livre peut être plus lourd qu'un autre, etc.) en s'appuyant sur quelques références qu'ils se seront construites. Ces problèmes sont l'occasion de renforcer et de relier entre elles les connaissances numériques et géométriques, ainsi que celles acquises dans « Questionner le monde ».

Attendus de fin de cycle :
■ Comparer, estimer, mesurer des longueurs, des masses, des contenances, des durées.
■ Utiliser le lexique, les unités, les instruments de mesures spécifiques de ces grandeurs.
■ Résoudre des problèmes impliquant des longueurs, des masses, des contenances, des durées, des prix.

❶ LES CONNAISSANCES ET COMPÉTENCES FONDAMENTALES

Les principales connaissances et compétences travaillées au CE2 s'organisent autour de la construction des différentes grandeurs : **longueur, contenance, masse et durée**.

• Construction des notions de grandeur et de mesure

La **grandeur** est une propriété d'un objet qu'il s'agit de différencier de ses autres propriétés : distinguer longueur d'une ligne et place qu'elle occupe sur la feuille, distinguer masse et volume d'un objet. La **mesure** est un nombre qui quantifie cette grandeur, une unité étant donnée.

Il est important que l'élève **comprenne la grandeur avant d'aborder sa mesure**. La grandeur est généralement mise en évidence dans la résolution d'un problème de comparaison. La mesure peut être obtenue en dénombrant les reports de l'unité ou être donnée par un instrument : double décimètre, mètre, balance… Avec les instruments d'usage social, les **unités usuelles** sont introduites : centimètre, décimètre, mètre, litre, centilitre, gramme, kilogramme.

En ce qui concerne la notion de **longueur**, de nombreuses activités ont permis au CP et au CE1 de comprendre le sens de la grandeur. La mesure a été introduite par report de l'unité, pour arriver à l'utilisation des instruments gradués : double décimètre, mètre, double mètre. Au CE2, les activités proposées dans les deux premières unités permettent la consolidation de ce qui a été vu au CE1 sur les mesures de longueur : mesurage à l'aide d'instruments, utilisation des unités usuelles (mètre, décimètre et centimètre).

Pour le **mesurage**, les élèves ont à reconnaître l'instrument adapté et à savoir l'utiliser : double ou triple décimètre, règle de tableau, mètre pliant ou de couturière, double mètre enroulé, décamètre… La familiarité avec l'instrument double ou triple décimètre n'en garantit pas le bon usage. Le mesurage de segments à l'aide de règles cassées amène à comprendre comment a été construit l'instrument, à se questionner sur l'unité utilisée et à réfléchir sur ce que doit être **la « bonne utilisation » d'un instrument gradué** du commerce, en particulier du double décimètre : placement du zéro à l'extrémité du segment à mesurer, lecture de la graduation en face ou la plus proche de l'autre extrémité qui indique le nombre de reports de l'unité à partir de la graduation O.

Pour la **masse** et la **contenance**, la résolution de problèmes de comparaison en utilisant une balance à plateaux ou en effectuant des transvasements, permet le renforcement du sens de la grandeur déjà étudiée au CE1. Il est important que l'**expérimentation matérielle** des élèves dans ces situations soit effective et qu'un temps suffisant y soit consacré. Les mesures et le calcul sur les mesures sont travaillés dans des problèmes proches de ceux de la vie sociale.

• Connaissance des unités usuelles et approche du Système décimal de mesure

Pour les différentes grandeurs, les unités usuelles déjà étudiées au CE1 sont progressivement réintroduites dans des problèmes d'estimation, de mesurage ou de calcul : **mètre, décimètre, centimètre, litre, gramme**. Un ordre de grandeur est construit pour chacune de ces unités. Le **millimètre** est utilisé lors de mesurages à l'aide du double décimètre. Des problèmes de comparaison et de calcul de mesures amènent à utiliser les relations entre des unités usuelles. Les relations entre les unités **kilogramme** et gramme et **kilomètre** et mètre sont étudiées.

En fin d'année, les régularités du **Système International des unités de mesure** peuvent être mises en évidence à partir de certaines équivalences connues entre unités de mesure : kilogramme et gramme, kilomètre et mètre, mètre et centimètre, litre et centilitre…

En étudiant les analogies entre les dénominations des unités en lien avec les équivalences connues, les élèves perçoivent l'existence d'un système global cohérent qui a ses règles de désignations et d'équivalences et dont l'apprentissage est un objectif du cours moyen.

• Structuration des repères temporels et des durées

En lien avec le domaine « Questionner le monde », les apprentissages vont se construire dans des situations vécues ou proche de la vie courante sur trois échelles de temps :
– celle de la date et des durées exprimées en années, mois et jours ;
– celle des horaires et des durées exprimés en heures, minutes ;
– celle des durées courtes exprimées en minutes et secondes.

À la suite du travail initié au CE1, les élèves ont à résoudre des **problèmes liant dates et durées en mois, semaines et jours**, comme déterminer la durée d'un événement connaissant les dates de début et de fin. Ils peuvent procéder par comptage des jours, des semaines ou des mois dans le calendrier ou par le calcul. Progressivement, **le mois** conçu comme un repère de date dans l'année civile est compris aussi comme une période de trente jours consécutifs ou comme la durée d'une période allant d'un certain quantième d'un mois au même quantième du mois suivant (du 6 avril au 6 mai de la même année, il s'écoule un mois).

En fin de CE1, tous les élèves ne savent pas **lire l'heure sur une horloge à aiguilles**. C'est donc un objectif essentiel du CE2. Des premières activités sont proposées pour évaluer les compétences de chacun dans ce domaine. Il est important de familiariser les élèves à la lecture de l'heure par **un usage rituel** de l'horloge de la classe.

Le travail sur les **durées** doit être mené avec prudence, cette notion restant longtemps très abstraite pour les élèves. C'est en résolvant des problèmes dans des contextes de la vie courante que les élèves construisent progressivement de nouvelles significations, en particulier à distinguer horaire et durée, et élaborent des procédures de calcul. Des schémas représentant le temps de manière linéaire permettent de rendre compte de la chronologie des événements et d'aider aux choix et à la gestion des procédures de calcul. Sont d'abord étudiés des problèmes de calcul de durées et d'horaires amenant à utiliser la relation entre **heures et minutes** puis, en lien avec le domaine de l'Education physique et sportive, des problèmes de comparaison, de calcul de cumuls et d'écarts de durées amenant à utiliser la relation entre **minutes et secondes**.

❷ LES RÉPONSES À QUELQUES QUESTIONS

► Comment construire le sens des unités usuelles et des relations entre ces unités ?

Les élèves doivent avoir un **ordre de grandeur** des unités étudiées et comprendre les équivalences entre ces unités.

Pour les **longueurs**, les unités et les équivalences peuvent être introduites par l'observation des instruments de mesure. Les équivalences **1 m = 100 cm** et **1 m = 10 dm** peuvent être observées sur la règle de tableau et mémorisées en lien avec observation. Il en est de même pour la relation **1 dm = 10 cm** sur le double décimètre. L'usage de cet instrument conduit à comprendre **le millimètre** comme une unité plus petite que le centimètre permettant une précision des mesures. L'équivalence **1 cm = 10 mm** est, elle aussi, observée sur l'instrument et mémorisée. L'unité **kilomètre** est présentée comme une unité de longueur plus grande permettant d'exprimer des mesures de distances entre des villes. En résolvant des problèmes de calcul de distances, les élèves abordent et utilisent l'équivalence **1 km = 1 000 m**.

Les mesures sont données dans une unité choisie ou imposée ou sous la forme d'une notation complexe utilisant deux unités usuelles : mètre et centimètre, par exemple.

Au début, les élèves peuvent s'appuyer sur un comptage sur la règle de tableau ou le double décimètre pour trouver des équivalences entre mesures exprimées dans différentes unités, puis progressivement, les relations de base étant mémorisées, les élèves procèdent par calcul en procédant à des échanges ; par exemple, pour exprimer 5 cm 3 mm en mm : comme 1 cm = 10 mm, 5 cm = 50 mm et 5 cm 3 mm = 50 mm et 3 mm = 53 mm.

Les **unités de contenance** sont introduites par utilisation de différents récipients du commerce dont la contenance est indiquée : en litres, **en décilitres et en centilitres**. Analogues à celles portant sur les unités de longueurs, les équivalences sont vérifiées par transvasement et mémorisées : **1 L = 100 cL, 1 L = 10 dL, 1 dL = 10 cL**. Elles sont utilisées dans des problèmes où les élèves ont à déterminer des contenances par le calcul.

Pour les **masses**, c'est en utilisant des balances de ménage ou en observant la boite de masses marquées, que le gramme et le kilogramme sont introduits comme unités usuelles, ainsi que la relation **1 kg = 1 000 g**.

→ **Cap Maths** propose des situations d'apprentissage où les élèves sont amenés à expérimenter en soupesant, en transvasant et en utilisant des balances. D'autres activités sont proposées en consolidation : ateliers d'expérimentation ou compléments que l'enseignant peut trouver dans la brochure « 90 Activités et jeux mathématiques au CE2 » et activités individuelles de manipulations virtuelles dans le CD-Rom CE2-CM.

► Comment travailler la notion de périmètre ?

En mesurant et en construisant des lignes brisées de longueur donnée, les élèves comprennent l'additivité des mesures : la mesure totale de la ligne est égale à la somme des mesures des segments qui la constituent.

Dans des problèmes portant sur la longueur de lignes brisées ou polygonales, on demande d'obtenir la mesure de la ligne sans mesurage effectif, **par calcul à partir des mesures données**. Les élèves sont amenés à faire des additions ou soustractions de mesures, tout en prenant en compte l'équivalence connue 1 cm = 10 mm. Le périmètre est défini comme la longueur d'une ligne brisée fermée ou d'une ligne polygonale.

→ **Cap Maths** propose une situation d'apprentissage permettant de comprendre le périmètre d'un polygone comme la longueur de son pourtour et de résoudre les problèmes éventuels de conversions liés à son calcul.

► Faut-il revenir sur la lecture de l'heure ?

Cet apprentissage est à mener en lien avec le domaine « Questionner le monde ».

La lecture de l'heure en heures et minutes sur une horloge à aiguilles est un des objectifs importants du CE2, en continuité de ce qui a été étudié au CE1.

La classe doit disposer d'une horloge en état de marche sur laquelle on peut expérimenter l'entrainement de la petite aiguille par la rotation de la grande aiguille.

Dans des situations spécifiques, les élèves comprennent le rôle de chaque aiguille, ils apprennent à lire l'heure en heures et minutes. Progressivement, ils abordent les **différentes désignations des horaires** : horaires du matin, de l'après-midi, avec un nombre de minutes supérieur à 30 (10 h 40 ou 11 h moins 20), utilisation des fractions d'heure (et quart, et demie, moins le quart). Par l'étude du fonctionnement de l'horloge, des graduations présentes, de l'entraînement de la petite aiguille par la grande, ils donnent du sens à l'équivalence **1 heure = 60 minutes**.

En complément des situations proposées, un entraînement systématique à la lecture de l'heure doit être mené chaque jour, rythmé par la vie de la classe.

→ **Cap Maths** propose des outils pour cet apprentissage dans le matériel encarté du cahier. Il s'agit d'**une horloge** en carton comportant les graduations en minutes numérotées de 5 en 5 qui est une aide précieuse dans les exercices de lecture de l'heure.

Les compétences des élèves et des classes étant très hétérogènes dans ce domaine, une **possibilité importante de différenciation** est laissée à l'enseignant. Il peut :
– différencier les exercices en utilisant les fiches différenciation et proposer des horaires plus simples aux élèves en difficulté ;
– différencier les entrainements à l'aide des exercices proposés dans le CD-Rom GS-CP-CE1 et le CD-Rom CE2-CM.

▶ **Comment construire des procédures de calcul sur les durées ?**

C'est dans la résolution effective de problèmes qui ont du sens pour eux que les élèves construisent des procédures adaptées. Dans des problèmes **liant horaires et durées exprimées en heures et minutes**, un premier objectif est la distinction entre ces deux notions qui s'expriment avec les mêmes unités : il est 2 heures 10 minutes, ou il s'est écoulé 2 heures 10 minutes. Le second objectif est la construction de procédures : comptage du temps écoulé sur l'horloge ou **calculs s'appuyant sur des heures entières et l'équivalence 1 heure = 60 minutes**.

Par exemple pour trouver le temps écoulé de **8 h 15 à 9 h 30**, on peut procéder des deux manières suivantes :

– **de 8 h 15 à 9 h**, il s'écoule 45 minutes ; **de 9 h à 9 h 30**, il s'écoule 30 minutes.

Donc de 8 h 15 à 9 h 30, il s'écoule 75 minutes, soit 1 heure 15 minutes.

Ce raisonnement peut être présenté sur un schéma linéaire :

horaires	8 h 15	9 h	9 h 30
durées		45 minutes	30 minutes

– **de 8 h 15 à 9 h 15**, il s'écoule 1 heure ; **de 9 h 15 à 9 h 30**, il s'écoule 15 minutes.

Donc de 8 h 15 à 9 h 30, il s'écoule 1 heure 15 minutes.

Comme précédemment, le raisonnement peut être présenté ainsi :

horaires	8 h 15	9 h 15	9 h 30
durées		1 heure	15 minutes

Dans des problèmes visant des calculs sur des durées en minutes et secondes : cumul, écart ; des procédures de même nature sont élaborées.

Par exemple, pour additionner deux durées : 3 min 35 s et 4 min 42 s, on peut additionner séparément minutes et secondes, pour obtenir 7 min 77 s, puis utiliser l'équivalence 1 min = 60 s, pour arriver à 8 min 17 s.

→ **Cap Maths** propose, tout au long de l'année, des situations nombreuses dans des contextes divers, proches de la vie courante : problèmes liés à la vie de la classe, horaires de TV, chronométrage de courses sportives. Ces situations permettent aux élèves d'utiliser les différentes unités de durées, de mémoriser leurs équivalences et de construire des procédures de résolution.

Les **tableaux de progression** sur les apprentissages de **Grandeurs et mesure**, de Cap Maths CE2 se trouvent dans le CD-Rom du guide.

Espace et géométrie

Programme du cycle 2 (en vigueur à partir de la rentrée 2016)

Au cycle 2, les élèves acquièrent à la fois des **connaissances spatiales** comme l'orientation et le repérage dans l'espace et des **connaissances géométriques** sur les solides et sur les figures planes. Apprendre à se repérer et se déplacer dans l'espace se fait en lien étroit avec le travail dans *Questionner le monde* et *Éducation physique et sportive*. Les connaissances géométriques contribuent à la construction, tout au long de la scolarité obligatoire, des concepts fondamentaux d'alignement, de distance, d'égalité de longueurs, de parallélisme, de perpendicularité, de symétrie.

Les compétences et connaissances attendues en fin de cycle se construisent à partir de problèmes, qui s'enrichissent tout au long du cycle en jouant sur les outils et les supports à disposition, et en relation avec les activités mettant en jeu les grandeurs géométriques et leur mesure.

Dans la suite du travail commencé à l'école maternelle, l'acquisition de connaissances spatiales s'appuie sur des problèmes visant à localiser des objets ou à décrire ou produire des déplacements dans l'espace réel. L'oral tient encore une grande place au CP mais les représentations symboliques se développent et l'espace réel est progressivement mis en relation avec des représentations géométriques. La connaissance des solides se développe à travers les activités de tri, d'assemblages et de fabrications d'objets. Les notions de géométrie plane et les connaissances sur les figures usuelles s'acquièrent à partir de résolution de problèmes (reproduction de figures, activités de tri et de classement, description de figures, reconnaissance de figures à partir de leur description, tracés en suivant un programme de construction simple). La reproduction de figures diverses, simples et composées est une source importante de problèmes de géométrie dont on peut faire varier la difficulté en fonction des figures à reproduire et des instruments disponibles. Les concepts généraux de géométrie (droites, points, segments, angles droits) sont présentés à partir de tels problèmes.

En géométrie comme ailleurs, il est particulièrement important que les professeurs utilisent un langage précis et adapté et introduisent le vocabulaire approprié au cours des manipulations et situations d'action où il prend sens pour les élèves, et que ceux-ci soient progressivement encouragés à l'utiliser.

Attendus de fin de cycle :
■ (Se) repérer et (se) déplacer en utilisant des repères et des représentations.
■ Reconnaitre, nommer, décrire, reproduire quelques solides.
■ Reconnaitre, nommer, décrire, reproduire, construire quelques figures géométriques.
■ Reconnaitre et utiliser les notions d'alignement, d'angle droit, d'égalité de longueurs, de milieu, de symétrie.

Dans la continuité du CE1, les principaux objectifs d'apprentissage au CE2 s'organisent autour de deux grands axes :

– **la consolidation des compétences spatiales** qui concerne plus particulièrement le repérage et l'orientation, consolidation qui porte sur la mise en relation d'un espace connu avec une représentation de celui-ci (plan et carte).

– **la construction de connaissances et de compétences géométriques** : le passage initié au CE1 d'une **géométrie de la perception**, où les formes sont reconnues à vue et les actions sont contrôlées perceptivement, à une **géométrie instrumentée**, où les actions se font à l'aide des instruments et où la reconnaissance des figures et le contrôle des productions sont guidés par les propriétés, structure l'enseignement de la géométrie au CE2.

❶ LE RENFORCEMENT DES COMPÉTENCES SPATIALES

Les connaissances spatiales sont celles qui permettent à l'enfant de contrôler ses rapports usuels avec l'espace : savoir prendre, mémoriser, communiquer des informations spatiales pour se repérer, se déplacer, pour localiser, mais aussi pour reconnaître ou construire des objets. La plupart des compétences spatiales se construisent spontanément, mais certains apprentissages spatiaux doivent être pris en charge par l'école.

Les compétences visées en fin de cycle 2 sont dans la continuité de celles attendues en fin de cycle 1 :
– **la maîtrise des indicateurs spatiaux du langage** ;
– **la capacité à se décentrer sur le point de vue d'un autre observateur** ;
– **la production et l'utilisation de représentations d'espaces familiers** (l'école, le village, le quartier) qui sollicitent les compétences précédemment citées.

L'orientation dans différents types d'espace doit être travaillée, ces espaces se différenciant par leur dimension, les systèmes de repères qui peuvent y être utilisés, le vocabulaire qui permet de s'y repérer.

• **L'espace qui nous entoure**

Dans cet espace qui a trois dimensions, un objet peut être repéré :

– **par rapport à l'observateur** (en haut, en bas, devant, derrière, à gauche, à droite).

– **par rapport à une autre personne ou objet orienté** (devant, derrière, à la gauche de, à la droite de).

Exemple : Le piéton traverse devant la voiture et un dépassement s'effectue par la gauche de la voiture.

– **par rapport à un autre objet non orienté** (devant, derrière, à gauche de, à droite de).

Exemple : La fourchette se place à droite de l'assiette et le verre derrière l'assiette.

Dire « Le verre est derrière l'assiette » signifie que le verre est dans un second plan quand on est assis à table.

Quand l'observateur est plongé dans un espace (l'école, le village, le quartier, la ville…) qu'il ne peut pas englober du regard pour communiquer une information relative à la position d'un élément de cet espace ou à un déplacement dans cet espace, il doit opérer en pensée ou à l'aide d'une représentation plane de cet espace des changements de position et donc d'orientation qui nécessitent de se décentrer par rapport à la position qu'il occupe. L'utilisation d'un plan est conditionnée par la capacité à l'orienter, c'est-à-dire à le mettre en correspondance avec ce que voit l'observateur depuis la position qu'il occupe dans cet espace.

Les apprentissages spatiaux liés à l'espace qui nous entoure ne peuvent se réaliser que dans cet espace.

• **L'espace de la feuille de papier**

Cet espace, comme le plan vertical du tableau, a une orientation conventionnelle et les mots haut, bas, droite et gauche permettent de s'y repérer. Le basculement du plan du tableau à celui de la feuille ne va pas de soi : le haut de la feuille pour l'observateur correspond à la partie de la feuille qui est la plus éloignée de lui.

• **Sur une ligne orientée**

C'est un vocabulaire temporel qui permet le repérage : début, fin, avant, après.

Exemple : Sur la bande numérique le chiffre 5 est après le chiffre 4.

• **Dans un quadrillage**

On peut, pour repérer une case ou un nœud, utiliser des lettres, des nombres… :

– **pour repérer un nœud** relativement à un autre nœud.

Exemple : Le point vert est à 2 carreaux à droite et 3 carreaux en dessous du point rouge.

– **pour repérer une case**, un système de repère étant donné.

Exemple : L'étoile est dans la case (e, 3).

❷ LA CONSTRUCTION DES CONNAISSANCES GÉOMÉTRIQUES

Sans s'affranchir de la géométrie de la perception, les élèves de CE2 entrent dans la géométrie instrumentée où objets et relations entre objets se caractérisent par des propriétés contrôlées avec des instruments.

• **Notions d'alignement, d'angle droit, d'axe de symétrie**

La compréhension de ces propriétés géométriques va de pair et est étroitement liée à l'utilisation d'**instruments et d'outils** : la règle, le gabarit d'angle droit, le calque.

• **Étude de quelques figures planes**

– **Les propriétés relatives aux angles et aux côtés d'un carré, d'un rectangle** vont permettre la reconnaissance de ces figures indépendamment de leur orientation, et de sa forme pour le rectangle.

– **Le cercle**, en lien avec l'utilisation du compas qui permet de fixer un écartement, est vu comme une ligne ayant une courbure régulière, qui ni ne s'écarte ni ne s'approche d'un point particulier : son centre.

– **Les problèmes de reproduction de figures usuelles ou complexes** vont contraindre les élèves à analyser les figures. Ils doivent apprendre à :

– identifier les éléments de la figure, repérer des égalités de longueurs, des alignements, des angles droits ;

– repérer des sous-figures et à identifier les relations de position entre ces sous-figures.

– **Les propriétés sont mises en évidence puis mobilisées dans des problèmes où leur utilisation est rendue nécessaire** : problèmes de reproduction, de construction, d'identification, de description. Les connaissances construites en réponse à des problèmes prennent ainsi sens.

– **La communication au sein de la classe** nécessite un **vocabulaire partagé**. Le **vocabulaire géométrique** et les formulations spécifiques sont ainsi progressivement mis en place, sans formalisme excessif.

● Étude de quelques solides

Les situations proposées nécessitent de **passer d'une reconnaissance globale** d'un solide **à une connaissance plus analytique** (formes des faces et nombre de faces de chaque forme, arêtes et sommets pour les polyèdres). Le travail engagé en CE1 se poursuit en CE2 dans trois directions :
– la reconnaissance et la description d'un solide ;
– la reproduction d'un polyèdre ;
– la mise en relation d'un solide avec une représentation plane de celui-ci (photographie, dessin).
En fin de cycle 2, les élèves doivent avoir acquis une bonne connaissance du **cube** et du **pavé droit**.

❸ LES RÉPONSES À QUELQUES QUESTIONS

▶ Quelles compétences spatiales doivent faire l'objet d'un travail spécifique en CE2 ?

Au CP, les élèves ont appris à repérer la position d'un objet par rapport à un autre objet ou par rapport à une personne. Au CE1, ils ont eu à anticiper ce que voit un observateur placé différemment de soi selon la position qu'il occupe. Au CE2, le travail s'élargit à un espace plus vaste. La taille de ce nouvel espace fait qu'il n'y a pas de lieu d'où l'élève puisse voir la totalité de l'espace. Pour appréhender l'espace dans son ensemble, l'élève va donc devoir recoller plusieurs lieux correspondant chacun aux positions successives qu'il occupe dans cet espace. Le plan ou la carte vont l'aider à réaliser ce recollement, mais pour ce faire, l'élève doit mettre en correspondance le plan et l'espace à partir de la position qu'il occupe dans cet espace et donc orienter convenablement le plan.

→ **Cap Maths** propose deux situations sur ce thème, dans l'école et dans le village ou le quartier. Dans la première situation, il s'agit de retrouver des objets à partir de la localisation de leurs positions sur un plan de l'école. La seconde situation consiste à suivre un trajet dessiné sur une carte puis à tracer sur la carte un parcours effectué dans le village ou le quartier.

▶ En géométrie plane, que doit savoir et savoir réaliser un élève en fin de CE2 ?

Le CE2 doit assurer une bonne maitrise des propriétés des figures élémentaires et des relations qui seront sollicitées dans des tâches complexes en cycle 3 :
– des **connaissances sur des objets** : carré, rectangle (angles et longueurs des côtés), triangle (existence de triangles de formes différentes), cercle (ligne tracée avec le compas définie par son centre et son rayon) ;
– des **connaissances sur des relations** : angle droit (angle d'un carré, de l'équerre), alignement (points alignés, point dans le prolongement d'un segment), axe de symétrie d'une figure (en référence au pliage).
En fin de CE2, un élève doit savoir mobiliser ces connaissances dans des tâches simples de reproduction, de construction, de description, l'oral tenant encore une place importante dans ce dernier type de tâche.

→ **Cap Maths** joue sur les différents types de tâche, le choix des figures, les contraintes mises sur l'utilisation des instruments pour faire percevoir l'insuffisance d'une reconnaissance faite seulement à vue ou de tracés approchés et provoquer l'appropriation des propriétés sur les figures élémentaires et des relations qui font ainsi sens pour l'élève qui les voit comme réponses à des problèmes.

▶ Quelles sont les connaissances visées sur les solides ?

Un élève, en fin de CE2, doit être capable de faire abstraction de certaines considérations physiques liées à la fonction de l'objet, comme par exemple la présence d'un couvercle ou d'une étiquette, la couleur, pour en percevoir la forme et l'identifier à une catégorie d'objets ayant les mêmes caractéristiques géométriques

Les objectifs d'apprentissage portent sur la reconnaissance de quelques solides socialement ou culturellement familiers et, pour les polyèdres, sur l'utilisation du vocabulaire spécifique pour les décrire, sur leur reproduction à partir de polygones. Seule une bonne connaissance des cubes et pavés droits est visée. Mais les activités proposées ne se limitent pas aux seuls objectifs de connaissance, un premier travail est entrepris sur la mise en relation entre un solide et une de ses représentations sur une surface plane.

Comme pour les apprentissages relevant de l'espace qui nous entoure, ceux portant sur les solides ne peuvent pas se faire à partir du seul fichier, il est essentiel que les élèves puissent manipuler les objets.

→ **Cap Maths** met l'accent sur la caractérisation des polyèdres, sur la reproduction d'un polyèdre à partir d'une feuille de papier par réalisation, découpe et assemblage des faces, et approche la notion de patron qui sera travaillée au cycle 3. Les problèmes donnent lieu à des échanges qui nécessitent un vocabulaire qui ne soit pas ambigu, comme peut l'être par exemple le mot « côté » qui peut aussi bien désigner une face qu'une arête.
Une situation est proposée où il s'agit de mettre en relation des polyèdres simples et certaines de leurs représentations planes (photographies et dessins en perspective). Elle est l'occasion de prendre conscience qu'une représentation renvoie à un point de vue particulier sur le polyèdre et qu'elle ne renseigne que partiellement sur celui-ci.

▶ Comment favoriser la construction de connaissances géométriques ?

C'est en résolvant des problèmes dans des situations bien choisies que l'élève va construire ses connaissances : problèmes de reconnaissance, de reproduction, de construction, de description. Il est important que l'élève puisse expérimenter, faire des essais, chercher et aussi émettre des hypothèses, en discuter avec ses camarades.

Selon les objectifs poursuivis, les tracés sont effectués sur papier quadrillé pour travailler par exemple le repérage d'un nœud par rapport à un autre, ou sur papier blanc pour aider à la construction d'images mentales qui ne soient pas liées à l'orientation de la figure et aux directions que privilégie le papier quadrillé.

→ **Cap Maths** propose de nombreuses situations sollicitant les différentes tâches précédemment mentionnées à faire vivre en classe sur des supports variés : figures dessinées sur des étiquettes puis sur la feuille de papier, lot de solides à réaliser à partir du matériel photocopiable ou de la pochette « Les solides de l'école ». Les exercices du Cahier Mesures-Géométrie évoquent de façon très contextualisée ces situations et sont à réaliser par les élèves à l'issue de la recherche pour s'entrainer ou réviser.

▶ Comment valider les productions des élèves dans des tâches de reproduction ou de construction de figures ?

C'est en résolvant des **problèmes de reproduction et construction** que les élèves vont comprendre les exigences de ce type d'activité : utiliser des procédures appropriées, bien utiliser les instruments (règle, équerre et compas), et prendre goût à un travail soigné.

Dans les situations de reproduction, la **comparaison de la production au modèle** constitue une phase importante. Les élèves prennent conscience de la nécessité d'analyser le modèle, d'élaborer une stratégie de reproduction, et ainsi de passer d'une vision globale de la figure à une vision plus analytique. Une autre phase importante est la **mise en commun collective** qui suit la recherche, temps où les procédures des élèves sont explicitées. Des élèves peuvent avoir réalisé une figure proche du modèle sans pour autant avoir mobilisé les propriétés de la figure alors que d'autres qui ont correctement analysé la figure ont produit une figure plus éloignée du modèle du fait d'un manque de dextérité dans l'utilisation des instruments. Discuter les procédures de construction permet, d'une part, de valoriser le travail de ces derniers et, d'autre part, crée la motivation pour améliorer la précision des tracés.

→ **Cap Maths** propose des problèmes de reproduction dont les modèles figurent dans le matériel photocopiable. Les nombreux exercices de tracé, de reproduction, de construction du cahier Mesures-Géométrie permettent un **entrainement systématique**, structuré et différencié.

Les **tableaux de progression**
sur les apprentissages de **Grandeurs et mesure**,
de Cap Maths CE2 se trouvent
dans le CD-Rom du guide.

UNITÉ 1

13 ou 14 séances
– 10 séances programmées (9 séances d'apprentissage + 1 bilan)
– 3 ou 4 séances pour la consolidation et la résolution de problèmes

environ 30 min par séance   environ 45 min par séance

	CALCUL MENTAL	RÉVISER	APPRENDRE
Séance 1 FICHIER NOMBRES p. 8	**Problèmes dictés** Sommes (monnaie en €)	**Problèmes écrits** Sommes (monnaie en €)	**Décompositions de 10 € avec 1 €, 2 €, 5 €** (chercher toutes les solutions) RECHERCHE Comment obtenir 10 € ?
Séance 2 FICHIER NOMBRES p. 9	**Nombres dictés** Nombres < 100	**Nombres inférieurs à 100 :** **écritures en chiffres** **et en lettres**	**Décompositions de 1 €** (chercher toutes les solutions) RECHERCHE Comment obtenir 1 € ?
Séance 3 FICHIER NOMBRES p. 10	**Répertoire additif** Sommes, différences, compléments	**Sommes de plusieurs** **nombres** Comparaison, calcul réfléchi	**Nombres inférieurs à 1 000 :** **centaines, dizaines et unités (1)** RECHERCHE Les timbres
Séance 4 FICHIER NOMBRES p. 11	**Répertoire additif** Sommes, différences, compléments	**Sommes de plusieurs** **nombres** Calcul réfléchi	**Nombres inférieurs à 1 000 :** **centaines, dizaines et unités (2)** RECHERCHE Crayon, compteur et calculatrice
Séance 5 FICHIER NOMBRES p. 12	**Problèmes dictés** Augmentation : état final, état initial	**Problèmes écrits** Augmentation : état final, état initial	**Nombres inférieurs à 1 000 :** **écritures en chiffres et en lettres** RECHERCHE Avec des chiffres et des lettres
Séance 6 FICHIER NOMBRES p. 13	**Répertoire additif** Sommes, différences, compléments	**Sommes de plusieurs** **nombres** Calcul réfléchi	**Addition : calcul posé ou en ligne** RECHERCHE Le bon chiffre
Séance 7 CAHIER GÉOMÉTRIE p. 2	**Répertoire additif** Sommes, différences, compléments	**Reconnaissances de formes**	**Longueurs en mètres, décimètres et** **centimètres** RECHERCHE Comparer la longueur de deux bandes
Séance 8	**Écarts à la dizaine** **supérieure ou inférieure**	**Estimer et mesurer des** **longueurs**	**Dates : jours, mois et années** RECHERCHE Les anniversaires
Séance 9 CAHIER GÉOMÉTRIE p. 3	**Écarts à la dizaine** **supérieure ou inférieure**	**Lire l'heure : heure, demi-** **heure, quart d'heure**	**Dates et durées : jours et mois** RECHERCHE Faits divers

Bilan	**Je prépare le bilan** puis **Je fais le bilan** FICHIER NOMBRES p. 14 et 15 CAHIER GÉOMÉTRIE p. 4	L'essentiel à retenir de l'unité 1

L'essentiel à retenir de l'unité 1

● **Calcul mental**
 – Nombres dictés inférieurs à 100
 – Répertoire additif (sommes, différences, compléments)
 – Écarts à la dizaine supérieure ou inférieure

● **Décompositions de 10 € (en €) et de 1 € (en c)**

● **Nombres inférieurs à 1 000 : centaines, dizaines et unités**

● **Nombres inférieurs à 1 000 : écritures**
 en chiffres et en lettres

● **Addition : calcul posé ou en ligne**

● **Mesure de longueurs : mètre, décimètre et centimètre**

● **Dates et durées : jours et mois**

En plus des 10 séances décrites dans le guide, **3 à 4 séances** sont consacrées à des **activités de consolidation et de résolution de problèmes**. Pour cela, l'enseignant peut utiliser les ressources suivantes :

Consolidation **Remédiation**	Fort en calcul mental FICHIER NOMBRES p. 7 Je consolide mes connaissances FICHIER NOMBRES p. 16-17 CAHIER GÉOMÉTRIE p. 5
Banque de problèmes	*Le parc des oiseaux* FICHIER NOMBRES p. 18

	Tâche	Matériel	Connaissances travaillées
PROBLÈMES DICTÉS	**Sommes** (monnaie en €) – Trouver des sommes d'argent réalisées avec des pièces et billets de 1 €, 2 € et 5 €.	**pour la classe :** – 4 pièces et billets de chaque sorte : 1 €, 2 € et 5 € **› planche 1 du fichier** **par élève :** FICHIER NOMBRES **p. 8** a à f	– **Sommes de plusieurs nombres inférieurs à 10** – **Monnaie en euros** – Calcul mental (mémorisation).
PROBLÈMES ÉCRITS	**Sommes** (monnaie en €) – Trouver des sommes d'argent réalisées avec des pièces et billets de 1 €, 2 € et 5 €.	**par élève :** FICHIER NOMBRES **p. 8** A et B	– **Sommes de plusieurs nombres inférieurs à 10** – **Monnaie en euros** – Calcul mental (mémorisation).
APPRENDRE Problèmes, Calcul	**Décompositions de 10 €** avec 1 €, 2 €, 5 € RECHERCHE **Comment obtenir 10 € ?** – Trouver toutes les façons d'obtenir 10 € avec des pièces et billets de 1 €, 2 € et 5 €.	**par équipe de 2 :** – 10 pièces et billets de chaque sorte : 1 €, 2 € et 5 € **› planche 1 du fichier** – feuilles de recherche (si possible de format A3) **par élève :** – feuille de recherche A4 FICHIER NOMBRES **p. 8** 1 , 2 et 3	– **S'organiser pour chercher** – **Exhaustivité des solutions** – **Décompositions additives de 10 avec 1, 2 et 5** – Connaissance de la monnaie en euros.

PROBLÈMES DICTÉS

Sommes (monnaie en €)

– Connaitre la monnaie en euros.
– Calculer des sommes de plusieurs nombres égaux à 1, 2 ou 5.

FICHIER NOMBRES ET CALCULS **p. 8**

> Problèmes dictés
>
> a.   b.   c.   d.   e.   f.

• Montrer les 12 pièces et billets et faire repérer les différentes valeurs : 1 €, 2 €, 5 €.

• Choisir **de 2 à 4 pièces ou billets** (par exemple : 2 €, 2 € et 1 €). Écrire les 3 valeurs au tableau. Demander aux élèves de calculer la somme totale et de l'écrire sur le fichier dans la **case a**. Recenser les réponses et faire expliquer quelques procédures utilisées.

• Recommencer avec les autres ensembles de pièces et billets (cases b à f) :

a. 2 €, 2 €, 1 €	c. 5 €, 2 €, 2 €	e. 5 €, 2 €, 2 €, 2 €
b. 5 €, 2 €	d. 5 €, 5 €, 1 €	f. 5 €, 5 €, 5 €, 1 €

RÉPONSE : a. 5 €   b. 7 €   c. 9 €   d. 11 €   e. 11 €   f. 16 €.

• Les élèves peuvent se préparer ou s'entrainer à ce moment de calcul mental en utilisant l'**exercice 1** de **Fort en calcul mental, p. 7**.

RÉPONSE : a. 15 €   b. 14 €   c. 14 €   d. 30 €.

Il s'agit d'une première activité de calcul mental. Insister auprès des élèves sur le fait qu'ils doivent maintenant être capables de calculer de telles sommes très rapidement, sans utiliser les doigts mais en sollicitant des résultats mémorisés ou retrouvés très rapidement. Cette activité prépare, comme l'activité de révision, à la recherche proposée en apprentissage.

Des problèmes dictés oralement et pouvant être résolus mentalement seront proposés régulièrement, en principe deux fois par unité. L'objectif est triple :

– favoriser l'appropriation du problème, notamment pour les élèves moins bons lecteurs, par la présentation orale, parfois appuyée par le recours à un matériel ;

– travailler sur le « sens des opérations » ;

– faire pratiquer le calcul mental dans des situations signifiantes.

PROBLÈMES ÉCRITS

Sommes (monnaie en €)

– Connaitre la monnaie en euros.
– Comparer et calculer des sommes de plusieurs nombres égaux à 1, 2 ou 5.

FICHIER NOMBRES ET CALCULS **p. 8**

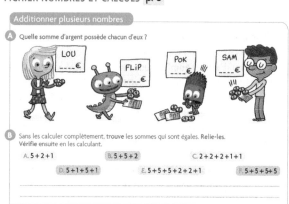

Additionner plusieurs nombres

A Quelle somme d'argent possède chacun d'eux ?

B Sans les calculer complètement, trouve les sommes qui sont égales. Relie-les.
Vérifie ensuite en les calculant.

A. 5 + 2 + 1   B. 5 + 5 + 2   C. 2 + 2 + 2 + 1 + 1

D. 5 + 1 + 5 + 1   E. 5 + 5 + 5 + 2 + 2 + 1   F. 5 + 5 + 5 + 5

Problème A

Calculer des sommes d'argent.

Indiquer comment utiliser le fichier pour ce premier exercice :

➡ *Avant de répondre sur le fichier, vous pouvez chercher sur l'ardoise ou le cahier de brouillon.*

RÉPONSE : Lou : **6** Flip : **8** Pok : **16** Sam : **17**.

Problème B

Comparer des sommes, puis les calculer pour vérification.

Les élèves sont d'abord invités à comparer des sommes sans les calculer complètement, ce qui invite à examiner les termes qui les composent.

Au départ, collectivement, il est possible de demander à la classe de trouver une somme égale à la **somme A**. Les élèves peuvent remarquer que la **somme C** est la seule possible, qu'on y retrouve les nombres 2 et 1 (en un exemplaire chacun) et que, pour les nombres restants, on a l'égalité 2 + 2 + 1 = 5, ce qui assure l'égalité entre les sommes A et C. Ils peuvent ensuite vérifier que chacune de ces deux sommes est égale à 8.

Pour calculer chaque somme, les élèves peuvent ajouter les nombres dans l'ordre où ils se présentent ou regrouper des nombres dont la somme est plus facile à calculer.

RÉPONSE : A = C = **8**   B = D = **12**   E = F = **20**.

Dans cette activité, qui prolonge celle qui précède, une attention particulière est portée sur l'utilisation du fichier, et si nécessaire de l'ardoise ou du cahier de brouillon. Progressivement, les élèves doivent acquérir de l'autonomie dans cette utilisation. Les élèves cherchent au brouillon sur papier ou sur l'ardoise et ne recopient sur le fichier que les réponses accompagnées d'une explication qui est le résultat de leur recherche.

APPRENDRE

Décompositions de 10 € avec 1 €, 2 €, 5 €

– S'organiser pour trouver toutes les possibilités de répondre à une question.
– Trouver différentes décompositions additives de 10.

RECHERCHE

Comment obtenir 10 € ? : Les élèves doivent chercher comment obtenir 10 € de toutes les façons possibles, en utilisant des pièces et billets de 1 €, 2 € et 5 €.

PHASE 1 **Tim a-t-il bien 10 € ?**

• Dessiner au tableau ces pièces et billets en posant la question :
➡ *Sam a-t-il 10 euros avec ces pièces et billets ?*

1 billet de 5 €   3 pièces de 1 €   1 pièce de 2 €

• Recenser rapidement les réponses et procéder à la correction : la réponse est oui, car 5 + 1 + 1 + 1 + 2 = 10.

PHASE 2 **Trois autres façons d'avoir 10 €**

• Formuler un nouveau problème :
➡ *Il faut trouver trois façons différentes d'avoir 10 € en prenant des pièces et des billets de 1 €, 2 € ou 5 €. Vous pouvez prendre plusieurs pièces ou billets de chaque sorte ou aucune. Notez votre réponse sur une feuille et conservez-la pour la suite.*

Cette question ne donne lieu à aucune exploitation immédiate. Elle est destinée à préparer la question suivante.

AIDE Pour cette question, comme pour la suivante, proposer aux élèves qui en éprouve le besoin plusieurs exemplaires de chaque type de pièces et de billets.

PHASE 3 **Toutes les façons d'avoir 10 €**

• Formuler la suite de la question précédente :

➡ *Par deux, commencez d'abord par comparer et vérifier vos réponses à la question précédente. Il faut maintenant, toujours par deux, trouver toutes les façons d'obtenir 10 €. Vous écrirez votre recherche et vos réponses sur une feuille. Tout à l'heure, nous comparerons ce que vous avez trouvé.*

• Insister sur le fait que les élèves de chaque équipe doivent se mettre d'accord sur leurs réponses. Ne pas intervenir pendant cette phase, sauf pour proposer aux équipes, qui n'arrivent pas à démarrer, d'utiliser le matériel « monnaie ».

1 €	10	8	6	5	4	3	2	1		
2 €		1	2		3	1	4	2	5	
5 €				1		1	1			2

Dans cette activité proposée en tout début d'année, les élèves sont confrontés à une situation de recherche.

L'objectif est de faire comprendre « les règles du jeu mathématique » : ce que c'est que chercher, ce qu'on a le droit de faire (échanger avec les autres, se débrouiller, essayer, barrer, répondre par des phrases…) ainsi que de préciser les rôles respectifs des élèves et de l'enseignant. Il s'agit aussi d'apprendre à s'organiser pour avoir le plus possible, voir toutes les possibilités de réponse au problème posé.

Ce travail permet également d'observer le comportement des élèves dans les différentes phases et de repérer les connaissances qu'ils mobilisent.

Le problème proposé comporte plusieurs solutions. À cette époque de l'année, on n'attend pas que chaque élève les trouve nécessairement toutes, ni qu'il utilise une stratégie systématique. Cela est plutôt l'enjeu du travail par deux. Il s'agit plutôt de les confronter, dès le début d'année, à un véritable problème de recherche pour leur faire comprendre ce qui est attendu d'eux en mathématiques : dans les phases de recherche, ils doivent s'organiser, se débrouiller, chercher ensemble et, dans les phases d'échanges collectifs, ils doivent expliquer, justifier, chercher les erreurs…

Le matériel choisi permet de travailler sur la confusion éventuelle entre d'une part le nombre de pièces et billets et d'autre part la valeur de ces pièces et billets. La recherche se fait, si possible, sur une feuille de format A3 pour favoriser l'exploitation ultérieure, mais l'utilisation d'un TNI est également possible.

L'organisation des réponses en tableau comme celui ci-dessus est à destination de l'enseignant ; cette organisation peut être suggérée aux élèves mais elle peut leur paraître difficile.

Difficultés ou erreurs éventuelles (autres que les erreurs de calcul) :

– **difficulté à comprendre la situation** (des échanges de pièces et billets peuvent être proposés) ;

– **utilisation d'autres nombres** que ceux « autorisés » par la situation (cette erreur est intéressante à étudier lors de la mise en commun) ;

– **solutions identiques**, exprimées par des calculs différents et non reconnues comme telles (exploitation lors de la mise en commun) ;

– **erreurs d'écritures** du type $2 \times 2 = 4 + 5 + 1 = 10$, corrigées au moment de la mise en commun, mais reconnues comme permettant d'avoir une solution au problème posé…

Au cours de cette première occasion d'échanges, il est important que le plus grand nombre d'élèves puissent s'exprimer soit pour présenter une solution (la leur ou celle d'un autre élève), soit pour relever une erreur ou en expliquer la cause, soit encore pour exprimer un désaccord ou pour reformuler une idée… Les **mises en commun en mathématiques** constituent ainsi des moments importants favorisant le développement des capacités d'expression orale. Ces échanges doivent se situer principalement entre élèves, l'enseignant réglant les prises de parole et pouvant aussi aider certains dans leurs formulations ou reformuler ce qui a été dit par un élève.

PHASE 4　Mise en commun

• Dans un premier temps, recenser le **nombre de solutions trouvées** par chaque équipe. Demander à une première équipe de proposer ses solutions en commentant sa feuille de recherche.

• Solliciter les autres groupes sur la **validité de ces propositions**, en leur laissant un temps de réflexion. Les observations peuvent être faites de **différents points de vue** :

– *Le total est-il toujours de 10 € ?*

– *Les nombres utilisés correspondent-ils bien aux valeurs des pièces et billets ?*

– *Les solutions proposées sont-elles différentes ?*

– *Comment sont formulées les réponses : dessin des pièces et billets, écritures additives, utilisation du signe « × » ?*

• Demander à un autre groupe de présenter ses solutions. Outre les questions précédentes, inviter les élèves à **examiner les solutions sous différents angles** :

– *Les solutions sont-elles différentes ou non des précédentes ?*

– *Sont-elles exprimées dans le même langage ?*

– *A-t-on utilisé une stratégie dans la recherche des possibilités ?…*

• Interroger d'autres groupes pour fournir des possibilités nouvelles et analyser comment elles ont été obtenues (au hasard, de façon organisée) et comment elles sont formulées (dessins, sommes, produits…).

• Demander aux élèves d'organiser dans leur cahier les différentes solutions trouvées qui peuvent être présentées de différentes manières. En voici deux exemples :

liste rédigée	sommes de nombres	sommes en monnaie
2 billets de 5 €	5 + 5	5 € + 5 €
1 billet de 5 €, 2 pièces de 2 €, 1 pièce de 1 €	5 + 2 + 2 + 1	5 € + 2 € + 2 € + 1 €
1 billet de 5 €, 1 pièce de 2 €, 3 pièces de 1 €	5 + 2 + 1 + 1 + 1	5 € + 2 € + 1 € + 1 € + 1 €

PHASE 5　Synthèse

• Mettre en évidence quelques points forts de ce travail :

Résoudre un problème de recherche

• **Il faut respecter les contraintes de la situation,** par exemple ici n'utiliser que des « 1 », des « 2 » et des « 5 », et obtenir un total égal à 10.

• **Il y a plusieurs façons d'exprimer une même solution :**
– dessin d'un billet de 5 € et de 5 pièces de 1 € ;
– écriture d'une somme : $5 + 1 + 1 + 1 + 1 + 1 = 10$…

• **Il faut répondre à la question posée** « Trouver toutes les façons d'obtenir 10 euros », en indiquant ce que signifient les calculs : la réponse $5 + 5 = 10$ n'est pas suffisante, il faut encore écrire « 2 pièces de 5 € ».

• **Il existe plusieurs stratégies pour trouver le plus de solutions possibles,** par exemple :
– chercher toutes les solutions avec une seule sorte de pièce ou billet, puis avec deux sortes, puis avec trois sortes ;
– chercher toutes les solutions avec 5 €, puis sans ce billet… ;
– utiliser une solution pour en déduire d'autres, par exemple en remplaçant un billet de 5 € par 2 pièces de 2 € et une pièce de 1 €.

ENTRAINEMENT

FICHIER NOMBRES ET CALCULS **p. 8**

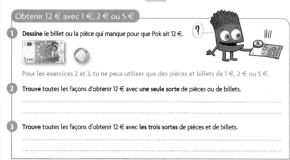

Obtenir 12 € avec 1 €, 2 € ou 5 €

1. **Dessine** le billet ou la pièce qui manque pour que Pok ait 12 €.

Pour les exercices 2 et 3, tu ne peux utiliser que des pièces et billets de 1 €, 2 € ou 5 €.

2. **Trouve** toutes les façons d'obtenir 12 € avec **une seule sorte** de pièces ou de billets.

3. **Trouve** toutes les façons d'obtenir 12 € avec **les trois sortes** de pièces et de billets.

Exercice 1

Compléter des pièces et billets pour avoir 12 €.

Les élèves peuvent procéder par essai des nombres 1, 2 et 5 ou par déduction (comment compléter 7 pour avoir 12 ?).

RÉPONSE : dessin d'un billet de 5 €.

Exercices 2 et 3

Chercher comment obtenir 12 € avec des types de pièces et de billets donnés.

Une confrontation par deux peut être organisée avant la correction collective.

RÉPONSE : 2 12 pièces de 1 € ou 6 pièces de 2 €.

3
1 €	5	3	1
2 €	1	2	3
5 €	1	1	1

AIDE Possibilité pour les élèves d'utiliser des pièces et billets.

Pour l'**exercice 3**, l'enseignant peut aider l'élève en difficulté à organiser les premiers résultats trouvés et l'inciter à en trouver d'autres.

À SUIVRE

En **séance 2**, ce travail sera repris avec la monnaie en centimes et en euros.

	Tâche	Matériel	Connaissances travaillées
NOMBRES DICTÉS	Nombres inférieurs à 100 – Écrire en chiffres des nombres dictés.	par élève : FICHIER NOMBRES **p. 9** a à h	– **Nombres < 100** – Désignation orale à désignation écrite en chiffres.
RÉVISER Nombres	Nombres inférieurs à 100 : écritures en chiffres et en lettres – Écrire en chiffres des nombres donnés en lettres et inversement.	par élève : FICHIER NOMBRES **p. 9** Ⓐ et Ⓑ	– **Nombres < 100** – Désignation littérale à désignation écrite en chiffres.
APPRENDRE Problèmes, Calcul	Décompositions de 1 € avec 10 c, 20 c, 50 c RECHERCHE **Comment obtenir 1 € ?** – Trouver toutes les façons d'obtenir 1 € avec des pièces de 10 c, 20 c et 50 c.	par équipe de 2 : – 10 pièces de chaque sorte : 10 c, 20 c et 50 c ❯ **planche 1 du fichier** – feuilles de recherche (si possible de format A3) par élève : – feuille de recherche A4 FICHIER NOMBRES **p. 9** ❶ à ❻	– **S'organiser pour chercher** – **Exhaustivité des solutions** – **Décompositions additives de 100 avec 10, 20 et 50** – Connaissance de la monnaie en euros et en centimes.

NOMBRES DICTÉS

Nombres inférieurs à 100

– Passer de la désignation orale d'un nombre à son écriture chiffrée.

INDIVIDUEL ET COLLECTIF

FICHIER NOMBRES ET CALCULS **p. 9**

• Demander aux élèves d'écrire en chiffres les nombres dictés avec réponses dans le fichier (cases a à h) :

a. 16	c. 85	e. 60	g. 76
b. 50	d. 97	f. 70	h. 93

• Les élèves peuvent se préparer ou s'entrainer à ce moment de calcul mental en utilisant l'**exercice 2** de **Fort en calcul mental, p. 7.**

RÉPONSE : a. 35 b. 75 c. 88 d. 176 e. 680 f. 892.

Il s'agit d'évaluer et d'entrainer la maitrise de la relation entre désignation orale et désignation chiffrée des nombres, en repérant notamment les difficultés fréquentes pour la tranche des nombres de **60** à **99**. La maitrise de cette compétence pour les nombres inférieurs à 100 est indispensable à son extension aux nombres de 3 chiffres.

AIDE En cas de difficultés, les élèves sont invités à consulter le **dico-maths n° 2 et n° 3.**

RÉVISER

Nombres inférieurs à 100 : écriture en chiffres et en lettres

– Passer de l'écriture littérale d'un nombre à son écriture chiffrée et inversement.

INDIVIDUEL

FICHIER NOMBRES ET CALCULS **p. 9**

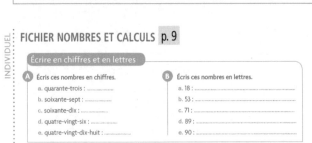

Ces exercices viennent en prolongement de la dictée précédente de nombres.

Problème Ⓐ

Passer de l'écriture en lettres à l'écriture en chiffres.

RÉPONSE : a. 43 b. 67 c. 70 d. 86 e. 98.

Problème Ⓑ

Passer de à l'écriture en chiffres à l'écriture en lettres.

RÉPONSE : a. dix-huit b. cinquante-trois c. soixante-et-onze
d. quatre-vingt-neuf e. quatre-vingt-dix.

APPRENDRE

Obtenir 1 € avec 10 c, 20 c et 50 c

– S'organiser pour trouver toutes les possibilités de répondre à une question.
– Connaitre et utiliser la monnaie en euros et centimes et utiliser l'égalité 1 € = 100 c.
– Trouver différentes décompositions additives de 100.

RECHERCHE

Comment obtenir 1 € ? : Les élèves doivent chercher comment obtenir 1 € de diverses façons, en utilisant des pièces de 10 c, 20 c et 50 c.

PHASE 1 **Tim a-t-il bien 1 € ?**

• Dessiner au tableau 2 pièces de 50 c :

Puis poser la question :

➡ *Tim a-t-il 1 euro avec ces 2 pièces ?*

• Recenser rapidement les réponses et procéder à la correction : la réponse est oui, car 50 c + 50 c = 100 c et que 100 c = 1 €.

• Garder au tableau l'égalité : **100 c = 1 €**.

PHASE 2 **1 € avec une seule sorte de pièces**

• Dessiner au tableau 3 sortes de pièces (1 pièce de 10 c, 1 pièce de 20 c et 1 pièce de 50 c) :

• Remettre les lots de pièces aux élèves qui peuvent en avoir besoin en les incitant à les utiliser, puis poser la question :

➡ *Il faut trouver comment avoir 1 € en ne prenant des pièces que d'une seule sorte : que des pièces de 50 c ou que des pièces de 20 c… Notez votre réponse sur une feuille et conservez-la pour la suite.*

• À l'issue de la recherche, organiser une **mise en commun** :
– recenser les réponses ;
– éliminer rapidement celles qui ne respectent pas la contrainte d'utiliser une seule sorte de pièces ;
– inviter les élèves à vérifier si les réponses proposées sont correctes (a-t-on bien 1 euro ?).

RÉPONSE : 2 pièces de 50 c ; 5 pièces de 20 c ; 10 pièces de 10 c.

▤ Cette situation permet de travailler le fait que **1 € = 100 c** mais aussi de mettre en œuvre le **calcul sur les dizaines** (en principe largement travaillé au CE1).

PHASE 3 **1 € avec les 3 sortes de pièces**

• Formuler la suite de la question précédente :

➡ *Il faut trouver toutes les façons d'avoir 1 €, mais en utilisant maintenant les trois sortes de pièces. Il faut des pièces de 10 c, de 20 c et de 50 c.*

• À l'issue de la recherche, organiser une **mise en commun** :

1. Recenser les réponses.

2. Demander à une première équipe de proposer ses solutions, puis les faire examiner par les autres équipes sous l'angle des quatre contraintes :
– *Ont-ils utilisé deux sortes de pièces ?*

– *Les nombres utilisés sont-ils bien ceux qui correspondent aux valeurs des pièces ?*
– *Le total est-il toujours de 1 euro (soit 100 c) ?*
– *Les solutions proposées sont-elles différentes ?*

3. Proposer à d'autres équipes de présenter leurs solutions. Outre les questions précédentes, faire examiner les questions suivantes :
– *Les solutions sont-elles différentes ou non des précédentes ?*
– *Sont-elles exprimées dans le même langage : dessin, sommes, produits… ?*
– *Ont-elles été cherchées au hasard ou peut-on déterminer la stratégie utilisée par le groupe pour en trouver le plus possible ?*

4. Demander à quelques équipes d'expliciter leurs stratégies de recherche.

RÉPONSE : 50 c + 20 c + 20 c + 10 c et 50 c + 20 c + 10 c + 10 c + 10 c.

Lors de l'exploitation, faire remarquer que la **deuxième solution** peut être obtenue facilement à partir de la première (ou l'inverse) en utilisant le fait que 10 + 10 = 20 :
50 c + 20 c + 20 c + 10 c = 50 c + 20 c + 10 c + 10 c + 10 c.

Difficultés ou erreurs éventuelles (autres que les erreurs de calcul) :
– **difficulté à comprendre la situation** (le matériel monnaie peut alors être proposé) ;
– **utilisation d'autres nombres** que ceux « autorisés » par la situation (cette erreur est intéressante à étudier lors de la mise en commun) ;
– **solutions identiques** exprimées par des calculs différents, mais non reconnues comme telles (exploitation lors de la mise en commun) ;
– **erreur d'écriture** du type 50 + 20 + 20 = 90 + 10 = 100, corrigée au moment de la mise en commun, mais reconnue comme permettant d'avoir une solution au problème posé…

PHASE 4 **Synthèse**

• Mettre en évidence quelques points forts de ce travail, en reprenant ceux de la séance 1 :

Résoudre un problème de recherche

•**Il faut respecter les contraintes de la situation,** par exemple ici n'utiliser que des « 10 », des « 20 » et des « 50 », et obtenir un total égal à 100.

•**Il y a plusieurs façons d'exprimer une même solution :**
– dessin d'une pièce de 50 c, de 2 pièces de 20 c et d'une pièce de 10 c ;
– écriture d'une somme comme : 50 + 20 + 20 + 10 = 100 ;
– écriture du type : 50 + 2 × 20 + 10 = 100 (avec ou sans parenthèses).

•**Il faut répondre à la question posée en indiquant ce que signifient les calculs :** dans l'exemple ci-dessus, on peut avoir des phrases comme « il peut prendre 1 pièce de 50 centimes, 2 pièces de 20 centimes et 1 pièce de 10 centimes ».

•**Il existe plusieurs stratégies pour trouver le plus de solutions possibles,** par exemple : partir d'une pièce de 50 c ou d'une pièce de 20 c ou encore d'une pièce de 10 c, puis chercher à compléter…

COLLECTIF

ÉQUIPES DE 2

ÉQUIPES DE 2

COLLECTIF

ENTRAINEMENT

FICHIER NOMBRES ET CALCULS **p. 9**

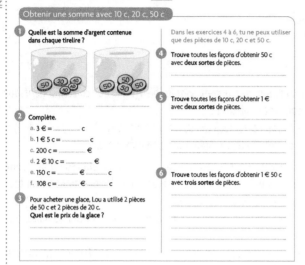

Proposer certains de ces exercices en fonction du temps disponible ou en différenciation, les deux derniers exercices étant plus difficiles.

Exercice ❶

Calcul de sommes d'argent.

Les deux réponses permettent de revenir sur le fait que la somme possédée n'est pas liée au nombre de pièces possédées.

RÉPONSE : 1 € et 2 €.

Exercice ❷

Conversions sur les euros et les centimes.

RÉPONSE : a. 300 c   b. 105 c   c. 2 €   d. 210 c   e. 1 € 50 c   f. 1 € 8 c.

Exercice ❸

Problème sur la monnaie.

Deux réponses sont possibles. Au moment de la correction, insister sur l'égalité de ces deux réponses.

RÉPONSE : 140 c ou 1 € 40 c.

Exercices ❹, ❺ et ❻

Problèmes identiques à ceux de la recherche.

RÉPONSE :

❹ **Deux façons :** 1 pièce de 20 c et 3 pièces de 10 c ;
2 pièces de 20 c et 1 pièce de 10 c.

❺ **Cinq façons :** 1 pièce de 50 c et 5 pièces de 10 c ;

1 pièce de 20 c et 8 pièces de 10 c ;

2 pièces de 20 c et 6 pièces de 10 c ;

3 pièces de 20 c et 4 pièces de 10 c ;

4 pièces de 20 c et 2 pièces de 10 c.

❻ **Six façons :** 2 pièces de 50 c, 2 pièces de 20 c et 1 pièce de 10 c ;

2 pièces de 50 c, 1 pièce de 20 c et 3 pièces de 10 c ;

1 pièce de 50 c, 4 pièces de 20 c et 2 pièces de 10 c ;

1 pièce de 50 c, 3 pièces de 20 c et 4 pièces de 10 c ;

1 pièce de 50 c, 2 pièces de 20 c et 6 pièces de 10 c ;

1 pièce de 50 c, 1 pièce de 20 c et 8 pièces de 10 c.

AIDE Le matériel « monnaie » peut être mis à la disposition de certains élèves.

Différenciation : En fonction des réussites ou difficultés des élèves, les **exercices 2**, **3** et **4** pourront être repris avec certains élèves à partir des fiches différenciation → **CD-Rom du guide, fiche n° 1.**

	Tâche	Matériel	Connaissances travaillées
CALCULS DICTÉS	Répertoire additif – Donner les résultats de sommes, de différences et de compléments.	par élève : FICHIER NOMBRES **p. 10** a à f	– Répertoire additif (mémorisation).
RÉVISER Calcul	Sommes de plusieurs nombres – Comparer et calculer des sommes de plusieurs nombres de manière réfléchie.	par élève : FICHIER NOMBRES **p. 10** A et B	– Calcul réfléchi. – Propriétés de l'addition.
APPRENDRE Nombres et numération	Nombres inférieurs à 1 000 : centaines, dizaines et unités (1) RECHERCHE **Les timbres** – Utiliser les groupements par dizaines et centaines pour dénombrer ou réaliser une quantité de timbres.	pour la classe : – 3 boites contenant respectivement 60 timbres à l'unité, 30 carnets de 10 timbres, 10 plaques de 100 timbres ❯ **fiche 1** – feuilles de recherche (si possible de format A3) par équipe de 2 ou individuel : – **fiche recherche 1** – feuilles de recherche par élève : FICHIER NOMBRES **p. 10** 1 à 5	– **Nombres < 1 000** – **Centaines, dizaines et unités** – **Valeur positionnelle des chiffres** – Dénombrement.

CALCULS DICTÉS

Répertoire additif • Sommes, différences, compléments

– Connaitre ou retrouver très rapidement les résultats liés au répertoire additif.

INDIVIDUEL ET COLLECTIF

FICHIER NOMBRES ET CALCULS **p. 10**

• Dicter les calculs suivants avec réponses individuelles dans le fichier :

a. 7 + 4	c. Combien pour aller de 3 à 10 ?	e. 12 – 5
b. 3 + 8	d. Combien pour aller de 6 à 13 ?	f. 14 – 9

RÉPONSE : a. 11 b. 11 c. 7 d. 7 e. 7 f. 5.

• Les élèves peuvent se préparer ou s'entrainer à ce moment de calcul mental en utilisant l'**exercice 3** de **Fort en calcul mental, p. 7.**
RÉPONSE : a. 13 b. 13 c. 6 d. 7 e. 8 f. 9.

Les calculs du type « **3 à 10** » sont lus « **Combien pour aller de 3 à 10 ?** » ou « **Que faut-il ajouter à 3 pour obtenir 10 ?** » en variant les formulations au fil des séances.
Connaitre le répertoire additif, c'est être capable de donner rapidement des sommes, des différences, des compléments et des décompositions additives liés à ce répertoire. Les activités proposées au cours de cette unité permettent de faire un premier « sondage » qui, si nécessaire, doit être complété par un bilan plus personnalisé avec certains élèves.
L'appui sur les doubles, le passage par 10, l'appui sur 5 doivent peut-être de nouveau être travaillés avec certains élèves. Par exemple « 6 pour aller à 13 », c'est « 6 pour aller à 12 plus 1 » ou « 6 pour aller à 10 plus 10 pour aller à 13 ». Dans la brochure *90 Activités pour le CE2*, d'autres activités d'entrainement sont proposées.

RÉVISER

Sommes de plusieurs nombres • Comparaison, calcul réfléchi

– Comparer des sommes de plusieurs nombres.
– Regrouper certains termes d'une somme de plusieurs nombres pour rendre le calcul plus agréable.

COLLECTIF

En fonction des réactions des élèves, l'enseignant peut étaler cette activité de révision sur 2 séances.

PHASE **1** **Comparaison de 2 sommes**
• Écrire au tableau les deux sommes :

4 + 8 + 7 + 6   et   8 + 10 + 7 .

• Demander aux élèves s'ils pensent qu'elles sont égales ou non sans calculer les résultats.

• Faire discuter les arguments et arriver à la conclusion que les deux sommes comportent des termes identiques (7 et 8) et que 4 + 6 = 10. Elles sont donc égales, ce qui s'écrit :
4 + 8 + 7 + 6 = 8 + 10 + 7.

• Recommencer avec les sommes :

$5 + 9 + 8$ et $5 + 8 + 6 + 4$.

• Faire discuter les arguments et arriver à la conclusion que les deux sommes comportent des termes identiques (5 et 8) et que 9 n'est pas égal à 6 + 4. Elles ne sont donc pas égales, ce qui s'écrit : **$5 + 9 + 8 \neq 5 + 8 + 6 + 4$.**

On peut même écrire : **$5 + 9 + 8 < 5 + 8 + 6 + 4$.**

Des activités de comparaison et de calcul de sommes de plusieurs nombres ont déjà été proposées au CP et au CE1. Il s'agit de les reprendre ici avec plusieurs objectifs :
– calculer sur les petits nombres ;
– trouver des stratégies efficaces de calcul ;
– comparer des sommes sans les calculer entièrement ;
– utiliser les signes = et ≠ pour signifier l'équivalence (ou non) de deux écritures.

PHASE 2 Calcul « malin » d'une somme

Écrire au tableau, la somme **7 + 12 + 3 + 8**, puis expliquer la tâche :

➡ *Calculer cette somme en faisant le calcul le plus simplement possible.*

Les élèves cherchent individuellement au brouillon ou sur l'ardoise.

• Recenser les résultats et les procédures, puis faire une **mise en commun** et une **synthèse** :

Trouver, puis résoudre un calcul « malin »

• **Les calculs « malins »** consistent à s'appuyer sur la possibilité d'obtenir des nombres « ronds » en regroupant des termes, ce qui rend la suite des calculs plus agréable.
 Pour cela, il faut :
– connaitre les nombres qui additionnés entre eux donnent un nombre « rond » ;
– savoir calculer sur ces nombres « ronds ».

• **Ces calculs peuvent s'écrire de deux façons :**

– soit par une **écriture additive**	– soit par **un arbre**
$7 + 3 + 12 + 8 = 10 + 20 = 30$ ou $12 + 8 + 3 + 7 = 20 + 10 = 30$	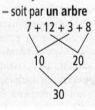

• **Conclure en mettant en évidence deux propriétés de l'addition :**
– on peut modifier l'ordre des termes d'une somme, donc faire le calcul dans un autre ordre que celui des termes qui sont écrits de gauche à droite ;
– on peut remplacer une somme de deux termes par son résultat.

PHASE 3 FICHIER NOMBRES ET CALCULS p. 10

Comparer et calculer des sommes

A Sans calculer complètement ces sommes, complète avec = ou ≠.
  a. 9 + 10 + 4 + 8 ...... 8 + 9 + 14   c. 8 + 8 ...... 5 + 4 + 4 + 5   e. 13 + 8 + 7 ...... 8 + 20
  b. 12 + 13 ...... 6 + 8 + 6 + 6   d. 9 + 7 + 16 ...... 14 + 8 + 8   f. 18 + 18 ...... 9 + 9 + 9 + 9

B Calcule.
  a. 21 + 4 + 9 = ...   c. 17 + 16 + 2 + 1 + 14 = ...   e. 7 + 14 + 15 + 3 + 16 = ...
  b. 14 + 8 + 6 + 12 = ...   d. 9 + 14 + 7 + 11 + 16 = ...   f. 8 + 19 + 12 + 11 + 7 = ...

Exercice A

Comparaison de sommes.

Comme dans l'activité collective, il s'agit d'abord de repérer des termes identiques ou des termes qui additionnés correspondent à ceux de l'autre somme.

RÉPONSE : a. =   b. ≠   c. ≠   d. ≠   e. =   f. =.

Exercice B

Calcul de sommes.

La présentation en ligne, sous forme de sommes, peut rendre les regroupements difficiles, l'élève étant incité à calculer « de gauche à droite ».

RÉPONSE : a. 34   b. 40   c. 50.   d. 57   e. 55   f. 57.

Pour ces exercices, inciter les élèves à utiliser le brouillon pour travailler sur les sommes proposées en regroupant les nombres qui vont bien ensemble soit en ligne, soit sous forme d'un arbre.

APPRENDRE

Nombres inférieurs à 1 000 : centaines, dizaines et unités

– Décomposer un nombre en centaines, dizaines et unités et à l'aide des nombres 100 et 10.
– Utiliser ces décompositions pour dénombrer ou réaliser des quantités d'objets
– Connaitre les égalités : 1 centaine = 10 unités = 100 unités et 1 dizaine = 10 unités.

RECHERCHE Fiche recherche 1

Les timbres : Les élèves doivent trouver comment dénombrer ou réaliser des quantités de timbres en choisissant des timbres à l'unité, des carnets de 10 timbres et des plaques de 100 timbres (dessinés sur des cartes). Au début, ils peuvent choisir autant de cartes qu'ils veulent, ensuite ils doivent choisir le moins de cartes possible. Cette dernière contrainte doit les amener à utiliser le fait que chaque chiffre représente une valeur dans l'écriture d'un nombre.

La maitrise des nombres qui s'écrivent avec 2 ou 3 chiffres est essentielle pour la suite de l'apprentissage des nombres *(voir découpage des nombres plus grands en tranches de 3 chiffres, p. 18).* Il faut donc y consacrer un temps suffisant. Dans cette perspective, il se peut qu'il soit nécessaire de découpler ce travail en 2 séances.

PHASE 1 Dénombrement d'une quantité de timbres

Question 1 de la recherche

• Présenter le matériel aux élèves en montrant plusieurs exemplaires du matériel, côté timbres et côté écritures centaines-dizaines-unités :

➡ *Sur mon bureau, dans les boites, il y a des timbres seuls à l'unité* (montrer un timbre seul et l'inscription « 1 unité »), *des carnets de 10 timbres ou d'une dizaine de timbres* (montrer le carnet et l'inscription « 1 dizaine ») *et des plaques avec 100 timbres ou d'une centaine de timbres* (montrer la plaque et l'inscription « 1 centaine »).

• Montrer **7 timbres** seuls et demander combien cela représente de timbres. La réponse « sept » est immédiatement validée.

• Recommencer en montrant **1 carnet de 10 timbres et 2 timbres à l'unité**. La réponse « douze » est immédiatement validée, sans demander comment les élèves ont procédé.

• Demander ensuite aux élèves de traiter la **question 1** de la **fiche recherche**, puis organiser une mise en commun des réponses et des procédures utilisées. Les réponses correctes ont pu être obtenues :
– par comptage des timbres de 1 en 1 pour Lou (impossible pour les autres personnages) ou de 100 en 100, de 10 en 10 et de 1 en 1 pour les autres ;
– par addition du type $10 + 10 + 3 = 23$ (pour Lou) ou $100 + 100 + 100 + 10 + 10 + 10 = 330$ pour Flip ;
– par utilisation de la décomposition en centaines, dizaines et unités : 2 dizaines et 3 unités (soit 23) pour Lou ou 3 centaines et 3 dizaines (soit 330) pour Flip

RÉPONSE : Lou (23)   Sam (303)   Flip (330)   Pok (246).

Cette première question est destinée à une familiarisation avec le contexte et avec diverses procédures possibles pour opérer des dénombrements de quantités. À ce stade, aucune procédure n'est privilégiée. Avant de passer à des nombres plus grands (nombres inférieurs à 10 000 en unité 4), les élèves renforcent leurs connaissances du CP et du CE1 sur la valeur à donner à chaque chiffre en fonction de son rang dans l'écriture d'un nombre.
Les groupements par dix et par cent sont évoqués à la fois dans le contexte des timbres et par les termes « dizaine » et « centaine ». **L'idée d'échange** sera envisagée dans la phase suivante.

PHASE 2 Obtenir 56, 250 ou 386 timbres

Question 2 de la recherche

• Insister sur le fait que deux réponses sont sollicitées pour chaque quantité. Après un premier moment individuel, demander aux élèves de travailler par équipes de deux.

• Organiser une mise en commun en cinq temps :
– recensement des réponses ;
– recherche des réponses estimées fausses, avec explication ;
– justification des réponses estimées correctes et explication des méthodes utilisées pour les trouver ;
– écriture de la réponse : préciser qu'il faut écrire combien d'éléments de chaque sorte (unités, dizaines, centaines de timbres) sont nécessaires, sans imposer d'ordre et sans limiter le nombre d'éléments (*voir les exemples pour 56 timbres dans le commentaire*) ;
– réalisation effective avec le matériel qui est sur le bureau.

Les **méthodes utilisées** (et ce que les élèves ont écrit pour trouver) peuvent être de nature diverse pour chaque nombre et varier d'un nombre à l'autre.

• **Pour 56 timbres**, les élèves ont pu demander :
– 56 timbres (ce qui est possible) ;
– 5 carnets de 10 timbres et 6 timbres ;
– 4 carnets de 10 timbres et 16 timbres…
Pour la deuxième solution, les élèves ont pu procéder :
– soit directement par décomposition du nombre en dizaines et unités (le 5 de 56 vaut 5 dizaines et le 6 vaut 6 unités) ;
– soit par une écriture additive du type $10 + 10 + 10 + 10 + 10 + 6 = 56$ ou par une écriture multiplicative du type $(5 \times 10) + 6 = 56$;
– soit en schématisant les cartes (si l'écriture multiplicative n'est pas proposée par les élèves, elle n'est pas introduite ici, mais au cours de la synthèse qui suit).

• **Pour 250 timbres**, les élèves ont pu demander en s'appuyant sur la configuration du nombre :
– 2 plaques de 100 timbres (ou 2 centaines) et 5 carnets de 10 timbres (ou 5 dizaines) ;
– 25 carnets de 10 timbres (ou 25 dizaines).
Si certains élèves ont demandé 250 timbres, leur indiquer que la réponse est correcte, mais préciser aussi que le marchand risque de ne pouvoir répondre à la demande (montrer qu'il n'y a pas 250 timbres sur le bureau). Le nombre plus élevé de timbres peut décourager le recours au dessin des timbres.

• **Pour 386 timbres**, les réponses sont du type :
– 3 plaques de 100 timbres, 8 carnets de 10 timbres et 6 timbres ;
– 38 carnets de 10 timbres et 6 timbres ;
– 2 plaques de 100 timbres, 18 carnets de 10 timbres et 6 timbres…
Une réponse directe en s'appuyant sur la valeur des chiffres, le recours au calcul additif comme $300 + 80 + 6 = 386$ ou multiplicatif comme $(3 \times 100) + (8 \times 10) + 6$ sont possibles alors que le recours au dessin effectif des cartes avec les timbres n'est pas envisageable (cependant le dessin de cartes marquées 100 timbres et 1 timbre est tout à fait possible).

PHASE 3 Première synthèse

• Reformuler les procédures utilisées par les élèves en utilisant le langage des groupements et les mots « dizaines » et « centaines », et en illustrant avec le matériel « timbres » (ou en l'évoquant lorsque la réalisation est trop longue) à partir d'un exemple :

Pour commander 250 timbres

• **Il faut décomposer 250 :**
– le **2** dit combien il faut de plaques de « 100 timbres » ou combien il faut de centaines ou encore combien de fois il faut additionner 100 ;
– le **5** dit qu'il y a 5 carnets de « 10 timbres », c'est-à-dire **5 dizaines** ou 5 groupements de 10 ;
– le **0** dit qu'il n'y a pas de timbre seul, c'est-à-dire **pas d'unité.**
Donc 250, c'est 2 centaines et 5 dizaines
ou encore :
$250 = 100 + 100 + 10 + 10 + 10 + 10 + 10 = (2 \times 100) + (5 \times 10)$.

• **D'autres décompositions sont possibles.**
Exemples :
– le **25** dit qu'il y a 25 carnets de « 10 timbres », c'est-à-dire **25 dizaines** ou 25 groupements de 10 ;
– le **0** dit qu'il n'y a pas de timbre seul, c'est-à-dire **pas d'unité.**
Donc 250, c'est aussi 25 dizaines.

PHASE 4 **Obtenir 60, 400 ou 108 timbres**

Question 3 de la recherche

• Préciser la tâche :

➡ *Comme pour tout à l'heure, on doit trouver combien de cartes de chaque sorte il faut prendre pour réaliser une quantité de timbres, mais cette fois-ci **en prenant le moins possible de cartes**.*

• Déroulement identique à celui de la phase 2 (avec successivement 60, 400, 108 timbres), la **mise en commun** étant plus particulièrement centrée sur la mise en évidence du nombre de cartes minimum ainsi que sur les écritures qui correspondent à la bonne solution. *Exemple* pour 108 :

1 centaine 8 unités   100 + 8   (1 × 100) + 8.

• Reprendre les éléments de la synthèse avec ces nouveaux nombres.

> **La contrainte supplémentaire (le moins possible de cartes)** est destinée à amener les élèves à préciser que chaque chiffre de l'écriture du nombre fournit une indication sur les cartes à demander. Au cours de cette séance, les termes « dizaines » et « centaines » sont introduits au cours de la synthèse qui suit.

PHASE 5 **Deuxième synthèse**

Pour décomposer un nombre

• **Dans l'écriture d'un nombre**, chaque chiffre indique combien il y a de **groupements de 100** (de centaines), de **groupements de 10** (de dizaines) ou d'**unités**, lorsque tous les groupements ont été réalisés :

386 c'est 3 centaines, 8 dizaines et 6 unités.

386 c'est aussi, par exemple, 38 dizaines et 6 unités.

• **À chaque nombre correspondent plusieurs décompositions :**

386 = 3 centaines, 8 dizaines et 6 unités

386 = 300 + 80 + 6 ou 380 + 6

386 = 100 + 100 + 100 + 10 + 10 + 10 + 10 + 10 + 10 + 10
      + 1 + 1 + 1 + 1 + 1 + 1

386 = (3 × 100) + (8 × 10) + 6

386 = 38 dizaines et 6 unités

386 = 380 + 6

386 = 10 + 10 + 10 + 10 + ... + 10 + 10 + 10 + 1 + 1 + 1 + 1 + 1 + 1
      (avec 38 fois le nombre 10)

386 = (38 × 10) + 6

• **La valeur d'un chiffre** dépend de sa place dans l'écriture du nombre.

• **Le chiffre 0** signale qu'il n'y a pas de dizaine ou d'unité au rang considéré.

• **1 dizaine = 10 unités** et **1 centaine = 10 dizaines = 100 unités**.

• Inviter les élèves à retrouver toutes ces informations dans le **dico-maths n° 6** et introduire le **tableau de numération :**

centaines	dizaines	unités
100	10	1
3	8	6
	38	6

> **L'usage du tableau de numération ne doit pas être systématisé.** Pour cette catégorie de nombres, un repérage mental du rang de chaque chiffre doit permettre de donner très rapidement la valeur qu'il exprime.

ENTRAINEMENT

FICHIER NOMBRES ET CALCULS **p. 10**

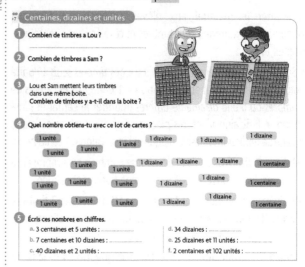

Proposer certains de ces exercices en fonction du temps disponible ou en différenciation, les exercices 4 et 5 étant plus difficiles.

Exercices **1**, **2** et **3**

Trouver le nombre exprimant une quantité représentée par des plaques, des carnets et des timbres à l'unité.

Reprise de la question 1 de la recherche.

RÉPONSE : **1** 111 timbres. **2** 202 timbres. **3** 313 timbres.

Exercice **4**

Trouver le nombre exprimant une quantité représentée par des centaines, des dizaines et des unités

La difficulté vient du fait qu'il y a 13 unités (à convertir en 1 dizaine et 3 unités) et 10 dizaines (à convertir en 1 centaine). Des réponses erronées du type « 31013 » sont intéressantes à analyser avec la classe dans la mesure où elles montrent que les conversions n'ont pas été faites et que la valeur positionnelle des chiffres n'est pas maitrisée.

RÉPONSE : 413.

> **Dans cet exercice**, on ne cherche pas à traiter les questions de manière formelle, mais en gardant toujours présent à l'esprit la signification des termes « centaine », « dizaine » et « unité », ce qui peut être assuré par le recours au matériel timbres. L'usage du vocabulaire « centaine »,« dizaine » et « unité » doit aider à généraliser ce qui a été acquis dans le contexte des timbres.

Exercice **5**

Trouver le nombre décomposé en centaines, dizaines et unités.

La difficulté vient du fait que le nombre d'unités, de dizaines ou de centaines n'est pas toujours inférieur à 10. Des conversions sont donc nécessaires, mais le recours au calcul est également possible. Exemple pour e : 25 × 10 = 250, 250 + 11 = 261.

Lors de la correction, on privilégie cependant le recours aux conversions du type :

25 dizaines = 20 dizaines + 5 dizaines = 2 centaines + 5 dizaines.

RÉPONSE : a. 305 b. 800 c. 402 d. 340 e. 261 f. 302.

À SUIVRE

En **séance 4**, le travail fait évoluer des quantités de timbres par l'ajout ou le retrait d'unités, de dizaines ou de centaines.

	Tâche	Matériel	Connaissances travaillées
CALCULS DICTÉS	**Répertoire additif** – Donner les résultats de sommes, de différences et de compléments.	par élève : FICHIER NOMBRES **p. 11** a à f	– **Répertoire additif** (mémorisation).
RÉVISER Calcul	Sommes de plusieurs nombres – Calculer des sommes de plusieurs nombres de manière réfléchie.	par élève : FICHIER NOMBRES **p. 11** A et B	– **Calcul réfléchi** – Propriétés de l'addition.
APPRENDRE Nombres et numération	Nombres inférieurs à 1 000 : centaines, dizaines et unités (2) RECHERCHE **Crayon, compteur et calculatrice** – Utiliser les groupements par dizaines et centaines pour déterminer l'évolution d'une quantité (augmentation, diminution).	pour la classe : – 1 boîte contenant 10 cartes centaine, 20 cartes dizaine, 40 cartes unité › **fiche 1** – compteur collectif › **à construire sur le modèle du compteur individuel** par équipe de 3 : – feuille de papier et calculatrice – compteur à construire › **planche 4 du fichier** par élève : FICHIER NOMBRES **p. 11** ❶, ❷ et ❸	– **Nombres inférieurs à 1 000** – **Centaines, dizaines et unités** – **Valeur positionnelle des chiffres** – Dénombrement.

CALCULS DICTÉS

Répertoire additif • Sommes, différences, compléments

– Connaitre ou retrouver très rapidement les résultats liés au répertoire additif.

FICHIER NOMBRES ET CALCULS **p. 11**

• Dicter les calculs suivants avec réponses dans le fichier :

a. $8 + 9$ c. Combien pour aller de 9 à 12 ?   e. $10 - 6$

b. $6 + 8$ d. Combien pour aller de 7 à 15 ?   f. $13 - 8$

RÉPONSE : a. 17   b. 14   c. 3   d. 8   e. 4   f. 5.

• Les élèves peuvent se préparer ou s'entrainer à ce moment de calcul mental en utilisant l'**exercice 4** de **Fort en calcul mental, p. 7**.

RÉPONSE : a. 12   b. 12   c. 9   d. 9   e. 7   f. 6.

Les calculs du type « 9 à 12 » sont lus « Combien pour aller de 9 à 12 ? » ou « Que faut-il ajouter à 9 pour obtenir 12 ? ».

RÉVISER

Sommes de plusieurs nombres • Calcul réfléchi

– Regrouper certains termes d'une somme de plusieurs nombres pour rendre le calcul plus agréable.

PHASE **1** **Nombres ronds**

Cette première phase se déroule assez rapidement.

• Préciser ce qu'on appelle un nombre « rond » :

Un **nombre rond** est un nombre terminé par 0 ou encore dont le chiffre des unités est 0.
Exemples : 0, 10, 20, 30…

• Écrire un nombre au tableau, par exemple **37**, puis demander aux élèves :

➡ *Vous devez trouver un nombre qui ajouté à 37 permet d'obtenir un nombre « rond ». Une fois ce nombre trouvé, il faut en trouver deux autres.*

• Recenser et faire commenter les réponses : « Il faut choisir des nombres dont le chiffre des unités est 3, comme 3, 13, 23, 33… ».

• Recommencer avec les nombres **41** et **65**.

• Conclure en disant que, dans l'addition de plusieurs nombres, il est pratique de regrouper des nombres dont la somme est un nombre « rond ».

Il s'agit d'une activité destinée à faciliter le traitement des exercices qui suivent.

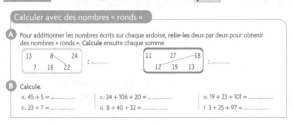

PHASE 2 FICHIER NOMBRES ET CALCULS p. 11

Calculer avec des nombres « ronds »

Ⓐ Pour additionner les nombres écrits sur chaque ardoise, **relie-les** deux par deux pour obtenir des nombres « ronds ». **Calcule** ensuite chaque somme.

| 13 | 8 | 24 |
| 7 | 16 | 22 |

| 11 | 27 | 18 |
| 12 | 19 | 13 |

Ⓑ Calcule.

a. 45 + 5 = ...
b. 23 + 7 = ...
c. 24 + 106 + 20 = ...
d. 8 + 40 + 32 = ...
e. 19 + 23 + 101 = ...
f. 3 + 25 + 97 = ...

Exercice Ⓐ

Calcul de sommes après regroupement de termes.

Les élèves sont d'abord invités à chercher des résultats intermédiaires « ronds ».

RÉPONSE : première somme : **90**   deuxième somme : **100**.

Exercice Ⓑ

Calcul de sommes

Les élèves ont l'initiative complète du regroupement de certains termes.

RÉPONSE : a. 50   b. 30   c. 150   d. 80   e. 143   f. 125.

APPRENDRE

Nombres inférieurs à 1 000 : centaines, dizaines et unités

– Décomposer un nombre en centaines, dizaines et unités et à l'aide des nombres 100 et 10.
– Utiliser ces décompositions pour déterminer le résultat d'un ajout de dizaines ou de centaines.
– Connaitre les égalités : 1 centaine = 10 dizaines = 100 unités et 1 dizaine = 10 unités.

RECHERCHE

Crayon, compteur et calculatrice : Une boite contient une quantité de départ, matérialisée par des cartes « 1 centaine », « 1 dizaine » et « 1 unité ». Dans chaque groupe, un élève dispose d'une feuille de papier et d'un crayon, un autre d'un compteur manuel et le troisième d'une calculatrice. Chacun doit écrire ou afficher sur son instrument le nombre qui exprime le nouveau contenu de la boite après ajout ou retrait d'une quantité indiquée, cela sans remettre à chaque fois son instrument à zéro.

Une familiarisation avec le matériel « compteur » ou « calculatrice » peut être nécessaire avant cette activité si les élèves ne connaissent pas ce type de matériel.

PHASE 1 **Ajouts ou retraits d'unités à partir de 58**

• Indiquer qu'on va travailler avec les cartes « 1 centaine », « 1 dizaine » et « 1 unité » et que, dans chaque équipe, chacun a un matériel différent : un élève avec papier-crayon, un autre avec un compteur, un autre avec une calculatrice. Les rôles changeront en cours de séance.

• Placer dans la boite 5 cartes « 1 dizaine » et 8 cartes « 1 unité ». Faire dire par un élève la quantité représentée dans la boite (58).

• Présenter l'activité aux élèves :

➡ *Le nombre représenté dans la boîte est 58* (montrer les 5 cartes « 1 dizaine » recto et verso et les 8 cartes « 1 unité », au verso on voit 58 timbres). *Je vais faire augmenter ou diminuer le contenu de la boite petit à petit. Je dirai ce que je veux ajouter ou enlever à chaque fois. Chacun devra écrire sur sa feuille ou afficher sur son compteur ou encore sur sa calculatrice le nombre qui correspond au nouveau contenu de la boite* (on parlera de « nombre de la boite »). *Au départ, il faut donc **afficher 058** sur le compteur, **taper 58** sur la calculatrice et **écrire 58** sur la feuille (58 est aussi écrit au tableau). Attention sur la calculatrice, il faut obtenir le résultat en faisant un calcul à partir du nombre déjà affiché et, sur le compteur, il faut l'obtenir sans remettre le compteur à zéro.*

1. Ajouter **une carte « 1 unité »** dans la boite, puis questionner les élèves :

➡ *Que faut-il faire pour que sur la feuille de papier, la calculatrice et le compteur soit inscrit le « nombre de la boite » ?*

• Recenser les propositions. Mettre en évidence qu'il faut :
– **sur la calculatrice :** taper [+1 =] → affichage 59
– **sur le compteur :** tourner « en avant » la roue de droite du compteur → affichage 059
– **sur la feuille** (et au tableau) : écrire le nombre qui suit → 59.
Ces écritures ou affichages correspondent au contenu de la boite : **5 cartes « 1 dizaine » et 9 cartes « 1 unité »**, donc 59.

2. Poursuivre en indiquant :

➡ *Je veux **ajouter une nouvelle unité**. Que faut-il faire en même temps sur la feuille de papier, sur la calculatrice et sur le compteur ? Qu'y aura-t-il dans la boite ?* (Il est donc demandé aux élèves de faire une anticipation). *Comment avoir le bon affichage sur le compteur et sur la calculatrice ?*

• Mettre en évidence qu'il faut :
– **sur la calculatrice :** taper [+1 =] → affichage 60
– **sur le compteur :** tourner « en avant » la roue des unités qui passe de 9 à 0, mais aussi la roue des dizaines (celle du milieu) qui passe donc à 6 → affichage 060
– **sur la feuille :** écrire le nombre qui est juste après 59 → 60.
Poser la question de l'adéquation entre le contenu de la boite (5 cartes « 1 dizaine » et 10 cartes « 1 unité ») et les affichages :

➡ *Dans la boite (qui contient 5 dizaines et 10 unités), il n'y a pas exactement la même chose que sur votre feuille ou sur votre instrument (où on lit 6 dizaines). Que faut-il faire pour que le contenu de la boite corresponde mieux à ce que vous avez écrit ou affiché ?*

Pour répondre, les élèves peuvent proposer d'échanger 10 cartes « 1 unité » contre 1 carte « 1 dizaine ». Dans la boite, on remplace 10 cartes « 1 unité » par une carte « 1 dizaine ».

• Conclure :

  • On a utilisé le fait que **1 dizaine = 10 unités** et qu'on peut donc **échanger 10 unités contre 1 dizaine**.

  • **Sur le compteur**, au « passage par 0 » des unités, il faut être attentif au changement du chiffre des dizaines.

ÉQUIPES DE 3

PHASE 2 **Ajouts ou retraits de dizaines ou d'unités à partir de 60**

• Reprendre l'activité avec la boite contenant 6 cartes « 1 dizaine » et des actions successives, exploitées à chaque fois :

Retrait de 2 cartes « 1 dizaine »
Calculatrice : on tape [–20 =].
Compteur : on recule de 2 la roue des dizaines.
Feuille : il faut calculer 60 – 20.
Boite : retrait possible directement (pas de difficulté).
→ Affichage : 4 dizaines ou 40.

Retrait de 2 cartes « 1 unité »
Calculatrice : on tape [–2 =].
Compteur : on recule 2 fois la roue des unités qui passe d'abord de 0 à 9 (ce qui implique d'agir sur la roue des dizaines qui passe de 4 à 3), puis la roue des unités passe de 9 à 8 (sans que la roue des dizaines ne soit activée à nouveau) : affichage 039, puis 038.
Feuille : il faut calculer 40 – 2.
Boite : le retrait direct de 2 unités est impossible, il faut échanger 1 dizaine contre 10 unités (on a alors 3 dizaines et 10 unités) et le retrait direct devient possible.
→ Affichage : 3 dizaines et 8 unités ou 38.

Ajout de 5 cartes « 1 dizaine »
Calculatrice : on tape [+50 =].
Compteur : on avance 5 fois la roue des dizaines (sans difficulté).
Feuille : il faut calculer 38 + 50.
Boite : le contenu est conforme aux affichages (sans difficulté).
→ Affichage : 8 dizaines et 8 unités ou 88.

Ajout de 2 cartes « 1 dizaine »
Calculatrice : on tape [+20 =].
Compteur : on avance 2 fois la roue des dizaines qui passe de 8 à 9, puis de 9 à 0 ce qui implique d'avancer de 1 la roue des centaines : affichage 098, puis 108.
Feuille : il faut calculer 88 + 20.
Boite : le contenu n'est pas conforme aux affichages (il y a 10 cartes « 1 dizaine » et 8 cartes « 1 unité »). Pour parvenir à la conformité, il faut échanger les 10 cartes « 1 dizaine » contre 1 carte « 1 centaine » : on a alors 1 carte « 1 centaine », 0 carte « 1 dizaine » et 8 cartes « 1 unité ».
→ Affichage : 10 dizaines et 8 unités ou 108.

▌ **L'intérêt d'utiliser simultanément des cartes « unité », « dizaine » et « centaine », un compteur et une calculatrice** permet de mettre en relation les différents aspects d'un ajout ou d'un retrait :
– aspect cardinal (quantités représentées par les cartes) ;
– aspect ordinal (effet sur la suite des nombres) ;
– aspect calcul (calculatrice).

▌ **Par exemple, retirer 2 cartes « unité »** revient à faire reculer de 2 la roue des unités du compteur (avec éventuellement l'effet sur la roue des dizaines avec le passage de la roue des unités de 0 à 9) ou à soustraire 2 avec la calculatrice.

COLLECTIF / ÉQUIPES DE 3

PHASE 3 **Retraits de cartes à partir de 728**

• Reprendre l'activité en plaçant au départ dans la boite 7 cartes « 1 centaine », 2 cartes « 1 dizaine » et 8 cartes « 1 unité ».

• Faire constater le contenu par les élèves : le nombre de la boite est **728**, on l'écrit sur la feuille de papier, on tape 728 sur la calculatrice et on affiche 728 sur le compteur. En cours d'activité, faire échanger de temps à autre les instruments utilisés par les élèves.

• Demander progressivement aux élèves, avant d'agir sur leur instrument, d'anticiper ce que sera le prochain affichage sur le compteur, la calculatrice ou sur la feuille de papier, puis de vérifier expérimentalement.

Retrait de 2 « centaines »
Calculatrice : on tape [–200 =] (car 2 centaines = 200).
Compteur : le recul direct de 2 centaines est possible.
Feuille : il faut calculer 728 – 200.
Boite : le retrait direct de 2 centaines est possible.
→ Affichage : 5 centaines, 2 dizaines et 8 unités ou 528.

Retrait de 4 « dizaines »
Calculatrice : [–40 =].
Compteur : passage de 0 à 9, donc nécessité de reculer de 1 la roue des centaines (on n'agit pas sur les unités).
Feuille : il faut calculer 528 – 40.
Boite : le retrait direct de 4 dizaines est impossible, il faut échanger 1 centaine contre 10 dizaines (on a alors 4 centaines, 12 dizaines et 8 unités) et le retrait direct devient possible.
→ Affichage : 4 centaines, 8 dizaines et 8 unités ou 488.

Retrait de 5 « unités »
Situation simple.
→ Affichage : 4 centaines, 8 dizaines et 3 unités ou 483.

Retrait de 8 « unités »
Calculatrice : [–8 =].
Compteur : passage de 0 à 9, donc nécessité de reculer de 1 la roue des dizaines (on n'agit pas sur les centaines).
Feuille : il faut calculer 483 – 8.
Boite : le retrait direct de 8 unités est impossible, il faut échanger 1 dizaine contre 10 unités (on a alors 4 centaines, 7 dizaines et 13 unités) et le retrait direct devient possible.
→ Affichage : 4 centaines, 7 dizaines et 5 unités ou 475.

Retrait de 8 « dizaines »
Calculatrice : [–80 =].
Compteur : passage de 0 à 9, donc nécessité de reculer de 1 la roue des centaines (on n'agit pas sur les unités).
Feuille : il faut calculer 475 – 80.
Boite : le retrait direct de 8 dizaines est impossible, il faut échanger 1 centaine contre 10 dizaines (on a alors 3 centaines, 17 dizaines et 5 unités) et le retrait direct devient possible.
→ Affichage : 3 centaines, 9 dizaines et 5 unités ou 395.

Retrait de 9 « dizaines »
Situation simple.
→ Affichage : 3 centaines et 5 unités ou 305.

UNITÉ 1

Retrait de 8 « unités »

Calculatrice : [– 8 =].

Compteur : passage de 0 à 9 pour les unités, donc nécessité de reculer de 1 la roue des dizaines (qui passe de 0 à 9), donc nécessité de reculer aussi de 1 la roue des centaines.

Feuille : il faut calculer 305 – 8.

Boite : le retrait direct de 8 unités est impossible, il faudrait pouvoir échanger 1 dizaine contre 10 unités (mais il n'y a pas de dizaine), il faut donc d'abord échanger 1 centaine contre 10 dizaines, puis échanger 1 dizaine contre 10 unités (on a alors 2 centaines, 9 dizaines et 15 unités) et le retrait direct devient possible.

→ Affichage : 2 centaines, 9 dizaines et 7 unités ou 297.

PHASE 4 Synthèse

• Reprendre les exemples d'ajouts ou de retraits qui rendent le contenu de la boite non strictement conforme avec les affichages et de retraits lorsqu'ils ne sont pas possibles directement.

• Donner une règle générale pour les retraits lorsqu'ils ne sont pas possibles :

Retrait de dizaines ou d'unités

• **Lorsque des retraits d'unités ou de dizaines ne sont pas possibles directement** parce qu'il n'y a pas assez d'unités ou de dizaines, il faut échanger :
1 centaine contre 10 dizaines ou 1 dizaine contre 10 unités
car **1 dizaine = 10 unités**
et **1 centaine = 10 dizaines = 100 unités**.
Ces égalités peuvent être à nouveau « concrétisées » en retournant les cartes « dizaine » et « centaine ».

• *Exemple* : **retirer 8 unités de 305.**
Un codage des actions effectuées peut être proposé collectivement :

3 0 5 3 centaines 5 unités	retrait de 8 unités impossible
2 3̶ 10 5 2 centaines 10 dizaines 5 unités	retrait de 8 unités impossible
2 9 3̶ 1̶0̶ 15 2 centaines 9 dizaines 15 unités	retrait de 8 unités possible réponse : **297**

Ce travail prépare aussi la reprise de l'étude de la soustraction posée en colonnes (unité 3).

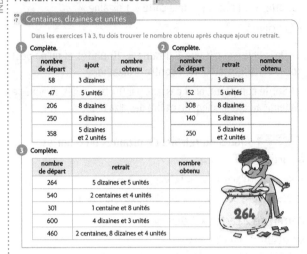

Centaines, dizaines et unités

Dans les exercices 1 à 3, tu dois trouver le nombre obtenu après chaque ajout ou retrait.

1 Complète.

nombre de départ	ajout	nombre obtenu
58	3 dizaines	
47	5 unités	
206	8 dizaines	
250	5 dizaines	
358	5 dizaines et 2 unités	

2 Complète.

nombre de départ	retrait	nombre obtenu
64	3 dizaines	
52	5 unités	
308	8 dizaines	
140	5 dizaines	
250	5 dizaines et 2 unités	

3 Complète.

nombre de départ	retrait	nombre obtenu
264	5 dizaines et 5 unités	
540	2 centaines et 4 unités	
301	1 centaine et 8 unités	
600	4 dizaines et 3 unités	
460	2 centaines, 8 dizaines et 4 unités	

Exercice 1

Trouver un nombre après un ajout exprimé en unités et/ou dizaines.

Reprise de la recherche. Les élèves peuvent répondre en additionnant les nombres correspondants. Ils peuvent aussi répondre plus simplement en opérant uniquement sur les dizaines.

RÉPONSE : 88 52 286 300 410.

Exercice 2

Trouver un nombre après un retrait exprimé en unités et/ou dizaines.

Reprise de la recherche. Les élèves peuvent répondre en soustrayant les nombres correspondants. Ils peuvent aussi répondre plus simplement en opérant uniquement sur les dizaines.

RÉPONSE : 34 47 228 90 198.

Exercice 3

Trouver un nombre après un retrait exprimé en unités, dizaines et centaines.

Reprise de la recherche, avec des nombres plus grands (tous supérieurs à 100). Les élèves peuvent répondre en additionnant ou soustrayant les nombres correspondants. Ils peuvent aussi répondre plus simplement en opérant uniquement sur les dizaines, les centaines et les unités.

RÉPONSE : 209 336 193 557 176.

Différenciation : Exercices 1 et 2 → **CD-Rom du guide, fiche n° 2.**

À SUIVRE
En **séance 5**, le travail porte sur l'association des écritures en lettres et en chiffres.

	Tâche	Matériel	Connaissances travaillées
PROBLÈMES DICTÉS	Augmentation – Trouver l'état final ou l'état initial.	**pour la classe :** – 1 boite avec une vingtaine d'objets identiques (cubes, jetons, images). **par élève :** FICHIER NOMBRES **p. 12 a, b et c**	– **Problèmes du domaine additif** – Augmentation : état initial, état final.
PROBLÈMES ÉCRITS	Augmentation – Trouver l'état final ou l'état initial.	**par élève :** FICHIER NOMBRES **p. 12 A et B**	– **Problèmes du domaine additif** – Augmentation : état initial, état final.
APPRENDRE Nombres et numération	Nombres inférieurs à 1 000 : écriture en chiffres et en lettres RECHERCHE **Avec des chiffres et avec des lettres** – Associer des écritures en chiffres et en lettres (nombres inférieurs à 1 000).	**par élève :** – **fiche recherche 2** – feuille de recherche FICHIER NOMBRES **p. 12 1, 2 et 3**	– **Nombres inférieurs à 1 000** – **Écritures littérales et chiffrées** – Décompositions associées.

PROBLÈMES DICTÉS

Augmentation : état final, état initial

– Résoudre des problèmes liés à une situation d'augmentation.

INDIVIDUEL ET COLLECTIF

FICHIER NOMBRES ET CALCULS p. 12

Problème a

● Devant les élèves, mettre **8 objets** (par exemple des jetons) dans la boite et annoncer :

La boite est vide. Je mets **8 jetons** dans cette boite.

● Montrer **5 objets**, les mettre dans la boite et annoncer :

Je mets encore **5 jetons** dans la boite.
Maintenant, **combien y a-t-il de jetons dans la boite ?**

● Lorsque tous les élèves ont répondu, recenser les réponses et faire expliciter quelques procédures. En cas de désaccord, vérifier en dénombrant les jetons dans la boite.

Problème b

● Vider la boite, prendre **10 objets** sans les montrer, les mettre dans la boite et annoncer :

La boite est vide. Je mets **des jetons** dans cette boite, **mais je ne vous dis pas combien.**

● Montrer **3 objets**, les mettre dans la boite et annoncer :

Je mets encore **3 jetons** dans la boite.
Maintenant, il y a **13 jetons.**
Combien de jetons y avait-il avant dans la boite ?

● Même déroulement que précédemment. La vérification peut se faire en enlevant les 3 jetons ajoutés, ce qui peut justifier la procédure soustractive 13 – 3 que certains élèves ont pu utiliser.

Problème c

● Vider la boite, prendre **6 objets** sans les montrer aux élèves, les mettre dans la boite et annoncer :

La boite est vide. Je mets **des jetons** dans cette boite, **mais je ne vous dis pas combien.**

● Montrer **4 objets**, les mettre dans la boite et annoncer :

Je mets encore **4 jetons** dans la boite.
Maintenant, il y a **10 jetons.**
Combien de jetons y avait-il avant dans la boite ?

● Même déroulement que précédemment. La vérification peut se faire en enlevant les 4 jetons ajoutés, ce qui peut justifier la procédure soustractive 10 – 4 que certains élèves ont pu utiliser.

RÉPONSE : a. 13 jetons b. 10 jetons c. 6 jetons.

● Les élèves peuvent se préparer ou s'entrainer à ce moment de calcul mental en utilisant l'**exercice 5** de **Fort en calcul mental, p. 7.**

RÉPONSE : a. 15 voitures b. 10 photos c. 3 grains de raisin.

Augmentation : état final, état initial

– Résoudre des problèmes liés à une situation d'augmentation.

INDIVIDUEL

FICHIER NOMBRES ET CALCULS p. 12

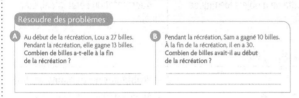

Résoudre des problèmes

A Au début de la récréation, Lou a 27 billes. Pendant la récréation, elle gagne 13 billes. Combien de billes a-t-elle à la fin de la récréation ?

B Pendant la récréation, Sam a gagné 10 billes. À la fin de la récréation, il en a 30. Combien de billes avait-il au début de la récréation ?

Problèmes **A** et **B**

Problèmes liés à des situations d'augmentation.

Certains élèves peuvent être aidés dans la lecture et la compréhension de l'énoncé, mais sans engager avec eux une procédure de résolution qui doit rester à leur charge.

RÉPONSE : **A** 40 billes. **B** 20 billes.

La taille des nombres autorise plusieurs types de procédures allant du dessin au calcul. Pour le **problème B**, les procédures de type calcul peuvent prendre la forme de la recherche d'un complément (addition à trous), d'essais de sommes en faisant une hypothèse sur l'état initial cherché ou d'une soustraction. À ce moment de l'année, aucune procédure n'est favorisée. La résolution générale de ce type de problèmes fera l'objet d'un apprentissage en unité 5.

Nombres inférieurs à 1 000 : écriture en chiffres et en lettres

– Associer écritures chiffrées et désignations orales ou littérales.
– Connaitre les décompositions associées.

COLLECTIF

RECHERCHE   Fiche recherche 2

Avec des chiffres et avec des lettres : En premier, les élèves constatent qu'un nombre peut s'écrire avec un nombre de chiffres qui peut être différent du nombre de mots. Puis ils ont à trouver des nombres qui s'écrivent avec un nombre donné de chiffres et un nombre donné de mots.

Depuis 1990, de nouvelles règles orthographiques à propos des écritures littérales de nombres sont recommandées. Elles précisent, en particulier, que les numéraux composés sont toujours reliés par des traits d'union, par exemple : *trente-et-un, cinq-cents, cent-cinq…* Ces nouvelles règles ont un caractère de référence et de recommandation, même si l'orthographe antérieure est toujours acceptée.

PHASE 1   **Désigner les nombres en lettres et en chiffres**

Question 1 de la recherche

Avec des chiffres et avec des lettres…

1 Es-tu d'accord avec ce que disent Sam, Pok et Lou ?

• Inviter les élèves à prendre connaissance des échanges entre les personnages et reformuler ensuite la question :

➡ *Êtes-vous d'accord avec ce que dit chaque personnage ? Lesquels ont raison ? Lesquels ont tort ?*

INDIVIDUEL

Lettres, chiffres et nombres

On peut écrire les nombres :

• **soit avec des lettres** pour former des mots (*cinq, trente…*) ou combinaisons de mots (*trente-cinq…*) qui représentent les nombres ;

• **soit avec des chiffres** qui seuls (*3 ; 5…*) ou combinés (*35…*) permettent aussi de représenter les nombres.

RÉPONSE : Oui, les personnages ont raison :
12 s'écrit bien avec 1 mot et 2 chiffres ;
23 s'écrit avec 2 mots et 2 chiffres ;
102 s'écrit avec 2 mots et 3 chiffres.

La lecture des nombres obéit à un système codifié fondé sur le découpage des écritures chiffrées en tranches de 3 chiffres à partir de la droite. La capacité à lire des nombres de 1, 2 ou 3 chiffres est donc fondamentale.
Lorsque la lecture des nombres inférieurs à 100 est assurée, celle des nombres écrits avec 3 chiffres devient aisée, puisqu'il suffit d'énoncer le nombre de centaines : 76 se lisant *soixante-seize*, 376 se lit rapidement *trois-cent-soixante-seize*.

PHASE 2   **Combien de mots et combien de chiffres ?**

Question 2 de la recherche

2 Combien faut-il utiliser de chiffres et de mots pour écrire :
a. quatre-vingt-dix-sept ?
b. 607 ?

• Inviter les élèves à répondre sur l'ardoise ou le cahier de brouillon. Exploiter rapidement les réponses du point de vue de leur validité.

RÉPONSE : a. 2 chiffres et 4 mots   b. 3 chiffres et 3 mots.

• Conclure :

Nombre de chiffres ou de mots dans un nombre

Un nombre ne s'écrit pas forcément avec le même nombre de chiffres et de mots :
– 97 s'écrit avec 2 chiffres et avec 4 mots ;
– 607 s'écrit avec 3 chiffres et avec 3 mots.
Par la suite, on comptera « et » pour un mot, mais pas le tiret « – ».

• Inviter les élèves à décomposer **97** et **607** avec 100 et 10 :

$$97 = (9 \times 10) + 7 \qquad \text{et} \qquad 607 = (6 \times 100) + 7$$

• Leur demander de traduire en chiffres les mots qu'ils entendent lorsqu'ils disent chaque nombre, puis de trouver le calcul qui permet de reconstituer le nombre à partir des « nombres entendus » :

Pour 97 :	Pour 607 :
quatre-vingt-dix-sept	six-cent-sept
4 20 10 7	6 100 7
$(4 \times 20) + 10 + 7$	$(6 \times 100) + 7$

• Faire remarquer que, pour **607**, la décomposition associée à l'écriture en chiffres est la même que celle associée à l'écriture en lettres (ou à ce qu'on entend) : $(6 \times 100) + 7$ dans les deux cas. Faire remarquer que, par contre, pour **97**, les deux décompositions ne sont pas identiques : $(9 \times 10) + 7$ pour l'écriture en chiffres et $(4 \times 20) + 10 + 7$ pour l'écriture en lettres.

PHASE 3 Des nombres de 2 chiffres avec un mot, puis 3 mots

Questions 3 et 4 de la recherche

> ❸ Trouve un nombre qui s'écrit avec un seul mot, mais deux chiffres.
>
> ❹ Trouve un nombre qui s'écrit avec trois mots, mais deux chiffres.

• Inviter les élèves à répondre individuellement sur ardoise ou cahier de brouillon.

• Pour chaque question, recenser les réponses et demander aux élèves de dire s'ils sont ou non d'accord.

RÉPONSE : **3.** Les nombres de dix à seize, ainsi que vingt, trente, quarante, cinquante et soixante.

4. *Exemples* : vingt-et-un ; trente-et-un, …, soixante-dix-sept, …, quatre-vingt-quatre…

L'**objectif** est ici de réactiver des connaissances déjà largement travaillées au CE1, dans une situation où les élèves pourront identifier quelques règles (et exceptions !) du système d'écriture littérale des nombres. Certaines difficultés identifiées par l'enseignant dans des lectures ou dictées de nombres peuvent être traitées ici.
La difficulté principale porte sur les nombres inférieurs à 100. Au-delà, il convient de mettre l'accent sur le caractère systématique de la lecture.

PHASE 4 Des nombres de 3 chiffres avec 2 mots

Question 5 de la recherche

> ❺ Trouve trois nombres qui s'écrivent avec deux mots, mais trois chiffres.

• Regrouper les élèves par deux car la véritable phase de recherche se situe ici.

• Préciser que les élèves de chaque équipe doivent se mettre d'accord sur les réponses et qu'ils doivent écrire les nombres trouvés des deux manières : avec des mots et avec des chiffres.

RÉPONSE : de 101 à 116 ; 120 ; 130 ; 140 ; 150 ; 160 ; 200 ; 300 ; 400 ; 500 ; 600 ; 700 ; 800 ; 900.

C'est un moment de recherche essentiel pour préparer la synthèse qui suit. Il s'agit en particulier de mettre en évidence l'importance du mot « cent » qui souvent se dit ou s'entend, mais ne s'écrit pas directement en chiffres : il indique seulement la position de certains chiffres (comme dans six-cent-vingt).

AIDE Donner à certains élèves la possibilité d'écrire les chiffres ou les mots sur de petits cartons. Ce matériel pourra être réutilisé ultérieurement.

PHASE 5 Synthèse

• Mettre en évidence quelques points forts de ce travail :

Lecture et écriture des nombres à 3 chiffres

• **Le nombre de chiffres nécessaire pour écrire un nombre n'est pas relié au nombre de mots qui servent à le désigner.** Cela est dû aux irrégularités pour désigner oralement les nombres de 2 chiffres :
– **soixante** peut se traduire par **6** (comme pour 62) ou par **7** (comme pour 72) ;
– **quatre-vingts** peut se traduire par **8** (comme pour 87) ou par **9** (comme pour 97).

• **Si on entend « cent », il y a plus de 2 chiffres.**

• **La lecture des nombres de 3 chiffres** se fait en découpant l'écriture entre le chiffre de gauche et les deux chiffres de droite.
Exemple :   2 7 3
          deux-cent-soixante-treize
Le mot « cent » s'entend, mais ne s'écrit pas dans l'écriture avec des chiffres ; il indique la place du « 2 ».

• **Les décompositions associées aux écritures en chiffres et en lettres ne sont pas toujours identiques.**
Exemple :

273	deux-cent-soixante-treize
$(2 \times 100) + (7 \times 0) + 3$	$(2 \times 100) + 60 + 13$

TRACE ÉCRITE

Renvoi au **dico-maths n° 4**.

• Terminer en demandant :

➡ *Connaissez-vous un nombre qui s'écrit avec un seul mot mais avec quatre chiffres ?*

Cette question donne lieu à une première rencontre avec le nombre **mille**.

ENTRAINEMENT

FICHIER NOMBRES ET CALCULS **p. 12**

Écrire en chiffres et en lettres

1 Écris ces nombres en chiffres.
a. soixante-dix : ....
b. neuf-cent-quatre : ....
c. quatre-vingt-dix-sept : ....
d. neuf-cent-quarante : ....
e. neuf-cent-quarante-quatre : ....
f. cent-soixante-quinze : ....

2 Écris ces nombres en lettres.
a. 306 : ....
b. 190 : ....
c. 870 : ....
d. 877 : ....
e. 807 : ....
f. 999 : ....

3 Écris en chiffres, puis en lettres chaque quantité de timbres.

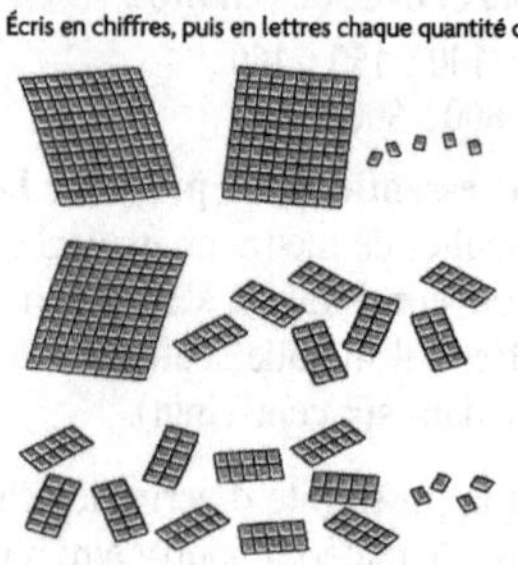

En chiffres : ....
En lettres : ....

En chiffres : ....
En lettres : ....

En chiffres : ....
En lettres : ....

Les **exercices 1 et 2** (classiques) sont complétés, au quotidien, par la lecture des nombres qui sont utilisés au fil des activités numériques. Le recours au **dico-maths n° 1 à 4** est conseillé aux élèves qui hésitent sur une traduction.

Exercice **1**

Passer de l'écriture en lettres à l'écriture en chiffres.

Les erreurs classiques du type *soixante-dix* écrit « 610 » ou « 6010 » sont exploitées pour mettre en évidence des particularités de notre système d'écriture des nombres, comme ici par exemple le fait que *soixante* peut se traduire par un « 6 » ou par un « 7 » au rang des dizaines.

RÉPONSE : a. 70 b. 904 c. 97 d. 940 e. 944 f. 175.

Exercice **2**

Passer de l'écriture en chiffres à l'écriture en lettres.

RÉPONSE : a. trois-cent-six
b. cent-quatre-vingt-dix
c. huit-cent-soixante-dix
d. huit-cent-soixante-dix-sept
e. huit-cent-sept
f. neuf-cent-quatre-vingt-dix-neuf.

Exercice **3**

Associer trois modes de représentation des nombres : imagée, chiffrée et littérale.

La circulation entre ces trois modes de représentation évite aux élèves de perdre la signification des chiffres ou des mots utilisés. Par la suite, elle peut être mobilisée autant que nécessaire, en fonction des difficultés rencontrées par les élèves.

RÉPONSE : **205**, deux-cent-cinq
170, cent-soixante-dix   **104**, cent-quatre.

	Tâche	Matériel	Connaissances travaillées
CALCULS DICTÉS	**Répertoire additif** – Donner les résultats de sommes, de différences et de compléments.	par élève : FICHIER NOMBRES **p. 13 a à f**	– **Répertoire additif** (mémorisation).
RÉVISER Calcul	Sommes de plusieurs nombres – Comparer et calculer des sommes de plusieurs nombres de façon exacte ou approchée.	pour la classe : – une calculatrice par élève FICHIER NOMBRES **p. 13 A**	– **Calcul réfléchi.** – Propriétés de l'addition – Calcul approché.
APPRENDRE Calcul	Addition : calcul posé ou en ligne RECHERCHE **Le bon chiffre** – Trouver quel sera le chiffre des centaines ou des dizaines ou des unités d'une somme de plusieurs nombres.	pour la classe : – une vingtaine de cartes unité, dizaine et centaine de chaque sorte › **fiche 1** par élève : – **fiche recherche 3** – ardoise ou cahier de brouillon – la calculatrice est interdite FICHIER NOMBRES **p. 13 ❶ , ❷ et ❸**	– **Addition : calcul posé ou en ligne** – Numération décimale : valeur positionnelle des chiffres. – Calcul approché.

CALCULS DICTÉS

Répertoire additif : Sommes, différences, compléments

– Connaitre ou retrouver très rapidement les résultats liés au répertoire additif.

FICHIER NOMBRES ET CALCULS **p. 13**

• Dicter les calculs suivants avec réponses individuelles dans le fichier :

a. 6 + 9	c. Combien pour aller de 6 à 10 ?	e. 10 − 3
b. 8 + 6	d. Combien pour aller de 6 à 15 ?	f. 17 − 8.

RÉPONSE : a. 15   b. 14   c. 4   d. 9   e. 7   f. 9.

• Les élèves peuvent se préparer ou s'entrainer à ce moment de calcul mental en utilisant l'**exercice 6** de **Fort en calcul mental, p. 7.**

RÉPONSE : a. 8   b. 18   c. 9   d. 7   e. 8   f. 7.

RÉVISER

Sommes de plusieurs nombres • Calcul réfléchi

– Regrouper certains termes d'une somme de plusieurs nombres pour rendre le calcul plus agréable.

PHASE **1** **Principe de l'addi-grille**

Le principe de l'addi-grille peut être expliqué sur un exemple comme celui-ci :

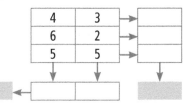

Chaque flèche indique qu'il faut additionner les nombres des cases qui la précèdent et indiquer le résultat au bout de la flèche. Si tous les calculs sont exacts, on trouve le même résultat dans les deux cases orange. L'exercice est auto-correctif.

RÉPONSE : **25** dans les deux cases orange.

Exercice Ⓐ

Calcul de sommes après regroupement de termes.

Chaque élève complète l'addi-grille du fichier. Les élèves peuvent être d'abord invités à chercher des résultats intermédiaires « ronds » s'ils existent.

Lors de la correction, les élèves sont également inviter à contrôler leurs réponses en remplaçant les nombres par des nombres ronds de façon à obtenir une estimation du résultat, par exemple pour la première ligne : 30 + 20 + 30 = 80.

RÉPONSE :

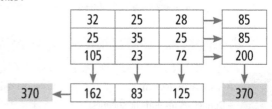

32	25	28	→	85
25	35	25	→	85
105	23	72	→	200
↓	↓	↓		↓
370 ←	162	83	125	370

Le travail d'estimation de résultats ne fait l'objet d'un apprentissage systématique qu'en unité 6. Il est auparavant déjà utilisé avec les élèves pour anticiper l'ordre de grandeur d'un résultat ou pour vérifier sa vraisemblance.

APPRENDRE

Addition : calcul posé ou en ligne

– Calculer des sommes par un calcul écrit en ligne ou en colonnes.
– Comprendre le rôle des retenues.

RECHERCHE Fiche recherche 3

Le bon chiffre : Les élèves doivent trouver, parmi plusieurs sommes, celles qui ont dans leur résultat tel chiffre des unités et des dizaines. Ils ne doivent pas calculer complètement ces sommes.

PHASE **1** Trouver le chiffre des unités, des dizaines d'une somme

Question 1 de la recherche

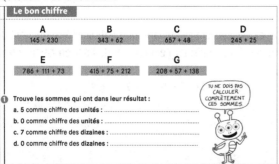

Le bon chiffre

| A | B | C | D |
| 145 + 230 | 343 + 62 | 657 + 48 | 245 + 25 |

| E | F | G |
| 786 + 111 + 73 | 415 + 75 + 212 | 208 + 57 + 138 |

❶ Trouve les sommes qui ont dans leur résultat :
a. 5 comme chiffre des unités : ....
b. 0 comme chiffre des unités : ....
c. 7 comme chiffre des dizaines : ....
d. 0 comme chiffre des dizaines : ....

TU NE DOIS PAS CALCULER COMPLÈTEMENT CES SOMMES

• Reformuler la tâche :

➡ *Vous ne devez pas calculer complètement les sommes. Vous devez seulement trouver :*

– quelles opérations donnent un résultat où le chiffre des unités est un 5 ou un 0 ;

– quelles opérations donnent un résultat où le chiffre des dizaines est un 7 ou un 0.

• Lors de l'exploitation collective, faire une **synthèse** :

L'addition en ligne

• **Pour connaitre le chiffre des unités du résultat d'une somme**, il suffit d'additionner les chiffres des unités de tous les nombres de la somme.
Exemple :
Pour 208 + 57 + 138 → 8 + 7 + 8 = 23.
Le chiffre des unités est donc **3**.

• **Pour connaitre le chiffre des dizaines du résultat d'une somme**, il ne suffit pas d'additionner les chiffres des dizaines de tous les nombres de la somme, il faut tenir compte du résultat obtenu pour l'addition des unités. Si la somme des unités est supérieure à 9, il y a une retenue qu'il faut ajouter aux dizaines. Cette retenue est toujours égale à 1 si l'addition comporte deux termes. Elle peut être supérieure si l'addition comporte plus de deux termes.
Exemples :
– Pour 343 + 62, le chiffre des dizaines est **0**, car 4 + 6 = 10. Dans ce cas, il n'y a pas de retenue car la somme des unités est plus petite que 10.
– Pour 208 + 57 + 138, le chiffre des dizaines est **0** car 2̲ + 0 + 5 + 3 = 10.
Dans ce cas, il faut tenir compte de la retenue égale à 2 car la somme des unités est égale à 23.

RÉPONSE : **5** comme chiffres des unités : **A, B, C**
0 comme chiffres des unités : **D, E**
7 comme chiffres des dizaines : **A, D, E**
0 comme chiffres des dizaines : **B, C, F, G**

En s'appuyant sur les connaissances acquises en numération (en particulier sur la valeur positionnelle des chiffres et la référence aux groupements par dix ou par cent), la technique de l'addition posée est à nouveau justifiée, avec le principe de la retenue, avant d'être entrainée. La **question 1** de la recherche a été conçue avec cet objectif. En effet, elle a pour but de sensibiliser les élèves au phénomène des retenues dans l'addition avant d'expliquer à nouveau la technique de l'addition posée.

Pour illustrer les conclusions, faire appel si nécessaire au matériel timbres (unité, dizaine, centaine), en accompagnant les étapes du calcul par les manipulations correspondantes, et notamment les échanges 1 dizaine contre 10 unités ou 1 centaine contre 10 dizaines associées aux retenues.

PHASE **2** Addition de deux ou plusieurs nombres

Question 2 de la recherche

❷ Calcule toutes les sommes et vérifie tes réponses à la question 1.

• Préciser que les calculs peuvent être réalisés **en ligne** ou **en colonnes**.

• Recenser quelques réponses différentes (s'il y en a) pour chaque addition et faire rechercher et expliquer les principales erreurs : opération mal posée, retenue oubliée, erreur de table…

• Inviter les élèves à contrôler leurs réponses en remplaçant les nombres par des **nombres ronds** de façon à obtenir une estimation du résultat, par exemple pour **B** : 340 + 60 = 400 qui permet d'écarter les réponses du type 963 où l'élève aurait aligné les chiffres « par la gauche » et non unités sous unités, etc.

• Faire une **synthèse** en s'appuyant, si nécessaire, sur le matériel qui permet de représenter les nombres :

L'addition en colonnes

• **Il faut commencer par bien disposer les nombres** : unités sous unités, dizaines sous dizaines, centaines sous centaines.

• **Commencer par calculer les unités** :
– si le résultat sur les unités est **supérieur à 9**, décomposer ce résultat en unités et dizaines (ces dernières sont à mettre en retenue) ;
– si le résultat est **supérieur à 19**, la retenue est alors supérieure à 1.

• **Continuer avec les dizaines** : il ne faut pas oublier la retenue éventuelle…

TRACE ÉCRITE

Renvoi au **dico-maths n° 18** afin de permettre aux élèves de retrouver le principe du calcul des additions posées en colonnes, et notamment comment gérer les retenues.

RÉPONSE : A. 375 B. 405 C. 705 D. 270 E. 970 F. 702 G. 403.

La technique de l'addition « en colonnes » devrait être acquise à l'entrée au CE2. Mais certains élèves ont sans doute besoin d'un nouvel entrainement. Cette technique doit être parfaitement maitrisée avant que ne soit travaillée au CE2 celle de la soustraction.

AIDE Le matériel timbres « unités, dizaines, centaines » peut être utilisé pour justifier la technique « en colonnes ».

ENTRAINEMENT

FICHIER NOMBRES ET CALCULS **p. 13**

Additionner en ligne ou en colonnes

① Complète le tableau, sans calculer complètement ces sommes.

	206 + 32	206 + 34	206 + 397	435 + 231 + 18	435 + 89 + 226
Le chiffre des unités du résultat est…					
Le chiffre des dizaines du résultat est…					

② Calcule en ligne ou en colonnes.
a. 49 + 145 = ……
b. 58 + 206 = ……
c. 347 + 353 = ……
d. 587 + 36 + 209 = ……
e. 208 + 47 + 369 + 89 = ……

③ Dans ces trois additions, des chiffres ont été effacés. Retrouve-les.

```
   4 7 8        + 3 6 4       + 3   5
 +   3          + 2   5       +   0 4
   7   0          8 0 1         9 8 6
```

Exercice ①

Trouver les chiffres des unités et des dizaines du résultat d'une addition.

Reprise de la question 1 de la recherche.
RÉPONSE :

	Chiffre des unités	Chiffre des dizaines
206 + 32	8	3
206 + 34	0	4
206 + 397	3	0
435 + 231 + 18	4	8
435 + 89 + 226	0	5

Exercice ②

Calculer des sommes mentalement ou en posant les opérations.

Lors de l'exploitation, les différentes méthodes de calcul sont comparées :
– calcul mental ;
– calcul posé ;
– calcul en ligne imitant le calcul posé (par exemple pour a et b), mais tous les calculs peuvent être conduits en ligne si l'élève repère bien le rang de chaque chiffre.

RÉPONSE : a. 194 b. 264 c. 700 d. 832 e. 713.

Exercice ③

Calculer des additions à trous.

RÉPONSE :
```
   4 7 8        1 5 2        2 9 7
 + 2 3 2      + 3 6 4      + 3 8 5
   7 1 0      + 2 8 5      + 3 0 4
                8 0 1        9 8 6
```

AIDE Proposer le recours à un matériel de numération, si nécessaire.

CONSOLIDATION Pour les **calculs en colonnes**, des exercices d'entrainement supplémentaires peuvent être proposés à certains élèves, avec éventuellement un soutien personnalisé. Il convient de déterminer si les difficultés proviennent d'une maitrise insuffisante de la technique (pose de l'opération, ordre des calculs, retenue) ou d'une connaissance insuffisante du répertoire additif, de façon à cibler le travail de l'élève dans la bonne direction.

Différenciation : Exercice 1 → **CD-Rom du guide, fiche n° 3.**

	Tâche	Matériel	Connaissances travaillées
CALCULS DICTÉS	**Répertoire additif** – Donner les résultats de sommes, de différences et de compléments.	par élève : – ardoise ou cahier de brouillon	– **Répertoire additif (mémorisation).**
RÉVISER Géométrie	Reconnaissance de formes – Trouver les polygones parmi un lot de figures. – Trouver les figures qui ont été tracées avec un même gabarit carré.	pour la classe : – 1 grand carré découpé dans du carton 〉 **à réaliser par l'enseignant** – 1 gabarit carré vert comme celui des élèves – page 2 du cahier photocopiée sur transparent rétroprojetable par élève – 1 gabarit carré vert 〉 **planche A du cahier** CAHIER GÉOMÉTRIE **p. 2 A et B**	– **Polygones** – **Reconnaissance d'une figure dans une position non standard.**
APPRENDRE Mesures	**Longueurs en mètres, décimètres et centimètres** RECHERCHE **Comparer la longueur de deux bandes** – Comparer des longueurs sans mesurer et en mesurant. – Utiliser différents instruments.	pour la classe : – **ficelles** de plus de 120 cm – **différents instruments de mesure** : règle de tableau, double ou triple décimètre, mètre de couturière, mètre pliant, double mètre, décamètre... (avec au moins un instrument conventionnel par équipe) par équipe de 3 ou 4 : – **une bande de papier blanc** (1 m de long et 2 à 3 cm de largeur) collée au sol ou sur un mur, dans un endroit éloigné des élèves – **une bande de couleur** repérée par une lettre, d'une longueur différente (90 cm, 95 cm, 97 cm, 104 cm...) mais de même largeur (2 à 3 cm) – cahier de brouillon	– **Unités de mesure de longueurs : m, dm et cm** – **Mesure de longueurs** – **Comparaison de longueurs.**

CALCULS DICTÉS

Répertoire additif • Sommes, différences, compléments
– Connaitre ou retrouver très rapidement les résultats liés au répertoire additif.

• Dicter les calculs suivants avec réponses sur l'ardoise ou le cahier de brouillon :

a. 4 + 8	c. Combien pour aller de 5 à 10 ?	e. 10 – 8
b. 6 + 9	d. Combien pour aller de 8 à 14 ?	f. 15 – 7

RÉPONSE : a. 12   b. 15   c. 5   d. 6   e. 2   f. 8.

• Les élèves peuvent se préparer ou s'entrainer à ce moment de calcul mental en utilisant l'**exercice 7** de **Fort en calcul mental, p. 7.**
RÉPONSE : a. 15   b. 13   c. 7   d. 7   e. 8   f. 6.

RÉVISER

Reconnaissance de formes

– Savoir ce qu'est un polygone.
– Reconnaître un même carré dans différentes positions.

CAHIER MESURES ET GÉOMÉTRIE **p. 2**

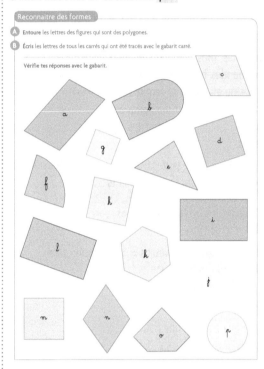

Reconnaître des formes

Ⓐ Entoure les lettres des figures qui sont des polygones.
Ⓑ Écris les lettres de tous les carrés qui ont été tracés avec le gabarit carré.

Vérifie tes réponses avec le gabarit.

Exercice Ⓐ

Reconnaître des polygones parmi plusieurs figures.

• Recenser les réponses et demander :
➡ *À quoi reconnaît-on qu'une figure est un polygone ?*

• Après discussion, conclure que :

Les figures qui peuvent être tracées uniquement avec la règle sont appelées « **polygones** ».

RÉPONSE : Il y a 13 polygones : *a, c, d, e, g, h, i, j, k, l, m, n, o.*

Exercice Ⓑ

Reconnaître un carré dans différentes positions.

• Présenter le grand carré en carton et l'utiliser pour tracer au tableau le contour d'un carré identique dans une position non conventionnelle comme le carré *d.*

• Préciser :
– le carré en carton a servi de **gabarit** pour tracer le carré dessiné qui est identique au carré en carton ;
– une **figure est identique à une autre** si, quand on la découpe en suivant son contour ou qu'on la décalque, elle peut être **exactement superposée** à l'autre figure ; les deux figures peuvent être tracées avec le même gabarit.

• Préciser la consigne de l'**exercice B** :
➡ *Il s'agit de trouver tous les carrés qui sont identiques à votre gabarit carré, mais sans superposer le gabarit sur les figures. Quand vous penserez les avoir tous trouvés, alors vous utiliserez le gabarit pour vérifier.*

• Après la recherche, recenser les figures qui ont été reconnues identiques au gabarit carré et demander comment les élèves ont fait pour les trouver. Au besoin, utiliser le gabarit et la page du cahier rétroprojetée pour valider les réponses.

RÉPONSE : Il y a 4 carrés : *d, h, j, m.*

Il est intéressant d'observer les procédures des élèves :
– utilisation des doigts pour comparer deux longueurs, deux coins ;
– rotation de la page pour amener les formes dans la même position que le gabarit ou l'inverse ;
– mouvement de la tête pour voir les formes dans la même position que le gabarit.
Il ne s'agit pas ici d'expliciter les propriétés du carré, mais seulement de développer la capacité à reconnaître perceptivement une figure dans différentes positions. L'étude des propriétés du carré et du rectangle sera conduite en **unités 2 et 3**.

APPRENDRE

Longueurs en mètres, décimètres et centimètres

– Comparer deux longueurs par le biais d'une comparaison avec un autre objet ou d'un mesurage.
– Utiliser des instruments de mesure de longueur et les unités légales : le mètre, le décimètre et le centimètre.

CHERCHER

Comparer la longueur de deux bandes : Les élèves doivent comparer les longueurs de deux bandes de papier éloignées l'une de l'autre qu'ils ne peuvent pas déplacer : l'une mesure exactement **1 m** et la mesure de l'autre est **proche de 1 m**. Ils disposent de ficelles et de différents instruments. Ensuite ils doivent choisir un objet de la classe, dire s'il mesure plus ou moins de 1 m et contrôler leur estimation en le mesurant.

Avant la séance, l'enseignant aura rassemblé différents instruments de mesure : règle de tableau, double ou triple décimètre, mètre de couturière, mètre pliant, double mètre, décamètre..., avec au moins un instrument conventionnel par équipe.

PHASE 1 **Comparaison indirecte de 2 bandes**

• Distribuer, par équipe, une bande de couleur ainsi que deux ou trois instruments (une ficelle et un ou deux instruments de mesure), sans donner aucune indication.

• Présenter la situation :
➡ *Des bandes de papier blanc ont été fixées dans différents endroits de la classe. Chaque équipe va se voir attribuer une de ces bandes blanches. Vous avez également reçu une bande de couleur. Vous devez trouver laquelle des deux bandes, la colorée ou la blanche, est la plus longue. Vous n'avez pas le droit de déplacer la bande de couleur ; elle doit rester sur la table de l'équipe.*

Par contre, vous pouvez utiliser tous les instruments que vous voulez, et un membre de chaque équipe a le droit de se déplacer vers la bande blanche, avec l'instrument, sans emmener la bande de couleur. Vous devez vous mettre d'accord sur la méthode à utiliser. Vous noterez votre résultat sur votre cahier de brouillon, en expliquant votre méthode

• Préciser à quelle bande blanche chaque équipe devra s'intéresser. Pendant cette phase de recherche, veiller au respect des contraintes et observer les méthodes utilisées par les élèves.

Le problème posé est celui de la comparaison de deux longueurs qui ne peut se faire directement par superposition. Les procédures possibles relèvent de la **comparaison indirecte** (utilisation d'une ficelle par exemple) **ou de la mesure** avec une unité conventionnelle (utilisation d'instruments gradués) ou non (report d'un étalon).

COLLECTIF

PHASE 2 Mise en commun et synthèse

• Faire formuler et discuter successivement le travail de chaque équipe : réponse donnée, méthode utilisée.

• Proposer **une synthèse des méthodes utilisées** en les montrant :

Les méthodes pour comparer deux longueurs

• **Méthode qui n'utilise pas la mesure :**
Utilisation d'une **ficelle** ou d'un **objet plus long que les bandes** pour comparer les longueurs : on reporte la longueur d'une des deux bandes sur la ficelle en faisant coïncider une extrémité de la ficelle avec une extrémité de la bande et en marquant un repère sur la ficelle en face de l'autre extrémité de la bande, puis on compare ce report à la longueur de l'autre bande, en ayant fait coïncider la même extrémité de la ficelle avec une extrémité de cette autre bande. Cette méthode est appelée « comparaison indirecte ».

• **Méthode qui utilise une mesure obtenue par report d'une unité :**
Utilisation de la **longueur de la main** ou celle d'un objet (crayon, règle) comme **unité** : on place une extrémité de l'unité à une extrémité de la bande, on marque un repère sur la bande à l'autre extrémité de l'unité, puis on déplace l'unité pour refaire de même à partir de la marque faite sur la bande et ainsi de suite.

• **Méthodes qui utilisent des instruments conventionnels :**
– Report du **double** ou **triple décimètre** et ajout des mesures successives obtenues, avec mesures exprimées en cm ou en dm.
– **Mesure** en m et cm, ou en dm et cm, ou en cm à l'aide des autres instruments.

• Reconnaître que toutes ces méthodes sont ici valables.

COLLECTIF

PHASE 3 Présentation des divers instruments de mesure

• Demander à chaque équipe de présenter un instrument qu'elle a utilisé. Justifier son nom, en rapport avec les unités : décimètre, double décimètre, mètre, double mètre, décamètre...

• Demander à chaque équipe de mesurer sa bande blanche à l'aide d'un instrument conventionnel. Faire constater que toutes ont une longueur de **1 m** ou **10 dm** ou **100 cm**. Puis demander à chaque équipe de mesurer avec un autre instrument sa bande de couleur.

• Recenser les mesures au tableau et les faire comparer à celles des bandes blanches. Les élèves donnent ces mesures en centimètres ou en mètre et centimètres ou en décimètres et centimètres. La comparaison des longueurs des bandes de couleur à celle de 1 m oblige à utiliser les égalités **1 m = 100 cm** et **1 m = 10 dm**.

• Noter au tableau les égalités trouvées (et leurs abréviations) en lien avec ce qu'on lit sur les instruments :

ou
1 décimètre = 10 centimètres
1 dm = 10 cm

ou
1 mètre = 10 décimètres = 100 centimètres
1 m = 10 dm = 100 cm

ÉQUIPES DE 3 OU 4

PHASE 4 Mesure d'un objet de la classe

• Proposer aux équipes une nouvelle tâche :

➡ *Par équipes de 4, choisissez un objet de la classe qui, à votre avis, a une longueur ou une hauteur de plus d'un mètre. Vous direz quel objet vous avez choisi, puis vous viendrez vérifier votre estimation en mesurant l'objet.*

• Recenser les propositions des élèves. Engager une courte discussion en demandant l'avis des autres équipes. Puis demander à chaque équipe d'effectuer la mesure de l'objet choisi à l'aide d'un instrument. Si nécessaire, une seconde mesure est effectuée à l'aide d'un autre instrument ou par une autre équipe.

• Proposer une recherche similaire pour des objets qui mesurent **moins d'un mètre**.

• Expliquer collectivement comment utiliser avec précision certains instruments : « **Pour mesurer avec précision**, il faut bien tendre le mètre à ruban, faire des reports précis en ligne droite avec la règle de tableau ou le triple décimètre. »

UNITÉ 1   Dates : jours, mois et années

SÉANCE **8**
Pas d'exercices
dans le cahier

UNITÉ 1

	Tâche	Matériel	Connaissances travaillées
CALCULS DICTÉS	**Écarts à la dizaine supérieure ou inférieure** – Répondre à des questions du type « Combien pour aller de 26 à 30 ou de 30 à 34 ? ».	**par élève :** – ardoise ou cahier de brouillon	– Calcul mental (mémorisation).
RÉVISER Mesures	Estimer et mesurer des longueurs – Estimer des longueurs, puis vérifier l'estimation par mesurage.	**pour la classe :** – instruments de mesure (*voir tableau de la séance 7*) **par élève :** – ardoise ou cahier de brouillon	– Mesure de longueurs en m et cm – **Estimer des longueurs.**
APPRENDRE Mesures	Dates : jours, mois et années RECHERCHE **Les anniversaires** – Lire et exploiter des informations sur différents calendriers.	**pour la classe :** – un calendrier avec les 12 mois de l'année en cours visibles (affiché ou projeté) **› à choisir par l'enseignant ou prendre le calendrier mis sur le site de Hatier :** www.capmaths-hatier.com – feuilles de recherche (si possible de format A3) **par équipe de 2 :** – un calendrier de l'année en cours apporté par les élèves (demande à faire avant la séance) – ardoise ou cahier de brouillon	– **Dates et durées** – **Année, mois, semaine, jour** – Calendrier : lecture d'informations.

CALCULS DICTÉS

Écarts à la dizaine
– Estimer la longueur de différents objets et utiliser les instruments de mesure.

INDIVIDUEL ET COLLECTIF

• Dicter les calculs suivants sous la forme « Combien pour aller de 26 à 30 ? » ou « Que faut-il ajouter à 26 pour obtenir 30 ? » en variant les formulations, avec réponses sur l'ardoise ou le cahier de brouillon :

Combien pour aller de :

a. 20 à 26	c. 6 à 10	e. 35 à 40
b. 70 à 73	d. 26 à 30	f. 75 à 80

RÉPONSE : a. 6   b. 3   c. 4   d. 4   e. 5   f. 5.

• Les élèves peuvent se préparer ou s'entrainer à ce moment de calcul mental en utilisant l'**exercice 8** de **Fort en calcul mental, p. 7**.

RÉPONSE : a. 4   b. 8   c. 10   d. 6   e. 9   f. 9.

▌ **La capacité à passer directement d'un nombre à la dizaine supérieure** (ou de la dizaine inférieure à un nombre) joue un rôle important en calcul mental.

▌ **Les exemples choisis** sont destinés à faire prendre conscience aux élèves que, en réalité, il suffit de connaitre les compléments à 10.

RÉVISER

Estimer et mesurer des longueurs
– Utiliser un instrument de mesure adapté,
– Utiliser les unités conventionnelles m, dm et cm pour exprimer une mesure, connaitre un ordre de grandeur pour ces unités.

ÉQUIPES DE 2

Dans cette activité à mener avec les élèves regroupés par équipes de 2, il s'agit d'estimer des longueurs d'objets présents dans la salle de classe. Pour chaque objet, le déroulement est identique.

• Montrer un objet comme par exemple : la longueur et la largeur du tableau, la hauteur du bureau, la hauteur de la porte.

• Demander à chaque équipe de produire une estimation écrite de la longueur en mètres, en centimètres ou en mètres et centimètres, puis recenser toutes les estimations.

• Demander à une équipe d'effectuer la mesure en choisissant un instrument approprié sous le contrôle du reste de la classe.

• Faire vérifier la mesure par une autre équipe, si nécessaire.

Dates et durées en jours, mois, années

– Lire et exploiter des informations sur différents calendriers.

RECHERCHE

Les anniversaires : Les élèves ont à trouver les dates des anniversaires des élèves de la classe, puis à répondre à des questions sur les relations entre jour, semaine, mois et année.

PHASE 1 **Étude comparative de différents calendriers**

• Faire comparer les différentes présentations des calendriers de l'année en cours dont dispose la classe, comme par exemple :
– le calendrier collectif avec tous les mois sur une seule page ;
– le calendrier avec la moitié de l'année (un semestre) par page et les mois sous forme de liste ;
– le calendrier avec *n* mois par page et les mois souvent sous forme de tableau et les jours de la semaine en entrée ;
– l'éphéméride.

• Rappeler le vocabulaire : **mois** (janvier, février…), **jours** (lundi, mardi…), **semaine** (du lundi au dimanche, lundi étant le premier jour de la semaine).

PHASE 2 **Trouver le jour de son anniversaire pour l'année en cours**

• Expliquer le travail à faire :

➡ *Chaque élève doit trouver, sur le calendrier de son équipe, le jour de son anniversaire et l'entourer au crayon à papier.*

• Une fois les dates anniversaire entourées, poursuivre :

➡ *Chaque élève doit donner une indication sur son anniversaire, sous la forme « nom du jour, numéro du jour et mois », afin de permettre à un autre élève de marquer la date sur le calendrier collectif.*
Écrire le prénom de l'élève, sur le calendrier collectif, en face de la date indiquée.

• Poser des questions, rapidement sur le nombre d'anniversaires pour certains mois, sur le mois où il y en le plus, le moins…

≣ **Cette activité doit être menée assez rapidement, mais doit concerner tous les élèves.** Elle permet à chaque élève de s'impliquer dans l'activité et de mobiliser l'idée de date exprimée par un jour (nom et numéro) et un mois de l'année.

PHASE 3 **Lecture d'informations sur le calendrier**

• Poser une question *(voir liste ci-dessous)*, puis demander à chaque équipe de trouver la réponse à l'aide de son calendrier et de la noter sur l'ardoise ou la feuille de brouillon.

a. Toutes les semaines ont-elles le même nombre de jours ?
b. Tous les mois ont-ils le même nombre de jours ?
c. Combien y a-t-il de mois dans l'année ?
d. Combien y a-t-il de semaines dans chaque mois ?
e. Combien y a-t-il de semaines dans l'année ?
f. Combien y a-t-il de jours dans l'année ?

• Comparer et discuter les réponses des élèves :
– les **questions a à d** peuvent être traitées par une lecture directe sur le calendrier ;
– la **question e** peut être également traitée par dénombrement sur le calendrier, mais aussi par un calcul ;

– la **question f**, quant à elle, se résout plus facilement par un calcul (addition ou addition et multiplication), ce à quoi on peut inciter les élèves. Pour cette question, laisser à chaque équipe un temps de recherche suffisant.

PHASE 4 **Synthèse**

Lecture d'un calendrier

• **Une semaine est une période de 7 jours,** du lundi au dimanche.

• **Certains mois comptent 30 jours, d'autres 31,** sauf février qui en compte en général 28, mais aussi 29 tous les 4 ans (année bissextile).

Astuce pour savoir si le mois comporte 30 ou 31 jours.
On ferme son poing gauche, le dos de la main visible, et on compte de droite à gauche avec la main droite :
– l'os qui continue l'index de la main gauche forme une bosse et représente le mois de *janvier* de 31 jours ;
– ensuite, *février* tombe dans un creux entre l'index et le majeur : il ne comporte pas 31 jours, mais 28 ou 29 ;
– l'os du majeur correspond à *mars* (31 jours) ;
– le creux entre le majeur et l'annulaire correspond à *avril* (30 jours) ;
– ainsi de suite jusqu'à *juillet* qui correspond au dernier os du petit doigt.
On repart ensuite sur la droite avec à nouveau l'os du petit doigt qui représente *août* (31 jours)…
D'autres moyens mnémotechniques existent comme avec les deux poings fermés.

• **Il y a entre 4 et 5 semaines dans un mois.**

• **Dans une année,** il y a :
– **12 mois** *(les nommer)* ;
– **52 semaines** (elles sont numérotées dans certains calendriers) ;
– **365** ou **366 jours** selon que le mois de février comporte 28 ou 29 jours.

≣ Une première signification des mots *année*, *mois* et *semaine* exprime des périodes prédéterminées sur le calendrier, qui servent de **repères** de date. On parle de l'année 2016, du mois de mars, de la semaine 26 (indication qui figure sur beaucoup de calendriers). **Mais ces termes ont une autre signification,** comme par exemple dans la formulation « On est le 25 septembre 2016, rendez-vous dans une **semaine**, dans un **mois**, dans un **an** ». Les mots signifient alors des durées de **7 jours consécutifs** ou de **30 jours consécutifs** ou de **365 jours consécutifs**. Ainsi, un mois, c'est du 1er au 31 du même mois, mais c'est aussi la durée écoulée entre le 7 et le 7 du mois suivant.
Au CE1, les élèves ont déjà lu des dates et travaillé sur la première signification de ces mots ; ils ont déterminé des durées par comptage des jours ou des mois sur le calendrier. **Au CE2,** en début d'année, ils comprennent les mots **jour, mois** et **année** comme des **repères de date**. L'idée que ce sont aussi des **unités de durée** doit se mettre progressivement en place.

À SUIVRE

En **séance 9**, une autre signification des termes **année, mois** et **semaine** est travaillée, comme étant des unités de durée.

	Tâche	Matériel	Connaissances travaillées
CALCULS DICTÉS	Écarts à la dizaine supérieure ou inférieure – Répondre à des questions du type « Combien pour aller de 26 à 30 ou de 30 à 34 ? ».	par élève : – ardoise ou cahier de brouillon	– Calcul mental (mémorisation).
RÉVISER Mesures	Lecture de l'heure : heure, demi-heure, quart d'heure – Lire l'heure affichée par une horloge à aiguilles : heure entière, demi-heure et quart d'heure.	pour la classe : – une vraie horloge à aiguilles où la rotation de la grande aiguille entraîne la rotation de la petite par élève – ardoise ou cahier de brouillon CAHIER GÉOMÉTRIE **p. 3** Ⓐ **et** Ⓑ	– **Lecture de l'heure :** heure entière, demi-heure et quart d'heure.
APPRENDRE Mesures	Dates et durées : jours et mois RECHERCHE **Faits divers** – Calculer des durées ou trouver des dates en mois et jours, en utilisant un calendrier.	par élève : – **fiche recherche 4** – une feuille pour chercher – un calendrier de l'année en cours CAHIER GÉOMÉTRIE **p. 3** ❶ , ❷ **et** ❸	– **Dates et durées en jours et mois :** – utilisation d'un calendrier – calcul de durées – détermination d'une date.

CALCULS DICTÉS

Écarts à la dizaine

– Donner rapidement un écart à la dizaine supérieure ou inférieure.

• Dicter les calculs suivants sous la forme « Combien pour aller de 26 à 30 ? » ou « Que faut-il ajouter à 26 pour obtenir 30 ? » en variant les formulations, avec réponses sur l'ardoise ou le cahier de brouillon :

Combien pour aller de :

a. 50 à 59   c. 23 à 30   e. 12 à 20
b. 90 à 98   d. 73 à 80   f. 92 à 100

RÉPONSE : a. 9   b. 8   c. 7   d. 7   e. 8   f. 8

• Les élèves peuvent se préparer ou s'entrainer à ce moment de calcul mental en utilisant l'**exercice 9** de **Fort en calcul mental, p. 7.**

RÉPONSE : a. 5   b. 3   c. 3   d. 3   e. 7   f. 8

RÉVISER

Lecture de l'heure : heure, demi-heure, quart d'heure

– Lire l'heure sur une horloge à aiguilles : heure entière, demi-heure et quart d'heure.
– Utiliser des mots tels que « demi » et « quart ».

CAHIER MESURES ET GÉOMÉTRIE **p. 3**

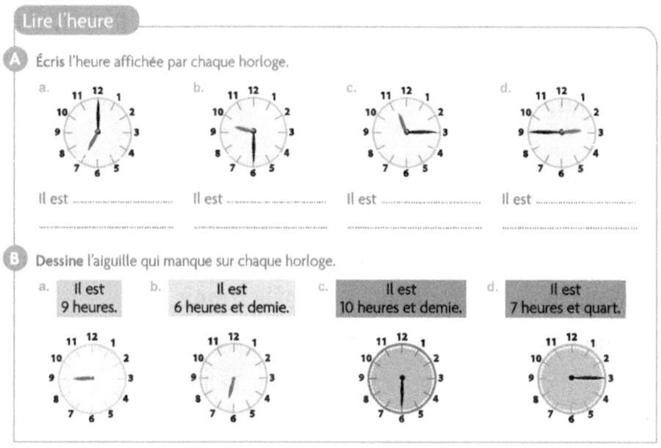

Exercice Ⓐ

Écrire l'heure affichée sur une horloge à aiguilles.

• Demander aux élèves de répondre pour les **horloges a et b,** puis recenser les réponses.

• Accepter les différentes lectures correctes possibles, par exemple pour l'**horloge b :**

9 heures et demie, 9 heures 30 ou 9 heures 30 minutes, 21 heures 30 ou 21 heures 30 minutes (faire alors préciser qu'il s'agirait du soir).

• Rectifier les erreurs provenant de l'inversion des aiguilles ou d'un mauvais repérage de la petite aiguille : par exemple, 10 heures et demie au lieu de 9 heures et demie.

• Demander aux élèves de répondre pour les **horloges c et d**. Si nécessaire, recenser les réponses.

• Rappeler les éléments essentiels pour bien lire l'heure :

Lecture de l'heure sur une horloge à aiguilles

• **La petite aiguille indique les heures** : l'horloge comporte 12 graduations des heures numérotées de **1 à 12**.

• **Lorsque la grande aiguille fait un tour complet**, la petite avance d'une heure, donc lorsque la grande aiguille réalise un tour, il s'écoule **une heure**.

• **Lorsque la grande aiguille fait la moitié d'un tour ou un demi-tour**, il s'est donc écoulé la moitié d'une heure, donc **une demi-heure**.
– S'il s'est écoulé une demi-heure après 1 heure, il est **1 heure et demie**.

• **Lorsque la grande aiguille fait la moitié de la moitié d'un tour, c'est-à-dire un quart de tour** (il faut 4 quarts de tour pour faire un tour), il s'écoule **un quart d'heure**.
– S'il s'est écoulé un quart d'heure après midi, il est **midi et quart**.
– Si dans un quart d'heure il sera 10 heures ou s'il manque un quart d'heure pour qu'il soit 10 heures, il est **10 heures moins le quart**.

• **Quand les deux aiguilles sont sur le 12**, il peut être **midi ou minuit**.

• **La journée comporte 24 heures.** La petite aiguille parcourt les **12 heures du matin**, puis les **12 heures de l'après-midi**.

RÉPONSE : a. **7 heures**   b. **9 heures et demie**
c. **11 h et quart**   d. **3 h moins le quart.**

Exercice B

Dessiner l'aiguille manquante (petite ou grande) sur une horloge à aiguilles, l'heure étant donnée.

Cette activité demande d'analyser la position des aiguilles, en particulier la grande aiguille est sur le **12** quand l'heure est exacte, sur le **6** quand c'est la demie, sur le **3** quand c'est le quart.

Ce premier travail constitue une évaluation pour savoir où chaque élève en est dans le domaine de la lecture de l'heure. En fonction des résultats constatés au cours de cette séance, certains pourront être davantage sollicités dans ces exercices quotidiens. Pour cela, au fil des journées, pour différentes occasions, interroger les élèves sur l'heure affichée par l'horloge ou la pendule de la classe. De même, il est important de relever certaines erreurs comme l'inversion de la fonction des aiguilles.

Le choix est fait de travailler, sur une horloge à aiguilles, la lecture orale de l'heure, qui correspond à une connaissance sociale et utilise des mots tels que *demi* et *quart*. L'expression « moins le quart » est plus difficile pour les élèves et peut ne pas avoir été étudiée au CE1. Il est important que les élèves donnent du sens à l'emploi de ces expressions, comme exprimant des fractions du tour de l'horloge. Ces significations seront revues ultérieurement.

La lecture de l'heure sur des horloges analogiques et le travail sur des horaires de type 8 h 30 ou 22 h 45 (comme ils apparaissent sur des magazines TV par exemple) seront faits plus tard dans l'année.

Différenciation : Exercices A et B → **CD-Rom du guide, fiche n° 4.**

Dates et durées : jours et mois

– Résoudre des problèmes liant dates et durées en mois et jours, en utilisant un calendrier.
– Utiliser les équivalences 1 mois = 30 jours, 1 semaine = 7 jours.

RECHERCHE Fiche recherche 4

Faits divers : Les élèves ont à résoudre plusieurs petits problèmes liant dates et durée dans différents contextes.

PHASE 1 Calcul d'une durée

Questions 1 et 2 de la recherche

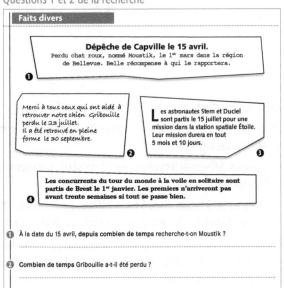

INDIVIDUEL ET ÉQUIPES DE 2

• Demander aux élèves de répondre individuellement aux **questions 1 et 2** de la fiche recherche, à l'aide d'un calendrier s'ils le souhaitent. Après la recherche individuelle, faire contrôler les résultats à deux.

• Réaliser une **mise en commun** après chaque problème ou à l'issue des deux premiers problèmes et faire expliciter les diverses méthodes :
– comptage des jours ou des semaines ou des mois sur le calendrier ;
– comptage mental de mois en mois ou par intervalle.

Cette dernière méthode peut apparaître dans la question 2 :
« 23 juillet, 23 août, 23 septembre, ça fait 2 mois, puis du 23 au 30 septembre, il y a 7 jours ».

• Faire **une synthèse** :

Relations entre mois, semaines et jours

• **Un mois est une suite de 30 ou 31 jours consécutifs.**
Du 23 juillet au 23 août (d'un certain quantième au même quantième du mois suivant), il s'écoule **1 mois**.

• **Une semaine est une suite de 7 jours consécutifs.**
Du mardi au mardi suivant (d'un jour au même jour de la semaine suivante), il s'écoule **1 semaine**.

2. 69 jours ou 2 mois et 7 jours ou 2 mois et 1 semaine.

La plupart des élèves vont résoudre ces problèmes par comptage sur le calendrier. La taille des durées proposées doit encourager à effectuer des comptages mentaux ou des calculs en utilisant des équivalences connues. Toutes les méthodes correctes, même longues sont acceptées.

La difficulté porte, lorsque l'on procède par comptage des jours, **sur le comptage des bornes** : Moustik a été perdu le 1er mars, donc le 2 mars il était perdu depuis 1 jour et donc le 31 mars depuis 30 jours, donc le 15 avril depuis 45 jours.

PHASE 2 Calcul d'une date

Questions 3 et 4 de la recherche

3 À quelle date les astronautes Stern et Duciel seront-ils de retour sur Terre ?

....

4 Quelle est la date possible d'arrivée des premiers navigateurs du tour du monde à la voile ?

....

• Demander aux élèves de répondre individuellement à la **question 3** de la fiche recherche. C'est une date qui est demandée et la durée est donnée en mois et jours. Le contrôle se fait à deux.

• Plusieurs **procédures** sont envisageables, mais encourager celles qui utilisent le fait que du quantième du mois au même quantième du mois suivant, il s'écoule 1 mois. Par exemple : du 15 juillet au 15 août, il s'écoule 1 mois, et du 15 juillet au 15 décembre, il s'écoule 5 mois. Mais d'autres procédures correctes amènent à un résultat variant à un ou deux jours près suivant la valeur du mois.

• Mettre en évidence le fait qu'on utilise en général l'équivalence **1 mois = 30 jours.**

• Demander ensuite de répondre individuellement à la **question 4** de la fiche recherche. C'est une date qui est également demandée, mais la durée est donnée en semaines. Les élèves peuvent compter les semaines sur le calendrier, puis décompter les jours excédents en utilisant l'équivalence **1 semaine = 7 jours.**

RÉPONSE : 3. 25 décembre.   4. 30 ou 31 juillet.

Le jour, la semaine, le mois apparaissent, non seulement comme des **repères de date**, mais aussi comme des **unités de durée**. Il convient donc de connaître les équivalences entre ces durées : 1 semaine = 7 jours, 1 mois = 30 jours.

ENTRAINEMENT

CAHIER MESURES ET GÉOMÉTRIE p. 3

Trouver une date ou une durée

1 Le 13 avril, le chat de la Mère Michel s'est échappé.

a. Le 13 mai, la Mère Michel a retrouvé son chat.
Pendant combien de temps s'est-il échappé ?

b. 20 jours plus tard, le chat s'est de nouveau échappé.
À quelle date ce fripon s'en est-il allé ?

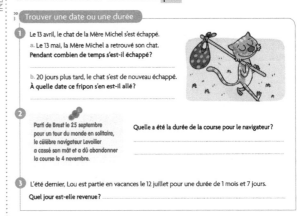

2 Parti de Brest le 25 septembre pour un tour du monde en solitaire, le célèbre navigateur Levoilier a cassé son mât et a dû abandonner la course le 4 novembre.

Quelle a été la durée de la course pour le navigateur ?

....

....

3 L'été dernier, Lou est partie en vacances le 12 juillet pour une durée de 1 mois et 7 jours.
Quel jour est-elle revenue ?

Exercice 1

a. Déterminer une durée en mois et jours connaissant deux dates.

C'est une reprise de la question 1 de la recherche.

Du 13 avril au 13 mai, il s'écoule un mois. Si les élèves comptent sur le calendrier, ils trouvent 30 jours.

b. Déterminer une date connaissant la date de départ et la durée.

La détermination de la date peut se faire par comptage sur le calendrier ou par calcul : du 13 mai au 31 mai, il s'est écoulé 18 jours ; la date de retour est donc le 2 juin.

RÉPONSE : a. 1 mois ou 30 jours   b. 2 juin.

Exercice 2

Déterminer une durée en mois et jours connaissant deux dates.

La durée est de 1 mois et 10 jours ou 40 jours si on procède par comptage des jours.

RÉPONSE : 1 mois et 10 jours ou 40 jours.

Exercice 3

Déterminer une date connaissant la date de départ et la durée.

RÉPONSE : 20 aout.

Différenciation : Exercices 1 à 3 → **CD-Rom du guide, fiche n° 5.**

UNITÉ 1

INDIVIDUEL ET ÉQUIPES DE 2.

INDIVIDUEL

UNITÉ 1 · BILAN et consolidation

Comment utiliser les pages Bilan et Consolidation 〉〉 p. VIII.

BILAN de l'UNITÉ 1 | CONSOLIDATION

NOMBRES ET CALCULS

▶ Calcul mental (séances 1 à 9)

Connaissances à acquérir

→ **Nombres dictés inférieurs à 100**
→ **Répertoire additif (sommes, différences, compléments)**
→ **Écart à la dizaine proche**

Pas de préparation de bilan proposée dans le fichier.

Je fais le bilan 〉 FICHIER NOMBRES p. 15

Exercice ❶ Répertoire additif.
a. 14   b. 13   c. 13   d. 12   e. 7   f. 9   g. 8   h. 3.

Exercice ❷ Écart à une dizaine proche.
a. 7   b. 6   c. 9   d. 7.

Je consolide mes connaissances 〉 FICHIER NOMBRES p. 7

Fort en calcul mental : exercices 1 à 9

Autres ressources

〉 90 Activités et jeux mathématiques CE2
   17. Recto-verso (répertoire additif)
   18. De l'autre côté
   19. Des nombres à entourer

〉 CD-Rom Jeux interactifs CE2-CM1-CM2
   9. Calcul éclair (domaine additif)

〉 Activités pour la calculatrice CE2-CM1-CM2
   12. Tables d'addition et de multiplication

NOMBRES ET CALCULS

▶ Recherche de diverses possibilités, monnaie en euros (séances 1 et 2)

Connaissances à acquérir

→ **Pour résoudre un problème, il y a toujours plusieurs méthodes correctes.**
Ce qui est important :

– c'est de bien comprendre ce qui est demandé et de choisir « sa » méthode qui peut être différente de celle des autres ;

– on peut, au brouillon, essayer, barrer, recommencer.

Il faut aussi savoir s'organiser pour n'oublier aucune réponse.

Après la recherche, l'échange avec les autres permet d'expliquer les différentes méthodes, de les comparer, de trouver ensemble les erreurs, de voir d'autres méthodes que celle qu'on a utilisée…

→ **Pour travailler avec la monnaie, il faut se souvenir que : 1 € = 100 c.**

Je prépare le bilan 〉 FICHIER NOMBRES p. 14

QCM Ⓐ **2 façons** : 2 pièces de 20 c et 1 pièce de 10 c ;
1 pièce de 20 c et 3 pièces de 10 c.

Je fais le bilan 〉 FICHIER NOMBRES p. 15

Exercice ❸ Trouver diverses façons de réaliser une somme donnée (en centimes).
3 façons : 4 pièces de 20 c ;
3 pièces de 20 c et 2 pièces de 10 c ;
2 pièces de 20 c et 4 pièces de 10 c.

Je consolide mes connaissances 〉 FICHIER NOMBRES p. 16

Exercice ❶

a. **Avec 1 seule sorte de pièces**

1 €	50 c	20 c
2		
	4	
		10

b. **Avec 2 sortes de pièces**

1 €	50 c	20 c
1	2	
1		5
	2	2

Exercice ❷ a. **deux pièces** : 70 c ; 60 c ; 40 c ; 30 c.
b. **trois pièces** : 90 c ; 80 c ; 50 c.

Les difficultés suivantes (autres que les erreurs de calcul) peuvent apparaître :

– **difficulté à comprendre la situation** (le matériel monnaie peut alors être proposé) ;

– **utilisation d'autres nombres que ceux « autorisés »** par la situation (cette erreur est intéressante à étudier lors d'une mise en commun) ;

– **solutions identiques** exprimées par des calculs différents non reconnues comme telles (exploitation lors d'une mise en commun) ;

– **erreur d'écriture** du type 5 × 10 = 50 + 50 = 100, corrigée au moment de la mise en commun, mais reconnue comme permettant d'avoir une solution au problème posé…

Exercice ❸

5 bouteilles	4	2	0
2 bouteilles	4	9	14

Pour certains élèves, on peut fournir des petites cartes identiques à celles du matériel collectif pour aider à la résolution.

CD-Rom du guide

〉 Fiche différenciation n° 1

UNITÉ 1

▶ Nombres inférieurs à 1 000 : centaines, dizaines et unités (séances 3 et 4)

Connaissances à acquérir

→ **Pour compter les objets d'une collection importante**, on a intérêt à faire des groupements de **10 objets** et de **100 objets**. On peut ainsi écrire directement le nombre d'objets.

Exemple : S'il y a 1 groupement de 100 objets, aucun groupement de 10 objets et 2 objets isolés, le nombre s'écrit **102**.

→ **Pour réaliser un nombre comme 265, il existe beaucoup de possibilités.** Les plus simples utilisent les décompositions en centaines, dizaines et unités, comme :
2 centaines, 6 dizaines, 5 unités ;
26 dizaines, 5 unités ;
1 centaine, 16 dizaines, 5 unités...

→ **Pour passer d'une décomposition à une autre, on se sert des égalités :**
1 centaine = 10 dizaines   1 dizaine = 10 unités
1 centaine = 100 unités.

Je prépare le bilan ▶ FICHIER NOMBRES p. 14

QCM B   1 centaine = 10 dizaines ; 1 centaine = 100 unités.

QCM C   il y a 5 centaines ; le chiffre des unités est 8 ; il y a 50 dizaines.

> La proposition « **50 dizaines** » risque de ne pas être cochée avec l'argument que « dans 508, il y a **0** dizaine ». Cette réponse témoigne d'une confusion entre valeur du chiffre (0 indique qu'il n'y a pas de dizaines non groupées en centaines) et le nombre de groupements de 10 que l'on peut réaliser avec 508 objets (50 groupements de 10). Le recours au matériel de numération permet d'éclairer cette ambigüité.

QCM D   4 centaines et 7 dizaines ; 47 dizaines.

> Certains élèves ont pu inverser les réponses « **47 dizaines** » et « **47 centaines** » du fait qu'ils ont repéré que 470 comporte des centaines. Le recours aux décompositions ou au matériel de numération devrait permettre de lever l'ambigüité.

QCM E   276.

QCM F   698.

> Soustraire une dizaine à **708** peut sembler impossible à certains élèves et donc conduire à des réponses erronées. Le recours au matériel de numération et la nécessité de remplacer l'une des centaines de 708 par 10 dizaines permet de montrer que la réponse est possible et comment l'obtenir, ce qui peut être ensuite confirmé par le calcul 708 – 10.

QCM G   30 + 600 + 8 ; 600 + 38.

Je fais le bilan ▶ FICHIER NOMBRES p. 15

Exercice 4 Utiliser la valeur positionnelle des chiffres.
Sam : 307 clous
Lou : 3 paquets de 100 clous, 5 sachets de 10 clous et 2 clous
ou 35 sachets de 10 clous et 2 clous *ou* ...

Exercice 5 Utiliser la valeur positionnelle des chiffres.
23 carnets de 10 timbres.

Exercice 6 Convertir des unités, centaines et dizaines.
a. 50 unités   b. 8 dizaines   c. 300 unités   d. 40 dizaines
e. 6 centaines   f. 70 dizaines.

Je consolide mes connaissances ▶ FICHIER NOMBRES p. 16-17

Exercice 4   2 c, 4 d, 7 u.

Exercice 5   24 d, 7 u *ou* 1 c, 14 d, 7 u...

Exercice 6   3 c, 5 d.

Exercice 7   35 d *ou* 2 c, 15 d *ou* ...

Exercice 8   a. 100   b. 130   c. 300   d. 410   e. 506   f. 207.

Exercice 9   31 carnets.

Exercice 10   a. 5 d, 2 u   b. 5 d, 2 d, 5 u   c. 5 c, 1 c
d. 5 c, 4 c, 2 u   e. 5 c, 1 c, 15 d   f. 25 d, 25 u.
D'autres réponses sont possibles.

Exercice 11   a. de 86 à 97   b. de 249 à 260   c. de 698 à 709.

Exercice 12   736 – 726 – 716 – 706 – 696 – 686 – 676 – 666 – 656 – 646 – 636 – 626 – 616 – 606 – 596 – 586.

Exercice 13   Scriptus a tort car **0** est écrit **26 fois** alors que **5** est écrit **32 fois**.

Les élèves peuvent répondre en écrivant tous les nombres concernés. Ils peuvent aussi organiser leur recherche par tranches de nombres :

Calcul pour le nombre de 0 :
– de 0 à 99 : 0 est écrit au départ, puis pour chacune des dizaines, soit **10 fois** ;
– de 100 à 149 : 0 est écrit 2 fois pour 100, puis 9 fois de 101 à 109, puis 4 fois (pour 110, 120...), soit **15 fois** ;
– de 150 à 155 : 0 est écrit **une seule fois**.

Calcul pour le nombre de 5 :
– de 0 à 99 : 5 est écrit au départ, puis 9 fois avec 5 comme unité (15, 25, 35...), puis 10 fois avec 5 comme dizaine de 50 à 59, soit **20 fois** ;
– de 100 à 149 : 5 est écrit pour 105, puis également 4 fois (pour 115, 125...), soit **5 fois** ;
– de 150 à 155 : 5 est écrit 6 fois au rang des dizaines et une fois au rang des unités, soit **7 fois**.

CD-Rom du guide
▶ Fiche différenciation n° 2

Autres ressources
▶ 90 Activités et jeux mathématiques CE2
  1. Trouver la page
  2. Dénombrer des collections importantes
  3. L'affichage suivant
  4. Un drôle de jeu de l'oie
▶ CD-Rom Jeux interactifs CE2-CM1-CM2
  1. Les timbres.
▶ Activités pour la calculatrice CE2-CM1-CM2
  7. Suites régulières de nombres
  8. Des chiffres qui changent et des chiffres qui ne changent pas.
  9. Un seul chiffre à la fois.

▶ Nombres inférieurs à 1 000 : écriture en chiffres et en lettres (séance 5)

Connaissances à acquérir

→ **Quand on lit un nombre ou quand on l'écrit sous la dictée, il faut faire bien attention :**

Ce qui est important :

– pour les nombres de 3 chiffres, on entend le mot **cent**, mais on n'écrit pas 100 (sauf pour 100) ;

– il faut surtout être vigilant pour les nombres où on entend **soixante**… (c'est un **6** ou un **7**) et **quatre-vingt**… (c'est un **8** ou un **9**).

Je prépare le bilan ❯ FICHIER NOMBRES p. 14

QCM Ⓗ 796.

▤ Les **réponses fausses** proposées attirent l'attention sur des erreurs fréquentes. L'élève lit sept cent et écrit immédiatement 700 ou lit quatre-vingt et écrit 8 ou 80… Les élèves peuvent être renvoyés au dico-maths chaque fois qu'ils ont un doute sur l'écriture d'un nombre ou lorsque l'enseignant leur signale une erreur.

Je fais le bilan ❯ FICHIER NOMBRES p. 15

Exercice ❼ Passer de l'écriture en lettres à l'écriture en chiffres.
a. 75   b. 203   c. 171   d. 292.

Exercice ❽ Passer de l'écriture en chiffres à l'écriture en lettres.
a. quatre-vingt-dix-neuf   c. cent-quatre-vingt-dix
b. neuf-cent-neuf   d. sept-cent-soixante-dix-sept.

Je consolide mes connaissances ❯ FICHIER NOMBRES p. 17

Exercice ⑭
Avec 2 de ces étiquettes : 104 110 120 24 80 400.
Avec 3 de ces étiquettes : 124 180 90.
Avec toutes ces étiquettes : 190.

▤ Pour certains élèves, des cartes portant les mots peuvent être mises à leur disposition.

Autres ressources

❯ 90 Activités et jeux mathématiques CE2
6. Les étiquettes-nombres

▶ Addition : calcul posé ou en ligne (séance 6)

Connaissances à acquérir

→ **Si on pose l'addition en colonnes :**

– il faut bien disposer ses calculs : unités sous unités, dizaines sous dizaines… ;

– il faut commencer par les unités ;

– il ne faut pas oublier les retenues ;

– il faut utiliser les résultats des tables d'addition.

Je prépare le bilan ❯ FICHIER NOMBRES p. 14

QCM Ⓘ Dans 583 + 92, le chiffre des dizaines est **7**.

QCM Ⓙ Dans 478 + 296, le chiffre des dizaines est **7** ; le chiffre des unités est **4**.

▤ La réponse fausse « **le chiffre des dizaines est 6** » souligne que l'élève ne tient pas compte du fait qu'une addition des unités dont le résultat est supérieur à 9 entraine une retenue au rang des dizaines. Un renvoi au dico-maths ou au matériel de numération peut être proposé. Toutefois, avant de tirer cette conclusion, il faut s'assurer que l'erreur n'est pas due à une mauvaise connaissance du répertoire additif.

Je fais le bilan ❯ FICHIER NOMBRES p. 15

Exercice ❾ Calculer une somme en ligne ou en colonnes.
458 + 42 = **500**   542 + 256 + 89 = **887**.

Je consolide mes connaissances ❯ FICHIER NOMBRES p. 17

Exercice ⑮
687 + 193 = **880**
806 + 54 + 89 = **949**
305 + 89 + 47 + 208 = **649**.

▤ Pour certains élèves, des cartes portant les mots peuvent être mises à leur disposition.

Exercice ⑯
563 + **52** = 615
497 + **58** = 555
642 + **87** + 104 = 833.

CD-Rom du guide

❯ Fiche différenciation n° 3

Autres ressources

❯ 90 Activités et jeux mathématiques CE2
24. Addi-grilles
25. Qu'as-tu écrit ?

GRANDEURS ET MESURES

▶ Longueurs en mètres, décimètres et centimètres (séance 7)

Connaissances à acquérir

→ **Pour mesurer des longueurs assez importantes** (celles de la salle, du tableau…), les unités utilisées sont le **mètre, le décimètre et le centimètre**. Les instruments sont le mètre de couturière ou pliant, le double mètre ou le décamètre.

→ **Pour mesurer des longueurs plus petites** (celles d'un crayon, d'une gomme…), l'unité utilisée est le **centimètre**. Les instruments sont le double ou le triple décimètre.

Pour utiliser convenablement ces instruments, il faut bien placer la graduation « **0** » et tendre les instruments non rigides.

→ **La mesure est exprimée en m, dm et cm ou avec une seule unité.** Elle est donnée par un nombre ou une expression comme **4 m 25 cm** ou encore un encadrement (c'est-à-dire deux nombres : un plus petit que la mesure et un autre plus grand).

Je prépare le bilan ❯ CAHIER GÉOMÉTRIE p. 4

QCM A   Le décamètre ou le mètre pliant.

Je fais le bilan ❯ CAHIER GÉOMÉTRIE p. 4

Exercice 1 **Utiliser les relations entre les unités m, dm et cm pour effectuer des conversions.**
a. 10 centimètres   b. 100 centimètres   c. 10 décimètres   d. 2 mètres.

Exercice 2 **Utiliser les relations entre les unités m, dm et cm pour tracer un segment de longueur donnée.**
a. Pas de corrigé   b. 16 cm.

Je consolide mes connaissances ❯ CAHIER GÉOMÉTRIE p. 5

Exercice 1
Compléter le trait par 5 cm.

Exercice 2
a. 30 centimètres   b. 400 centimètres   c. 20 décimètres   d. 4 mètres.

Autres ressources

❯ 90 Activités et jeux mathématiques CE2

   46. Trois mesures, une seule vraie

GRANDEURS ET MESURES

▶ Dates et durées en jours et mois (séances 8 et 9)

Connaissances à acquérir

→ **Pour trouver une durée connaissant deux dates,** on peut compter les mois, les semaines ou les jours sur le calendrier.

→ **Pour déterminer une date, connaissant une date et une durée,** on fait de même.

→ **Il faut aussi connaître les équivalences :**
1 semaine = 7 jours   et   1 mois = 30 jours.

Je prépare le bilan ❯ CAHIER GÉOMÉTRIE p. 4

QCM B   1 mois et demi.

La réponse fausse « **2 mois** » peut être liée au fait que deux noms de mois sont énoncés (confusion entre mois du calendrier et durée en mois).

Je fais le bilan ❯ CAHIER GÉOMÉTRIE p. 4

Exercice 3 **Déterminer une durée en mois et jours connaissant deux dates.**
Matériel par élève : calendrier de l'année.
2 mois et 17 jours (ou 18 jours).

Accepter les réponses à un ou deux jour(s) près.

Je consolide mes connaissances ❯ CAHIER GÉOMÉTRIE p. 5

Exercice 3   21 avril.

Exercice 4   Accepter 31 ou 32 ou 33 jours   ou   1 mois et 2 jours.

Exercice 5   Accepter 24 ou 25 juillet.

Exercice 6   a. 1 mois 10 jours   b. 60 jours
c. 21 jours   d. 44 ou 45 jours.

CD-Rom du guide

❯ Fiche différenciation n° 5

Autres ressources

❯ 90 Activités et jeux mathématiques CE2

   59. Jeu des questions sur les durées n° 1

Le parc des oiseaux

Les problèmes se situent dans un même contexte, celui du Parc des oiseaux. Si l'enseignant le souhaite, le site internet permet aux élèves de mieux connaitre cet environnement.

Problème

OBJECTIF : Prendre des informations sur divers supports.

TÂCHE : Choisir le bon document pour y prélever une information.

RÉPONSE : Deux réponses possibles (la 1ʳᵉ étant la plus vraisemblable) : 60 € (tarif famille + 1 enfant) ou 68 € (2 adultes et 3 enfants).

Problèmes et

OBJECTIFS :
– Prendre des informations sur divers supports et les traiter.
– Utiliser le calcul sur la monnaie (addition, décomposition).
– Calculer des distances en km (addition).

TÂCHE : Exploiter des informations.

RÉPONSES : **2** a. 44 €   b. 2 billets de 20 € et 2 pièces de 2 €.   **3** 39 km.

Problème

OBJECTIF : Calculer une durée.

TÂCHE : Trouver une durée connaissant l'instant initial et l'instant final.

RÉPONSE : 6 h.

Problème

OBJECTIFS :
– Résoudre un problème multiplicatif.
– Comparer deux nombres.
– Résoudre un problème à étapes

TÂCHE : Déterminer si la capacité d'un train est suffisante pour y installer un nombre connu de voyageurs.

RÉPONSE : Oui (30 > 23), il restera 7 places libres.

Problème

OBJECTIF : Résoudre un problème de recherche.

TÂCHE : Trouver une solution originale.

RÉPONSE : 10 canards.

Mise en œuvre

Le traitement des trois premiers problèmes suppose une prise d'informations dans les documents du haut de la page. Une présentation avec toute la classe peut se révéler nécessaire avec :
– inventaire collectif des informations fournies dans le document ;
– repérage du document qui permet de répondre à chacun de ces trois problèmes.

Tous les problèmes sont indépendants les uns des autres.

Comme il s'agit du premier travail de ce type, un accompagnement de l'enseignant peut être nécessaire. Il peut prendre la forme suivante :
– recherche des élèves au brouillon ;
– mise au net de la méthode de résolution sur une feuille soit directement après la recherche, soit après une exploitation collective.

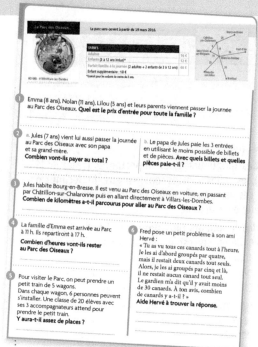

Fichier p. 18

La solution retenue peut être choisie par l'élève parmi celles reconnues comme correctes ou par l'enseignant (cette manière de faire ne doit pas être systématique). Il est également possible de faire coller un montage photocopié de quelques solutions reconnues correctes.

Aides possibles

Pour les élèves qui ont des difficultés dans la prise d'information sur différents supports, une aide individualisée peut être nécessaire.

Problème 2b : Certains élèves peuvent être incités à utiliser le matériel pièces et billets encarté dans le fichier.

Problèmes 5 et 6 : Certains élèves peuvent être incités à recourir à un schéma ou à un dessin.

Problème 6 : Si les élèves ont des difficultés à démarrer, il est possible de leur suggérer des réponses à examiner, par exemple sous la forme « Un élève d'une autre classe a trouvé 12 canards. A-t-il raison ? »

Procédures à observer particulièrement

Problèmes 1 à 3 : Ce sont les procédures de prise d'information sur les supports disponibles qui sont à prendre en compte en priorité.

Problème 2b : Observer les stratégies des élèves : stratégie de type déductif (prendre d'abord des billets de plus grande valeur possible, puis compléter de même avec des pièces) ou stratégie par essais de décomposition de 44 € avec les pièces et billets disponibles (en cherchant ensuite à minimiser le nombre de pièces et billets).

Problème 4 : Observer si les élèves avancent d'heure en heure ou passent par 12 h ou encore calculent directement l'écart entre 11 h et 17 h ou la différence 17 h – 11 h.

Problème 6 : Une recherche par essais peut s'avérer longue d'autant plus qu'il ne faut pas oublier de coordonner les deux conditions. Observer si les élèves sont capables de faire évoluer leur stratégie initiale. Si une exploitation collective est organisée, on peut souligner l'intérêt qu'il y a à prendre en compte d'abord la deuxième condition (les réponses peuvent être 5, 10, 15, 20 et 25), puis à chercher celle qui vérifie également la première condition.

13 ou 14 séances
– 10 séances programmées (9 séances d'apprentissage + 1 bilan)
– 3 ou 4 séances pour la consolidation et la résolution de problèmes

	environ 30 min par séance		environ 45 min par séance
	CALCUL MENTAL	**RÉVISER**	**APPRENDRE**
Séance 1 FICHIER NOMBRES p. 20	**Problèmes dictés** Unités de numération	**Problèmes écrits** Unités de numération	**Nombres inférieurs à 1 000 : comparaison, rangement (1)** RECHERCHE Deux nombres à ranger
Séance 2 FICHIER NOMBRES p. 21	**Compléments à un nombre de la dizaine supérieure**	**Suites de nombres** Nombres < 1 000	**Nombres inférieurs à 1 000 : comparaison, rangement (2)** RECHERCHE Trois nombres à ranger
Séance 3 FICHIER NOMBRES p. 22	**Compléments à un nombre de la dizaine supérieure**	**Centaines, dizaines et unités** Nombres < 1 000	**Nombres inférieurs à 1 000 : ligne graduée** RECHERCHE En face du bon repère
Séance 4 FICHIER NOMBRES p. 23	**Addition, soustraction, complément de dizaines et de centaines**	**Nombres inférieurs à 1 000 : écriture en chiffres et en lettres**	**Multiplication : groupements de quantités identiques (1)** RECHERCHE Jetons bien placés (1)
Séance 5 FICHIER NOMBRES p. 24	**Problèmes dictés** Unités de numération	**Problèmes écrits** Unités de numération	**Multiplication : groupements de quantités identiques (2)** RECHERCHE Jetons bien placés (2)
Séance 6 FICHIER NOMBRES p. 25	**Addition, soustraction, complément de dizaines et de centaines**	**Addition posée ou en ligne**	**Résolution de problèmes : données et questions** RECHERCHE Le livre de Lou
Séance 7 CAHIER GÉOMÉTRIE p. 6-7	**Addition, soustraction, complément de dizaines et de centaines**	**Carrés et rectangles : longueurs des côtés**	**Mesurer avec une règle graduée** RECHERCHE La règle cassée
Séance 8 CAHIER GÉOMÉTRIE p. 8-9	**Doubles et moitiés**	**Compléter un carré, un rectangle : longueurs des côtés**	**Angle droit** RECHERCHE Carré et angle droit
Séance 9 CAHIER GÉOMÉTRIE p. 10-11	**Doubles et moitiés**	**Mesurer des lignes brisées**	**Angles droits, carrés et rectangles** RECHERCHE Quadrilatères avec 4 angles droits

Bilan

Je prépare le bilan puis Je fais le bilan
FICHIER NOMBRES p. 26-27
CAHIER GÉOMÉTRIE p. 12-13

Consolidation Remédiation

Fort en calcul mental
FICHIER NOMBRES p. 19

Je consolide mes connaissances
FICHIER NOMBRES p. 28-29
CAHIER GÉOMÉTRIE p. 14-15-16

Banque de problèmes

À la douzaine ou à la dizaine
FICHIER NOMBRES p. 30

L'essentiel à retenir de l'unité 2

- **Calcul mental**
  – Unités de numération
  – Compléments à un nombre de la dizaine supérieure
  – Addition, soustraction de dizaines et de centaines
  – Doubles et moitiés
- **Nombres inférieurs à 1 000 : comparaison, rangement**
- **Nombres inférieurs à 1 000 : ligne graduée**
- **Multiplication : groupements**
- **Résolution de problèmes : données et questions**
- **Angle droit : angle d'un carré ou d'un rectangle**
- **Carré, rectangle : propriétés des côtés et des angles**
- **Mesure de longueurs : règle graduée**

	Tâche	Matériel	Connaissances travaillées
PROBLÈMES DICTÉS	**Unités de numération** – Déterminer le nombre de dizaines qu'il est possible d'obtenir avec un nombre donné d'objets.	pour la classe : – 120 trombones <u>par élève :</u> FICHIER NOMBRES p. 20 a et b	– **Valeur positionnelle des chiffres** – **Relations entre unités de numération.**
PROBLÈMES ÉCRITS	**Unités de numération** – Déterminer le nombre de dizaines qu'il est possible d'obtenir avec un nombre donné d'objets.	<u>par élève :</u> FICHIER NOMBRES p. 20 Ⓐ	– **Valeur positionnelle des chiffres** – **Relations entre unités de numération.**
APPRENDRE Nombres et numération	**Nombres inférieurs à 1 000 : comparaison, rangement (1)** RECHERCHE **Deux nombres à ranger** – Trouver le plus grand de deux nombres inconnus en posant des questions.	<u>par équipe de 2 :</u> – 2 enveloppes A et B contenant chacune 6 cartes-nombres ❭ **fiche 2** **cartes A :** 54, 208, 655, 9, 340, 468 **cartes B :** 452, 832, 92, 562, 18, 504 – feuilles pour noter et chercher <u>par élève :</u> – feuille de recherche A4 FICHIER NOMBRES p. 20 ❶ à ❹	– **Ordre sur les nombres inférieurs à 1 000** – Valeur positionnelle des chiffres.

PROBLÈMES DICTÉS

Unités de numération

– Utiliser la valeur des chiffres en fonction de leur position.
– Décomposer un nombre en unités de numération.

FICHIER NOMBRES ET CALCULS p. 20

Problème a

• Montrer un lot de **40 trombones** en vrac et écrire le nombre « **40** » au tableau. Faire un premier collier de 10 trombones devant les élèves, puis poser la question :

> Avec les 40 trombones, combien de colliers de 10 trombones peut-on faire ?

• Faire l'inventaire des réponses et des procédures utilisées, puis valider en faisant réaliser les colliers par des élèves.

• Préciser : « **40** trombones, c'est **4** fois **10** trombones, c'est **4** dizaines de trombones. Le « **4** » de **40** indique combien il y a de dizaines de trombones. »

• Faire défaire les colliers.

Problème b

• Poser la nouvelle question :

> Avec 120 trombones, combien de colliers de 10 trombones peut-on faire ?

• Lors de la correction, préciser : « **120** trombones, c'est **12** fois **10** trombones, c'est **12** dizaines de trombones. Le « **12** » de **120** indique combien il y a de dizaines de trombones. »

RÉPONSE : a. 4 colliers   b. 12 colliers.

• Les élèves peuvent se préparer ou s'entrainer à ce moment de calcul mental en utilisant l'**exercice 1** de **Fort en calcul mental, p. 19**.

RÉPONSE : a. 6 colliers   b. 21 colliers.

Les questions posées sont un réinvestissement des acquis de l'unité 1. Des élèves ont pu trouver directement les réponses. D'autres ont du décomposer chaque nombre en sommes de termes égaux à 10. Pour **120**, certains ont pu décomposer le nombre en 1 centaine et 2 dizaines, puis utiliser le fait que 1 centaine = 10 dizaines.

Le tableau de numération peut être utilisé pour formaliser les décompositions :

centaines	dizaines	unités
	4	0
		40

centaines	dizaines	unités
1	2	0
	12	0
		120

PROBLÈMES ÉCRITS

Unités de numération

– Utiliser la valeur des chiffres en fonction de leur position.
– Décomposer un nombre en unités de numération.

FICHIER NOMBRES ET CALCULS **p. 20**

Résoudre des problèmes

A a. Lou fait des colliers de 10 trombones.
Combien de colliers peut-elle faire ?

b. Quand elle a fini, Lou met ses colliers dans des boites.
Chaque boite peut contenir 10 colliers.
Combien de boites va-t-elle remplir ?

J'AI 245 TROMBONES

Problème

Résoudre un problème dans des situations de regroupement de quantités identiques.

Lors de la correction, faire remarquer que résoudre la **question a** revient à chercher combien il y a de fois 10 ou combien il y a de dizaines dans **245**.

Pour la **question b**, cela revient à chercher combien il y a de centaines dans 245 car 10 dizaines = 1 centaine. Mais on peut aussi partir de la réponse à la **question a** (24 colliers) pour déterminer que les 2 dizaines de « 24 » permettent de résoudre la **question b**.

RÉPONSE : a. **24 colliers** (il va rester 5 trombones, mais cette précision n'est pas demandée).

b. **2 boîtes** (il va rester 4 colliers et 5 trombones qui ne seront pas rangés).

Les réponses peuvent être obtenues directement en utilisant la valeur des chiffres ou en recourant à des décompositions comme par exemple pour le problème A :

$245 = 10 + 10 + 10 + 10 + 10 + ... + 5$ ou $245 = (24 \times 10) + 5$.
24 termes égaux à 10

Le tableau de numération peut être utilisé pour formaliser les solutions :

centaines	dizaines	unités
2	4	5
	24	5

APPRENDRE

Nombres inférieurs à 1 000 : comparaison, rangement (1)

– Expliciter une procédure de comparaison et utiliser cette connaissance pour ranger des nombres.
– Utiliser les signes < et >.
– Organiser un questionnement, déduire.

RECHERCHE

Deux nombres à ranger : Les élèves doivent ranger deux nombres sans les connaitre et pour cela poser des questions à leur sujet. Ces questions sont fondées sur des propriétés sous-jacentes aux règles de comparaison des nombres qu'elles permettent donc d'expliciter.

PHASE 1 Jeu collectif : **Deux nombres à ranger**

• Partager la classe en deux équipes et désigner un représentant par équipe.

• Choisir deux cartes, à l'insu des élèves : une **carte A** et une **carte B**, puis expliquer les règles et les contraintes du jeu :

➡ *La classe est partagée en deux équipes. Il s'agit de trouver quel nombre (A ou B) est le plus petit et quel nombre est le plus grand. Les représentants de chaque équipe posent une question, à tour de rôle. Le jeu s'arrête lorsque les deux équipes sont d'accord sur la réponse. À la fin du jeu, on vérifie en dévoilant les deux nombres A et B.*

• Préciser les types de questions qui ne peuvent pas être posées et celles qui peuvent l'être.

Exemples de questions interdites

Il y a deux types de questions que l'on ne peut pas poser :
• La carte A (ou B) porte-t-elle le nombre le plus petit ? *(ce serait trop facile !)*
• Quels chiffres composent chacun des nombres ?
Par exemple :
– Y a-t-il un 3 dans le nombre A ?
– Le chiffre des dizaines du nombre B est-il un 5 ?

Exemples de questions permises

• Quel est le nombre de chiffres de A ?

• A est-il écrit avec plus de chiffres que B ?

• Le chiffre des centaines de A est-il plus grand ou plus petit que celui des centaines de B ?

• Le nombre de A est-il plus petit ou plus grand que 200 ?
(nombre de référence à choisir par l'élève)

• Faire jouer deux ou trois parties collectivement, sous le contrôle de l'enseignant qui a le rôle de meneur de jeu.

• Préciser les contraintes sur les questions au fur et à mesure. Mettre en évidence la nécessité de noter les questions et les réponses. Le faire au tableau.

• Rappeler les notations 249 < 302 et 302 > 249 comme moyen de coder le résultat de la comparaison, après que les nombres ont été dévoilés pour vérifier les réponses des équipes.

Le jeu est conçu pour contraindre les élèves à mettre l'accent sur les méthodes de comparaison *(voir synthèse)* et, donc, à les expliciter davantage. C'est la raison pour laquelle, ils sont invités à comparer des nombres qu'ils ne connaissent pas mais à propos desquels ils peuvent solliciter des renseignements (sauf ceux qui leur permettraient de reconstituer les nombres).

PHASE 2 Synthèse

• À partir des remarques faites par les élèves sur les questions efficaces et ce qu'on peut en tirer, mettre en évidence les éléments suivants :

Comparer deux nombres inférieurs à 1 000

• **Pour comparer deux nombres, on peut rechercher le nombre de chiffres :** Si un nombre a moins de chiffres que l'autre, alors il est plus petit.

• **Pour comparer deux nombres, on peut rechercher la valeur des chiffres :**

– C'est le chiffre des centaines qui apporte d'abord l'information la plus importante.

(Ce qui peut être justifié à nouveau – c'est normalement un acquis du CE1 – en représentant les nombres par du matériel du type « Les timbres » ou « monnaie ».)

– Il faut donc commencer par comparer leurs chiffres de plus grande valeur (si un nombre ne comporte pas de chiffre des centaines, c'est comme s'il était écrit 0 aux centaines et la règle s'applique donc), puis passer au rang immédiatement inférieur, etc.

• **Pour s'aider, on peut écrire les nombres l'un sous l'autre, comme dans un tableau de numération.**

Exemple :

centaines	dizaines	unités
	5	4
3	4	0
5	0	4
5	6	2

54 est le plus petit de ces 3 nombres : il ne comporte pas de centaines.

340 est plus petit que 504 et 562 : il contient moins de centaines.

504 est plus petit que 562 : ils ont le même chiffre des centaines, mais 504 est écrit avec moins de dizaines que 562.

Utiliser si nécessaire le matériel de numération en appui à ces affirmations.

TRACE ÉCRITE

Renvoi au **dico-maths n° 9**.

• Si nécessaire, reprendre le jeu pour permettre le réinvestissement des éléments mis en place dans la synthèse.

▤ L'exploitation donne également lieu à un moment d'échanges où sont particulièrement mises en œuvre certaines compétences relatives à la maîtrise du langage : questionner à bon escient, formuler…

ENTRAINEMENT

FICHIER NOMBRES ET CALCULS **p. 20**

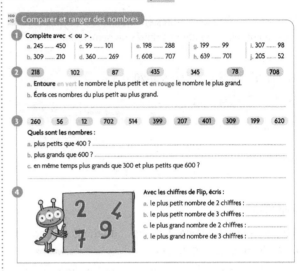

Exercice ①

Comparer 2 nombres en utilisant les signes < et >.

Réinvestissement immédiat des acquis de la recherche. Rappeler, si nécessaire, l'usage des signes < et >.

RÉPONSE : a. 245 < 450 b. 309 > 210 c. 99 < 101 d. 360 > 269 e. 198 < 288 f. 608 < 707 g. 199 > 99 h. 639 < 701 i. 307 > 98 j. 205 > 52.

Exercice ②

Comparer et ranger des nombres par ordre croissant.

Une stratégie est nécessaire pour ne pas oublier d'examiner certains nombres, par exemple pour la **question b** chercher le plus petit, le barrer, chercher le plus petit parmi ceux qui restent, le barrer, etc.

RÉPONSE : a. le nombre le plus petit : 78   le nombre le plus grand : 708
b. 78 < 87 < 102 < 218 < 345 < 435 < 708.

Exercice ③

Comparer des nombres à des nombres donnés.

Une stratégie est nécessaire pour ne pas oublier d'examiner certains nombres, par exemple en les écrivant du plus petit au plus grand.

RÉPONSE : a. 12 56 199 207 260 309 399
b. 620 702   c. 309 399 401 514.

▤ AIDE Pour les **exercices 2 et 3**, les élèves peuvent utiliser des cartes portant les nombres donnés.

Exercice ④

Réaliser le plus petit et le plus grand nombre possible en utilisant des chiffres donnés.

Au CE2, ces exercices devraient être réussis par la grande majorité des élèves.

RÉPONSE : a. 24   b. 247   c. 97   d. 974.

▤ À SUIVRE
En **séance 2**, la recherche sera reprise avec trois nombres.

	Tâche	Matériel	Connaissances travaillées
CALCULS DICTÉS	Compléments à un nombre de la dizaine supérieure – Trouver le complément d'un nombre à un autre nombre situé dans la dizaine supérieure.	par élève : FICHIER NOMBRES **p. 21 a à f**	– Calcul réfléchi.
RÉVISER Nombres et numération	Suites de nombres Nombres < 100 – Écrire en chiffres des nombres donnés en lettres et inversement.	par élève : FICHIER NOMBRES **p. 21 A et B**	– Nombres < 100 – Suites régulières de nombres.
APPRENDRE Nombres et numération	Nombres inférieurs à 1 000 : comparaison, rangement (2) RECHERCHE **Trois nombres à ranger** – Trouver le plus grand de trois nombres inconnus en posant des questions.	pour la classe, puis par équipes de 4 : – 3 enveloppes A, B et C contenant chacune 6 cartes-nombres ❯ **fiche 2** **cartes A :** 54, 208, 655, 9, 340, 468 **cartes B :** 452, 832, 92, 562, 18, 504 **cartes C :** 130, 534, 280, 672, 829, 460 – feuilles pour noter et chercher par élève : – feuille de recherche A4 FICHIER NOMBRES **p. 21 ❶ et ❷**	– Ordre sur les nombres inférieurs à 1 000 – Valeur positionnelle des chiffres.

UNITÉ 2

NOMBRES DICTÉS

Compléments à un nombre de la dizaine supérieure
– Trouver le complément d'un nombre à un autre nombre situé dans la dizaine supérieure.

FICHIER NOMBRES ET CALCULS **p. 21**

• Dicter les calculs suivants sous la forme « Combien pour aller de 8 à 12 ? » avec réponses individuelles dans le fichier :

Combien pour aller de :

a. 8 à 12	c. 35 à 43	e. 47 à 55
b. 28 à 32	d. 65 à 73	f. 74 à 83

RÉPONSE : a. 4 b. 4 c. 8 d. 8 e. 8 f. 9.

• Les élèves peuvent se préparer ou s'entrainer à ce moment de calcul mental en utilisant l'**exercice 2** de **Fort en calcul mental, p. 19.**
RÉPONSE : a. 6 b. 6 c. 6 d. 6 e. 7 f. 9.

Les élèves peuvent utiliser plusieurs procédures qui font l'objet d'une explicitation au moment de l'exploitation des réponses.
Exemple : **Combien pour aller de 35 à 43 ?**
– **compter de 1 en 1, au-delà de 35 jusqu'à 43 :** procédure longue que les élèves sont incités à abandonner s'ils l'utilisent ;
– **passer par la dizaine :** de 35 à 40, il y a **5** ; de 40 à 43, il y a **3** ; donc de 35 à 43, il y a **8**, ce qui peut être illustré sur une droite numérique :

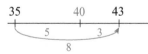

– **aller de 35 à 45, puis reculer de 2,** ce qui peut également être illustré par un schéma du même type :

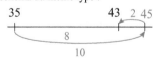

– **considérer que c'est comme aller de 5 à 13** et utiliser la table d'addition.

Suites de nombres • Nombres < 1 000

– Écrire des suites de nombres en lettres et en chiffres.

FICHIER NOMBRES ET CALCULS **p. 21**

Écrire des suites de nombres

A Écris en chiffres une suite de dix nombres en avançant de 10 en 10 à partir de 85.

85 • ....

B Écris en lettres une suite de huit nombres en avançant de 11 en 11 à partir de *cent-soixante*.

cent-soixante • ....

....

Problème **A**

Écrire en chiffres les nombres de 10 en 10 à partir de 85.

RÉPONSE : 85 95 105 115 125 135 145 155 165 175.

Problème **B**

Écrire en lettres les nombres de 11 en 11 à partir de 160.

Les élèves peuvent traiter cet exercice en passant d'abord par les écritures chiffrées ou directement par les écritures en lettres en utilisant les particularités des écritures littérales.

RÉPONSE : cent-soixante ; cent-soixante-et-onze ; cent-quatre-vingt-deux ; cent-quatre-vingt-treize ; deux-cent-quatre ; deux-cent-quinze ; deux-cent-vingt-six ; deux-cent-trente-sept ; deux-cent-quarante-huit ; deux-cent-cinquante-neuf.

Nombres inférieurs à 1 000 : comparaison, rangement (2)

– Expliciter une procédure de comparaison et utiliser cette connaissance pour ranger des nombres.
– Utiliser les signes < et >.
– Organiser un questionnement, déduire.

RECHERCHE

Trois nombres à ranger : Les élèves doivent ranger trois nombres sans les connaitre et pour cela poser des questions à leur sujet. Ces questions sont fondées sur des propriétés sous-jacentes aux règles de comparaison des nombres qu'elles permettent donc d'expliciter.

PHASE 1 Jeu collectif : Trois nombres à ranger

• Partager la classe en trois équipes et désigner un représentant par équipe.

• Choisir trois cartes, à l'insu des élèves : une carte A, une carte B et une carte C, puis expliquer la nouvelle contrainte du jeu :

➡ *Cette fois, une équipe doit trouver quel nombre (A, B ou C) est le plus grand, une autre quel nombre est le plus petit et la troisième quel nombre est situé entre les deux.*

Définir la tâche de chacune des 3 équipes.

• Demander à chaque représentant de poser une question à tour de rôle. Noter au fur et à mesure les questions au tableau.

• Faire jouer deux ou trois parties collectivement, sous le contrôle de l'enseignant qui a le rôle de meneur de jeu.

Ce deuxième jeu est surtout destiné à faire utiliser les procédures de comparaison mises en évidence dans la séance précédente.

PHASE 2 Jeu par équipes de 4

• Diviser la classe par équipes de 4 élèves, puis désigner dans chaque équipe un meneur de jeu et 3 joueurs, et distribuer les enveloppes avec les cartes (une enveloppe pour chacun des 3 joueurs).

• Demander à chaque équipe de pratiquer trois ou quatre parties en changeant de meneur de jeu.

Reprendre si nécessaire les éléments de la synthèse de la séance 1 à l'issue de ce travail.

ENTRAINEMENT

FICHIER NOMBRES ET CALCULS **p. 21**

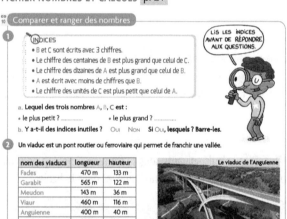

Comparer et ranger des nombres

1 INDICES
• B et C sont écrits avec 3 chiffres.
• Le chiffre des centaines de B est plus grand que celui de C.
• Le chiffre des dizaines de A est plus grand que celui de B.
• A est écrit avec moins de chiffres que B.
• Le chiffre des unités de C est plus petit que celui de A.

a. Lequel des trois nombres A, B, C est :
• le plus petit ? .... • le plus grand ? ....
b. Y a-t-il des indices inutiles ? Oui Non Si Oui, **lesquels ? Barre-les.**

2 Un viaduc est un pont routier ou ferroviaire qui permet de franchir une vallée.

nom des viaducs	longueur	hauteur
Fades	470 m	133 m
Garabit	565 m	122 m
Meudon	143 m	36 m
Viaur	460 m	116 m
Anguienne	400 m	40 m
Morlaix	292 m	36 m

Le viaduc de l'Anguienne

a. Quel est le viaduc le plus long ? ....
b. Quel est le viaduc le moins long ? ....
c. Quel est le viaduc le plus haut ? ....
d. Quel est le viaduc le moins haut ? ....

Exercice **1**

Ranger des nombres à partir d'indications diverses.

Exercice voisin de la recherche. Il faut d'abord prendre en compte les informations sur le nombre de chiffres : on en déduit que A est le plus petit des 3 nombres. Puis utiliser l'information sur le chiffre des centaines pour comparer B et C : on en déduit C < B.

RÉPONSE : a. A < C < B.   b. Les 3e et 5e informations ne sont pas utiles.

Exercice **2**

Comparer des longueurs à partir d'informations fournies dans un tableau.

Cet exercice ne présente pas de difficulté importante, en dehors de la prise d'informations dans un tableau.

RÉPONSE : a. Garabit   b. Meudon   c. Fades   d. Meudon et Morlaix.

	Tâche	Matériel	Connaissances travaillées
CALCULS DICTÉS	**Compléments à un nombre de la dizaine supérieure** – Trouver le complément d'un nombre à un autre nombre situé dans la dizaine supérieure.	par élève : FICHIER NOMBRES **p. 22 a à f**	– Calcul réfléchi.
RÉVISER Nombres	**Centaines, dizaines et unités** Nombres < 1 000 – Écrire en chiffres un nombre décomposé en unités de numération.	par élève : FICHIER NOMBRES **p. 22 A**	– **Centaines, dizaines et unités.** – Équivalence entre unités de numération. – Valeur positionnelle des chiffres.
APPRENDRE Nombres et numération	**Nombres inférieurs à 1 000 : ligne graduée** RECHERCHE **En face du bon nombre** – Trouver le pas de graduation de différentes lignes graduées et y situer des nombres.	pour la classe : – **fiche recherche 5** – feuilles de recherche par élève : FICHIER NOMBRES **p. 22 1 à 4**	– **Nombres inférieurs à 1 000** – **Graduations** – Encadrement de nombres.

UNITÉ 2

Compléments à un nombre de la dizaine supérieure

– Trouver le complément d'un nombre à un autre nombre situé dans la dizaine supérieure.

INDIVIDUEL ET COLLECTIF

FICHIER NOMBRES ET CALCULS **p. 22**

• Dicter les calculs suivants sous la forme « Combien pour aller de 8 à 12 ? » avec réponses individuelles dans le fichier :

Combien pour aller de :		
a. 7 à 15	c. 32 à 45	e. 54 à 65
b. 47 à 55	d. 28 à 37	f. 83 à 91

RÉPONSE : a. 8   b. 8   c. 13   d. 9   e. 11   f. 8.

• Les élèves peuvent se préparer ou s'entrainer à ce moment de calcul mental en utilisant l'**exercice 3** de **Fort en calcul mental, p. 19**.

RÉPONSE : a. 7   b. 7   c. 8   d. 9   e. 12   f. 9.

Centaines, dizaines et unités • Nombres < 1 000

– Utiliser les équivalences entre unités de numération.

INDIVIDUEL

PHASE 3 FICHIER NOMBRES ET CALCULS **p. 22**

Centaines, dizaines et unités

A Écris en chiffres tous les nombres qu'il est possible d'obtenir avec deux de ces étiquettes :

| 2 centaines | 10 dizaines | 6 dizaines | 48 unités |

Exercice A

Trouver tous les nombres réalisables en choisissant deux étiquettes parmi quatre portant des unités, des dizaines ou des centaines.

Le traitement de cet exercice nécessite une organisation pour assurer l'exhaustivité des réponses.

Pour répondre, les élèves peuvent :
– remplacer les indications des étiquettes par des indications plus simples (10 dizaines = 1 centaine, 48 unités = 4 dizaines et 8 unités), puis opérer sur les centaines ou dizaines en les additionnant ;
– traduire les indications des étiquettes par des écritures chiffrées (2 centaines = 200, 10 dizaines = 100, 6 dizaines = 60, 48 unités = 48), puis opérer sur les nombres en les additionnant.

RÉPONSE : 108   148   160   248   260   300.

AIDE **Pour aider les élèves en difficulté, l'enseignant peut :**
– remettre des étiquettes portant les indications ;
– mettre à disposition du matériel de numération ;
– inciter à recourir au tableau de numération, par exemple :

pour convertir 10 dizaines en centaines :

centaines	dizaines	unités
	10	0
1	0	0

pour trouver le nombre associé à 10 dizaines + 48 unités :

centaines	dizaines	unités
1	0	0
	4	8

Nombres inférieurs à 1 000 : ligne graduée

– Comprendre le principe d'une graduation régulière.
– Trouver le nombre associé à un repère et inversement.
– Comprendre que le nombre associé à un repère correspond au nombre de segments-unités reportés depuis l'origine.
– Encadrer des nombres.

RECHERCHE Fiche recherche 5

En face du bon repère : Les élèves doivent trouver le « pas » de différentes lignes graduées et y placer des nombres.

PHASE 1 De 1 en 1 à partir de 0

Question 1 de la recherche

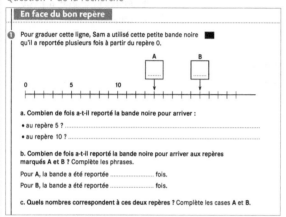

• Demander aux élèves de répondre à la **question 1**, sans leur apporter d'aide (sauf la remise d'une bande-unité à certains).

• Lors de la correction, en **synthèse**, faire remarquer que :

Les repères sur une ligne graduée de 1 en 1

• **Les nombres associés aux repères** se suivent de 1 en 1.

• Le nombre associé à un repère correspond au **nombre de reports de la bande-unité** depuis 0.

• On peut trouver le nombre associé à un repère sans reporter la bande effectivement, **en avançant de 1 en 1** à partir d'un nombre connu. Par exemple, pour une **règle graduée en centimètres**, le nombre associé à un repère de la règle correspond au nombre de cm reportés depuis le repère **0**.

RÉPONSE : a. 5 fois ;   10 fois   b. 14 fois ;   19 fois.
c. Les repères : **A.** 14   **B.** 19.

La maîtrise des graduations se fera très progressivement au cours du cycle 3. Il s'agit pour les élèves de passer du rangement des nombres (selon l'ordre croissant ou décroissant) à une organisation où la position d'un nombre dépend de sa distance à d'autres nombres et en particulier de sa distance à 0.

PHASE 2 De 1 en 1 à partir d'un nombre autre que 0

Question 2 de la recherche

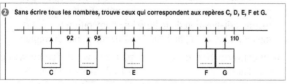

• Demander aux élèves de répondre à la **question 2**, sans leur apporter d'aide.

• Recenser les réponses et engager une discussion autour de réponses différentes. Faire formuler quelques procédures utilisées pour trouver les nombres demandés :
– comptage ou décomptage de 1 en 1 à partir de 92 ;
– appui sur les nombres déjà placés : pour **d**, reculer de 1 à partir de 95 ; pour **e**, avancer de 4 à partir de 95…

• Faire une deuxième **synthèse** :

Les repères sur une ligne graduée de 1 en 1 (suite)

• **Les repères (petits traits) sont régulièrement espacés :**
– les nombres donnés, notamment **92** et **95**, permettent de conclure que les repères se suivent de **1 en 1** ;
– les nombres qui correspondent aux autres repères doivent donc aussi être régulièrement espacés et se suivre comme dans le « **jeu du furet** ».

• **Ici, le premier repère ne correspond pas à 0.**

RÉPONSE : Les repères : **C.** 90   **D.** 94   **E.** 99   **F.** 107   **G.** 109.

PHASE 3 De 5 en 5 à partir d'un nombre autre que 0

Question 3 de la recherche

• Reprendre le même déroulement avec la **question 3**.

• Lors de la **mise en commun**, certains élèves devraient formuler le fait que les nombres associés aux repères existants ne peuvent plus, ici, se suivre de 1 en 1 et d'autres exprimer qu'ils ont reconnu qu'ils se suivaient de 5 en 5, peut-être après avoir essayé 10 (induit par le fait que les nombres donnés sont des nombres « ronds »).

• Préciser en **synthèse** :

Le pas de graduation d'une ligne graduée

• **Il y a une « règle du jeu » pour ces lignes graduées :**
– les repères sont régulièrement espacés ;
– les nombres doivent se suivre régulièrement ;

• **L'écart entre 2 nombres consécutifs** est appelé le **« pas de la graduation ».**

RÉPONSE : 35   40   45 (graduations de 5 en 5).

PHASE 4 D'autres graduations

Questions 4 et 5 de la recherche

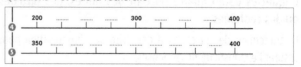

• Faire échanger les réponses entre élèves voisins afin de permettre une première vérification mutuelle.

• Au cours de la **mise en commun**, vérifier que la « règle du jeu » a bien été respectée (espacement des nombres cohérent avec l'espacement des repères de la graduation).

– **Pour la question 4** : des élèves peuvent d'abord trouver les nombres qui sont « à mi-chemin » entre deux nombres déjà signalés (250 et 350), puis en déduire les autres ; d'autres ont pu partager en quatre l'intervalle de 100 séparant deux nombres placés.

– **Pour la question 5** : il est probable que les élèves procèdent par essais, en commençant par compter de 10 en 10… pour aboutir au fait que les repères sont placés de 5 en 5.

• Faire remarquer en **synthèse** :

Le pas de graduation d'une ligne graduée (suite)

• **Une ligne peut être graduée régulièrement de différentes façons.**
Il faut, chaque fois, décider de ce que représente l'espace qui sépare deux repères, un peu comme dans certains « jeux du furet » où il s'agit de dire une suite de nombres de **1** en **1**, de **2** en **2**, de **10** en **10**…

RÉPONSE : 4. 225 250 275 325 350 375 (graduations de 25 en 25).
5. 355 360 365 370 375 380 385 390 395 (graduations de 5 en 5).

Les procédures utilisées sont le plus souvent du type : essai d'un nombre (par exemple 10) et comptage régulier (de 10 en 10), puis ajustement en essayant d'autres nombres si nécessaire. Cette procédure est optimisée si l'élève n'essaie pas un nombre au hasard, mais estime d'abord l'ordre de grandeur du saut en prenant en considération des nombres donnés.
AIDE Pour les élèves qui ont du mal à démarrer, proposer de faire des hypothèses, par exemple essayer de 10 en 10, puis de 2 en 2, etc.

ENTRAINEMENT

FICHIER NOMBRES ET CALCULS p. 22

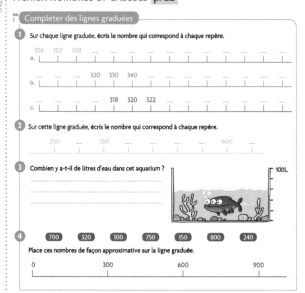

Trouver le pas d'une graduation et les nombres associés à des repères (nombres consécutifs).

Les nombres de repères donnés sont consécutifs. Le pas de la graduation est donc facile à trouver.
RÉPONSE : a. de 106 à 119 (graduations de 1 en 1)
b. de 290 à 420 (graduations de 10 en 10)
c. de 310 à 336 (graduations de 2 en 2).

Exercice

Trouver le pas d'une graduation et les nombres associés à des repères (nombres consécutifs).

Les nombres de repères donnés ne sont pas consécutifs. Cet exercice est donc plus difficile que l'exercice précédent.
RÉPONSE : de 250 à 650 (graduations de 50 en 50).

Exercice **3**

Trouver la contenance d'un récipient en interprétant une graduation.

Certains élèves peuvent être gênés par le fait que les graduations sont « verticales » et surtout par le fait que 0 ne figure pas mais que, contrairement aux questions de la recherche, il est nécessaire (c'est le nombre de litres lorsque l'aquarium est vide !).
RÉPONSE : Graduations de 20 litres en 20 litres, donc 60 litres.

Exercice

Placer des nombres de façon approximative sur une ligne graduée de 300 en 300.

Exercice difficile : Il n'est pas demandé aux élèves de situer exactement chaque nombre, mais de déterminer s'il est proche ou éloigné de nombres déjà placés.
Certains nombres situés à égale distance de deux nombres déjà placés peuvent être positionnés avec précision, comme **150** et **750**.
RÉPONSE :

Différenciation : Exercices 1 et 2 → **CD-Rom du guide, fiche n° 6.**

À SUIVRE
En **unité 6**, le placement approximatif fera l'objet d'un travail plus approfondi.

Multiplication : groupements de quantités identiques (1)

	Tâche	Matériel	Connaissances travaillées
CALCULS DICTÉS	Addition, soustraction, complément de dizaines et de centaines – Donner les résultats de sommes, de différences et de compléments	**par élève :** FICHIER NOMBRES **p. 23 a à f**	– Calcul sur les dizaines et les centaines (mémorisation).
RÉVISER Nombres	Nombres inférieurs à 1 000 : écriture en chiffres et en lettres – Passer de l'écriture en chiffres à l'écriture en lettres et inversement.	**par élève :** FICHIER NOMBRES **p. 23 Ⓐ et Ⓑ**	– Nombres inférieurs à 1 000 – Écritures littérales et chiffrées – Décompositions associées.
APPRENDRE Calcul	Multiplication : groupements de quantités identiques (1) RECHERCHE **Jetons bien placés (1)** – Calculer le nombre de points obtenus à l'aide de plusieurs lots de cartes (les cartes sont identiques dans un même lot).	**pour la classe :** – plateau de jeu agrandi ou dessiné au tableau avec 11 jetons gris et 11 jetons noirs **˃ fiche 4** – 90 cartes (les 9 nombres du plateau de jeu en 10 exemplaires) **˃ fiches 5 à 7** – feuille pour les calculs **par élève :** – règle du jeu **˃ fiche 3** – calculatrice FICHIER NOMBRES **p. 23 ❶ à ❸**	– Multiplication : groupements de quantités identiques – Addition itérée.

CALCULS DICTÉS

Addition, soustraction, complément de dizaines et de centaines
– Connaitre ou retrouver très rapidement les résultats liés à l'addition et la soustraction de dizaines et de centaines.

FICHIER NOMBRES ET CALCULS p. 23

• Dicter les calculs suivants avec réponses dans le fichier :

a. $30 + 40$ c. $90 - 30$

b. $200 + 300$ d. $600 - 200$

e. Combien pour aller de 30 à 80 ?

f. Combien pour aller de 300 à 800 ?

RÉPONSE : a. 70   b. 500   c. 60   d. 400   e. 50   f. 500.

• Les élèves peuvent se préparer ou s'entrainer à ce moment de calcul mental en utilisant l'**exercice 3** de **Fort en calcul mental, p. 19**.

RÉPONSE : a. 60   b. 900   c. 50   d. 30   e. 30   f. 300.

La capacité à calculer sur les dizaines et les centaines entières est déterminante pour le calcul mental. Si nécessaire, on fera expliciter les procédures utilisées, notamment en appui sur le répertoire additif :
$30 + 40$ c'est 3 dizaines + 4 dizaines ;
300 pour aller à 800, c'est 3 centaines pour aller à 8 centaines.

RÉVISER

Nombres inférieures à 1 000 : écriture en chiffres et en lettres
– Passer de l'écriture littérale d'un nombre à son écriture chiffrée et inversement.

FICHIER NOMBRES ET CALCULS p. 23

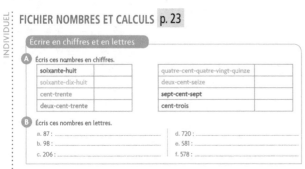

Exercice Ⓐ

Écrire en chiffres des nombres écrits en lettres.

Exercice classique, les élèves peuvent se référer au **dico-maths n° 1 à 4**.

RÉPONSE : 68   78   130   230   495   216   707   103.

Exercice Ⓑ

Écrire en lettres des nombres écrits en chiffres.

RÉPONSE : a. quatre-vingt-sept   b. quatre-vingt-dix-huit   c. deux-cent-six d. sept-cent-vingt   e. cinq-cent-quatre-vingt-un   f. cinq-cent-soixante-dix-huit.

Multiplication : groupements de quantités identiques (1)

– Résoudre des problèmes posés dans une situation où des quantités sont regroupées à partir de quantités identiques.
– Mettre en relation la multiplication avec la réunion de quantités identiques et l'addition itérée.
– Calculer des produits (résultat connu, calcul réfléchi, calculatrice).

RECHERCHE

Jetons bien placés (1) : Les élèves sont confrontés à un jeu où, après avoir gagné des cartes en plusieurs exemplaires, ils doivent calculer le nombre de points obtenus à l'aide de l'addition itérée et/ou de la multiplication.

PHASE 1 Présentation du jeu

• Distribuer la **fiche 3** aux élèves. Leur demander de prendre connaissance de la **règle du jeu** :

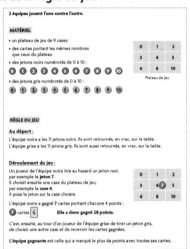

• Agrandir ou dessiner le plateau de jeu au tableau, puis retourner les jetons gris et noirs en vrac sur le bureau pour que les élèves puissent se servir. Il y a autant de jetons noirs que de gris, soit 11 jetons de chaque couleur.

• Conserver les 90 cartes-nombres du plateau : au recto, elles comportent des points et au verso le nombre écrit en chiffres du plateau.

• Faire jouer devant la classe un début de partie par deux élèves. Remettre à chaque joueur les cartes qu'il a gagnées (montrer le recto et le verso des cartes). Écrire au tableau le gain de chaque joueur sous la forme « 7 cartes de 4 points ».

• Préciser la règle du jeu :

➡ *Maintenant, la classe va être partagée en 2 équipes qui vont jouer l'une contre l'autre. Dans chaque équipe, un joueur tire un jeton, puis choisit une case du plateau (il peut consulter son équipe avant de choisir) et place le jeton dessus. Un autre membre de l'équipe vient chercher les cartes gagnées par l'équipe. Chaque équipe joue deux fois et place donc 2 jetons. L'équipe gagnante est celle qui a obtenu le plus de points avec toutes ses cartes.*

• Partager la classe en deux équipes adverses et préciser à nouveau :

➡ *Dans chaque équipe, vous pouvez conseiller l'élève qui doit choisir une case du plateau pour placer son jeton.*

• Lorsque le représentant de l'équipe a tiré un jeton et choisi une case sur le plateau, demander à un membre de l'équipe de prendre les cartes gagnées. Faire contrôler collectivement qu'il prend bien le bon nombre de cartes de la bonne valeur, ce qui assure qu'il a compris la signification de chacun des deux nombres :

jeton 5 ⟶   ⟵ case 6 du plateau
5 cartes de 6 points

• Demander à chaque équipe de faire, à tour de rôle, un nouveau choix et un nouveau tirage.

• Écrire au tableau la suite des choix de chaque équipe, par exemple sous la forme :

Équipe 1	Équipe 2
5 cartes de 6 points	3 cartes de 8 points
9 cartes de 4 points	10 cartes de 5 points

Le travail, pour l'essentiel, se fait avec les nombres écrits sur les cartes. Le recours aux points dessinés permet de concrétiser les points obtenus et d'aider les élèves à comprendre la situation, mais ne doit pas servir au comptage des points gagnés (sauf peut-être au début, si c'est nécessaire).

Le matériel du jeu « Jetons bien placés » a été choisi en fonction de plusieurs critères :
– permettre une visualisation des quantités (points au verso des cartes) ;
– rendre fastidieux certains calculs additifs (nombres assez grands) ;
– utiliser des nombres pour lesquels les connaissances de résultats de la table de multiplication élaborés au CE peuvent être utilisés (tables de 2, 4 et 5 notamment) ;
– permettre de calculer avec une calculatrice des produits qu'on ne sait pas encore calculer « à la main ».

PHASE 2 Calcul des points

À la fin de la partie, demander aux élèves, par équipes de 2 ou individuellement :

➡ *Trouvez quelle équipe a marqué le plus de points, en gardant la trace de vos calculs. Vous pouvez, si vous le voulez, utiliser la calculatrice mais seulement pour les calculs difficiles. Vous pouvez aussi faire tous les calculs vous-mêmes.*

Les nombres choisis dans cette activité sont de taille variable. Ce choix est destiné à faire prendre conscience aux élèves que certains résultats peuvent être trouvés rapidement par addition itérée et que, pour d'autres, le calcul additif (addition itérée) gagne à être remplacé par un calcul multiplicatif, notamment en utilisant un résultat d'une table ou la multiplication par 10, déjà rencontrés au CE1.

PHASE 3 Mise en commun

• À partir de quelques productions, demander aux élèves d'expliciter les divers procédés utilisés pour déterminer le nombre de points obtenu par chaque joueur.

CLASSE ORGANISÉE EN 2 ÉQUIPES

ÉQUIPES DE 2 OU INDIVIDUEL

COLLECTIF

UNITÉ 2

Les procédures possibles :
– **comptage direct des points** (en dessinant le verso des cartes) : peu probable, sauf dans le cas de petites quantités ;
– **addition itérée ou comptage de *n* en *n*** : calcul mental avec appui écrit (arbre de calcul, par exemple) ou avec la calculatrice ;
– **utilisation de la multiplication et de résultats connus** : référence par exemple à « il y a 3 fois 4 points » et on sait que « 3 fois 4, c'est 12 » qu'on peut écrire $3 \times 4 = 12$ ou $4 \times 3 = 12$;
– **utilisation de la multiplication et de la calculatrice** : on a reconnu qu'il faut calculer 9×8 (9 fois 8 points) et la calculatrice permet d'obtenir rapidement le résultat.

• Faire analyser les formes sous lesquelles les calculs sont présentés, notamment pour ceux qui ont utilisé la multiplication :
$$5 \times 6 = 30 \ ; \quad 9 \times 4 = 36 \ ; \quad \text{puis } 30 + 36 = 66$$
ou $\quad (5 \times 6) + (9 \times 4) = 66 \quad$ (avec ou sans parenthèses).

• En profiter pour montrer qu'avec les calculatrices « ordinaires » (sans parenthèses), on doit utiliser le premier type de calcul, en notant les résultats intermédiaires, l'utilisation des touches « mémoire » n'étant pas envisageable au CE2.

• Analyser avec les élèves quelques erreurs caractéristiques.

Différentes erreurs peuvent être analysées (*exemple :* pose du jeton 7 sur la case 8) :
– **erreurs dans le choix du calcul à effectuer** (par exemple addition de 7 et 8) : le retour à la règle du jeu et au matériel devrait suffire à montrer l'origine de l'erreur ;
– **erreurs dans les calculs effectués** (par exemple oubli d'un nombre en n'additionnant que 6 fois le nombre 8) : ceci permet de redire qu'il faut prendre 7 fois le nombre 8…
Ces erreurs peuvent montrer l'intérêt qu'il y a à recourir à la multiplication.

PHASE 4 Synthèse

• Outre la mise en évidence des différents moyens de calcul, cette **synthèse** porte sur deux points essentiels : l'équivalence entre addition itérée et multiplication, et le rôle de **0** et **1** dans le calcul d'un produit. C'est une reprise des acquis du CE1 :

Multiplication et addition itérée

• **Les expressions suivantes sont toutes égales** car elles donnent le même résultat. On peut remplacer une somme de plusieurs termes égaux par un produit (et inversement) :

$5 \times 6 \qquad 5 + 5 + 5 + 5 + 5 + 5$
$6 \times 5 \qquad 6 + 6 + 6 + 6 + 6$

• **6 fois 5** est égal à **5 fois 6.**

6 fois 5 [dés : 6 dés montrant 5]

est égal à

5 fois 6 [dés : 5 dés montrant 6]

• Ce jeu permet d'illustrer que :
$7 \times 0 = 0 \times 7 = 0 \qquad \text{et} \qquad 7 \times 1 = 1 \times 7 = 7$
Lorsque **0** est un facteur d'un produit, le résultat est toujours **0**.
Lorsque **1** est un facteur d'un produit, le résultat est toujours l'autre facteur.

• D'autres remarques peuvent être faites par les élèves qui donneront lieu à un travail ultérieur, notamment celle relative à la multiplication par 10.

TRACE ÉCRITE

• Renvoi au **dico-maths n° 20**.

• Commencer à élaborer un **premier répertoire collectif de résultats multiplicatifs** en recensant les différents produits calculés en classe. Les rassembler en vrac, au tableau ou sur une affiche. Par la suite, on cherchera à les organiser et à les replacer dans la **table de Pythagore** (unité 3).

L'utilisation du mot « fois » est importante car elle permet de disposer d'un moyen d'expression utilisable dans de nombreux contextes. 3 fois 4 peut être obtenu à l'aide de deux produits, c'est-à-dire en utilisant le signe × : 3×4 (lu « 3 multiplié par 4 ») ou 4×3 (lu « 4 multiplié par 3 »). Le mot « fois », plus facilement que l'expression « multiplié par », permet d'établir un lien avec l'itération de l'un des facteurs ou encore avec l'évocation d'une collection d'objets répétée plusieurs fois.
Le terme « produit » peut être utilisé par l'enseignant sans que les élèves l'utilisent forcément. Pour sa signification, ils peuvent se reporter au **dico-maths n° 21**.

ENTRAINEMENT

FICHIER NOMBRES ET CALCULS **p. 23**

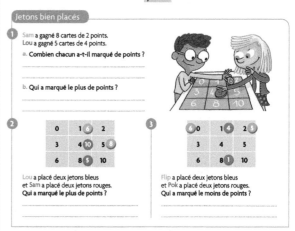

Jetons bien placés

❶ Sam a gagné 8 cartes de 2 points.
Lou a gagné 5 cartes de 4 points.
a. Combien chacun a-t-il marqué de points ?

b. Qui a marqué le plus de points ?

Lou a placé deux jetons bleus et Sam a placé deux jetons rouges.
Qui a marqué le plus de points ?

Flip a placé deux jetons bleus et Pok a placé deux jetons rouges.
Qui a marqué le moins de points ?

Exercice ❶

Calcul de produits ou d'additions itérées avec 1 jeton placé par joueur.

Lors de la correction, les additions itérées sont mises en relation avec les produits calculés par certains, par exemple :
$4 + 4 + 4 + 4 + 4 = 5 \times 4 = 4 \times 5$
C'est toujours 5 fois 4 en référence aux 5 cartes de 4 points.
Faire remarquer que ce n'est pas celui qui a le plus de cartes qui a le plus de points.

RÉPONSE : **Sam** (16 points) **Lou** (20 points).

AIDE Proposer aux élèves en difficulté d'utiliser le matériel du jeu. Verbaliser l'association entre addition itérée, écriture multiplicative et expression utilisant le mot « fois ».

Exercices ❷ et ❸

Calcul de produits ou d'additions itérées avec 2 jetons placés par joueur.

L'**exercice 3** permet de revenir sur la multiplication par 0 ou par 1.

RÉPONSE : ❷ **Lou** (46 points) **Sam** (80 points).
❸ **Flip** (10 points) **Pok** (12 points).

À SUIVRE
En **séance 5**, d'autres phases de jeu sont mises en place.

	Tâche	Matériel	Connaissances travaillées
PROBLÈMES DICTÉS	**Unités de numération** – Déterminer le nombre de dizaines qu'il est possible d'obtenir avec un nombre donné d'objets.	**pour la classe :** – 120 trombones **par élève :** FICHIER NOMBRES **p. 24 a et b**	– Valeur positionnelle des chiffres – Relations entre unités de numération.
PROBLÈMES ÉCRITS	**Unités de numération** – Déterminer le nombre de dizaines qu'il est possible d'obtenir avec un nombre donné d'objets.	**par élève :** FICHIER NOMBRES **p. 24 A et B**	– Valeur positionnelle des chiffres – Relations entre unités de numération.
APPRENDRE Calcul	**Multiplication : groupements de quantités identiques** (2) RECHERCHE **Jetons bien placés (2)** – Calculer le nombre de points obtenus à l'aide de plusieurs lots de cartes (les cartes sont identiques dans un même lot).	**pour la classe :** – plateau de jeu agrandi ou dessiné au tableau avec 11 jetons gris et 11 jetons noirs **> fiche 4** – 9 cartes en 10 exemplaires portant recto verso les nombres du plateau **> fiches 5 à 7** – feuille pour les calculs **par élève :** – règle du jeu **> fiche 3** – calculatrice FICHIER NOMBRES **p. 24 ① à ④**	– Multiplication : groupements de quantités identiques – Addition itérée.

PROBLÈMES DICTÉS

Unités de numération

– Utiliser la valeur des chiffres en fonction de leur position.
– Décomposer un nombre en unités de numération.

FICHIER NOMBRES ET CALCULS p. 24

Problème a

• Montrer un lot de **37 trombones** en vrac et écrire le nombre « **37** » au tableau. Devant les élèves, faire un premier collier de 10 trombones, puis poser la question :

> **Avec les 37 trombones, combien de colliers de 10 trombones est-il possible de faire ?**

• Faire l'inventaire des réponses et des procédures utilisées, puis valider en faisant réaliser les colliers par des élèves.

• Préciser : « **37** trombones, c'est **3** fois **10** trombones et **7** trombones ; c'est **3** dizaines de trombones et **7** trombones. Le « **3** » de **37** indique combien il y a de dizaines de trombones. »

• Faire défaire les colliers.

Problème b

• Poser la même question :

> **Avec 106 trombones, combien de colliers de 10 trombones est-il possible de faire ?**

• Lors de la correction, préciser : « **106** trombones, c'est **10** fois **10** trombones et **6** trombones ; c'est **10** dizaines de trombones et **6** trombones. Le « **10** » de **106** indique combien il y a de dizaines de trombones. »

RÉPONSE : a. 3 colliers b. 10 colliers.

• Les élèves peuvent se préparer ou s'entrainer à ce moment de calcul mental en utilisant l'**exercice 5** de **Fort en calcul mental, p. 19.**

RÉPONSE : a. 32 colliers b. 20 colliers.

Les questions posées sont un prolongement de celles posées en séance 1, dans un cas où le chiffre des unités n'est plus 0. Des élèves ont pu trouver directement les réponses. D'autres ont du décomposer chaque nombre en sommes de termes égaux à 10. Pour **106**, certains ont pu décomposer le nombre en 1 centaine et 6 unités, puis utiliser le fait que 1 centaine = 10 dizaines.

Le tableau de numération peut être utilisé pour formaliser les décompositions :

centaines	dizaines	unités
	3	7
		37

centaines	dizaines	unités
1	0	6
	10	6
		106

Unités de numération

– Utiliser la valeur des chiffres en fonction de leur position.
– Décomposer un nombre en unités de numération.

INDIVIDUEL

FICHIER NOMBRES ET CALCULS **p. 24**

Résoudre des problèmes

A Sam a 236 timbres.
Il utilise 13 dizaines de timbres.
Combien de timbres lui reste-t-il ?

B Lou a déjà 154 timbres.
Elle achète 5 dizaines de timbres.
Combien de timbres a-t-elle maintenant ?

Problème A

Trouver le nombre d'objets après un retrait exprimé en dizaines.

Les élèves peuvent répondre :

– en remarquant que dans 236 il y a 23 dizaines et en soustrayant 13 ;

– en convertissant 13 dizaines en 1 centaine et 3 dizaines soustraites de 2 centaines et 3 dizaines ;

– en convertissant 13 dizaines en 130 et en soustrayant 130 de 236.

RÉPONSE : 106 timbres.

Problème B

Trouver le nombre d'objets après un ajout exprimé en dizaines.

Les élèves peuvent répondre :

– en remarquant que dans 154 il y a 15 dizaines et en ajoutant 5 ;

– en ajoutant 5 dizaines aux 5 dizaines de 154, on obtient 1 centaine, 10 dizaines et 4 unités, et comme 10 dizaines = 1 centaine, on arrive à 2 centaines et 4 unités ;

– en convertissant 5 dizaines en 50 et en ajoutant 50 à 154.

RÉPONSE : 204 timbres.

Différenciation : Exercices A et B → **CD-Rom du guide, fiche n° 7.**

Multiplication : groupements de quantités identiques (2)

– Résoudre des problèmes posés dans une situation où des quantités sont regroupées à partir de quantités identiques.
– Mettre en relation la multiplication avec la réunion de quantités identiques et l'addition itérée.
– Calculer des produits (résultat connu, calcul réfléchi, calculatrice).

CLASSE ORGANISÉE EN 2 ÉQUIPES

RECHERCHE

Jetons bien placés (2) : Les élèves sont confrontés à un jeu où, après avoir gagné des cartes en plusieurs exemplaires, ils doivent calculer le nombre de points obtenus à l'aide de l'addition itérée et/ou de la multiplication.

PHASE 1 Reprise du jeu « Jetons bien placés »

• Reprendre quelques parties du jeu décrit en séance 4, selon cette variante : l'équipe gagnante est celle qui a gagné le moins de points.

• À l'issue de chaque partie, mettre en relation les procédés de calcul utilisés (addition itérée, multiplication).

• Insister sur le fait que la multiplication par **0** donne toujours **0** pour résultat et que la multiplication par **1** donne pour résultat le **nombre multiplié**.

La variante introduite (le gagnant est celui qui a le moins de points) est destinée à mettre l'accent sur le rôle de 0 et de 1 dans la multiplication.

COLLECTIF

PHASE 2 Synthèse

À l'issue de ces deux séances de travail sur la multiplication, mettre en évidence les points suivants :

Calculer un produit

• **Pour calculer un produit,** il est possible d'utiliser une des procédures suivantes :

1. Utiliser des **résultats mémorisés**.

2. Consulter le **répertoire collectif**.

3. Fabriquer le résultat en utilisant l'**addition itérée** ou un **dessin**.

4. Fabriquer le résultat en prenant **appui sur un produit connu**.
Exemple : calcul de **6 × 4**
Si **5 × 4** est connu (égal à 20), alors **6 × 4** peut être retrouvé :
6 fois **4**, c'est **5** fois **4** et encore **1** fois **4** (donc 20 + 4).

5. Utiliser le fait que **certains résultats s'obtiennent facilement** : produits dont un terme est 0 ou 1 ou 10 (déjà rencontré au CE1).
Exemples :
Le jeton **6** placé sur la case **0** donne **0 point** (car 6 × 0 = 0).
Le jeton **6** placé sur la case **10** donne **60 points** (car 6 × 10 = 60).

• **Pour chaque calcul,** il s'agit de répondre à des questions du type « 3 fois 4 » qui peuvent être traduites aussi bien par **3 × 4** que par **4 × 3**.

ENTRAINEMENT

FICHIER NOMBRES ET CALCULS **p. 24**

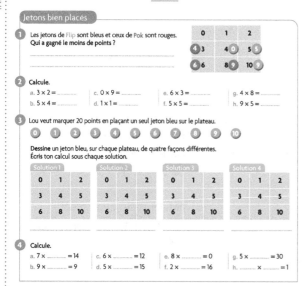

Exercice ❶

Calcul de produits ou d'additions itérées dans le contexte du jeu.

Reprise du jeu de la recherche « Jetons bien placés ». La difficulté de cet exercice réside aussi dans l'addition qu'il faut faire en plus des multiplications, surtout pour les jetons rouges où il y a 3 termes à additionner. L'erreur peut venir de là aussi.

RÉPONSE : **Flip** (115 points)   **Pok** (120 points).

Exercice ❷

Calcul de produits.

Lors de l'exploitation, différentes méthodes de calcul sont exprimées :
– recours à l'addition itérée ou à un schéma ;
– utilisation de résultats connus ou déjà répertoriés ;

– utilisation de propriétés déjà rencontrées : multiplication par 0 ou par 1 ;
– appui sur un produit connu : 6 × 3, c'est 3 fois 6, c'est donc 2 fois 6 plus encore 6.

RÉPONSE : a. 6 b. 20 c. 0 d. 1 e. 18 f. 25 g. 32 h. 45.

AIDE Inciter les élèves à répondre directement à partir des produits. Mais pour les élèves en difficulté, le recours à l'addition itérée ou même au matériel du jeu « Jetons bien placés » peut encore être nécessaire.

Exercice ❸

Trouver des produits de 2 nombres égaux à un résultat donné dans le contexte du jeu.

La question est posée dans le contexte du jeu « Jetons bien placés ». Pour répondre, les élèves peuvent utiliser des résultats connus ou procéder par essais. Lors de l'exploitation, on peut mettre en évidence le fait qu'une réponse est souvent accompagnée d'une autre : par exemple, jeton 4 sur case 5 ou jeton 5 sur case 4.

RÉPONSE :
solution 1 : jeton 5 sur case 4 (5 × 4)
solution 2 : jeton 4 sur case 5 (4 × 5)
solution 3 : jeton 2 sur case 10 (2 × 10)
solution 4 : jeton 10 sur case 2 (10 × 2).

Exercice ❹

Trouver le ou les facteurs d'un produit pour obtenir un résultat donné.

Cet exercice nécessitera sans doute des reformulations du type « 6 fois combien pour obtenir 12 ? » ou « combien de fois 6 pour obtenir 12 ? », voire une concrétisation à l'aide des cartes.

RÉPONSE : a. 2 b. 1 c. 2 d. 3 e. 0 f. 8 g. 6 h. 1 × 1.

AIDE Pour les **exercices 3 et 4**, le matériel peut être mis à disposition de certains élèves. On peut aussi suggérer aux élèves des réponses en leur demandant si elles conviennent ou non.

		Tâche	Matériel	Connaissances travaillées
CALCULS DICTÉS		Addition, soustraction, complément de dizaines et de centaines – Donner les résultats de sommes, de différences et de compléments.	par élève : FICHIER NOMBRES **p. 25 a à f**	– Calcul sur les dizaines et les centaines (mémorisation).
RÉVISER Calcul		Addition posée ou en ligne – Résoudre des problèmes dans lesquels il faut ajouter 2 ou 3 nombres.	par élève FICHIER NOMBRES **p. 25 A, B et C**	– Calcul posé ou en ligne – Calcul réfléchi – Calcul approché.
APPRENDRE Problèmes		Résolution de problèmes : données et questions RECHERCHE **Le livre de Lou** – Trouver et traiter les informations nécessaires pour répondre à une question.	par élève ou par équipe de 2 – **fiche recherche 6** – feuille de recherche FICHIER NOMBRES **p. 25 ❶ et ❷**	– **Résolution de problèmes** – **Mise en relation des données et des questions** – Calcul (domaines additifs et multiplicatifs) – Rédaction d'une solution.

CALCULS DICTÉS

Addition, soustraction et complément de dizaines et de centaines

– Connaitre ou retrouver très rapidement les résultats liés à l'addition et la soustraction de dizaines et de centaines.

INDIVIDUEL ET COLLECTIF

FICHIER NOMBRES ET CALCULS **p. 25**

• Dicter les calculs suivants avec réponses individuelles dans le fichier :

a. 80 + 60   c. 100 – 50

b. 500 + 400   d. 800 – 300

e. Combien pour aller de 90 à 100 ?

f. Combien pour aller de 80 à 120 ?

RÉPONSE : a. 140   b. 900   c. 50   d. 500   e. 10   f. 40.

• Les élèves peuvent se préparer ou s'entrainer à ce moment de calcul mental en utilisant l'**exercice 6** de **Fort en calcul mental, p. 19**.

RÉPONSE : a. 110   b. 160   c. 80   d. 40   e. 70   f. 500.

▪ Faire expliciter si nécessaire les procédures utilisées.
Exemple : **Combien pour aller de 80 à 120 ?**
Deux procédures peuvent être mises en évidence :
– **passer par 100 :** de **80** à **100**, il y a **20** et de **100** à **120**, il y a **20** ;
donc de **80** à **120**, il y a **40** ;
– **calculer sur les dizaines :** pour aller de **8** dizaines à **12** dizaines, c'est **4** dizaines ou **40**.

RÉVISER

Addition posée ou en ligne

– Calculer des sommes de 2 ou 3 nombres.

INDIVIDUEL

FICHIER NOMBRES ET CALCULS **p. 25**

Calculer en ligne ou en colonnes

Pour les exercices A à C, utilise ce dessin :

Ⓑ Trouve le lot de trois objets qui coute exactement 150 €.

Ⓒ Sam possède 100 €.
Il veut acheter deux objets.
Trouve le lot ou les lots de deux objets que Sam peut acheter.

Ⓐ a. Choisis trois objets, puis **calcule** le prix total.

b. Recommence avec trois autres objets.

Exercice Ⓐ

Calculer le prix total de 3 objets à choisir parmi quatre.

Les questions sont ouvertes, les élèves pouvant choisir les lots d'objets. Il existe quatre réponses et les élèves plus rapides peuvent être invités à les trouver toutes.

RÉPONSE :
18 € + 63 € + 47 € = **128 €**   18 € + 63 € + 85 € = **166 €**
18 € + 47 € + 85 € = **150 €**   63 € + 47 € + 85 € = **195 €**.

Exercice B

Trouver le lot de 3 objets dont la valeur totale est égale à 150 €.

Les élèves ont pu trouver le lot concerné en répondant au **problème A**. Ils peuvent aussi procéder d'abord par un calcul approché ou encore chercher la (ou les) somme(s) de 3 nombres dont le résultat a 0 comme chiffres des unités.

RÉPONSE : **CD** (18 €), **dictionnaire** (47 €) et **réveil** (85 €).

Exercice C

Trouver 2 objets parmi quatre dont le prix total est inférieur à 100 €.

Un calcul approché permet d'éliminer certains lots de 2 objets. Il n'existe que deux possibilités, en ajoutant un autre objet à celui qui coute 18 €.

RÉPONSE : **2 lots** : 18 € + 63 € = 81 €   18 € + 47 € = 65 €.

APPRENDRE

Résolution de problèmes : données et questions

– Mettre en relation données et questions.
– Résoudre un problème.

RECHERCHE Fiche recherche 6

Le livre de Lou : Les élèves doivent demander à l'enseignant les informations manquantes qu'ils estiment utiles pour répondre à une question, puis trouver la solution.

PHASE 1 Demande d'informations

Question 1 de la recherche

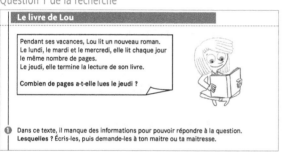

Le livre de Lou

Pendant ses vacances, Lou lit un nouveau roman.
Le lundi, le mardi et le mercredi, elle lit chaque jour le même nombre de pages.
Le jeudi, elle termine la lecture de son livre.

Combien de pages a-t-elle lues le jeudi ?

❶ Dans ce texte, il manque des informations pour pouvoir répondre à la question. Lesquelles ? Écris-les, puis demande-les à ton maitre ou ta maitresse.

• Distribuer la **fiche recherche** et demander aux élèves de prendre connaissance du **texte** et de la **question 1**. Faire reformuler la situation et préciser :

➡ *Pour pouvoir répondre à la question « Combien de pages a-t-elle lues le jeudi », vous avez besoin de plus de renseignements et vous allez devoir me les demander. Je ne pourrai pas répondre à toutes les demandes, même si elles sont intéressantes, car je ne possède que certaines informations. Mais avant de demander ces renseignements, vous devrez d'abord décider s'ils vous aident à répondre à la question de l'énoncé.*

Les deux informations qui seront fournies seront :
– le nombre total de pages du livre (**144**) ;
– le nombre de pages lues chaque jour du lundi au mercredi (**42**).

• Demander aux élèves d'écrire les renseignements qu'ils souhaitent avoir.

• Organiser une **mise en commun des demandes** selon les étapes suivantes :

– recenser les demandes formulées en notant au tableau chaque demande (une même demande formulée de façons différentes n'est notée qu'une fois) ;

– faire reconnaitre, collectivement, les demandes non pertinentes ;

– signaler (par une croix) les demandes auxquelles il ne sera pas donné suite (exemple : le nombre total de pages lues du lundi au mercredi) ;

– si les deux informations nécessaires sont demandées, les fournir à côté des deux demandes formulées ;

– si ces deux informations ne sont pas demandées ou si l'une ne l'est pas, le dire aux élèves en sollicitant collectivement d'autres demandes ;

– à la fin, que les demandes aient été faites ou non, fournir les deux informations et les écrire au tableau :

Le roman comporte **144** pages à lire.
Chaque jour, du lundi au mercredi, Lou a lu **42** pages.

Comprendre que, dans un énoncé, certaines données sont nécessaires pour répondre à la question posée ne va pas de soi pour tous les élèves de CE2, notamment pour ceux qui cherchent des indices textuels (mots supposés inducteurs de calculs à réaliser, par exemple). C'est l'objet du travail conduit ici, les élèves ayant, à partir d'un court récit, à demander à l'enseignant les informations nécessaires qui ne figurent pas dans le texte initial.

Le texte proposé pourrait être complété de plusieurs façons. Le fait d'en privilégier une est nécessaire pour que tous les élèves résolvent ensuite le même problème. Mais il est important de souligner que certaines demandes d'informations sont pertinentes par rapport à la question posée, même s'il n'y est pas répondu.

Il est possible que les élèves ne formulent pas les deux demandes envisagées. Dans ce cas, on fournira celle qui n'est pas formulée (ou peut-être les deux). L'essentiel est que les élèves aient pris conscience de la relation qui doit exister entre informations et questions.

Variante possible : On donne une réponse à toute demande pertinente (en dehors de la réponse à la question posée !) et on laisse les élèves choisir parmi les indications fournies pour répondre à la question posée.

PHASE 2 Résolution du problème et rédaction de la solution

Question 2 de la recherche

❷ Réponds à la question en utilisant les informations qui t'ont été données.

• Après résolution du problème par les élèves, une **mise en commun** des réponses et des calculs effectués est faite avec élimination immédiate de certaines réponses (exemple : le nombre de pages pour le jeudi est supérieur au nombre de pages du roman) et recherche de la signification des calculs :

INDIVIDUEL OU ÉQUIPES DE 2

INDIVIDUEL OU ÉQUIPES DE 2

UNITÉ 2

– pour le nombre total de pages lues du lundi au mercredi, on peut avoir :

42 + 42 + 42 = **126**   ou   42 × 3 = **126** ;

– pour le nombre de pages lues le jeudi, on peut avoir :

144 – 126 = **18**   ou   126 + **18** = 144

ou   des calculs équivalents ;

– des élèves ont aussi pu chercher combien de pages il reste à lire à la fin de chaque journée :

144 – 42 = **102**   102 – 42 = **60**   60 – 42 = **18**

• Demander aux élèves une **rédaction individuelle de la solution du problème**, en faisant apparaitre les calculs et la signification des résultats obtenus. Celle-ci peut prendre des formes diverses :

1ᵉʳ exemple de présentation :

Suite de calculs avec indication à côté de la signification de ce qui a été trouvé, puis formulation de la réponse à la question par une phrase réponse, par exemple :

42 + 42 + 42 = **126**	Lou a lu **126** pages le lundi, le mardi et le mercredi.
126 + **18** = 144	Lou a lu **18** pages le jeudi.

2ᵉ exemple de présentation :

Détermination de deux espaces (un espace *calculs* et un espace *ce que j'ai trouvé*) mis en relation et, à la fin, formulation de la réponse à la question par une phrase réponse, par exemple :

Mes calculs	Ce que j'ai trouvé
42 × 3 = **126**	Les pages lues du lundi au mercredi.
144 – 126 = **18**	Les pages lues le jeudi.

Lou a lu **18** pages le jeudi.

> **La présentation d'une solution** ne peut pas prendre une forme figée, celle-ci dépendant de la nature du problème et des stratégies de résolution possible.

PHASE 3 Synthèse

• Faire une synthèse en trois points.

Pour résoudre un problème

Il faut procéder par étapes :

1. Il faut **d'abord** partir de la question et se demander quelles informations peuvent être utiles pour y répondre.

2. **Lors de la résolution**, il faut noter les informations nouvelles apportées par les calculs effectués.

3. **À la fin**, il faut rendre compte de la solution trouvée, des étapes utilisées et terminer par une réponse à la question posée (ou aux questions posées s'il y en a plusieurs).

ENTRAINEMENT

FICHIER NOMBRES ET CALCULS **p. 25**

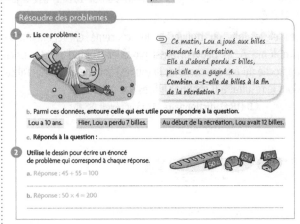

Résoudre des problèmes

1 a. **Lis** ce problème :

> Ce matin, Lou a joué aux billes pendant la récréation.
> Elle a d'abord perdu 5 billes, puis elle en a gagné 4.
> Combien a-t-elle de billes à la fin de la récréation ?

b. Parmi ces données, entoure celle qui est utile pour répondre à la question.

| Lou a 10 ans. | Hier, Lou a perdu 7 billes. | Au début de la récréation, Lou avait 12 billes. |

c. Réponds à la question :

2 Utilise le dessin pour écrire un énoncé de problème qui correspond à chaque réponse.

a. Réponse : 45 + 55 = 100

b. Réponse : 50 × 4 = 200

Exercice ❶

Chercher quelle information supplémentaire est nécessaire pour répondre à une question.

La question ne porte que sur les billes et une information supplémentaire suffit, du type « Au début de la récréation, Lou avait 12 billes », réponse la plus probable de la part des élèves.

RÉPONSE : Lou possède **11 billes** à la fin de la récréation.

Exercice ❷

Écrire un énoncé en s'appuyant sur un calcul et des informations fournies par une illustration.

Pour répondre, il faut mettre en relation les nombres figurant dans les calculs avec les informations données sur l'illustration.

EXEMPLES DE RÉPONSE :

a. Un enfant achète un croissant et un pain au chocolat. Combien doit-il payer ?

b. Quel est le prix de 4 baguettes de pain ?

UNITÉ 2

	Tâche	Matériel	Connaissances travaillées
CALCULS DICTÉS	Addition, soustraction et complément de dizaines et de centaines – Donner les résultats de sommes, de différences et de compléments	par élève : – ardoise ou cahier de brouillon	– Calcul sur les dizaines et les centaines (mémorisation).
RÉVISER Géométrie	Carrés et rectangles : longueurs des côtés – Retrouver un carré, un rectangle à partir de la donnée de ses dimensions.	pour la classe : – page 6 du cahier photocopiée sur transparent par élève – double décimètre et crayon (tout autre instrument est interdit) CAHIER GÉOMÉTRIE **p. 6 Ⓐ**	– Carrés et rectangles : longueurs des côtés.
APPRENDRE Mesures	Mesurer avec une règle graduée RECHERCHE **La règle cassée** – Expliquer comment mesurer à l'aide d'une règle sans graduation 0 et ne comportant que les unités centimètres.	pour la classe : – règles cassées rose et jaune agrandies – segments **a** et **b** agrandis dans les mêmes proportions (respectivement 5 et 8 unités) ❯ **fiches 8 et 9** par équipe de 2 : – fiche « message à envoyer » ❯ **fiche 8** – fiche « message reçu » ❯ **fiche 9** – règles cassées rose ou jaune ❯ **planche B du cahier** par élève – règles cassées bleue et verte (entrainement) ❯ **planche B du cahier** – double décimètre CAHIER GÉOMÉTRIE **p. 7 ❶, ❷ et ❸**	– Mesure de longueurs : règle graduée.

CALCULS DICTÉS

Addition, soustraction et complément de dizaines et de centaines
– Connaitre ou retrouver très rapidement les résultats liés au répertoire additif.

INDIVIDUEL ET COLLECTIF

• Dicter les calculs suivants avec réponses sur l'ardoise ou le cahier de brouillon :

a. 50 + 80   c. 110 – 20
b. 520 + 300   d. 750 – 200
e. Combien pour aller de 60 à 100 ?
f. Combien pour aller de 350 à 400 ?

RÉPONSE : a. 130   b. 820   c. 90   d. 550   e. 40   f. 50.

• Les élèves peuvent se préparer ou s'entrainer à ce moment de calcul mental en utilisant l'**exercice 7** de **Fort en calcul mental, p. 19.**
RÉPONSE : a. 120   b. 520   c. 120   d. 70   e. 90   f. 350.

Carrés et rectangles : longueurs des côtés

– Connaitre et utiliser les propriétés des carrés et des rectangles relatives à la longueur de leurs côtés.

CAHIER MESURES ET GÉOMÉTRIE p. 6

Reconnaitre un carré ou un rectangle

A Écris le numéro de la description dans le carré ou le rectangle qui lui correspond.

① Mes deux côtés les plus longs mesurent chacun 5 cm.
② Tous mes côtés mesurent 5 cm.
③ Mes deux côtés les plus courts mesurent chacun 5 cm.
④ Ma longueur mesure 7 cm.
⑤ Ma largeur mesure 2 cm.
⑥ Ma longueur mesure 6 cm et ma largeur 4 cm.
⑦ Tous mes côtés mesurent 4 cm.

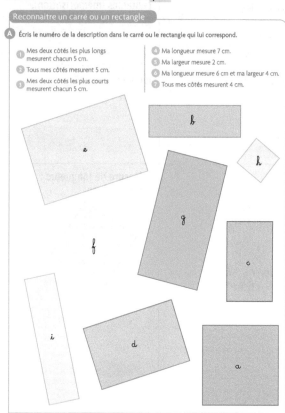

Cette activité a pour objectifs de réactiver les **connaissances relatives à la longueur des côtés** travaillées en **CE1** et d'introduire les **termes de vocabulaire** relatifs au **carré** et au **rectangle**. Il convient d'insister sur le fait que ces propriétés sont communes à tous les carrés et à tous les rectangles.
L'activité peut prendre plus de temps qu'une activité de révision habituelle.

Exercice **A**

Associer des carrés et des rectangles à leur description.

Questions 1, 2 et 3

• Indiquer avant de demander de répondre aux trois questions :
➡ *Toutes les figures dessinées sur la page sont des carrés ou des rectangles.*

• Procéder à la correction en utilisant la photocopie sur transparent de la page du cahier, puis introduire ce début de **synthèse** :

Désignation des côtés d'un rectangle

• **Les côtés les plus longs sont appelés « longueurs ».**
On dit que « la longueur du rectangle *c* mesure 5 cm ».

• **Les côtés les plus courts sont appelés « largeurs ».**
On dit que « la largeur du rectangle *c* mesure 3 cm ».

RÉPONSE : 1. *c*   2. *a*   3. *e*.

Il convient d'attirer l'attention des élèves :
– **sur la double signification du mot « longueur »** : grandeur attachée à n'importe quel segment ou ligne, mais aussi désignation du plus grand côté du rectangle. Pour éviter cette confusion, on préconise de dire « la longueur du rectangle mesure 5 cm » de préférence à « la longueur du rectangle est 5 cm » que les élèves sont susceptibles de comprendre comme « le périmètre du rectangle mesure 5 cm » ;
– **sur le sens de l'expression « côtés opposés »** : côtés qui se font face ou encore côtés qui ne partagent pas un même sommet, signification différente du mot « opposé » dans le langage courant : *sens opposé, opinions opposées…*

Questions 4 et 5

• Recenser les réponses et les faire discuter.
Pour la **question 5**, deux rectangles ont une largeur qui mesure 2 cm : *b* et *i*. Faire remarquer qu'une dimension ne suffit pas toujours pour décrire un rectangle. Faire mesurer les longueurs des rectangles *b* et *i*.

• Poursuivre la **synthèse** :

Pour reconnaitre un rectangle parmi d'autres
Il faut indiquer sa largeur et sa longueur :
– **rectangle *b*** : sa largeur mesure **2 cm** et sa longueur **6 cm**.
– **rectangle *i*** : sa largeur mesure **2 cm** et sa longueur **8 cm**.

RÉPONSE : 4. *e*   5. *b* et *i*.

Questions 6 et 7

• Recenser les réponses et les corriger, puis finir la **synthèse** :

Propriétés relatives aux longueurs des côtés
• **Dans un carré**, les 4 côtés ont même longueur.
• **Dans un rectangle**, les côtés opposés ont même longueur :
– les deux plus grands des côtés sont appelés « longueurs » ;
– les deux plus petits des côtés sont appelés « largeurs».

Figure	Type	L en cm	l en cm
a	carré	5	5
b	rectangle	6	2
c	rectangle	5	3
d	rectangle	6	4
e	rectangle	7	5
f	carré	4	4
g	rectangle	8	4
h	carré	2	2
i	rectangle	8	2

RÉPONSE : 6. *d*   7. *f*.

Autres questions possibles

S'il reste du temps, il est possible de poser des questions similaires aux **questions 4 à 7**.

À SUIVRE

En **séances 8 et 9**, les élèves seront amenés à prendre conscience que les propriétés relatives à la longueur des côtés ne suffisent pas à caractériser un carré ou un rectangle. S'y ajoutera la présence d'angles droits.

APPRENDRE

Mesurer avec une règle graduée

– Comprendre à quoi correspondent les graduations du double décimètre et de n'importe quelle règle graduée.

CHERCHER

La règle cassée : Les élèves vont effectuer des mesures avec des « règles cassées » comportant des graduations numérotées.

PHASE 1 **Mesure du segment a et rédaction des messages**

• Vérifier que les élèves ne disposent d'aucun instrument de mesure sur leur table, puis partager la classe en un nombre égal d'équipes A et d'équipes B de deux élèves.

• Distribuer la fiche « message à envoyer » à chaque équipe :

ÉQUIPE QUI ENVOIE LE MESSAGE

Nom des élèves : .... et ....

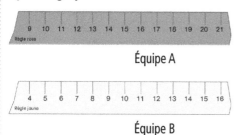

a

❶ À l'aide de la règle cassée ...., nous mesurons le segment **a**.

Le segment **a** mesure : ....

❷ Nous expliquons comment il faut utiliser la règle cassée pour mesurer le segment :

....

....

• Distribuer également les règles cassées : chaque **équipe A** reçoit la **règle rose** et est associée à une **équipe B** qui, elle, reçoit la **règle jaune** :

| 9 | 10 | 11 | 12 | 13 | 14 | 15 | 16 | 17 | 18 | 19 | 20 | 21 |

Règle rose

Équipe A

| 4 | 5 | 6 | 7 | 8 | 9 | 10 | 11 | 12 | 13 | 14 | 15 | 16 |

Règle jaune

Équipe B

• Expliquer le travail à faire :

➡ *Chaque équipe dispose d'une règle cassée. Vous allez vous servir de la règle pour mesurer le **segment a** sur la fiche, puis vous rédigerez avec beaucoup de soin un message expliquant à votre équipe associée comment utiliser votre règle cassée pour mesurer ce segment. Vous échangerez ensuite vos messages et vos règles pour juger si l'explication est correcte ou non.*

• Engager les élèves à un maximum de clarté dans la rédaction des messages. Une fois la mesure du segment trouvée et le message rédigé, organiser les échanges entre les équipes A et B, chaque équipe recevant de l'équipe associée la fiche message à envoyer et la règle cassée.

• Distribuer la fiche « message reçu » à chaque équipe en précisant :

➡ *Vous ne répondez qu'aux questions 1 et 2. Notez sur la fiche si vous êtes d'accord avec la mesure effectuée et les explications données.*

ÉQUIPE QUI REÇOIT LE MESSAGE

Nom des élèves : .... et ....

❶ Entourez la bonne réponse.

La mesure du segment **a** est :   JUSTE   FAUSSE

Expliquez votre réponse : ....

....

....

....

❷ Entourez la bonne réponse.

L'explication de l'utilisation de la règle cassée .... est :

BONNE   MAUVAISE

Expliquez votre réponse : ....

....

....

PHASE 2 **Validation des mesures et des explications**

• **Avant de commencer,** choisir quelques messages :
– **un message incorrect** avec l'indication du nombre d'une des deux graduations de la règle correspondant aux extrémités du segment ;
– **un ou deux messages corrects**, mais non généraux, donnant les graduations correspondant aux extrémités du segment ou le nombre d'intervalles situés entre ces graduations ;
– **un ou deux messages corrects** (s'ils existent) expliquant de manière générale comment placer la règle et compter les intervalles existant entre deux graduations numérotées ou en calculer le nombre.

• Noter au tableau les mesures trouvées pour le **segment a** *(voir commentaire)* et recenser les désaccords. Faire remarquer qu'« un même segment ne peut avoir, dans la même unité, plusieurs mesures différentes ». Au besoin, faire mesurer le segment à l'aide du double décimètre pour conclure qu'il mesure bien **5 cm**.

• Faire lire le message incorrect choisi et débattre de son contenu : ceux qui ont lu directement le nombre sur la règle ont trouvé une réponse différente suivant la règle utilisée.

• Faire lire les autres messages corrects mais non généraux, contextualisés à la règle utilisée, puis celui ou ceux qui donnent une explication plus générale. Faire débattre de leurs contenus. Il est important que ceux qui ont fourni une réponse fausse ou incomplète prennent conscience que « la mesure d'une longueur n'est pas seulement un nombre qu'on lit sur une graduation, mais correspond bien au nombre d'unités reportées sur cette longueur ».

RÉPONSE : Le segment **a** mesure **5** unités.

Mesure du segment a
– La **réponse correcte (5 unités)** peut être obtenue par comptage des intervalles entre deux graduations, c'est-à-dire des unités mises bout à bout sur la règle ou par calcul de l'écart entre **9** et **14**.
– Certains élèves vont donner une **mesure fausse** (« 14 » pour la règle rose ou « 9 » pour la règle jaune) en lisant la graduation qui est en face de l'extrémité du segment.
– D'autres répondent pour la règle rose « de 9 à 14 » ou « 6 » (comptage des traits) et pour la règle jaune : « de 4 à 9 » ou « 6 » (comptage des traits).

Les explications des messages peuvent être :
– **erronées** : « *lecture du nombre présent sur la graduation en face de l'extrémité du segment* » ;
– **correctes, contextualisées aux objets présents et donnant deux bornes** : « *mettre le 9 en face du début du segment et lire 14 en face de l'autre extrémité* » ;
– **correctes, contextualisées et donnant une mesure** : « *comptage de 5 intervalles entre 2 graduations* » ou « *comptage de 5 unités mises bout à bout sur la règle* » ou « *calcul du type 14 – 9* » ;
– **correctes et plus générales** : l'explication peut convenir pour n'importe quel segment ou n'importe quelle règle cassée, comme par exemple « *en plaçant un trait numéroté en face d'une extrémité du segment, il faut faire comme si ce trait était numéroté zéro* ».

PHASE 3 Mesure du segment b (question 3)

• Demander à chaque équipe de mesurer le **segment b** avec la règle dont elle dispose, puis recenser les mesures trouvées.
RÉPONSE : Le segment **b** mesure 8 unités.

• Conclure : la réponse correcte (**8 unités**) est obtenue par comptage des intervalles ou calcul de l'écart entre **9** et **17** pour la **règle rose** ou entre **4** et **12** pour la **règle jaune**.

PHASE 4 Synthèse

• Passer à l'utilisation du double décimètre, demander aux élèves de l'observer :

➡ *À quoi correspond l'intervalle entre deux graduations numérotées ? Pourquoi peut-on lire directement la mesure d'un segment en cm ? Pourquoi place-t-on le zéro en face d'une extrémité du segment ?*

• Conclure avec les élèves :

Graduations sur le double décimètre ou la règle cassée

• L'écart entre deux graduations numérotées est de 1 centimètre.
Sur le double décimètre, le centimètre est encore divisé en 10 petites parties.
Sur le double décimètre ou la règle cassée, on a **mis bout à bout des centimètres**.

• **Mesurer un segment en centimètres**, c'est dire « à combien de centimètres mis bout à bout sa longueur est égale ».

Mesurer un segment avec une règle cassée

• **Pour cela, il faut :**
– faire coïncider une extrémité du segment avec une graduation numérotée de la règle ;
– noter la graduation numérotée la plus proche de l'autre extrémité du segment (on obtient ainsi une mesure arrondie au cm) ;
– dénombrer le nombre de centimètres entre ces deux graduations ou calculer la différence entre les nombres associés aux deux graduations.

• **On ne peut donc pas lire directement la longueur d'un segment sur une règle cassée.**

Mesurer un segment avec le double décimètre

• **Pour cela, il faut :**
– faire coïncider une extrémité du segment **avec la graduation 0** du double décimètre ;
– noter la graduation numérotée la plus proche de l'autre extrémité du segment.

• **La mesure de la longueur du segment est le nombre inscrit sur ce graduation.** Il correspond au nombre de centimètres mis bout à bout sur le double décimètre à partir du graduation 0.

On peut ainsi lire directement la longueur d'un segment sur le double décimètre.

ENTRAINEMENT

CAHIER MESURES ET GÉOMÉTRIE **p. 7**

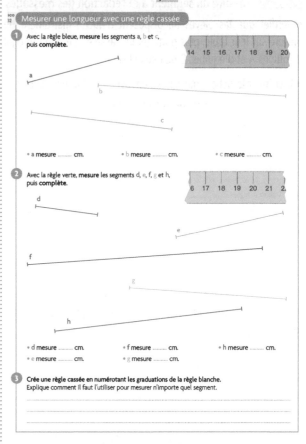

Exercice ❶

Mesurer des segments avec la règle bleue cassée.
Matériel : règle bleue (planche B du cahier)
RÉPONSE : a. 6 cm   b. 12 cm   c. 9 cm.

Exercice ❷

Mesurer des segments avec la règle verte cassée.
Matériel : règle verte (planche B du cahier)
RÉPONSE : d. 4 cm   e. 7 cm   f. 15 cm   g. 10 cm   h. 12 cm.

Exercice ❸

Inventer une règle cassée.
Matériel : règle blanche (planche B du cahier)
Pour les élèves les plus avancés, l'exercice permet de revenir sur les formulations de la synthèse. Ils doivent numéroter les graduations de la règle blanche du matériel et expliquer comment utiliser cette règle.

Différenciation : Exercices 1 et 2 → **CD-Rom du guide, fiche n° 8.**

	Tâche	Matériel	Connaissances travaillées
CALCULS DICTÉS	**Doubles et moitiés** – Connaitre ou calculer rapidement les doubles et moitiés de nombres « simples » (unités ou dizaines entières).	**par élève :** – ardoise ou cahier de brouillon	– Calcul mental (mémorisation, réflexion).
RÉVISER Géométrie	**Compléter un carré et un rectangle** – Compléter un carré et un rectangle en utilisant les propriétés relatives à la longueur des côtés.	**par élève :** – double décimètre – crayon à papier CAHIER GÉOMÉTRIE **p. 8 A et B**	– Carrés et rectangles : longueurs des côtés.
APPRENDRE Géométrie	**Angle droit** RECHERCHE **Carré et angle droit** – Identifier les carrés parmi d'autres quadrilatères. – Écrire « à quoi on reconnaît un carré ». – Utiliser un gabarit « carré » pour identifier les angles droits dans des figures.	**pour la classe :** – figures des fiches recherche sur transparent rétroprojetable – gabarit identique à celui des élèves **par élève :** – **fiches recherche 7 et 8** – gabarit d'un carré mauve **> planche A** CAHIER GÉOMÉTRIE **p. 9 ① et ②**	– Angle droit – Carré.

CALCULS DICTÉS

Doubles et moitiés

– Connaitre ou calculer rapidement les doubles et moitiés de nombres « simples » (unités ou dizaines entières).

INDIVIDUEL ET COLLECTIF

• Dicter les calculs suivants :

Double de :	a. 7	b. 10	c. 30
Moitié de :	d. 8	e. 12	f. 18

RÉPONSE : a. 14   b. 20   c. 60   d. 4   e. 6   f. 9.

• Les élèves peuvent se préparer ou s'entrainer en utilisant l'**exercice 8** de **Fort en calcul mental, p. 19**.
RÉPONSE : a. 16   b. 40   c. 400   d. 68   e. 5   f. 8   g. 12   h. 300

La capacité à donner rapidement des doubles et moitiés constitue un appui essentiel pour le calcul mental.

AIDE Il convient d'insister auprès de certains élèves, qui n'auraient pas encore rencontré ou assimilé ces notions, sur la signification des mots « double » (nombre pris deux fois) et « moitié » (nombre partagé exactement en deux). Voir le **dico-maths n° 22** pour retrouver la définition de ces termes.

RÉVISER

Compléter un carré et un rectangle

– Utiliser les propriétés relatives à la longueur des côtés pour compléter le dessin d'un carré ou d'un rectangle.

INDIVIDUEL ET COLLECTIF

CAHIER MESURES ET GÉOMÉTRIE **p. 8**

Compléter un carré et un rectangle
A Termine la construction du carré.

– demander aux élèves quelles productions sont correctes et lesquelles ne le sont pas.

B Termine la construction du rectangle.
Sa longueur mesure 9 cm.

POUR CES EXERCICES, UTILISE TON DOUBLE DÉCIMÈTRE.

Exercices A et B

Terminer la construction d'un carré et d'un rectangle.

Faire suivre la recherche de chaque exercice par une correction :
– montrer simultanément deux ou trois productions erronées, représentatives des erreurs commises, et une production exacte ;

La longueur des côtés suffit pour décider, mais des élèves peuvent faire référence au fait que « ce n'est pas droit ». Accepter cet argument, mais ne pas engager ici un travail sur les propriétés angulaires du carré et du rectangle qui seront étudiées dans l'activité d'apprentissage qui suit.

Erreurs possibles :

• **Cas du carré :** Des élèves peuvent rejoindre les extrémités des deux segments de même longueur et obtenir un rectangle.

• **Cas du rectangle :**

– Des élèves peuvent prolonger le plus court des deux segments pour qu'il ait la même longueur que l'autre. Reconnaître ce quadrilatère comme étant effectivement un rectangle, mais souligner que la longueur ne satisfait pas la condition imposée (longueur égale à 9 cm).

– Des élèves peuvent se contenter de refermer la figure pour obtenir un quadrilatère, mais cette production sera rapidement rejetée car « ce n'est pas droit ».

RÉMÉDIATION Si des élèves rencontrent des difficultés pour tracer avec la règle un trait entre deux points ou prolonger une ligne droite, des exercices pourront leur être proposés *(voir 90 Activités et jeux mathématiques CE2, Tracés avec la règle).*

Angle droit

– Prendre conscience que les quatre coins du carré sont superposables et définir l'angle droit comme étant un « coin » du carré.
– Utiliser un gabarit « carré » pour reconnaître des angles droits dans des figures.

RECHERCHE Fiches recherche 7 et 8

Carré et angle droit : Les élèves identifient les quadrilatères qui sont des carrés (A, C, D et H), puis écrivent à quoi ils reconnaissent qu'un quadrilatère est un carré.
Une fois l'angle droit défini comme étant « un coin d'un carré », ils identifient à l'aide d'un gabarit carré, parmi plusieurs figures, celles qui peuvent servir de gabarit d'angle droit.

PHASE 1 Recherche des carrés

Question 1 de la recherche (fiche 7)

• Demander au préalable à chaque élève de détacher le **gabarit carré mauve** de la planche A de leur cahier.

• Demander aux élèves de lire la **question 1** sur la fiche et, au besoin, de prendre connaissance dans le **dico-maths n° 52** de la signification du mot « quadrilatère », puis préciser :

➡ *Après avoir cherché seul, vous comparerez vos réponses avec votre voisin et vous vous mettrez d'accord sur une réponse commune. Nous comparerons ensuite les réponses de toutes les équipes.*

Dans cette situation, nous nous appuyons sur une **connaissance perceptive du carré** que nous cherchons à faire évoluer car elle ne permet pas d'identifier à coup sûr un carré quand ses côtés ne sont pas horizontaux et verticaux.

Les procédures susceptibles d'être utilisées :

• **Celles qui ne permettent pas de conclure de façon certaine :**
– reconnaissance purement perceptive ;
– mesure des longueurs des 4 côtés ;
– mesure des longueurs des côtés et reconnaissance perceptive des angles droits.

• **Celle qui permet de conclure à coup sûr :**
– mesure des longueurs des côtés et utilisation du gabarit carré pour s'assurer que tout ou partie des angles sont droits.

PHASE 2 Écriture d'une « définition » d'un carré

Question 2 de la recherche (fiche 7)

• Préciser :

➡ *Maintenant que vous vous êtes mis d'accord sur les quadrilatères qui sont des carrés, par équipes de 2 vous allez écrire comment vous savez qu'un quadrilatère est un carré.*

• Faire 3 colonnes au tableau : « carré, pas carré, désaccord » et recueillir les réponses des équipes. La lettre de chaque figure est alors placée dans la colonne adéquate.

• Engager la discussion sur les quadrilatères pour lesquels il y a désaccord. Pour cela, demander :

➡ *Comment décider quels quadrilatères sont des carrés et lesquels n'en sont pas ? À quoi reconnaît-on qu'un quadrilatère est un carré ?*

• Dégager deux points au cours des échanges :

• **Les 4 côtés doivent avoir même longueur,** mais cela ne suffit pas pour conclure, car **B** a bien 4 côtés de même longueur, mais visiblement ce n'est pas un carré ;

• **Les « coins » doivent être droits.**

Préciser que ces particularités du carré sont appelées des « **propriétés du carré** ».

• Poser alors une deuxième question :

➡ *Comment faire pour savoir si ces propriétés sont vérifiées ?*

• Après discussion, conclure :

• **La détermination « à l'œil » n'est pas sûre :**
– la **figure I** a pu être identifiée comme étant un carré et n'a pourtant pas ses côtés de même longueur ;
– la **figure C** a pu être perçue comme n'étant pas un carré, elle est pourtant superposable au gabarit.

• **Il est nécessaire de mesurer** pour avoir l'assurance que les côtés ont même longueur.

• **Le gabarit du carré permet de reconnaître les « coins » qui sont droits** et ainsi de différencier les carrés des autres quadrilatères qui ont seulement 4 côtés de même longueur.

• Montrer sur le transparent la façon de placer le gabarit du carré sur un quadrilatère (sommet sur sommet, un côté du gabarit en coïncidence avec un côté du quadrilatère) ainsi que la manière dont on apprécie la coïncidence des deux autres côtés du gabarit et du quadrilatère.

• Demander aux élèves de contrôler l'égalité des longueurs des côtés et l'existence d'angles droits sur les quadrilatères pour lesquels il y avait désaccord, ce qui permet de conclure. Leur demander de s'assurer ensuite que les quadrilatères que tous avaient reconnus comme étant des carrés le sont effectivement.

• Après quoi, poser une dernière question :

➡ *Quel « coin » du gabarit avez-vous utilisé pour effectuer ces contrôles ?*

Le fait que ce choix est indifférent est validé sur le transparent en contrôlant successivement à l'aide des 4 « coins » du gabarit qu'un même angle est droit.

RÉPONSE : **A**, **C**, **D** et **H** sont des carrés.

(**B**, **F** et **G** sont des losanges. **I** est un rectangle.

E a 2 angles droits et 2 côtés de même longueur.)

COLLECTIF

PHASE 3 **Première synthèse**

Carré et angle droit

En appui sur le dico-maths n° 68 :

• Le « **coin** » **formé par deux côtés d'un polygone** est appelé un « **angle** ». Les côtés du polygone qui forment l'angle sont appelés les « **côtés de l'angle** ».

• **Les 4 angles du carré sont superposables.**
Ces angles particuliers sont appelés des « **angles droits** ».
Les côtés du carré qui forment un angle droit sont appelés « **côtés de l'angle droit** ».

• Préciser que le terme « **angle** » vient se substituer au terme « **coin** » utilisé dans le langage courant, que ce terme est utilisé en mathématiques pour désigner un « coin » de n'importe quel polygone.

• Engager une courte discussion pour préciser les **différentes significations** du mot « **droit** » : direction sans bifurquer ou trajet rectiligne : *aller tout droit, droit devant soi* ; position : *se tenir droit* ; terme indépendant de l'orientation : *angle droit, trait droit*.

• Faire la distinction entre **trait droit** (bord de la règle) et **angle droit** (angle du carré).

INDIVIDUEL

PHASE 4 **Reconnaissance d'angles droits**

Question 3 de la recherche (fiche 8)

• Indiquer aux élèves :

➡ *Vous vous aiderez de votre gabarit carré pour trouver les angles droits.*

• Intervenir individuellement auprès des élèves qui ont des difficultés pour positionner le gabarit afin de contrôler l'existence d'angles droits.

• Au cours de la correction qui suit la recherche :
– revenir sur le placement du gabarit pour décider si un angle est droit ;
– faire remarquer que « deux des angles de la **pièce D** peuvent être utilisés comme gabarit d'un angle droit mais qu'il est difficile de les différencier perceptivement des autres. Aussi, il est utile de les coder pour ne pas avoir à rechercher quels sont les angles droits à chaque fois que l'on voudra utiliser ce gabarit. »

• Introduire alors la **deuxième synthèse** :

Le codage de l'angle droit

Pour indiquer qu'un angle est superposable à un angle du carré, on dessine un petit carré dans le « coin » de l'angle.
Cette façon de noter un angle droit est utilisée par les mathématiciens et dans tous les manuels.

TRACE ÉCRITE

Un angle droit est un angle d'un carré.

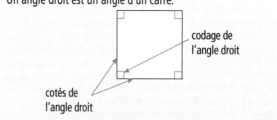

codage de l'angle droit

cotés de l'angle droit

RÉPONSE : Les pièces qui peuvent servir de gabarit sont **A**, **B**, **D** et **F**.

Sur la fiche, les angles qui ne sont pas droits s'en différencient suffisamment pour que de légères imprécisions de manipulation n'influent pas sur la conclusion.

INDIVIDUEL

ENTRAINEMENT

CAHIER MESURES ET GÉOMÉTRIE p. 9

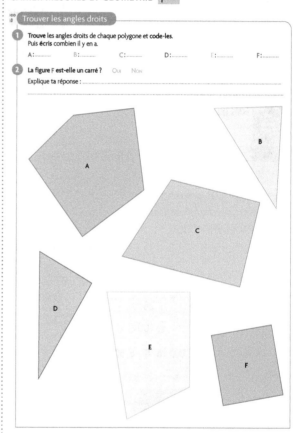

Trouver les angles droits

1 Trouve les angles droits de chaque polygone et code-les.
Puis **écris** combien il y en a.
A : _____   B : _____   C : _____   D : _____   E : _____   F : _____

2 La figure F est-elle un carré ? OUI NON
Explique ta réponse : _____

Exercice 1

Reconnaitre et coder des angles droits dans des polygones.

Une rapide correction est l'occasion de remarquer que certains angles peuvent être écartés uniquement à l'œil mais, que pour les autres il est nécessaire d'utiliser le gabarit carré pour être sûr.

RÉPONSE : **A** : 2 angles droits (ils ont pour sommets le sommet supérieur droit et le sommet inférieur du polygone)

B : 0   **C** : 2   **D** : 1   **E** : 1.

Exercice 2

Déterminer si un quadrilatère est un carré.

RÉPONSE : **F** n'est pas un carré car, s'il a bien 4 angles droits, ses côtés ne sont pas tous de même longueur.

	Tâche	Matériel	Connaissances travaillées
CALCULS DICTÉS	**Doubles et moitiés** – Connaitre ou calculer rapidement les doubles et moitiés de nombres « simples » (unités, dizaines ou centaines entières).	par élève : – ardoise ou cahier de brouillon	– Calcul mental (mémorisation, réflexion).
RÉVISER Mesures	**Mesurer des lignes brisées** – Mesurer des segments et des lignes brisées. – Construire des segments ou des lignes brisées de longueur donnée.	par élève – feuille blanche de format A4 – double décimètre CAHIER GÉOMÉTRIE **p. 10** Ⓐ, Ⓑ et Ⓒ	– Longueur de lignes brisées – Utilisation d'une règle graduée – Unité : le centimètre.
APPRENDRE Géométrie	**Angles droits, carrés et rectangles** RECHERCHE **Quadrilatères avec 4 angles droits** – Utiliser un gabarit d'angle droit pour reconnaître puis tracer un triangle rectangle. – Tracer un quadrilatère ayant 4 angles droits. – Retrouver les carrés, les rectangles parmi des quadrilatères.	pour la classe : – gabarit d'angle droit identique à celui des élèves – grand gabarit d'angle droit (question 3) ❯ **à découper dans du carton rigide** – figures de la fiche recherche et des exercices du cahier sur transparent rétroprojetable – feutre à encre non permanente par élève : – **fiche recherche 9** (questions 1 et 2) – feuille blanche pour la question 3 – gabarit carré utilisé en séance 8 – un des gabarits d'angle droit ❯ **planche A du cahier** CAHIER GÉOMÉTRIE **p. 11** ❶, ❷ et ❸	– Angle droit : reconnaissance et tracé – Triangle rectangle – Carré, rectangle : propriétés des côtés et des angles.

CALCULS DICTÉS

Doubles et moitiés

– Connaitre ou calculer rapidement les doubles et moitiés de nombres « simples » (unités, dizaines ou centaines entières).

INDIVIDUEL ET COLLECTIF

• Dicter les calculs suivants :

Double de :	a. 15	b. 25	c. 400
Moitié de :	d. 80	e. 100	f. 60

RÉPONSE : a. 30 b. 50 c. 800 d. 40 e. 50 f. 30.

• Les élèves peuvent se préparer ou s'entrainer à ce moment de calcul mental en utilisant l'**exercice 9** de **Fort en calcul mental, p. 19**.

RÉPONSE : a. 70 b. 600 c. 500 d. 700 e. 30 f. 100 g. 200 h. 150.

RÉVISER

Mesurer des lignes brisées

– Utiliser le double décimètre pour mesurer des longueurs de segments ou de lignes brisées en centimètres.
– Construire des lignes de longueur donnée.

INDIVIDUEL ET COLLECTIF

CAHIER MESURES ET GÉOMÉTRIE p. 10

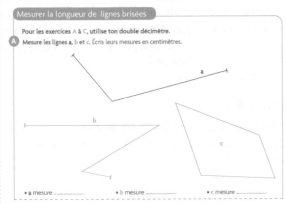

Mesurer la longueur de lignes brisées

Pour les exercices A à C, utilise ton double décimètre.
Ⓐ Mesure les lignes a, b et c. Écris leurs mesures en centimètres.

• a mesure _____ • b mesure _____ • c mesure _____

Exercice Ⓐ

Mesurer les longueurs de lignes brisées ouvertes ou fermées.
Faire discuter des mesures obtenues pour la **ligne a**, pour amener les élèves à expliquer comment obtenir la mesure d'une ligne brisée :
– **1ʳᵉ méthode** : mesurer les deux segments qui la composent, noter les mesures sur chaque segment (4 cm et 8 cm) et ajouter les deux mesures (la **ligne a** mesure **12 cm**).
– **2ᵉ méthode** : mesurer le premier segment, puis placer la graduation 4 de la règle en face de l'extrémité du 2ᵉ segment et obtenir la mesure de la ligne en repérant l'autre extrémité du 2ᵉ segment.
Privilégier la première méthode, faire expliquer la deuxième si un élève la produit.

RÉPONSE : **ligne a** : 12 cm **ligne b** : 17 cm **ligne c** : 19 cm.

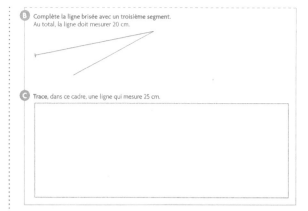

B Complète la ligne brisée avec un troisième segment.
Au total, la ligne doit mesurer 20 cm.

C Trace, dans ce cadre, une ligne qui mesure 25 cm.

Exercice **B**

Compléter une ligne par un segment pour qu'elle ait une mesure donnée.

Les élèves doivent trouver la mesure de la ligne déjà tracée (14 cm) et en déduire la longueur à ajouter.

RÉPONSE : ajouter un segment de 6 cm.

Exercice **C**

Tracer une ligne brisée dans un espace restreint.

Si les élèves s'interrogent sur la faisabilité de l'exercice, les engager à s'exercer sur leur cahier de brouillon. Procéder si besoin à une mise en commun intermédiaire sur les stratégies possibles pour arriver au résultat :
– tracer des segments mis bout à bout dont la somme des mesures est égale à **25 cm** ;
– les mesures des segments peuvent être des nombres ronds de cm : **10 cm** ou **5 cm**.

Différenciation : Exercices A et C → **CD-Rom du guide, fiche n° 9.**

Angles droits, carrés et rectangles

– Utiliser un gabarit pour identifier et tracer un angle droit.
– Prendre conscience qu'un rectangle a quatre angles droits.
– Utiliser les propriétés relatives aux côtés et aux angles pour reconnaître un carré, un rectangle.

RECHERCHE Fiche recherche 9

Quadrilatères avec 4 angles droits : Les élèves utilisent un gabarit d'angle droit pour identifier les angles droits dans plusieurs triangles *(question 1)*. Ensuite, ils tracent un triangle avec un angle droit *(question 2)*, puis un quadrilatère avec quatre angles droits qui ne soit pas un carré *(question 3)*, ce qui permet de découvrir les propriétés angulaires du rectangle.

INDIVIDUEL

PHASE 1 **Trouver les triangles ayant un angle droit**

• Demander aux élèves, au préalable, de vérifier avec le gabarit carré utilisé en séance 8 que toutes les formes de la planche A du cahier, qui ne sont pas des carrés, sont des gabarits d'angle droit.

• Faire détacher ces gabarits et deux élèves voisins en prennent deux différents pour éviter que les élèves associent l'idée de gabarit d'angle droit à une forme de pièce particulière.

Question 1 de la recherche

• Recenser les réponses et si besoin les faire valider sur le transparent avec un gabarit. Convenir que ce sont les triangles **A** et **C** qui ont chacun un angle droit.

• Introduire l'expression « **triangle rectangle** » et en donner une définition : « triangle qui a un angle droit ».

 Justifier cette appellation en assemblant deux triangles rectangles identiques utilisés comme gabarits d'angle droit de façon à obtenir un rectangle.

TRACE ÉCRITE

Renvoi au **dico-maths n° 51.**

INDIVIDUEL ET ÉQUIPES DE 2

PHASE 2 **Terminer le tracé d'un triangle rectangle**

Question 2 de la recherche

• Préciser :

⇒ *On a commencé à tracer un triangle rectangle. Un côté est déjà tracé. Vous allez tracer le second côté de l'angle droit. Puis, vous tracerez le troisième côté de l'angle droit. Vous utiliserez votre gabarit d'angle droit et votre règle.*

• Laisser un temps suffisant pour que tous les élèves puissent se confronter au problème de la construction d'un angle droit avec un gabarit. Ne pas intervenir durant la recherche, mais prendre des informations sur les difficultés rencontrées par les élèves.

• Faire porter la **mise en commun** sur :

1. Les étapes de la construction de l'angle droit à l'aide d'un gabarit :
– placement du gabarit en positionnant un côté de l'angle droit du gabarit le long du segment déjà tracé et en faisant coïncider le sommet avec une extrémité du segment ;
– tracé du second côté de l'angle droit ;
– tracé du troisième côté du triangle.
Compte tenu de la disposition du segment sur la page, les élèves devraient tracer un de ces deux types de triangles :

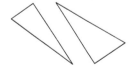

2. Les difficultés rencontrées :
– inviter les élèves à faire part de ce qui a été difficile pour eux ;
– signaler les difficultés constatées et donner tous les conseils qui peuvent aider à la maîtrise de la technique de tracé d'un angle droit.

PHASE 3 Tracer un quadrilatère avec 4 angles droits

• Distribuer une **feuille de papier blanche** par élève, puis demander de procéder à l'échange de gabarit entre voisins.

• Écrire la consigne de la question 3 de la recherche au tableau :

➡ *Vous allez tracer un quadrilatère qui doit avoir ses quatre angles qui sont des angles droits, mais **ce ne doit pas être un carré**. Je vous rappelle qu'un **quadrilatère** est un polygone qui a 4 côtés. Vous ne pourrez utiliser que votre gabarit d'angle droit. Vous allez d'abord réfléchir avec votre voisin comment faire et ensuite chacun tracera sur sa feuille de papier un quadrilatère qui a tous ses angles droits.*

• En cas d'insuccès, les élèves peuvent faire un nouvel essai après avoir à nouveau discuté de la procédure en équipe.

• Procéder à une **mise en commun** en demandant aux équipes de venir au tableau présenter leurs méthodes :

1. **Procédures qui n'ont pas permis d'obtenir un rectangle :** réaliser au tableau les constructions correspondantes afin de les invalider ;

2. **Procédures jugées satisfaisantes par leurs auteurs, mais avec tracé au jugé :** réaliser au tableau les constructions correspondantes et les invalider car certains angles n'ont pas été tracés avec un gabarit ;

3. **Procédures correctes :** demander aux élèves quelle figure ils reconnaissent ; vérifier à l'aide de la règle graduée que les côtés opposés ont bien même longueur et que ce n'est pas un carré.

• Conclure que « les constructions réussies sont toutes des **rectangles** ».

La question 3 vise à faire prendre conscience que le rectangle a tous ses angles qui sont des angles droits, tout comme le carré, et que rectangle et carré sont les seuls quadrilatères à avoir cette propriété.

Une réalisation individuelle est demandée pour aider les élèves à faire la part de ce qui relève d'erreurs de stratégie et de maladresses de tracé. C'est pour aider à faire cette distinction qu'il est demandé à l'enseignant de réaliser au tableau les constructions correspondant aux méthodes exposées par les élèves.

La stratégie la plus vraisemblable : tracé de 4 angles droits, les deux derniers côtés n'étant pas en général exactement dans le prolongement l'un de l'autre :

À ce niveau de scolarité, il est peu probable que les élèves tracent un quadrilatère ayant 3 angles droits et contrôlent que le quatrième l'est aussi. La plupart traceront les 4 angles droits.

PHASE 4 Synthèse

• Avec l'aide de la classe, faire une synthèse sur les **propriétés du carré et du rectangle** :

Propriétés du carré et du rectangle

• **Ce qu'on sait d'un carré**
– les quatre côtés ont la même longueur ;
– les quatre angles sont des angles droits.

• **Ce qu'on sait d'un rectangle**
– les côtés opposés ont même longueur ;
– les quatre angles sont des angles droits.

TRACE ÉCRITE

Tracer au tableau ou sur affiche un **carré** et un **rectangle** et écrire leurs **propriétés** à côté. Les faire retrouver dans le **dico-maths n° 53**.

• Faire formuler ce qu'il faut vérifier pour savoir si un quadrilatère est un carré et si un quadrilatère est un rectangle.

ENTRAINEMENT

CAHIER MESURES ET GÉOMÉTRIE p. 11

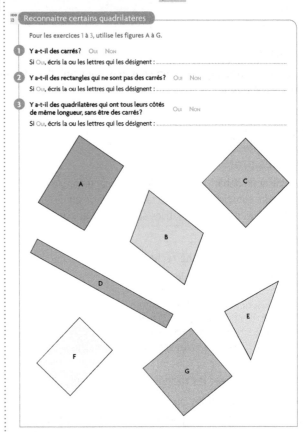

Reconnaitre certains quadrilatères

Pour les exercices 1 à 3, utilise les figures A à G.

1 **Y a-t-il des carrés ?** Oui Non
Si Oui, écris la ou les lettres qui les désignent : ....

2 **Y a-t-il des rectangles qui ne sont pas des carrés ?** Oui Non
Si Oui, écris la ou les lettres qui les désignent : ....

3 **Y a-t-il des quadrilatères qui ont tous leurs côtés de même longueur, sans être des carrés ?** Oui Non
Si Oui, écris la ou les lettres qui les désignent : ....

Exercices ❶ et ❷

Reconnaitre des carrés et rectangles parmi plusieurs figures.
Lors de la correction, faire remarquer que :
– être rectangle ou carré ne dépend pas de l'orientation du quadrilatère sur la feuille, mais du fait que le quadrilatère possède ou non les propriétés énoncées plus haut ;
– dès qu'un quadrilatère a un angle qui n'est pas droit, ce quadrilatère n'est ni un carré, ni un rectangle.

RÉPONSE : ❶ Il n'y a qu'un carré : **C**. ❷ Il y a 2 rectangles : **D et F**.

Exercice ❸

Reconnaître des quadrilatères qui ont leurs côtés de même longueur, mais qui ne sont pas des carrés.
Lors de la correction, on peut préciser que les quadrilatères, qui ont leurs quatre côtés de même longueur mais dont les angles ne sont pas droits, sont appelés des « **losanges** » bien que le losange ne soit pas mentionné dans le programme de cycle 2.

RÉPONSE : **G** (c'est un losange).

Il est possible perceptivement d'écarter un certain nombre de polygones. Pour les autres, il est nécessaire de recourir au double décimètre et à un gabarit d'angle droit.

Comment utiliser les pages Bilan et Consolidation ❯❯ p. VIII.

BILAN de l'UNITÉ 2

CONSOLIDATION

▶ Calcul mental (séances 1 à 9)

Connaissances à acquérir

→ **Unités de numération**

→ **Compléments à un nombre de la dizaine supérieure**

→ **Calculs sur les dizaines et les centaines**

→ **Doubles et moitiés.**

Je fais le bilan ❯ FICHIER NOMBRES p. 27

Exercice ❶ Complément à un nombre de la dizaine supérieure, calcul sur les dizaines et les centaines.

a. 7 b. 7 c. 7 d. 6 e. 90 f. 500 g. 170 h. 70.

Exercice ❷ Doubles et moitiés.

a. 30 b. 48 c. 500 d. 9 e. 35 f. 60.

Je consolide mes connaissances ❯ FICHIER NOMBRES p. 19

Fort en calcul mental : exercices 1 à 9

Autres ressources

❯ 90 Activités et jeux mathématiques CE2

20. Compléments à la dizaine supérieure

❯ CD-Rom Jeux interactifs CE2-CM1-CM2

11. As du calcul (domaine additif)

12. As du calcul (domaine multiplicatif)

▶ Comparaison de deux nombres (nombres < 1 000) (séances 1 et 2)

Connaissances à acquérir

→ **Pour comparer deux nombres,** il faut les comparer chiffre par chiffre en commençant par les chiffres de plus grande valeur.

→ **Si les deux nombres n'ont pas le même nombre de chiffres,** le plus grand est celui qui a le plus de chiffres (pour l'autre nombre, c'est comme s'il y avait 0 à la place des chiffres « manquants »).

Je prépare le bilan ❯ FICHIER NOMBRES p. 26

QCM Ⓐ 506 < 560   908 > 809.

QCM Ⓑ 420   560   500.

▓ Il faut distinguer les **erreurs** qui proviennent d'une mauvaise connaissance des signes < et > (à remettre en place si nécessaire) de celles plus fondamentales qui portent sur la comparaison des nombres.
▓ Dans ce dernier cas, la figuration des nombres à l'aide du **matériel de numération** peut aider les élèves à mieux comprendre la procédure de comparaison de 2 nombres.

Je fais le bilan ❯ FICHIER NOMBRES p. 27

Exercice ❸ Utiliser les signes < et >.

a. 601 > 79   b. 291 > 192   c. 99 < 918   d. 505 > 155.

Exercice ❹ Comparer et ranger des nombres.

80 < 91 < 100 < 180 < 208 < 210 < 309 < **325**.

Je consolide mes connaissances ❯ FICHIER NOMBRES p. 28

Exercice ❶ 29 < 37 < 78 < 173 < 203 < 230 < 307.

Exercice ❷ a. 10   b. 104   c. 74   d. 741.

Exercice ❸ 674 < **676** < 680 < **701** < 710.

Exercice ❹ 279 > 260.

Exercice ❺ 507 < 514.

▓ En cas de difficulté à déduire, inciter les élèves à procéder par déduction ou par essais et vérifications.

Exercice ❻ D > A > C > B.

▓ Il faut d'abord prendre en compte les informations sur le nombre de chiffres : on en déduit que **D** est le plus petit des 4 nombres. Puis utiliser l'information sur les comparaisons entre les autres nombres et des nombres repères. Un placement approximatif sur une ligne peut être une aide :

Exercice ❼ 307 316 325 334 343 352 361 370.

▓ La réponse peut être obtenue par déduction (le chiffre des centaines est 3), puis en écrivant tous les chiffres des dizaines (d) possibles et en complétant à 10 pour obtenir le chiffre des unités (u) : 3 + d + u = 10. Cette formalisation n'est pas attendue des élèves.

Autres ressources

❯ 90 Activités et jeux mathématiques CE2

7. Trouve mon nombre

8. Bloqué

9. Le jeu de 7 cases

❯ CD-Rom Jeux interactifs CE2-CM1-CM2

2. Le nombre mystère : nombres entiers

▶ Ligne graduée (nombres < 100) (séance 3)

Connaissances à acquérir

→ **Pour placer des nombres sur une ligne graduée,** il faut savoir de ce que représente l'espace qui sépare deux repères, un peu comme dans certains « jeux du furet » où il s'agit de dire une suite de nombres de 1 en 1, de 2 en 2, de 10 en 10…

Je prépare le bilan ❯ FICHIER NOMBRES p. 26

QCM C   A = 20.   **QCM D**   B = 10.

Les réponses **2** et **32** sont particulièrement intéressantes à exploiter dans la mesure où elles témoignent du fait que l'élève ne conçoit pas d'autres graduations que celles qui vont de 1 en 1.

Je fais le bilan ❯ FICHIER NOMBRES p. 27

Exercices 5 et 6   Placer des nombres sur une ligne graduée.
Pas de corrigé.

Je consolide mes connaissances ❯ FICHIER NOMBRES p. 28-29

Exercice 8   Les nombres vont de :
a. de 20 en 20   b. de 15 en 15   c. de 25 en 25.

Exercice 9   Plusieurs réponses sont possibles (de 10 en 10, de 25 en 25, de 50 en 50), mais la solution la plus commode consiste à graduer la ligne de 50 en 50.

CD-Rom du guide

❯ Fiche différenciation n° 6

Autres ressources

❯ 90 Activités et jeux mathématiques CE2
   10. Des nombres sur la ligne.

❯ CD-Rom Jeux interactifs CE2-CM1-CM2
   3. Sur une ligne graduée : nombres entiers.

▶ Multiplication : groupements de quantités identiques (séances 4 et 5)

Connaissances à acquérir

→ **Une addition de plusieurs termes identiques peut être remplacée par une multiplication :**
Dans **7 + 7 + 7 + 7 + 7**, il y a **5 fois 7**.
Les produits **5 × 7** et **7 × 5** sont égaux à cette somme.

Je prépare le bilan ❯ FICHIER NOMBRES p. 26

QCM E   Iris a 3 sachets de 5 billes.   Alice a 5 sachets de 3 billes.

La réponse « **10 sachets de 5 billes** » permet de détecter les élèves qui confondent encore addition et multiplication. Une matérialisation des sachets peut alors être utile.
La réponse « **1 sachet de 5 billes** » peut signifier que l'élève s'en est tenu au repérage des chiffres des dizaines et des unités de 15.

QCM F   3 × 6 = **18.**

Je fais le bilan ❯ FICHIER NOMBRES p. 27

Exercices 7 et 8   Résoudre des problèmes multiplicatifs (groupements de quantités identiques).
7 Sam : 32 points   Lou : 33 points.   **8** a. jeton **4**   b. jeton **5**.

Je consolide mes connaissances ❯ FICHIER NOMBRES p. 29

Exercice 10   4 × 3   3 × 4   3 + 3 + 3 + 3.

Exercice 11   2 groupes de 6 croix ou 6 groupes de 2 croix ; un groupe de 2 croix et un groupe de 6 croix ; 3 groupes de 3 croix.

Exercice 12   a. 6 × 4 ou 4 × 6   c. 15 + 15 + 15
b. 8 × 8   d. 4 + 4 + 4 + 4 + 4 + 4 + 4.

Exercice 13   1 × 30   2 × 15   3 × 10   5 × 6
6 × 5   10 × 3   15 × 2   30 × 1.

Les élèves peuvent procéder par essais de nombres ou opérer systématiquement en testant comme premier facteur 1, puis 2, puis 3, puis 4…
Ils peuvent aussi utiliser le fait qu'une réponse en fournit une autre, en permutant les 2 facteurs.

▶ Résolution de problèmes : données et questions (séance 6)

Connaissances à acquérir

→ **Pour résoudre un problème,** il faut avoir bien compris la question et chercher quelles informations sont utiles pour y répondre. Il faut aussi choisir une méthode pour répondre à la question. Plusieurs calculs sont souvent possibles pour cela.

Je prépare le bilan ❯ FICHIER p. 26

QCM G   Quel est le prix de deux sucettes et de deux paquets de chewing-gum ?

Je fais le bilan ❯ FICHIER p. 27

Exercice 9   Associer données et questions, résoudre un problème.
a. Informations utiles : prix d'un stylo, prix d'un dictionnaire.
b. M. Lucas doit payer **32 €.**

Je consolide mes connaissances ❯ FICHIER NOMBRES p. 29

Exercice 14

Exemples de questions avec leurs réponses :
Qui a le plus d'argent ?   RÉPONSE : Alex car 10 € 40 c > 1 € 60 c.
Combien Alex a-t-il de plus ?   RÉPONSE : 8 € 80 c.
Combien ont-ils ensemble ?   RÉPONSE : 12 €.

GRANDEURS ET MESURES

▶ Mesure avec une règle graduée (séance 7)

Connaissances à acquérir

→ **Pour mesurer un segment à l'aide d'un double décimètre,** il faut placer le « 0 » à une extrémité du segment et lire le nombre qui est en face de l'autre extrémité, ce qui revient à compter le nombre d'unités entre les deux extrémités, car sur une règle graduée sont reportées des unités mises bout à bout.

→ **Si la règle est cassée,** il faut mettre un premier repère à une extrémité du segment et compter le nombre d'unités jusqu'au repère correspondant à l'autre extrémité du segment.

Je prépare le bilan 〉 CAHIER GÉOMÉTRIE p. 12

QCM Ⓐ Le segment d mesure 3 cm.

Je fais le bilan 〉 CAHIER GÉOMÉTRIE p. 12

Exercice ❶ Mesurer une ligne brisée à l'aide d'une règle ne comportant pas de 0.
8 cm.   *Matériel : règle rose*

Exercice ❷ Mesurer des lignes brisées avec un double décimètre.
a. 10 cm   b. 16 cm.   *Matériel : double décimètre*

Exercice ❸ Tracer une ligne brisée dans un espace restreint.
Pas de corrigé.

Je consolide mes connaissances 〉 CAHIER GÉOMÉTRIE p. 14

Exercice ❶ La ligne brisée mesure 103 cm.

Si beaucoup d'élèves pensent que c'est impossible, mettre en commun et discuter les idées. Encourager les élèves à effectuer des mesures soignées et à noter sa mesure sur chaque segment.

Exercice ❷ Pas de corrigé.

Encourager les élèves à tracer des segments de 5 ou 10 cm et à noter les mesures sur la figure.

CD-Rom du guide

〉 Fiches différenciation n° 8 et 9

Autres ressources

〉 90 Activités et jeux mathématiques CE2
  47. Des lignes de un ou plusieurs mètres
〉 CD-Rom Jeux interactifs CE2-CM1-CM2
  21. Règle graduée (jeu 1)

ESPACE ET GÉOMÉTRIE

▶ Angle droit, carré et rectangle (séances 8 et 9)

Connaissances à acquérir

→ **Un angle droit** est un angle d'un carré, d'un rectangle. Le **carré** a tous ses angles qui sont des angles droits. Le **rectangle** aussi.

→ **Pour savoir si un quadrilatère est un carré,** on vérifie :
– avec une **règle** que ses quatre côtés ont la même longueur ;
– avec un **gabarit** que ses quatre angles sont des angles droits.

→ **Pour savoir si un quadrilatère est un rectangle,** on vérifie :-
– avec une **règle** que ses côtés opposés ont la même longueur ;
– avec un **gabarit** que ses quatre angles sont des angles droits.

→ **Dans un rectangle** : les deux grands côtés sont les **longueurs,** les deux petits côtés sont les **largeurs.**

Je prépare le bilan 〉 CAHIER GÉOMÉTRIE p. 12

QCM Ⓑ Un angle droit est un angle d'un carré.
Dans un carré, tous les angles sont des angles droits.
Dans un rectangle, les côtés opposés ont même longueur.

Je fais le bilan 〉 CAHIER GÉOMÉTRIE p. 13

Exercice ❹ Utiliser un gabarit d'angle droit pour trouver les angles droits dans des polygones, les coder.
A : 1 angle droit   B : 2 angles droits.

Matériel pour les exercices 4 et 5 : gabarit d'angle droit

Exercice ❺ Utiliser un gabarit d'angle droit et une règle graduée pour trouver les carrés et les rectangles parmi plusieurs quadrilatères.
a. Oui, figure D   b. Oui, figures B et C.

Je consolide mes connaissances 〉 CAHIER GÉOMÉTRIE p. 15-16

Exercice ❸ Pas de corrigé.

Exercice ❹ Pas de corrigé.

Exercice ❺ Figures ayant un angle droit : G et K.

Exercice ❻ a. carré : E   rectangle : D
b. carrés : E   rectangles : A, D, F.
Matériel pour les exercices 5 et 6 : gabarit d'angle droit

Autres ressources

〉 90 Activités et jeux mathématiques CE2
  70. Découpe d'un carré
  67. Reconnaissance de quadrilatères particuliers

UNITÉ 2

À la douzaine
ou à la dizaine...

La dizaine et la douzaine sont des unités de compte. On peut indiquer aux élèves que l'usage de la douzaine vient du fait que l'année compte environ 12 lunaisons : en un an, la lune fait un peu plus de 12 fois le tour de la Terre.

Problème et

OBJECTIF : Conversion de douzaines en unités et inversement.

TÂCHE : Trouver combien d'œufs on a avec 3 douzaines et combien de douzaines on peut faire avec 48 œufs.

RÉPONSES : ❶ 36 œufs.   ❷ 4 douzaines.

Problèmes et

OBJECTIF : Conversion de douzaines en dizaines et inversement.

TÂCHE : Trouver combien de dizaines on a avec 5 douzaines et combien de douzaines on peut faire avec 4 dizaines.

RÉPONSES : ❸ 6 dizaines.   ❹ 3 douzaines.

Problème

OBJECTIF : Conversion d'unités en douzaines et en dizaines.

TÂCHE : Trouver combien de dizaines et de douzaines on peut faire avec 300 unités.

RÉPONSE : 30 dizaines   25 douzaines.

Problème

OBJECTIFS : Résoudre un problème de proportionnalité très simple (appui sur la notion de double) ; calculer un complément.

TÂCHE : Déterminer les quantités d'œufs (en douzaines) et de beurre (en multiple de 125 g) nécessaires pour faire une omelette pour 8 personnes à partir d'une recette pour 4.

RÉPONSE : a. 2 douzaines   b. reste : 10 œufs   c. 1 plaquette   d. reste 25 g.

Problème

OBJECTIFS : Résoudre un problème de plusieurs combinaisons ; trouver toutes les solutions.

TÂCHE : Trouver combien de visages on peut réaliser avec 4 paires d'yeux, 2 nez et 3 bouches.

RÉPONSE : Lucie a raison : 24 visages différents.

Mise en œuvre

Tous les problèmes sont indépendants les uns des autres. Comme pour les problèmes de l'unité 1, le travail peut prendre la forme suivante :
– recherche des élèves au brouillon ;
– mise au net de la méthode de résolution sur une feuille soit directement après la recherche, soit après une exploitation collective.

Aides possibles

Pour les élèves en difficulté sur les notions de douzaine et de dizaine, les inciter à dessiner ou encore leur remettre des cartes

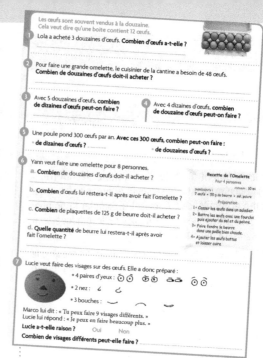

Fichier p. 30

portant des douzaines et des dizaines d'œufs, mais seulement pour quelques problèmes. De même, pour le problème 7, des éléments de visage peuvent être fournis aux élèves.

Procédures à observer particulièrement

Problèmes 1 et 2 : Observer si les élèves ont recours au dessin ou au calcul (addition ou multiplication) ou appui sur les problèmes précédents. Par exemple, après avoir trouvé dans le problème 1 que 3 douzaines d'œufs c'est 36 œufs, on peut déduire, pour le problème 2, que du fait que 48 = 36 + 12, 48 œufs c'est 4 douzaines d'œufs.

Problèmes 3 et 4 : Observer si les élèves passent par les nombres d'œufs ou si :
– **pour 5 douzaines** d'œufs, chaque douzaine contient 1 dizaine + 2 unités, donc 5 douzaines contiennent 5 dizaines + 10 unités, donc 6 dizaines (appui possible sur un schéma) ;
– **pour 4 dizaines**, 3 dizaines + 10 unités et prennent 6 unités à ces 10 unités pour faire 3 douzaines (ce cas est plus difficile, d'autant plus qu'il reste 4 œufs).

Problème 5 : Observer si pour 300 œufs à transformer :
– **en dizaines**, les élèves reconnaissent un problème maintenant classique (dans 300 il y a 30 dizaines ou 3 centaines, c'est 30 dizaines) ou s'ils cherchent à additionner des « 10 » pour atteindre 300 ou encore s'ils utilisent le fait que 300 = 30 × 10 ;
– **en douzaines**, ils cherchent à additionner des « 12 » (éventuellement en commençant par dessiner) ou des multiples de 12 pour atteindre 300 ou encore s'ils s'appuient sur les 30 dizaines pour en défaire certaines de façon à ajouter 2 unités à certaines dizaines.

Problème 6 : Les élèves peuvent considérer que la question revient à faire 2 omelettes pour 4 personnes et qu'il faut donc 14 œufs (7 + 7 = 14) et 100 g de beurre (50 + 50 = 100).

Problème 7 : L'appui sur des dessins est probable au moins au début de la recherche. Une recherche par essais non organisés risque de ne pas aboutir à l'ensemble des solutions, sauf si les élèves pensent à organiser leurs premières solutions pour faire apparaitre les solutions manquantes. Lors d'une exploitation collective, on peut souligner l'intérêt qu'il y a à commencer à chercher toutes les solutions avec une des paires d'yeux.

13 ou 14 séances
– 10 séances programmées (9 séances d'apprentissage + 1 bilan)
– 3 ou 4 séances pour la consolidation et la résolution de problèmes

	environ 30 min par séance		environ 45 min par séance
	CALCUL MENTAL	**RÉVISER**	**APPRENDRE**
Séance 1 FICHIER NOMBRES p. 32	**Problèmes dictés** Multiplication et groupements de quantités identiques	**Problèmes écrits** Multiplication et groupements de quantités identiques	**Multiplication et disposition rectangulaire d'objets** RECHERCHE La grille attrape-points
Séance 2 FICHIER NOMBRES p. 33	**Le furet de 5 en 5**	**Problèmes multiplicatifs** Multiplication et monnaie	**Multiplication : table de Pythagore (1)** RECHERCHE La table de multiplication (1)
Séance 3 FICHIER NOMBRES p. 34	**Le furet de 2 en 2**	**Comparaison de nombres, écart entre 2 nombres** Nombres < 1 000	**Multiplication : table de Pythagore (2)** RECHERCHE La table de multiplication (2)
Séance 4 FICHIER NOMBRES p. 35	**Le furet de 4 en 4**	**Encadrement entre 2 dizaines ou centaines proches** Nombres < 1 000	**Soustraction : calcul réfléchi** (nombres < 100) RECHERCHE Combien reste-t-il de timbres ?
Séance 5 FICHIER NOMBRES p. 36	**Problèmes dictés** Multiplication et groupements de quantités identiques	**Problèmes écrits** Multiplication et groupements de quantités identiques	**Soustraction : calcul posé** (nombres < 100) RECHERCHE La soustraction en colonnes (1)
Séance 6 FICHIER NOMBRES p. 37	**Le furet de 8 en 8**	**Comparaison de nombres** Nombres < 1 000	**Soustraction : calcul posé** (nombres < 1 000) RECHERCHE La soustraction en colonnes (2)
Séance 7 CAHIER GÉOMÉTRIE p. 17	**Le furet de 3 en 3**	**Reconnaître des angles droits avec une équerre**	**Lecture de l'heure** RECHERCHE Heures et minutes
Séance 8 CAHIER GÉOMÉTRIE p. 18-19	**Le furet de 9 en 9**	**Tracer des angles droits avec une équerre**	**Centimètres et millimètres** RECHERCHE Jeu de messages
Séance 9 CAHIER GÉOMÉTRIE p. 20-21	**Le furet de 6 en 6**	**Longueurs en centimètres et millimètres**	**Carré - Rectangle - Triangle rectangle** RECHERCHE Reproduire ou construire une figure

Bilan	Je prépare le bilan puis Je fais le bilan FICHIER NOMBRES p. 38-39 CAHIER GÉOMÉTRIE p. 22-23	L'essentiel à retenir de l'unité 3

Consolidation Remédiation

Fort en calcul mental
FICHIER NOMBRES p. 31

Je consolide mes connaissances
FICHIER NOMBRES p. 40-41
CAHIER GÉOMÉTRIE p. 24-25

Banque de problèmes

La classe de Sam
CAHIER GÉOMÉTRIE p. 26

Joue avec Flip

La multiplication avec les doigts
FICHIER NOMBRES p. 42

L'essentiel à retenir de l'unité 3

- **Calcul mental**
  – Multiplication : groupements de quantités identiques
  – Suites de nombres de 5 en 5, de 2 en 2, etc.

- **Multiplication : disposition rectangulaire**

- **Multiplication : table de Pythagore**

- **Soustraction : calcul réfléchi et calcul posé (nombres < 1 000)**

- **Lecture de l'heure : heures et minutes**

- **Angle droit : coin de l'équerre**

- **Carré, rectangle, triangle rectangle : reproduction et construction.**

	Tâche	Matériel	Connaissances travaillées
PROBLÈMES DICTÉS	**Multiplication et groupements de quantités identiques** – Déterminer le nombre d'objets contenus dans plusieurs paquets identiques. – Déterminer combien de paquets identiques on peut faire avec un nombre donné d'objets.	pour la classe : – une vingtaine de feuilles de papier par élève : FICHIER NOMBRES **p. 32 a et b**	– **Multiplication et addition itérée** – Approche de la division.
PROBLÈMES ÉCRITS	Multiplication et groupements de quantités identiques – Déterminer le nombre d'objets contenus dans plusieurs paquets identiques. – Déterminer combien de paquets identiques on peut faire avec un nombre donné d'objets.	par élève : FICHIER NOMBRES **p. 32 A et B**	– **Multiplication et addition itérée** – Approche de la division.
APPRENDRE Calcul	Multiplication et disposition rectangulaire d'objets RECHERCHE **La grille attrape-points** – Faire apparaitre un nombre donné de points sur une grille dont les points sont disposés en organisation rectangulaire.	pour la classe et par élève : – grille de points 12 × 12 ❭ **fiche 10** – feuille-cache pour « attraper les points » ❭ **fiche 11** par élève : – **fiche recherche 10** – ardoise ou cahier de brouillon – la calculatrice n'est pas autorisée FICHIER NOMBRES **p. 32 1 à 4**	– **Multiplication : disposition rectangulaire d'objets** – **Addition itérée** – **Décomposition d'un nombre sous forme de produits.**

NB : Avant de photocopier les **fiches 10 et 11**, mettre une feuille blanche pour éviter les effets de transparence.

PROBLÈMES DICTÉS

Multiplication et groupements de quantités identiques
– Utiliser l'addition itérée ou la multiplication.

INDIVIDUEL ET COLLECTIF

FICHIER NOMBRES ET CALCULS **p. 32**

• Formuler le problème :

Problème a

J'ai préparé **3 petits paquets** de **5 feuilles** de papier.
Combien y a-t-il de feuilles au total ?

• Pour aider à la compréhension, montrer 3 paquets de 5 feuilles en même temps que le problème est énoncé.

• Inventorier les réponses, puis proposer une rapide mise en commun :
– faire identifier les résultats invraisemblables (5 ou 8 feuilles, par exemple) ;
– faire expliciter, comparer et classer quelques procédures utilisées en distinguant leur nature (schéma ou type de calcul effectué : addition itérée, résultat de la table de multiplication) ;
– formuler des mises en relation, des ponts entre ces procédures (on a **3** fois **5** feuilles, ce qui correspond aux écritures 5 + 5 + 5 ou 3 × 5 et 5 × 3) ;
– vérifier la réponse en faisant dénombrer les feuilles.

Problème b

J'ai pris un tas de **12 feuilles** *(les montrer)*. Je veux faire des **petits paquets de 4 feuilles**.
Trouvez combien de paquets je peux faire.

• Le déroulement est le même que pour le **problème a**.

• En fonction des productions des élèves, un bilan des procédures peut être envisagé :
– recours à une représentation ;
– ajout du nombre 4 (3 fois) ;
– utilisation du résultat 3 × 4 = **12**.
RÉPONSE : **a.** 15 feuilles **b.** 3 paquets.

• Les élèves peuvent se préparer ou s'entrainer à ce moment de calcul mental en utilisant l'**exercice 1** de **Fort en calcul mental, p. 31**.
RÉPONSE : **a.** 20 feuilles **b.** 6 paquets.

Après la reprise de la multiplication en unité 2, les problèmes dictés et écrits de cette unité sont consacrés à cette opération, mais les élèves peuvent les résoudre en utilisant d'autres procédures (notamment l'addition itérée). Au moment de la correction, il est important de mettre en relation ces autres procédures avec l'écriture multiplicative.

Multiplication et groupements de quantités identiques

– Utiliser l'addition itérée ou la multiplication.

FICHIER NOMBRES ET CALCULS p. 32

Résoudre des problèmes

 Dans la bibliothèque de Lou, il y a 4 étagères. Sur chaque étagère, Lou a rangé 8 livres. Combien de livres a-t-elle ?

B Sam possède 30 livres. Il les range en faisant des piles de 5 livres. Combien de piles de livres peut-il faire ?

Problèmes **A** et **B**

Résoudre des problèmes dans des situations de regroupement de quantités identiques.

Chaque problème peut être résolu de plusieurs manières, en faisant appel à l'addition itérée, à un schéma, à la multiplication (acquis du CE1).

Dans le **problème B**, les élèves peuvent utiliser :
– un résultat connu : $5 \times 6 = 30$;
– additionner des « 5 » ou des « 10 » ;
– considérer que 2 piles c'est une dizaine de livres ;
– faire un schéma et grouper les éléments par 5…

RÉPONSE : **A** 32 livres. **B** 6 piles de livres.

Multiplication et disposition rectangulaire d'objets

– Dénombrer des objets en disposition « rectangulaire » en utilisant la multiplication.
– Entretenir le lien entre multiplication, addition itérée et usage du mot « fois ».
– Utiliser une propriété de la multiplication : commutativité.

RECHERCHE Fiche recherche 10

La grille attrape-points : Les élèves doivent trouver un moyen rapide de délimiter un nombre donné de points parmi un ensemble de points disposés en « rectangle ».

PHASE 1 Combien de points sont visibles ?

Question 1 de la recherche

• Distribuer à chaque élève une grille de points et un cache ainsi que la fiche recherche.

• Demander aux élèves de répondre à la **question 1**, puis faire procéder à une vérification du nombre de points par un élève invité à poser le cache sur la grille de la même manière que sur la fiche recherche.

• Faire un rapide bilan des procédures utilisées : comptage un par un, addition, multiplication de 4 par 5…

• Montrer comment il faut placer le cache pour faire apparaitre des points « en haut et à gauche de la grille ». Cette première phase a pour objet de permettre aux élèves de s'approprier la situation proposée.

RÉPONSE : 20 points.

Une collection d'objets en « disposition rectangulaire » peut facilement être analysée par les élèves à l'aide de leurs connaissances établies sur la multiplication. Il suffit de considérer les lignes ou les colonnes comme des groupements identiques : une configuration de 4 lignes et **5 colonnes** peut être analysée comme **4 lignes de 5 objets** (4 fois **5** objets) ou comme **5 colonnes de 4 objets** (**5** fois 4 objets).

L'objectif est ici que les élèves associent plus directement multiplication et recherche du nombre d'objets organisés de cette façon. C'est aussi l'occasion d'utiliser la commutativité de la multiplication pour aider à réduire l'effort de mémorisation des tables de multiplication : si 4×5 est connu, 7×5 l'est aussi.

PHASE 2 D'autres solutions pour obtenir 20 points

Question 2 de la recherche

• Faire lire puis reformuler la **question 2** :

⇒ *Il faut placer le cache autrement pour qu'on voit exactement 20 points. Vous devez aussi écrire un calcul qui permet de vérifier que le nombre de points « vus » est bien égal à 20.*

• Organiser une **mise en commun** qui porte sur :
– la description du placement du cache ou de ce qu'on voit ;
– les calculs qui permettent de dire qu'il y a bien 20 points visibles ;
– les procédures utilisées pour trouver comment placer le cache.

RÉPONSE : Il y a 4 manières de poser le cache pour obtenir 20 points. On peut le vérifier par les calculs suivants :
– **2 colonnes de 10** et **10 colonnes de 2**, à associer aux calculs 2×10 et 10×2.
– **4 colonnes de 5** (déjà trouvé dans la question 1) et **5 colonnes de 4**, à associer aux calculs 4×5 et 5×4.

Les procédures de dénombrement des points peuvent être **expérimentales** (essais de placement du cache) **ou calculatoires** (du type « je sais que $10 + 10 = 20$, donc 2 rangées de 10, ça va » ou du type utilisation de résultats multiplicatifs connus comme $4 \times 5 = 20$…). On peut les classer ainsi : comptage un à un ; comptage par lignes ou par colonnes ; addition itérée ; multiplication directe en relation avec le fait qu'il y a, par exemple, 4 fois 5 points. Ces méthodes devraient permettre de faire le lien avec les significations de l'écriture multiplicative. Le vocabulaire « **ligne** » et « **colonne** » est certainement à préciser pour certains élèves.

Il est probable que la résolution du problème avec « 20 points » **donnera lieu à beaucoup de démarches expérimentales** (essais de placements effectifs) plutôt qu'à des démarches s'appuyant sur le calcul. Ces premières tentatives ne sont pas à décourager, dans la mesure où elles aident les élèves à comprendre la situation et à percevoir les limites de ce type de démarches.

Les erreurs les plus fréquentes seront sans doute du type :
– utilisation de décompositions additives de 20, du type $12 + 8 = 20$;
– erreurs dans le dénombrement mal géré ;
– erreurs de calcul pour l'addition itérée.

UNITÉ 3

PHASE 3 Synthèse

• À la suite de ce premier inventaire, quelques conclusions peuvent être tirées collectivement :

Multiplication et disposition rectangulaire d'objets

• **Quand une solution est trouvée, une autre l'est également.**
Exemple : **4** colonnes de **5** points et **5** colonnes de **4** points.

• **Des calculs permettent de vérifier le nombre de points :**
– écritures multiplicatives : $2 \times 10 = 20$, $10 \times 2 = 20$.
– écritures additives : $10 + 10 = 20$,
$2 + 2 + 2 + 2 + 2 + 2 + 2 + 2 + 2 + 2 = 20$.
Les écritures multiplicatives sont illustrées sur le réseau de points et accompagnées d'expressions verbales du type : « 2 fois 10 » et « 10 fois 2 ».

TRACE ÉCRITE

• Faire reporter les écritures multiplicatives trouvées et nouvelles dans le répertoire multiplicatif affiché en classe.

• Conserver 2 exemplaires de grilles au tableau avec les écritures multiplicatives correspondantes.

PHASE 4 Encore d'autres solutions pour obtenir 20 points

Question 3 de la recherche

• Faire lire, puis reformuler la **question 3** :

➡ *Si la grille était plus grande, il serait peut-être possible de trouver d'autres solutions. Si c'est possible, vous devez les trouver toutes, mais sans utiliser de grille.*

• Lors de la correction :
– mettre en évidence les solutions du type :
20 colonnes de 1 ➞ $20 \times 1 = 20$
1 colonne de 20 ➞ $1 \times 20 = 20$;
– souligner à nouveau le rôle de 1 pour la multiplication.

TRACE ÉCRITE

Faire reporter ces nouveaux résultats dans le répertoire multiplicatif affiché en classe.

PHASE 5 Comment faire pour voir 36 points ?

Question 4 de la recherche

Cette question peut ou non être traitée selon le temps disponible.

• Reprendre le même scénario, mais en demandant aux élèves de confronter leurs résultats par deux avant de passer à la mise en commun.

TRACE ÉCRITE

Noter les nouveaux résultats sur l'affiche qui, pour le moment, sert de répertoire :
3×12 et 12×3 4×9 et 9×4 6×6
1×36 et 36×1 2×18 et 18×2

Le nombre 36 offre plusieurs particularités :
– il est assez « grand », ce qui peut contribuer à limiter le recours au matériel ;
– il possède la particularité de pouvoir être divisible par 2, 3, 4 et 6, ce qui devrait faciliter le travail d'investigation des élèves ;
– il y a davantage de solutions qui peuvent être obtenues avec une grille plus grande que pour 20 points.

ENTRAINEMENT

FICHIER NOMBRES ET CALCULS **p. 32**

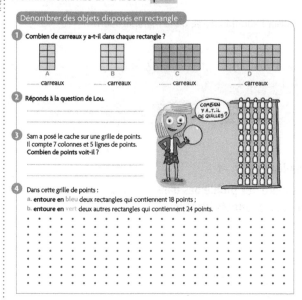

Exercice ❶

Dénombrer les carreaux de rectangles quadrillés régulièrement (les rectangles sont fournis).

Les élèves peuvent utiliser le comptage, l'addition itérée ou la multiplication. Comme ces rectangles ont le même nombre de lignes (4), on peut aussi utiliser le fait que :
– B contient une colonne de plus que A ;
– C contient le double de colonnes de B ;
– D contient autant de colonnes que A et C réunis.

Lors de la correction collective, l'enseignant insiste sur ces remarques si elles ont été formulées ou les explicite lui-même si elles ne sont pas apparues.

RÉPONSE : A. 8 carreaux   B. 12 carreaux   C. 24 carreaux   D. 32 carreaux.

Exercices ❷ et ❸

Dénombrer des objets disposés « rectangulairement ».

Ces exercices peuvent être résolus par addition itérée ou en utilisant un résultat de la table de multiplication par 5. La réponse peut être contrôlée en comptant le nombre de quilles sur le schéma (exercice 2) ou par un dessin schématisé des objets (exercice 3).

RÉPONSE : ❷ 40 quilles.   ❸ 35 points.

Exercice ❹

Découper un rectangle dans une grille de points pour obtenir un nombre de points donnés.

Procédures possibles : tracés de rectangles et dénombrement des points, essais d'additions itérées conduisant au nombre cherché, utilisation de produits connus.

RÉPONSE : a. **18 points** : rectangles de **2 sur 9** ou de **3 sur 6**
b. **24 points** : rectangles de **2 sur 12**, de **3 sur 8** ou de **4 sur 6**.
Les solutions rectangles de 1 sur 18 et de 1 sur 24 peuvent également être évoquées.

Différenciation : Exercice 4 ➞ **CD-Rom du guide, fiche n° 10.**

	Tâche	Matériel	Connaissances travaillées
SUITE DE NOMBRES	Le furet de 5 en 5 – Donner des suites de nombres de 5 en 5.	par élève : FICHIER NOMBRES **p. 33** cases à remplir	– **Calcul réfléchi** – Table de multiplication de 5 (préparation).
RÉVISER Problèmes, calcul	Problèmes multiplicatifs – Résoudre des problèmes multiplicatifs dans le domaine de la monnaie.	par élève : FICHIER NOMBRES **p. 33** Ⓐ et Ⓑ	– **Multiplication** – Addition itérée.
APPRENDRE Calcul	Multiplication : table de Pythagore (1) RECHERCHE **La table de multiplication (1)** – Trouver des résultats de la table de Pythagore en s'appuyant sur les propriétés de la multiplication.	pour la classe : – table de Pythagore « vide », avec des emplacements marqués ❯ **fiche recherche 11** agrandie – répertoire collectif des séances précédentes par équipe de 2 : – **fiche recherche 11** – ardoise ou cahier de brouillon par élève : FICHIER NOMBRES **p. 33** ❶ à ❹	– **Tables de multiplication** – Propriétés de la multiplication.

SUITE DE NOMBRES

Le furet de 5 en 5

– Produire à l'oral et à l'écrit des suites de nombres de 5 en 5.

PHASE 1 **À l'oral**

• Choisir un nombre de départ (par exemple **2**) et un saut (ici **5**). Puis préciser la règle :

➡ *Nous allons jouer au furet. Je donne le départ : 2. Chaque élève que je désignerai devra faire avancer le furet de 5.*

• Désigner successivement plusieurs élèves.

• Recommencer avec, par exemple, **25** comme nombre de départ et faire dire les nombres de **5** en **5** en reculant.

▌ **L'attention des élèves est attirée** sur les régularités qui apparaissent dans ces suites. Par exemple, si on avance de **5** en **5** à partir de **2**, le chiffre des unités est alternativement 7 et 2.

PHASE 2 FICHIER NOMBRES ET CALCULS p. 33

• Demander de compléter les cases :

➡ *Écrivez la suite des nombres à partir de 5 en avançant de 5 en 5.*
RÉPONSE : 5 – 10 – 15 – 20 – 25 – 30 – 35 – 40 – 45.

• Les élèves peuvent s'entrainer à ce moment de calcul mental en utilisant l'**exercice 2** de **Fort en calcul mental, p. 31**.
RÉPONSE : a. **8** – 13 – 18 – 23 – 28 – 33 – 38 – 43 – 48.
b. **55** – 50 – 45 – 40 – 35 – 30 – 25 – 20 – 15.

▌ Pour l'**exercice b**, les élèves peuvent contrôler leurs réponses en avançant de 5 en 5 à partir du dernier nombre trouvé (ici à partir de 15 s'ils n'ont pas commis d'erreur).

RÉVISER

Problèmes multiplicatifs • Multiplication et monnaie

– Résoudre un problème du domaine multiplicatif en utilisant la multiplication ou l'addition itérée.

FICHIER NOMBRES ET CALCULS p. 33

Problèmes Ⓐ et Ⓑ

Résoudre des problèmes dans le contexte de la monnaie.

Les élèves peuvent traiter ces exercices en utilisant soit des produits connus, soit l'addition itérée. Au moment de la correction, ces deux types de résolution seront mis en relation.
RÉPONSE : Ⓐ 25 €.   Ⓑ oui, il lui restera 1 €.

Multiplication : table de Pythagore (1)

– Comprendre l'organisation du répertoire multiplicatif sous forme de table de Pythagore.
– Poursuivre la mémorisation de ce répertoire.

RECHERCHE Fiche recherche 11

La table de multiplication (1) : Les élèves doivent compléter et étudier la table de Pythagore. Ils devront, tout au long du CE2, en apprendre par cœur les résultats.

PHASE 1 **Appropriation de la table de Pythagore**

Questions 1 à 4 de la recherche

• Afficher au tableau une reproduction de la **fiche** et en remettre un exemplaire à chaque élève. Demander aux élèves de répondre à la **question 1**.

• Corriger immédiatement, en précisant l'utilisation de cette table à double entrée : « une case contient le résultat du produit des 2 nombres qui sont en tête de colonne et de ligne ».

• Demander ensuite aux élèves de répondre à la **question 2**. Corriger à nouveau immédiatement, en mettant en évidence, à partir des réponses ou de la façon dont elles ont été obtenues, les premières régularités : par exemple, nombres qui vont de 7 en 7 sur la ligne « 7 » ou de 6 en 6 dans la colonne « 6 ».

• Formuler le fait que, par exemple, **4 fois 6**, c'est **6 de plus que 3 fois 6** ou que c'est **3 fois 6** et encore **1 fois 6**.

• Demander aux élèves de répondre à la **question 3** :
Faire formuler par les élèves que toutes les réponses sont dans les colonnes et les lignes dont les en-têtes sont : **0** ou **5**.

• Demander de répondre à la **question 4** :
– **question a** : faire formuler par les élèves que « ce sont les **cases contenant 45**, résultats de 9 × 5 et 5 × 9 » ;
– **question b** : faire remarquer par les élèves que les nombres à placer sont : **18, 27, 36…** et constater que tous sont dans la table de **9** (donc ligne « 9 » et colonne « 9 »).

▥ AIDE La **lecture « à double entrée »** peut encore être source de difficultés. L'aide apportée consiste à permettre à l'élève de suivre les lignes et les colonnes, à les matérialiser par des bandes de couleur transparentes pour faire apparaitre les intersections, retrouver les entrées associées à une case…

PHASE 2 **Première synthèse**

• Formuler des connaissances déjà établies antérieurement ou nouvelles pour le dernier point.

Les propriétés de la table de Pythagore

• **Multiplier par 0** donne toujours **0** pour résultat.

• **Multiplier par 1** donne toujours l'autre facteur pour résultat.

• **Multiplier par 5** donne un résultat dont le chiffre des unités est **0** ou **5**.

• **Multiplier par 9**
Les résultats de la table de « 9 » peuvent être retrouvés assez facilement :
– la somme du chiffre des dizaines et des unités du résultat est toujours égale à 9.
Exemple : le résultat de **7 × 9** est égal à **63** (6 + 3 = 9) ;
– le chiffre des dizaines est le nombre de départ diminué de **1** et le chiffre des unités est le complément de ce nombre à 9.
Exemple : le résultat de **7 × 9** a pour chiffre des dizaines **6** (7 − 1) et pour chiffre des unités **3** (complément de 6 à 9).

PHASE 3 **D'autres nombres à placer**

• Demander de placer de nouveaux résultats, par exemple :
– placer le résultat de : 4 × 4 ; 6 × 7 ; 5 × 8…
– placer les résultats 12 ; 16 ; 32 ; 49… dans toutes les cases possibles.

PHASE 4 **Deuxième synthèse**

• En s'appuyant sur la table de Pythagore complète du **dico-maths n° 20**, mettre en évidence d'autres connaissances concernant cette table.

Les propriétés de la table de Pythagore (suite)

• **Dès qu'on connait un résultat, on en connait en général aussi un autre.**
Exemple : Je sais que **7 × 6 = 42**, donc je connais aussi le résultat de **6 × 7**, c'est **42**.

• **Il existe une symétrie des résultats par rapport à une diagonale :**
Exemple : 10 et 35.

×	0	1	2	3	4	5	6	7	8	9
0	0	0	0	0	0	0	0	0	0	0
1	0	1	2	3	4	5	6	7	8	9
2	0	2	4	6	8	10	12	14	16	18
3	0	3	6	9	12	15	18	21	24	27
4	0	4	8	12	16	20	24	28	32	36
5	0	5	10	15	20	25	30	35	40	45
6	0	6	12	18	24	30	36	42	48	54
7	0	7	14	21	28	35	42	49	56	63
8	0	8	16	24	32	40	48	56	64	72
9	0	9	18	27	36	45	54	63	72	81

• **On « avance régulièrement »** sur chaque ligne ou chaque colonne.

Exemple : On avance de **4** en **4** sur la ligne « **4** » ou sur la colonne « **4** ».

• **Pour certaines lignes ou colonnes, on peut remarquer :**
– sur la ligne et la colonne « **5** » : tous les nombres ont **0** ou **5** pour chiffre des unités ;
– sur la ligne et colonne « **0** » : les nombres sont tous des **0** ;
– sur la ligne et la colonne « **1** » : on trouve la suite des nombres de 1 en 1 ; multiplier par **1** ne change pas le nombre qui est multiplié.

Les tables de multiplication, déjà en partie élaborées et utilisées au CE1, sont maintenant rassemblées dans un tableau à double entrée, appelé « **table de Pythagore** ».

Cette table présente l'avantage de réunir tous les résultats sous une forme très synthétique, permettant d'avoir accès rapidement à un produit, à une décomposition sous forme de produits ou au facteur d'un produit dont le résultat est donné, ce qui sera la marque d'une bonne connaissance des tables de multiplication. Ainsi connaître **7 × 8 = 56**, c'est être capable aussi bien de compléter **7 × 8 = ...** que **7 × ... = 56** ou **... × ... = 56** (sachant qu'il y a d'autres décompositions que celles fournies par les tables) ou encore dire « **combien il y a de fois 7 dans 56 ?** » et même « **combien il y a de fois 7 dans 59 ?** » (ce qui sera nécessaire pour calculer des divisions).

Les élèves sont informés que, à la fin du CE2, ils doivent connaître tous les résultats « par cœur » (pour certains il faudra un peu plus de temps). Pour savoir où ils en sont, on peut les inciter à colorier les cases des produits mémorisés dès qu'ils sont assurés que cette mémorisation est effective.

La reconnaissance par les élèves de la commutativité de la multiplication est très importante : elle permet « d'économiser » l'apprentissage de près de la moitié des résultats. Le terme « commutativité » n'est pas à utiliser avec les élèves. Cette commutativité de la multiplication est « visible » sur la table à partir de la symétrie des résultats par une diagonale de la table.

ENTRAINEMENT

FICHIER NOMBRES ET CALCULS **p. 33**

Tables de multiplication

1 Complète ces tables.

×	1	2	4	8
3				
4				
6				
8				

×	0	3	6	9
1				
6				
7				
9				

2 Entoure les nombres de cette liste qui font partie de la table de multiplication par 4.
12   14   20   27   30   32   35   36

3 a. Complète : 6 × 3 = ...
b. Complète : ..... × ..... = 18   ..... × ..... = 18   ..... × ..... = 18
..... × ..... = 18   ..... × ..... = 18   ..... × ..... = 18

4 Complète avec des nombres plus petits que 10.
Attention, certaines égalités ne peuvent peut-être pas être complétées.
a. ..... × ..... = 27   ..... × ..... = 27   ..... × ..... = 27   ..... × ..... = 27
b. ..... × ..... = 11   ..... × ..... = 11   ..... × ..... = 11   ..... × ..... = 11
c. ..... × ..... = 49   ..... × ..... = 49   ..... × ..... = 49   ..... × ..... = 49
d. ..... × ..... = 24   ..... × ..... = 24   ..... × ..... = 24   ..... × ..... = 24

Exercice ❶

Compléter des tables.

Les élèves peuvent utiliser des résultats connus ou les reconstruire, ou encore s'appuyer sur les propriétés mises en évidence précédemment.

Tableau vert :
– **sur une même ligne** : les résultats doublent d'une colonne à la suivante ;
– **dans la colonne « 1 »** : les résultats progressent de **1** quand on passe de 1 × 3 à 1 × 4, puis de **2** lorsqu'on passe de 1 × 4 à 1 × 6, puis à 1 × 8 ;
– **dans la colonne « 2 »** : les résultats progressent de **2** quand on passe de 2 × 3 à 2 × 4, puis de **4** lorsqu'on passe de 2 × 4 à 2 × 6, puis à 2 × 8. Etc.

Tableau violet :
– le **facteur 0** permet d'obtenir facilement des résultats ;
– **6** est le double de **3** (résultats doublés dans la colonne « 6 » par rapport à ceux de la colonne « 3 ») ;
– **9** est égal à **3 + 6** ou est le triple de **3** (résultats de la colonne « 9 » égaux à la somme de ceux des colonnes « 3 » et « 6 » ou triples de ceux de la colonne « 3 »).

RÉPONSE :

×	1	2	4	8
3	3	6	12	24
4	4	8	16	32
6	6	12	24	48
8	8	16	32	64

×	0	3	6	9
1	0	3	6	9
6	0	18	36	54
7	0	21	42	63
9	0	27	54	81

AIDE Elle devrait porter essentiellement sur le **repérage d'une case** par rapport à ses deux en-têtes de ligne et de colonne.

Exercice ❷

Reconnaitre des multiples de 4.

On peut mettre en évidence le fait que les résultats impairs sont à écarter et que lorsqu'un résultat de la table de 4 a été reconnu (12 par exemple), on peut avancer de 4 en 4 pour trouver un autre nombre appartenant également à cette table.

RÉPONSE : 12   20   32   36.

Exercices ❸ et ❹

Chercher différentes façons de décomposer un nombre sous forme de produits.

Les produits peuvent être obtenus :
– soit en utilisant les tables de multiplication et leurs propriétés ;
– soit en additionnant plusieurs fois un même nombre et en comptant combien de fois ce nombre a été additionné.

RÉPONSE : ❸ a. 6 × 3 = **18**
b. 1 × 18   2 × 9   3 × 6   6 × 3   9 × 2   18 × 1.
❹ a. 2 produits possibles : 3 × 9   9 × 3.
b. aucun produit possible car 11 > 10
(1 × 11 et 11 × 1 ne conviennent donc pas).
c. 1 seul produit possible : 7 × 7.
d. 4 produits possibles : 3 × 8   4 × 6   6 × 4   8 × 3.

Différenciation : Exercice 1 → **CD-Rom du guide, fiche n° 11.**

À SUIVRE

En **séance 3**, un travail complémentaire permet de revenir sur les propriétés du répertoire multiplicatif afin de faciliter sa mémorisation.

	Tâche	Matériel	Connaissances travaillées
SUITE DE NOMBRES	**Le furet de 2 en 2** – Donner des suites de nombres de 2 en 2.	**par élève :** FICHIER NOMBRES p. 34 cases à remplir	**– Calcul réfléchi** – Table de multiplication de 2 (préparation).
RÉVISER Nombres	Comparaison de nombres, écart entre deux nombres – Comparer deux nombres et trouver ce qu'il faut ajouter ou soustraire à l'un des nombres pour obtenir l'autre.	**par élève :** FICHIER NOMBRES p. 34 A et B	**– Nombres inférieurs à 1 000** – Écart entre 2 nombres.
APPRENDRE Calcul	Multiplication : table de Pythagore (2) RECHERCHE **La table de multiplication (2)** – Trouver des résultats de la table de Pythagore en s'appuyant sur les propriétés de la multiplication.	**pour la classe :** – **fiche recherche 12** agrandie – feuilles de recherche (si possible de format A3) **par équipe de 2 :** – **fiche recherche 12** (documents A et B) – ardoise ou cahier de brouillon **par élève :** FICHIER NOMBRES p. 34 ❶, ❷ et ❸	**– Tables de multiplication** – Propriétés de la multiplication.

SUITE DE NOMBRES

Le furet de 2 en 2

– Produire à l'oral et à l'écrit des suites de nombres de 2 en 2.

COLLECTIF

PHASE 1 **À l'oral**

• Préciser la règle :
➡ *Nous allons jouer au furet. Je donne le départ : **7**. Chaque élève que je désignerai devra faire avancer le furet de **2**.*

• Désigner successivement plusieurs élèves.

• Recommencer avec, par exemple, **20** comme nombre de départ et faire dire les nombres de **2** en **2** en reculant.

▤ **L'attention des élèves est attirée** sur les régularités qui apparaissent dans ces suites. Par exemple, si on avance de **2** en **2** à partir de **2**, le chiffre des unités est toujours **pair**.

INDIVIDUEL

PHASE 2 FICHIER NOMBRES ET CALCULS p. 34

• Demander de compléter les cases :
➡ *Écrivez la suite des nombres à partir de **2** en avançant de **2** en **2**.*
RÉPONSE : **2 – 4 – 6 – 8 – 10 – 12 – 14 – 16 – 18.**

▤ **L'attention des élèves est attirée** sur le fait que les nombres écrits sont les résultats de la **table de multiplication par 2** (vue au CE1).

• Les élèves peuvent s'entrainer à ce moment de calcul mental en utilisant l'**exercice 3** de **Fort en calcul mental, p. 31**.
RÉPONSE : a. **3 – 5 – 7 – 9 – 11 – 13 – 15 – 17 – 19.**
b. **35 – 33 – 31 – 29 – 27 – 25 – 23 – 21 – 19.**

RÉVISER

Comparaison de nombres, écart entre deux nombres

– Comparer des nombres inférieurs à 1 000 et déterminer l'écart entre deux nombres.

INDIVIDUEL

FICHIER NOMBRES ET CALCULS p. 34

Comparer des nombres

Ⓐ Dans les cases vertes, **entoure** le plus petit des deux nombres.
Dans les cases blanches, **écris** combien il faut ajouter au plus petit nombre pour obtenir le plus grand.

EXEMPLE
10	⑦	12	22	14	30	50	25	56	65	70	58	120	90	125	150
3															

Ⓑ Dans les cases roses, **entoure** le plus grand des deux nombres.
Dans les cases blanches, **écris** combien il faut soustraire au plus grand nombre pour obtenir le plus petit.

EXEMPLE
⑩	7	24	40	112	130	260	160	130	90	650	560	212	240	75	200
3															

Exercices Ⓐ et Ⓑ

La **première question** de chaque exercice est un entrainement de ce qui a été travaillé en unité 2.

La **deuxième question** (trouver l'écart) montre que l'inégalité de deux nombres se traduit par l'existence d'un écart entre ces deux nombres. Lors de la correction, souligner qu'« il revient au même de chercher ce qu'il faut ajouter au plus petit pour obtenir le plus grand ou ce qu'il faut soustraire au plus grand pour obtenir le plus petit ».

RÉPONSE :

Ⓐ
10	**7**	**12**	22	**14**	30	50	**25**	**56**	65	70	**58**	120	**90**	**125**	150
3		10		16		25		9		12		30		25	

Ⓑ
10	7	24	**40**	112	**130**	**260**	160	**130**	90	**650**	560	212	**240**	75	**200**
3		16		18		100		40		90		28		125	

▤ **Les calculs peuvent être effectués mentalement.** Ils ne nécessitent pas de connaitre une technique de calcul posé de la soustraction.

Multiplication : table de Pythagore (2)

– Comprendre l'organisation du répertoire multiplicatif sous forme de table de Pythagore.
– Poursuivre la mémorisation de ce répertoire.

RECHERCHE Fiche recherche 12

La table de multiplication (2) : Les élèves doivent retrouver des résultats ou des facteurs de produits dans un extrait de la table de Pythagore.

PHASE 1 Retrouver des résultats

Question 1 de la recherche

• Remettre aux élèves le **document A** de la fiche :

➡ *Vous avez un extrait de la table de Pythagore. Il en manque une grande partie, en particulier la première ligne et la première colonne qui indiquent quels nombres sont multipliés.*

• Demander de répondre à la **question 1**, puis recenser les réponses pour certaines cases et faire argumenter les élèves à propos de leur validité.

• Faire formuler les **procédures** utilisées en mettant en évidence les connaissances relatives à l'organisation des nombres de la table qui ont été mobilisées, par exemple :
– sur la ligne 9 – 12 – 15…, les nombres vont de 3 en 3 ;
– sur la ligne suivante ils vont donc de 4 en 4 ;
– dans la colonne qui commence avec 18, les nombres vont de 6 en 6 ;
– dans la colonne précédente ils vont donc de 5 en 5…

RÉPONSE :

	9	12	15	18	
8	12	16	20	24	28
10	15	20	25	30	35
12	18	24	30	36	42

PHASE 2 Retrouver les en-têtes

Question 2 de la recherche

• Remettre aux élèves le **document B** de la fiche et demander de répondre à la **question 2**.

• Organiser une **mise en commun** qui peut intervenir plus ou moins rapidement selon les remarques qui auront été formulées. Terminer en soulignant, par exemple, que « si les nombres vont de **5** en **5**, on est dans la table de multiplication par **5**… ».

RÉPONSE :

×	2	3	4	5	6
3		9	12	15	18
4	8	12	16	20	24
5	10	15	20	25	30
6	12	18	24	30	36

PHASE 3 Vers l'apprentissage de la table

• Pour terminer, demander aux élèves d'écrire dans la table utilisée en séance 2 tout ce qu'ils savent « par cœur », puis de colorier les cases correspondantes.

• Ajouter :

➡ *Il faudra apprendre par cœur les résultats que vous ne connaissez pas ou, pour commencer, savoir les retrouver « très vite ». Mais ce n'est bien sûr pas pareil de savoir un résultat « par cœur » et d'être capable de le retrouver, même rapidement.*

• Faire ranger la table dans une pochette et indiquer qu'elle sera remplie et coloriée petit à petit par chacun, en fonction des nouveaux résultats maitrisés tout au long des semaines à venir.

TRACE ÉCRITE

Indiquer aux élèves que cette table figure aussi dans le **dico-maths n° 20**.

ENTRAINEMENT

FICHIER NOMBRES ET CALCULS **p. 34**

Tables de multiplication

① Dans cet extrait de la table de Pythagore, trouve les nombres des cases jaunes et orange.

	15	20			35
		24		36	
			35	42	

② 12 est à la fois dans les tables de multiplication par 2 et par 3 car $2 \times 6 = 12$ et $3 \times 4 = 12$. Trouve d'autres nombres qui sont à la fois dans les tables de multiplication par 2 et par 3. **Explique tes réponses.**

③ Trouve des nombres qui sont à la fois dans les tables de multiplication par 3 et par 4. **Explique tes réponses.**

Exercice ①

Compléter un extrait de la table de Pythagore.

Cet exercice est sur le même modèle que le document B qui a fait l'objet du travail de recherche.

RÉPONSE :

×	3	4	5	6	7	8
5	15	20	25	30	35	40
6	18	24	30	36	42	48
7	21	28	35	42	49	56

Exercices ② et ③

Trouver des résultats qui sont dans plusieurs tables à la fois.

La notion de multiple et de multiple commun est sous-jacente à ces exercices, mais n'est pas explicitée ici.

Pour répondre, les élèves peuvent écrire la liste des résultats de chaque table, puis chercher les nombres communs à deux tables.

RÉPONSE : ① 0 6 12 18 (24, 30… pourraient convenir si on prolongeait les tables avec des facteurs supérieurs à 10).

② 0 12 24 (36, 48… pourraient également convenir).

	Tâche	Matériel	Connaissances travaillées
SUITE DE NOMBRES	Le furet de 4 en 4 – Donner des suites de nombres de 4 en 4.	par élève : FICHIER NOMBRES **p. 35 cases à remplir**	– **Calcul réfléchi** – Table de multiplication de 4 (préparation).
RÉVISER Nombres	Encadrement entre deux dizaines ou centaines proches – Encadrer des nombres en complétant des inégalités.	par élève : FICHIER NOMBRES **p. 35 Ⓐ et Ⓑ**	– **Nombres inférieurs à 1 000** – **Comparaison, encadrement.**
APPRENDRE Calcul	Soustraction : calcul réfléchi (nombres < 100) RECHERCHE **Combien de timbres reste-t-il ?** – Calculer le nombre de timbres restants dans une boite à la suite d'un retrait.	pour la classe : – 1 boîte avec 10 cartes centaine, 10 cartes dizaine, 20 cartes unité ≻ **fiche 1** par équipe de 3 : – **fiche recherche 13** – feuille de papier – la calculatrice n'est pas autorisée par élève : FICHIER NOMBRES **p. 35 ❶, ❷ et ❸**	– **Soustraction : calcul réfléchi** – Approche du calcul posé – Valeur positionnelle des chiffres – Équivalence entre 1 dizaine et 10 unités, et 1 centaine et 10 dizaines.

SUITE DE NOMBRES

Le furet de 4 en 4

– Produire à l'oral et à l'écrit des suites de nombres de 4 en 4.

COLLECTIF

PHASE 1 À l'oral

● Préciser la règle :

➡ *Nous allons jouer au furet. Je donne le départ : 7. Chaque élève que je désignerai devra faire avancer le furet de 4.*

● Désigner successivement plusieurs élèves.

● Recommencer avec, par exemple, **30** comme nombre de départ et faire dire les nombres de 4 en 4 en reculant.

▤ **L'attention des élèves est attirée** sur les régularités qui apparaissent dans ces suites. Par exemple, si on avance de 4 en 4 à partir de **7**, le chiffre des unités est toujours **impair**.

INDIVIDUEL

PHASE 2 FICHIER NOMBRES ET CALCULS p. 35

● Demander de compléter les cases :

➡ *Écrivez la suite des nombres à partir de 4 en avançant de 4 en 4.*

RÉPONSE : **4 – 8 – 12 – 16 – 20 – 24 – 28 – 32 – 36.**

▤ **L'attention des élèves est attirée** sur le fait que les nombres écrits sont les résultats de la **table de multiplication par 4** (vue au CE1).

● Les élèves peuvent s'entrainer à ce moment de calcul mental en utilisant l'**exercice 4** de **Fort en calcul mental, p. 31.**

RÉPONSE : a. **10 – 14 – 18 – 22 – 26 – 30 – 34 – 38 – 42.**
b. **66 – 62 – 58 – 54 – 50 – 46 – 42 – 38 – 34.**

RÉVISER

Encadrement entre deux dizaines ou centaines proches

– Encadrer des nombres inférieurs à 1 000 par un nombre entier de dizaines ou de centaines.
– Déterminer l'écart entre deux nombres.

INDIVIDUEL

FICHIER NOMBRES ET CALCULS p. 35

Encadrer des nombres

Ⓐ Encadre chaque nombre par les dizaines les plus proches.
EXEMPLE : 20 < 26 < 30
a. ____ < 54 < ____   e. ____ < 206 < ____
b. ____ < 85 < ____   f. ____ < 587 < ____
c. ____ < 7 < ____   g. ____ < 899 < ____
d. ____ < 97 < ____   h. ____ < 606 < ____

Ⓑ Encadre chaque nombre par les centaines les plus proches.
EXEMPLE : 200 < 245 < 300
a. ____ < 408 < ____   d. ____ < 698 < ____
b. ____ < 110 < ____   e. ____ < 777 < ____
c. ____ < 97 < ____   f. ____ < 606 < ____

Exercice Ⓐ

Encadrer des nombres par deux dizaines proches.

Les deux premières questions (exemple et question a) peuvent être traitées collectivement pour aider à comprendre les consignes.

Certains encadrements peuvent poser des **difficultés** :
– l'encadrement inférieur de **7** par **0** nécessite de concevoir 0 comme 0 dizaine ;
– l'encadrement supérieur de **97** par **100** nécessite de concevoir 100 comme 10 dizaines ;
– l'encadrement de **206** compris entre par **200** et **210** nécessite de concevoir 200 et 210 respectivement comme 20 dizaines et 21 dizaines.
Le recours au matériel de numération peut être nécessaire.

RÉPONSE :
a. 50 < **54** < 60   d. 90 < **97** < 100   g. 890 < **899** < 900
b. 80 < **85** < 90   e. 200 < **206** < 210   h. 600 < **606** < 610.
c. 0 < **7** < 10   f. 580 < **587** < 590

Exercice Ⓑ

Encadrer des nombres par deux centaines proches.

Comme pour l'exercice A, les deux premières questions (exemple et question a) peuvent être traitées collectivement.

Cet exercice est plus simple dans la mesure où le nombre de

centaines est ici toujours inférieur ou égal à **9**. Seul l'encadrement de 97 compris entre **0** et **100** peut présenter une difficulté, 0 n'étant pas conçu comme 0 centaine.

RÉPONSE :

a. 400 < **408** < 500	c. 0 < **97** < 100	e. 700 < **777** < 800
b. 100 < **110** < 90	d. 600 < **698** < 700	f. 600 < **606** < 700.

Soustraction : calcul réfléchi (nombres < 100)

– Calculer des différences par un calcul réfléchi en utilisant les équivalences entre unités de numération.

RECHERCHE Fiche recherche 13

Combien de timbres reste-t-il ? : Les élèves traitent des situations soustractives posées dans le cadre du matériel de numération (contexte des timbres proposés à l'unité, par dizaines ou par centaines).

PHASE 1 **Soustraire 23 timbres de 64 timbres**

Question 1 de la recherche

• Placer dans une boite **6 cartes dizaine** et **4 cartes unité**. Faire formuler que le contenu de la boite correspond à **64 timbres**. Écrire « 64 timbres » au tableau.

• Préciser la question :

➡ *Sam doit donner 23 timbres à Lou. Comment peut-il faire ? Combien restera-t-il de timbres dans la boite ?*

• Exploiter les propositions en les soumettant au débat et en veillant à faire exprimer l'origine des erreurs éventuelles.

• En **synthèse**, mettre en évidence que :

Soustraction de dizaines et unités

• **Avec le matériel cartes** : il est possible de retirer **2 cartes dizaine et 3 cartes unité**.
Il reste donc 4 cartes dizaine et 1 carte unité, soit **41 timbres** dans la boite.

• **Le calcul** s'écrit sous la forme : **64 – 23 = 41**.

La mise en scène de la situation est destinée à inciter les élèves à opérer séparément sur les unités et sur les dizaines. Dans cette première situation, **le traitement indépendant des dizaines et des unités est possible**, ce qui ne sera pas le cas dans la phase suivante. Certains élèves ont pu écrire directement la soustraction **64 – 23**, en ligne ou en colonnes.

PHASE 2 **Soustraire 48 timbres de 75 timbres**

Question 2 de la recherche

• Placer dans la boite **7 cartes dizaine** et **5 cartes unité**. Faire formuler que le contenu de la boite correspond à **75 timbres**. Écrire « 75 timbres » au tableau.

• Préciser la question :

➡ *Sam doit donner 48 timbres à Lou. Comment peut-il faire ? Combien restera-t-il de timbres ?*

• Exploiter quelques propositions en les soumettant au débat et en veillant à faire exprimer l'origine des erreurs éventuelles.

• En **synthèse**, mettre en évidence deux procédures possibles, illustrées par les actions correspondantes avec les cartes, en soulignant les difficultés de la procédure 1 :

Soustraction de dizaines et unités (suite)

• **Avec le matériel cartes** : deux procédures sont possibles.

Procédure 1 : **commencer par les dizaines**

1. Soustraire 4 cartes dizaine aux 5 cartes dizaine, ce qui est possible directement.

2. Constater qu'on ne peut pas soustraire directement les 8 cartes unité aux 4 cartes unité et donc qu'il faut remplacer 1 carte dizaine par 10 cartes unité, ce qui rend le retrait alors possible.

3. Conclure que cette procédure n'est pas très efficace, dans la mesure où on est amené à modifier à nouveau les dizaines sur lesquelles on a déjà calculé.

Procédure 2 : **commencer par les unités**
La suite des actions peut alors être traduite ainsi :

$$7\,d \quad 5\,u \;-\; 4\,d\,8\,u$$
remplacé par $\quad 6\,d \quad 15\,u \;-\; 4\,d\,8\,u$
avec pour résultat **2 d 7 u** (soit 27 timbres)

• **La procédure 2 sera désormais privilégiée** : on commence par les unités comme pour l'addition.

• **Le calcul** s'écrit sous la forme : **75 – 48 = 27**.

Ce travail reprend et prolonge celui qui a été réalisé en séance 4. Il prépare celui sur la compréhension de la **technique de calcul posée** présentée en séance suivante pour les nombres inférieurs à 100, en insistant sur le fait que, lorsqu'il y a échange, on enlève du premier terme (ici 75) 1 dizaine par exemple pour la remplacer par 10 unités.

PHASE 3 **Soustraire 74 timbres de 452 timbres**

Question 3 de la recherche

• Placer dans la boite **4 cartes centaine**, **5 cartes dizaine** et **2 cartes unité**. Faire formuler que le contenu de la boite correspond à **452 timbres**. Écrire « 452 timbres » au tableau.

• Préciser la question :

➡ *Lou doit donner 74 timbres à Sam. Comment peut-elle faire ? Combien restera-t-il de timbres ?*

• Exploiter les propositions en les soumettant au débat et en veillant à faire exprimer l'origine des erreurs éventuelles.

- En **synthèse**, mettre en évidence la **procédure 2**, illustrée par les actions correspondantes avec les cartes :

Soustraction de centaines, dizaines et unités

- **La procédure avec le matériel cartes :**

1. **Soustraire 4 cartes unité** aux 2 cartes unité n'est pas possible directement, aussi on a remplacé 1 dizaine par 10 unités :

$$4 c \quad 5 d \quad 2 u - 4 u$$

remplacé par $\qquad$ 4 c 4 d 12 u – 4 u

avec pour résultat **4 c 4 d 8 u**

2. **Soustraire 7 cartes 1 dizaine** aux 4 cartes dizaine n'est pas possible directement, aussi on a remplacé 1 centaine par 10 dizaines :

$$4 c \quad 4 d \, 8 u - 7 d$$

remplacé par $\qquad$ 3 c 14 d 8 u – 7 d

avec pour résultat **3 c 7 d 8 u**

- **Le calcul** s'écrit sous la forme : **452 – 74 = 378.**

Certains élèves ont pu encore utiliser la procédure 1 présentée en phase 2. Si c'est le cas, elle peut être exploitée rapidement, mais en insistant sur l'intérêt de commencer par les unités.
Certains élèves ont pu écrire directement la soustraction 452 – 74 en ligne ou en colonnes.

PHASE 4 Soustraire 260 timbres de 406 timbres

Question 4 de la recherche

- Placer dans la boite **4 cartes centaine** et **6 cartes unité**. Faire formuler que le contenu de la boite correspond à **406 timbres**. Ecrire « 406 timbres » au tableau.

- Préciser la question :

➡ *Lou doit donner **260 timbres** à Sam. Comment peut-elle faire ? Combien restera-t-il de timbres ?*

- Exploiter quelques propositions en les soumettant au débat, en veillant à faire exprimer l'origine des erreurs éventuelles.

- En **synthèse**, mettre en évidence la **procédure 2**, illustrée par les actions correspondantes avec les cartes :

Soustraction de centaines, dizaines et unités (suite)

- **Procédure avec le matériel cartes :**

1. **Soustraire 0 u** est possible et se traduit par :

$$4 c \, 0 d \, 6 u - 0 u$$

avec pour résultat **4 c 0 d 6 u**

2. **Soustraire 6 d à 0 d** n'est pas possible directement, aussi on a remplacé 1 centaine par 10 dizaines :

$$4 c \quad 0 d \, 6 u - 6 d$$

remplacé par $\qquad$ 3 c 10 d 6 u – 6 d

avec pour résultat **3 c 4 d 6 u**

3. **Soustraire 2 c aux 3 c** est possible et se traduit par :

$$3 c \, 4 d \, 6 u - 2 c$$

avec pour résultat **1 c 4 d 6 u**

- **Écrire le calcul** sous la forme **406 – 260 = 146.**

Ce travail prépare à celui sur la compréhension de la technique de calcul posée présentée en séance 6 pour les nombres inférieurs à 1 000, en insistant sur le fait que, lorsqu'il y a échange, on enlève du premier terme (ici 406) 1 centaine par exemple pour la remplacer par 10 dizaines.

ENTRAINEMENT

FICHIER NOMBRES ET CALCULS p. 35

Soustraire

Dans les exercices 1 et 2, tu peux faire des échanges de cartes.

1 Lou veut prendre 2 cartes **1 dizaine** et 7 cartes **1 unité** dans cette boite.

Que restera-t-il dans la boite ? Écris le nombre.

2 Sam veut prendre 3 cartes **1 centaine** et 7 cartes **1 dizaine** dans cette boite.

Que restera-t-il dans la boite ? Écris le nombre.

3 Monsieur Lachat part avec 9 billets de 10 € et 2 pièces de 1 €. Il achète une chemise à 35 € et un pull à 29 €.

a. Quelle somme d'argent lui reste-t-il après ces deux achats ?

b. Avec l'argent qui lui reste, peut-il encore s'offrir une casquette à 17 € ?

Si oui, combien lui reste-t-il après ce troisième achat ?

Exercices et

Calcul d'un reste suite à un retrait exprimé en centaines, dizaines et unités.

Exercice du même type que ceux de la recherche.

RÉPONSE : **1** 208. **2** 36.

AIDE Proposer aux élèves en difficulté d'utiliser le matériel de numération.

Exercice **3**

Calcul d'un reste dans le contexte de la monnaie.

La difficulté supplémentaire vient du fait que la question est située dans le domaine de la monnaie (mais l'énoncé incite à associer 10 € à 1 dizaine d'euros) et qu'il s'agit d'un problème à étapes.

Les élèves peuvent soit calculer d'abord la dépense totale, soit chercher ce qui reste après chaque achat. Dans ce dernier cas, par exemple, ils peuvent considérer que pour payer 35 €, il faut donner 3 billets de 10 € et 5 pièces de 1 € avec la nécessité d'échanger alors 1 billet contre 10 pièces.

RÉPONSE : a. 28 €   b. oui, il lui restera 11 €.

Différenciation : Exercices 1 et 2 → **CD-Rom du guide, fiche n° 12.**

À SUIVRE

En **séances 5 et 6**, ce travail sera exploité pour présenter une **technique de calcul posé de la soustraction** fondé sur le « démontage » d'une centaine ou d'une dizaine.

	Tâche	Matériel	Connaissances travaillées
PROBLÈMES DICTÉS	**Multiplication et groupements de quantités identiques** – Déterminer le nombre d'objets contenus dans plusieurs paquets identiques. – Déterminer combien de paquets identiques on peut faire avec un nombre donné d'objets.	pour la classe : – une vingtaine de feuilles de papier par élève : FICHIER NOMBRES **p. 36 a et b**	– **Multiplication et addition itérée** – Approche de la division.
PROBLÈMES ÉCRITS	Multiplication et groupements de quantités identiques – Déterminer le nombre d'objets contenus dans plusieurs paquets identiques. – Déterminer combien de paquets identiques on peut faire avec un nombre donné d'objets.	par élève : FICHIER NOMBRES **p. 36 A et B**	– **Multiplication et addition itérée** – Approche de la division.
APPRENDRE Calcul	Soustraction : calcul posé (nombres < 100) RECHERCHE **La soustraction en colonnes (1)** – Calculer une différence par un calcul en ligne ou en colonnes.	pour la classe : – 1 boîte avec 10 cartes dizaine, 20 cartes unité ❯ **fiche 1** par élève : – feuille de papier – la calculatrice n'est pas autorisée FICHIER NOMBRES **p. 36 1 à 4**	– **Soustraction : calcul posé** – Valeur positionnelle des chiffres – Équivalence entre 1 dizaine et 10 unités.

UNITÉ 3

PROBLÈMES DICTÉS

Multiplication et groupements de quantités identiques

– Utiliser l'addition itérée ou la multiplication.

INDIVIDUEL ET COLLECTIF

FICHIER NOMBRES ET CALCULS **p. 36**

• Formuler les problèmes :

Problème a

J'ai préparé **4 petits paquets** de **6 feuilles** de papier.
Combien y a-t-il de feuilles au total ?

Problème b

J'ai pris un tas de **20 feuilles** *(les montrer)*. Je veux faire des **petits paquets de 5 feuilles**.
Trouvez combien de paquets je peux faire.

• Le déroulement et les procédures sont les mêmes qu'en séance 1, *voir p. 70.*

RÉPONSE : a. 24 feuilles   b. 4 paquets.

En fonction des productions des élèves, un **bilan des procédures** peut être envisagé :
– recours à une représentation ;
– ajout du nombre **5** (4 fois) ;
– utilisation du résultat 4 × 5 = 20.

• Les élèves peuvent se préparer ou s'entrainer à ce moment de calcul mental en utilisant l'**exercice 5** de **Fort en calcul mental, p. 31.**

RÉPONSE : a. 36 feuilles   b. 6 paquets.

PROBLÈMES ÉCRITS

Multiplication et groupements de quantités identiques

– Utiliser l'addition itérée ou la multiplication.

INDIVIDUEL

FICHIER NOMBRES ET CALCULS **p. 36**

Résoudre des problèmes

 Sam a acheté 7 packs de bouteilles d'eau comme celui-ci :
Combien de bouteilles d'eau Sam a-t-il ? ....

 Les 25 élèves de la classe de Lou se regroupent en équipes de 5 élèves.
Combien y a-t-il d'équipes ? ....

Problèmes A et B

Problèmes de groupement de quantités identiques.

Chaque problème peut être résolu de plusieurs manières, en faisant appel à l'addition itérée, à un schéma, à la multiplication (acquis du CE1). Par exemple, dans le **problème B,** les élèves peuvent :
– utiliser un résultat connu (5 × 5 = 25) ;
– additionner des « 5 » ou des « 10 » ;
– considérer que 2 équipes c'est une dizaine d'élèves ;
– faire un schéma et grouper les éléments par 5…

RÉPONSE : A 42 bouteilles.   B 5 équipes.

Soustraction : calcul posé (nombres < 100)

– Calculer des différences par un calcul écrit en ligne ou en colonnes et comprendre une technique.

RECHERCHE

La soustraction en colonnes (1) : Les élèves apprennent à choisir entre calcul posé ou calcul réfléchi et à comprendre la technique proposée.

Il existe plusieurs techniques pour la soustraction posée *(voir introduction p. XX)*. Nous avons retenu, dans cette édition, une première méthode facile à comprendre car elle suppose essentiellement des connaissances dans le domaine de la numération décimale : il s'agit de la méthode par « démontage des centaines ou des dizaines » déjà étudiée au CE1 pour les nombres inférieurs à 100. À la fin de cette séance et de la séance 6 (complément), il est proposé, si l'enseignant le souhaite, de faire **évoluer cette technique** vers une forme compatible avec la présentation la plus communément utilisée en France, en cherchant à en donner une justification compréhensible par des jeunes élèves de CE2.

PHASE 1 Calcul de 93 – 57

• Placer dans une boite **9 cartes dizaine** et **3 cartes unité**. Faire formuler que le contenu de la boite correspond à **93 timbres**. Écrire « 93 timbres » au tableau.

• Préciser la question :
➡ *Sam doit donner **57 timbres** à Lou. Comment peut-il faire ? Combien restera-t-il de timbres ?*

• Lors de la **correction rapide**, rappeler la procédure retenue lors de la séance précédente, en commençant par les unités :

$$9 \text{ d } 3 \text{ u} - 5 \text{ d } 7 \text{ u}$$

remplacé par $\quad 8 \text{ d } 13 \text{ u} - 5 \text{ d } 7 \text{ u}$

avec pour résultat **3 d 6 u** (soit 36 timbres)

PHASE 2 Présentation de la soustraction posée en colonnes

• Indiquer aux élèves qu'on va maintenant leur apprendre à effectuer les mêmes calculs, mais avec une autre présentation en écrivant les nombres dans les colonnes unités et dizaines.

• Reprendre le même scénario en le mettant en relation avec la présentation en colonnes et en l'illustrant avec le matériel de numération.

Calcul : 93 – 57

	Scénario de la phase 1	Présentation en colonnes
Au départ	Calcul à effectuer : 9 d 3 u – 5 d 7 u Constat qu'il n'est pas possible de soustraire 7 unités de 3 unités.	9 3 – 5 7
Temps 1	Démontage d'une dizaine échangée contre 10 unités : 8 d 13 u – 5 d 7 u	8/ 9̷ 13 – 5 7
Temps 2	Calcul sur les unités : 13 u – 7 u = **6 u**	8/ 9̷ 13 – 5 7 6
Temps 3	Puis calcul sur les dizaines : 8 d – 5 d = **3 d**	8/ 9̷ 13 – 5 7 3 6
Conclusion : 93 – 57 = 36		

PHASE 3 Calcul de trois autres soustractions

• Proposer 3 autres soustractions écrites en ligne au tableau :

$$87 - 25 = \dots \qquad 70 - 43 = \dots \qquad 66 - 38 = \dots$$

• Indiquer aux élèves qu'ils peuvent les calculer directement ou en les posant en colonnes. Lors de la **correction**, revenir sur les étapes du calcul en colonnes de chacune de ces opérations.

COMPLÉMENT **Vers une autre présentation de la technique de la soustraction**

Cette phase 4 est proposée en complément. Elle n'est à utiliser que si l'enseignant souhaite présenter une autre technique aux élèves. Elle nécessite un travail spécifique qui s'étendra sur **1 ou 2 séances supplémentaires** à la suite de cette séance et de la séance 6. Le point de départ peut être la confrontation entre les deux calculs suivants, en demandant aux élèves de proposer une explication pour le deuxième calcul (celui de Sam) :

$\overset{8}{9̷} \ 13$	$\overset{9̷}{} \ 13$
$- \ 5 \ 7$	$- \ 5̧ \ 7$
6	6
calcul de Lou	calcul de Sam

Lors de l'exploitation, donner les explications suivantes en **synthèse** :

• **Lou** a pris une dizaine au 1er terme de la soustraction (il n'en reste donc que 8) et elle l'a remplacée par 10 unités. Elle a maintenant 13 unités « en haut » et peut donc poursuivre et terminer son calcul.

• **Sam** a aussi ajouté 10 unités « en haut », il a donc 13 unités. Ces 10 unités viennent d'une dizaine qu'il faut donc soustraire à 93, mais au lieu de la soustraire tout de suite comme Lou, Sam a mis un petit « 1 » en bas pour se souvenir qu'il doit la soustraire en même temps que 5. Ce petit « 1 » s'appelle une retenue.

• **Si on compare les deux calculs**, Lou et Sam ont eu besoin de 10 unités supplémentaires pour pouvoir soustraire 7 unités :
– **Lou** a soustrait tout de suite 1 dizaine à 9 ;
– **Sam** a mis une indication (la retenue) pour se souvenir qu'il devra la soustraire un peu plus tard au moment du calcul des dizaines.

• Si nécessaire, reprendre l'explication en s'appuyant sur le matériel cartes :

	Lou	Sam
Au départ	**Il faut enlever** 5 cartes dizaine, 7 cartes unité. Mais ce n'est pas possible d'enlever 7 cartes unité à 3 cartes unité. $$\begin{array}{r} 9\ 3 \\ -\ 5\ 7 \end{array}$$	Affichage du matériel : 9 cartes dizaine, 3 cartes unité
Temps 1	**Lou** a enlevé 1 carte dizaine et l'a remplacée par 10 cartes unité. $$\begin{array}{r} 8 \\ \cancel{9}\ 13 \\ -\ 5\ 7 \end{array}$$ Affichage du matériel : 8 cartes dizaine, 13 cartes unité	**Sam** a ajouté 10 cartes unité. Il n'a pas encore enlevé la carte dizaine utilisée des 9 dizaines de 93, mais il l'a notée par une retenue en bas. $$\begin{array}{r} 9\ 13 \\ -\ \textcircled{5}\ 7 \\ \tiny 1 \end{array}$$ Affichage du matériel : 9 cartes dizaine, 13 cartes unité
Temps 2	**Lou** a pu donc enlever les 7 cartes unité aux 13 cartes unité. $$\begin{array}{r} 8 \\ \cancel{9}\ 13 \\ -\ 5\ 7 \\ \hline 6 \end{array}$$ Nouvel affichage : 8 cartes dizaine, 6 cartes unité	**Sam** a pu donc enlever les 7 cartes unités, mais il n'a toujours pas enlevé la carte dizaine. $$\begin{array}{r} 9\ 13 \\ -\ \textcircled{5}\ 7 \\ \tiny 1 \\ \hline 6 \end{array}$$ Nouvel affichage : 9 cartes dizaine, 6 cartes unité
Temps 3	**Lou** a enlevé les 5 cartes dizaine aux 8 cartes dizaine. $$\begin{array}{r} 8 \\ \cancel{9}\ 13 \\ -\ 5\ 7 \\ \hline 3\ 6 \end{array}$$ Nouvel affichage : 3 cartes dizaine, 6 cartes unité	**Sam** a enlevé 6 cartes dizaine : les 5 dizaines de 57 et la dizaine pas encore enlevée. $$\begin{array}{r} \cancel{9}\ 13 \\ -\ \textcircled{5}\ 7 \\ \tiny 1 \\ \hline 3\ 6 \end{array}$$ Nouvel affichage : 3 cartes dizaine, 6 cartes unité

ENTRAINEMENT

FICHIER NOMBRES ET CALCULS p. 36

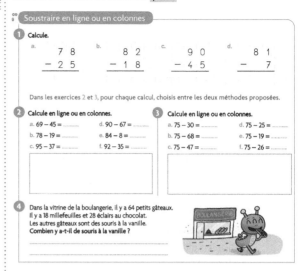

Soustraire en ligne ou en colonnes

1 Calcule.

a.	b.	c.	d.
$\begin{array}{r} 7\ 8 \\ -\ 2\ 5 \end{array}$	$\begin{array}{r} 8\ 2 \\ -\ 1\ 8 \end{array}$	$\begin{array}{r} 9\ 0 \\ -\ 4\ 5 \end{array}$	$\begin{array}{r} 8\ 1 \\ -\ \ \ 7 \end{array}$

Dans les exercices 2 et 3, pour chaque calcul, choisis entre les deux méthodes proposées.

2 Calcule en ligne ou en colonnes.
- a. 69 − 45 = ⋯
- b. 78 − 19 = ⋯
- c. 95 − 37 = ⋯
- d. 90 − 67 = ⋯
- e. 84 − 8 = ⋯
- f. 92 − 35 = ⋯

3 Calcule en ligne ou en colonnes.
- a. 75 − 30 = ⋯
- b. 75 − 68 = ⋯
- c. 75 − 47 = ⋯
- d. 75 − 25 = ⋯
- e. 75 − 19 = ⋯
- f. 75 − 26 = ⋯

4 Dans la vitrine de la boulangerie, il y a 64 petits gâteaux. Il y a 18 millefeuilles et 28 éclairs au chocolat. Les autres gâteaux sont des souris à la vanille. **Combien y a-t-il de souris à la vanille ?**

Exercice **1**

Calculer des différences en posant les opérations.

Il s'agit d'un entrainement au calcul posé en colonnes. Pour le premier et le quatrième calcul, on peut faire remarquer qu'un calcul direct (sans poser les opérations) est aussi efficace.

RÉPONSE : a. 53 b. 64 c. 45 d. 74.

AIDE Proposer le recours à un matériel de numération, si nécessaire.

REMÉDIATION Pour les calculs en colonnes, des **exercices d'entrainement supplémentaires** peuvent être proposés à certains élèves, avec éventuellement un soutien personnalisé. Il convient de déterminer si les difficultés proviennent d'une maitrise insuffisante de la technique (pose de l'opération, ordre des calculs, retenue) ou d'une connaissance insuffisante du répertoire additif, de façon à cibler le travail de l'élève dans la bonne direction.

Exercices **2** et **3**

Calculer des différences mentalement ou en posant les opérations.

Lors de l'exploitation, les différentes méthodes de calcul sont comparées :
– calcul mental (par exemple pour **a** et **e** de l'**exercice 2** ou **a**, **d** et **e** de l'**exercice 3**) ;
– calcul posé ;
– calcul en ligne imitant le calcul posé (pour tous les calculs, si l'élève est à l'aise avec le repérage des chiffres et la gestion des retenues).

RÉPONSE :
1 a. 24 b. 59 c. 58 d. 23 e. 76 f. 57.
2 a. 45 b. 7 c. 28 d. 50 e. 56 f. 49.

Exercice

Problème relatif à une situation de la « vie courante ».

La résolution de ce problème nécessite de déterminer les étapes nécessaires, ce qui peut faire l'objet d'une exploitation collective. Le résultat peut être obtenu par soustraction ou par addition à trous.

RÉPONSE : 18 souris à la vanille.

	Tâche	Matériel	Connaissances travaillées
SUITE DE NOMBRES	**Le furet de 8 en 8** – Donner des suites de nombres de 8 en 8.	**par élève :** FICHIER NOMBRES **p. 37 cases à remplir**	– **Calcul réfléchi** – Table de multiplication de 8 (préparation).
RÉVISER Nombres	Nombres inférieurs à 1 000 : comparaison de nombres – Placer des chiffres pour que des inégalités soient vérifiées.	**par élève** FICHIER NOMBRES **p. 37 A, B et C**	– **Comparaison de nombres** – Signes < et > – Numération décimale.
APPRENDRE Calcul	Soustraction : calcul posé (nombres < 1 000) RECHERCHE **La soustraction en colonnes (2)** – Calculer une différence par un calcul en ligne ou en colonnes.	**pour la classe :** – 1 boîte avec 10 cartes centaine, 10 cartes dizaine, 20 cartes unité › **fiche 1** **par élève :** – feuille de papier – la calculatrice n'est pas autorisée FICHIER NOMBRES **p. 37 1, 2 et 3**	– **Soustraction : calcul posé** – Approche du calcul posé – Valeur positionnelle des chiffres – Équivalence entre 1 dizaine et 10 unités, 1 centaine et 10 dizaines.

CALCULS DICTÉS

Le furet de 8 en 8
– Produire à l'oral et à l'écrit des suites de nombres de 8 en 8.

COLLECTIF

PHASE 1 À l'oral

• Préciser la règle :

➡ *Nous allons jouer au furet. Je donne le départ :* **6**. *Chaque élève que je désignerai devra faire avancer le furet de* **8**.

• Désigner successivement plusieurs élèves.

• Recommencer avec, par exemple, **40** comme nombre de départ et faire dire les nombres de 8 en 8 en reculant.

▤ **L'attention des élèves est attirée** sur les régularités qui apparaissent dans ces suites.

INDIVIDUEL

PHASE 2 FICHIER NOMBRES ET CALCULS p. 37

• Demander de compléter les cases :

➡ *Écrivez la suite des nombres à partir de 8 en avançant de 8 en 8.*
RÉPONSE : **8** – 16 – 24 – 32 – 40 – 48 – 56 – 64 – 72.

▤ **L'attention des élèves est attirée** sur le fait que les nombres écrits sont les résultats de la **table de multiplication par 8**.

• Les élèves peuvent s'entrainer à ce moment de calcul mental en utilisant l'**exercice 6** de **Fort en calcul mental, p. 31**.
RÉPONSE : a. **20** – 28 – 36 – 44 – 52 – 60 – 68 – 76 – 84.
b. **96** – 88 – 80 – 72 – 64 – 56 – 48 – 40 – 32.

RÉVISER

Nombres inférieurs à 1 000 : comparaison de nombres
– Comparer 2 nombres et utiliser les signes < et >.

INDIVIDUEL

FICHIER NOMBRES ET CALCULS p. 37

> **Comparer des nombres**
>
> Dans les exercices A et B, tu ne peux utiliser les chiffres qu'une seule fois.
>
> **A** Écris 1 6 7 à la bonne place. L'inégalité doit être vraie.
> 1 6 ☐ > ☐ ☐ 0
>
> **B** Écris 0 4 6 7 à la bonne place. L'inégalité doit être vraie.
> ☐ 8 2 < 5 ☐ ☐ < 5 0 ☐
>
> **C** Avec les informations données, trouve les nombres a et b de Lou.
>
> a ☐ ☐ ☐
> b 8 ☐ 1
>
> • Le chiffre des centaines de a est plus grand que le chiffre des centaines de b.
> • a a le même chiffre pour ses centaines et pour ses unités.
> • Le chiffre des dizaines de a est plus petit que le chiffre des unités de b.
> • a et b ont le même chiffre des dizaines.

Exercices A et B

Compléter une inégalité avec des nombres donnés.
Si pour l'**exercice B** les élèves procèdent par déduction, ils peuvent d'abord placer le **0**, puis le **4**, le placement de **6** et **7** est alors facile.
RÉPONSE : **A** 167 > 160.   **B** 482 < 506 < 507.

Exercice C

Reconstituer des nombres à partir d'informations relatives aux chiffres qui les composent et à leur comparaison.
Dans cet exercice, le recours aux déductions s'impose.
RÉPONSE : **nombre a : 909   nombre b : 801.**

▤ AIDE Pour ces deux exercices, on peut conseiller aux élèves d'utiliser des étiquettes portant les chiffres proposés.

Soustraction : calcul posé (nombres < 1 000)

– Calculer des différences par un calcul écrit en ligne ou en colonnes.
– Comprendre une technique.

RECHERCHE

La soustraction en colonnes (2) : Les élèves apprennent à choisir entre calcul posé ou calcul réfléchi et à comprendre la technique proposée.

À la fin de cette séance (complément), il est à nouveau proposé, si l'enseignant le souhaite, de faire évoluer cette technique vers une forme compatible avec la présentation la plus communément utilisée en France, en cherchant à en donner une justification compréhensible par des jeunes élèves de CE2.

PHASE 1 Calcul de 615 – 546

• Placer dans une boite **6 cartes centaine**, **1 carte dizaine** et **5 cartes unité**. Faire formuler que le contenu de la boite correspond à **615 timbres**. Écrire « 615 timbres » au tableau.

• Préciser la question :
➡ *Sam doit donner 546 timbres à Lou. Comment peut-il faire ? Combien restera-t-il de timbres ?*

• Rappeler, lors de la **correction,** la procédure retenue lors de la séance précédente, en commençant par les unités :

1. **Soustraire 6 u** n'est pas possible directement, aussi on a remplacé 1 dizaine par 10 unités :

$$6\,c \quad 1\,d \quad 5\,u - 6\,u$$
remplacé par $\quad 6\,c \quad 0\,d \quad 15\,u - 6\,u$
avec pour résultat **6 c 0 d 9 u**

2. **Soustraire 4 d** n'est pas possible directement, aussi on a remplacé 1 centaine par 10 dizaines :

$$6\,c \quad 0\,d \quad 9\,u - 4\,d$$
remplacé par $\quad 5\,c \quad 10\,d \quad 9\,u - 4\,d$
avec pour résultat **5 c 6 d 9 u**

3. **Soustraire 5 c** est possible et se traduit par :

$$5\,c \quad 6\,d \quad 9\,u - 5\,c$$
avec pour résultat **0 c 6 d 9 u** Le résultat est donc **69**.

Cette phase doit être assez rapide puisqu'elle reprend le travail effectué en séances 4 et 5.

PHASE 2 Présentation de la soustraction posée en colonnes

• Indiquer aux élèves qu'on va maintenant leur apprendre à effectuer les mêmes calculs, mais avec une autre présentation en écrivant les nombres dans les colonnes unités, dizaines et centaines.

• Reprendre le scénario précédent en le mettant en relation avec la présentation en colonnes et en l'illustrant avec le matériel de numération.

Calcul : 615 – 546

Scénario de la phase 1	Présentation en colonnes
Calcul à effectuer : 6 c 1 d 5 u – 5 c 4 d 6 u Constat qu'il n'est pas possible de soustraire 6 unités de 5 unités.	$$\begin{array}{r} 6\ 1\ 5 \\ -\ 5\ 4\ 6 \\ \hline \end{array}$$

Démontage d'une dizaine échangée contre 10 unités : 6 c 0 d 15 u – 5 c 4 d 6 u	$$\begin{array}{r} 6\ \overset{0}{\cancel{1}}15 \\ -\ 5\ 4\ 6 \\ \hline \end{array}$$
Calcul sur les unités : 15 u – 6 u = **9 u**	$$\begin{array}{r} 6\ \overset{0}{\cancel{1}}15 \\ -\ 5\ 4\ 6 \\ \hline 9 \end{array}$$
Constat qu'il n'est pas possible de soustraire 4 dizaines de 0 dizaine. Démontage d'une centaine échangée contre 10 dizaines : 5 c 10 d 15 u – 5 c 4 d 6 u	$$\begin{array}{r} \overset{5}{\cancel{6}}\ \overset{10}{\cancel{1}}15 \\ -\ 5\ 4\ 6 \\ \hline 9 \end{array}$$
Calcul sur les dizaines : 10 d – 4 d = **6 d**	$$\begin{array}{r} \overset{5}{\cancel{6}}\ \overset{10}{\cancel{1}}15 \\ -\ 5\ 4\ 6 \\ \hline 6\ 9 \end{array}$$
Puis calcul sur les centaines : 5 c – 5 c = **0 c**	$$\begin{array}{r} \overset{5}{\cancel{6}}\ \overset{10}{\cancel{1}}15 \\ -\ 5\ 4\ 6 \\ \hline 0\ 6\ 9 \end{array}$$
Conclusion : 615 – 546 = 69	

PHASE 3 Deux autres soustractions

• Proposer 2 autres soustractions écrites en ligne au tableau :

500 – 237 = ….   438 – 76 = …

• Indiquer aux élèves qu'ils peuvent les calculer directement ou en les posant en colonnes.

• Lors de la **correction,** revenir sur les étapes du calcul en colonnes de chacune de ces opérations avec des remarques sur leur spécificité :

Calcul : 500 – 237

Comme il y a 0 dizaine, il faut remplacer 50 dizaines par 49 dizaines et 10 unités. On aurait pu commencer par remplacer une centaine par 10 dizaines, puis 1 dizaine par 10 unités, mais cela alourdit la trace écrite. Cet exemple fait l'objet d'une **synthèse** du même type que la précédente.	$$\begin{array}{r} 5\ 0\ 0 \\ -\ 2\ 3\ 7 \\ \hline \end{array}$$ $$\begin{array}{r} \overset{4}{\cancel{5}}\ \overset{9}{\cancel{0}}10 \\ -\ 2\ 3\ 7 \\ \hline 2\ 6\ 3 \end{array}$$

Calcul : 438 – 76

Il faut bien disposer les unités sous les unités, les dizaines sous les dizaines… À certains rangs, le calcul peut parfois se faire directement (ici pour les unités).	$$\begin{array}{r} 4\ 3\ 8 \\ -\ \ \ 7\ 6 \\ \hline \end{array}$$ $$\begin{array}{r} \overset{3}{\cancel{4}}13\ 8 \\ -\ \ \ 7\ 6 \\ \hline 3\ 6\ 2 \end{array}$$

UNITÉ 3

COLLECTIF

COMPLÉMENT Vers une autre présentation de la technique de la soustraction

Si l'enseignant choisit une autre technique que la précédente, le point de départ est identique à celui de la séance précédente, à partir de la confrontation entre les deux calculs suivants, en demandant aux élèves de proposer une explication du deuxième calcul (celui de Sam) :

calcul de Lou

calcul de Sam

Le calcul de Sam est justifié de la façon suivante :

– Sam n'a pas pu soustraire 6 unités de 5 unités, car il n'y en a pas assez.

– Il a ajouté 10 unités « en haut », mais il aurait fallu pour cela qu'il soustrait 1 dizaine à 1. Au lieu de la soustraire tout de suite, il a mis un petit « 1 » en bas pour se souvenir qu'il doit la soustraire en même temps que 4.

– Ensuite, il fait de même en ajoutant 10 dizaines (prises sous la forme d'une centaine au 1er terme) et en se souvenant qu'il doit donc l'enlever au rang des centaines par un petit 1 en bas.

Si nécessaire, reprendre l'explication en s'appuyant sur le matériel cartes :

Il faut enlever 5 cartes centaine, 4 cartes dizaine, 6 cartes unité. Mais il n'est pas possible d'enlever 6 cartes unité à 5 cartes unité.

Affichage du matériel :
6 cartes centaine
1 carte dizaine
5 cartes unité

Sam a ajouté 10 cartes unité. Il n'a pas encore enlevé la carte dizaine utilisée de la dizaine de 615, mais il l'a notée par une retenue en bas.

Nouvel affichage :
6 cartes centaine
1 carte dizaine
15 cartes unité

Sam a enlevé les 6 cartes unités, mais il n'a toujours pas enlevé la carte « dizaine ».

Nouvel affichage :
6 cartes centaine
1 carte dizaine
9 cartes unité

Sam a ajouté 10 cartes dizaine. Il n'a pas encore enlevé la carte centaine utilisée des 6 centaines de 615, mais il l'a notée par une retenue en bas.

Nouvel affichage :
6 cartes centaine
11 cartes dizaine
9 cartes unité

Sam a enlevé les 5 cartes dizaines (4 +1), mais il n'a toujours pas enlevé la carte centaine.

Nouvel affichage :
6 cartes centaine
6 cartes dizaine
9 cartes unité

Sam a enlevé les 6 cartes centaines (5 + 1).

Nouvel affichage :
0 carte centaine
6 cartes dizaine
9 cartes unité

Le résultat s'écrit **69**, le 0 des centaines n'étant pas à écrire.

INDIVIDUEL

ENTRAINEMENT

FICHIER NOMBRES ET CALCULS p. 37

Soustraire en ligne ou en colonnes

1 Calcule.

a. 243 − 17 b. 712 − 108 c. 800 − 175 d. 702 − 96

Dans les exercices 2 et 3, pour chaque calcul, choisis entre les deux méthodes proposées.

2 Calcule en ligne ou en colonnes.
a. 786 − 35 = ...   d. 785 − 438 = ...
b. 856 − 106 = ...   e. 708 − 73 = ...
c. 682 − 238 = ...   f. 806 − 19 = ...

3 Calcule en ligne ou en colonnes.
a. 264 − 120 = ...   d. 506 − 46 = ...
b. 264 − 68 = ...   e. 506 − 269 = ...
c. 264 − 178 = ...   f. 506 − 80 = ...

Exercice ❶

Calculer des différences en posant les opérations.

Pour la deuxième soustraction, on peut faire remarquer qu'un calcul direct, sans poser les opérations, est aussi efficace, par exemple : 712 − 100, puis 612 − 8.

RÉPONSE : a. 226   b. 604   c. 625   d. 606.

AIDE Proposer le recours à un matériel de numération,.

REMÉDIATION Pour les calculs en colonnes, des **exercices d'entrainement supplémentaires** peuvent être proposés à certains élèves, avec éventuellement un soutien personnalisé. Il convient de déterminer si les difficultés proviennent d'une maitrise insuffisante de la technique (pose de l'opération, ordre des calculs, retenue) ou d'une connaissance insuffisante du répertoire additif, de façon à cibler le travail de l'élève dans la bonne direction.

Exercices ❷ et ❸

Calculer des différences mentalement ou en posant les opérations.

Lors de l'exploitation, les différentes méthodes de calcul sont comparées :
– calcul mental (par exemple pour **b** et **f** de l'**exercice 2** ou **a**, **d** et **f** de l'**exercice 3**) ;
– calcul posé ;
– calcul en ligne imitant le calcul posé (pour tous les calculs, si l'élève est à l'aise avec le repérage des chiffres et la gestion des retenues).

RÉPONSE :
❶ a. 751   b. 750   c. 444   d. 347   e. 635   f. 787.
❷ a. 144   b. 196   c. 86   d. 460   e. 237   f. 426.

86 UNITÉ 3

	Tâche	Matériel	Connaissances travaillées
SUITE DE NOMBRES	**Le furet de 3 en 3** – Donner des suites de nombres de 3 en 3.	**par élève :** – ardoise ou cahier de brouillon	– **Calcul réfléchi** – Table de multiplication de 3 (préparation).
RÉVISER Géométrie	**Reconnaître des angles droits avec une équerre** – Identifier l'angle droit sur une équerre. – Utiliser l'équerre pour reconnaître des angles droits dans des figures.	**pour la classe :** – lot d'équerres *(voir activité)* – gabarit d'angle droit comme celui des élèves – 3 angles ❯ **fiche 12** agrandie au format A3 **par élève :** – équerre, crayon – gabarit d'angle droit ❯ **planche A du cahier** CAHIER GÉOMÉTRIE **p. 17 Ⓐ et Ⓑ**	– **Angle droit : « coin de l'équerre »** – **Reconnaissance d'un angle droit et contrôle avec une équerre.**
APPRENDRE Mesures	**Lecture de l'heure** RECHERCHE **Heures et minutes** – Lire un horaire affiché sur une horloge à aiguilles. – Associer différentes expressions d'un même horaire en heures et minutes.	**pour la classe :** – **fiche recherche 15** agrandie ou projetée – horloge à aiguilles et horloge analogique avec affichage des heures et minutes **par élève :** – **fiches recherche 14** (questions 1 à 4) **et 15** (question 5) – une horloge en carton ❯ **planche C du cahier** – étiquettes *(question 5)* ❯ **fiche 13** CAHIER GÉOMÉTRIE **p. 17 ❶ et ❷**	– **Lecture de l'heure en heures et minutes** – **1 heure = 60 minutes.**

UNITÉ 3

SUITE DE NOMBRES

Le furet de 3 en 3

– Produire à l'oral et à l'écrit des suites de nombres de 3 en 3.

COLLECTIF

PHASE 1 À l'oral

• Préciser la règle :

➡ *Nous allons jouer au furet. Je donne le départ :* **7**. *Chaque élève que je désignerai devra faire avancer le furet de* **3**.

• Désigner successivement plusieurs élèves.

• Recommencer avec, par exemple, **25** comme nombre de départ et faire dire les nombres de **3** en **3** en reculant.

▤ **L'attention des élèves est attirée** sur les régularités qui apparaissent dans ces suites. Par exemple, si on avance de **3** en **3** à partir de **7**, le chiffre des unités est alternativement **pair** et **impair**.

INDIVIDUEL

PHASE 2 À l'écrit

• Demander aux élèves d'écrire sur leur cahier ou ardoise :

➡ *Écrivez la suite des nombres à partir de* **3** *en avançant de* **3** *en* **3**, *jusqu'à* **30**.

RÉPONSE : **3** – 6 – 9 – 12 – 15 – 18 – 21 – 24 – 27 – 30.

▤ **L'attention des élèves est attirée** sur le fait que les nombres écrits sont les résultats de la **table de multiplication par 3**.

• Les élèves peuvent s'entrainer à ce moment de calcul mental en utilisant l'**exercice 7** de **Fort en calcul mental, p. 31**.

RÉPONSE : a. **5** – 8 – 11 – 14 – 17 – 20 – 23 – 26 – 29.
b. **52** – 49 – 46 – 43 – 40 – 37 – 34 – 31 – 28.

PHASE 1 **Découverte de l'équerre**

• Préparer un lot d'équerres composé d'une équerre de tableau, d'équerres d'écolier avec des angles de 45°, d'autres avec des angles de 60° et 30°, une équerre qui n'est pas évidée et, si possible, une équerre qui ne comporte pas de graduation.

• Montrer aux élèves ce lot d'équerres et demander :

➡ *Comment se nomment ces instruments de géométrie et à quoi servent-ils ?*

• Mettre en évidence les différences existant entre les équerres (taille, angles autres que l'angle droit, présence ou non d'une graduation sur un bord, équerre évidée ou non) et ce qu'elles ont de commun (un angle droit).

• Valider la présence d'un angle droit en superposant les équerres entre elles ainsi qu'avec un gabarit d'angle droit.

• Demander aux élèves d'identifier l'angle droit de leur équerre. La validation se fait par superposition avec l'équerre du voisin et avec un gabarit.

> **L'objectif est d'amener les élèves à identifier l'angle droit sur une équerre vendue dans le commerce**, en le différenciant des autres angles et en faisant abstraction de ce qui est superflu (graduation notamment). Le travail conduit avec différents gabarits d'angle droit en CE1 et dans l'unité 2 a permis de construire une image mentale de l'angle droit qui est ici mobilisée.

PHASE 2 **Comment utiliser l'équerre pour contrôler qu'un angle est droit**

• Afficher au tableau l'agrandissement de la **fiche 12** sur laquelle sont dessinés **trois angles**, sans côtés verticaux ou horizontaux : un droit, un légèrement supérieur à un droit, un autre légèrement inférieur à un droit.

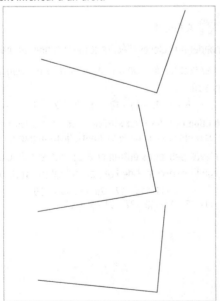

• Demander comment placer l'équerre pour reconnaître lequel ou lesquels de ces angles sont des angles droits. Après discussion, préciser comment procéder :

Reconnaître un angle droit avec l'équerre

1. Utiliser les bords extérieurs de l'équerre.

2. Placer l'équerre sur l'angle à contrôler :
– en faisant coïncider le sommet de l'angle droit de l'équerre avec le sommet de l'angle à contrôler ;
– en plaçant un côté de l'angle droit de l'équerre le long d'un côté de l'angle à contrôler.

3. Si le 2e côté de l'angle droit de l'équerre tombe le long du 2e côté de l'angle dessiné, alors l'angle est droit ; sinon il n'est pas droit.

• Faire remarquer qu'on n'utilise pas la graduation de l'équerre.

PHASE 3 CAHIER MESURES ET GÉOMÉTRIE **p. 17**

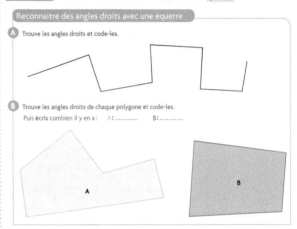

Exercices Ⓐ et Ⓑ

Reconnaître des angles droits avec une équerre.

Intervenir auprès des élèves pour les aider à identifier l'angle droit de leur équerre et à positionner correctement celle-ci.

Si une correction collective est effectuée, la difficulté à décrire l'angle auquel on s'intéresse pourra être l'occasion d'introduire des lettres pour désigner les extrémités des segments qui forment la ligne brisée et les sommets du polygone.

RÉPONSE :

Ⓐ

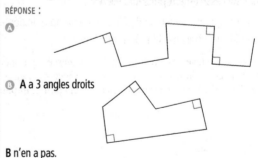

Ⓑ A a 3 angles droits

B n'en a pas.

Lecture de l'heure

– Lire l'heure sur une horloge à aiguilles en heures et minutes.
– Comprendre l'équivalence 1 heure = 60 minutes.

RECHERCHE fiches recherche 14 et 15 + fiche 13

Heures et minutes : Par l'observation des deux types d'horloges (à aiguilles et à affichage numérique) et la recherche du nombre de graduations sur le cadran de l'horloge à aiguilles, les élèves découvrent les minutes et la correspondance 1 heure = 60 minutes. Puis ils s'entraînent à lire l'heure en heures et minutes sur une horloge à aiguilles. La séance se termine par un jeu où il faut associer des étiquettes indiquant le même horaire et l'horloge correspondante.

PHASE 1 Différentes horloges

Question 1 à 4 de la recherche (fiche 14)

• Distribuer la **fiche recherche 14** et demander aux élèves de répondre successivement aux **quatre questions** dont l'objectif est de décrire les différentes horloges reproduites sur la page.

RÉPONSE :

1. Les horloges **a**, **c**, **d**, **e** et **f** ont des aiguilles (2 ou 3 chacune si on ne retire pas la trotteuse des photos de certaines horloges), mais pas l'horloge **b**.

2. Certaines horloges à aiguilles comportent des nombres (**a**, **c** et **e**) et d'autres pas. Sur les horloges **a**, **c** et **e**, ces nombres représentent les **heures**. Pour l'horloge **a**, les nombres sont écrits en chiffres romains et, sur les horloges **c** et **e**, ils sont écrits en chiffres arabes.

3. Les nombres sur l'horloge **b** représentent les **heures** (7) et les **minutes** (40).

4. Les petits ronds de l'horloge **d** représentent les heures. Sur les horloges **c** et **f**, les **grands traits** sont les graduations des heures, les **petits traits** celles des minutes.

• Présenter alors les **deux horloges** présentes dans la classe :

➡ *Il existe deux sortes d'horloge : à affichage et à aiguilles. On peut y lire les horaires en heures et minutes. Il faut savoir lire l'heure sur chacune d'elles.*

PHASE 2 Les minutes

Pour la lecture de l'heure sur une horloge à aiguilles, le niveau des élèves est souvent très hétérogène. Il s'agit de progresser avec prudence, en essayant de donner du sens aux termes utilisés.

• Poser la question suivante et demander aux élèves de répondre en utilisant leur horloge en carton :

➡ *Combien l'horloge comporte-t-elle de graduations en tout (petites et grandes graduations) ?*

• Laisser les élèves chercher la réponse à deux. Si besoin, les aider à choisir un point de départ : « la petite graduation après le 12 ».

• Observer les méthodes utilisées :
– comptage un à un ;
– comptage des petites graduations et ajout des grandes ;
– comptage par paquets (entre deux grandes graduations il y a 4 petites, donc en tout 12 × 4 petites graduations), etc.
Certains élèves peuvent avoir calculé le nombre d'espaces.

• Organiser la **mise en commun** en recensant les résultats obtenus et en revenant sur les erreurs, puis en faisant expliciter les méthodes de calcul si elles sont différentes.

• Conclure en présentant **une ou deux méthodes correctes**, parmi les suivantes, après avoir fait constater que sur un cadran d'horloge, il y a **12 graduations** pour les heures :

1re **méthode :** Entre deux graduations des heures, il y a 4 petites graduations et 5 espaces qui correspondent à 5 minutes. Il y a donc en tout 12 fois 5, soit 60 espaces qui correspondent à 60 minutes. Il y a autant d'espaces que de graduations.

2e **méthode :** Entre deux graduations des heures, il y a 4 petites graduations. Il y a donc en tout 12 × 4 petites graduations + 12 grandes, soit 60 graduations.

3e **méthode :** Entre deux graduations des heures, il y a 4 petites graduations et la cinquième est celle de l'heure. Il y a donc en tout 12 × 5 graduations, soit 60 graduations.

• Faire une **synthèse** sur le fonctionnement de l'horloge à aiguilles :

Le rôle des graduations et des aiguilles

• **Sur une horloge à aiguilles**, il y a (en général) **60 graduations** pour les **minutes**.
Certaines de ces graduations sont marquées de manière différente et numérotées : il y en a **12**, ce sont les graduations des **heures**.

• **C'est la grande aiguille qui indique les minutes.** Quand elle va du **12** au **1**, il s'est écoulé **5 minutes** ; de même quand elle va du **1** au **2**.
Quand la grande aiguille indique 2, il s'est écoulé 5 minutes + 5 minutes, soit 2 fois 5 minutes, soit 10 minutes.

• **Quand la grande aiguille a fait un tour complet**, c'est-à-dire a avancé de 60 minutes, la petite aiguille a avancé d'une grande graduation à une autre, soit d'**une heure**.
1 heure = 60 minutes *(voir dico-maths n° 40).*

• **Quand la grande aiguille fait la moitié d'un tour**, il s'est écoulé une demi-heure et la grande aiguille a avancé de **30 graduations**.
Quand la grande aiguille indique 6, il s'est écoulé 6 fois 5 minutes, soit 30 minutes.

une demi-heure = 30 minutes
Il y a 2 fois 30 minutes dans 60 minutes.

• **Quand la grande aiguille fait la moitié de la moitié d'un tour**, c'est-à-dire un quart de tour, il s'est écoulé un quart d'heure et la grande aiguille a avancé de **15 graduations**.
Quand la grande aiguille indique 3, il s'est écoulé 3 fois 5 minutes, soit 15 minutes.

un quart d'heure = 15 minutes *(voir dico-maths n° 41)*
Il y a 4 fois 15 minutes dans 60 minutes.

• Marquer **10 heures et quart** sur l'**horloge à aiguilles** et lire : « Il est dix heures et quart ou dix heures quinze minutes ».

• Montrer l'**horloge à affichage** et préciser : « Sur une horloge à affichage (ou digitale), les horaires sont marqués en heures et minutes ». Marquer **10 : 15** sur cette horloge et lire : « Il est dix heures quinze minutes ».

UNITÉ 3

PHASE 3 **Lecture en heures et minutes**

• Marquer des horaires sur l'horloge à aiguilles et demander aux élèves de lire l'heure et de l'écrire sur leur ardoise :

8 h 30	9 h 05	9 h 10	9 h 20	9 h 30
10 h 25	10 h 12	10 h 23	10 h 34	10 h 45

Préciser que **10 h 45** se lit aussi « 11 heures **moins le quart** ».

• Proposer quelques horaires avec un nombre de minutes supérieur à 30 :

10 h 55	10 h 50 (ou 11 heures moins 10)
7 h 40 (ou 8 heures moins vingt)	

Préciser que **10 h 55** se lit aussi « 11 heures moins 5 » (il manque 5 minutes pour que ce soit 11 heures).

• À la suite de ces horaires, proposer une **deuxième synthèse** :

Les différentes lectures de l'heure

• **Il existe différentes expressions pour un même horaire**, notamment quand le nombre de minutes est supérieur à 35.

• **Afficher 8 h 35 sur l'horloge à aiguilles et sur l'horloge à affichage :**
– on peut se référer à l'**heure passée** : 8 heures 35, ou à l'**heure suivante** : 9 heures moins 25 ;
– le complément en minutes à l'heure suivante est de 25 minutes, c'est le complément de 35 à 60 minutes.

Dans un premier temps, il peut être important de faire figurer, pour certains élèves, une horloge au tableau où les minutes sont numérotées de **5 en 5**. Mais on habituera les élèves à se passer de cette aide.
Lorsqu'on lit des horaires, l'attention est retenue par la grande aiguille. Il est important de rendre les élèves attentifs à la position relative de la petite aiguille entre deux graduations d'heures. Si le nombre de minutes est supérieur à **30**, les erreurs sont fréquentes dans la lecture de l'heure : les élèves disent fréquemment « *11 h 50* » pour 10 h 50 ou « *10 heures moins 5* » pour 11 heures moins 5.
La recherche des compléments à l'heure suivante peut se faire par lecture de l'écart sur l'horloge à aiguilles (il manque 20 minutes pour atteindre 7 h) ou par le calcul du complément à 60 (nécessaire si l'horaire est donné sous la forme 6 h 40). Ce travail sera repris ultérieurement pour le calcul de durée en heures et minutes.
Avec les horloges à affichage (ou digitales) apparaît le problème des horaires de l'après-midi : ce point sera abordé en unité 4. Si des élèves proposent des horaires de l'après-midi (20 h 30 pour 8 h 30), accepter la réponse comme correcte, mais indiquer que l'on travaille pour le moment sur les horaires du matin.

PHASE 4 **Jeu des étiquettes**

Question 5 de la recherche (fiche 15)

• Distribuer la **fiche recherche 15** et la **fiche 13** comportant les étiquettes, puis reformuler la consigne :

➡ *Il s'agit d'associer les étiquettes qui indiquent le même horaire et de les coller sous les horloges correspondantes. Vous placerez les bonnes étiquettes sous les bonnes horloges. Lorsque vous serez sûrs, vous les collerez. Le travail se fait à deux, mais les réponses sont individuelles.*

• Lors de la correction, préciser à nouveau certains points concernant les différentes lectures d'un même horaire : l'affichage **8 h 45** ou **8 h 45 min** de l'horloge digitale se dit à l'oral : « 8 heures 45 ou 9 heures moins le quart ». Revenir sur certaines

erreurs fréquentes : pour l'**horloge c**, il s'agit bien de **8 h 45**, et non de **9 h 45**, même si la petite aiguille est proche du 9, et c'est **9 heures moins le quart** et non **8 heures moins le quart**.

RÉPONSE : a. midi 5 minutes *ou* 12 : 05
b. 11 heures moins 20 *ou* 10 heures 40 minutes
c. 9 heures moins le quart *ou* 8 : 45   d. 8 : 15 *ou* 8 heures et quart
e. 4 heures 23 minutes   f. 5 : 12   g. 6 : 35
h. 10 h 2 minutes   i. 2 h 10

TRACE ÉCRITE

Renvoi au **dico-maths n° 40 et 41**.

Ce jeu permet de s'entraîner à la lecture de l'heure en heures et minutes sur une horloge à aiguilles et de travailler sur la position relative de la petite aiguille.

ENTRAINEMENT

CAHIER MESURES ET GÉOMÉTRIE p. 17

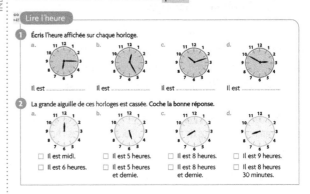

Exercice ❶

Lire des horaires en heures et minutes sur des horloges à aiguilles.

Toute expression correspondant à un horaire du matin ou de l'après-midi est acceptée.

RÉPONSE : a. 6 heures et quart *ou* 6 h 15
b. 0 h 25 *ou* minuit vingt-cinq *ou* 12 h 25 *ou* midi vingt-cinq
c. 10 h 12   d. 3 heures moins dix *ou* 2 h 50.

Exercice ❷

Imaginer l'heure sur une horloge dont la grande aiguille est cassée, en fonction de la position de la petite aiguille.

Cet exercice, plus difficile, pourra être réservé aux élèves les plus avancés ; il pourra être repris ultérieurement avec les autres élèves en expliquant le raisonnement qui amène à choisir le bon horaire : par exemple, sur l'**horloge b**, la petite aiguille est entre le 5 et le 6, il ne peut donc être exactement 5 heures, il est 5 heures et demie.

RÉPONSE : a. midi b. 5 heures et demie c. 8 heures d. 8 heures 30 minutes.

AIDE Il faut reprendre régulièrement avec les élèves en difficulté les types d'activités présentées ci-dessus et les accompagner quotidiennement dans la lecture de l'heure sur l'horloge de la classe. *(voir consolidation, p. 101).*

À SUIVRE

En **unité 4**, sera entraînée la lecture de l'heure en heures et minutes sur une horloge à aiguilles. Les horaires de l'après-midi seront également abordés.
En **unité 5**, seront travaillées les durées en heures et minutes par l'étude d'un programme TV.

	Tâche	Matériel	Connaissances travaillées
SUITE DE NOMBRES	**Le furet de 6 en 6** – Donner des suites de nombres de 6 en 6.	**par élève :** – ardoise ou cahier de brouillon	– **Calcul réfléchi** – Table de multiplication de 6 (préparation).
RÉVISER Géométrie	**Tracer des angles droits avec une équerre** – Poursuivre le tracé d'une ligne brisée et d'une spirale en traçant des angles droits.	**pour la classe :** – figures des exercices A et B sur transparent rétroprojetable – feutre à encre non permanente – équerre d'écolier ou de tableau **par élève :** – équerre, crayon à papier, gomme CAHIER GÉOMÉTRIE **p. 18 A et B**	– **Angle droit : « coin de l'équerre »** – **Reconnaissance d'un angle droit et contrôle avec une équerre.**
APPRENDRE Mesures	**Centimètres et millimètres** RECHERCHE **Jeu de messages** – Réaliser un message qui permette de reproduire un segment donné à l'identique.	**par équipe de 2 :** – 2 segments A et B ▸ **fiche 14** – quart de feuille pour la rédaction du message – demi-feuille A4 de papier calque – double décimètre **par élève :** – double décimètre CAHIER GÉOMÉTRIE **p. 19 1 , 2 et 3**	– **Le millimètre** – **Mesurer la longueur d'un segment en cm et mm** – **Construire un segment de longueur donnée.**

UNITÉ 3

SUITE DE NOMBRES

Le furet de 6 en 6
– Produire à l'oral et à l'écrit des suites de nombres de 6 en 6.

COLLECTIF

PHASE 1 **Le furet de 6 en 6**

• Préciser la règle :

➡ *Nous allons jouer au furet. Je donne le départ :* **4**. *Chaque élève que je désignerai devra faire avancer le furet de* **6**.

• Désigner successivement plusieurs élèves.

• Recommencer avec, par exemple, **32** comme nombre de départ et faire dire les nombres de **6** en **6** en reculant.

L'attention des élèves est attirée sur les régularités qui apparaissent dans ces suites. Par exemple, si on avance de 6 en 6 à partir de **4**, le chiffre des unités est toujours **pair**.

INDIVIDUEL

PHASE 2

• Demander aux élèves d'écrire sur leur cahier ou ardoise :

➡ *Écrivez la suite des nombres à partir de* **6** *en avançant de* **6** *en 6, jusqu'à* **60**.

RÉPONSE : 6 – 12 – 18 – 24 – 30 – 36 – 42 – 48 – 56 – 60.

L'attention des élèves est attirée sur le fait que les nombres écrits sont les résultats de la **table de multiplication par 6**.

• Les élèves peuvent s'entrainer à ce moment de calcul mental en utilisant l'**exercice 8** de **Fort en calcul mental, p. 31**.

RÉPONSE : a. 8 – 14 – 20 – 26 – 32 – 38 – 44 – 50 – 56.
b. **116** – 110 – 104 – 98 – 92 – 86 – 80 – 74 – 68.

RÉVISER

Tracer des angles droits avec une équerre
– Savoir placer une équerre pour tracer un angle droit dont un côté est tracé.

COLLECTIF ET INDIVIDUEL

CAHIER MESURES ET GÉOMÉTRIE **p. 18**

Exercice A

Continuer une ligne brisée en traçant des angles droits.

Au besoin, préciser la consigne en effectuant au tableau un tracé à main levée sur la figure projetée.

Laisser un temps de travail individuel suffisant pour que chaque élève soit confronté à la difficulté du placement de l'équerre pour tracer le second côté d'un angle droit dont un côté est déjà connu, de façon à poursuivre la ligne brisée.

Faire si besoin une mise au point pour préciser, dessin à l'appui au tableau, comment tracer un angle droit :

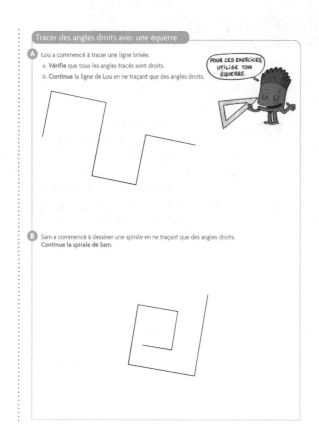

Tracer des angles droits avec une équerre

Ⓐ Lou a commencé à tracer une ligne brisée.
 a. **Vérifie** que tous les angles tracés sont droits.
 b. **Continue** la ligne de Lou en ne traçant que des angles droits.

> POUR CES EXERCICES UTILISE TON ÉQUERRE.

Ⓑ Sam a commencé à dessiner une spirale en ne traçant que des angles droits.
 Continue la spirale de Sam.

Pour tracer un angle droit

1. Placer un côté de l'angle droit de l'équerre le long du côté déjà tracé de l'angle à construire.
2. Faire coïncider le sommet de l'angle droit de l'équerre avec le sommet de l'angle droit à construire.
3. Tracer le deuxième côté de l'angle en appuyant le crayon le long du bord du deuxième côté de l'angle droit de l'équerre.

Des gabarits d'angles droits seront mis à disposition des élèves ayant des difficultés à utiliser une équerre, afin de leur permettre de se construire une bonne image mentale de l'angle droit et de pouvoir faire abstraction de tout ce qui est superflu sur une équerre.

Exercice Ⓑ

Poursuivre une construction en traçant des angles droits.
Projeter la figure et prolonger la construction à main levée pour préciser la tâche à réaliser. Faire remarquer que :
– chaque nouveau segment tracé ne coupe pas un segment déjà tracé ;
– il n'y a pas besoin de mesurer la longueur des segments, seule l'équerre suffit pour continuer la construction de la spirale.
Si tous les élèves ne traitent pas cet exercice, le proposer comme activité de consolidation.

APPRENDRE

Centimètres et millimètres

– Exprimer la mesure d'un segment en centimètres et millimètres et construire un segment de mesure donnée.
– Aborder la conversion des mesures centimètres-millimètres.

ÉQUIPES DE 2

RECHERCHE

Jeu de messages : Chaque équipe de 2 élèves dispose d'un segment et réalise un message permettant à une autre équipe de construire un segment identique.

PHASE 1 Réalisation des messages

• Diviser la classe en plusieurs équipes A et équipes B. Chaque équipe A est associée à une équipe B. L'échange des messages se fera entre deux équipes associées.

• Distribuer la fiche avec le **segment A** aux équipes A et celle avec le **segment B** aux équipes B ainsi qu'un quart de feuille A4 à chacune pour la rédaction du message.

• Formuler la consigne :
➡ *Il faut écrire un message pour qu'une autre équipe puisse tracer un segment qui soit exactement superposable à celui-ci (montrer la fiche avec le segment A). L'équipe qui recevra le message tracera un segment sur un papier calque et pourra ainsi vérifier si les deux segments se superposent. Attention, le message ne doit pas comporter de dessin. Toutes les équipes n'ont pas le même segment.*

• Veiller à ce que chaque équipe se mette d'accord sur la rédaction d'un message et l'écrive avec son nom et la lettre A ou B correspondante sur la feuille-message.

Dans ce problème de communication de mesure, certains élèves vont spontanément utiliser les graduations présentes sur leur règle et la plupart des messages utilisent les unités conventionnelles : « entre 12 et 13 cm » ; « au milieu de 12 et 13 » ; « 12 cm et 3 petits traits ».

COLLECTIF

PHASE 2 Échanges des messages et validation

• Organiser l'échange des fiches messages : chaque équipe A reçoit le message de son équipe B associée et inversement. Distribuer à chaque équipe la demi-feuille de papier calque, puis préciser :

➡ *Chaque équipe construit, suivant les indications données par le message qu'elle a reçu, le segment sur la demi-feuille de papier calque. Si une équipe n'y arrive pas, elle écrit sur la fiche message pourquoi celui-ci paraît insuffisant. Chaque équipe inscrit son nom sur la feuille de papier calque.*

• Une fois les constructions effectuées, organiser l'échange des feuilles de papier calque, engager les élèves à comparer par superposition le segment tracé et le segment initial. Si les deux segments ne sont pas superposables, une discussion peut avoir lieu entre les équipes associées pour déterminer l'origine de l'erreur.

COLLECTIF

PHASE 3 Mise en commun et synthèse

• Recenser rapidement les **messages qui n'ont pas permis de construire un segment** superposable au segment initial. Faire discuter des raisons pour lesquelles ces messages n'ont pas fonctionné :
– ils ne comportent pas de mesure ;
– ils utilisent une unité comme la longueur d'une gomme ;
– ils comportent une mesure visiblement fausse (erreur d'une unité, mauvaise utilisation du double décimètre) ;
– ils donnent un encadrement (entre 12 et 13 cm) ou une approximation (presque 12 cm, un petit peu plus…).

- Recenser ensuite les **messages qui ont permis de réussir**.
- Conclure :

➡ *Les messages qui permettent ici de réussir utilisent les petites graduations du double décimètre. Ces petites graduations représentent les* **millimètres**.

On peut remarquer que certains messages, pourtant précis, n'ont pas permis d'avoir un segment qui se superpose exactement au modèle. Cela provient d'un mauvais positionnement de la règle ou d'une petite erreur au niveau de la mesure ou du tracé. On peut accepter une imprécision de 1 ou 2 millimètres.

- Demander à chaque équipe de répondre aux questions suivantes :

1. Combien mesurent les segments A et B en centimètres et millimètres ?
2. Combien y a-t-il de millimètres dans 1 centimètre ?
3. Combien de millimètres mesurent les segments A et B ?

RÉPONSE : 1. Le **segment A** mesure **12 cm 3 mm** ;
le **segment B** mesure **8 cm 7 mm**.
2. Il y a **10 millimètres** dans un centimètre.
3. Le **segment A** mesure 120 mm et 3 mm, soit **123 mm** (120 est obtenu en comptant les millimètres de 10 en 10).
Le **segment B** mesure **87 mm**.

- La lecture et le comptage sur le double décimètre amènent à conclure :

Le millimètre

- **Le millimètre** est une unité utilisée pour des mesures précises. Son abréviation est **mm**.
C'est une unité dix fois plus petite que le centimètre.
On a l'équivalence **1 cm = 10 mm**.

- **Toute mesure se fait avec une approximation**, c'est-à-dire que l'on fait une petite erreur en lisant la mesure sur la règle. Mais, avec un maximum de soin et des outils adéquats (comme un crayon bien taillé), on peut limiter l'erreur due à cette approximation.

TRACE ÉCRITE

- Renvoi au **dico-maths n° 34**.

- **Affichage** : compléter l'affiche sur les mesures de longueur commencée en unité 1 avec la nouvelle équivalence à mémoriser :
1 centimètre = 10 millimètres   **1 cm = 10 mm.**

ENTRAINEMENT

CAHIER MESURES ET GÉOMÉTRIE p. 19

On vise dans ces exercices des savoir-faire liés à l'instrument de mesure qu'est le double décimètre.

Exercice 1

Mesure de segments et de lignes brisées avec le double décimètre.

Les élèves peuvent traiter ici séparément centimètres et millimètres. Une correction peut être faite à l'issue de ces mesures pour permettre de repérer les élèves qui ont des difficultés. Les conversions demandées peuvent se faire ou se contrôler par comptage des millimètres sur le double décimètre en mesurant le segment tracé.

Accepter les réponses voisines de celles données, à un ou deux mm près.

RÉPONSE : a. 13 cm et 7 mm ou 137 mm
b. 6 cm et 2 mm ou 62 mm   c. 10 cm et 3 mm ou 103 mm
d. 5 cm et 5 mm ou 55 mm   e. 5 cm et 6 mm ou 56 mm.

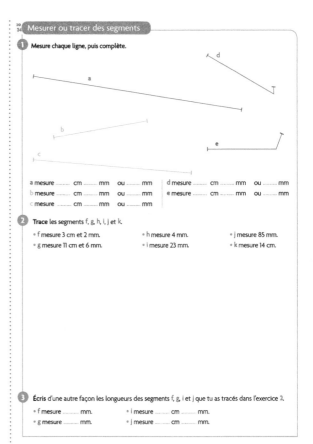

Mesurer ou tracer des segments

1 Mesure chaque ligne, puis complète.

a mesure .... cm .... mm   ou .... mm   d mesure .... cm .... mm   ou .... mm
b mesure .... cm .... mm   ou .... mm   e mesure .... cm .... mm   ou .... mm
c mesure .... cm .... mm   ou .... mm

2 Trace les segments f, g, h, i, j et k.
- f mesure 3 cm et 2 mm.   • h mesure 4 mm.   • j mesure 85 mm.
- g mesure 11 cm et 6 mm.   • i mesure 23 mm.   • k mesure 14 cm.

3 Écris d'une autre façon les longueurs des segments f, g, i et j que tu as tracés dans l'exercice 2.
- f mesure .... mm.   • i mesure .... cm .... mm.
- g mesure .... mm.   • j mesure .... cm .... mm.

Exercice 2

Construction de segments de longueurs données.

Les mesures sont données en centimètres et millimètres, ou en millimètres. Engager les élèves à un maximum de soin, en particulier à utiliser un crayon bien taillé.

Exercice 3

Premiers exercices de conversion.

Ces exercices peuvent se faire ou se contrôler par comptage des centimètres ou des millimètres sur le double décimètre.

RÉPONSE : f. 32 mm   g. 116 mm   i. 2 cm et 3 mm   j. 8 cm et 5 mm.

Différenciation : Exercices 1, 2 et 3 → **CD-Rom du guide, fiche n° 13**.
Exercice 1 : tracer des segments ou des lignes brisées.
Exercice 2 : compléter par des nombres inférieurs à 10.

À SUIVRE

En **séance 9** de cette unité, les élèves sont à nouveau entrainés à mesurer des segments.

En **unité 4**, ils vont calculer des longueurs de lignes brisées et donc convertir en centimètres des longueurs exprimées en millimètres. Ils aborderont aussi la notion de périmètres pour des figures.

	Tâche	Matériel	Connaissances travaillées
SUITE DE NOMBRES	**Le furet de 9 en 9** – Donner des suites de nombres de 9 en 9.	par élève : – ardoise ou cahier de brouillon	– **Calcul réfléchi** – **Table de multiplication de 9** (préparation).
RÉVISER Mesures	**Longueurs en centimètres et millimètres** – Mesurer des segments ou construire des segments de longueurs données à l'aide du double décimètre.	par élève – un double décimètre CAHIER GÉOMÉTRIE **p. 20 A et B**	– **Centimètre et millimètre** équivalence 1 cm = 10 mm – **Mesurer un segment** – **Construire un segment de longueur donnée.**
APPRENDRE Géométrie	**Carré - Rectangle - Triangle rectangle** RECHERCHE **Reproduire ou construire une figure** – Reproduire ou construire un carré, un rectangle, un triangle rectangle.	pour la classe : – questions 1 à 3 sur transparent rétroprojetable **› fiche recherche 16** – 2 ou 3 transparents rétroprojetables vierges – feutre à encre non permanente par élève : – **fiche recherche 16** – 2 feuilles de papier blanc au minimum – règle graduée et équerre – gabarit d'angle droit pour les élèves ayant des difficultés dans l'utilisation de l'équerre CAHIER GÉOMÉTRIE **p. 20-21 ❶, ❷ et ❸**	– **Reproduction, construction d'une figure** – **Carré, rectangle : propriétés des côtés et des angles** – **Triangle rectangle.**

SUITE DE NOMBRES

Le furet de 9 en 9

– Produire à l'oral et à l'écrit des suites de nombres de 9 en 9.

PHASE 1 **Le furet de 9 en 9**

• Préciser la règle :

➡ *Nous allons jouer au furet. Je donne le départ : 4. Chaque élève que je désignerai devra faire avancer le furet de 9.*

• Désigner successivement plusieurs élèves.

• Recommencer avec, par exemple, **40** comme nombre de départ et faire dire les nombres de **9** en **9** en reculant.

▤ **L'attention des élèves est attirée** sur les régularités qui apparaissent dans ces suites. Par exemple, si on avance de **9** en **9** à partir de **4**, le chiffre des unités diminue chaque fois de **1** (sauf passage du chiffre des unités de 0 à 9) : c'est comme si on avançait de **10** et reculait de **1** à chaque fois.

PHASE 2

• Demander aux élèves de prendre leur cahier de brouillon ou ardoise et donner la consigne :

➡ *Écrivez la suite des nombres à partir de* **9** *en avançant de* **9** *en* **9**, *jusqu'à* **90**.

RÉPONSE : **9** – 18 – 27 – 36 – 45 – 54 – 63 – 72 – 81 – 90.

▤ **L'attention des élèves est attirée** sur le fait que les nombres écrits sont les résultats de la **table de multiplication par 9** (vue dans les séances précédentes).

• Les élèves peuvent s'entraîner à ce moment de calcul mental en utilisant l'**exercice 9** de **Fort en calcul mental, p. 31.**

RÉPONSE : a. **10** – 19 – 28 – 37 – 46 – 55 – 64 – 73 – 82.
b. **97** – 88 – 79 – 70 – 61 – 52 – 43 – 34 – 25.

Longueurs en centimètres et millimètres

– Utiliser le double décimètre pour mesurer la longueur d'un segment ou pour construire un segment de longueur donnée.
– Exprimer des mesures en cm et mm ou seulement en mm, et utiliser l'équivalence 1 cm = 10 mm.

CAHIER MESURES ET GÉOMÉTRIE **p. 20**

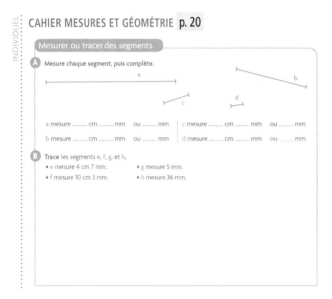

Exercice Ⓐ

Mesurer des segments en cm et mm.

Engager les élèves à un maximum de précision, les aider si besoin à corriger les erreurs de parallaxe commises en lisant obliquement les graduations sur la règle. On peut accepter une erreur de 1 ou 2 mm.

RÉPONSE : a. 8 cm 3 mm *ou* 83 mm   b. 4 cm 6 mm *ou* 46 mm
c. 1 cm 7 mm *ou* 17 mm   d. 8 mm.

Exercice Ⓑ

Tracer des segments dont la mesure est donnée en cm et mm.

Pour les longueurs données en millimètres, les élèves vont utiliser l'équivalence 1 cm = 10 mm.

Différenciation : → **CD-Rom du guide, fiche n° 13.**

UNITÉ 3

Carré - Rectangle - Triangle rectangle

– Mobiliser les propriétés d'un carré, d'un rectangle, d'un triangle rectangle pour reproduire et construire ces figures.
– Utiliser le double décimètre pour mesurer un segment ou construire un segment de longueur donnée.
– Utiliser l'équerre pour tracer un angle droit.

RECHERCHE Fiche recherche 16

> **Reproduire ou construire une figure :** Les élèves vont successivement reproduire un carré, construire un rectangle et reproduire un triangle rectangle.

Selon la classe, cette séance peut largement déborder les 45 minutes. Les apprentissages abordés ici sont fondamentaux, il ne faut pas forcer le rythme. Les trois questions de la recherche doivent être toutes traitées car elles concernent :

• **D'une part, deux types d'activités bien différentes :**
– **la reproduction avec le modèle de la figure à obtenir** qui permet d'envisager étape après étape les tracés à effectuer et d'exercer des contrôles à chaque étape du tracé ;
– **la construction où la figure est évoquée par son nom avec des indications de mesure et où le modèle n'est pas fourni ;** l'élève doit s'appuyer sur l'image mentale qu'il s'est construite de la figure et les propriétés qu'il connaît de celle-ci.

• **D'autre part, le choix du premier élément reproduit peut se révéler essentiel à la réussite.** C'est le cas dans la reproduction d'un triangle rectangle *(voir commentaires de la question 3)*, à la différence d'un carré ou d'un rectangle.
Si le temps ne permet pas d'aborder les exercices d'entraînement, ceux-ci pourront faire l'objet d'une séance de consolidation à placer peu après la recherche.

En géométrie, il est difficile de faire la part des choses entre les intentions et la réalisation. En effet, il est difficile à partir d'une production d'identifier si on a affaire à une erreur due à une mauvaise utilisation des propriétés, à des tracés effectués au jugé ou à un tracé approximatif dû à un manque de dextérité dans l'emploi des instruments. L'observation des élèves en situation de recherche ou la demande de raconter ce qu'ils ont fait peut aider à lever l'incertitude.

PHASE 1 **Reproduction du carré**

Question 1 de la recherche

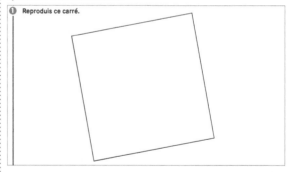

• Distribuer la **fiche recherche**, demander de lire la **question 1** puis préciser :

➡ *La figure reproduite doit être superposable au modèle, mais elle peut être placée et penchée différemment sur la feuille.*

Laisser un temps de recherche suffisant pour que chaque élève explore comment reproduire.

• Commencer la **mise en commun** en interrogeant les élèves sur les informations à prendre sur le dessin et dégager que :
– puisqu'on nous dit que la figure à reproduire est un carré, nous savons qu'il a 4 angles droits et que ses 4 côtés ont même longueur ;
– il suffit donc de mesurer un côté du carré.

• Poursuivre en demandant aux élèves de faire part des **difficultés** qu'ils ont rencontrées et des **démarches** qu'ils ont utilisées :
– commencer par solliciter un élève qui a fait des tracés au jugé ; lui demander d'effectuer devant la classe les premières étapes, sur le transparent ou le faire à sa place sous sa dictée ; mettre en débat sa démarche et conclure que « pour obtenir une figure superposable au modèle, il est absolument nécessaire de recourir à l'équerre pour tracer un angle droit » ;
– enchaîner en sollicitant des élèves qui ont utilisé une stratégie de construction correcte.

• Réaliser la construction sous la dictée pour minimiser les imprécisions de tracé (voir commentaire).

Procédures possibles :
Méthode 1

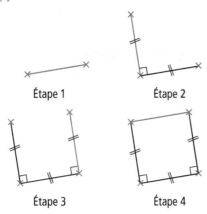

Étape 1   Étape 2

Étape 3   Étape 4

Étape 1 : tracé d'un premier segment de même longueur que le côté du carré.
Étape 2 : tracé d'un second segment de même longueur que le premier et perpendiculaire au premier.
Attirer l'attention des élèves sur la nécessité de déplacer l'équerre s'ils utilisent la graduation car le « 0 » de celle-ci n'est pas situé au sommet de l'angle droit.
Étape 3 : tracé d'un troisième segment de même longueur que le premier et perpendiculaire au premier.
Étape 4 : tracé du quatrième segment ayant pour extrémités les extrémités libres des deuxième et troisième segments.
Si les élèves ne le font pas spontanément, faire contrôler que les deux derniers angles sont effectivement des angles droits et que le quatrième segment a même longueur que les autres.
À ce niveau de scolarité, la vérification en fin d'étape 4 que le quadrilatère construit vérifie toutes les propriétés du carré est nécessaire : d'une part pour conclure que c'est un carré, d'autre part pour s'assurer de la correction des tracés.

Variante de la méthode 1
Les trois premières étapes sont identiques à la méthode 1.
Étape 4 : tracé du quatrième segment perpendiculaire au second (ou au troisième) et de même longueur que les trois autres.
Si la seconde extrémité de ce dernier segment ne se confond pas avec l'extrémité libre du troisième (ou du second) segment, préciser que la démarche est bonne mais le fait qu'on ne « retombe » pas sur le quatrième sommet est dû à des imprécisions de tracé.

Méthode 2
Cette méthode, nettement moins fréquente mais possible, ne sera pas présentée si elle n'a pas été utilisée.

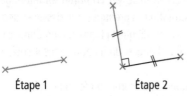

Étape 1   Étape 2

Les **étapes 1 et 2** sont identiques à la première méthode.

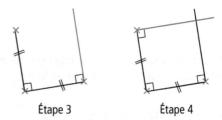

Étape 3   Étape 4

Étape 3 : tracé d'une demi-droite perpendiculaire au premier (ou au second) segment.
Étape 4 : tracé d'une demi-droite perpendiculaire au second (ou au premier) segment.
Si les élèves ne le font pas spontanément, demander là aussi de contrôler que le quatrième angle est droit et que les troisième et quatrième côtés ont même longueur que les deux autres. Si ce n'est pas exactement le cas, insister sur le fait que cela tient à des imprécisions dans l'utilisation des instruments et qu'il est important de s'appliquer pour réduire le plus possible ces imprécisions de tracé.

PHASE 2   **Construction du rectangle**

Question 2 de la recherche

> ❷ Construis un rectangle.
> Sa longueur mesure 16 cm et sa largeur 4 cm.

• Après un temps de recherche, demander aux élèves ce qui est difficile pour eux et pointer le fait que « l'absence de modèle peut être une gêne pour décider des étapes successives de la construction ».

• Dessiner au tableau une **figure à main levée d'un rectangle** et avec l'aide des élèves porter dessus les dimensions des quatre côtés et coder les angles droits. Présenter ce dessin comme étant une image de la figure à obtenir en précisant que « la figure tracée à main levée ne respecte pas la taille du rectangle à construire, mais peut constituer une aide pour guider le travail ».

• Relancer la recherche puis procéder à une **mise en commun** sur les points qui auront été repérés comme étant source de difficultés :
– certains élèves auront vraisemblablement mal placé le premier côté sur la feuille, ce qui fait que la figure ne tient pas sur la feuille ; dégager alors des échanges « l'utilité de commencer par le tracé d'une longueur du rectangle » ;
– retour si nécessaire sur les méthodes de construction qui sont les mêmes que pour le carré.

Cette question est l'occasion de transférer au rectangle les stratégies mises à jour pour la construction du carré.

PHASE 3   **Reproduction du triangle rectangle**

Question 3 de la recherche

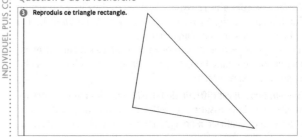

> ❸ Reproduis ce triangle rectangle.

• Rappeler ce qu'est un triangle rectangle : « un triangle qui a un angle droit ».

• Les élèves ne savent pas a priori que la mesure des deux côtés de l'angle droit suffit pour reproduire le triangle. Nombreux sont ceux qui effectuent la mesure des trois côtés.

Procédures possibles :

Méthode 1 **Tracés ajustés**

Étape 1 : Tracé d'un premier côté, par exemple celui de 10 cm.

Étape 2 : Tracé d'un second côté, par exemple de 8 cm.

Étape 3 : Vérification avant de tracer le troisième côté qu'il mesure bien 6 cm. Si nécessaire, ajustement de la position du second côté. Contrôle que l'angle formé par les côtés mesurant 6 cm et 8 cm est droit.

Cette construction ne fait pas intervenir que le triangle est rectangle. Les élèves peuvent décider de ne placer que l'extrémité du second segment afin de ne pas avoir à effacer ce segment si celui-ci n'est pas à 6 cm de la seconde extrémité du premier segment.

Méthode 2

Étape 1 : Tracé d'un premier côté de l'angle droit, par exemple celui de 8 cm.

Étape 2 : Tracé de l'angle droit et sur le second côté de celui-ci d'un segment de 6 cm.

Étape 3 : Vérification que le troisième côté du triangle mesure 10 cm.

• Organiser la **mise en commun** : mettre en évidence les procédures erronées qui auraient pu être utilisées, puis analyser les procédures avec les élèves :

– commencer par la **méthode 1** qui sollicite la mesure des trois côtés et l'exécuter sur un transparent sous la dictée d'un élève ;

– poursuivre par la **méthode 2** utilisant le tracé de l'angle droit ;

– demander aux élèves de se prononcer sur la rapidité de ces deux méthodes pour conclure à la supériorité de la méthode 2.

ENTRAINEMENT

CAHIER MESURES ET GÉOMÉTRIE p. 20-21

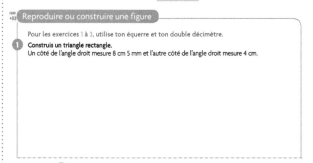

Reproduire ou construire une figure

Pour les exercices 1 à 3, utilise ton équerre et ton double décimètre.
1 Construis un triangle rectangle.
Un côté de l'angle droit mesure 8 cm 5 mm et l'autre côté de l'angle droit mesure 4 cm.

Exercice 1

Construire un triangle rectangle d'après des indications de mesure.

Deux procédures permettent de réussir :

– tracé d'un angle droit et positionnement sur les côtés de celui-ci de deux points qui sont les deux autres sommets du triangle ;

– tracé d'un côté de 8 cm 5 mm ou 4 cm, puis tracé d'un angle droit et placement du troisième sommet du triangle.

2 Reproduis ce rectangle.

3 Construis un carré de 6 cm de côté.

Exercice 2

Reproduire un rectangle d'après modèle.

À un moment de la construction, les élèves devront tracer des angles droits dont un côté est déjà tracé.

Exercice 3

Construire un carré d'après des indications de mesure.

De même que pour l'**exercice 2**, les élèves devront tracer des angles droits dont un côté est déjà tracé.

Plusieurs activités figurant dans « **90 Activités et jeux mathématiques CE2** » peuvent être proposées dès maintenant et tout au long de l'année pour entretenir et consolider les connaissances et compétences travaillées dans cette unité qui seront fortement sollicitées au cycle 3. Le « CD-Rom Jeux interactifs CE2-CM1-CM2 » propose également des activités de reproduction de figures où les élèves pourront consolider ces mêmes compétences en recourant à des instruments virtuels. *(voir propositions de consolidation, p. 101).*

Comment utiliser les pages Bilan et Consolidation ❯❯ p. VIII.

BILAN de l'UNITÉ 3

CONSOLIDATION

▶ Calcul mental (séances 1 à 9)

Connaissances à acquérir

→ **Multiplication : groupements de quantités identiques**

→ **Suites de nombres de 2 en 2, de 3 en 3, de 4 en 4, de 5 en 5, de 6 en 6, de 8 en 8, de 9 en 9.**

Pas de préparation de bilan proposée dans le fichier.

Je fais le bilan ❯ FICHIER NOMBRES p. 39

Exercice ❶ Écrire deux suites de nombres en avançant de 5 en 5 et en reculant de 9 en 9.

de 5 en 5 : **17 – 22** – 27 – 32 – 37 – 42 – 47 – 52 – 50.

de 9 en 9 : **93 – 84** – 75 – 66 – 57 – 48 – 39 – 30 – 21.

Je consolide mes connaissances ❯ FICHIER NOMBRES p. 31

Fort en calcul mental : exercices 1 à 9

Autres ressources

❯ 90 Activités et jeux mathématiques CE2

7. Suite régulière de nombres

▶ Multiplication : disposition rectangulaire d'objets (séance 1)

Connaissances à acquérir

→ **Lorsque des objets sont disposés en lignes et colonnes régulières**, on peut trouver combien il y en a en utilisant la multiplication.

Exemple :

```
·  ·  ·  ·  ·
·  ·  ·  ·  ·
·  ·  ·  ·  ·
·  ·  ·  ·  ·
```

Le nombre de points peut être calculé comme **4 × 5** ou **5 × 4**.
On voit sur cette disposition que « **4 fois 5** » est égal à « **5 fois 4** ».

→ **Avec d'autres dispositions**, on remarquerait que :
– **6 fois 5**, c'est **4 fois 5** plus **2 fois 5** ;
– **8 fois 5**, c'est **2 fois 4 fois 5**.

Je prépare le bilan ❯ FICHIER NOMBRES p. 38

QCM Ⓐ les carrés roses ;   les carrés orange.

▌ La réponse « **rectangles bleus** » permet de repérer les élèves qui ont pu penser que cette réponse était correcte au seul prétexte que les petits carrés sont en « organisation rectangulaire ».
La réponse « **rectangles verts** » peut être due au fait que les élèves concernés se sont contentés de vérifier le nombre de carrés sur la première ligne (15) et sur la première colonne (4), puis de calculer 15 × 4… sans vérifier que toutes les lignes (ou toutes les colonnes) comportaient bien 15 carrés (ou 4 carrés).

Je fais le bilan ❯ FICHIER NOMBRES p. 39

Exercices ❷ et ❸ Utiliser la multiplication pour trouver un nombre d'éléments en organisation rectangulaire.

❷ 45 voitures (9 × 5 ou 5 × 9).

❸ 30 carreaux : soit par calcul de 6 × 5 ou 5 × 6, soit en doublant le résultat de 3 × 5 ou de 5 × 3.

Je consolide mes connaissances ❯ FICHIER NOMBRES p. 40

Exercice ❶
48 passagers.

Exercice ❷
30 carreaux (6 × 5 ou 5 × 6).

Exercice ❸
35 voitures.

Exercice ❹
2 × 16 (ou 16 × 2) carreaux et 4 × 8 (ou 8 × 4) carreaux.

Exercice ❺
9 colonnes.

▌ En cas de difficultés à déduire, inciter les élèves à procéder par déduction ou par essais et vérification.

CD-Rom du guide

❯ Fiche différenciation n° 10

Autres ressources

❯ 90 Activités et jeux mathématiques CE2

36. Combien de points ?
37. Les baguettes croisées

▶ Multiplication : table de Pythagore (séances 2 et 3)

Connaissances à acquérir

→ **La table de Pythagore contient tous les résultats qu'il faudra apprendre par cœur** pour pouvoir calculer des multiplications :
– pour trouver le résultat de **7 × 8**, on peut aller dans la case qui correspond à la colonne **7** et la ligne **8** ou dans la case qui correspond à la colonne **8** et la ligne **7** ;
– dans une table, par exemple celle de **6**, les résultats « vont de **6** en **6** » ;
– quand on connait **7 × 8**, on connait aussi **8 × 7**.

Je prépare le bilan ❯ FICHIER NOMBRES p. 38

QCM B　les résultats se suivent de 4 en 4 ;
tous les résultats sont des nombres pairs.

Cet exercice permet de repérer les élèves qui ont identifié les bonnes propriétés de la table de multiplication par 4. La réponse fausse « tous les nombres se suivent de 2 en 2 » peut témoigner d'une confusion avec la réponse correcte « tous les résultats sont des nombres pairs ».

QCM C　9 × 4 = 36　　4 × 7 = 28.

La réponse « **9 × 3 = 12** » peut témoigner d'une confusion entre signes × et +.
Pour la réponse « **5 × 9 = 54** », les chiffres des unités et des dizaines ont été inversés (54 au lieu de 45).

QCM D　8 × 4 = 4 × 8　　3 × 8 = 6 × 4　　8 × 2 = 4 × 4.

Il est possible que certains élèves ne retiennent comme correcte que la réponse « **8 × 4 = 4 × 8** », pensant que le résultat ne peut être le même que si les facteurs sont identiques.

Je fais le bilan ❯ FICHIER NOMBRES p. 39

Exercice ❹　Calculer des produits ou des facteurs de produits (nombres des tables de multiplication).

×	3	6	7	9
4	12	24	28	36
5	15	30	35	45
6	18	36	42	54
8	24	48	56	72

×	2	3	5	10
4	8	12	20	40
5	10	15	25	50
6	12	18	30	60
9	18	27	45	90

Je consolide mes connaissances ❯ FICHIER NOMBRES p. 40-41

Exercice ❻
a. = **12**　2 × 6　　3 × 4　　6 × 2　　4 × 3
b. = **7**　1 × 7　　7 × 1
c. = **16**　2 × 8　　4 × 4　　8 × 2
d. = **36**　4 × 9　　6 × 6　　9 × 4.

Exercice ❼

5	3	→	15
7	4	→	**28**

↓	↓
35	12

5	5	→	25
3	8	→	24

↓	↓
15	40

Exercice ❽

×	4	6	7
3	12	18	21
4	16	24	28
5	20	30	35

Une recherche par essais est possible, mais a peu de chance d'aboutir si elle n'est pas accompagnée de quelques déductions, par exemple :
– la première ligne ne peut avoir comme en-tête que 3 ;
– les 3 colonnes ont donc pour en-têtes 4, 6 et 7 ;
– les autres résultats donnés permettent de conforter ces réponses et de trouver les en-têtes de lignes 4 et 5.

CD-Rom du guide

❯ Fiche différenciation n° 11

Ateliers

❯ Sur une table de Pythagore remplie

Supprimer ou cacher des nombres et demander de les retrouver. Au début, supprimer ou cacher peu de nombres, puis en augmenter progressivement la quantité.

Autres ressources

❯ 90 Activités et jeux mathématiques CE2

29. Reconstituer la table de multiplication

❯ CD-Rom Jeux interactifs CE2-CM1-CM2

10. Calcul éclair : domaine multiplicatif

❯ Activités pour la calculatrice CE2-CM1-CM2

12. Tables d'addition et de multiplication

UNITÉ 3

▶ Soustraction : calcul réfléchi ou posé (séances 4, 5 et 6)

Connaissances à acquérir

Pour calculer une soustraction posée, il faut commencer par les **unités,** puis les **dizaines,** puis les **centaines** et regarder si le calcul est possible. Si ce n'est pas le cas, il faut :
– « casser » une dizaine et la remplacer par 10 unités ;
– et/ou « casser » une centaine et la remplacer par 10 dizaines.

Je prépare le bilan ▷ FICHIER NOMBRES p. 38

QCM Ⓔ le chiffre des dizaines est 1 ; le chiffre des unités est 6.

Deux réponses erronées peuvent attirer l'attention :
– la réponse « **le chiffre des unités est 4** » incite à penser que certains élèves ont calculé l'écart entre les deux nombres sans se soucier du fait qu'il faut soustraire le deuxième terme du premier (ils ont calculé 6 – 2) ;
– la réponse « **le chiffre des dizaines est 2** » souligne que ces élèves ont oublié la retenue.
Certains élèves ont d'ailleurs pu « cumuler » les deux erreurs. Un retour à l'explication de la technique en s'aidant du matériel de numération est alors nécessaire.

QCM Ⓕ le chiffre des dizaines est 9.

Je fais le bilan ▷ FICHIER NOMBRES p. 39

Exercice Ⓢ Calculer des soustractions en ligne ou posées.
a. 39   b. 404   c. 647   d. 553.

Exercice Ⓢ Corriger des soustractions posées en colonnes.
a. fausse (514)   b. juste   c. fausse (65)   d. fausse (327).

Je consolide mes connaissances ▷ FICHIER NOMBRES p. 41

Exercice Ⓢ a. 43   b. 644   c. 748   d. 633   e. 350   f. 655.

Exercice Ⓢ

```
  2 8 3          4 0 3
–   4 7        – 2 6 4
  2 3 6          1 3 9
```

Exercice Ⓢ a. Plus grande différence : 900 – 459 = 441
b. Plus petite différence : 900 – 685 = 215.

Exercice Ⓢ Il reste 65 places libres.

La résolution de ce problème nécessite d'en déterminer les étapes, ce qui peut faire l'objet d'une exploitation collective. Deux stratégies sont possibles : soit déterminer le nombre total de passagers, puis le nombre de places vides ; soit déterminer le nombre de places restantes en soustrayant d'abord le nombre d'adultes, puis le nombre d'enfants.

CD-Rom du guide

▷ Fiche différenciation n° 12

Ateliers

▷ Soustraction : calcul réfléchi
Reprendre l'activité de la **séance 4** en utilisant le matériel de numération (les timbres).
▷ Soustraction : calcul posé
Reprendre les activités des **séances 5 et 6** en utilisant le matériel de numération.

▶ Lecture de l'heure : heures et minutes (séance 7)

Connaissances à acquérir

→ **Sur une horloge,** les grandes graduations indiquent les **heures,** toutes les graduations (grandes et petites) les **minutes.**
La petite aiguille montre les heures, la grande les minutes.

→ **Quand la grande aiguille est sur le 5 et la petite aiguille entre le 9 et le 10** (mais plus près du 9), il s'est écoulé 5 minutes après 9 heures, il est **9 heures 5 minutes.**

→ **Quand la grande aiguille fait un tour** (il s'écoule 60 minutes), la petite avance d'une grande graduation (1 heure).

→ Il faut savoir que : **1 heure = 60 minutes.**

Je prépare le bilan ▷ CAHIER GÉOMÉTRIE p. 22

QCM Ⓐ Il est 9 heures 5 minutes.

Je fais le bilan ▷ CAHIER GÉOMÉTRIE p. 23

Exercice Ⓢ Lire l'heure en heures et minutes sur une horloge à aiguilles (accepter toute réponse correcte).
a. 6 h 10   b. 8 h 23   c. 5 h 41   d. trois heures moins le quart ou 2 h 45.

Je consolide mes connaissances ▷ CAHIER GÉOMÉTRIE p. 24

Exercice Ⓢ a. 12 h 03   b. 2 h 50   c. 10 h 45 ou 11 h moins le quart
d. 5 h 37.

Exercice Ⓢ Pas de corrigé.

Ateliers

▷ Horaires sur une horloge à aiguilles : demander de les lire ou d'afficher le même horaire sur l'horloge à affichage numérique.

CD-Rom du guide

▷ Fiche différenciation n° 4

Autres ressources

▷ 90 Activités et jeux mathématiques CE2
56. Loto des heures
57. La bataille des heures

▷ CD-Rom Jeux interactifs GS-CP-CE1
18. Lecture de l'heure *(horaires du matin en heures et minutes avec niveaux de difficulté croissante permettant de différencier).*

▷ CD-Rom Jeux interactifs CE2-CM1-CM2
18. Lecture des horaires du matin et de l'après-midi

▶ Mesure de longueurs en centimètres et millimètres (séance 8)

Connaissances à acquérir

→ **Pour mesurer des segments en centimètres et millimètres :**
– le double décimètre est très utile ;
– le **millimètre** est une unité plus petite que le **centimètre**, 10 fois plus petite ;
– il faut savoir que : **1 cm = 10 mm.**

Je prépare le bilan ❭ CAHIER GÉOMÉTRIE p. 22

QCM Ⓑ Les deux segments ont la même longueur.
Les deux segments mesurent 1 cm.

Je fais le bilan ❭ CAHIER GÉOMÉTRIE p. 22-23

Exercice ❷ Construire des segments de longueurs données.
Le segment doit mesurer 73 mm.

Exercice ❸ Mesurer des segments ou lignes brisées en cm et mm.
a. 6 cm 2 mm   b. 4 cm 5 mm.

Je consolide mes connaissances ❭ CAHIER GÉOMÉTRIE p. 24

Exercice ❸ a. 5 cm 7 mm   b. 5 cm 7 mm.

Exercice ❹ 4 cm 5 mm.

Exercice ❺ 62 mm.

CD-Rom du guide

❭ Fiche différenciation n° 13

Autres ressources

❭ 90 Activités et jeux mathématiques CE2

48. Jeu des questions sur les longueurs n° 1
Ce jeu entraîne l'estimation des ordres de grandeurs et permet d'approcher les premières conversions.

❭ CD-Rom Jeux interactifs CE2-CM1-CM2

21. Règle graduée (jeu 2)

▶ Carré, rectangle, triangle rectangle : construction et reproduction (séance 9)

Connaissances à acquérir

→ **Pour construire un carré, un rectangle, un triangle rectangle,** il faut :
1. **Commencer par tracer un premier côté**, de préférence le plus long, en choisissant sa place sur la feuille pour être certain que la figure ne débordera pas.
2. **Continuer en utilisant les propriétés de la figure :**
– un carré a 4 angles droits et tous ses côtés ont même longueur ;
– un rectangle a 4 angles droits et ses côtés opposés ont même longueur ;
– un triangle rectangle a un angle droit.
3. **Contrôler** que les tracés effectués correspondent aux informations connues sur la figure.

→ **Pour reproduire un carré, un rectangle, un triangle rectangle,** il faut de plus :
1. **Savoir que la figure reproduite doit être superposable au modèle**, mais qu'elle peut être placée et penchée différemment sur la feuille.
2. **Prendre des mesures sur le modèle :**
– un côté pour le carré ;
– une longueur et une largeur pour le rectangle ;
– les deux côtés de l'angle droit pour le triangle rectangle.
3. **Contrôler** régulièrement que les tracés effectués correspondent au modèle.

Je prépare le bilan ❭ CAHIER GÉOMÉTRIE p. 22

QCM Ⓒ un double décimètre, une équerre.

Je fais le bilan ❭ CAHIER GÉOMÉTRIE p. 23

Exercice ❹ Terminer la construction d'un triangle rectangle, un côté de l'angle droit étant déjà tracé.
Deux tracés sont possibles :

matériel par élève :
équerre et règle.

Exercice ❺ Reproduire un carré.
Pas de corrigé.

Je consolide mes connaissances ❭ CAHIER GÉOMÉTRIE p. 24

Exercice ❻ Pas de corrigé.

Cet exercice entraîne l'utilisation de l'équerre pour contrôler qu'un angle est droit et pour tracer un angle droit.

Exercices ❼, ❽ et ❾ Pas de corrigé.

Pour ces exercices plus complexes, inciter les élèves à contrôler les propriétés perçues des figures avant de commencer la construction. Cette dernière mobilise les propriétés du carré, du rectangle et du triangle rectangle.

Ateliers

Pour les élèves ayant des difficultés à utiliser l'équerre.

❭ Angles droits : reconnaissance

Remettre à l'élève une feuille où sont tracés plusieurs angles dans différentes orientations : angles droits et angles proches d'un angle droit. Demander de trouver les angles droits et de les coder.

❭ Angles droits : tracé

Remettre à l'élève une feuille où sont tracés plusieurs traits orientés différemment, avec une des deux extrémités marquée par un point (petit rond). Demander pour chaque dessin de tracer un angle droit en précisant qu'un côté de l'angle droit est déjà tracé et que le sommet de l'angle droit est marqué.

Autres ressources

❭ 90 Activités et jeux mathématiques CE2

71. Poursuivre une construction (1)
72. Carrés, rectangles, triangles rectangles : reproduction, construction
84. Poursuivre une construction (2)
65. Le polygone mystérieux
66. Jeu du portrait avec des polygones

❭ CD-Rom Jeux interactifs CE2-CM1-CM2

15. Reproduction de figures (jeux 1 et 2)

Ces activités peuvent toutes être proposées dès maintenant. Elles gagneront à être utilisées dans la durée pour entretenir et consolider des connaissances et compétences fondamentales.

La classe de Sam

Les problèmes se situent dans un même contexte, celui d'une classe. Les trois premiers problèmes sont liés.

Problèmes et

OBJECTIF : Repérer une case dans un quadrillage par un couple, coder la position d'une case.

TÂCHE : Coder la place d'une élève et repérer la place d'un élève à partir du codage de celle-ci.

RÉPONSES : **①** Code de la place de Pok : c3.

②

	1	2	3	4	5
a	Sam			Marine	
b				Lou	
c			Pok		Leila
d	Flip		Lili		
e					

Problème ③

OBJECTIFS : Connaître le vocabulaire spatial et utiliser le repérage relatif de positions, combiner deux informations.

TÂCHE : Trouver le placement d'élèves à partir d'un repérage relatif de leurs positions les uns par rapport aux autres.

RÉPONSE :

	1	2	3	4	5
a	Sam		Pierre	Marine	
b				Lou	Tom
c		Lucie	Pok	Jérémy	Leila
d	Flip		Lili		
e					

Problème ④

OBJECTIFS : Lire des informations dans un tableau, comparer des longueurs dont les mesures sont exprimées en m et cm, utiliser l'équivalence 1 m = 100 cm, calculer la valeur d'une comparaison.

TÂCHE : Ranger les élèves suivant leurs tailles, calculer un écart de tailles en cm.

RÉPONSE : a. Pok, Sam, Lou, Anita, Marine   b. 21 cm.

Problème ⑤

OBJECTIFS : Résoudre un problème en respectant plusieurs contraintes, lire des informations dans un tableau.

TÂCHE : Déterminer les tailles d'élèves en respectant des informations de comparaison avec une taille connue.

RÉPONSE : **Lili :** 132 cm   **Leila :** 130 cm   **Tom :** 129 cm   **José :** 122 cm.

Mise en œuvre

Problème 1 : Indiquer, lors de la correction, que c'est le même codage qui sera utilisé dans le **problème 2** : les lignes de bureaux sont codées par des lettres et les colonnes de bureaux par des chiffres. Procéder à une correction du problème 2 avant d'aborder le problème 3.

Problème 3 : Préciser que les élèves dont on connaît les places sur le plan à l'issue des problèmes 1 et 2 restent à la même place.

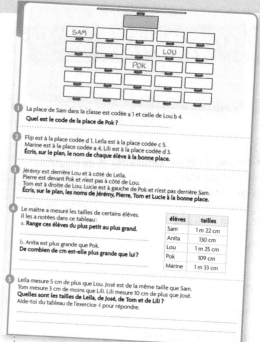

① La place de Sam dans la classe est codée a 1 et celle de Lou b 4.
Quel est le code de la place de Pok ?

② Flip est à la place codée d 1, Leila est à la place codée c 5.
Marine est à la place codée a 4, Lili est à la place codée d 3.
Écris, sur le plan, le nom de chaque élève à la bonne place.

③ Jérémy est derrière Lou et à côté de Leila.
Pierre est devant Pok et n'est pas à côté de Lou.
Tom est à droite de Lou. Lucie est à gauche de Pok et n'est pas derrière Sam.
Écris, sur le plan, les noms de Jérémy, Pierre, Tom et Lucie à la bonne place.

④ Le maître a mesuré les tailles de certains élèves.
Il les a notées dans ce tableau.
a. **Range ces élèves du plus petit au plus grand.**

élèves	tailles
Sam	1 m 22 cm
Anita	130 cm
Lou	1 m 25 cm
Pok	109 cm
Marine	1 m 33 cm

b. Anita est plus grande que Pok.
De combien de cm est-elle plus grande que lui ?

⑤ Leila mesure 5 cm de plus que Lou. José est de la même taille que Sam.
Tom mesure 3 cm de moins que Lili. Lili mesure 10 cm de plus que José.
Quelles sont les tailles de Leila, de José, de Tom et de Lili ?
Aide-toi du tableau de l'exercice 4 pour répondre.

Fichier p. 26

Problème 5 : Préciser que l'on n'est pas obligé de répondre aux questions posées dans l'ordre, mais qu'au contraire il faut réfléchir à quelle question il est possible de répondre en premier.

Aides possibles

Attirer l'attention des élèves sur le fait que la classe de Sam n'est pas disposée comme la leur.

Problème 1 : Les élèves peuvent ne pas assimiler spontanément la disposition des tables dans la classe à un quadrillage 5 × 5 dans lequel les lignes sont codées par des lettres et les colonnes par des chiffres. Possibilité de les questionner sur la manière dont sont disposées les tables : en lignes et en colonnes ou rangées.

Problème 3 : Préciser au besoin que « devant » signifie également « être dans la même colonne ».

Problème 4a : Préciser qu'il faut prendre garde aux unités utilisées pour chaque mesure.

Problème 5 : Si les élèves ont des difficultés, proposer de chercher la taille de Lili avant celle de Tom.

Procédures à observer particulièrement

Problème 1 : Deux codages sont possibles par des lettres pour les colonnes et des nombres pour les lignes. Il faut exploiter les deux informations pour faire le choix du codage approprié. Observer si les élèves contrôlent leur choix de codage à l'aide de la seconde information donnée.

Problème 3 : Observer si les élèves procèdent par déduction à partir des informations données ou procèdent par essai (placement en ne prenant en compte qu'une information et contrôle ensuite que le placement vérifie la seconde information).

Problème 4 : a. Observer si les élèves effectuent la conversion 1 m = 100 cm et ne se contentent pas de comparer les nombres de centimètres.
b. Observer si les élèves calculent par une soustraction : 130 − 109 ou par une addition à trous 109 + … = 130, la résolution des deux calculs pouvant être mentale.

Problème 5 : Observer les stratégies utilisées.

UNITÉ 4

13 ou 14 séances
– 10 séances programmées (9 séances d'apprentissage + 1 bilan)
– 3 ou 4 séances pour la consolidation et la résolution de problèmes

	environ 30 min par séance		environ 45 min par séance
	CALCUL MENTAL	**RÉVISER**	**APPRENDRE**
Séance 1 FICHIER NOMBRES p. 44	Problèmes dictés Compléments à 100	Problèmes écrits Compléments à 100, monnaie	Nombres inférieurs à 10 000 : milliers, centaines, dizaines, unités (1) RECHERCHE Beaucoup de timbres
Séance 2 FICHIER NOMBRES p. 45	Tables de multiplication de 2 et de 5	Soustraction posée	Nombres inférieurs à 10 000 : milliers, centaines, dizaines, unités (2) RECHERCHE Des timbres par dizaines ou par centaines
Séance 3 FICHIER NOMBRES p. 46	Tables de multiplication de 2 et de 5	Addition et soustraction posées ou en ligne	Nombres inférieurs à 10 000 : écritures en chiffres et en lettres RECHERCHE Avec des chiffres et avec des lettres
Séance 4 FICHIER NOMBRES p. 47	Table de multiplication de 4	Addition et soustraction posées ou en ligne	Nombres inférieurs à 10 000 : comparaison RECHERCHE Deux nombres à ranger
Séance 5 FICHIER NOMBRES p. 48	Problèmes dictés Compléments à 100	Problèmes écrits Compléments à 100, monnaie	Multiplication par 10 et par 100 RECHERCHE 10 fois, 100 fois
Séance 6 FICHIER NOMBRES p. 49	Table de multiplication de 4	Multiplication : objets en disposition rectangulaire	Multiplication par 20, 200…, par 50, 500… RECHERCHE Les paquets de feuilles
Séance 7 CAHIER GÉOMÉTRIE p. 27	Ajout ou retrait d'un nombre inférieur à 10	Lire l'heure en heures et minutes	Alignement - Milieu d'un segment RECHERCHE Des points, des droites et des segments
Séance 8 CAHIER GÉOMÉTRIE p. 28	Ajout ou retrait d'un nombre inférieur à 10	Les horaires de l'après-midi	Longueurs en cm et mm RECHERCHE Longueurs de lignes brisées et périmètres de polygones
Séance 9 CAHIER GÉOMÉTRIE p. 29-30	Ajout ou retrait d'un nombre inférieur à 10	Longueurs de lignes brisées et périmètres de polygones	Reproduction sur quadrillage RECHERCHE Reproduire un polygone

Bilan

Je prépare le bilan puis Je fais le bilan
FICHIER NOMBRES   p. 50-51
CAHIER GÉOMÉTRIE   p. 31-32

Consolidation Remédiation

Fort en calcul mental
FICHIER NOMBRES   p. 43

Je consolide mes connaissances
FICHIER NOMBRES   p. 52-53
CAHIER GÉOMÉTRIE   p. 33-34

Banque de problèmes

Les images d'animaux
FICHIER NOMBRES   p. 54

L'essentiel à retenir de l'unité 4

- **Calcul mental**
  – Multiplication : tables de 2, de 5 et de 4
  – Ajout, retrait d'un nombre inférieur à 10

- **Unités de numération (nombres < 10 000)**

- **Multiplication par 10 et 100, par 20, par 200…**

- **Mesure de longueurs en cm et mm**

- **Périmètre de polygones**

- **Points alignés - Milieu**

- **Repérage de nœuds sur quadrillage.**

	Tâche	Matériel	Connaissances travaillées
PROBLÈMES DICTÉS	Compléments à 100 – Déterminer le nombre de pages restant à lire.	par élève : FICHIER NOMBRES **p. 44 a et b**	– Complément à 100.
PROBLÈMES ÉCRITS	Compléments à 100 – Déterminer une masse à ajouter ou un kilométrage à parcourir pour atteindre 100 g ou 100 km.	par élève : FICHIER NOMBRES **p. 44 A et B**	– Complément à 100.
APPRENDRE Nombres et numération décimale	Nombres inférieurs à 10 000 : milliers, centaines, dizaines, unités (1) RECHERCHE **Beaucoup de timbres** – Comprendre le système de désignation écrite (chiffrée) des nombres entiers naturels inférieurs à 10 000. – Utiliser ces connaissances pour résoudre des problèmes dans lesquels il faut réaliser ou dénombrer des quantités de timbres.	pour la classe : – 4 boites contenant respectivement 60 timbres à l'unité, 30 carnets de 10 timbres, 60 plaques de 100 timbres, 9 pochettes de 1 000 timbres **> fiche 1** – quelques pochettes dans lesquelles on peut mettre 10 plaques de 100 timbres **> à fournir par l'enseignant** par élève : – feuille de papier ou brouillon – la calculatrice n'est pas autorisée FICHIER NOMBRES **p. 44 1 à 6**	– **Nombres inférieurs à 10 000** – **Milliers, centaines, dizaines et unités** – **Valeur positionnelle des chiffres** – Dénombrement.

PROBLÈMES DICTÉS

Compléments à 100

– Résoudre mentalement un problème dans lequel il faut calculer un complément.

FICHIER NOMBRES ET CALCULS **p. 44**

● Préciser le contexte de travail :

➡ *Vous devez chercher seuls, sur l'ardoise ou le cahier de brouillon, et garder les traces de vos calculs. Il faut terminer en écrivant une réponse dans votre fichier.*

● Pour aider à la compréhension de la situation, montrer un livre, un cahier ou un bloc de 100 pages et formuler chaque problème :

Problème a

Lou a un livre de **100 pages**. Elle a déjà lu **89 pages** *(écrire « 89 pages » au tableau).*

Combien de pages lui reste-t-il à lire ?

Problème b

Sam a un livre de **100 pages**. Elle a déjà lu **55 pages** *(écrire « 55 pages » au tableau).*

Combien de pages lui reste-t-il à lire ?

● Inventorier les réponses, puis proposer une rapide **mise en commun** :

– faire identifier les résultats qui sont invraisemblables (résultats supérieurs à 100, par exemple) ;

– faire expliciter, comparer et classer quelques procédures utilisées ;

– formuler des mises en relation entre certaines procédures (par exemple, entre comptage en avant et addition à trous ou entre comptage en arrière et soustraction).

TRACE ÉCRITE

Quelques procédures peuvent donner lieu à un **affichage collectif** qui restera disponible pour la résolution de futurs problèmes (séance 5 dans cette unité).

RÉPONSE : a. 11 pages   b. 45 pages.

● Les élèves peuvent se préparer à ce moment de calcul mental en utilisant l'exercice 1 de **Fort en calcul mental, p. 43**.

RÉPONSE : a. 18 pages   b. 25 pages.

Le nombre 100 joue un rôle important dans le domaine du calcul réfléchi comme :

– **étape de calcul**, par exemple pour calculer le complément de 87 à 113 ;

– **point d'appui** pour tout calcul faisant intervenir des centaines entières : par exemple, chercher le complément de 346 à 400 peut se ramener à chercher celui de 46 à 100 ;

Les **arrondis à 100** (ou les regroupements de termes ayant un total proche de 100) constituent également des points d'appui dans le domaine du calcul approché.

De plus, au CE2, les élèves doivent élaborer, progressivement, l'équivalence entre recherche de complément, calcul d'addition à trous et calcul de différence. On attend ici de la confrontation des procédures utilisées une première approche de ces équivalences. Ainsi la réponse au **problème b** peut être trouvée en cherchant le complément de 55 à 100 ou en soustrayant 55 de 100.

Compléments à 100

– Résoudre mentalement un problème dans lequel il faut calculer un complément.

FICHIER NOMBRES ET CALCULS p. 44

Résoudre des problèmes

Ⓐ Pour faire des crêpes, Sam a besoin de 100 g de farine.
Combien de grammes de farine doit-il encore ajouter ?

Ⓑ La distance entre Lyon et Valence est de 100 km.
Un automobiliste, parti de Lyon, a déjà parcouru 84 km.
Combien de kilomètres doit-il encore parcourir pour arriver à Valence ?

Problèmes Ⓐ et Ⓑ

Problèmes de complément à 100.

Les problèmes sont de même nature que ceux proposés en calcul mental, mais dans des contextes différents.

RÉPONSE : Ⓐ 33 g.   Ⓑ 16 km.

APPRENDRE

Nombres inférieurs à 10 000 : milliers, centaines, dizaines, unités (1)

– Décomposer un nombre en milliers, centaines, dizaines et unités et à l'aide des nombres 1 000, 100 et 10.
– Utiliser ces décompositions pour dénombrer ou réaliser des quantités d'objets.
– Connaitre les égalités entre milliers, centaines, dizaines et unités.

RECHERCHE

Beaucoup de timbres : Les élèves doivent trouver comment réaliser des quantités de timbres en choisissant des cartes de 1, de 10, de 100 timbres et des pochettes de 1 000 timbres. Au début, ils peuvent choisir autant de cartes qu'ils veulent, ensuite ils doivent choisir le moins de cartes possible. Cette dernière contrainte doit les amener à utiliser le fait que chaque chiffre représente une valeur dans l'écriture d'un nombre.

PHASE 1 Comment obtenir 1 000 timbres avec des plaques de 100 timbres ?

• Montrer aux élèves une plaque de 100 timbres avec « 1 centaine » écrit au verso et une pochette :

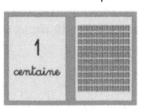 

• Poser la question :

➡ *Combien faut-il mettre de plaques de cent timbres, comme celle-ci, dans la pochette pour qu'elle contienne mille timbres ?* (Écrire 1 000 au tableau.)

• Après la recherche et la mise en commun des procédures, garder une trace écrite collective des procédures les plus caractéristiques :

– **1 000 = 100 × 10** (il faut réunir 10 carnets de 100 timbres), avec éventuellement utilisation de la règle des 0 (vue au CE1) ;
– comptage de **100** en **100** ;
– appui sur un principe de la numération décimale : un chiffre a une valeur 10 fois supérieure à un rang donné que s'il était au rang situé immédiatement à sa droite, donc le « 1 » de 1 000 vaut 10 centaines.

• En **synthèse**, réaliser une pochette avec **10 plaques de 100 timbres** (donc avec 10 centaines) et proposer ces éléments à retenir.

TRACE ÉCRITE

Écrire ces éléments au tableau :
1 000 c'est **10 fois 100** ou encore **10 centaines**,
ce qui correspond à **1 000 = 100 × 10 = 10 × 100**
Ou encore **1 millier = 10 centaines**.

Il est possible que des élèves ne connaissent pas la signification du mot *mille*. Cette première question est destinée à ce que tous les élèves donnent la même signification à ce nombre, soit un groupement de 10 centaines (matérialisé par la pochette).

PHASE 2 Comment obtenir 1 000 timbres avec des carnets de 10 timbres ?

• Montrer aux élèves un carnet de 10 timbres avec « 1 dizaine » écrit au verso et une nouvelle pochette :

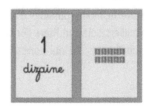 

• Poser la question :

➡ *Combien faut-il mettre de carnets de dix timbres, comme celui-ci, dans la pochette pour qu'elle contienne mille timbres ?* (Écrire 10 000 au tableau.)

• Après une première recherche individuelle, demander aux élèves de se mettre d'accord par deux. Le déroulement de la mise en commun et de la synthèse sont identiques à celui de la **phase 1**.

• En **synthèse**, commencer à réaliser une pochette avec des carnets de 10 timbres, et s'apercevoir qu'on peut remplacer 10 carnets de 10 timbres (10 dizaines de timbres) par une plaque de 100 timbres (1 centaine) et proposer ces éléments à retenir.

UNITÉ 4

• Écrire ces éléments au tableau :

Il faut **100 cartes** de **10 timbres** pour que la pochette contienne **1 000 timbres** :

1 000 c'est donc aussi **100 fois 10**,

ce qui correspond à **1 000 = 100 × 10 = 10 × 100**

(ce sont les mêmes calculs que ceux de la phase 1)

ou encore **1 millier = 100 dizaines**.

• Faire retrouver ces éléments dans le **dico-maths n° 8** :

milliers	centaines	dizaines	unités
1	0	0	0
	10	0	0
		100	0
			1 000

À l'issue de ces deux phases, les élèves connaissent donc une nouvelle unité de numération (le millier) et savent que 1 millier = 10 centaines = 100 dizaines.

Cette connaissance va être mobilisée dans les phases suivantes pour comprendre des écritures de nombres de 4 chiffres, ainsi que leurs décompositions.

PHASE 3 **Réaliser des quantités avec les unités de numération connues**

• Montrer les éléments qui peuvent être maintenant utilisés : timbres à l'unité, carnets de 10 timbres (dizaines), plaques de 100 timbres (centaines) et pochettes de 1 000 timbres (pochettes représentées maintenant par les cartes « milliers » du matériel photocopiable).

• Préciser la tâche :

➡ *Vous devez trouver combien de timbres seuls, de carnets de 10 timbres, de plaques de 100 timbres et de pochettes de 1 000 timbres il faut prendre pour obtenir diverses quantité de timbres. Pour une des façons, vous devez utiliser le moins possible d'unités, de dizaines, de centaines et de milliers de timbres. Trouvez deux façons d'obtenir 2 040 timbres.*

• Déroulement identique à celui de la **phase 2**.

Exemples de réponses pour 2 040 :

1. Solution la plus économique

C'est la solution qui nécessite le moins possible d'unités, de dizaines, de centaines et de milliers, soit **2 milliers** (2 pochettes) et **4 dizaines** (4 carnets) de timbres, ce qui correspond aux décompositions suivantes :

2 040 = 2 milliers et 4 dizaines

2 040 = 2 000 + 40

2 040 = 1 000 + 1 000 + 10 + 10 + 10 + 10

2 040 = (2 × 1 000) + (4 × 10)

L'écriture multiplicative est introduite par l'enseignant si des élèves ne la proposent pas, en référence à l'addition itérée ou à l'aide du tableau de numération :

milliers	centaines	dizaines	unités
2	0	4	0

2. Autre solution

Exemple : **1 millier** (1 pochette), **10 centaines** (10 plaques) et **40 unités** (40 timbres isolés), ce qui correspond aux décompositions suivantes :

2 040 = 1 milliers et 10 centaines et 40 unités

2 040 = 1 000 + 100 + 100 + 100 + ... + 1 + 1 + 1 + 1 + ...

$\underbrace{\qquad\qquad}_{\text{10 termes « 100 »}}$ $\underbrace{\qquad\qquad}_{\text{40 termes « 1 »}}$

2 040 = (1 × 1 000) + (10 × 100) + (40 × 1)

ou à l'aide du tableau de numération :

milliers	centaines	dizaines	unités
1	10	0	40

Les autres réponses, autres que la plus économique, sont très nombreuses, par exemple : 20 centaines et 40 unités ou 204 dizaines, etc.

Conserver les deux réponses au tableau (décompositions et tableau de numération), dont la réponse la plus économique.

PHASE 4 **Synthèse**

• Reformuler les procédures utilisées par les élèves en utilisant le langage des groupements avec les mots dizaines, centaines, milliers qui figurent au dos des cartes ou sur la pochette.

Décomposer un nombre en milliers, centaines, dizaines et unités

*Exemple : **2 040***

• **Pour la solution la plus économique :**

– le 2 indique combien il faut de **milliers** (de pochettes de « 1 000 timbres » ou combien de fois il faut additionner 1 000), donc ici **2 groupements de 1 000 (ou 2 milliers)** ;

– le 0 (situé à droite du 2) indique qu'il n'y a **pas de centaine** ;

– le 4 indique qu'il faut **4 dizaines** ;

– le 0 (situé à droite du 4) indique qu'il n'y a **pas d'unité**.

• **D'autres possibilités de réaliser 2 040** avec les unités de numération existent.

• Conclure :

• **Dans l'écriture d'un nombre,** chaque chiffre indique combien il y a de groupements de chaque type. Le tableau de numération permet d'en rendre compte de façon synthétique.

• **Le découpage en classe de 3 chiffres à partir de la droite** facilite la lecture : *deux-mille- (voir séance 3 de cette unité).*

Soulignons une fois encore qu'il n'est **pas opportun de systématiser l'utilisation du tableau de numération,** car cela risquerait de conduire les élèves à ne plus réfléchir à la valeur des chiffres dans l'écriture du nombre.

ENTRAINEMENT

FICHIER NOMBRES ET CALCULS **p. 44**

Milliers, centaines, dizaines et unités

1 Dans une école, lorsque tous les enfants lèvent tous leurs doigts, cela fait *mille* doigts levés.
Combien d'enfants y a-t-il dans l'école ? ....

2 UN MILLÉNAIRE C'EST 1 000 ANS. UN SIÈCLE C'EST 100 ANS.

Combien faut-il de siècles pour faire un millénaire ?
....

3 Complète.
a. 1 millier = ... centaines
b. 1 millier = ... dizaines
c. 30 centaines = ... milliers
d. 200 dizaines = ... milliers

4 Écris le nombre qui correspond à chaque décomposition.
a. 2 milliers et 4 centaines = ...
b. 1 millier, 5 centaines et 3 dizaines = ...
c. 3 milliers et 10 unités = ...
d. 25 centaines et 3 dizaines = ...
e. 8 milliers et 50 dizaines = ...

5 Écris le nombre qui correspond à chaque décomposition.
a. 3 000 + 800 + 70 + 5 = ...
b. 8 000 + 800 + 8 = ...
c. 90 + 3 000 + 700 = ...
d. 6 + 6 000 = ...
e. 5 000 + 60 + 300 = ...

6 Combien faut-il de milliers, de centaines, de dizaines et d'unités pour obtenir 3 208 ? Trouve trois solutions différentes.
....
....
....

Exercice ❶

Combien de groupements de dix pour faire mille ?

Lors de l'exploitation des procédures, comme par exemple l'ajout de 10 jusqu'à obtenir 1 000 (difficile !) ou la résolution de 10 × ... = 1 000, faire remarquer que cette question est à rapprocher de la **phase 2** de la recherche et revient à se demander combien il y a de fois 10 dans 1 000. L'écriture **1 000 = 10 × 100** donne la réponse.

RÉPONSE : 100 enfants.

Exercice ❷

Combien de groupements de cent pour faire mille ?

La résolution du problème revient à se demander combien il y a de fois 100 dans 1 000 et peut être rapprochée de la **phase 1** de la recherche. L'égalité **10 × 100 = 1 000** donne la réponse.

RÉPONSE : 10 siècles.

Exercice ❸

Utiliser les équivalences entre milliers, centaines, dizaines…

Les réponses peuvent être obtenues directement (égalités connues), en référence au matériel « timbres », en utilisant le tableau de numération ou par un calcul du type **1 000 = ... × 100**.

RÉPONSE : a. 10   b. 100   c. 3   d. 2.

Exercice ❹

Associer des nombres à leurs décompositions en milliers, centaines, dizaines et unités.

Les réponses peuvent être obtenues en référence au matériel « timbres », en utilisant le tableau de numération ou par un calcul.

RÉPONSE : a. 2 400   b. 1 530   c. 3 010   d. 2 530   e. 8 500

Exercice ❺

Associer des nombres à leurs décompositions avec 1 000, 100, 10 et unités.

Les réponses peuvent être obtenues en référence au matériel « timbres », en utilisant le tableau de numération ou par un calcul.

RÉPONSE : a. 3 875   b. 8 808   c. 3 790   d. 6 006   e. 5 360.

Exercice ❻

Décomposer un nombre en milliers, centaines, dizaines et unités (3 solutions à trouver).

Les réponses peuvent être obtenues en référence au matériel « timbres », en utilisant le tableau de numération ou par un calcul.

RÉPONSE : De nombreuses réponses correctes sont possibles, par exemple :

3 milliers, 2 centaines, 8 unités   32 centaines et 8 unités
320 dizaines et 8 unités   2 milliers et 1 208 unités…

À SUIVRE

En **séance 2**, un travail du même type est repris, mais avec des timbres disponibles uniquement par dizaines ou par centaines.

UNITÉ 4

	Tâche	Matériel	Connaissances travaillées
CALCULS DICTÉS	**Tables de multiplication de 2 et de 5** – Répondre à des questions du type « 2 fois 5 » et « combien de fois 2 dans 8 ? ».	par élève : FICHIER NOMBRES **p. 45 a à h**	– Tables de multiplication de 2 et de 5 (mémorisation).
RÉVISER calcul	Soustraction posée – Vérifier et corriger des soustractions calculées en colonnes.	par élève : FICHIER NOMBRES **p. 45 A**	– Complément à 100.
APPRENDRE Nombres et numération décimale	Nombres inférieurs à 10 000 : milliers, centaines, dizaines, unités (2) RECHERCHE **Des timbres par dizaines ou par centaines** – Comprendre le système de désignation écrite (chiffrée) des nombres entiers naturels inférieurs à 10 000 : valeur de groupements de chiffres. – Utiliser ces connaissances pour résoudre des problèmes dans lesquels il faut réaliser ou dénombrer des quantités de timbres.	pour la classe : – 2 boites contenant respectivement 300 carnets de 10 timbres et 90 plaques de 100 timbres ❯ **fiche 1** par équipe de 2 ou individuel : – environ 90 carnets de 10 timbres ❯ **fiche 15** – environ 20 plaques de 100 timbres ❯ **fiche 16** – feuille pour noter et chercher par élève : FICHIER NOMBRES **p. 45 1 à 5**	– Nombres inférieurs à 10 000 – Milliers, centaines, dizaines et unités – Valeur positionnelle des chiffres – Dénombrement.

CALCULS DICTÉS

Tables de multiplication de 2 et de 5

– Répondre à des questions du type « 2 fois 5 » et « combien de fois 2 dans 8 ? ».

INDIVIDUEL ET COLLECTIF

FICHIER NOMBRES ET CALCULS **p. 45**

• Dicter les calculs suivants avec réponses dans le fichier :

a. 2 fois 5	e. Combien de fois 2 dans 8 ?
b. 5 fois 8	f. Combien de fois 2 dans 14 ?
c. 7 fois 5	g. Combien de fois 5 dans 15 ?
d. 0 fois 2	h. Combien de fois 5 dans 45 ?

RÉPONSE : a. 10 b. 40 c. 35 d. 0 e. 4 f. 7 g. 3 h. 9.

• Les élèves peuvent s'entrainer à ce moment de calcul mental en utilisant l'**exercice 2** de **Fort en calcul mental, p. 43**.

RÉPONSE : a. 15 b. 14 c. 25 d. 45 e. 5 f. 9 g. 8 h. 0.

Il est important que, dès le début de leur apprentissage, les tables de multiplication soient « mobiles ». Pour cela, il faut :
– éviter toute répétition « ordonnée » du type $2 \times 1, 2 \times 2, 2 \times 3…$;
– mêler plusieurs formulations comme 2 fois 5 aussi bien que 5 fois 2 pour la table de 2 ;
– demander aussi bien le résultat d'un produit que l'un des facteurs connaissant le résultat.
La mémorisation des tables de multiplication par 2 et par 5 devrait maintenant être bien assurée depuis le CE1. Les tables de 3 et 4 ont également été travaillées en CE1.

RÉVISER

Soustraction posée

– Maitriser une technique opératoire de la soustraction.

INDIVIDUEL

FICHIER NOMBRES ET CALCULS **p. 45**

Soustraire en colonnes

A Certaines soustractions contiennent des erreurs. Corrige-les.

a. 764	b. 802	c. 924	d. 600
− 274	− 56	− 272	− 86
490	854	752	514

Exercice A

Identifier et corriger des erreurs dans des soustractions posées en colonnes.

Les élèves peuvent détecter les erreurs en effectuant d'abord les calculs ou en suivant pas à pas le calcul proposé pour chaque opération.

RÉPONSE : a. juste
b. erreur de table ou oubli de la retenue (réponse 746)
c. calcul des écarts à chaque rang ou oubli de la retenue pour les centaines (réponse 652)
d. juste.

Nombres inférieurs à 10 000 : milliers, centaines, dizaines et unités (2)

– Trouver combien un nombre contient de centaines ou de dizaines.
– Connaitre les égalités : 1 millier = 10 centaines = 100 dizaines = 1 000 unités,
1 centaine = 10 unités = 100 unités et 1 dizaine = 10 unités.

RECHERCHE

Des timbres par dizaines ou par centaines : Les élèves
doivent trouver comment réaliser des quantités de timbres en
choisissant uniquement des cartes de 10 ou de 100 timbres.

PHASE 1 Commander des carnets de 10 timbres

• Montrer aux élèves un carnet de 10 timbres avec « 1 dizaine »
écrit au verso, puis poser la question :

➡ *Sam a besoin de 450 timbres. Le marchand n'a que des carnets
comme celui-ci qui contient une dizaine de timbres. Combien Sam*

*doit-il demander de carnets ou
de dizaines de timbres ?*

• Remettre à quelques élèves
la **fiche 15** et les inviter à
entourer les carnets de timbres
nécessaires. Les autres élèves
cherchent sur papier.

• À la suite de la recherche,
recenser les réponses. Valider
ou non chaque réponse en sortant de la boite le nombre de
carnets demandés et en s'appuyant sur le travail des élèves
qui ont reçu la fiche avec les carnets de timbres. Faire exprimer
quelques procédures correctes ou incorrectes *(cf. commentaire).*

• Reprendre le même déroulement avec la question suivante :

➡ *Lou a besoin de 376 timbres. Le marchand n'a toujours que des
carnets d'une dizaine de timbres comme celui-ci. Combien Lou doit-
elle demander de carnets ou de dizaines de timbres ? Elle ne peut
pas demander de timbres seuls.*

• Faire remarquer que Lou est obligée de commander plus de
timbres que ceux dont elle a besoin.

RÉPONSE : **Sam** (45 carnets) ; **Lou** (38 carnets).

Pour 450, les procédures correctes peuvent être du type :
– recours à la signification du groupe de chiffres « 45 » de 450,
comme 45 dizaines ;
– recours à la signification de chaque chiffre « 4 centaines et
5 dizaines » et du fait que 1 centaine = 10 dizaines, donc 4 centaines = 40 dizaines, soit 45 dizaines au total ;
– recours à un calcul multiplicatif du type 450 = 45 × 10 conduisant à la réponse 45 dizaines ;
– recours à un calcul additif du type 10 + 10 + 10… et comptage
des « 10 » (procédure reconnue comme longue et peu sure) ;
– recours à un dessin des timbres (procédure reconnue comme très
longue et peu sure).

PHASE 2 Première synthèse

• Mettre en évidence, pour chaque nombre, les deux décompositions qui permettent de répondre très vite à la question posée :

Décomposer un nombre en centaines, dizaines et unités

• **Pour 450**	• **Pour 376**
450 = 45 dizaines	376 = 37 dizaines et 6 unités
450 = 45 × 10	376 = (37 × 10) + 6
Il faut donc demander	Il faut donc demander
45 dizaines de timbres.	38 dizaines de timbres.

• **Le tableau de numération** permet de mettre en évidence ces
décompositions :

centaines	dizaines	unités
4	5	0
	45	0

centaines	dizaines	unités
3	7	6
	37	6

TRACE ÉCRITE

Les décompositions et les tableaux de numération sont conservés
au tableau.
Voir aussi **dico-maths n° 8.**

**Dans cette activité, il s'agit de renforcer la prise de conscience
du fait que si chaque chiffre de l'écriture a une signification
liée à son rang, ceci est également vrai pour des groupements
de chiffres.** Par exemple, dans 376, le groupement « 37 » indique
combien de dizaines sont contenues dans 376.
Ce travail en situation est préférable à un travail formel qui consis-
terait à inciter les élèves à cacher des chiffres pour répondre à des
questions du type « Quel est le nombre de dizaines de 376 ? » qui
peuvent conduire à des réponses mécaniques que l'élève n'est pas
capable de réinvestir pour traiter des problèmes.
La multiplication par 10 est sollicitée ici. Son étude plus précise
sera reprise en séance 5 dans cette unité. Les connaissances élaborées au CE1 ou le recours au sens de la multiplication sont suffi-
santes pour les questions envisagées ici.
**Les connaissances travaillées dans cette séance sont impor-
tantes dans la mesure où elles seront utiles pour le calcul de
divisions posées.** Par exemple, pour la **division de 2 450 par 3**7,
les 2 milliers et les 24 centaines ne peuvent pas être « partagés »
directement, il faut donc considérer les 245 dizaines (ce qui montre
que le premier chiffre obtenu au quotient sera celui des dizaines).
De même, elles pourront être mises en relation avec les
conversions dans le domaine de la mesure. Par exemple, pour
convertir **1 450 cm** en m et cm, on peut considérer que
1 m = 1 centaine de cm, ce qui donne immédiatement la conversion 1 450 cm = 14 m 50 cm.

PHASE 3 Commander des plaques de 100 timbres

• Montrer aux élèves une plaque de 100 timbres avec « 1 centaine » écrit au verso, puis poser la question :

➡ *Sam a besoin de 1 200 timbres. Le marchand n'a que des plaques
comme celle-ci qui contient une centaine de timbres. Combien Sam
doit-il demander de plaques ou de centaines de timbres ?*

• Remettre à quelques élèves la **fiche 16** et les inviter à entourer
les plaques de timbres nécessaires. Les autres élèves cherchent
sur papier.

• À la suite de la recherche, recenser les réponses. Valider ou non chaque réponse en sortant de la boite le nombre de plaques demandés et en s'appuyant sur le travail des élèves qui ont reçu la fiche avec les plaques de timbres. Faire exprimer quelques procédures correctes ou incorrectes (*cf. commentaire*).

• Reprendre le même déroulement avec la question suivante :

→ *Lou a besoin de 1 635 timbres. Le marchand n'a toujours que des plaques d'une centaine de timbres comme celle-ci. Combien Lou doit-elle demander de plaques ou de centaines de timbres ? Elle ne peut pas demander de timbres seuls, ni par dizaines.*

• Faire remarquer que Lou est obligée de commander plus de timbres que ceux dont elle a besoin.

RÉPONSE : **Sam** (12 plaques) ; **Lou** (17 plaques).

Ce qui a été vu en phases 1 et 2 est prolongé ici aux centaines.
Les procédures correctes illustrées avec **405** le sont maintenant avec **1 200**.

PHASE 4 Deuxième synthèse

• Mettre en évidence, pour chaque nombre, les deux décompositions qui permettent de répondre très vite à la question posée :

Décomposer un nombre en milliers, centaines, dizaines et unités

• **Pour 1 200**	• **Pour 1 635**
1 200 = 12 centaines	1 635 = 16 centaines et
1 200 = 12 × 100	35 unités
	1 635 = (16 × 100) + 35
Il faut donc demander	Il faut donc demander
12 centaines de timbres.	17 centaines de timbres.

• **Le tableau de numération** permet de mettre en évidence ces décompositions :

milliers	centaines	dizaines	unités
1	2	0	0
	12	0	0

milliers	centaines	dizaines	unités
1	6	3	5
	16	3	5
	16	0	35

TRACE ÉCRITE

Les décompositions et les tableaux de numération sont conservés au tableau.

PHASE 5 Entrainement collectif

• Reprendre collectivement des questions identiques, les élèves répondant sur l'ardoise avec correction immédiate pour chaque question. Faire expliciter les réponses par le recours aux décompositions et au tableau de numération.

Exemples de questions :

Quantités de timbres	Timbres vendus par
589	centaines
807	dizaines
1 350	centaines
2 460	dizaines
5 046	dizaines
5 046	centaines
5 046	milliers

ENTRAINEMENT

FICHIER NOMBRES ET CALCULS p. 45

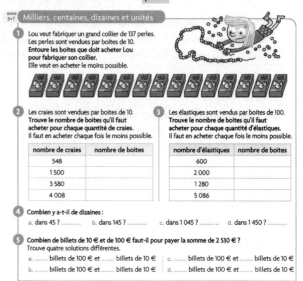

Exercices 1, 2 et 3

Combien de dizaines ou de centaines pour obtenir des quantités données ?

Ces trois exercices viennent en application directe des apprentissages qui précèdent, dans des contextes différents.

RÉPONSE : 1 14 boites.

2 Nombre de craies	Nombre de boites		3 Nombre d'élastiques	Nombre de boites
548	55		600	6
1 500	150		2 000	20
3 580	358		1 280	13
4 008	401		5 086	51

AIDE Pour les premières questions des **exercices 2 et 3**, le matériel utilisé au cours de la séance peut être donné aux élèves en leur précisant que les timbres remplacent les craies ou les élastiques.

Exercice 4

Combien de dizaines dans un nombre ?

La difficulté peut provenir du fait que la question est posée hors contexte et que, contrairement aux exercices précédents, il faut répondre par la dizaine inférieure et non par la dizaine supérieure.

RÉPONSE : a. 4 b. 14 c. 104 d. 145.

AIDE Le **matériel utilisé** au cours de la séance peut être donné aux élèves. Ces derniers peuvent également être incités à utiliser un tableau de numération.

Exercice 5

Combien de dizaines et de centaines pour obtenir une quantité donnée ?

Cet exercice étant en partie différent des précédents, il convient de préciser aux élèves que les réponses attendues doivent comporter à la fois des dizaines et des centaines.

EXEMPLES DE RÉPONSE : 25 billets de 100 € et 3 billets de 10 €

24 billets de 100 € et 13 billets de 10 €

20 billets de 100 € et 53 billets de 10 €

10 billets de 100 € et 153 billets de 10 €...

Différenciation : Exercice 1 à 5 → **CD-Rom du guide, fiche n° 14.**

UNITÉ 4 Nombres inférieurs à 10 000 : écritures en chiffres et en lettres

	Tâche	Matériel	Connaissances travaillées
CALCULS DICTÉS	Tables de multiplication de 2 et de 5 – Répondre à des questions du type « 2 fois 5 » et « combien de fois 2 dans 8 ? ».	par élève : FICHIER NOMBRES **p. 46** a à h	**– Tables de multiplication de 2 et de 5 (mémorisation).**
RÉVISER Calcul	Addition et soustraction posées ou en ligne – Calculer des sommes et des différences avec une méthode adaptee.	par élève : FICHIER NOMBRES **p. 46** A	**– Addition, soustraction** – Calcul posé ou en ligne.
APPRENDRE Nombres et numération décimale	Nombres inférieurs à 10 000 : écritures en chiffres et en lettres RECHERCHE **Avec des chiffres et avec des lettres** – Mettre en relation le système de désignation écrite (chiffrée) des nombres entiers naturels inférieurs à 10 000 avec le système de désignation verbal (oral ou littéral).	par élève : – 7 étiquettes portant les mots : *quatre, vingt, vingts, cent, cents, mille, et* › **fiche 17** – feuille ou cahier de brouillon – la calculatrice n'est pas autorisée par élève : FICHIER NOMBRES **p. 46** 1 à 3	**– Nombres inférieurs à 10 000** **– Écritures littérales et chiffrées** – Décompositions liées à la numération décimale.

CALCULS DICTÉS

Tables de multiplication de 2 et de 5

– Répondre à des questions du type « 2 fois 5 » et « combien de fois 2 dans 8 ? ».

INDIVIDUEL ET COLLECTIF

FICHIER NOMBRES ET CALCULS p. 46

- Dicter les calculs suivants avec réponses dans le fichier :

a. **9** fois **5**	e. Combien de fois **2** dans **16** ?
b. **5** fois **7**	f. Combien de fois **2** dans **12** ?
c. **7** fois **2**	g. Combien de fois **5** dans **20** ?
d. **2** fois **9**	h. Combien de fois **5** dans **40** ?

RÉPONSE : a. 45 b. 35 c. 14 d. 18 e. 8 f. 6 g. 4 h. 8.

- Les élèves peuvent se préparer ou s'entrainer à ce moment de calcul mental en utilisant l'**exercice 3** de **Fort en calcul mental, p. 43.**

RÉPONSE : a. 18 b. 50 c. 35 d. 40 e. 7 f. 9 g. 8 h. 1.

RÉVISER

Addition et soustraction posées ou en ligne

– Maitriser une technique opératoire de l'addition et de la soustraction.
– Choisir un mode de calcul approprié.

INDIVIDUEL

FICHIER NOMBRES ET CALCULS p. 46

Additionner, soustraire en ligne ou en colonnes

A Calcule avec la méthode de ton choix.
a. 456 + 2 580 + 98 = ...
b. 736 – 97 = ...
c. 982 – 254 = ...

Exercice A

Calcul de sommes et de différences.

Pour l'**addition**, le calcul est étendu à des nombres de 4 chiffres, ce qui ne devrait pas poser de difficulté. Pour la **soustraction**, on reste dans le domaine des nombres inférieurs à 1 000. L'extension à des nombres plus grands fait l'objet d'un travail spécifique en unité 5.

Les élèves peuvent répondre :

– en posant les opérations en colonnes ;

– en calculant en ligne comme ils le feraient en colonnes (surtout pour l'addition) ;

– par un calcul mental : par exemple pour 736 – 97, en soustrayant 100 puis en ajoutant 3.

RÉPONSE : a. 3 134 b. 639 c. 728.

Nombres inférieurs à 10 000 : écritures en chiffres et en lettres

– Associer écritures chiffrées et désignations orales ou littérales.
– Utiliser les décompositions associées à la lecture d'un nombre.

RECHERCHE

Avec des chiffres et avec des lettres : Les élèves cherchent d'abord à composer des nombres avec des mots donnés, et ensuite à faire l'inventaire de tous les mots nécessaires pour écrire en lettres tous les nombres de 0 à 9 999.

PHASE 1 **Écriture des nombres en lettres, puis en chiffres**

- Remettre à chaque élève le lot des 7 étiquettes :
quatre, vingt, vingts, cent, cents, mille, et

- Préciser la consigne :

➡ *Avec les étiquettes, vous devez réaliser un nombre qui s'écrit avec deux chiffres, puis l'écrire sur votre cahier de brouillon en lettres (exemple : vingt-quatre) et en chiffres (24).*

Faire une correction rapide.

- Demander ensuite de répondre à trois questions lues et écrites au tableau :

➡ *En utilisant certaines de ces étiquettes, écrivez :*

a. *le plus grand nombre qui s'écrit avec 4 chiffres ;*

b. *le plus petit nombre qui s'écrit avec 4 chiffres ;*

c. *quatre autres nombres qui s'écrivent avec 4 chiffres.*

Vous devez les écrire en lettres et en chiffres. Vous pouvez utiliser autant de tirets que vous voulez. En cas de désaccord dans l'équipe, vous pourrez venir expliquer devant la classe ce sur quoi vous n'êtes pas d'accord, lors de la mise en commun.

- Faire une mise en commun au cours de laquelle, pour chaque question, les réponses sont recensées et discutées. Relancer collectivement la recherche s'il manque des réponses.

- Faire une **synthèse**, en se référant éventuellement au dico-maths pour se renseigner sur la lecture des nombres de 4 chiffres :

Lire les nombres à 4 chiffres

Exemples :

$$4\ 020 \qquad\qquad 4\ 200$$
$$\uparrow \qquad\qquad\qquad \uparrow$$
quatre-mille-vingt   *quatre-mille-deux-cents*

$$1\ 080$$
$$\uparrow$$
mille-quatre-vingts

Il faut penser à utiliser le mot **mille** qui correspond à l'espace entre les groupes de chiffres.

- Lorsque le chiffre des milliers est **1**, le mot « **un** » ne se prononce pas.

- Collectivement, mettre en évidence les **décompositions les plus simples** associées aux écritures en chiffres et en lettres :

$$4\ 020 \qquad\qquad\qquad 4\ 200$$
$$(4 \times 1\ 000) + (2 \times 10) \qquad (4 \times 1\ 000) + (2 \times 100)$$
quatre-mille-vingt   *quatre-mille-deux-cents*
$$(4 \times 1000) + 20 \qquad\quad (4 \times 1000) + (2 \times 100)$$

$$1\ 080$$
$$(1 \times 1\ 000) + (8 \times 10)$$
mille-quatre-vingts
$$1\ 000 + (4 \times 20)$$

- Faire remarquer que « la décomposition de ces trois nombres est rendue plus facile car elle correspond à ce que l'on entend. Par exemple, la décomposition de 4 020 correspond à 4 000 + 20. Mais ce n'est vrai que pour quelques nombres. »

RÉPONSE : a. quatre-mille-cent-vingt (4 120)   b. mille (1 000)

c. 4 nombres à choisir parmi ces réponses écrites en chiffres : 4 100 ; 4 020 ; 1 184 ; 1 180 ; 1 124 ; 1 120 ; 1 104 ; 1 100 ; 1 080 ; 1 024 ; 1 020 ; 1 004.

Ces activités ont pour but de familiariser les élèves avec les différentes désignations des nombres à 4 chiffres. Il s'agit d'exercices d'apprentissage : les hésitations et les désaccords entre élèves sont donc « normaux ». La confrontation lors de la mise en commun, le recours au matériel utilisé lors des séances précédentes (pour obtenir une décomposition des nombres), l'utilisation du tableau de numération (sans que ce soit systématisé) sont des moyens utiles pour aider à surmonter les difficultés.

PHASE 2 **Tous les mots pour écrire les nombres jusqu'à 9 999**

- Formuler une nouvelle tâche :

➡ *Vous devez trouver tous les mots qui permettent d'écrire les nombres de 0 à 9 999 avec les règles suivantes :*
– si certains mots doivent être mis au pluriel, vous pouvez les écrire soit deux fois comme vingt et vingts, soit avec un « s » entre parenthèses comme vingt(s) ;
– pour écrire certains nombres comme deux-cent-deux, il faut plusieurs fois le même mot (ici deux), mais vous n'écrivez chaque mot qu'une seule fois dans la liste des mots à trouver.

- Aux équipes qui estiment avoir terminé alors qu'il reste du temps pour la recherche, l'enseignant peut conseiller d'écrire au hasard des nombres de 1, 2, 3 ou 4 chiffres pour s'assurer qu'ils ont bien trouvé tous les mots qui permettent de les nommer.

PHASE 3 **Mise en commun et synthèse**

- Faire l'inventaire des mots trouvés par les équipes. Écarter les mots composés comme *quatre-vingts*, en indiquant qu'il est écrit avec deux mots et un tiret.

- S'il manque des mots, donner un exemple d'un nombre qu'il n'est pas possible d'écrire avec les mots recensés et relancer la recherche.

- En **synthèse**, compléter et organiser la liste des 25 mots nécessaires au tableau (ou 27 si on compte *vingts* et *cents*) :

Écrire les nombres à 4 chiffres

- **Il faut 25 mots pour écrire les nombres de 1 à 4 chiffres :**
– 17 mots pour les nombres de 0 à 16 ;
– 5 mots pour les dizaines de 20 à 60 ;
– 2 mots **cent** et **mille** ;
– le mot **et**.

- **Pour écrire les nombres au-delà de 99**, les seuls mots supplémentaires sont **cent** (et cents) et **mille** ! Si on sait écrire en lettres les nombres jusqu'à 99, après c'est facile.

Rappel à propos de l'orthographe des écritures littérales de nombres :

Depuis 1990, de nouvelles règles orthographiques sont utilisables. Il y est dit, en particulier, que les numéraux composés sont toujours reliés par des traits d'union.

Exemples : trente-et-un, cinq-cents, cent-cinq…

Ces nouvelles règles ont un caractère de référence et de recommandation. Elles sont utilisées dans cet ouvrage. Mais l'orthographe antérieure est toujours acceptée.

Lorsque la capacité à lire des nombres de 1, 2 ou 3 chiffres est en place, la lecture des nombres plus grands obéit à un système codifié fondé sur le découpage des écritures chiffrées en tranches de 3 chiffres à partir de la droite.

ENTRAINEMENT

FICHIER NOMBRES ET CALCULS p. 46

Écrire en chiffres et en lettres

1 Écris ces nombres en chiffres.
a. mille-deux-cent-trente-cinq : ....
b. six-mille : ....
c. trois-cent-quatre-vingt-dix-sept : ....
d. quatre-mille-neuf-cents : ....
e. mille-quatorze : ....
f. trois-mille-quatre-vingt-dix-huit : ....

2 Écris ces nombres en lettres.
a. 798 : ....
b. 1 235 : ....
c. 6 709 : ....
d. 5 000 : ....
e. 1 010 : ....

DEUX MILLE SEPT CENT TROIS

3 Complète.

écriture en chiffres	écriture en lettres	écriture des mots en chiffres	décomposition correspondant à l'écriture en lettres
208	deux-cent-huit	2 100 8	(2 × 100) + 8
	quatre-vingt-quinze		
2 060			
5 000			
			1 000 + (4 × 20) + 7
			(8 × 1 000) + (4 × 20) + 10

Exercice 1

Écrire en chiffres des nombres écrits en lettres.

Exercice classique. L'analyse des erreurs permet d'identifier la nature des confusions que peuvent faire les élèves, par exemple *six mille* écrit *6 1000…*

La correction permet de revenir sur l'importance de la séparation avec une tranche de 3 chiffres et sur le fait que les mots *cent* et *mille* donnent une indication (en partant du chiffre des unités) sur le nombre de chiffres.

RÉPONSE : a. 1 235   b. 6 000   c. 397   d. 4 900   e. 1 014   f. 3 098.

Exercice 2

Écrire en lettres des nombres écrits en chiffres.

Exercice classique inverse du précédent.

RÉPONSE : a. sept-cent-quatre-vingt-dix-huit   b. mille-deux-cent-trente-cinq   c. six-mille-sept-cent-neuf   d. cinq-mille   e. mille-dix.

Exercice 3

Mettre en relation les écritures chiffrées et littérales des nombres, en relation avec les décompositions qui correspondent à l'écriture littérale.

Mettre en particulier en évidence que, lorsque deux mots se suivent, cela peut correspondre à une addition ou à une multiplication. *Exemple : quatre-vingt-quinze* (multiplication pour *quatre-vingt* et addition pour *quinze*).

RÉPONSE :

Écriture en chiffres	Écriture en lettres	Écriture des mots en chiffres	Décomposition correspondant au nombre lu
95	quatre-vingt-quinze	4 20 15	(4 × 20) + 15
2 060	deux-mille-soixante	2 1 000 60	(2 × 1 000) + 60
5 000	cinq-mille	5 1 000	5 × 1 000
1 087	mille-quatre-vingt-sept	1 000 4 20 7	1 000 + (4 × 20) + 7
8 090	huit-mille-quatre-vingt-dix	8 1 000 4 20 10	(8 × 1 000) + (4 × 20) + 10

UNITÉ 4

	Tâche	Matériel	Connaissances travaillées
CALCULS DICTÉS	Table de multiplication de 4 – Répondre à des questions du type « 3 fois 4 » et « combien de fois 4 dans 20 ? ».	par élève : FICHIER NOMBRES **p. 47 a à h**	– Table de multiplication de 4 (mémorisation).
RÉVISER Nombres	Addition et soustraction posées ou en ligne – Calculer des sommes et des différences avec une méthode adaptée.	par élève : FICHIER NOMBRES **p. 47 A et B**	– **Addition, soustraction** – Calcul posé ou en ligne.
APPRENDRE Nombres et numération décimale	Nombres inférieurs à 10 000 : comparaison, rangement RECHERCHE **Deux nombres à ranger** – Trouver le plus grand de deux nombres inconnus en posant des questions.	pour la classe : – 2 enveloppes marquées A et B – 2 cartes vierges par élève : – feuille pour noter et chercher FICHIER NOMBRES **p. 47 1 à 5**	– **Ordre sur les nombres inférieurs à 10 000** – Valeur positionnelle des chiffres.

Table de multiplication de 4

– Répondre à des questions du type « 3 fois 4 » et « combien de fois 4 dans 20 ? ».

INDIVIDUEL ET COLLECTIF

FICHIER NOMBRES ET CALCULS **p. 47**

• Dicter les calculs suivants avec réponses dans le fichier :

a. **3 fois 4**   e. Combien de fois 4 dans **20** ?

b. **7 fois 4**   f. Combien de fois 4 dans **24** ?

c. **4 fois 4**   g. Combien de fois 4 dans **12** ?

d. **4 fois 8**   h. Combien de fois 4 dans **36** ?

RÉPONSE : a. 12   b. 28   c. 16   d. 32   e. 5   f. 6   g. 3   h. 9.

• Les élèves peuvent se préparer ou s'entrainer à ce moment de calcul mental en utilisant l'**exercice 4** de **Fort en calcul mental, p. 43.**

RÉPONSE : a. 24   b. 36   c. 20   d. 0   e. 2   f. 10   g. 4   h. 8

La table de 4 a déjà été travaillée au CE1. Il est important de poser les deux types de questions ci-dessus, ainsi que d'insister sur la commutativité de la multiplication (par exemple 8 fois 4 est égal à 4 fois 8).

Addition et soustraction posées ou en ligne

– Utiliser le calcul réfléchi et le calcul posé pour calculer des sommes et des différences.
– Comparer des nombres.

INDIVIDUEL

FICHIER NOMBRES ET CALCULS **p. 47**

Exercice A

Chercher la plus grande et la plus petite somme à partir de chiffres donnés et les calculer (calcul posé ou en ligne).

Cet exercice peut être traité par raisonnement, aidé par des essais préalables.

La plus grande somme est celle dont le résultat comporte le plus de chiffres : l'un des deux nombres (le plus grand) doit donc comporter 3 chiffres, le plus grand de ces chiffres étant **8** ; il faut ensuite que les chiffres des dizaines soient les plus grands possibles.

Le plus grand résultat peut être obtenu de plusieurs façons :
876 + 42,   872 + 46,   846 + 72,   842 + 76.

Pour la plus petite somme, on aura aussi à ajouter un nombre de 3 chiffres et un nombre de 2 chiffres. Pour le nombre à 3 chiffres, le plus grand des chiffres doit être **2** ; il faut ensuite que les chiffres des dizaines soient les plus petits possibles.

Le plus petit résultat peut être obtenu de plusieurs façons :
247 + 68, 248 + 67, 267 + 48, 268 + 47.
RÉPONSE : a. 918   b. 315.

Exercice Ⓑ

Chercher la plus grande et la plus petite différence à partir de chiffres donnés et les calculer (calcul posé ou en ligne).
Comme pour l'exercice A, cet exercice peut être traité par raisonnement, aidé par des essais préalables.

La plus grande différence est celle formée avec comme premier terme le plus grand nombre de 3 chiffres et comme deuxième terme le plus petit nombre de 2 chiffres : soit **876 – 24**.

Pour la plus petite différence, la recherche est plus délicate car il faut trouver la différence dont les deux termes sont les plus proches ; pour cela, il faut choisir comme premier terme le nombre de 3 chiffres le plus petit possible et comme deuxième terme le nombre de 2 chiffres le plus grand possible : soit **246 – 87**.
RÉPONSE : a. 876 – 24 = 852   b. 246 – 87 = 159.

APPRENDRE

Nombres inférieurs à 10 000 : comparaison, rangement

– Comprendre comment comparer deux nombres écrits en chiffres.
– Expliciter une procédure de comparaison et utiliser cette connaissance pour ranger des nombres.
– Utiliser les signes < et >.
– Organiser un questionnement, déduire.

RECHERCHE

Deux nombres à ranger : Les élèves doivent ranger deux nombres sans les connaitre et pour cela poser des questions à leur sujet. Cette activité reprend un jeu déjà exploité en unité 2 avec les nombres inférieurs à 1 000.

Cette activité est très proche, dans son déroulement, de celle proposée en **unité 2, séances 1 et 2**. Elle peut donc être conduite plus rapidement si les acquis des élèves le permettent.

PHASE 1 Comparer 602 et 1 006

• Partager la classe en deux équipes et désigner un représentant par équipe.

• Réaliser deux cartes à l'insu des élèves :

602		1 002
Carte A		Carte B

• Expliquer les règles et les contraintes du jeu :

➡ *La classe est partagée en deux équipes. Il s'agit de trouver quel nombre (A ou B) est le plus petit et quel nombre est le plus grand. Les représentants de chaque équipe posent une question, à tour de rôle. Le jeu s'arrête lorsque les deux équipes sont d'accord sur la réponse. À la fin du jeu, on vérifie en dévoilant les deux nombres A et B.*

• Préciser les types de questions qui ne peuvent pas être posées et celles qui peuvent l'être.

Exemples de questions interdites

Il y a deux types de questions que l'on ne peut pas poser :

• La carte A (ou B) porte-t-elle le nombre le plus petit ? *(ce serait trop facile !)*

• Quels chiffres composent chacun des nombres ?
Par exemple :
– Y a-t-il un 3 dans le nombre A ?
– Le chiffre des dizaines du nombre B est-il un 5 ?

Exemples de questions permises

• Quel est le nombre de chiffres de A ?

• A est-il écrit avec plus de chiffres que B ?

• Le chiffre des centaines de A est-il plus grand ou plus petit que celui des centaines de B ?

• Le nombre de A est-il plus petit ou plus grand que 200 ? *(nombre de référence à choisir par l'élève)*

• Faire jouer deux ou trois parties collectivement, sous le contrôle de l'enseignant qui a le rôle de meneur de jeu, en modifiant pour les parties suivantes ce qui figure sur les cartes. Par exemple :

7 050 et **7 102**, puis **5 295** et **5 306**.

• Préciser les contraintes sur les questions au fur et à mesure. Mettre en évidence la nécessité de noter les questions et les réponses. Le faire au tableau.

• Rappeler les notations 602 < 1 002 et 1 002 > 602 comme moyen de coder le résultat de la comparaison, après que les nombres ont été dévoilés pour vérifier les réponses des équipes.

Les élèves doivent ici mettre l'accent sur les méthodes de comparaison et, donc, les expliciter davantage.
La phase collective (parties jouées avec toute la classe) est ici importante puisqu'elle débouchera, en phase 2, sur la formulation des éléments essentiels à prendre en compte pour comparer des nombres.

PHASE 2 Formulation d'une méthode de comparaison

• Proposer une nouvelle tâche aux élèves :

➡ *Vous devez écrire une méthode qui permet, lorsqu'on a deux nombres écrits en chiffres, de déterminer quel est le plus petit et quel est le plus grand.*

• À partir des remarques faites sur ce qu'il faut prendre en compte pour comparer deux nombres, mettre en évidence les éléments suivants, déjà mis en évidence pour les nombres inférieurs à 1 000 :

CLASSE DIVISÉE EN 2 ÉQUIPES

ÉQUIPES DE 2

Comparer deux nombres < 10 000

• **Pour comparer deux nombres, on peut rechercher la valeur des chiffres :**

– C'est le chiffre des milliers qui apporte d'abord l'information la plus importante *(ce qui peut être justifié à nouveau en représentant les nombres par du matériel du type « timbres »).*

– Pour comparer deux nombres, il faut donc commencer par comparer leurs chiffres de plus grande valeur (si un nombre ne comporte pas de chiffre des milliers ou des centaines…, c'est comme s'il était écrit 0 à ces rangs là et la règle s'applique donc), puis passer au rang immédiatement inférieur, etc.

• **Pour s'aider, on peut écrire les nombres l'un sous l'autre, comme dans un tableau de numération.**

Exemple :

milliers	centaines	dizaines	unités
7	1	0	2
7	0	5	0

7 102 est le plus grand de ces deux nombres : il comporte autant de milliers que **7 050**, mais il a 1 centaine alors que 7 050 n'en comporte pas (et 50 c'est moins que 100).

• **Pour comparer deux nombres, on peut aussi rechercher le nombre de chiffres :**

Si un nombre a moins de chiffres que l'autre, alors il est plus petit.

• **Symboles < et >**

– Le signe < se lit « **plus petit que** » ou « **inférieur à** ».

– Le signe > se lit « **plus grand que** » ou « **supérieur à** ».

Exemples : 602 < 1 006 et 1 006 > 602.

TRACE ÉCRITE

Renvoi au dico-maths n° 9.

• Si nécessaire, reprendre le jeu pour permettre le réinvestissement des éléments mis en place dans la synthèse.

La compréhension des procédures de comparaison des grands nombres est fondée, comme pour les nombres plus petits, sur la valeur positionnelle attribuée à chaque chiffre : 7 102 est supérieur à 7 050 parce le premier contient autant de milliers que le second, mais plus de centaines. C'est encore cette compréhension qui est visée plutôt que la règle formelle de comparaison qui en découle. L'appui sur le matériel « timbres » permet d'illustrer ce fait.

L'utilisation des symboles < et > est consolidée.

Les expressions « par ordre croissant » et **« par ordre décroissant »** restent, au CE2, encore peu utilisées et remplacées par « du plus petit au plus grand » et « du plus grand au plus petit ». Le vocabulaire **« inférieur à »**, **« supérieur à »** peut être introduit avec prudence, toujours en relation avec « plus petit que » et « plus grand que ».

ENTRAINEMENT

FICHIER NOMBRES ET CALCULS **p. 47**

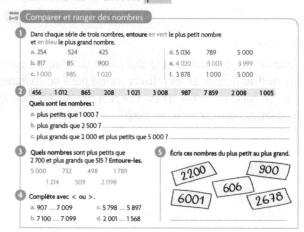

Exercice 1

Trouver le plus petit et le plus grand nombre dans une liste.

Réinvestissement immédiat des acquis précédents.

RÉPONSE :	a	b	c	d	e	f
Plus petit nombre	254	85	985	789	3 999	1 000
Plus grand nombre	524	900	1 020	5 036	5 003	5 000

Exercices 2 et 3

Comparer des nombres à des nombres donnés.

Il s'agit de situer des nombres par rapport à des centaines entières, ce qui peut aider à leur comparaison. Le placement approximatif sur une ligne graduée de 1 000 en 1 000 peut être proposé au moment de la correction.

La **question c** nécessite la coordination de deux contraintes.

RÉPONSE : 2 a. 208 456 865 987 b. 3 008 7 859 c. 2 008 3 008. 3 732 1 214 1 789 2 098.

Exercice 4

Comparer deux nombres et utiliser les symboles < et >.

La signification des symboles < et > peut être retrouvée dans le **dico-maths n° 9.**

RÉPONSE : a. 907 < 7 009 b. 7 100 > 7 099 c. 5 798 < 5 897 e. 2 001 > 1 568.

Exercice 5

Ranger des nombres par ordre croissant.

Exercice d'application directe.

RÉPONSE : 606 < 900 < 2 200 < 2 678 < 6 001.

	Tâche	Matériel	Connaissances travaillées
PROBLÈMES DICTÉS	Compléments à 100 – Déterminer le nombre de pages restant à lire.	**par élève :** FICHIER NOMBRES **p. 48 a et b**	– Complément à 100.
PROBLÈMES ÉCRITS	Compléments à 100 – Déterminer une masse à ajouter ou un kilométrage à parcourir pour atteindre 100 g ou 100 km.	**par élève :** FICHIER NOMBRES **p. 48 Ⓐ et Ⓑ**	– Complément à 100.
APPRENDRE Calcul	Multiplication par 10 et par 100 RECHERCHE **10 fois, 100 fois** – Calculer des produits par 10 ou par 100.	**pour la classe et pour quelques élèves :** – une boite – 40 cartes centaine, 40 cartes dizaine, 40 cartes unité, 4 cartes milliers ❯ **fiche 1** – 4 pochettes millier ❯ sur le même type que celles construites en séance 1 de cette unité **par élève :** – feuille de papier ou brouillon – la calculatrice n'est pas autorisée FICHIER NOMBRES **p. 48 ❶ à ❺**	– **Multiplication par 10 et par 100** – Valeur positionnelle des chiffres – Équivalence entre 1 dizaine et 10 unités, 1 centaine et 10 dizaines, etc.

PROBLÈMES DICTÉS

Compléments à 100

– Résoudre mentalement un problème dans lequel il faut calculer un complément.

FICHIER NOMBRES ET CALCULS **p. 48**

• Préciser le contexte de travail :

➡ *Vous devez chercher seuls, sur l'ardoise ou le cahier de brouillon, et garder les traces de vos calculs. Il faut terminer en écrivant une phrase réponse dans votre fichier.*

• Pour aider à la compréhension de la situation, montrer un livre, un cahier ou un bloc de 100 pages et formuler chaque problème :

Problème **a**

Lou a un livre de **100 pages**. Elle a déjà lu **8 pages** *(écrire « 8 pages » au tableau)*.
Combien de pages lui reste-t-il à lire ?

Problème **b**

Sam a un livre de **100 pages**. Elle a déjà lu **12 pages** *(écrire « 12 pages » au tableau)*.
Combien de pages lui reste-t-il à lire ?

• Inventorier les réponses, puis proposer une rapide **mise en commun** :
– faire identifier les résultats qui sont invraisemblables (résultats supérieurs à 100, par exemple) ;

– faire expliciter, comparer et classer quelques procédures utilisées en distinguant leur nature (schéma ou type de calcul effectué : comptage en avant, comptage en arrière, addition à trous, soustraction) et la correction de leur exécution (erreurs de calculs, notamment, difficultés dues à l'organisation) ;
– formuler des mises en relation entre certaines procédures (par exemple, entre comptage en avant et addition à trous ou entre comptage en arrière et soustraction).

RÉPONSE : a. 92 pages   b. 88 pages.

• Les élèves peuvent se préparer ou s'entrainer à ce moment de calcul mental en utilisant l'**exercice 5** de **Fort en calcul mental, p. 43**.

RÉPONSE : a. 94 pages   b. 85 pages.

Le complément de 8 à 100 (adaptable pour le cas de **12 à 100**) peut être trouvé :
– en essayant d'avancer de 8 à 100 (avec par exemple 10 et 50 comme étapes intermédiaires) ;
– en cherchant à résoudre 8 + … = 100 ;
– en enlevant **8** de **100** ou encore en reculant de **8** à partir de **100**. Cette dernière procédure peut être reconnue comme plus rapides, mais pas forcément par tous les élèves. Elle sera renforcée par un travail d'apprentissage en unité 5.

Compléments à 100

– Résoudre mentalement un problème dans lequel il faut calculer un complément.

Problèmes **A** et **B**

Problèmes de complément à 100.

Les problèmes sont de même nature que ceux proposés en calcul mental, mais avec des contextes différents.

RÉPONSE : **A** 90 perles   **B** 84 litres.

APPRENDRE

Multiplication par 10 et par 100

– Connaitre et comprendre une procédure de calcul rapide d'un produit dont un facteur est 10 ou 100.
– Faire le lien avec la numération décimale.

RECHERCHE

10 fois, 100 fois : Les élèves doivent trouver un procédé pour multiplier un nombre par 10 ou par 100.

Les élèves ont déjà élaboré la « règle des 0 » au CE1 et ont pu également l'utiliser au CE2, dans les unités précédentes. Certaines des questions qui suivent peuvent donc être traitées très rapidement. On s'attachera alors à insister plutôt sur la justification de la règle utilisée.

PHASE 1 Calcul de 8 × 10 et 8 × 100

• Poser directement la question aux élèves :

⇒ *Il faut trouver le résultat de **8 × 10** et de **8 × 100**. Vous cherchez sur votre feuille. Vous devrez ensuite expliquer votre méthode aux autres élèves.*

• Après la recherche, recenser les différentes réponses obtenues et les écrire au tableau. Faire expliciter les **principales méthodes utilisées** (*cf. commentaire*).

• En **synthèse**, mettre en évidence que :

Les réponses **80** et **800** peuvent être exprimées par « **8 dizaines** » et « **8 centaines** », ce qui correspond à une interprétation des produits « **8 × 10** » et « **8 fois 100** ».

Les principales procédures :

1. **Calcul de 10 + 10 + 10 + ...** (8 fois 10) reconnu comme plus facile à calculer (et plus sûr) que le calcul de **8 + 8 + 8 + ...** (10 fois 8), ce qui est encore plus évident dans le cas de **8 × 100**.

2. **Interprétation de 8 × 10 et de 8 × 100 comme 8 dizaines et 8 centaines** qui fournit directement le résultat (cette procédure peut être illustrée avec le matériel dizaines et centaines).

3. **Application de la règle connue « des 0 ».**

PHASE 2 Calcul de 34 × 10 et 34 × 100

• Remettre à une équipe d'élèves le matériel de numération et leur demander de montrer à la classe la réalisation du nombre **34** avec le matériel cartes (3 dizaines et 4 unités).

• Formuler la tâche :

⇒ *Il faut maintenant trouver le résultat de **34 × 10** et de **34 × 100**. Vous cherchez ensemble, par deux, sur votre feuille. Vous devrez ensuite expliquer votre méthode aux autres élèves. Les élèves qui ont le matériel doivent essayer d'obtenir la réponse à l'aide de celui-ci.*

• Après la recherche, recenser les différentes réponses obtenues et les écrire au tableau. Faire expliciter les **principales méthodes utilisées** (*cf. commentaire*).

• Faire illustrer la procédure 4 à l'aide du matériel.

Les principales procédures :

1. **Calcul de 10 + 10 + 10 + ...** ou de **100 + 100 + 100 + ...** (34 fois 10 ou 34 fois 100) reconnu comme long à écrire.

2. **Tentative de calcul de 34 + 34 + 34 + ...** (10 fois 34 ou 100 fois 34).

3. **Interprétation de 34 × 10 et 34 × 100 comme 34 dizaines et 34 centaines** qui peuvent fournir directement les résultats.

4. **Interprétation de 34 comme 3 dizaines et 4 unités,** chacun des termes étant pris 10 fois ou 100 fois :
– pour **34 × 10** : 10 fois 3 dizaines, c'est 3 centaines et 10 fois 4 unités, c'est 4 dizaines ;
– pour **34 × 100** : 100 fois 3 dizaines, c'est 3 milliers et 100 fois 4 unités, c'est 4 dizaines.

PHASE 3 Synthèse

• Utiliser le **tableau de numération** pour reformuler la **procédure 4** consistant à décomposer **34** en 3 dizaines et 4 unités et à prendre 10 fois ou 100 fois chaque terme :

Multiplier par 10 et par 100

- **En multipliant par 10**, chaque dizaine devient centaine et chaque unité devient dizaine :

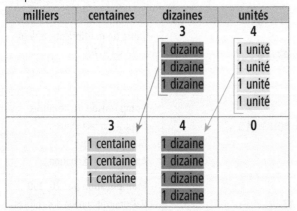

Dans la multiplication par 10, chaque chiffre prend une valeur **10 fois plus grande**, ce qui se traduit par un **déplacement d'un rang vers la gauche** et la nécessité d'écrire un **0** pour les unités.

- **En multipliant par 100**, chaque dizaine devient millier et chaque unité devient centaine :

milliers	centaines	dizaines	unités
		3	4
		1 dizaine	1 unité
		1 dizaine	1 unité
		1 dizaine	1 unité
			1 unité
3	4	0	0
1 millier	1 centaine		
1 millier	1 centaine		
1 millier	1 centaine		
	1 centaine		

Dans la multiplication par 100, chaque chiffre prend une valeur **100 fois plus grande**, ce qui se traduit par un **déplacement de 2 rangs vers la gauche** et la nécessité d'écrire un **0** pour les unités et un **0** pour les dizaines.

Pour que les élèves s'approprient la règle des 0 et la comprennent, il est important de s'appuyer sur les connaissances relatives à la numération décimale :
– **34 fois 10**, c'est 34 dizaines, donc 340, donc 3 centaines et 4 dizaines ;
– **10 fois 34**, c'est 10 fois 3 dizaines (= 3 centaines) et 10 fois 4 unités (= 4 dizaines), donc 3 centaines et 4 dizaines, donc 340.

PHASE 4 Calcul de 207 × 10, de 50 × 10 et de 50 × 100

- Demander des réponses rapides aux élèves.
- Lors de la correction revenir sur les justifications de la **règle des 0** :
– **207 × 10**, c'est 2 centaines et 7 unités, prises 10 fois, soit 2 milliers et 7 dizaines ;
– **50 fois 10**, c'est 5 dizaines prises 10 fois, donc 5 centaines ;
– **50 fois 100**, c'est 5 dizaines prises 100 fois, donc 5 milliers.
- Le tableau de numération peut être utilisé pour exprimer le fait que les chiffres ont changé de valeur, par exemple pour **207 × 10** :

milliers	centaines	dizaines	unités
	2	0	7
2	0	7	0

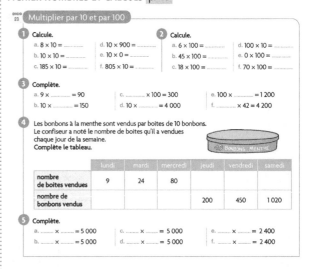

Exercice ①

Calculer des produits dont un facteur est 10.
Déjà travaillé au CE1, cet exercice devrait être facilement traité, même si des difficultés peuvent cependant persister.

RÉPONSE : a. 80 b. 100 c. 1 850 d. 9 000 e. 0 f. 8 050.

AIDE À la question **10 × 0**, certains élèves donneront comme réponse erronée « **10** » ou « **100** ». La référence aux dizaines (0 dizaine) permet d'orienter vers la bonne réponse.

Exercice ②

Calculer des produits dont un facteur est 100.
Cet exercice devrait également ne pas poser de problème aux élèves.

RÉPONSE : a. 600 b. 4 500 c. 1 800 d. 1 000 e. 0 f. 7 000.

Exercice ③

Trouver le facteur manquant de produits par 10 ou par 100, le résultat étant connu.
Cet exercice est plus difficile que les deux précédents.

RÉPONSE : a. 10 b. 15 c. 3 d. 400 e. 12 f. 100.

AIDE À la question **10 × ... = 4 000**, des élèves peuvent répondre « **4** » ou « **40** » ou « **40 000** ». Montrer à l'élève son erreur en calculant **10 × 4** ou **10 × 40** ou **10 × 40 000** (en répondant « 40 000 », l'élève a en fait calculé 10 × 4 000). Ces réponses traduisent une incompréhension de ce type de question qui peut alors être reformulée sous la forme « combien de dizaines pour avoir 400 ? ».

Exercice ④

Résoudre un problème faisant appel à la multiplication par 10.

RÉPONSE :

	lundi	mardi	mercredi	jeudi	vendredi	samedi
Nombre de boites vendues	9	24	80	20	45	102
Nombre de bonbons vendus	90	240	800	200	450	1 020

Exercice ⑤

Décomposer un nombre sous forme de produits.
Pour répondre, les élèves peuvent mobiliser les connaissances de cette séance ou d'autres connaissances.

EXEMPLES DE RÉPONSE :
a à d. 5 × 1 000 ; 50 × 100 ; 500 × 10 ; 5 000 × 1 ; 2 500 × 2 ; 250 × 20...
e et f. 1 200 × 2 ; 24 × 100 ; 240 × 10 ; 600 × 4 ; 300 × 8 ; 60 × 40...

UNITÉ 4

INDIVIDUEL, PUIS COLLECTIF

INDIVIDUEL

	Tâche	Matériel	Connaissances travaillées
CALCULS DICTÉS	**Table de mulitiplication de 4** – Répondre à des questions du type « 3 fois 4 » et « combien de fois 4 dans 20 ? ».	par élève : FICHIER NOMBRES **p. 49** a à h	– **Table de multiplication de 4** (mémorisation).
RÉVISER Calcul	**Multiplication : objets en disposition rectangulaire** – Trouver des nombres qui permettent de réaliser des colonnes de 10 éléments.	par élève FICHIER NOMBRES **p. 49** A et B	– **Comparaison de nombres** – Disposition rectangulaire – Multiplication par 10 – Approche de la division.
APPRENDRE Calcul	**Multiplication par 20 et 200...,** **par 50 et 500...** RECHERCHE **Les paquets de feuilles** – Calculer le nombre de feuilles contenues dans 20, 200… paquets identiques.	par élève : – **fiche recherche 17** – feuille pour chercher – la calculatrice n'est pas autorisée FICHIER NOMBRES **p. 49** 1 à 5	– **Multiplication par 20, 200…** – Valeur positionnelle des chiffres – Équivalence entre 1 dizaine et 10 unités, 1 centaine et 10 dizaines, etc.

CALCULS DICTÉS

Table de multiplication de 4

– Répondre à des questions du type « 3 fois 4 » et « combien de fois 4 dans 20 ? ».

INDIVIDUEL ET COLLECTIF

FICHIER NOMBRES ET CALCULS p. 49

• Dicter les calculs suivants avec réponses dans le fichier :

a. 6 fois 4	**e. Combien de fois 4 dans 8 ?**
b. 9 fois 4	**f. Combien de fois 4 dans 0 ?**
c. 4 fois 5	**g. Combien de fois 4 dans 32 ?**
d. 4 fois 7	**h. Combien de fois 4 dans 40 ?**

RÉPONSE : a. 24   b. 36   c. 20   d. 28   e. 2   f. 0   g. 8   h. 10.

• Les élèves peuvent se préparer ou s'entrainer à ce moment de calcul mental en utilisant l'**exercice 6** de **Fort en calcul mental, p. 43.**

RÉPONSE : a. 0   b. 32   c. 12   d. 28   e. 1   f. 7   g. 3   h. 6.

RÉVISER

Multiplication : objets en disposition rectangulaire

– Trouver un facteur ou les facteurs d'un produit dont le résultat est un multiple de 10.

INDIVIDUEL

FICHIER NOMBRES ET CALCULS p. 49

> **Résoudre des problèmes**
>
> A Sam a 300 quilles. Il les range par colonnes de 10 quilles, comme celle-ci.
> **Combien de colonnes peut-il réaliser ?**
>
> B Lou a choisi un nombre de quilles entre 155 et 225.
> Elle dit à Sam : « Avec le nombre de quilles que j'ai choisi,
> je peux toutes les placer par colonnes de 10 quilles, comme celle-ci. »
> **Quel nombre Lou a-t-elle pu choisir ?**
> Trouve toutes les réponses possibles.

Exercices A et B

Problèmes de groupements

Pour répondre, les élèves peuvent utiliser des déductions ou procéder par essais.

RÉPONSE : A 30 colonnes.   B 160 quilles, 170, 180, 190, 200, 210, 220.

AIDE Pour ces deux exercices, on peut conseiller aux élèves qui ont des difficultés à comprendre la situation de commencer par dessiner des colonnes de 10 quilles ; à d'autres, d'essayer des nombres pour voir s'ils conviennent ou non.

Multiplication par 20, 200..., par 50, 500...

– Comprendre que multiplier un nombre par 20, 200… revient à le multiplier par 2, puis à multiplier le résultat obtenu par 10 ou 100.

RECHERCHE Fiche recherche 17

Les paquets de feuilles : Les élèves cherchent combien il y a de feuilles dans 20 ou 200 paquets de 43 feuilles, puis dans 50 ou 500 paquets de 11 feuilles. Pour la première question, le dessin fourni peut venir en appui des procédures imaginées.

PHASE 1 20 paquets de 43 feuilles

Question 1 de la recherche

> **Les paquets de feuilles**
>
> ① 43 feuilles 43 feuilles 43 feuilles 43 feuilles 43 feuilles 43 feuilles 43 feuilles 43 feuilles 43 feuilles 43 feuilles
> 43 feuilles 43 feuilles 43 feuilles 43 feuilles 43 feuilles 43 feuilles 43 feuilles 43 feuilles 43 feuilles 43 feuilles
>
> Combien de feuilles y a-t-il au total ?

• Demander aux élèves de répondre à la **question 1** de la fiche, en gardant la trace des calculs utilisés.

• Inventorier les réponses et les différentes procédures *(voir commentaire)* et les faire expliquer, mais il est possible que toutes n'apparaissent pas. Si l'utilisation du produit intermédiaire par 2 ou par 10 n'apparait pas, écrire ces procédures au tableau en face de chaque colonne de 2 paquets ou chaque ligne de 10 paquets.

• Conclure en écrivant au tableau que :

$$43 \times 20 = (43 \times 2) \times 10 = 86 \times 10 = 860$$
ou
$$43 \times 20 = (43 \times 10) \times 2 = 430 \times 2 = 860.$$

RÉPONSE : 860 feuilles.

• **Cette séquence est consacrée à la multiplication par un multiple simple de 10 ou de 100** comme 20, 500… dans des cas où la multiplication par 2, 5… ne pose pas de difficultés majeures. Les élèves ont déjà rencontré, notamment au CE1, des situations dans lesquelles intervenaient des produits par **20, 300…** Il s'agit de remettre en place les techniques de calcul, en les justifiant. L'extension de la « **règle des 0** » à des facteurs comme 20, 500 doit aussi s'accompagner d'une justification.

• **La capacité à multiplier un nombre par un multiple simple de 10** (puis de 100 et de 1 000) intervient fréquemment :
1. **En calcul réfléchi.**
Exemple : Pour **multiplier 15 par 22**, on peut multiplier 15 par 20 et par 2, puis ajouter les deux résultats obtenus.
2. **Pour comprendre la technique de multiplication posée.**
Exemple : Le **calcul de 35 par 47** se fait en trois étapes : calcul de 35 × 7, calcul de 35 × 40, ajout des deux résultats obtenus.

• **Les procédures possibles :**
1. **Addition itérée** (difficile à gérer si on veut calculer directement en colonnes).
2. **S'appuyer sur les lignes de 10 paquets** et remarquer que « prendre 20 fois, c'est prendre 2 fois les lignes de 10 » (donc d'abord calculer 43 × 10, puis multiplier le résultat par 2 ou additionner 430 et 430), l'illustration de 2 rangées de 10 paquets pouvant aider à comprendre ce raisonnement.
3. **S'appuyer sur les colonnes de 2 paquets** et remarquer que « prendre 20 fois, c'est prendre 10 fois les colonnes de 2 » (donc d'abord calculer 43 × 2, puis multiplier le résultat par 10), l'illustration de 10 rangées de 2 paquets pouvant aider à comprendre ce raisonnement.
4. **Utiliser directement la règle des 0** (connue antérieurement et réactivée)…

AIDE Le recours à des paquets réels peut s'avérer nécessaire pour aider les élèves à comprendre ces procédures.

PHASE 2 200 paquets de 43 feuilles

Question 2 de la recherche

> ② Sam a préparé 200 paquets de feuilles. Chaque paquet contient 43 feuilles. Combien de feuilles Sam a-t-il utilisées ?

• Demander aux élèves de répondre à la **question 2** de la fiche, en gardant la trace des calculs utilisés.

• Inventorier les réponses et les différentes procédures *(voir commentaire ci-dessous)* et les faire expliquer. Il est possible que toutes n'apparaissent pas.

• Conclure en écrivant au tableau que :

$$43 \times 200 = (43 \times 2) \times 100 = 86 \times 100 = 8\,600$$
ou
$$43 \times 200 = (43 \times 100) \times 2 = 4\,300 \times 2 = 8\,600.$$

RÉPONSE : 8 600 feuilles.

Les procédures possibles :
1. **S'appuyer sur la réponse précédente :** « 200 paquets, c'est 10 fois plus que 20 paquets », donc il y aura un nombre de feuilles égal à : 860 × 10 = 8 600.
2. **Imaginer des colonnes de 2 paquets (il y en aura 100) :** « 200 paquets, c'est 100 fois les colonnes de 2 paquets », donc d'abord calculer 43 × 2, puis multiplier le résultat par 100.
3. **Imaginer des lignes de 100 paquets :** « 200 paquets, c'est 2 fois les lignes de 100 paquets », donc d'abord calculer 43 × 100, puis multiplier le résultat par 2 ou additionner 4 300 et 4 300.

PHASE 3 50 paquets de 11 feuilles

Question 3 de la recherche

> ③ Combien de feuilles Lou a-t-elle utilisées ?
> ....
> ....
>
> J'AI PRÉPARÉ 50 PAQUETS DE FEUILLES COMME CELUI-CI.
> 11 FEUILLES

• Demander aux élèves de répondre à la **question 3** de la fiche, en gardant la trace des calculs utilisés.

• Le déroulement est le même que pour la **phase 1**. La taille des nombres devrait faire apparaitre la nécessité d'utiliser les procédures plus économiques, en faisant appel à la multiplication par 5 puis par 10 ou par 10 puis par 5.

• Conclure en écrivant au tableau que :

$$11 \times 50 = (11 \times 5) \times 10 = 55 \times 10 = 550$$
ou
$$11 \times 50 = (11 \times 10) \times 5 = 110 \times 5 = 550.$$

RÉPONSE : 550 feuilles.

PHASE 4 500 paquets de 11 feuilles

Question 4 de la recherche

> ④ Un magasin a reçu 500 paquets de feuilles. Dans chaque paquet, il y a 11 feuilles. Combien de feuilles a-t-il reçues ?

- Demander aux élèves de répondre à la **question 4** de la fiche, en gardant la trace des calculs utilisés.

- Le déroulement est le même que pour la **phase 2**. La taille des nombres devrait faire apparaitre la nécessité d'utiliser les procédures plus économiques, en faisant appel à la multiplication par 5 puis par 100 ou par 100 puis par 5 ou encore de s'appuyer sur la réponse pour 50 feuilles (c'est 10 fois plus).

- Conclure en écrivant au tableau que :

11 × 500 = (11 × 5) × 100 = 55 × 100 = 5 500
ou
11 × 500 = (11 × 100) × 5 = 1 100 × 5 = 5 500.

RÉPONSE : 5 500 feuilles.

PHASE 3 **Synthèse sur la multiplication par 20, 200…**

- Expliquer que les procédures sont valables pour tous les produits du même type, en s'appuyant sur les procédures précédentes et en les mettant en relation.

Pour calculer 43 × 20

- **On peut multiplier par 2, puis par 10.**
En prenant appui sur les colonnes de 2 paquets de 43, montrer que :
20 fois 43, c'est « 10 fois 2 fois 43 ».
À mettre en lien avec l'écriture : 43 × 20 = (43 × 2) × 10.

- **On peut multiplier par 10, puis par 2.**
En prenant appui sur les lignes de 10 paquets de 43, montrer que :
20 fois 43, c'est « 2 fois 10 fois 43 ».
À mettre en lien avec l'écriture : 43 × 20 = (43 × 10) × 2.

- Mettre en évidence une « **règle de calcul** », en appui sur ces différentes formulations :

Multiplier par 20, par 50

– Pour multiplier par **20**, on peut d'abord multiplier par **2** puis par **10**.
– Pour multiplier par **50**, on peut d'abord multiplier par **5** puis par **10**.

Attention ! Les écritures multiplicatives faisant apparaitre trois facteurs et des parenthèses (43 × 2) × 10 ou (43 × 10) × 2 sont introduites avec prudence, en expliquant le sens des produits successifs.

ENTRAINEMENT

FICHIER NOMBRES ET CALCULS `p. 49`

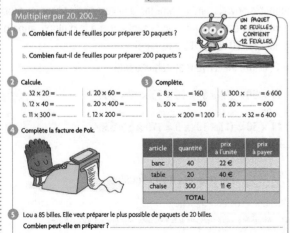

Exercice ①

Chercher combien il y a de feuilles dans 30 paquets ou 200 paquets de 12 feuilles.

Ce sont les mêmes questions que celles de la recherche.

RÉPONSE : a. 360 feuilles   b. 2 400 feuilles.

Exercices ② et ③

Calcul de produits ou recherche d'un facteur dans des cas où l'autre facteur est multiple simple de 10.

Les calculs peuvent tous être réalisés mentalement et ne supposent donc pas la connaissance d'une technique de multiplication posée.

RÉPONSE :
② a. 640   b. 480   c. 3 300   d. 1 200   e. 8 000   f. 2 400.
③ a. 20   b. 3   c. 6   d. 22   e. 30   f. 200.

AIDE   Si nécessaire, revenir à une situation comme celle des feuilles pour illustrer la procédure la plus efficace : multiplier d'abord par le nombre de dizaines, puis par 10.

Prêter une attention particulière :
– **exercice 2 :** aux calculs du type 20 × 60 et 20 x 400 ;
– **exercice 3 :** aux calculs du type 20 × … = 600
car ils peuvent être source d'erreurs ; par exemple, des élèves peuvent répondre 120 pour 20 × 60, avec une utilisation erronée de la « règle des 0 ». Là encore, un retour à la justification des étapes du calcul peut s'avérer nécessaire.

Exercice ④

Compléter une facture faisant intervenir des multiplications par un multiple simple de 10.

Ce type de tableau a déjà été rencontré, les calculs ne présentent pas de difficultés particulières.

RÉPONSE :

article	quantité	prix à l'unité	prix à payer
banc	40	22 €	880 €
table	20	40 €	800 €
chaise	300	11 €	3 300 €
		TOTAL	4 980 €

Exercice ⑤

Résoudre un problème où il faut chercher combien il y a de fois 20 dans un nombre donné.

La difficulté vient du fait que 20 n'est pas un multiple du nombre proposé. Pour répondre, les élèves peuvent procéder :
– par un dessin schématisé ;
– par cumul additif de 20 pour s'approcher de 85 ;
– par des essais de produits dont un facteur est 20.
Le nombre choisi permet aussi de répondre directement, 80 étant un multiple de 20 assez facile à identifier.

RÉPONSE : 4 paquets.

Différenciation : Exercices 1 et 4 → **CD-Rom du guide, fiche n° 15.**

	Tâche	Matériel	Connaissances travaillées
CALCULS DICTÉS	**Ajout, retrait d'un nombre inférieur à 10** – Ajouter, soustraire un petit nombre à un nombre inférieur à 100.	par élève : – ardoise ou cahier de brouillon	– Calcul réfléchi – Addition, soustraction.
RÉVISER Mesures	Lire l'heure en heures et minutes – Lire l'heure sur une horloge à aiguilles en heures et minutes. – Afficher un horaire sur l'horloge.	par élève – horloge en carton CAHIER GÉOMÉTRIE **p. 27** Ⓐ et Ⓑ	– Lecture de l'heure : heures et minutes.
APPRENDRE Géométrie	Alignement - Milieu de segment RECHERCHE **Des points, des droites et des segments** – Reconnaître des points alignés. – Utiliser l'alignement et la mesure pour placer des points manquants sur des cartes à jouer.	pour la classe : – figures de la fiche recherche sur transparent rétroprojetable ou à défaut au format A3 – feutre à encre non permanente – calque des cartes « 3 » et « 5 » pour validation par élève : – **fiches recherche 18** (questions 1 et 2) **et 19** (questions 3 et 4) – double décimètre, crayon à papier, gomme CAHIER GÉOMÉTRIE **p. 27** ❶ et ❷	– Points alignés – Milieu d'un segment – Distance entre deux points.

UNITÉ 4

CALCULS DICTÉS

Ajout, retrait d'un nombre inférieur à 10
– Connaitre ou retrouver très rapidement les résultats liés au répertoire additif.

INDIVIDUEL ET COLLECTIF

• Dicter les calculs suivants avec réponses sur l'ardoise ou le cahier de brouillon :

a. 7 + 5	d. 12 − 6
b. 27 + 5	e. 32 − 6
c. 47 + 5	f. 52 − 6

RÉPONSE : a. 12   b. 32   c. 52   d. 6   e. 26   f. 46

• Les élèves peuvent se préparer ou s'entrainer à ce moment de calcul mental en utilisant l'**exercice 7** de **Fort en calcul mental, p. 43**.

RÉPONSE : a. 14   b. 24   c. 44   d. 8   e. 38   f. 68.

Diverses procédures peuvent être utilisées qui font appel à des propriétés de l'addition et de la soustraction. Chacune peut donner lieu à une formulation orale puis écrite au tableau de façon à faciliter son réinvestissement.

Exemple : **27 + 5**, les élèves peuvent :

– décomposer **27** en **20 + 7**, puis ajouter **20** et le résultat de **7 + 5** :
27 + 5 = 20 + 7 + 5 = 20 + 12

– décomposer **27** en **25 + 2**, puis calculer **25 + 5 + 2** ce qui nécessite un aménagement de 25 + 5 + 2 :
27 + 5 = 25 + 2 + 5 = 25 + 5 + 2.

Exemple : **32 − 6**, les élèves peuvent :

– décomposer **32** en **20 + 12**, puis calculer **12 − 6** et ajouter le résultat à **20** :
32 − 6 = (20 + 12) − 6 = 20 + (12 − 6)

– enlever successivement **2** à **32**, puis **4** à **30** :

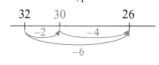

Lire l'heure en heures et minutes

– Lire l'heure sur une horloge à aiguilles, exprimer un horaire en heures et minutes.

PHASE 1 **Placer les aiguilles sur une horloge**

• Écrire des horaires au tableau et demander aux élèves de les réaliser sur leur horloge en carton :

10 h	10 h 10	9 h 45	9 h 05
6 h	10 h 30	9 h 20	6 h moins 10

PHASE 2 CAHIER MESURES ET GÉOMÉTRIE **p. 27**

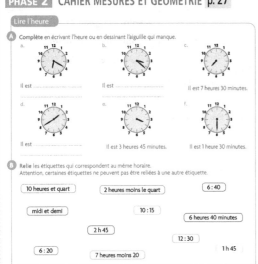

Exercice **A**

Lire un horaire sur une horloge à aiguilles ou dessiner l'aiguille qui manque, l'horaire étant donné.

Le placement des aiguilles est plus difficile. On s'attache surtout à un placement correct de la grande aiguille.

RÉPONSE :
a. 6 h 20   b. 3 h 22
c. grande aiguille sur 6   d. 1 h 40 ou 2 h moins 20
e. grande aiguille sur 9   f. petite aiguille entre 1 et 2.

AIDE Apporter une aide aux élèves les plus en difficulté en leur permettant des essais de placement des aiguilles sur leur horloge en carton.

Exercice **B**

Associer des étiquettes correspondant au même horaire.

Cet exercice peut être réservé aux élèves les plus rapides.

RÉPONSE : 10 heures et quart → 10 : 15
midi et demi → 12 : 30
6 heures 40 minutes → 6 : 40 → 7 heures moins 20
1 h 45 → 2 heures moins le quart.

Différenciation : → **CD-Rom du guide, fiche n° 4.**

Alignement - Milieu de segment

– Connaître et utiliser la notion de points alignés.
– Faire le lien entre longueur d'un segment et distance entre ses extrémités.
– Comprendre ce qu'est le milieu d'un segment et l'utiliser.

RECHERCHE Fiches recherche 18 et 19

Des points, des droites et des segments : Dans un premier temps, les élèves doivent trouver le nombre de droites qu'il est possible de tracer, passant par un point identifié et un des autres points placés sur une feuille. La réponse est fonction de la présence ou non de points alignés.
Dans un deuxième temps, ils doivent utiliser l'alignement et l'égalité de longueurs pour placer des points manquant sur des cartes à jouer.

PHASE 1 **Tracé d'une droite passant par deux points**

Question 1 de la recherche (fiche 18)

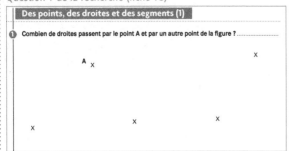

• Sur la figure de la **question 1** projetée ou affichée au tableau, tracer une ligne droite passant par le point A et un autre point.

• Préciser que « la règle doit être placée de façon à ce que la ligne passe bien par les centres des deux croix en tenant compte de l'épaisseur du feutre ou du crayon ».

• Indiquer la tâche :

⟹ *Je viens de tracer une « droite » qui passe par le point A et par un des autres points de la figure. Combien pensez-vous pouvoir tracer de droites qui passent par le point A et par chacun des autres points de la figure, en comptant la droite déjà tracée au tableau ?*

• Recenser les réponses, puis faire procéder au tracé des droites par les élèves sur la fiche recherche qui leur a été distribuée.

RÉPONSE : 4 droites (on peut tracer autant de droites qu'il y a d'autres points que A).

L'idée d'infini auquel fait référence la notion de droite n'étant pas accessible à cet âge, le terme « **droite** » est introduit ici pour désigner « un tracé rectiligne qui n'est pas borné et qu'on peut prolonger au gré des besoins ».
Les élèves approchent expérimentalement l'idée que « par deux points, on ne peut faire passer qu'une seule droite ».

PHASE 2 Points alignés

Question 2 de la recherche (fiche 18)

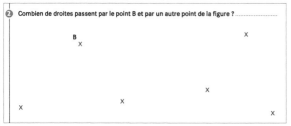

② Combien de droites passent par le point B et par un autre point de la figure ? ....

• Demander de répondre à la **question 2**, mais ne pas autoriser les élèves à faire des tracés pour répondre.

• Recenser les réponses et demander aux élèves d'expliciter leurs arguments :

– « **6 droites** » car il y a 6 autres points que B ;

– « **5 droites ou peut-être 6**, mais il faut vérifier avec la règle », pour les élèves qui ont perçu l'alignement de deux des points avec le point B.

La difficulté de désigner les points qui sont alignés avec B conduit à introduire des lettres pour nommer ces points.

• Après discussion, demander aux élèves de tracer les droites pour valider la réponse

RÉPONSE : 5 droites.

Il est essentiel que l'utilisation de lettres pour nommer des points n'intervienne pas trop tôt, afin que les élèves ne confondent pas un point et sa désignation. C'est seulement après que les élèves ont éprouvé des difficultés à parler sans ambiguïté des points en l'absence de désignation que nommer un point par une lettre apparaît alors comme un moyen commode pour discourir sur une figure.

• Expliciter la **notion d'alignement**, geste à l'appui :

Alignement de points

• **Trois points sont alignés si, quand avec la règle on trace la droite qui passe par deux des points, cette droite passe également par le troisième point.**

• **Deux points sont toujours alignés.**

En effet, on peut toujours placer la règle de façon à tracer une droite qui passe par deux points. La question de savoir si des points sont alignés ne se pose qu'à partir de 3 points.

On ne cherche donc à savoir si des points sont alignés qu'à partir de 3 points.

• Demander ensuite de se reporter au **dico-maths no 46** pour prendre connaissance des différentes façons de parler de l'alignement de points :

Vocabulaire lié à l'alignement de points

• « **Les 3 points sont alignés** » se dit aussi :

« **Un point est sur la droite qui passe par les deux autres points.** »

Exemple : « Les points **A, B** et **C** sont alignés » peut encore se dire :

« Le point **C** est sur la droite qui passe par les points **A** et **B.** »

• « **Être sur la droite** » n'a pas la même signification que « **être au-dessus de la droite** ».

Attirer l'attention sur la différence de signification de ces deux expressions.

Exemple : Le **point E**, qui est placé « au-dessus de la droite » qui passe par les **points B** et **F**, « n'est pas sur la droite » qui passe par ces points car il **n'est pas aligné avec les points B** et **F**.

PHASE 3 Cartes « 3 » : milieu d'un segment

Question 3 de la recherche (fiche 19)

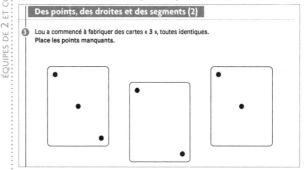

Des points, des droites et des segments (2)

③ Lou a commencé à fabriquer des cartes « 3 », toutes identiques. Place les points manquants.

• Préciser la tâche :

➡ *Les points qui manquent doivent être placés avec le plus grand soin. On utilisera le calque de la carte « 3 » (le montrer) pour vérifier l'exactitude du placement. Le seul instrument que vous pouvez utiliser, si vous pensez en avoir besoin, c'est votre double décimètre. Vous discuterez comment faire avec votre voisin et, quand vous serez d'accord, chacun placera les points sur les cartes de sa fiche.*

Observer comment font les élèves :

– prise d'informations ou non sur la carte modèle (alignement et égalité de distances entre les points) ;

– placement à vue en cherchant à respecter l'alignement et l'égalité des distances ou la position par rapport au bord de la carte ;

– placement en utilisant la règle, en mesurant ou non ;

– tracé ou non du segment ou de la droite passant par les points déjà placés.

Carte « 3 » où manque le point central

• Demander à une équipe qui a **placé le point à vue** ou en ne prenant en compte que l'alignement d'expliquer comment elle a fait et d'effectuer les tracés correspondants sur la figure projetée ou affichée au tableau.

• Demander ensuite à cette équipe :

➡ *Comment savez-vous que votre point est bien placé ?*

Demander ce qu'en pensent les autres élèves. Pour faciliter les échanges, on pourra décider avec la classe de **nommer les points**. Invalider ces placements approchés en utilisant le calque.

• Procéder de même avec une équipe qui a effectué un **placement exact du point**. À partir des échanges, dégager que :

Pour placer le point avec précision, il faut :

• **Commencer par observer comment il est placé sur la carte modèle :**

– les trois points sont alignés *(contrôle à la règle)* ;

– le point à placer est « pile poil entre les deux points placés » ou « pile au milieu » *(mesure des écarts entre les points)* ;

• **Utiliser le double décimètre pour placer le point** avec tracé ou non du segment qui joint les deux points déjà placés.

• Faire ou afficher au tableau les deux dessins suivants avec le texte associé en les commentant :

La longueur du segment d'extrémités A et B est 5 cm.

La distance entre les points A et B est 5 cm.

La distance entre deux points est la longueur du segment qui joint ces deux points, qu'il soit tracé ou non.

• Sur la carte modèle, tracer le segment qui joint les points les plus éloignés. Nommer **A** et **B** ces points et **I** le point intermédiaire. Puis définir ce qu'on appelle « milieu d'un segment » :

Milieu d'un segment

• **Le point I est le milieu du segment d'extrémités A et B** (ou **segment AB**). Il partage le segment AB en deux segments qui ont même longueur.

• **Le point I est placé sur le segment AB, il est aligné avec les points A et B.**

• **La longueur du segment AI est égale à la longueur du segment IB.**

Carte « 3 » où manque le point du bas

• Commencer par demander ce qu'on sait du point qui manque :
– il doit être aligné avec les deux points déjà placés ;
– la distance entre les deux points placés et la distance entre le point central et le point à placer doivent être les mêmes.

• Solliciter ensuite deux équipes :

– une première équipe qui a cherché à placer la règle dans le prolongement des deux points déjà placés, mais sans placer le bord de la règle contre ces deux points :	– Une seconde équipe qui a tracé et prolongé le segment ayant pour extrémités les points déjà placés :
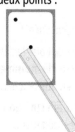	

• Discuter de la précision de chacune des méthodes pour conclure que « cette fois, pour réussir, il est nécessaire de tracer la droite qui passe par les deux points déjà placés ».

PHASE 4 **Cartes « 5 » : réinvestissement**

Question 4 de la recherche (fiche 19)

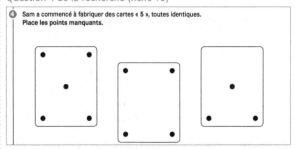

④ Sam a commencé à fabriquer des cartes « 5 », toutes identiques. Place les points manquants.

Si le temps fait défaut, cette question pourra ne pas être traitée. Passer directement à l'entrainement individuel. N'autoriser, comme pour la question 3, que le double décimètre.

Carte « 5 » où manque le point central

Les procédures consistent à :
– soit placer le milieu du segment déterminé par deux points diagonalement opposés ;
– soit tracer les deux segments ayant pour extrémités des points diagonalement opposés et placer le point manquant à l'intersection de ces deux segments.

Carte « 5 » où manquent les 2 points du haut

Les élèves utilisent deux fois la même procédure que pour la construction du point sur la seconde carte « 3 ».

Cette question permet de mettre en œuvre ce qui a été dégagé à l'issue de la question 3 :
– le placement du milieu d'un segment ;
– le placement de la seconde extrémité d'un segment quand on connaît la première extrémité et le milieu de ce segment.

ENTRAINEMENT

CAHIER MESURES ET GÉOMÉTRIE **p. 27**

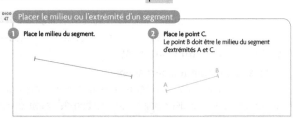

Placer le milieu ou l'extrémité d'un segment

❶ Place le milieu du segment.

❷ Place le point C.
Le point B doit être le milieu du segment d'extrémités A et C.

Exercice ❶

Placer un point milieu d'un segment.

L'élève doit utiliser ce qu'il a appris concernant le milieu d'un segment : « le milieu partage le segment en deux segments de même longueur ».

Exercice ❷

Placer la seconde extrémité d'un segment connaissant la première extrémité et le milieu de ce segment.

De même, l'élève doit utiliser le fait que : « le milieu est aligné avec les extrémités du segment ».

Avant de placer le **point C** avec précision, on pourra demander aux élèves de situer approximativement au crayon à papier la zone où il doit se trouver.

Différenciation : Exercices 1 et 2 → **CD-Rom du guide, fiche n° 16.**

	Tâche	Matériel	Connaissances travaillées
CALCULS DICTÉS	Ajout, retrait d'un nombre inférieur à 10 – Ajouter, soustraire un petit nombre à un nombre inférieur à 100.	par élève : – ardoise ou cahier de brouillon	– **Calcul réfléchi** – Addition, soustraction.
RÉVISER Mesures	Les horaires de l'après-midi – Associer des horaires à leur indication sur une horloge.	pour la classe : – horloge à aiguilles et horloge à affichage digital par élève : – ardoise CAHIER GÉOMÉTRIE **p. 28 A**	– **Lecture de l'heure : heures et minutes.**
APPRENDRE Mesures	Longueurs en cm et mm RECHERCHE **Longueurs de lignes brisées et périmètres de polygones** – Calculer la longueur d'une ligne brisée ouverte ou fermée en ajoutant les longueurs des segments en cm et mm.	par élève : – **fiche recherche 20** – double décimètre CAHIER GÉOMÉTRIE **p. 28 1 à 4**	– **Longueur d'une ligne brisée** – **Périmètre d'un polygone** – Mesure en centimètres et millimètres, conversions.

CALCULS DICTÉS

Ajout, retrait d'un nombre inférieur à 10
– Connaitre ou retrouver très rapidement les résultats liés au répertoire additif.

INDIVIDUEL ET COLLECTIF

• Dicter les calculs suivants :

a. $8 + 7$ d. $13 - 7$

b. $58 + 7$ e. $33 - 7$

c. $38 + 7$ f. $53 - 7$

RÉPONSE : a. 15 b. 65 c. 45 d. 6 e. 26 f. 46.

• Les élèves peuvent se préparer ou s'entrainer à ce moment de calcul mental en utilisant l'**exercice 8** de **Fort en calcul mental, p. 43.**

RÉPONSE : a. 16 b. 36 c. 66 d. 6 e. 26 f. 56.

≡ Voir commentaire de la **séance 7**, p. 123 du guide.

RÉVISER

Les horaires de l'après-midi
– Lire les horaires de l'après-midi en heures et minutes sur une horloge à aiguilles.

COLLECTIF

PHASE 1 **Sur les horloges de la classe**

• Montrer l'**horloge à affichage digital** et faire observer le défilement des horaires en heures et minutes, puis rappeler :

Il y a **24 heures** dans une journée :
– le **matin**, les horaires vont de **0 heures** à **12 heures** ;
– l'**après-midi**, de **12 heures** à **24 heures**.

• Montrer ensuite l'**horloge à aiguilles** :

• **Sur l'horloge à aiguilles, les numéros des heures ne vont que jusqu'à 12.**
Dans la journée, la petite aiguille fait 2 fois le tour du cadran.
Quand l'horloge à aiguilles indique **2 heures**, il peut être **2 heures du matin** ou **2 heures de l'après-midi.**

• **Sur l'horloge à affichage**, 2 heures de l'après-midi se lit 14 heures.

• Afficher **3 heures** sur l'horloge à aiguilles :
➙ *À quel horaire de l'après-midi cela correspond-il ? Pouvez-vous réfléchir au moyen qui permet de lire les horaires de l'après-midi sur l'horloge à aiguilles ?*

RÉPONSE : On ajoute 12 heures à l'horaire lu.

• Afficher d'autres horaires sur l'horloge à aiguilles en précisant que ce sont des horaires de l'après-midi ou du soir et demander aux élèves de les écrire sur leur ardoise :

16 h	16 h 30	17 h 15	18 h 15
18 h 20	18 h 35	20 h	20 h 30 20 h 45

Lire l'heure

A Relie chaque horloge à l'étiquette ou aux étiquettes qui lui correspondent.

8 heures moins le quart	20 h 45	19 h 45	5 heures et quart	20 h 30
17 h 15 min	3 h 25	8 heures et demie	9 h 30	5 h 15 min

Exercice A

Trouver parmi les horaires proposés ceux qui correspondent à chaque horloge.

Comme les horaires proposés sont du matin et de l'après-midi, il peut y avoir plusieurs étiquettes pour un même affichage d'horloge ou une même horloge.

RÉPONSE : 20 h 30 → 8 heures et demie
5 heures et quart → 17 h 15 min → 5 h 15 min
19 h 45 → 8 heures moins le quart.

Différenciation : Exercice A → **CD-Rom du guide, fiche n° 17.**

APPRENDRE

Longueurs en cm et mm

– Ajouter des longueurs en centimètres et millimètres.
– Réaliser la conversion de mesures en centimètres et millimètres.
– Calculer le périmètre d'un carré, d'un rectangle, d'un triangle.

RECHERCHE Fiche recherche 20

Longueurs de lignes brisées et périmètres de polygones :
Les élèves vont devoir déterminer la longueur de plusieurs lignes brisées et des périmètres de polygones, soit en mesurant puis en additionnant les longueurs des segments qui les composent, soit uniquement par le calcul à partir de la donnée des longueurs de ces segments.

PHASE 1 Calcul de la longueur de lignes brisées

Questions 1 et 2 de la recherche

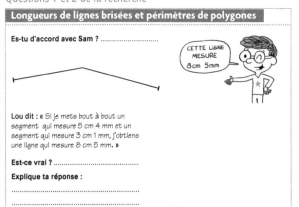

Longueurs de lignes brisées et périmètres de polygones

Es-tu d'accord avec Sam ? ....

CETTE LIGNE MESURE 8 cm 5 mm

Lou dit : « Si je mets bout à bout un segment qui mesure 5 cm 4 mm et un segment qui mesure 3 cm 1 mm, j'obtiens une ligne qui mesure 8 cm 5 mm. »

Est-ce vrai ? ....

Explique ta réponse :
....
....

• La résolution de la **question 1** ne devrait pas poser de problème. Elle doit permettre de comprendre les questions qui suivent. Certains élèves peuvent obtenir une mesure de la ligne en mettant bout à bout les deux mesures sur la règle ou en ajoutant les mesures trouvées pour chaque segment.

• Pour résoudre la **question 2**, certains élèves vont produire le dessin des deux segments (éventuellement dans le prolongement l'un de l'autre), puis mesurer la ligne obtenue.

• Recenser les réponses des élèves. Traiter tout d'abord les réponses qui témoignent d'un mesurage des lignes et non d'un

calcul (les réponses sont fausses à quelques mm près), puis celles qui relèvent d'un calcul :

5 cm 4 mm + 3 cm 1 mm = **8 cm 5 mm**.

• Conclure :

Calcul de la longueur d'une ligne brisée

– La longueur totale de la ligne peut s'obtenir par mesurage ou par calcul.
– Toute mesure amène à une approximation.
– Pour obtenir la longueur totale, on ajoute séparément les centimètres et les millimètres.

L'additivité des mesures a déjà été abordée dans les unités précédentes. L'objectif ici est de viser l'approche du caractère décimal du système métrique avec l'équivalence **10 mm = 1 cm**. Bien que les questions soient posées de manière abstraite, **il faut toujours revenir au sens des mesures manipulées**. Ce sens peut se retrouver par observation des graduations du double décimètre : les centimètres et les millimètres.

PHASE 2 Calcul avec conversions

Question 3 de la recherche

3 **Flip dit : «** Si je mets bout à bout un segment qui mesure 4 cm 8 mm et un segment qui mesure 3 cm 7 mm, j'obtiens aussi une ligne qui mesure 8 cm 5 mm. »

Est-ce vrai ? ....

Explique ta réponse :
....

• Engager les élèves à ne pas faire de dessin, mais à calculer.

- Faire un bilan des réponses trouvées. Certains ont trouvé 7 cm et 15 mm. Mettre en évidence que 15 mm = 1 cm et 5 mm, et l'équivalence des deux réponses trouvées :

4 cm 8 mm + 3 cm 7 mm = 7 cm 15 mm

= 7 cm + 1 cm 5 mm = **8 cm 5 mm**.

- Faire le bilan des méthodes (celles qui sont apparues) :

<u>Calcul de la longueur d'une ligne brisée</u> (suite)

Pour cela, il faut **ajouter les longueurs des segments** qui composent la ligne brisée :

– soit en ajoutant séparément les centimètres et les millimètres, et bien se souvenir que 10 mm = 1 cm ;

– soit en transformant les longueurs en mm, les ajouter et ensuite éventuellement les transformer en cm et mm.

> **Les raisonnements ne doivent pas être seulement conduits comme une manipulation sur les nombres, mais en référence au sens de la mesure évoquée.**
> Si besoin, faire tracer deux segments mis bout à bout et alignés qui ont pour longueurs respectives les mesures données, puis faire mesurer la longueur de la ligne obtenue.
> Il faut engager certains à expliquer leurs démarches, puis le groupe à parfaire ces explications afin qu'elles puissent être conservées pour la classe en synthèse, sous la forme d'une affiche ou dans un cahier.

PHASE 3 Calcul du périmètre d'un triangle et d'un carré

Question 4 de la recherche

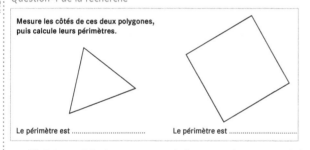

Mesure les côtés de ces deux polygones, puis calcule leurs périmètres.

Le périmètre est .... Le périmètre est ....

- Définir le « **périmètre** » comme la longueur du « tour » de la figure ou de la ligne fermée.

- Engager les élèves à noter les mesures de longueur sur chaque segment (ceci permet de repérer les erreurs de mesurage et de les distinguer d'erreurs de calcul). Accepter des erreurs de 1 mm sur la longueur de chaque segment.

- Conclure :

<u>Calcul du périmètre d'un polygone</u>

Pour calculer la longueur du contour d'un triangle, d'un carré ou de n'importe quel polygone, on ajoute les longueurs de tous ses côtés.

RÉPONSE : **Triangle : 11 cm 4 mm**
Accepter toute réponse comprise entre 11 cm 1 mm et 11 cm 7 mm.

Carré : 17 cm 2 mm
Accepter toute réponse comprise entre 16 cm 8 mm et 17 cm 6 mm.

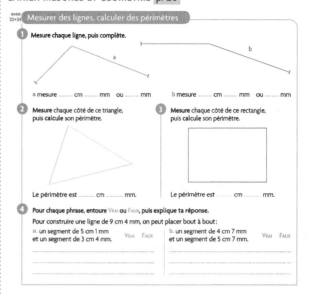

Mesurer des lignes, calculer des périmètres

1 Mesure chaque ligne, puis complète.

a mesure .... cm .... mm ou .... mm

b mesure .... cm .... mm ou .... mm

2 Mesure chaque côté de ce triangle, puis **calcule** son périmètre.

Le périmètre est .... cm .... mm.

3 Mesure chaque côté de ce rectangle, puis **calcule** son périmètre.

Le périmètre est .... cm .... mm.

4 Pour chaque phrase, entoure VRAI ou FAUX, puis explique ta réponse.

Pour construire une ligne de 9 cm 4 mm, on peut placer bout à bout :

a. un segment de 5 cm 1 mm et un segment de 3 cm 4 mm. VRAI FAUX

b. un segment de 4 cm 7 mm et un segment de 5 cm 7 mm. VRAI FAUX

Préciser qu'il s'agit cette fois de mesurer avec précision chaque segment avant de calculer les longueurs totales des lignes brisées. Engager les élèves à inscrire sur chaque segment sa longueur en cm et mm.

Exercice 1

Mettre en œuvre l'additivité des mesures et les propriétés du système métrique.

Les élèves doivent donner les mesures en cm et mm, ou en mm.

RÉPONSE : a. 8 cm et 7 mm ou 87 mm b. 10 cm ou 100 mm.

Les réponses peuvent s'écarter de 2 mm.

Exercices 2 et 3

Calculer le périmètre d'un triangle et d'un rectangle.

Accepter les réponses à 3 ou 4 millimètres près.

RÉPONSE :
2 **14 cm 3 mm** (côtés de 5 cm 6 mm, 4 cm 8 mm et 3 cm 9 mm).
3 **17 cm** (côtés de 5 cm 1 mm et 3 cm 4 mm).

Les réponses peuvent s'écarter de 3 mm pour l'exercice 2 et de 4 mm pour l'exercice 3.

Exercice 4

Calculer les longueurs de lignes brisées et les comparer à une longueur donnée.

Présenter les réponses **a** et **b** comme vraies correspond à des erreurs fréquentes chez les élèves :

– ajout de deux mesures qui ne sont pas exprimées dans la même unité (a) ;

– oubli d'un centimètre obtenu par la conversion des millimètres (b).

RÉPONSE : Les réponses **a** et **b** sont fausses.

À SUIVRE

En **séance 9** de cette unité, les connaissances sur le calcul des longueurs seront entrainées.

En **unité 7**, les conversions dans d'autres unités seront travaillées.

UNITÉ 4

	Tâche	Matériel	Connaissances travaillées
CALCULS DICTÉS	**Ajout, retrait d'un nombre inférieur à 10** – Ajouter, soustraire un petit nombre à un nombre inférieur à 100.	par élève : – ardoise ou cahier de brouillon	– **Calcul réfléchi** – Addition, soustraction.
RÉVISER Mesures	Longueurs de lignes brisées et périmètres de polygones – Mesurer des segments en cm et mm. – Calculer la longueur d'une ligne brisée ou un périmètre en cm et mm.	par élève : – un double décimètre CAHIER GÉOMÉTRIE **p. 29 Ⓐ, Ⓑ et Ⓒ**	– **Longueur d'une ligne brisée** – **Périmètre d'un polygone** – Mesure en centimètres et millimètres.
APPRENDRE Géométrie	Reproduction sur quadrillage RECHERCHE **Reproduire un polygone** – Reproduire des polygones dont les côtés ne suivent pas tous les lignes du quadrillage.	pour la classe : – fiche sur transparent rétroprojetable + feutres – calques des polygones (fiche et exercice) par élève : – polygones à reproduire ▸ **fiche recherche 21** – règle, crayon, gomme CAHIER GÉOMÉTRIE **p. 30 ❶**	– **Repérage sur quadrillage : repérage relatif d'un nœud par rapport à un autre** – Reproduction sur quadrillage.

CALCULS DICTÉS

Ajout, retrait d'un nombre inférieur à 10

– Connaitre ou retrouver très rapidement les résultats liés au répertoire additif.

INDIVIDUEL ET COLLECTIF

• Dicter les calculs suivants avec réponses sur l'ardoise ou le cahier de brouillon :

a. 4 + 9	d. 17 − 9
b. 34 + 9	e. 37 − 9
c. 64 + 9	f. 87 − 9

RÉPONSE : a. 13   b. 43   c. 73   d. 8   e. 28   f. 78.

• Les élèves peuvent se préparer ou s'entrainer à ce moment de calcul mental en utilisant l'**exercice 9** de **Fort en calcul mental, p. 43**.

RÉPONSE : a. 15   b. 35   c. 65   d. 4   e. 34   f. 64.

Dans le cas de l'ajout (ou du retrait) de **9**, les élèves peuvent aussi procéder en ajoutant **10** et soustrayant **1** (ou en soustrayant **10** et ajoutant **1**).

RÉVISER

Longueurs de lignes brisées et périmètres de polygones

– Ajouter des longueurs en centimètres et millimètres en utilisant l'équivalence 10 mm = 1 cm.
– Comprendre la notion de périmètre pour un polygone.

INDIVIDUEL

CAHIER MESURES ET GÉOMÉTRIE p. 29

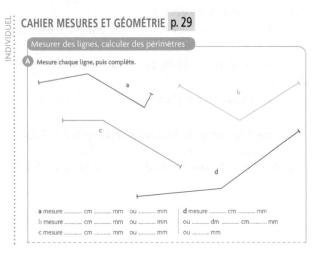

Mesurer des lignes, calculer des périmètres

Ⓐ Mesure chaque ligne, puis complète.

a mesure ...... cm ...... mm ou ...... mm	d mesure ...... cm ...... mm
b mesure ...... cm ...... mm ou ...... mm	ou ...... dm ...... cm ...... mm
c mesure ...... cm ...... mm ou ...... mm	

Faire un rappel de ce qui a été vu en séance 8 (*Apprendre p. 128*).

Exercice Ⓐ

Mesurer chaque segment composant la ligne brisée, puis calculer la longueur de la ligne.

Les élèves ont à mesurer chaque segment composant la ligne brisée, puis à calculer la longueur de la ligne en mettant en œuvre l'additivité des mesures et l'équivalence 10 mm = 1 cm.

RÉPONSE : ligne a : 3 cm 2 mm + 4 cm 2 mm + 1 cm = 8 cm 4 mm = **84 mm**

ligne b : 4 cm 5 mm + 4 cm 5 mm = 9 cm 0 mm = **90 mm**

ligne c : 2 cm 6 mm + 5 cm 8 mm = 8 cm 4 mm = **84 mm**

ligne d : 5 cm 5 mm + 6 cm 2 mm = **11 cm 7 mm**
= 1 dm 1 cm 7 mm = **117 mm**.

Accepter les réponses à 4 mm près et à 6 mm près pour la ligne a.

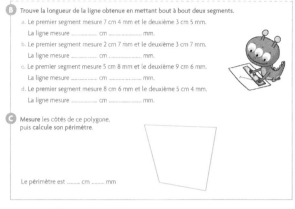

Trouve la longueur de la ligne obtenue en mettant bout à bout deux segments.
a. Le premier segment mesure 7 cm 4 mm et le deuxième 3 cm 5 mm.
La ligne mesure .... cm .... mm.
b. Le premier segment mesure 2 cm 7 mm et le deuxième 3 cm 7 mm.
La ligne mesure .... cm .... mm.
c. Le premier segment mesure 5 cm 8 mm et le deuxième 9 cm 6 mm.
La ligne mesure .... cm .... mm.
d. Le premier segment mesure 8 cm 6 mm et le deuxième 5 cm 4 mm.
La ligne mesure .... cm .... mm.

Mesure les côtés de ce polygone,
puis calcule son périmètre.

Le périmètre est .... cm .... mm

Exercice B

Calculer la longueur de lignes brisées.

Certains élèves peuvent dessiner la ligne brisée avant de donner sa longueur, d'autres vont effectuer un calcul. Engager les élèves les plus en difficulté à s'aider de l'observation et du comptage des graduations sur leur double décimètre.

RÉPONSE :
a. 7 cm 4 mm + 3 cm 5 mm = **10 cm 9 mm**
b. 2 cm 7 mm + 3 cm 7 mm = 5 cm 14 mm ;
mais 14 mm = 1 cm 4 mm, la longueur est donc **6 cm 4 mm**
c. 5 cm 8 mm + 9 cm 6 mm = 14 cm 14 mm
= 14 cm + 1 cm + 4 mm = **15 cm 4 mm**
d. 8 cm 6 mm + 5 cm 4 mm = 13 cm 10 mm = **14 cm**.
Accepter les réponses à 2 mm près.

Exercice C

Mesurer chaque côté du polygone et calculer son périmètre.

Les élèves peuvent procéder de deux manières :
– mesurer les côtés en cm et mm, puis ajouter séparément les longueurs en cm et en mm, en mettant en œuvre si besoin la conversion des cm en mm ;
– faire les mesures en mm, les ajouter, puis réaliser ensuite la conversion des mm en cm et mm.

RÉPONSE :
4 cm + 3 cm + 3 cm 7 mm + 4 cm 6 mm = 14 cm 13 mm
= 14 cm + 1 cm + 3 mm = **15 cm 3 mm**.

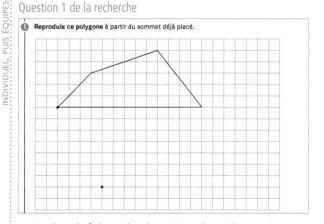

UNITÉ 4

APPRENDRE

Reproduction sur quadrillage

– Repérer la position d'un nœud par rapport à un autre
– Reproduire sur quadrillage un polygone dont les côtés ne suivent pas les lignes du quadrillage.

RECHERCHE **Fiche recherche 21**

Reproduire un polygone : Les élèves vont reproduire deux polygones dont les sommets sont des nœuds du quadrillage ; le sommet à partir duquel commencer la reproduction est fixé.
Pour le **1er polygone** : un côté suit une ligne du quadrillage, un second côté une diagonale, les deux autres côtés ne remplissent aucune de ces deux caractéristiques.
Pour le **2e polygone** : aucun côté ne suit une ligne ou une diagonale du quadrillage.

INDIVIDUEL, PUIS ÉQUIPES DE 2

PHASE 1 **Reproduction du premier polygone**

Question 1 de la recherche

❶ **Reproduis ce polygone à partir du sommet déjà placé.**

• Distribuer la fiche recherche, puis expliquer le travail :
➡ *Chaque élève doit reproduire le **premier polygone**. Ses sommets sont des nœuds du quadrillage. La figure reproduite doit être superposable au modèle et placée dans la même position. Sur le*

quadrillage, on a déjà placé un sommet du polygone, celui qui est marqué par un point sur le modèle. Il faut reproduire le polygone en partant de ce sommet. Une fois la figure reproduite, un calque du modèle sera à votre disposition pour contrôler l'exactitude de vos tracés.
Laisser un temps de recherche suffisant pour que chaque élève explore comment reproduire.

• Préciser au besoin la signification du mot « sommet » : point où se rejoignent deux côtés du polygone, ou encore « coin » du polygone.

• Après reproduction individuelle de la figure, demander aux élèves de confronter leurs productions par équipes de 2, puis de les contrôler avec un calque.

COLLECTIF

PHASE 2 **Mise en commun et synthèse**

• Sélectionner quelques **productions**, exactes et erronées, qui seront reproduites sur le transparent.

• Exploiter les **procédures** erronées et choisir en priorité les procédures qui, dans le cas d'un côté qui n'est ni horizontal, ni porté par une diagonale du quadrillage, consiste à :
– compter le nombre de carreaux traversés par un côté du polygone ;
– compter le nombre de lignes, uniquement horizontales ou verticales, à partir d'un sommet pour placer un second sommet.

• Faire porter la discussion sur la précision des tracés ainsi que sur les erreurs, puis réaliser une synthèse en reproduisant dans le même temps le polygone sur transparent :

Reproduire un polygone sur quadrillage

Les côtés du polygone doivent avoir pour extrémités des nœuds du quadrillage.

● **Pour tracer un côté qui suit une ligne du quadrillage**, il faut respecter sa longueur en nombre de côtés de carreaux.

● **Pour tracer un côté qui suit une diagonale du quadrillage**, on peut encore mesurer sa longueur, mais en diagonales de carreaux.

● **Pour tracer un côté qui est oblique**, c'est-à-dire qui ne suit pas une ligne du quadrillage, il faut :
– respecter sa « pente » ;
– commencer par placer ses extrémités avant de le tracer ;
– passer d'une extrémité à l'autre en se déplaçant le long des lignes du quadrillage, en effectuant un déplacement horizontal (vers la droite ou vers la gauche) suivi d'un déplacement vertical (vers le haut ou vers le bas) ou l'inverse.

PHASE 3 **Reproduction du second polygone**

Question 2 de la recherche

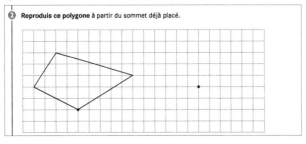

② **Reproduis ce polygone** à partir du sommet déjà placé.

● Faire remarquer :

➡ *Il faut reproduire ce **deuxième polygone** mais, cette fois-ci, aucun côté ne suit une ligne ou une diagonale du quadrillage.*

Cette question permet de réinvestir la technique exposée en conclusion de la question 1.

● Après la recherche individuelle, organiser au besoin une mise en commun sur les difficultés rencontrées et les erreurs.

ENTRAINEMENT

CAHIER MESURES ET GÉOMÉTRIE p. 30

Reproduire un polygone sur quadrillage

① a. **Reproduis le triangle** bleu. On a déjà placé le sommet bleu.
b. **Reproduis le quadrilatère** rouge. On a déjà placé le sommet rouge.
c. **Reproduis le carré** vert. À toi de choisir le point de départ.

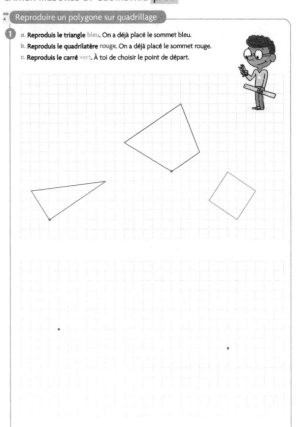

Exercice ①

Reproduction sur quadrillage d'un triangle, d'un trapèze et d'un carré.

– **Reproduction du triangle et du trapèze** : le sommet à partir duquel les élèves doivent reproduire le polygone est fixé.

– **Reproduction du carré** : préciser que c'est aux élèves de choisir par quel sommet commencer la reproduction et où placer ce sommet sur le quadrillage. Attirer leur attention sur le fait qu'ils doivent veiller à choisir ce point de façon à ce que toute la figure tienne sur le quadrillage.

Adapter le nombre de figures à reproduire à la rapidité et aux compétences de chaque élève.
Le mot « **trapèze** » employé ici pour la commodité de la description de l'activité n'a pas à être utilisé avec les élèves car il suppose connue la notion de côtés parallèles.

Différenciation : Exercice 1 → **CD-Rom du guide, fiche n° 18**.

Comment utiliser les pages Bilan et Consolidation ⟩⟩ p. VIII.

BILAN de l'UNITÉ 4

CONSOLIDATION

▶ Calcul mental (séances 1 à 9)

Connaissances à acquérir

→ **Multiplication : tables de 2, 5 et 4.**

→ **Ajout, retrait d'un nombre inférieur à 10.**

Pas de préparation de bilan proposée dans le fichier.

Je fais le bilan ⟩ FICHIER NOMBRES p. 51

Exercice ❶ Répertoire multiplicatif et calcul réfléchi de sommes et de différences

a. 40   b. 28   c. 9   d. 53   e. 61   f. 45.

Je consolide mes connaissances ⟩ FICHIER NOMBRES p. 43

Fort en calcul mental : exercices 1 à 9

Autres ressources

⟩ 90 Activités et jeux mathématiques CE2

30. Jetons bien placés

⟩ Activités pour la calculatrice CE2-CM1-CM2

12. Tables d'addition et de multiplication

▶ Unités de numération (nombres < 10 000) (séances 1 et 2)

Connaissances à acquérir

→ **La valeur de chaque chiffre dépend de son rang.**

Exemple : Dans **3 043**, le **3** de droite représente 3 unités, l'autre **3** représente 3 milliers d'unités *(voir le tableau de numération)*. On retrouve cela dans les décompositions avec 10, 100… :
3 043 = (3 × 1 000) + (4 × 10) + 3.

→ **Les groupements de chiffres permettent de trouver combien de centaines ou de dizaines sont contenues dans un nombre.**

Exemple : Dans **3 043**, **30** indique qu'il y a 30 centaines et **304** qu'il y a 304 dizaines dans 3 043. On retrouve cela dans les décompositions avec 10, 100… :
3 043 = (30 × 100) + 43
3 043 = (304 × 10) + 3.

Je prépare le bilan ⟩ FICHIER NOMBRES p. 50

QCM Ⓐ le chiffre des dizaines est 8 ; le chiffre des unités est 0.

QCM Ⓑ il y a 30 centaines.

Ce QCM permet d'identifier les élèves qui confondent le chiffre des centaines avec le nombre de centaines contenues dans un nombre. Le recours au matériel permet de revenir sur cette confusion.

Je fais le bilan ⟩ FICHIER NOMBRES p. 51

Exercices ❷ et ❸ Connaitre et utiliser la valeur des chiffres ou groupes de chiffres en fonction de leurs rangs dans l'écriture d'un nombre.

❷ a. 8 750 craies   b. 53 boites.
❸ a. 4 052   b. 6 007   c. 4 714.

Je consolide mes connaissances ⟩ FICHIER NOMBRES p. 52

Exercice ❶ a. 3 milliers et 5 dizaines
b. 5 dizaines   ou   4 dizaines et 10 unités…

Exercice ❷ a. 2 milliers, 4 centaines et 8 unités
b. 24 centaines et 8 unités   ou   240 dizaines et 8 unités
ou   200 dizaines et 408 unités…

Exercice ❸ 1 millier, 3 dizaines et 2 unités
ou   1 millier, 2 dizaines et 12 unités…

Pour les 3 exercices, des cartes portant les unités de numération peuvent être remises aux élèves. Ils peuvent aussi être invités à utiliser le tableau de numération.

Exercice ❹ a. 30 sacs   b. 28 sacs.

CD-Rom du guide

⟩ Fiche différenciation n° 14

Autres ressources

⟩ CD-Rom Jeux interactifs CE2-CM1-CM2

1. Les timbres

⟩ Activités pour la calculatrice CE2-CM1-CM2

18. Des chiffres qui changent et des chiffres qui ne changent pas
19. Un seul chiffre à la fois

▶ Nombres inférieurs à 10 000 : écritures en chiffres et en lettres (séance 3)

Connaissances à acquérir

→ **Pour lire des nombres de 4 chiffres**, il faut faire une tranche de 3 chiffres et utiliser le mot « mille » :
3 043 se lit « trois-mille-quarante-trois ».

Je prépare le bilan ❯ FICHIER NOMBRES p. 50

QCM C mille-trois-cent-huit.

QCM D 7 804.

▤ Ces deux QCM permettent de relever les erreurs les plus classiques.

Je fais le bilan ❯ FICHIER NOMBRES p. 51

Exercice 4 Associer différentes écritures d'un même nombre.
6 089 correspond à ces 3 étiquettes : (608 × 10) + 9
(6 × 1 000) + (8 × 10) + 9   six-mille-quatre-vingt-neuf.

Exercice 5 Passer de l'écriture en lettres d'un nombre à son écriture en chiffres.
a. 1 718   b. 8 077.

Je consolide mes connaissances ❯ FICHIER NOMBRES p. 52

Exercice 5 a. six-cent-six   b. huit-mille-neuf-cent-quarante
c. six-mille-quatre-vingt-dix   d. cinq-mille-quatre-vingt-seize.

Exercice 6 a. 1 718   b. 4 100   c. 8 077   d. 1 100.

Exercice 7

cinq-mille-sept-cent-quatre-vingts	5 780	(5 × 1 000) + (7 × 100) + (4 × 20)
six-mille-soixante-dix	6 070	(6 × 1 000) + (7 × 10)
cinq-mille-sept-cent-douze	5 712	(5 × 1 000) + (7 × 100) + (1 × 10) + 2
sept-mille-quatre-vingt-seize	7 096	(7 × 1 000) + (9 × 10) + 6

Ateliers

❯ Avec un livre de plus de 200 pages
  – Ouvrir à une page donnée, demander de lire le numéro de la page.
  – Donner un nombre oralement, demander d'ouvrir le livre à la page annoncée.

Autres ressources

❯ 90 Activités et jeux mathématiques CE2
  11. Je dis et j'écris le nombre (1)

▶ Nombres inférieurs à 10 000 : comparaison, rangement (séance 4)

Connaissances à acquérir

→ **Pour comparer deux nombres, il faut commencer par comparer les chiffres de plus grande valeur.**

Exemple : **3 043 < 3 050**
Les chiffres des milliers et des centaines sont identiques, il faut donc comparer les chiffres des dizaines (4 et 5).

Exemple : **3 043 > 950**
Les chiffres des milliers sont différents (3 pour 3 043 et 0 pour 950).

→ **Pour faciliter la comparaison**, on peut écrire les nombres dans un **tableau de numération** ou les uns sous les autres, en alignant les chiffres à partir des unités.

Je prépare le bilan ❯ FICHIER NOMBRES p. 50

QCM E 7 560 > 7 498.

Je fais le bilan ❯ FICHIER NOMBRES p. 51

Exercice 6 Comparer deux nombres et utiliser les signes < et >.
a. 2 567 < 5 060   b. 6 065 < 6 520   c. 5 008 > 699.

Exercice 7 Ranger des nombres par ordre croissant.
785 < 2 003 < 3 002 < 4 000 < 4 207 < 5 800.

Je consolide mes connaissances ❯ FICHIER NOMBRES p. 52

Exercice 8 a. 1 000   b. 9 999   c. 5 599   d. 9 955   e. 1 078   f. 8 710.

Exercice 9
a. 3 452 > 987   c. 5 201 > 1 001
b. 7 008 < 8 007   d. 5 308 > 5 287.

Exercice 10 1 032 < 1 250 < 1 520 < 2 000 < 3 205 < 4 568.

Exercice 11 4 600   5 025.

Autres ressources

❯ 90 Activités et jeux mathématiques CE2
  11. Trouve mon nombre (avec des nombres < 10 000)
  12. Nombres croisés
  13. Questions-réponses

❯ CD-Rom Jeux interactifs CE2-CM1-CM2
  2. Le nombre mystère : nombres entiers

▶ Multiplication par 10 et par 100 (séance 5)

Connaissances à acquérir

→ **Dans la multiplication par 10,** chaque chiffre prend une valeur 10 fois plus grande, ce qui revient à écrire un **0** au rang des unités.

Exemple : **47 × 10** c'est 47 dizaines, donc 47 × 10 = 470.

→ **Dans la multiplication par 100,** chaque chiffre prend une valeur 100 fois plus grande, ce qui revient à écrire un **0** au rang des dizaines et un **0** au rang des unités.

Exemple : **47 × 100** c'est 47 centaines, donc 47 × 100 = 4 700.

Je prépare le bilan ▶ FICHIER NOMBRES p. 50

QCM F Bruce a 5 sachets de 10 chocolats ;
Daphné a 10 sachets de 5 chocolats.

QCM G 12 × 10 = 120.

QCM H 25 × 100 = 2 500.

La réponse **250** peut provenir d'élèves qui procèdent comme dans le cas de la multiplication par 10.
La réponse **25 000** peut être attribuée au fait que, dans certains cas, il faut des 0 « supplémentaires » (ce qui n'est pas le cas ici, mais le serait par exemple pour 25 × 200).
La réponse **200 500** a pu être produite par des élèves qui ont multiplié par 100 chacun des chiffres de 25.

Je fais le bilan ▶ FICHIER NOMBRES p. 51

Exercice 8 **Multiplier un nombre par 10 ou par 100 ou trouver le facteur manquant quand le résultat est donné.**
a. 700   b. 2 000   c. 100   d. 100.

Exercice 9 **Utiliser la connaissance sur la multiplication par 10 ou un multiple de 10 pour résoudre un problème.**
10 boîtes.

NOMBRES ET CALCULS

Je consolide mes connaissances ▶ FICHIER NOMBRES p. 53

Exercice 12 a. 500   b. 1 270   c. 100   d. 10   e. 200   f. 100.

Exercice 13 100 boites.

Autres ressources

▶ 90 Activités et jeux mathématiques CE2

30. Jetons bien placés (1)

▶ CD-Rom Jeux interactifs CE2-CM1-CM2

10. Calcul éclair : domaine multiplicatif

▶ Multiplication par 20, 200... (séance 6)

Connaissances à acquérir

→ **Multiplier un nombre par 20 (ou par 200),** revient à le multiplier d'abord par **2,** puis à multiplier le résultat par **10** (ou par **100**).

Exemple : **35 × 2 = 70**   donc   **35 × 20 = 700**   et   **35 × 200 = 7 000**.

Je prépare le bilan ▶ FICHIER NOMBRES p. 50

QCM I 15 × 20 = 300.

QCM J 8 × 500 = 4 000.

Ces QCM permettent de repérer les élèves qui ont des difficultés à gérer le nombre de « 0 » dans ce type de multiplication.
Par exemple, la réponse « **30** » sera souvent donnée par des élèves qui pensent qu'il doit y avoir autant de « 0 » terminaux dans le résultat que dans le multiplicateur multiple de 10 ou de 100.

Je fais le bilan ▶ FICHIER NOMBRES p. 51

Exercice 10 **Multiplier un nombre par 20, 200...**
a. 160   b. 4 400   c. 30   d. 200.

Exercice 11 **Utiliser la connaissance sur la multiplication par 20, 200 pour résoudre un problème.**
30 boîtes.

Je consolide mes connaissances ▶ FICHIER NOMBRES p. 53

Exercice 14 a. 150   b. 300   c. 9 000   d. 2   e. 20   f. 200.

Exercice 15 a. 660 km   b. 4 400 km.

Exercice 16 a. 280 cm   b. 14 cubes.

La résolution de ce problème peut être faite en faisant des essais de nombres multipliés par 20.

CD-Rom du guide

▶ Fiche différenciation n° 15

Autres ressources

▶ 90 Activités et jeux mathématiques CE2

31. Jetons bien placés (2)

▶ CD-Rom Jeux interactifs CE2-CM1-CM2

10. Calcul éclair : domaine multiplicatif

UNITÉ 4

ESPACE ET GÉOMÉTRIE

▶ Alignement et milieu de segment (séance 7)

Connaissances à acquérir
→ **Le milieu d'un segment partage ce segment en deux segments de même longueur.** Le milieu est sur le segment, il est aligné avec ses extrémités.

Je prépare le bilan ❯ CAHIER GÉOMÉTRIE p. 31

QCM Ⓐ Toutes les réponses sont à cocher sauf la réponse : « Le point D est le milieu du segment AB ».

Je fais le bilan ❯ CAHIER GÉOMÉTRIE p. 31-32

Exercice ❶ Déterminer quel point est le milieu d'un segment.
Le point à entourer est le point le plus à droite placé sur le segment.

Exercice ❷ Placer le milieu d'un segment.
Pas de corrigé.

Je consolide mes connaissances ❯ CAHIER GÉOMÉTRIE p. 33-34

Exercice ❶ a. Points alignés : A, B, E, G   D, E et F   D, B et C.

Exercice ❷ Pas de corrigé.

Exercice ❸ Pas de corrigé.

CD-Rom du guide
❯ Fiche différenciation n° 16

Autres ressources
❯ 90 Activités et jeux mathématiques CE2
  81. Le morpion
  82. Reproduction de figures

GRANDEURS ET MESURES

▶ Longueurs en centimètres et millimètres (séance 8)

Connaissances à acquérir
→ **Pour calculer la longueur du contour de n'importe quel polygone**, il faut :
– ajouter les longueurs de tous ses côtés et pour cela ajouter séparément les centimètres et les millimètres ;
– se souvenir que **10 mm = 1 cm**.

Je prépare le bilan ❯ CAHIER GÉOMÉTRIE p. 31

QCM Ⓑ Le périmètre du triangle mesure **11 cm**.

Je fais le bilan ❯ CAHIER GÉOMÉTRIE p. 32

Exercices ❸ et ❹ Mesurer et/ou calculer des longueurs de lignes brisées ouvertes ou fermées.
❸ 7 cm 2 mm ou 72 mm. ❹ 17 cm 2 mm ou 172 mm.

Je consolide mes connaissances ❯ CAHIER GÉOMÉTRIE p. 33-34

Exercice ❹ Il faut ajouter un segment de :
a. 5 cm b. 4 cm 5 mm c. 6 cm.

Exercice ❺ a. faux b. vrai c. vrai d. faux.

Exercice ❻ périmètre du triangle : 13 cm 5 mm ou 135 mm (côtés : 42 mm, 45 mm, 48 mm)
périmètre du rectangle : 17 cm 4 mm ou 174 mm (côtés : 55 mm par 32 mm).

Pour tous les exercices nécessitant d'effectuer des mesures, accepter un écart de 1 mm en plus ou en moins par segment.

ESPACE ET GÉOMÉTRIE

▶ Reproduction sur quadrillage (séance 9)

Connaissances à acquérir
→ **Pour reproduire un polygone sur quadrillage :**
– il faut placer un point qui sera le sommet à partir duquel on commencera la reproduction ;
– quand un côté ne suit pas une ligne ou une diagonale du quadrillage, il faut placer les extrémités avant de tracer le segment ;
– on passe d'un sommet à l'autre, en se déplaçant le long des lignes du quadrillage : déplacement horizontal (vers la droite ou la gauche) suivi d'un déplacement vertical (vers le haut ou le bas) ou inversement.

Je prépare le bilan ❯ CAHIER GÉOMÉTRIE p. 31

QCM Ⓒ On place d'abord la deuxième extrémité du segment en suivant un chemin horizontal puis vertical, ou l'inverse.

Je fais le bilan ❯ CAHIER GÉOMÉTRIE p. 31-32

Exercice ❺ Reproduire un triangle sur quadrillage à partir d'un sommet fixé.
Matériel par élève : règle et crayon à papier.
Pas de corrigé.

Je consolide mes connaissances ❯ CAHIER GÉOMÉTRIE p. 34

Exercice ❼ Pas de corrigé.

CD-Rom du guide
❯ Fiche différenciation n° 18

Autres ressources
❯ 90 Activités et jeux mathématiques CE2
  61. Reproduction de polygones sur quadrillage
  62. Reproduction de figures complexes sur quadrillage
  63. Le plus possible de polygones
❯ CD-Rom Jeux interactifs CP-CE1-CE2
  22. Dessins sur quadrillage (jeux 11 et 12)

Les images d'animaux

Tous les problèmes se situent dans le même contexte, mais sont indépendants les uns des autres.
La plupart des problèmes nécessitent de prendre tout ou partie des informations dans l'illustration.

Problème

OBJECTIF : Addition de 3 quantités, dont 2 sont identiques ; comparaison de 2 quantités.

TÂCHE : Trouver combien d'images sont contenues dans 3 paquets, comparer avec une autre quantité.

RÉPONSE : Oui (80 images).

Problèmes et

OBJECTIFS : Trouver combien de fois une quantité est contenue dans une autre.

TÂCHE : Trouver combien de fois 10 est contenu dans 80 et combien de fois 32 est contenu dans 64.

RÉPONSE : ② 8 pages ③ 2 paquets.

Problème

OBJECTIFS : Mettre en relation données et questions, résoudre un problème à étapes.

TÂCHE : Comprendre un énoncé et poser des questions.

RÉPONSE : Plusieurs questions peuvent être posées. Il est probable que l'une des questions portera sur le nombre d'images utilisées. Il s'agit alors d'un problème à étapes. Réponse à cette question : 360 images.

Problème

OBJECTIFS : Utiliser la multiplication et l'addition pour résoudre un problème ; trouver combien de fois une quantité est contenue dans une autre ; résoudre un problème à étapes.

TÂCHE : Déterminer le nombre d'albums nécessaires pour y placer un nombre d'images à calculer.

RÉPONSE : 10 albums.

Problème

OBJECTIFS : Résoudre un problème de recherche.

TÂCHE : Trouver le nombre d'animaux de 2 sortes connaissant le nombre total d'animaux et le nombre total de leurs pattes.

RÉPONSE : 3 images d'oiseaux et 2 images de chats.

Mise en œuvre

Comme pour les problèmes des unités précédentes, le travail peut prendre la forme suivante :
– recherche des élèves au brouillon ;
– mise au net de la méthode de résolution sur une feuille soit directement après la recherche, soit après une exploitation collective.

La solution retenue peut être choisie par l'élève parmi celles reconnues comme correctes ou par l'enseignant (cette manière de faire ne doit pas être systématique). Il est également possible de faire coller un montage photocopié de quelques solutions reconnues correctes.

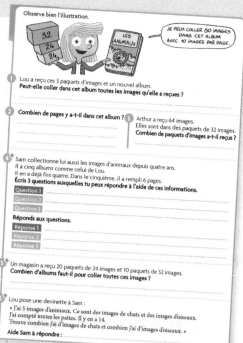

Fichier p. 54

Aides possibles

Pour les élèves qui ont des difficultés pour comprendre la situation, leur remettre des enveloppes marquées 24 images ou 32 images.

Pour le **problème 6**, inciter les élèves à essayer des nombres de chats et d'oiseaux.

Procédures à observer particulièrement

Problème 1 : Observer si les élèves ont recours au dessin, aux connaissances sur la numération décimale (**problème 2** : 80 c'est 8 dizaines) ou au calcul. S'ils ont recours au dessin, les inciter progressivement à abandonner ce type de procédures pour ceux qui le peuvent. Dans le cas d'un recours au calcul, observer les types de calculs mis en place : addition itérée (ajouts de 10 ou de 32) ou multiplication (essais de produits par 10 pour le **problème 2**).

Problème 4 : Observer les types de questions posées : questions pertinentes ou non (notamment si on ne peut pas y répondre avec les informations fournies), questions auxquelles on peut répondre directement (l'information étant fournie par le texte), questions nécessitant des calculs pour élaborer la réponse. L'exploitation collective permet de mettre en évidence ces différents types de questions.

Problème 5 : Observer si les élèves dégagent les étapes de la résolution et, ensuite, s'ils utilisent ou non leurs connaissances relatives à la multiplication par 10 et par 20.

Problème 6 : Observer si les élèves utilisent des essais de réponses et exploitent les informations apportées par chaque essai. En effet, la taille des nombres permet le recours au dessin ou à des essais de sommes de 2 et de 4 (mais en veillant à n'additionner que 5 nombres).

UNITÉ 4

Évaluation de fin de période 1 (unités 1 à 4)

Cette évaluation concerne les acquis des élèves relatifs aux apprentissages des unités 1 à 4.
Les supports élèves sont fournis sous forme de fiches photocopiables ou dans le CD-Rom du guide.

EXERCICES DICTÉS ORALEMENT PAR L'ENSEIGNANT

Chaque nombre ou chaque calcul est dicté deux fois.

Exercice ❶ Dictée de nombres

Attendus de fin de cycle : Nommer, lire, écrire, représenter des nombres entiers.

Compétence spécifique : Écrire en chiffres des nombres inférieurs à 10 000 donnés oralement.

Commentaire : Cette compétence devrait être bien assurée pour tous les élèves, au moins pour la lecture des nombres inférieurs à 1 000, qui est une condition pour la maîtrise de la lecture des nombres de 4 chiffres. Pour les élèves qui ont encore des difficultés, un entraînement spécifique doit être organisé.

Nombres dictés :				
a. 48	b. 97	c. 363	d. 680	e. 502
f. 395	g. 3 000	h. 2 090	i. 1 006	j. 1 600.

Exercice ❷ Répertoire additif, doubles et moitiés de nombres d'usage courant, somme et différence de dizaines et de centaines

Attendus de fin de cycle : Calculer avec des nombres entiers.

Compétence spécifique : Connaître le répertoire additif (sommes, différences, compléments), les double et moitiés de certains nombres et savoir calculer sur les dizaines et centaines entières.

Commentaire : La capacité à fournir rapidement ce type de résultats est essentielle pour aller plus loin en calcul mental. Si des difficultés persistent, l'entraînement doit être poursuivi.

Calculs dictés :			
a. 8 + 3	b. 4 + 9		
Combien pour aller de :		c. 7 à 15 ?	d. 5 à 12 ?
e. 12 – 3	f. 13 – 6	g. double de 15	h. moitié de 100
i. 80 + 70	j. 800 – 500.		

Exercice ❸ Répertoire multiplicatif

Attendus de fin de cycle : Calculer avec des nombres entiers.

Compétence spécifique : Connaître les tables de multiplication de 2, 4 et 5 (produits, facteurs d'un produit).

Commentaire : La capacité à fournir rapidement ce type de résultats devrait être assurée, ces tables ayant été travaillées au CE1. Si des difficultés persistent, l'entraînement doit être poursuivi.

Calculs dictés :				
a. 2 fois 7	b. 5 fois 6	c. 9 fois 5	d. 5 fois 4	e. 4 fois 7
Combien de fois :		f. 2 dans 12 ?	g. 2 dans 18 ?	
h. 5 dans 35 ?	i. 4 dans 20 ?	j. 4 dans 24 ?		

Exercice ❹ Calcul réfléchi (addition, soustraction)

Attendus de fin de cycle : Calculer avec des nombres entiers.

Compétence spécifique : Donner le complément d'un nombre à la dizaine supérieure ou à un nombre de la dizaine supérieure ; ajouter ou soustraire un nombre inférieur à 10 à un nombre inférieur à 100.

Commentaire : Donner le complément d'un nombre à la dizaine supérieure constitue un point d'appui pour le calcul réfléchi. Cette compétence doit donc être bien assurée.

Calculs dictés :		
Combien pour aller de :	a. 3 à 10 ?	b. 11 à 20 ?
c. 25 à 30 ?	d. 53 à 60 ?	e. 49 à 52 ?	f. 65 à 73 ?
g. 48 + 8	h. 96 + 9	i. 27 – 3	j. 93 – 9

EXERCICES À ÉNONCES ÉCRITS

Pour certains élèves, les consignes peuvent être lues par l'enseignant.

Exercices ❺, ❻ et ❼ Unités de numération : valeur positionnelle des chiffres, relation entre dizaines et unités

Attendus de fin de cycle : Nommer, lire, écrire, représenter des nombres entiers.

Compétence spécifique : Comprendre et utiliser les unités de numération, en particulier la valeur des chiffres en fonction de leur position dans l'écriture décimale d'un nombre inférieur à 10 000.

Compétence spécifique : Comprendre et utiliser les unités de numération, en particulier la valeur des chiffres en fonction de leur position dans l'écriture décimale d'un nombre inférieur à 100.

Commentaire :

Exercices 5 et 6 : Ils portent sur les nombres inférieurs à 1 000 étudiés au CE1. On peut observer les procédures utilisées par les élèves et le fait que les élèves utilisent soit des connaissances relatives à la numération décimale (dans 254 il y a 25 dizaines, par exemple), soit des connaissances relatives au calcul (254 = 200 + 50 + 4, 200 = 20 × 10 et 50 = 5 × 10, par exemple).

Exercice 7 : Le même type de compétences est évalué pour des nombres de 4 chiffres (nouveauté du CE2). La **question a** permet de vérifier si les élèves sont capables de décomposer un nombre de plusieurs façons.

Exercice ❽ Écritures des nombres en chiffres et en lettres

Attendus de fin de cycle : Nommer, lire, écrire, représenter des nombres entiers.

Compétence spécifique : Passer de l'écriture en lettre à l'écriture en chiffres et inversement.

Commentaire : Cette compétence devrait être bien assurée pour les nombres inférieurs à 1 000 car elle conditionne celle relative aux nombres écrits avec 4 chiffres.

Exercices ⑨, ⑩ et ⑪ Comparaison et rangement de nombres

Attendus de fin de cycle : Comprendre et utiliser des nombres entiers pour dénombrer, ordonner, repérer, comparer.

Compétence spécifique : Comparer des nombres inférieurs à 1 000 ou à 10 000, les ranger par ordre croissant, utiliser les symboles < et >.

Commentaire : La capacité à comparer deux nombres (dire si 212 est plus petit ou plus grand que 221) est plus importante que celle à coder le résultat de la comparaison sous la forme 212 < 221. En cas de doute, on peut demander aux élèves d'entourer d'abord le plus petit des 2 nombres, puis d'écrire les signes < et >.

Exercice ⑫ Ligne graduée

Attendus de fin de cycle : Nommer, lire, écrire, représenter des nombres entiers.

Compétence spécifique : Associer un nombre entier à une position sur une demi-droite graduée.

Commentaire : Les erreurs peuvent provenir du fait que les élèves n'ont pas identifié le pas de la graduation (ici 10) ou n'ont pas su compter de 1 en 10 à partir des nombres déjà placés.

Exercice ⑬ Addition en ligne ou posée

Attendus de fin de cycle : Calculer avec des nombres entiers.

Compétence spécifique : Élaborer ou choisir des stratégies de calcul à l'oral et à l'écrit ; calculer des sommes mentalement, en ligne ou par addition posée en colonnes (nombres < 1 000).

Commentaire : À partir des résultats observés et des difficultés repérées (disposition des nombres, tables d'addition, retenue), l'entrainement proposé doit s'accompagner d'un travail sur la compréhension de la technique utilisée (avec recours au matériel de numération, si nécessaire).

Exercice ⑭ Soustraction en ligne ou posée

Attendus de fin de cycle : Calculer avec des nombres entiers.

Compétence spécifique : Élaborer ou choisir des stratégies de calcul à l'oral et à l'écrit ; calculer des différences mentalement, en ligne ou par addition posée en colonnes (nombres < 1 000).

Commentaire : La soustraction posée a pu être déjà étudiée au CE1, mais elle est souvent encore peu stabilisée pour de nombreux élèves. Il est donc important, à partir des résultats observés et des difficultés repérées (disposition des nombres, tables d'addition, retenue), de prévoir pour certains élèves un travail d'entrainement. Il doit s'accompagner d'un travail de compréhension de la technique utilisée (avec recours au matériel de numération, si nécessaire).

Exercice ⑮ Multiplication par 10 et par 100

Attendus de fin de cycle : Calculer avec des nombres entiers.

Compétence spécifique : Connaitre et utiliser une méthode pour multiplier un nombre par 10 ou par 100.

Commentaire : Cette compétence doit être bien assurée au CE2. Elle est en effet indispensable à la compréhension de procédures de calcul réfléchi et à celle de la multiplication posée en colonnes.

Exercices ⑯, ⑰ et ⑱ Problèmes

Attendus de fin de cycle : Résoudre des problèmes en utilisant des nombres entiers et le calcul.

Compétence spécifique : Problèmes relevant des structures additives (addition/soustraction) et/ou multiplicatives (multiplication), en particulier déterminer :
– un nombre de groupements par 5 (combien de fois 5 dans 35) ;
– une situation de décomposition multiplicative ;
– un problème à étapes (recherche d'un produit, d'un complément et d'un nombre de groupements).

Commentaire :
<u>Exercice 16 :</u> Observer les procédures : dessin, addition répétée, table de multiplication par 5.
<u>Exercice 17 :</u> La difficulté peut provenir du fait que l'énoncé ne comporte qu'une seule donnée numérique. Observer les procédures : dessin, essais de nombres ajoutés, essais de produits, utilisation de résultats connus.
<u>Exercice 18 :</u> Observer particulièrement si les élèves ont identifié les étapes de la résolution.

Exercice ⑲ Mesure d'une longueur en cm

Attendus de fin de cycle : Mesurer des longueurs.

Compétence spécifique : Mesurer la longueur d'une ligne brisée avec un double décimètre.

Commentaire : Les erreurs ont plusieurs origines :
– erreur de mesure pour tout ou partie des segments (peut être l'élève ne positionne-t-il pas correctement le repère 0 du double décimètre);
– erreur de calcul dans l'ajout des 3 mesures ;
– difficulté de report sur la règle, si l'élève mesure la ligne sur sa règle en plaçant la graduation correspondant à la mesure du premier segment (2) en face de l'extrémité du deuxième segment… ;
– représentation incorrecte de la tâche : mesure d'un seul segment, mesure de la distance entre les deux extrémités de la ligne.

Exercice ⑳ Mesure d'une longueur en cm

Attendus de fin de cycle : Mesurer des longueurs.

Compétence spécifique : Tracer un segment de longueur donnée.

Commentaire : Si pour les tracés, des élèves produisent à chaque question un segment plus long de quelques millimètres, cela peut être dû au mauvais positionnement du repère 0 du double décimètre. D'autres erreurs de mesure peuvent être dues à une difficulté de lecture sur l'instrument, notamment pour les mesures en mm (ou erreur de parallaxe) ou à une erreur de comptage des millimètres. D'autres erreurs peuvent aussi être mises sur le compte d'une méconnaissance des unités (ou de leur abréviations) : par exemple pour la **question a**, l'élève trace un segment de 3 cm.

Exercice ㉑ Mesure d'une longueur en m et en cm

Attendus de fin de cycle : Utiliser les unités de mesures.

Compétence spécifique : Utiliser l'équivalence 1 m = 100 cm.

Commentaire : Si certains élèves ne comprennent pas la situation décrite, tracer ou faire tracer une ligne brisée possible au tableau en notant la mesure de sa longueur sur chaque segment. Les élèves doivent mettre en jeu l'additivité des mesures. Il faut distinguer ensuite les erreurs de calcul de celles dues à la non prise en compte des différentes unités imposées : cm et m. Pour comparer 95 cm à 1 m, les élèves doivent utiliser l'équivalence 1 m = 100 cm. C'est cet argument ainsi que le calcul de la mesure de la ligne qui sont attendus dans l'explication.

Exercice 22 Mesure d'une longueur avec deux unités

Attendus de fin de cycle : Utiliser les unités de mesures.

Compétence spécifique : Utiliser les équivalences
1 cm = 10 mm et 1 m = 10 dm.

Commentaire : Comme pour l'exercice précédent, si des élèves se représentent mal la situation décrite, leur faire tracer une ligne brisée correspondant à la description. Il faut distinguer ensuite les erreurs de calcul de celles dues à la non prise en compte des différentes unités imposées : cm et mm. Plusieurs réponses peuvent être admises comme correctes :
25 cm 12 mm, 26 cm 2 mm, 0 cm 262 mm, 2 dm 6 cm 2 mm,
2 dm 0 cm 62 mm. Il faut noter cependant le type de conversion dont l'élève est capable.

Exercice 23 Périmètre d'un carré

Attendus de fin de cycle : Mesurer des longueurs.

Compétence spécifique : Mesurer une longueur et calculer un périmètre.

Commentaire : L'exercice permet d'évaluer:
– si l'élève utilise le fait que les 4 côtés ont même longueur ou donne des longueurs différentes pour les 4 côtés ;
– si l'élève ajoute les mesures des 4 côtés, c'est-à-dire s'il a compris la notion de périmètre ;
– s'il ajoute convenablement les mesures (toute réponse en cm et mm ou en mm voisine de 0 à 4 mm près est acceptée).

Exercice 24 Dates et durées

Attendus de fin de cycle : Résoudre des problèmes impliquant des durées.

Compétence spécifique : Déterminer une date, une durée.

Commentaire : Dans la question a, il s'agit de déterminer une date de fin, connaissant la date de début et la durée en mois et jours. On attend que l'élève réponde par le calcul.
Dans la **question b**, il s'agit de calculer une durée connaissant la date de début et la date de fin. On attend que l'élève réponde par le calcul. La durée est de 26 jours ou 27 jours si on compte le premier jour.
Pour les élèves en grande difficulté leur permettre d'utiliser un calendrier et ainsi de résoudre le problème par comptage des jours.

Exercices 25, 26 et 27 Lecture de l'heure

Attendus de fin de cycle : Utiliser les instruments de mesure.

Compétence spécifique : Lire l'heure sur une horloge à aiguilles en heures et minutes.

Commentaire :
Exercice 25 : Les réponses doivent être données en heures et minutes. Les erreurs peuvent provenir :

– d'une approximation sur la position de la grande aiguille : 20 min au lieu de 22 min ;
– de la prise en compte du repère le plus proche de la petite aiguille : 6 h 47 au lieu de 5 h 47 ;
– de l'inversion des rôles de aiguilles : 3 h 41 (ou 4 h 41) au lieu de 8 h 19.
Exercice 26 : Il comporte deux difficultés supplémentaires :
– les horaires sont ceux de l'après-midi : il s'agit, pour la première horloge, d'ajouter 12 h à l'horaire lu et, pour la deuxième, d'enlever 12 au nombre d'heures donné pour savoir où placer l'aiguille ;
– le fait de dessiner les aiguilles à la bonne position peut s'avérer difficile pour certains : demander à ces élèves de placer les aiguilles sur leur horloge pédagogique en carton ; pour 21 h 30 min, considérer comme correct le placement de la petite aiguille sur le 9 ou entre 9 et 10.
Exercice 27 : Les horaires proposés correspondent aux types d'erreur cités pour l'exercice 25.

Exercice 28 Angle droit

Attendus de fin de cycle : Utiliser la notion d'angle droit.

Compétence spécifique : Tracer un angle droit avec l'équerre.

Commentaire : Cet exercice vise à tester d'une part l'identification de l'angle droit sur une équerre et, d'autre part, la dextérité dans l'utilisation de cet instrument

Exercice 29 Carré, rectangle : reconnaissance et description

Attendus de fin de cycle : Reconnaitre, décrire quelques figures géométriques.

Compétences spécifiques : Reconnaitre et décrire un carré, un rectangle à partir des côtés ; connaitre et utiliser le vocabulaire : côté d'un carré, longueur et largeur d'un rectangle.

Commentaire : Les **questions a et b** évaluent la connaissance du vocabulaire. La **question c** évalue la disponibilité de ce vocabulaire pour décrire un rectangle : les élèves doivent se rendre compte que deux dimensions sont nécessaires pour différencier le rectangle A des autres rectangles.

Exercices 30 et 31 Rectangle

Attendus de fin de cycle : Reconnaitre, construire quelques figures géométriques.

Compétence spécifique : Reconnaitre un rectangle, construire un rectangle dont les dimensions sont données.

Commentaire :
Exercice 30 : Les élèves doivent mobiliser les propriétés des côtés ou des angles du rectangle et utiliser leurs instruments pour conclure. L'explication peut permettre de savoir si les élèves en restent à une approche perceptive (décision à vue) ou s'ils recourent à leurs instruments pour contrôler les propriétés de la figure ainsi que les propriétés qu'ils sollicitent.
Exercice 31 : Les mots longueur et largeur n'ont pas été utilisés pour ne pas faire obstacle à l'évaluation de la connaissance des propriétés du rectangle (côtés et angles) et de leur utilisation pour le construire.

Exercice 32 Points alignés

Attendus de fin de cycle : Reconnaitre et utiliser la notion d'alignement.

Compétence spécifiques : Reconnaitre des points alignés. Placer un point aligné avec deux autres.

Commentaire : Une réponse erronée à la **question a** a son origine soit dans une approche perceptive de la figure, soit dans un mauvais placement de la règle pour décider.
La résolution de la **question b** nécessite l'usage de la règle. Elle permet de lever le doute entretenu par la réponse à la question a et de savoir si les élèves répondent perceptivement sans effectuer de tracé ou si, au contraire, ils le font en recourant aux instruments.

Exercice 33 Milieu d'un segment

Attendus de fin de cycle : Utiliser la notion de milieu.

Compétence spécifique : Placer le milieu d'un segment ; prendre la moitié d'une longueur.

Commentaire : Il s'agit d'évaluer la connaissance de la définition du milieu d'un segment. Un mauvais placement peut être dû à une erreur de mesure du segment ou encore à la détermination de la moitié de 11 cm 6 mm.

Exercice 34 Reproduction d'un polygone sur quadrillage

Attendus de fin de cycle : Repérer en utilisant des repères ; reproduire quelques figures géométriques.

Compétences spécifiques : Repérer un nœud du quadrillage par rapport à un autre nœud ; reproduire un segment sur quadrillage dans la même orientation.

Commentaire : La reproduction du côté vertical et de celui qui suit une diagonale du quadrillage ne devrait pas poser problème. La réussite du tracé des deux autres côtés est difficilement envisageable à vue sans mobiliser le repérage relatif de la position d'un nœud par rapport à un autre.

Corrigés de l'évaluation de fin de période 1

Exercice ❶

a. 48 b. 97 c. 363 d. 680 e. 502

f. 395 g. 3 000 h. 2 090 i. 1 006 j. 1 600.

Exercice ❷

a. 11 b. 13 c. 8 d. 7 e. 9

f. 7 g. 30 h. 50 i. 150 j. 300.

Exercice ❸

a. 14 b. 30 c. 45 d. 20 e. 28

f. 6 g. 9 h. 7 i. 5 j. 6.

Exercice ❹

a. 7 b. 9 c. 5 d. 7 e. 3

f. 8 g. 56 h. 105 i. 24 j. 84.

Exercice ❺ a. 6 calots b. 25 calots.

Exercice ❻ A. 524 B. 308 C. 130 D. 58.

Exercice ❼ Par exemple :

a. 2 paquets de 1 000, 1 paquet de 100 et 1 paquet de 8;
1 paquet de 1 000, 11 paquets de 100 et 1 paquet de 8 ;
2 paquets de 1 000, 10 paquet de 10 et 1 paquet de 8.

b. 2 paquets de 1 000 et 12 paquets de 100.

Exercice ❽ d. 424

a. trois-cent-soixante-treize e. 4 024

b. huit-cent-quatre-vingt-dix f. deux-mille-six-cent-cinquante

c. 708 g. 3 080.

Exercice ❾ 98 – 122 – 212 – 221 – 230 – 320.

Exercice ❿ a. 406 b. 604 ou 640.

Exercice ⓫

a. 4 207 > 498 b. 9 080 < 9 800

c. 7 856 > 6 875 d. 5 649 < 5 660.

Exercice ⓬ Pas de corrigé.

Exercice ⓭ a. 743 b. 452.

Exercice ⓮ a. 526 b. 197 c. 456.

Exercice ⓯

a. 80 b. 170 c. 300 d. 600 e. 2 000

f. 50 g. 10 h. 100 i. 30.

Exercice ⓰ 7 billets.

Exercice ⓱

3 rangées de 15 5 rangées de 9 9 rangées de 5

15 rangées de 3 45 rangées de 1.

Exercice ⓲ 4 fraises coutent 60 c. Il reste 40 c.
Lisa peut acheter 2 sucettes.

Exercice ⓳ 10 cm.

Exercice ⓴ Pas de corrigé.
Construire les segments sur papier calque pour la validation.

Exercice ㉑ Moins de 1 m car 50 cm + 25 cm + 20 cm = 95 cm
et 1 m = 100 cm ; 95 est plus petit que 100.

Exercice ㉒ a. 25 cm 12 mm = 26 cm 2 mm

b. 2 dm 6 cm 2 mm.

Exercice ㉓ 176 cm = 17 cm 6 mm (côté 44 mm).
Accepter une réponse donnée à 2 ou 4 mm près.

Exercice ㉔ a. 7 août b. 26 jours = 3 semaines 5 jours.

Exercice ㉕ a. 11 h 22 min

b. 5 h 47 min ou 6 h moins 13 min c. 8 h 19 min.

Exercice ㉖ a. 22 h 12 min b. entre 9 et 10

c. grande aiguille en face du 10.

Exercice ㉗ 8 h 50 20 h 50 9 heures moins dix.

Exercice ㉘ Pas de corrigé.

Exercice ㉙ a. rectangle B b. carré F

c. rectangle A : longueur 4 cm et largeur 2 cm *(les deux dimensions
sont nécessaires)*.

Exercice ㉚ Non, car ce quadrilatère a un angle qui n'est pas
un angle droit (ou deux angles qui ne sont pas des angles droits)
ou les deux côtés en face l'un de l'autre (ou les plus longs côtés)
n'ont pas la même longueur (5 cm 3 mm et 5 cm 5 mm).

Exercice ㉛ Pas de corrigé.
Construire le triangle rectangle sur papier calque pour la validation.

Exercice ㉜ a. C'est le point supérieur droit.

b. Le point T est placé à l'intersection des droites AB et CD.

Exercice ㉝ Le milieu est à 5 cm 8 mm de l'une ou l'autre des
extrémités. *Une tolérance de 1 mm peut être acceptée.*

Exercice ㉞ Pas de corrigé.
Pour la validation, photocopier sur calque le polygone à reproduire.

UNITÉ 5

13 ou 14 séances
– 10 séances programmées (9 séances d'apprentissage + 1 bilan)
– 3 ou 4 séances pour la consolidation et la résolution de problèmes

	environ 30 min par séance		environ 45 min par séance
	CALCUL MENTAL	**RÉVISER**	**APPRENDRE**
Séance 1 FICHIER NOMBRES p. 56	**Problèmes dictés** Multiplication par 2 et par 10	**Problèmes écrits** Multiplication par 10	**Multiplication par 4, 40, 400… : calcul réfléchi** RECHERCHE Comparer 3 lots de timbres
Séance 2 FICHIER NOMBRES p. 57	**Tables de multiplication de 4 et de 8**	**Expressions numériques : égal (=) ou non égal (≠),**	**Multiplication par 4, 40, 400… : calcul posé** RECHERCHE Des produits à calculer
Séance 3 FICHIER NOMBRES p. 58	**Tables de multiplication de 4 et de 8**	**Expressions numériques : égal (=) ou non égal (≠), plus grand (>) ou plus petit (<)**	**Calcul de compléments et soustraction (1)** RECHERCHE Les points cachés (1)
Séance 4 FICHIER NOMBRES p. 59	**Tables de multiplication de 4 et de 8**	**Nombres inférieurs à 10 000 : calcul de produits et suite de nombres**	**Calcul de compléments et soustraction (2)** RECHERCHE Les points cachés (2)
Séance 5 FICHIER NOMBRES p. 60	**Problèmes dictés** Multiplication par 2, 4, 5 et 10	**Problèmes écrits** Multiplication par 4, 5 et 10	**Calcul de compléments et soustraction (3)** RECHERCHE Le meilleur calcul
Séance 6 FICHIER NOMBRES p. 61	**Le furet de 11 en 11**	**Nombres inférieurs à 10 000 : écritures en chiffres et en lettres**	**Soustraction : calcul posé (nombres < 10 000)** RECHERCHE La soustraction en colonnes
Séance 7 CAHIER GÉOMÉTRIE p. 35-36	**Le furet de 9 en 9**	**Tracés avec le compas**	**Durées en heures et minutes** RECHERCHE Le programme TV
Séance 8 CAHIER GÉOMÉTRIE p. 37-38	**Ajout ou retrait de dizaines et de centaines**	**Carrés, rectangles, triangles rectangles dans une figure complexe**	**Le cercle (1)** RECHERCHE Le cercle puzzle
Séance 9 CAHIER GÉOMÉTRIE p. 39-40	**Ajout ou retrait de dizaines et de centaines**	**Calcul d'horaires et de durées (heures et minutes)**	**Le cercle (2)** RECHERCHE Reproduire, construire, décrire un cercle

UNITÉ 5

Bilan

Je prépare le bilan puis Je fais le bilan
FICHIER NOMBRES p. 62-63
CAHIER GÉOMÉTRIE p. 41-42

**Consolidation
Remédiation**

Fort en calcul mental
FICHIER NOMBRES p. 55

Je consolide mes connaissances
FICHIER NOMBRES p. 64-65
CAHIER GÉOMÉTRIE p. 43-44

Banque de problèmes

La cible
FICHIER NOMBRES p. 66

L'essentiel à retenir de l'unité 5

• **Calcul mental**
– Multiplication : tables de 4 et de 8
– Ajout, retrait de 9 et de 11
– Ajout, retrait de dizaines ou de centaines

• **Multiplication par 4, 40, 400… : calcul réfléchi et posé**

• **Compléments et soustraction**

• **Soustraction : calcul posé (nombres < 10 000)**

• **Durées en heures et minutes**

• **Cercle : caractérisation par son centre et son rayon ou
son diamètre ou un point du cercle.**

	Tâche	Matériel	Connaissances travaillées
PROBLÈMES DICTÉS	Multiplication par 2 et par 10 – Résoudre des problèmes de groupements par 2 et par 10.	par élève : FICHIER NOMBRES **p. 56 a, b et c**	– **Multiplication** : automatismes.
PROBLÈMES ÉCRITS	Multiplication par 10 – Résoudre des problèmes de groupements par 10.	par élève : FICHIER NOMBRES **p. 56 A et B**	– **Multiplication** : automatismes.
APPRENDRE Calcul	Multiplication par 4, 40, 400 : calcul réfléchi RECHERCHE **Comparer 3 lots de timbres** – Trouver et comparer la valeur de lots de timbres composés chacun de plusieurs ensembles identiques de centaines, dizaines et unités.	pour la classe et quelques équipes : – 3 enveloppes contenant chacune : **A** : 5 ensembles de 2 centaines, 4 dizaines **B** : 4 ensembles de 3 centaines, 2 dizaines, 7 unités **C** : 2 ensembles de 5 centaines, 5 dizaines – environ 10 cartes dizaines, 10 cartes centaines et 5 cartes milliers › **fiche 1** par élève : – feuille pour chercher FICHIER NOMBRES **p. 56 1 à 4**	– **Multiplication** : calcul réfléchi – Milliers, centaines, dizaines et unités – Valeur positionnelle des chiffres.

PROBLÈMES DICTÉS

Multiplication par 2 et par 10

– Résoudre mentalement un problème de groupements par 2 et par 10.

FICHIER NOMBRES ET CALCULS **p. 56**

INDIVIDUEL ET COLLECTIF

Problème a

> Je vais demander à quelques élèves de lever **2 doigts** chacun, comme ceci *(montrer 2 doigts sur une main)*. Je voudrais voir au total **12 doigts**.
>
> **Combien d'élèves devront lever 2 doigts ?**

• Inventorier les réponses, puis proposer une rapide **mise en commun** :
– faire identifier les résultats qui sont invraisemblables ;
– faire expliciter, comparer et classer quelques procédures utilisées en distinguant leur nature (schéma ou type de calcul effectué : addition itérée, résultat de la table de multiplication) ;
– formuler des mises en relation, des ponts entre ces procédures : 6 × 2 ou 2 × 6 permet de calculer 6 fois 2, c'est plus rapide que de faire 2 + 2 + 2 + 2 + 2 + 2 = 12 et de compter les 2, mais il faut savoir par cœur que **6 fois 2** c'est **12**, comme **2 fois 6**.

• Vérifier la réponse en faisant lever les doigts.

Problème b

> Chaque élève va maintenant lever **10 doigts**. Je voudrais voir au total **20 doigts**.
>
> **Combien d'élèves devront lever 10 doigts ?**

Problème c

> Chaque élève va maintenant lever **10 doigts**. Je voudrais voir au total **60 doigts**.
>
> **Combien d'élèves devront lever 10 doigts ?**

Le déroulement est le même que pour le **problème a**.
RÉPONSE : a. 6 élèves   b. 2 élèves   c. 6 élèves.

• Les élèves peuvent se préparer ou s'entrainer à ce moment de calcul mental en utilisant l'**exercice 1** de **Fort en calcul mental, p. 55**.
RÉPONSE : a. 7 élèves   b. 5 élèves.

Multiplication par 10

– Résoudre mentalement des problèmes de groupements par 10.

INDIVIDUEL

FICHIER NOMBRES ET CALCULS p. 56

Résoudre des problèmes

 Sur les 10 premières pages de son album,
Lou a collé deux photos par page.
Sur les 10 pages restantes, elle a collé 5 photos par page.
Combien de photos a-t-elle dans son album ?

 Dans son album, Sam peut coller 10 petites photos par page.
Il a 40 photos.
Combien de pages va-t-il remplir ? ....

À la fin de la résolution de chaque problème, organiser une correction portant sur les calculs à mettre en œuvre et sur la relation entre les différents calculs qui permettent de résoudre un même problème. Revenir, si nécessaire, sur la relation entre addition itérée et multiplication.

Problème Ⓐ

Problème à étapes (multiplication et addition).

Les calculs sont simplifiés si on pense que 10 fois 2 est égal à 2 fois 10.

RÉPONSE : 70 photos.

Problème Ⓑ

Problème de groupements.

Les procédures possibles sont diverses :
– essais additifs de 10 jusqu'à atteindre 40 ;
– utilisation du fait que pour obtenir 40, il faut multiplier 4 par 10 (40, c'est 4 fois 10) ;
– utilisation de connaissances en numération (le problème revient à se demander combien il y a de dizaines dans 40).

RÉPONSE : 4 pages.

Multiplication par 4, 40, 400... : calcul réfléchi

– Multiplier un nombre inférieur à 1 000 par un nombre inférieur à 10.
– Utiliser la valeur positionnelle des chiffres dans une écriture chiffrée.
– Utiliser les équivalences entre unités, dizaines, centaines et milliers.
– Comparer des nombres.

UNITÉ 5

RECHERCHE

Comparer 3 lots de timbres : Les élèves doivent trouver et comparer les quantités de timbres de 3 lots composés chacun de plusieurs ensembles identiques de centaines, dizaines et unités.

ÉQUIPES DE 2

PHASE 1 Trois quantités de timbres à comparer

• Montrer aux élèves les **3 enveloppes** et leur contenu en écrivant au tableau le contenu de chaque enveloppe en unités de numération et en écriture ordinaire :

Enveloppe A :
5 lots de « 2 centaines, 4 dizaines »   reformulé en **240 × 5**

Enveloppe B :
4 lots de « 3 centaines, 2 dizaines, 7 unités » reformulé en **327 × 4**

Enveloppe C :
2 lots de « 5 centaines, 5 dizaines »   reformulé en **550 × 2**

Un exemplaire de chaque enveloppe peut être remis à une ou deux équipes (avec des cartes supplémentaires pour les échanges).

• Formuler la tâche :
➡ *Il s'agit de ranger ces enveloppes de celle qui contient le moins de timbres à celle qui en contient le plus. Vous pouvez dessiner, calculer, écrire... Vous devrez dire comment vous avez fait.*

• Laisser un temps suffisant aux équipes pour mener à bien ce travail. En cas de difficultés, il est possible de :
– fournir des lots de cartes aux élèves et de les accompagner dans les calculs et dans les échanges ;

– faire une mise en commun intermédiaire pour traiter collectivement le contenu de l'enveloppe A, par exemple.

Cette activité reprend une activité déjà rencontrée au CE1.
Son but est de mettre en place des stratégies de calcul réfléchi de produits en s'appuyant sur la décomposition d'un des facteurs en unités de numération et en mobilisant, en action, la distributivité de la multiplication sur l'addition. Un autre but est de **préparer la mise en place d'une technique opératoire de la multiplication** par un nombre à un chiffre.
Les multiplicateurs choisis sont à **2**, **4** et **5** pour que les élèves puissent utiliser les tables de multiplication qu'ils connaissent le mieux.

PHASE 2 Mise en commun et synthèse

• Recenser les différentes réponses en notant au tableau les quantités de timbres de chaque enveloppe. Demander éventuellement aux équipes qui ont disposé du matériel si leur résultat est identique à ceux exprimés.

• Engager un débat sur les méthodes utilisées pour comparer les quantités de timbres.

Procédures possibles
Exemple : **enveloppe B avec 327 × 4**
– additionner mentalement ou par écrit 4 fois les unités, les dizaines et les centaines, puis procéder à des échanges pour obtenir le résultat ;
– multiplier mentalement ou par écrit les unités, les dizaines et les centaines par 4, puis procéder de même que précédemment ;
– utiliser la multiplication posée de 327 × 4 si elle est déjà connue (cette procédure n'est pas introduite ici par l'enseignant, elle le sera en séance 2).

• Pour les procédures qui utilisent l'équivalence 10 unités = 1 dizaine ou 10 dizaines = 1 centaine ou 10 centaines = 1 millier, procéder collectivement à des échanges effectifs de lots de 10 cartes contre 1 carte.

• Écrire au tableau les procédures qui s'appuient sur la décomposition en unités de numération sous la forme :

Enveloppe A : **240 × 5**
5 fois « **2 centaines et 4 dizaines** »
5 fois « **2 centaines** » et 5 fois « **4 dizaines** »
10 centaines   et 20 dizaines
1 millier **et** 2 centaines
Donc 240 × 5 = **1 200**.

Enveloppe B : **327 × 4**
4 fois « **3 centaines et 2 dizaines et 7 unités** »
4 fois « **3 centaines** » et 4 fois « **2 dizaines** » et 4 fois « **7 unités** »
12 centaines   et 8 dizaines   et 28 unités
1 millier et 2 centaines **et** 8 dizaines   et 2 dizaines
                                                 et 8 unités
1 millier et 2 centaines et 10 dizaines et 8 unités
1 millier et 2 centaines et 1 centaine et 8 unités
1 millier **et** 3 centaines **et** 8 unités
Donc 327 × 4 = **1 308**.

Enveloppe C : **550 × 2**
2 fois « **5 centaines et 5 dizaines** »
2 fois « **5 centaines** » et 2 fois « **5 dizaines** »
10 centaines   et 10 dizaines
1 millier **et** 1 centaine
Donc 550 × 5 = **1 100**.

• Faire une **synthèse** en s'appuyant sur les écrits précédents :

Multiplier par un nombre < 10

• **Pour calculer une multiplication comme 327 × 4**, on peut décomposer le grand nombre en centaines, dizaines et unités. On multiplie ensuite chaque lot de centaines, dizaines ou unités par 4.

• **Il faut faire les échanges** et donc bien savoir que :
– 10 unités = 1 dizaine   20 unités = 2 dizaines… ;
– 10 dizaines = 1 centaine   20 dizaines = 2 centaines…
– 10 centaines = 1 millier   20 centaines = 2 milliers…

RÉPONSE : Rangement des enveloppes de celle qui contient le moins de timbres à celle qui en contient le plus : C, A, B.

PHASE 3 **Multiplication par 50 et 400**

• Proposer collectivement les calculs suivants :

23 × 5 = …   23 × 50 = …   12 × 4 = …   12 × 400 = …

• À la suite du travail des élèves, mettre en évidence la suite des calculs :
– **Calcul de 23 × 5** : c'est 5 fois « 2 dizaines et 3 unités », donc 10 dizaines et 15 unités, donc 1 centaine, 1 dizaine et 5 unités.
D'où : 23 × 5 = **115**.
– **Calcul de 23 × 50** : c'est 23 × 5 × 10 = 115 × 10 = **1 150**.
– **Calcul de 12 × 4** : c'est 4 fois « 1 dizaine et 2 unités », donc 4 dizaines et 4 unités.
D'où : 12 × 4 = **48**.
– **Calcul de 12 × 400** : c'est 12 × 4 × 100 = 48 × 100 = **4 800**.

▦ **Ce prolongement de l'activité** exploite les acquis de l'unité précédente relatifs à la multiplication par un multiple simple de 10 ou de 100.

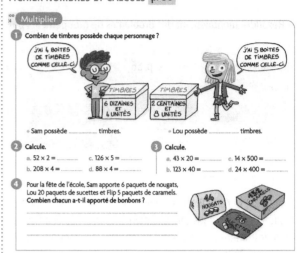

Exercice 1

Multiplication de nombres donnés en centaines, dizaines et unités par un nombre < 10.
Application directe de l'apprentissage précédent.
RÉPONSE : a. 256   b. 1 040.

Exercice 2

Multiplication par 2, 4 ou 5.
RÉPONSE : a. 104   b. 832   c. 630   d. 352.

Exercice 3

Multiplication par un multiple simple de 10 et de 100.
Application directe du prolongement de l'apprentissage précédent. Cet exercice peut faire l'objet d'une exploitation collective pour préciser à nouveau les modalités de ce type de calcul : par exemple pour **123 × 40**, multiplier d'abord **123** par **4** puis le résultat par **100**.
RÉPONSE : a. 860   b. 4 920   c. 7 000   d. 9 600.

Exercice 4

Problème mettant en œuvre les types de calculs précédents.
Les élèves peuvent exploiter les types de calculs déjà rencontrés.
RÉPONSE : **Sam** : 84 nougats   **Lou** : 1 520 sucettes   **Flip** : 660 caramels

Différenciation : Exercices 1 et 4 → **CD-Rom du guide, fiche n° 19.**

À SUIVRE
En **séance 2**, à partir des acquis de cette séance, est mise en place une **technique de multiplication posée.**

	Tâche	Matériel	Connaissances travaillées
CALCULS DICTÉS	**Tables de multiplication de 4 et de 8** – Répondre à des questions du type « 4 fois 5 » et « combien de fois 4 dans 20 ? ».	**par élève :** FICHIER NOMBRES **p. 57** a à h	– **Tables de multiplication de 4 et de 8 (mémorisation).**
RÉVISER calcul	**Expressions numériques : égal (=) ou non égal (≠)** – Reconnaitre des égalités et des inégalités entre expressions numériques.	**par élève :** FICHIER NOMBRES **p. 57** Ⓐ et Ⓑ	– **Calculs** – **Numération décimale.**
APPRENDRE calcul	**Multiplication par 40, 400... : calcul posé** RECHERCHE **Des produits à calculer** – Mettre en relation différents modes de calcul d'un produit. – Comprendre une technique de multiplication posée par un nombre du type 4, 40...	**pour la classe :** – matériel unité, dizaine, centaine, millier › **fiche1** **par équipe de 2 ou individuel :** – **fiche recherche 22** – feuille ou cahier de brouillon – la calculatrice n'est pas autorisée **par élève :** FICHIER NOMBRES **p. 57** ❶ à ❸	– **Nombres inférieurs à 10 000** – **Milliers, centaines, dizaines et unités** – **Valeur positionnelle des chiffres** – **Dénombrement.**

CALCULS DICTÉS

Tables de multiplication de 4 et de 8

– Répondre à des questions du type « 3 fois 4 » et « combien de fois 4 dans 16 ? ».

INDIVIDUEL ET COLLECTIF

FICHIER NOMBRES ET CALCULS p. 57

• Dicter les calculs suivants avec réponses dans le fichier :

a. 3 fois 4   e. Combien de fois 4 dans **16** ?
b. 3 fois 8   f. Combien de fois 8 dans **16** ?
c. 4 fois 6   g. Combien de fois 4 dans **32** ?
d. 8 fois 6   h. Combien de fois 8 dans **32** ?

RÉPONSE : a. 12   b. 24   c. 24   d. 48   e. 4   f. 2   g. 8   h. 4.

• Les élèves peuvent se préparer ou s'entrainer à ce moment de calcul mental en utilisant l'**exercice 2** de **Fort en calcul mental, p. 55.**

RÉPONSE : a. 24   b. 32   c. 16   d. 48   e. 3   f. 9   g. 3   h. 5.

Ces questions ont pour but de montrer les relations entre produits par 4 et produits par 8 :
– le résultat d'un calcul comme « 8 fois 6 » peut être retrouvé comme **double** de celui de « 4 fois 6 » ;
– le résultat d'un calcul comme « combien de fois 8 dans **32** ? » peut être retrouvé comme **moitié** de celui de « combien de fois 4 dans **32** ? ».

RÉVISER

Expressions numériques : égal (=) ou non égal (≠)

– Maitriser l'égalité ou l'inégalité entre expressions d'un même nombre.
– Maitriser l'usage des symboles = et ≠.
– Utiliser les connaissances en numération et en calcul.

INDIVIDUEL

FICHIER NOMBRES ET CALCULS p. 57

Égal ou non égal

Ⓐ Complète avec = ou ≠.
a. 25 × 3 .... 25 + 25 + 25 + 25   d. 26 + 43 + 14 .... 40 + 43
b. 23 × 4 .... 9 dizaines et 2 unités   e. 39 + 48 .... 40 + 47
c. 32 × 20 .... 64 × 100   f. 56 × 2 .... 50 + 6 + 2

Ⓑ Complète avec = ou ≠.
a. 4 centaines et 25 unités .... 60 dizaines et 5 unités
b. 6 centaines et 13 dizaines .... 7 centaines et 3 dizaines
c. 14 × 8 .... 7 × 16   e. 100 − 25 .... 70 + 5
d. 98 + 44 + 2 + 16 .... 100 + 60   f. 45 × 4 .... 90 × 2

DANS LES EXERCICES A ET B, ESSAIE DE RÉPONDRE SANS FAIRE TOUS LES CALCULS

Inciter les élèves, pour les deux exercices, à ne faire que les calculs nécessaires et, en particulier, si c'est possible, à ne pas calculer entièrement chaque expression (voir réponses en p.148 à exploiter lors de la correction).

Les élèves moins rapides peuvent n'avoir à traiter que l'**exercice A.**

Exercice A

Comparer des expressions numériques.

RÉPONSE AVEC JUSTIFICATION :

a. **$25 \times 3 \neq 25 + 25 + 25 + 25$**
car 25×3 c'est 3 fois 25 et non 4 fois : aucun calcul n'est nécessaire.

b. **$23 \times 4 = 9$ dizaines et 2 unités**
car 2 dizaines 3 unités pris 4 fois, c'est 8 dizaines 12 unités,
donc 9 dizaines et 2 unités.

c. **$32 \times 20 \neq 64 \times 100$**
car $32 \times 20 = 32 \times 2 \times 10 = 64 \times 10$.

d. **$26 + 43 + 14 = 40 + 43$**   car $26 + 14 = 40$.

e. **$39 + 48 = 40 + 47$**
car on a enlevé 1 à 48 qu'on a ajouté à 39.

f. **$56 \times 2 \neq 50 + 6 + 2$**
car la 2ᵉ expression est égale à $56 + 2$.

Exercice B

Comparer des expressions numériques.

RÉPONSE AVEC JUSTIFICATION :

a. **4 centaines 25 unités ≠ 60 dizaines 5 unités**
car 4 centaines = 40 dizaines,
donc 4 centaines 25 unités = 42 dizaines et 5 unités.

b. **6 centaines 13 dizaines = 7 centaines 3 dizaines**
car 13 dizaines = 1 centaine et 3 dizaines.

c. **$14 \times 8 = 7 \times 16$**
car $14 = 7 \times 2$, donc $14 \times 8 = 7 \times 2 \times 8 = 7 \times 16$.

d. **$98 + 44 + 2 + 16 = 100 + 60$**
car $98 + 2 = 100$ et $44 + 16 = 60$.

e. **$100 - 25 = 70 + 5$**
Ici, un calcul rapide des 2 expressions est nécessaire.

f. **$45 \times 4 = 90 \times 2$**   car $45 \times 4 = 45 \times 2 \times 2 = 90 \times 2$.

Multiplication par 4, 40, 400… : calcul posé

– Calculer le produit de 2 nombres entiers par un calcul posé, l'un des entiers étant inférieur à 10 ou multiple simple de 10 ou de 100.
– Comprendre les étapes du calcul et le mécanisme des retenues.

RECHERCHE Fiche recherche 22

Des produits à calculer : Les élèves doivent comprendre et expliquer trois modes de calcul d'un même produit, puis collectivement les mettre en relation.

PHASE 1 **Trois façons de calculer un produit**

Question 1 de la recherche

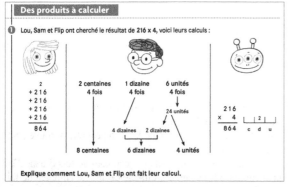

Des produits à calculer

① Lou, Sam et Flip ont cherché le résultat de 216 × 4, voici leurs calculs :

Explique comment Lou, Sam et Flip ont fait leur calcul.

• Distribuer la fiche recherche à chaque élève, puis inviter les élèves à répondre à la **question 1** :

➡ *Lou, Sam et Flip ont cherché à calculer **216 × 4**. Ils ont chacun employé une méthode différente. Vous devez décrire les étapes des calculs utilisés par chacun et expliquer ce qu'ils ont écrit.*

• Exploiter les réponses des élèves et **faire une synthèse**, pour expliquer la technique de multiplication posée, en s'appuyant sur l'addition en colonnes et sur la décomposition des nombres en unités de numération (si nécessaire à l'aide du matériel), et en les mettant en relation.

Les trois méthodes pour calculer 216×4

Méthode de Lou : Addition

– On ajoute d'abord 4 fois 6 : on peut soit additionner les **6**, soit utiliser le fait qu'on sait que « 4 fois 6, c'est 24 ». On écrit **4** et on retient **2 dizaines** au-dessus de la colonne des dizaines, etc.
– On ajoute ensuite 4 fois 1 plus la retenue 2 dans la colonne des dizaines, etc.

Méthode de Sam : Décomposition en unités de numération
(reprise du travail de la séance 1)
– **On calcule d'abord « 4 fois 6 unités »**, on trouve 24 unités, donc 4 unités et 2 dizaines : on écrit **4 unités** et on garde les 2 dizaines pour la suite des calculs.
– **On continue avec « 4 fois 1 dizaine »** (4 dizaines) auxquelles il faut ajouter les 2 dizaines de 24 : on peut écrire directement **6 dizaines** dans le résultat.
– **Puis « 4 fois 2 centaines »** donne **8 centaines** qui peuvent être écrites directement au résultat.

Méthode de Flip : Multiplication
– **On calcule d'abord « 4 fois 6 unités »**, on trouve 24 unités, donc 4 unités et 2 dizaines : on écrit **4** au rang des unités, directement dans le résultat, et on garde les 2 dizaines dans la boite à retenues.
– **On continue avec « 4 fois 1 dizaine »** qui donne 4 dizaines auxquelles il faut ajouter les 2 dizaines de la boite à retenues, cela fait 6 dizaines : on peut écrire directement **6** au rang des dizaines du résultat.
– **Puis « 4 fois 2 centaines »** donne 8 centaines : on peut écrire directement **8** au rang des centaines du résultat.

Remarque : La case *u* de la « boîte à retenues » ne servira jamais (il n'y aura jamais de retenue au rang des unités) et on peut ne pas la mentionner *(NB : mais il peut être utile de la conserver malgré tout pour renforcer le sens de chaque retenue).*

TRACE ÉCRITE

Inviter les élèves à se reporter au **dico-maths nº 25** pour y retrouver l'explication. Ils pourront y avoir recours en cas d'oubli.

RÉPONSE : $216 \times 4 = 864$.

La multiplication par un nombre à un chiffre doit être bien comprise pour que, plus tard, la technique générale puisse également être comprise et maitrisée. On cherchera, pendant tout le temps nécessaire, à établir le lien entre cette technique de la multiplication, l'addition en colonnes et la valeur des chiffres en fonction de leur position. On invitera les élèves à écrire effective-ment les retenues dans la « boite à retenues » qui est mise à côté de la multiplication pour éviter de confondre les retenues de la multiplication avec celles de l'addition.

PHASE 2 Calcul de 216 × 40 avec appui sur le résultat précédent

Question 2 de la recherche

• Exploiter les réponses en repérant d'abord celles qui sont erronées, puis celles qui n'ont pas pris appui sur la réponse à la **question 1** et enfin celles qui ont utilisé le résultat déjà établi. Puis faire cette **synthèse** :

Multiplier par 40

• **Pour multiplier par 40**, on considère que « 40 c'est 10 fois 4 ».

• **Dans la multiplication posée de 216 par 40**, on multiplie d'abord **216** par **4**, puis le résultat obtenu par **10** (en utilisant « la règle des 0 »).

```
  216        216
×   4      ×  40
─────      ─────
  864       8640
```

Ces différents calculs doivent être bien maitrisés pour comprendre que la multiplication posée par un nombre supérieur à 10.

PHASE 3 Calcul d'autres produits en posant les opérations : 77 × 5 et 479 × 20

Question 3 de la recherche

• Demander aux élèves d'utiliser la méthode de Flip pour calculer ces produits. Faire la relation avec le calcul qui s'appuie sur la décomposition du multiplicande en unités de numération :

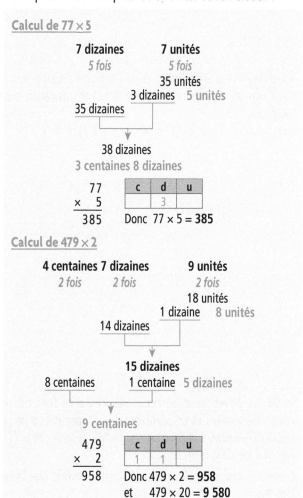

Calcul de 77 × 5

7 dizaines	**7 unités**
5 fois	*5 fois*
	35 unités
	3 dizaines 5 unités
35 dizaines	

38 dizaines
3 centaines 8 dizaines

```
   77     | c | d | u |
×   5     |   | 3 |   |
─────
  385     Donc  77 × 5 = 385
```

Calcul de 479 × 2

4 centaines	**7 dizaines**	**9 unités**
2 fois	*2 fois*	*2 fois*
		18 unités
		1 dizaine 8 unités
	14 dizaines	

15 dizaines
8 centaines   1 centaine   5 dizaines

9 centaines

```
  479     | c | d | u |
×   2     | 1 | 1 |   |
─────
  958     Donc 479 × 2 = 958
          et     479 × 20 = 9 580
```

Pour les calculs par des nombres comme 40, 400..., il apparait souhaitable, dans un premier temps au moins, de ne poser que les multiplications par un nombre inférieur à 10 (ici 4), puis d'écrire la réponse en multipliant le résultat obtenu par 10 ou par 100.

ENTRAINEMENT

FICHIER NOMBRES ET CALCULS **p. 57**

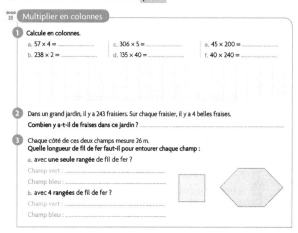

Multiplier en colonnes

① Calcule en colonnes.
   a. 57 × 4 =   c. 306 × 5 =   e. 45 × 200 =
   b. 238 × 2 =   d. 135 × 40 =   f. 40 × 240 =

② Dans un grand jardin, il y a 243 fraisiers. Sur chaque fraisier, il y a 4 belles fraises.
Combien y a-t-il de fraises dans ce jardin ?

③ Chaque côté de ces deux champs mesure 26 m.
Quelle longueur de fil de fer faut-il pour entourer chaque champ :
   a. avec **une seule rangée** de fil de fer ?
   Champ vert :
   Champ bleu :
   b. avec **4 rangées** de fil de fer ?
   Champ vert :
   Champ bleu :

Exercice ①

Calculer des produits en posant les multiplications en colonnes.

Application directe de l'apprentissage précédent.

Attention ! Il est important d'attirer l'attention des élèves sur le fait que certains 0 sont issus de la multiplication par le « nombre de dizaines ou de centaines ».

Exemple pour 135 × 40 : on calcule d'abord 135 × 4 = 540, puis 135 × 40 = 5 400.

RÉPONSE : a. 228   b. 476   c. 1 530   d. 5 400   e. 9 000   f. 9 600.

Pour la question f, on peut faire remarquer aux élèves qu'il faut inverser les termes de la multiplication pour se retrouver dans une configuration connue.

AIDE Faire identifier les étapes du calcul aussi souvent que cela est nécessaire :
– multiplication des unités, puis des dizaines… ;
– usage de la boîte à retenues ;
– multiplication finale par 10 ou 100 si nécessaire.
Pour cela, le recours à la relation avec la manipulation du matériel de numération peut s'avérer utile.

Exercices ② et ③

Résoudre des problèmes conduisant au calcul de produits par des nombres entiers (inférieurs à 10) de dizaines ou de centaines.

Pour l'**exercice 2**, il est plus simple de poser 243 × 4 que 4 × 243.

Pour l'**exercice 3**, la principale difficulté réside dans la compréhension du schéma et la connaissance de ce qu'est un côté et dans le fait qu'il faut utiliser la réponse à la question a pour traiter la question b.

RÉPONSE : ② 972 fraises.
③ a. 104 m et 156 m   b. 416 m et 624 m.

À SUIVRE

En **unité 7**, sera mis en place le **calcul de produits** par multiplication posée en colonnes, avec deux facteurs supérieurs à 10.

UNITÉ 5

	Tâche	Matériel	Connaissances travaillées
CALCULS DICTÉS	**Tables de multiplication de 4 et de 8** – Répondre à des questions du type « 4 fois 5 » et « combien de fois 4 dans 20 ? ».	par élève : FICHIER NOMBRES **p. 58 a à h**	– Tables de multiplication de 4 et de 8 (mémorisation).
RÉVISER Calcul	**Expressions numériques :** égal (=) ou non égal (≠), plus grand (>) ou plus petit (<) – Reconnaitre des égalités et des inégalités entre expressions numériques.	par élève : FICHIER NOMBRES **p. 58 Ⓐ et Ⓑ**	– Calculs – Numération décimale.
APPRENDRE Calcul	**Calcul de compléments et soustraction (1)** RECHERCHE **Les points cachés (1)** – Trouver une quantité de points cachés connaissant la quantité totale de points et la quantité de points visibles.	pour la classe : – 1 carte 20 points et 1 carte 34 points ❯ **fiche 18** – feuille-cache opaque ❯ **fiche 19** par élève : – ardoise ou cahier de brouillon – la calculatrice n'est pas autorisée FICHIER NOMBRES **p. 58 ❶ à ❹**	– Équivalence entre calcul d'un complément et calcul d'une soustraction.

CALCULS DICTÉS

Tables de multiplication de 4 et de 8

– Répondre à des questions du type « 3 fois 4 » et « combien de fois 4 dans 16 ? ».

INDIVIDUEL ET COLLECTIF

FICHIER NOMBRES ET CALCULS p. 58

• Dicter les calculs suivants avec réponses dans le fichier :

a. **9** fois **4**	e. Combien de fois **4** dans **24** ?
b. **4** fois **6**	f. Combien de fois **8** dans **24** ?
c. **6** fois **8**	g. Combien de fois **4** dans **36** ?
d. **8** fois **7**	h. Combien de fois **8** dans **64** ?

RÉPONSE : a. 36   b. 24   c. 48   d. 56   e. 6   f. 3   g. 9   h. 8.

• Les élèves peuvent se préparer ou s'entrainer à ce moment de calcul mental en utilisant l'**exercice 3** de **Fort en calcul mental, p. 55**.

RÉPONSE : a. 36   b. 20   c. 24   d. 64   e. 0   f. 7   g. 4   h. 7.

RÉVISER

Égal (=) ou non égal (≠), plus grand (>) ou plus petit (<)

– Maitriser l'égalité ou l'inégalité entre expressions d'un même nombre.
– Maitriser l'usage des symboles = et ≠, > et <.
– Utiliser les connaissances en numération et en calcul.

INDIVIDUEL

FICHIER NOMBRES ET CALCULS p. 58

Égal, non égal, plus petit ou plus grand

Pour les exercices A et B, essaie de répondre sans faire tous les calculs.

Ⓐ Complète avec = ou ≠.
a. 47×20 .... $47 \times 2 \times 10$
b. 305×2 .... 6 centaines et 1 dizaine
c. $95 + 57 + 15 + 69$ .... $100 + 69 + 57$
d. $145 - 39$ .... $144 - 40$
e. 26 centaines .... 2 milliers et 60 dizaines
f. 58×5 .... $58 \times 3 \times 2$

Ⓑ Complète avec = ou < ou >.
a. 5 milliers et 7 unités .... 40 centaines
b. 3 milliers et 20 centaines .... 5 milliers
c. $157 + 89 + 13$ .... $170 + 109$
d. 45×8 .... 90×2
e. $256 - 87$ .... $256 + 87$
f. 48×10 .... $400 + 80$

Inciter les élèves, pour les deux exercices, à ne faire que les calculs nécessaires et en particulier, si c'est possible, à ne pas calculer entièrement chaque expression (*voir réponses en p. 151 à exploiter lors de la correction*).

Les élèves moins rapides peuvent n'avoir à traiter que l'**exercice A**.

Exercice A

Comparer des expressions numériques avec les signes = et ≠.

RÉPONSE AVEC JUSTIFICATION :

a. **47 × 20 = 47 × 2 × 10**   car 20 = 2 × 10.

b. **305 × 2 = 6 centaines et 1 dizaine**
car 305 × 2 c'est 2 fois 3 centaines et 2 fois 5 unités,
donc 6 centaines et 10 unités et que 10 unités = 1 dizaine.

c. **95 + 57 + 15 + 69 ≠ 100 + 69 + 57**
car 95 + 15 = 110.

d. **145 − 39 ≠ 144 − 40**
car 4 n'est pas le chiffre des unités de 145 − 39.

e. **26 centaines = 2 milliers et 60 dizaines**
car 26 centaines = 2 milliers et 6 centaines et que 60 dizaines = 6 centaines.

f. **58 × 5 ≠ 58 × 3 × 2**   car 5 ≠ 3 × 2.

Exercice B

Comparer des expressions numériques avec les signes =, > et <.

RÉPONSE AVEC JUSTIFICATION :

a. **5 milliers et 7 unités > 40 centaines**
car 40 centaines = 4 milliers.

b. **3 milliers et 20 centaines = 5 milliers**
car 20 centaines = 2 milliers.

c. **157 + 89 + 13 < 170 + 109**   car 157 + 13 = 170.

d. **45 × 8 > 90 × 2**
car 45 × 8 = 45 × 2 × 4 = 90 × 4.

e. **256 − 87 < 256 + 87**
car le 1er terme est inférieur à 256 et le 2e lui est supérieur.

f. **48 × 10 = 400 + 80**
car les deux termes sont égaux à 4 centaines et 8 dizaines.

Calcul de compléments et soustraction (1)

– Résoudre un problème de recherche de compléments.
– Établir un lien entre addition lacunaire (complément) et soustraction.

RECHERCHE

Les points cachés (1) : Parmi un ensemble de points, certains sont cachés. Les élèves doivent trouver la quantité de points cachés connaissant la quantité totale de points et la quantité de points visibles.

PHASE 1 Carte 20 points : combien de points au total ?

• Montrer aux élèves la **carte de 20 points** avec le **cache posé sur 8 points**, puis poser la question :

➡ *Sur cette carte, vous voyez des points. D'autres points sont cachés. Il y a 8 points sous le cache. Combien y a-t-il de points au total sur cette carte ?*

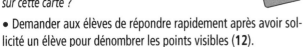

• Demander aux élèves de répondre rapidement après avoir sollicité un élève pour dénombrer les points visibles (**12**).

• Procéder à une correction, en faisant apparaitre les procédures possibles (*cf. commentaire*).

Ce travail rapide a pour but de familiariser les élèves avec le matériel utilisé.

Les procédures pour trouver le nombre total de points :
– **par calcul** : 12 + 8 = 20 (procédure la plus simple et la plus rapide) ;
– **par comptage** : en imaginant ou en dessinant les 8 points cachés, puis en comptant la totalité des points, ou en surcomptant de 8 à partir de 12.

PHASE 2 Carte 20 points : combien de points sont cachés ?

• Montrer la **carte de 20 points** et faire dénombrer ces points par un élève. **Cacher 15 points** avec la feuille-cache, en laissant donc **5 points visibles**, puis poser une première question :

➡ *Il y a 20 points sur la carte. On n'en voit que 5. Combien de points sont cachés ?*

• Recenser les réponses après que chaque élève a répondu sur l'ardoise ou le cahier de brouillon. Faire écarter les réponses impossibles (supérieures à 20) en expliquant pourquoi elles sont fausses à coup sûr. Puis faire expliciter rapidement les

méthodes utilisées. Dans cette phase d'appropriation, **toutes les procédures valides** sont exploitées et aucune méthode n'est privilégiée.

• Valider en découvrant les points qui étaient cachés et en cachant les points qui étaient visibles.

• Reprendre le même scénario avec toujours la carte de 20 points et successivement :

question 2 : **16 points visibles** (et donc 4 points cachés) ;
question 3 : **10 points visibles** (et donc 10 points cachés).

Les procédures pour trouver les points cachés :
Exemple : 5 points sont visibles et 15 points sont cachés.

– **dessin des points cachés et comptage** (résolution pratique) ;

– **comptage en arrière** : « 19, 18, 17, 16, 15 » en s'aidant éventuellement des doigts (*remarque :* le comptage pourra être en avant dans le cas où 16 points sont visibles et 4 cachés : « 17, 18, 19, 20 ») ;

– **aller de 5 à 10** (il y a 5), **puis de 10 à 20** (il y a 10), **puis additionner 5 et 10** ;

– **calcul d'un complément par addition** exprimée oralement : « 5 plus combien égale 20 », ou par écrit : 5 + … = 20 ;

– **calcul d'une soustraction comme 20 − 5**, calculée mentalement.

PHASE 3 Avec la carte 34 points

• Montrer aux élèves la **carte de 34 points** et écrire au tableau « 34 points ». **Cacher 24 points** avec la feuille-cache, en laissant donc **10 points visibles**, puis poser une première question :

➡ *Il y a 34 points sur la carte. On n'en voit que 10. Combien de points sont cachés ?*

• Recenser les réponses après que chaque élève a répondu sur l'ardoise ou le cahier de brouillon. Faire écarter les réponses impossibles (supérieures à 34) en expliquant pourquoi elles sont fausses à coup sûr. Puis faire expliciter rapidement les méthodes utilisées. Dans cette phase d'appropriation, **toutes les procédures valides** sont exploitées et aucune méthode n'est privilégiée.

UNITÉ 5

INDIVIDUEL ET COLLECTIF

● Valider en découvrant les points qui étaient cachés et en cachant les points qui étaient visibles.

● Reprendre le même scénario avec successivement :

question 2 : **20 points visibles** (et donc 14 points cachés) ;
question 3 : **6 points visibles** (et donc 28 points cachés) ;
question 4 : **12 points visibles** (et donc 22 points cachés).

● Organiser une **mise en commun**, soit au terme des réponses apportées pour les deux premières questions, soit après résolution des trois questions. Pour chaque question, faire l'inventaire des réponses et le rejet immédiat de celles qui sont invraisemblables, ainsi que l'expression des procédures utilisées *(cf. commentaire)*.

● Organiser une **validation des réponses** :

– **validation « pratique » à l'aide de la carte** : cela revient à déplacer le cache sur les points qui étaient visibles pour pouvoir dénombrer ceux qui étaient cachés (c'est-à-dire à ôter de 34 les points qui étaient visibles). Exemple pour la question 4 :

carte 34 points
et cache pour
la question 4

carte 34 points
et cache déplacé
pour la validation

– **validation arithmétique** en vérifiant que la somme du nombre de points visibles et du nombre trouvé de points cachés est bien égale à 34. Par exemple : 12 + 22 = 34.

Les procédures :
– **tentative de dessin** qui peut s'avérer une procédure longue, notamment pour les deux dernières questions ;
– **comptage « en avant »** (pour la question 2, par exemple : 21, 22, 23… jusqu'à 34 et dénombrement des nombres énumérés), ce qui peut s'avérer source d'erreurs, notamment lorsqu'il faut aller de 6 à 34 (question 3) ;
– **calcul d'un complément** (question 2 : écrire ou poser 20 + … = 34) **ou indirect** (aller de 20 à 34 par bonds successifs…) ;
– **calcul soustractif** appuyé par le fait que, pour connaître le nombre de points cachés, il faut « enlever les points visibles ».

PHASE 4 Synthèse

● Conclure, avec les élèves :

Résoudre un problème de complément

● **Les diverses procédures sont équivalentes** car elles permettent d'obtenir la réponse, mais certaines sont plus efficaces : addition à trous, complément par bonds, soustraction. Le choix de la procédure dépend souvent des nombres en présence.

● **Chaque problème revient à rechercher :**
– **un complément** (ce qu'il faut ajouter à la partie visible pour avoir le tout) ;
– **le résultat d'une soustraction** (ce qu'il reste lorsqu'on a enlevé les points visibles).
Ces deux manières de considérer les problèmes posés peuvent être traduites en langage mathématique :

$$6 + … = 34 \quad \text{ou} \quad 34 – 6 = …$$

Cette synthèse est importante. Il faut insister sur le raisonnement qui consiste à dire que trouver le complément par exemple de 6 à 34 (6 points visibles sur 34) revient à soustraire 6 de 34 (enlever les points visibles pour ne garder que les points cachés).

ENTRAINEMENT

FICHIER NOMBRES ET CALCULS p. 58

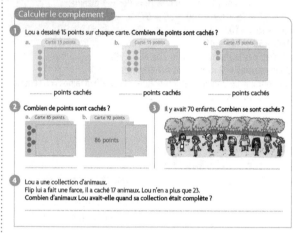

Exercices ❶ et ❷

Calculer des compléments (contexte des points cachés).

Reprise des questions de la recherche. Lors de l'exploitation, les différentes méthodes de résolution sont comparées : dessin et comptage, addition à trous, soustraction.

Dans l'**exercice 2**, la **carte a** devrait inciter les élèves à retrancher 7 (ou 5, puis 2) de 85. La **carte b** peut davantage les inciter à chercher le complément de 86 à 92, d'autant plus que les points ne sont plus dessinés effectivement.

RÉPONSE : ❶ a. 10 points b. 7 points c. 13 points.
❷ a. 78 points b. 6 points.

REMÉDIATION Ces exercices peuvent être repris avec des cartes et un cache. Insister sur le raisonnement qui permet d'associer recherche d'un complément et soustraction, en le faisant verbaliser par les élèves dans le contexte des cartes à points, les **questions 1a, 1c et 2a** étant plus favorables que les autres à l'utilisation de la soustraction.

Exercices ❸ et ❹

Calculer des compléments ou pas (autres contextes).

L'**exercice 3** se situe dans un contexte différent, mais facilement identifiable à celui des points cachés.

L'**exercice 4** joue le rôle de « distracteur » afin de maintenir la vigilance des élèves car il se résout par addition. Une comparaison avec la situation « points cachés » peut chaque fois être utilisée au moment de l'exploitation des réponses.

RÉPONSE : ❸ 60 élèves. ❹ 40 animaux

Différenciation : Exercices 1 à 4 → **CD-Rom du guide, fiche n° 20.**

À SUIVRE

En **séance 4**, l'activité est reprise avec des nombres plus grands et la possibilité d'utiliser une calculatrice, ce qui peut inciter davantage à recourir à la soustraction pour obtenir des compléments.

	Tâche	**Matériel**	**Connaissances travaillées**
CALCULS DICTÉS	Tables de multiplication de 4 et de 8 – Répondre à des questions du type « 4 fois 5 » et « combien de fois 4 dans 20 ? ».	par élève : FICHIER NOMBRES **p. 59** a à h	– Tables de multiplication de 4 et de 8 (mémorisation).
RÉVISER Nombres	Nombres inférieurs à 10 000 : calcul de produits et suite de nombres – Trouver les calculs qui donnent 1 000 comme résultat. – Écrire une suite de nombres de 1 en 1.	par élève : FICHIER NOMBRES **p. 59** A et B	– Numération décimale – Calcul de produits.
APPRENDRE Calcul	Calcul de compléments et soustraction (2) RECHERCHE **Les points cachés (2)** – Trouver une quantité de points cachés connaissant la quantité totale de points et la quantité de points visibles.	par élève : – ardoise ou cahier de brouillon – la calculatrice n'est pas autorisée FICHIER NOMBRES **p. 59** 1 à 4	– Équivalence entre calcul d'un complément et calcul d'une soustraction.

CALCULS DICTÉS

Tables de multiplication de 4 et de 8

– Répondre à des questions du type « 3 fois 4 » et « combien de fois 4 dans 16 ? ».

INDIVIDUEL ET COLLECTIF

FICHIER NOMBRES ET CALCULS **p. 59**

• Dicter les calculs suivants avec réponses dans le fichier :

a. **6 fois 4**   e. Combien de fois 4 dans **16** ?
b. **4 fois 8**   f. Combien de fois 4 dans **36** ?
c. **9 fois 8**   g. Combien de fois 8 dans **56** ?
d. **8 fois 3**   h. Combien de fois 8 dans **48** ?

RÉPONSE : a. 24   b. 32   c. 72   d. 24   e. 4   f. 9   g. 7   h. 6.

• Les élèves peuvent se préparer ou s'entrainer à ce moment de calcul mental en utilisant l'**exercice 4** de **Fort en calcul mental, p. 55**.

RÉPONSE : a. 28   b. 36   c. 40   d. 56   e. 9   f. 8   g. 3   h. 6.

RÉVISER

Nombres inférieus à 10 000 : calcul de produits et suite de nombres

– Vérifier si des produits sont ou non égaux à 1 000.
– Écrire une suite de nombres de 1 en 1.

INDIVIDUEL

FICHIER NOMBRES ET CALCULS **p. 59**

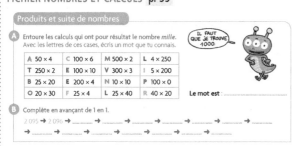

Exercice A

Recherche de calculs donnant 1 000 comme réponse.
Outre le fait qu'il permet de montrer différentes décompositions multiplicatives du nombre 1 000, cet exercice conduit les élèves

à faire fonctionner les apprentissages récents relatifs à la multiplication.

RÉPONSE : Le mot « MILLE » est écrit avec les lettres sélectionnées remises dans l'ordre.

Exercice B

Trouver une suite de nombres en avançant de 1 en 1.
Les réponses peuvent être obtenues en référence au fonctionnement d'un compteur et vérifiées avec une calculatrice en ajoutant 1. Elles peuvent également être justifiées en observant les modifications apportées aux différents groupements de 10, 100, 1 000… qui composent un nombre, lorsqu'on ajoute un objet à l'ensemble.

RÉPONSE : 2 095 – 2 096 – 2 097 – 2 098 – 2 099 – 2 100 – 2 101 – 2 102 – 2 103 – 2 104 – 2 105 – 2 106 – 2 107 – 2 108 – 2 109 – 2010.

UNITÉ 5

Calcul de compléments et soustraction (2)

– Résoudre un problème de recherche de compléments et établir un lien entre addition lacunaire (complément) et soustraction.

RECHERCHE

Les points cachés (2) : Les élèves doivent trouver la quantité de points cachés connaissant la quantité totale de points et la quantité de points visibles.

PHASE 1 **Avec une carte de 634 points**

• Dessiner au tableau la carte suivante :

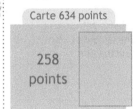

Carte 634 points

258 points

• Préciser que la carte comporte **634 points** au total et qu'il y en a **258** dans la partie visible (à gauche). Puis poser la question :

➡ *Quel est le nombre de points cachés sous le cache à droite ?*

• Demander d'écrire les calculs sur le cahier de brouillon. Préciser que l'usage de la calculatrice est autorisé, mais pas obligatoire.

• Après le travail des élèves, organiser une **mise en commun** :
– inventaire des réponses et rejet immédiat de celles qui sont invraisemblables (réponse supérieures à 634, par exemple) ;
– expression des procédures utilisées, la taille des nombres ne permettant pas le recours au dessin, ni le comptage en avant de un en un *(cf. commentaire).*

• Demander comment il est possible de valider les réponses obtenues. Conclure que cela ne peut se réaliser qu'arithmétiquement car un comptage effectif serait trop long, par l'addition du nombre de points visibles et du nombre trouvé de points cachés.

• Faire discuter l'usage éventuel de la **calculatrice** : elle est pratique pour le calcul de soustractions, beaucoup moins pour calculer des additions à trous ; la pose de l'addition à trous peut alors s'avérer plus rapide que des essais de nombres à additionner avec la calculatrice.

Les procédures :
– **calcul additif direct** (écrire ou poser 258 + … = 634) ou **indirect** (aller de 258 à 634 par bonds…) ;
– **calcul soustractif**, appuyé par exemple, comme en séance 3, sur le fait que, pour connaître le nombre de points cachés, il faut « enlever les points visibles » ; le calcul a pu être posé ou réalisé avec la calculatrice.

PHASE 2 **Synthèse**

Résoudre un problème de complément

• **Il faut trouver « ce qui est caché ».** Cela revient à « enlever ce qui est visible pour trouver ce qui reste ».
Pour cela, **trois procédures équivalentes** sont possibles (on peut remplacer l'une par l'autre) :
Combien manque-t-il pour aller de 258 à 634 ?
258 + … = 634
634 − 258 = …

TRACE ÉCRITE

Garder au tableau le dessin de la carte et les trois procédures.

RÉPONSE : 376 points.

Certains élèves peuvent être gênés par l'utilisation de la calculatrice, en voulant résoudre ces problèmes par une addition à trous ou un complément « pas à pas ». Cette gêne peut les aider à percevoir l'intérêt de passer par le calcul d'une soustraction… mais sans nécessairement en avoir compris la raison, malgré l'explication qui ramène le problème à rechercher ce qui reste après avoir enlevé les points visibles. D'autres expériences seront nécessaires.
Les deux égalités (addition à trous et soustraction) ne doivent pas devenir équivalentes seulement du point de vue formel, mais résulter d'une compréhension appuyée sur l'évocation des expériences réalisées avec les cartes-points : trouver « ce qui est caché » revient à « enlever ce qui est visible ».
En situation de résolution de problèmes ou de calcul mental, les élèves seront amenés à voir l'intérêt de remplacer la recherche d'un complément par une soustraction ou la recherche d'une différence par une addition à trous (en fonction notamment de la taille relative des nombres en présence).

ENTRAINEMENT

FICHIER NOMBRES ET CALCULS **p. 59**

Calculer le complément

1 Combien de points sont cachés ? Tu peux utiliser une calculatrice pour répondre.

a. Carte 207 points — 57 points — _____ points cachés

b. Carte 700 points — 246 points — _____ points cachés

c. Carte 542 points — 60 points — _____ points cachés

2 Dans le collège Albert Camus, il y a 565 élèves. 169 élèves sont dans la cour. Les autres sont encore dans les classes. **Combien d'élèves sont dans les classes ?**

3 La maman de Sam veut acheter un vélo.
Elle donne un premier chèque de 365 € au marchand.
Elle lui donnera un deuxième chèque de 268 € à la fin du mois pour finir de payer le vélo.
Quel est le prix du vélo ?

4 Complète avec la méthode de ton choix.
a. 485 + _____ = 790
b. 658 + _____ = 905
c. 386 + _____ = 760

Exercice 1

Calculer des compléments (contexte des points cachés).
RÉPONSE : a. 150 points   b. 454 points   c. 482 points.

Exercices 2 et 3

Calculer des compléments ou autres (autres contextes).
L'**exercice 3** joue le rôle de « distracteur » afin de maintenir la vigilance des élèves car il se résout par addition. Une comparaison avec la situation « Points cachés » peut être utilisée au moment de l'exploitation des réponses.
RÉPONSE : **2** a. 396 élèves.   **3** 633 €.

Exercice 4

Calculer des additions à trous en ligne.
Les élèves peuvent utiliser les 3 méthodes vues en synthèse. Une relation entre ces méthodes est faite au moment de la correction.
RÉPONSE : a. 305   b. 247   c. 374

Différenciation : Exercices 1 à 4 → **CD-Rom du guide, fiche n° 21.**

À SUIVRE
En **séance 5,** ces acquis seront exploités pour calculer des compléments ou des différences, mentalement ou avec une calculatrice.

	Tâche	Matériel	Connaissances travaillées
PROBLÈMES DICTÉS	Multiplication par 2, 4, 5 et 10 – Résoudre des problèmes du domaine multiplicatif.	par élève : FICHIER NOMBRES **p. 60 a, b et c**	– Multiplication : automatismes.
PROBLÈMES ÉCRITS	Multiplication par 4, 5 et 10 – Résoudre des problèmes du domaine multiplicatif.	par élève : FICHIER NOMBRES **p. 60 Ⓐ et Ⓑ**	– Multiplication : automatismes.
APPRENDRE Calcul	Calcul de compléments et soustraction (3) RECHERCHE **Le meilleur calcul** – Calculer des différences ou des compléments, mentalement ou avec une calculatrice, en choisissant la méthode la plus efficace.	par élève : – ardoise ou cahier de brouillon – la calculatrice est utilisée en phase 2 FICHIER NOMBRES **p. 60 ❶ à ❹**	– Équivalence entre calcul d'un complément et calcul d'une soustraction.

PROBLÈMES DICTÉS

Multiplication par 2, 4, 5 et 10

– Résoudre mentalement des problèmes du domaine multiplicatif.

INDIVIDUEL ET COLLECTIF

FICHIER NOMBRES ET CALCULS p. 60

• Formuler le problème suivant :

Problème a

J'ai préparé **2 paquets** avec **10 images** dans chaque paquet. **Combien ai-je utilisé d'images ?**

• Inventorier les réponses, puis proposer une rapide **mise en commun** :
– faire identifier les résultats qui sont invraisemblables ;
– faire expliciter, comparer et classer quelques procédures utilisées en distinguant leur nature (schéma ou type de calcul effectué : addition itérée, résultat de la table de multiplication) ;
– formuler des mises en relation, des ponts entre ces procédures.

• Vérifier la réponse en faisant lever les doigts.

• Formuler ensuite les problèmes **b** et **c** en suivant le même déroulement.

Problème b

J'ai préparé **5 paquets** avec **4 images** dans chaque paquet. **Combien ai-je utilisé d'images ?**

Faire ressortir que si on utilise l'addition itérée, il est plus facile de calculer 4 fois 5 que 5 fois 4 (qui pourtant correspond mieux à la situation).

Problème c

J'ai **12 images**. Je veux les mettre par paquets de **4 images**. **Combien vais-je faire de paquets ?**

RÉPONSE : a. 20 images   b. 20 images   c. 3 paquets.

• Les élèves peuvent se préparer ou s'entrainer à ce moment de calcul mental en utilisant l'**exercice 5** de **Fort en calcul mental, p. 55**.

RÉPONSE : a. 24 images   b. 4 paquets.

Multiplication par 4, 5 et 10

– Résoudre mentalement des problèmes du domaine multiplicatif.

FICHIER NOMBRES ET CALCULS **p. 60**

Résoudre des problèmes

 Lou a composé 4 bouquets avec 8 fleurs chacun et 5 bouquets avec 7 fleurs chacun. Combien de fleurs a-t-elle utilisées pour faire tous ces bouquets ?

B Sam a 60 fleurs.
Il fait des bouquets de 4 fleurs.
Il a déjà réalisé 5 bouquets.
Combien de bouquets peut-il encore faire ?

Problème **A**

Problème à étapes.

C'est un problème nécessitant des calculs simples si les élèves pensent à utiliser leurs connaissances du répertoire multiplicatif. À la fin de la résolution, organiser une correction portant sur les calculs à mettre en œuvre et sur la relation entre les différents calculs qui permettent de résoudre un même problème. Revenir, si nécessaire, sur la relation entre addition itérée et multiplication.

RÉPONSE : 67 fleurs.

Problème **B**

Problème à étapes plus complexe.

C'est également un problème avec des calculs très simples, mais plus complexe que le problème précédent à cause des étapes de

la résolution et dans la mesure où la question correspond à la recherche du facteur d'un produit.

À la fin de la résolution, procéder de la même manière que pour le **problème A**. Faire apparaitre les deux stratégies possibles si elles ont été utilisées dans la classe :

1re stratégie (en 3 étapes) :
– calcul du nombre de fleurs utilisées (produit : $5 \times 4 = 20$) ;
– calcul du nombre de fleurs restantes (soustraction : $60 - 20$) ;
– calcul du nombre de bouquets (recherche du facteur d'un produit : $4 \times \ldots = 40$).

2e stratégie (en 2 étapes) :
– calcul du nombre total de bouquets possibles (recherche du facteur d'un produit : $4 \times \ldots = 60$) ;
– calcul du nombre de bouquets encore à réaliser (soustraction : $15 - 5$).

RÉPONSE : 10 bouquets.

AIDE Si nécessaire, dégager avec les élèves les différentes étapes de la résolution.

APPRENDRE

Calcul de compléments et soustraction (3)

– Établir un lien entre calcul d'un complément et soustraction.
– Passer d'un calcul à un autre équivalent.

RECHERCHE

Le meilleur calcul : Les élèves doivent calculer des différences ou des compléments, mentalement ou avec une calculatrice, en choisissant la méthode la plus efficace.

PHASE 1 Calcul mental

• Proposer plusieurs calculs successifs que les élèves doivent traiter mentalement.

• Pour chaque calcul, faire expliciter quelques procédures utilisées par les élèves et mettre en évidence celle qui parait la **plus efficace** (dans certains cas, plusieurs procédures peuvent être aussi efficaces l'une que l'autre).

Calculs proposés (avec indication de la procédure la plus efficace) :

28 – 4

La soustraction peut être traitée directement.

32 – 28

Il peut être plus rapide de chercher « combien ajouter à 28 pour obtenir 32 ? », donc de résoudre $28 + \ldots = 32$.

96 – 89

Il peut être plus rapide de chercher « combien ajouter à 89 pour obtenir 96 ? », donc de résoudre $89 + \ldots = 96$.

Il est également possible de soustraire 90 et d'ajouter ensuite 1 au résultat obtenu.

Combien pour aller de 56 à 60 ?

Le complément peut être trouvé directement.

Combien pour aller de 2 à 58 ?

Il peut être plus rapide de calculer **58 – 2**.

Combien pour aller de 20 à 50 ?

Les deux calculs (complément et soustraction **50 – 20**) sont aussi efficaces l'un que l'autre.

• En **synthèse**, mettre en évidence :

Calcul d'une soustraction ou d'un complément

• Il est plus simple, pour certains calculs, **de remplacer une soustraction par la recherche d'un complément** ou, inversement, **de remplacer la recherche d'un complément par une soustraction**.

Conserver au tableau pour quelque temps :

32 – 28 = …   peut être remplacé par   28 + … = 32.

2 + … = 58   peut être remplacé par   58 – 2 = … .

La capacité à passer du calcul d'un complément à celui d'une soustraction, et inversement, se trouve conforté ici par son utilisation en calcul mental. Il s'agit d'un progrès important pour les élèves dans la maitrise du sens de la soustraction.

Pour certains élèves, cette équivalence devient rapidement une évidence. Pour d'autres, du temps et des expériences seront encore nécessaires pour conforter cet apprentissage.

PHASE 2   **Avec une calculatrice ou crayon et papier**

• Partager la classe en deux groupes. Remettre une calculatrice à chaque élève ou à chaque binôme d'élèves de l'un des groupes, les élèves de l'autre groupe utiliseront le calcul avec papier et crayon (les rôles peuvent être inversés en cours de séance).

• Proposer plusieurs calculs successifs que les élèves doivent traiter avec le moyen qui leur a été indiqué.

• Pour chaque calcul, faire expliciter quelques procédures utilisées par les élèves et mettre en évidence celle qui parait **la plus efficace** en fonction du moyen de calcul disponible (dans certains cas, plusieurs procédures peuvent être aussi efficaces l'une que l'autre).

Calculs proposés (avec procédure la plus efficace selon l'outil) :

Avec une calculatrice	Avec papier et crayon
356 – 124	
Calcul de la soustraction.	Soustraction posée ou addition à trous posée (le calcul par bonds de **124** à **356** est plus long).
356 – 178	
Calcul de la soustraction.	Soustraction posée ou addition à trous posée (le calcul par bonds de **178** à **356** est plus long).
Combien pour aller de 67 à 235 ?	
Calcul de la soustraction.	Soustraction posée **235 – 67** ou addition à trous posée (le calcul par bonds de **67** à **235** est plus long).
Combien pour aller de 389 à 1 023 ?	
Calcul de la soustraction.	Soustraction posée **1 023 – 389** ou addition à trou posée (le calcul par bonds de **389** à **1 023** est plus long).
Combien pour aller de 200 à 517 ?	
Calcul de la soustraction ou vérification par addition du résultat trouvé mentalement.	Calcul mental ou calcul par bonds de **200** à **500**, puis de **500** à **517**.

• **En synthèse**, mettre en évidence :

Calcul d'un complément avec une calculatrice

• **Il est plus simple de remplacer la recherche d'un complément par une soustraction** si on dispose d'une calculatrice et que le calcul est difficile mentalement.

ENTRAINEMENT

FICHIER NOMBRES ET CALCULS **p. 60**

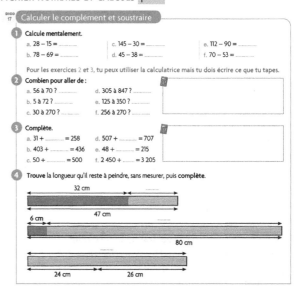

Exercice ❶

Calculer mentalement des différences ou des compléments.

Cet exercice vient en application de la recherche. Il peut être exploité de la même manière.

RÉPONSE : a. 13   b. 9   c. 115   d. 7   e. 22   f. 17.

Exercices ❷ et ❸

Calculer des différences ou des compléments, avec ou sans calculatrice.

Cet exercice vient en application de la recherche. Il peut être exploité de la même manière.

RÉPONSE :
❷ a. 14   b. 67   c. 240   d. 542   e. 225   f. 14.
❸ a. 227   b. 33   c. 450   d. 200   e. 167   f. 755.

Exercice ❹

Résoudre un problème faisant appel à la recherche de compléments.

Insister sur le fait que les dimensions indiquées sont les dimensions dans la réalité (le dessin est réduit par rapport à la réalité). Les questions posées sont du même type que celles déjà traitées dans les séances précédentes, mais dans un contexte de longueurs :

– pour les **deux premières baguettes**, les réponses peuvent être obtenues par addition à trous ou soustraction ;

– la **dernière baguette** joue un rôle de « distracteur » en posant un problème purement additif.

RÉPONSE : a. 15 cm   b. 74 cm   c. 50 cm.

AIDE Le calcul de la soustraction peut être justifié en montrant que pour avoir la longueur d'une partie, il suffit de « couper » ou d'enlever l'autre partie. Mettre en relation ce raisonnement avec celui utilisé pour les points cachés. L'équivalence des procédures est ainsi expliquée à nouveau au moment de la correction.

REMÉDIATION D'autres exercices du même type peuvent être proposés avec des bandes de papier ou des ficelles.

À SUIVRE

En **séance 6**, les acquis de cette séance seront exploités pour justifier la vérification du résultat d'une soustraction en posant une addition.

UNITÉ 5

	Tâche	Matériel	Connaissances travaillées
SUITES DE NOMBRES	**Le furet de 11 en 11** – Dire rapidement une suite de nombres de 11 en 11, en avant ou en arrière.		– **Addition, soustraction : calcul réfléchi.**
RÉVISER Nombres	Nombres inférieurs à 10 000 : écritures en chiffres et en lettres – Passer d'une écriture à l'autre.	**par élève** FICHIER NOMBRES **p. 61 Ⓐ et Ⓑ**	– **Numération décimale** – **Écritures en chiffres et en lettres.**
APPRENDRE Calcul	Soustraction : calcul posé (nombres < 10 000) RECHERCHE **La soustraction en colonnes (3)** – Calculer une différence par un calcul en ligne ou en colonnes.	**par élève :** – feuille de papier – la calculatrice n'est pas autorisée FICHIER NOMBRES **p. 61 ❶ à ❸**	– **Soustraction : calcul posé** – Valeur positionnelle des chiffres – Équivalences entre 1 dizaine et 10 unités et 1 centaine et 10 dizaines.

SUITES DE NOMBRES

Le furet de 11 en 11

– Dire rapidement la suite des nombres de 11 en 11, en avant ou en arrière.

COLLECTIF

• Demander aux élèves, à tour de rôle, de dire la suite des nombres, en avançant de **11** en **11**, à partir de **0** et en dépassant **99**.

• Reprendre plusieurs fois, en changeant le nombre de départ et en avançant ou en reculant.

• Les élèves peuvent se préparer ou s'entrainer à ce moment de calcul mental en utilisant l'**exercice 6** de **Fort en calcul mental, p. 55.**

RÉPONSE : a. **3** – 14 – 25 – 36 – 47 – 58 – 69 – 80 – 91
b. **116** – 105 – 94 – 83 – 72 – 61 – 50 – 39 – 28.

RÉVISER

Nombres inférieus à 10 000 : écritures en chiffres et en lettres

– Trouver des nombres qui s'écrivent avec un nombre donné de mots.
– Passer de l'écriture en lettres à l'écriture en chiffres.

INDIVIDUEL

FICHIER NOMBRES ET CALCULS p. 61

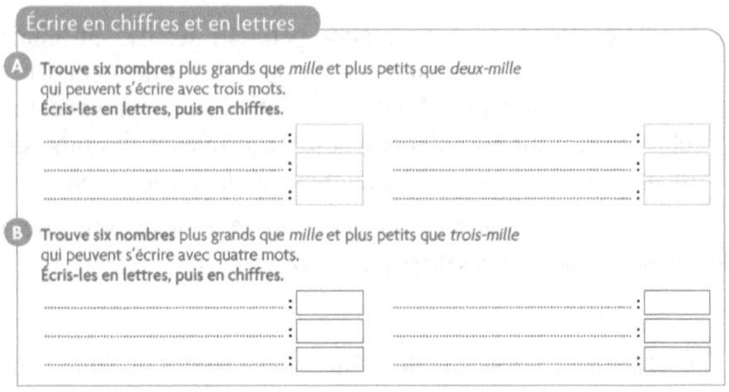

> **Écrire en chiffres et en lettres**
>
> Ⓐ Trouve six nombres plus grands que *mille* et plus petits que *deux-mille* qui peuvent s'écrire avec trois mots.
> **Écris-les en lettres, puis en chiffres.**
>
> Ⓑ Trouve six nombres plus grands que *mille* et plus petits que *trois-mille* qui peuvent s'écrire avec quatre mots.
> **Écris-les en lettres, puis en chiffres.**

Exercices Ⓐ et Ⓑ

Trouver des nombres situés dans un intervalle donné et qui s'écrivent en lettres avec un nombre donné de mots.

Ces deux exercices peuvent faire l'objet d'un prolongement, sur le long terme avec, par exemple, une affiche dans la classe sur laquelle les élèves viennent écrire en lettres et en chiffres des nombres répondant aux deux questions et situés, par exemple, entre **mille** et **six-mille**.

RÉPONSE : Ⓐ 1 025   1 034   1 102…   Ⓑ 1 125   2 130   2 500…

Soustraction : calcul posé (nombres < 10 000)

– Calculer des différences par un calcul écrit en ligne ou en colonnes.
– Comprendre une technique.

RECHERCHE

La soustraction en colonnes (3) : Les élèves doivent utiliser ce qu'ils ont appris avec des nombres inférieurs à 100 *(en unité 3, séance 5)*, puis 1 000 *(séance 6)*, pour calculer des soustractions avec des nombres plus grands. Si l'enseignant le souhaite, il peut faire évoluer cette technique vers une présentation compatible avec celle qui est fréquemment utilisée en France à la fin de cette séance *(voir complément)*.

PHASE 1 Calcul de 2 326 – 763

• Poser directement la question en écrivant le calcul au tableau.

• Lors de la correction, rappeler la procédure de calcul posé vue en unité 3 pour des nombres plus petits en référence à la décomposition des nombres en unités de numération. Si nécessaire, utiliser le matériel « timbres » (voir phase 2).

• Demander aux élèves de trouver une méthode pour vérifier leur résultat, sans « refaire le calcul de la soustraction ».

• Lors de la correction, s'appuyer sur l'équivalence entre :

2 326 – 763 = … et **763 + … = 2 326** (vue dans les séances précédentes) pour justifier la vérification par le calcul de **763 + 1 563** qui doit donner **2 326** comme résultat.

PHASE 2 Extension de la soustraction posée en colonnes

• Indiquer aux élèves qu'on va maintenant leur apprendre à effectuer les mêmes calculs, mais avec une autre présentation en écrivant les nombres dans les colonnes unités et dizaines.

• Reprendre le scénario précédent en le mettant en relation avec la présentation en colonnes et en l'illustrant avec le matériel de numération.

Calcul à effectuer : **2 326 – 763**

Scénario de la phase 1	Présentation en colonnes
Calcul à effectuer : 2 m 3 c 2 d 6 u – 7 c 6 d 3 u	2 3 2 6 – 7 6 3
Constat qu'il est possible de soustraire 3 unités de 6 unités : **6 u – 3 u = 3 u.**	2 3 2 6 – 7 6 3 3
Constat qu'il n'est pas possible de soustraire 6 dizaines de 2 dizaines. Démontage d'une centaine échangée contre 10 dizaines, puis : **12 d – 6 d = 6 d.**	2 3̸¹²2 6 – 7 6 3 6 3
Constat qu'il n'est pas possible de soustraire 7 centaines de 2 centaines. Démontage d'un millier échangé contre 10 centaines, puis : **12 c – 7 d = 5 d.**	¹2̸ ¹²3̸ 2 6 – 7 6 3 5 6 3

Puis calcul sur les milliers :
1 m – 0 m = 1 m.

Conclusion :
2 326 – 763 = 1 563
La vérification se fait par le calcul de 763 + 1 563 qui doit donner 2 326 comme résultat.

	¹2̸ ¹²3̸ 2 6
	– 7 6 3
	1 5 6 3

PHASE 3 Deux autres soustractions

• Proposer 2 autres soustractions écrites en ligne au tableau :

2 000 – 652 = ….   1 091 – 76 = …

• Indiquer aux élèves qu'ils peuvent les calculer directement ou en les posant en colonnes. Lors de la correction, revenir sur les étapes du calcul en colonnes de chacune de ces opérations avec pour des remarques sur leur spécificité :

Calcul de 2 000 – 652

Comme il y a 0 dizaine et 0 centaine, la solution la plus simple consiste à remplacer directement 200 dizaines par 199 dizaines et 10 unités, ce qui rend tous les calculs possibles et qui est plus simple que la décomposition successive de 2 milliers en 1 millier et 10 centaines, puis 10 centaines en 9 centaines et 10 dizaines, puis 10 dizaines en 9 dizaines et 10 unités.	2 0 0 0 – 6 5 2 ¹2̸ ⁹0̸ ⁹0̸ 10 – 6 5 2

Calcul de 1 091 – 76

Il faut bien disposer les unités sous les unités, les dizaines sous les dizaines… À certains rangs, le calcul peut parfois se faire directement (ici pour les dizaines).	1 0 9 1 – 7 6

• Vérifier chaque réponse par le calcul d'une addition.

COMPLÉMENT Vers une autre présentation de la technique de la soustraction

Ce complément est destiné aux enseignants qui choisissent de présenter à leur élèves une technique proche de celle souvent connue des parents.

La difficulté de cette technique nécessitera d'y consacrer une ou deux séances supplémentaires. Comme nous l'indiquent les programmes, les enseignants ont le libre choix de la technique de la soustraction proposée aux élèves. Pour notre part, nous estimons que la technique par « démontage de centaines ou de dizaines » peut être conservée (voir unité 3, séances 5 et 6, et introduction). Mais un autre choix est possible pour lequel nous donnons les indications suivantes.

Le point de départ est identique à celui de la séance 6 de l'unité 3, à partir de la confrontation entre les deux calculs suivants, en demandant aux élèves de proposer une explication du deuxième calcul (celui de Sam) :

UNITÉ 5

$$\begin{array}{r} {}^{1}\ {}^{12}\\ 2\!\!\!/\ 3\!\!\!/\ 12\ 6\\ -\quad 7\ 6\ 3\\ \hline 1\ 5\ 6\ 3 \end{array}$$

Calcul de Lou

$$\begin{array}{r} 2\ 13\ 12\ 6\\ -\quad 7\ 6\ 3\\ {}^{1}\ {}^{1}\\ \hline 1\ 5\ 6\ 3 \end{array}$$

Calcul de Sam

Le calcul de Sam est justifié de la façon suivante, comme en unité 3 :

Au rang des unités :

– Sam a pu soustraire **3** unités de **6** unités.

Au rang des dizaines :

– Sam n'a pas pu soustraire 6 dizaines de 2 dizaines, car il n'y en a pas assez.

– Il a ajouté 10 dizaines « en haut », mais il aurait fallu pour cela qu'il soustrait 1 centaine à 3… Au lieu de la soustraire tout de suite, il a mis un petit « 1 » en bas pour se souvenir qu'il doit soustraire 1 centaine en même temps que 7 centaines. Il doit donc soustraire 8 centaines.

Au rang des centaines :

– Sam ne peut pas soustraire 8 centaines de 3 centaines, car il n'y en a pas assez.

– Il a donc ajouté 10 centaines « en haut », mais il aurait fallu pour cela qu'il soustrait 1 millier à 2 milliers… Au lieu de le soustraire tout de suite, il a mis un petit « 1 » en bas au rang des milliers pour se souvenir qu'il doit soustraire 1 millier.

Au rang des milliers :

– Sam soustrait **1** millier de **2** milliers.

Si nécessaire, reprendre l'explication en s'appuyant sur le matériel cartes, comme en unité 3.

ENTRAINEMENT

FICHIER NOMBRES ET CALCULS **p. 61**

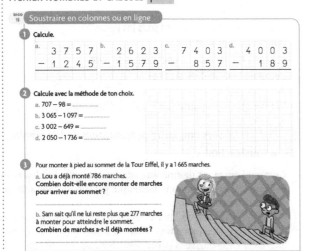

Exercice ❶

Calculer des soustractions posées en colonnes.

Application directe de l'apprentissage précédent.

La correction permet de revenir sur la justification des étapes de la technique. Les élèves peuvent vérifier leurs réponses avec une calculatrice et revenir sur leurs calculs en cas d'erreurs.

Par exemple pour les soustractions **c** et **d** :

$$\begin{array}{r} {}^{3}\ {}^{9}\\ 7\ 4\!\!\!/\ 0\!\!\!/\ 13\\ -\quad 8\ 5\ 7\\ \hline 4\ 6 \end{array}$$

On a remplacé 40 dizaines par 39 dizaines et 10 unités, ce qui permet le calcul aux rangs des unités et des dizaines.

$$\begin{array}{r} {}^{6}\ {}^{13}\ {}^{9}\\ 7\!\!\!/\ 4\!\!\!/\ 0\!\!\!/\ 13\\ -\quad 8\ 5\ 7\\ \hline 6\ 5\ 4\ 6 \end{array}$$

On a ensuite remplacé 7 milliers par 6 milliers et 10 centaines, ce qui permet le calcul aux rangs des centaines et des milliers.

$$\begin{array}{r} {}^{3}\ {}^{9}\ {}^{9}\\ 4\!\!\!/\ 0\!\!\!/\ 0\!\!\!/\ 15\\ -\quad 1\ 8\ 9\\ \end{array}$$

On a remplacé 400 dizaines par 399 dizaines et 10 unités, ce qui permet tous les calculs.

RÉPONSE : a. 2 512   b. 1 044   c. 6 546   d. 3 814.

Exercice ❷

Calculer des soustractions en choisissant sa méthode.

Application directe de l'apprentissage précédent.

La correction permet de revenir sur la justification des étapes de la méthode utilisée (calcul réfléchi ou calcul posé). Les élèves doivent vérifier leurs réponses en utilisant l'addition.

RÉPONSE : a. 609   b. 1 968   c. 2 353   d. 314.

Exercice ❸

Problèmes du domaine additif.

Les réponses peuvent être obtenues par soustraction ou par addition à trous.

RÉPONSE : a. 879 marches   b. 1 388 marches

AIDE Un schéma peut être suggéré pour aider à comprendre la situation, par exemple pour la **question a** :

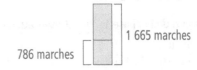

786 marches   1 665 marches

	Tâche	Matériel	Connaissances travaillées
SUITES DE NOMBRES	Le furet de 9 en 9 – Dire rapidement une suite de nombres de 9 en 9, en avant ou en arrière.		– Addition, soustraction : calcul réfléchi.
RÉVISER Géométrie	Tracés avec le compas – Tracer des cercles avec des contraintes.	**par élève** – compas *(voir activité)* CAHIER GÉOMÉTRIE **p. 35 Ⓐ et Ⓑ**	– Cercle et disque – Tracé avec le compas.
APPRENDRE Mesures	Durées en heures et minutes RECHERCHE **Le programme TV** – Calculer des durées en heures et minutes connaissant l'horaire de début et l'horaire de fin. – Calculer l'horaire de fin connaissant l'horaire du début et la durée en minutes.	**par élève :** – horloge en carton ❯ **planche C du cahier** – **fiche recherche 23** – une feuille pour chercher CAHIER GÉOMÉTRIE **p. 36 ❶ à ❹**	– Horaires et durées : calcul de durées en heures et minutes.

SUITES DE NOMBRES

Le furet de 9 en 9

– Dire rapidement la suite des nombres de 9 en 9, en avant ou en arrière.

COLLECTIF

• Demander aux élèves, à tour de rôle, de dire la suite des nombres, en avançant de **9 en 9**, à partir de **0** et en dépassant **99**.

• Reprendre plusieurs fois, en changeant le nombre de départ et en avançant ou en reculant.

• Les élèves peuvent se préparer ou s'entrainer à ce moment de calcul mental en utilisant l'**exercice 7** de **Fort en calcul mental, p. 55.**

RÉPONSE : a. 3 – 12 – 21 – 30 – 39 – 48 – 57 – 66 – 75
b. 96 – 87 – 78 – 69 – 60 – 51 – 42 – 33 – 24.

À l'occasion d'erreurs ou d'hésitations, faire remarquer les régularités et que cela revient, chaque fois, à ajouter 10, puis soustraire 1 ou à soustraire 10, puis ajouter 1.

RÉVISER

Tracés avec le compas

– Apprendre à se servir d'un compas pour tracer ou compléter un cercle.
– Distinguer cercle et disque.

COLLECTIF

Choisir de préférence des compas :
– qui sont munis d'une vis pour resserrer les branches afin de pouvoir conserver un écartement constant ;
– où la pointe sèche n'est pas trop protégée, pour pouvoir la piquer avec précision sur un point donné ;
– qui assurent un bon maintien de la mine ou du crayon.

PHASE 1 **Cercle et disque**

• Tracer au tableau devant les élèves deux cercles de même rayon, sans marquer les centres. Colorier ou hachurer l'intérieur d'un des deux cercles, puis poser la question :

➡ *Est-ce la même figure ?*

• Demander d'argumenter les réponses : « C'est la même figure, ils sont pareils ; on a colorié l'une et pas l'autre » ou « Ce n'est pas la même figure car sur la première on voit un trait, une ligne qui a été tracée avec le compas ; sur la deuxième, on voit la ligne et l'intérieur ».

• Acquiescer à la seconde proposition et demander :

➡ *Comment se nomme chacune des figures ?*

Pour la première figure, la plupart des élèves diront qu'il s'agit d'un « **rond** », quelques-uns d'un « **cercle** ». Préciser qu'en mathématiques « **cette figure est appelée un cercle** ».

Pour la seconde figure, le mot « disque » sera proposé en référence à des objets comme les CD ou CD-Rm, CD étant l'abréviation de « compact disc » ou « disque compact ».

Cercle et disque

• Un **cercle** est une ligne fermée qui se trace avec un compas.

• Un **disque** est l'intérieur d'un cercle ou encore la surface qui a pour contour le cercle.

• Distribuer les compas ou demander aux élèves de prendre le leur, et préciser :

➡ *Vous allez vous entraîner à tracer des cercles avec un compas.*

UNITÉ 5

PHASE 2 CAHIER MESURES ET GÉOMÉTRIE **p. 35**

Tracer avec le compas

A Trace trois cercles en suivant les indications.

1) Pique la pointe sèche de ton compas sur le point noir.

2) Écarte les branches du compas pour placer la mine du crayon sur le point bleu, puis trace le cercle.

3) Place la mine du crayon sur le **point rouge**, puis trace le cercle.

4) Place la mine du crayon sur le **point vert**, puis trace le cercle.

LA POINTE SÈCHE DU COMPAS RESTE TOUJOURS SUR LE POINT NOIR !

B Trace deux cercles.

a. Cercle 1 Son centre est le **point violet** et le cercle vert doit être tout entier à l'intérieur.

b. Cercle 2 Son centre est le **point rose** et il doit couper le cercle 1.

Exercice A

Tracer trois cercles à partir d'indications.

Faire une mise au point en réponse aux éventuelles difficultés rencontrées dans l'**utilisation du compas** :

– Le compas se tient par son axe et non par les branches.
– Les doigts ne sont pas crispés sur l'axe du compas qui doit pouvoir tourner entre les doigts.
– La feuille est maintenue à l'aide d'une main posée à plat, pendant que l'autre main manipule le compas.

Après que les élèves ont réalisé les tracés, préciser qu'en mathématiques le point, où on pique la pointe sèche du compas pour tracer un cercle, s'appelle le « **centre du cercle** ».

Exercice B

Tracer deux cercles à partir d'indications.

Cet exercice, plus complexe, nécessite de respecter les contraintes écrites et de faire en sorte que les cercles ne débordent pas de l'espace de travail.

Ces exercices ont pour objectif de permettre aux élèves d'acquérir une certaine dextérité dans l'usage du compas, notamment dans le réglage de l'écartement des branches du compas et dans la souplesse du geste nécessaire pour que la ligne tracée se referme sur elle-même. Certains élèves ont besoin de manipuler leur compas longuement avant d'acquérir une relative aisance *(voir consolidation, p. 173)*.

APPRENDRE

Durée en heures et minutes

– Résoudre des problèmes liant horaires et durées (en heures et minutes), comparer des durées.

RECHERCHE Fiche recherche 23

Le programme TV : À travers la résolution d'un problème de la vie courante, les élèves vont avoir à calculer des durées connaissant l'horaire de début et celui de fin.

L'objectif de la situation est la mise en lien des notions d'horaire et de durée. Ces deux grandeurs s'exprimant sous la même forme : « il est 2 h 10 » ou l'émission dure « 2 h 10 », certains élèves confondent ces deux types d'informations.

PHASE 1 Le programme TV : appropriation du document

• Laisser les élèves prendre connaissance du document de programme TV :

CAP MATHS TV

10 h 15	TV-Moustik *Le magazine des enfants*	17 h 10	Cap Livres *Les nouveautés chez votre libraire*
10 h 30	L'Ogre et la Souris *Dessin animé*	17 h 25	Top 10 *Les nouveautés de la chanson*
11 h 05	Les animaux de la Savane *Documentaire*	17 h 40	Nouvelles techniques *Documentaire*
12 h 00	Éclipse *Jeu*	18 h 15	Gribouille : le retour *Feuilleton TV*
12 h 30	Infos Écoles *Les infos des écoles*	19 h 25	Chansons du soir *Divertissement*
13 h 00	Cap Journal *Les informations nationales*	20 h 00	Cap Journal *Les informations nationales*
13 h 40	La Fée Lisa *Feuilleton TV*	20 h 40	Météo *Le bulletin météorologique*
15 h 00	Deux enfants au pays des maths *Film d'aventure*	20 h 50	Les Trois Mousquetaires *Le grand film du soir*
16 h 30	Cap Sport *Les informations sportives*	22 h 30	Basketball *Finale du championnat d'Europe*

• Poser quelques questions pour évaluer leur compréhension :

• Citer une émission du matin et une émission de l'après-midi et demander de trouver leurs horaires de début et de fin.
• Donner les horaires de début et de fin des émissions (par exemple, *Cap Journal, Chansons du soir*) et demander de trouver le nom de ces émissions.

• Lors d'une **rapide mise en commun**, préciser ce que sont les horaires du matin, ceux de l'après-midi ou du soir et expliquer comment trouver l'horaire de fin d'une émission sur le programme TV.

PHASE 2 Calculs de durées

Question 1 de la recherche

1 Quelle est la durée de ces émissions ?

a. Cap Journal : ....
   Deux enfants au pays des maths : ....
   Infos Écoles : ....
   La Fée Lisa : ....

b. Cap Livres : ....
   Météo : ....
   Nouvelles techniques : ....
   Gribouille : le retour : ....

• Demander aux élèves de répondre à la **question 1a**, puis observer les résultats et les démarches. Lors de la **mise en commun** :
– mettre en évidence la distinction entre horaire et durée ;
– montrer comment trouver une durée avec appui sur les heures entières à partir d'exemples et, si besoin, à l'aide de la rotation de la grande aiguille sur l'horloge.

1. Calcul des durées à partir d'un horaire en heures entières

Pour Cap Journal

De 13 h à 13 h 40, il s'écoule 40 minutes

ou de 20 h à 20 h 40 ; il s'écoule 40 minutes.

Pour Deux enfants au pays des maths

Il s'écoule 1 heure de 15 h à 16 h et encore 30 minutes de 16 h à 16 h 30, soit 1 heure et 30 minutes.

Ce raisonnement peut s'appuyer sur un schéma (une ligne du temps) :

horaires	15 h		16 h	16 h 30
durées		1 heure		30 minutes

2. Calcul des compléments à un horaire en heures entières

Pour Infos Écoles

Expliquer les deux démarches possibles :

– **utilisation de l'horloge** : de 12 h 30 à 13 h, la grande aiguille fait la moitié d'un tour, il s'écoule 30 minutes ;

– **utilisation du complément à 60** : 1 h = 60 min, il faut donc chercher le complément de 30 minutes à 60 minutes, soit 30 minutes.

Pour La fée Lisa

De 13 h 40 à 14 h, il s'écoule 20 minutes et de 14 h à 15 h, il s'écoule 1 heure. La durée de l'émission est de 1 heure 20 minutes.

PHASE 3 Nouveaux calculs de durées

• Demander aux élèves de traiter la **question 1b** en les incitant à utiliser leur horloge en carton.

• Faire le bilan des résultats trouvés et des méthodes utilisées.

3. Calcul des durées

Pour Cap Livres et Météo

Expliquer les deux démarches possibles :

– **visualisation sur l'horloge** : de 17 h 10 à 17 h 25, la grande aiguille avance de 3 fois 5 minutes, soit 15 minutes ;

– **calcul du complément de 10 à 25**, soit 15 minutes.

Pour Nouvelles techniques

– **appui sur les heures entières** de 17 h 40 à 18 h, il s'écoule 20 minutes, puis de 18 h à 18 h 15, il y a 15 minutes, donc il s'écoule en tout 20 min + 15 min = 35 min.

Ce raisonnement peut s'appuyer sur un schéma :

horaires	17 h 40		18 h	18 h 15
durées		20 minutes		15 minutes

Pour Gribouille : le retour

– **appui sur un tour de cadran d'1 heure** : de 18 h 15 à 19 h 15, il s'écoule 1 heure, de 19 h 15 à 19 h 25, il y a 10 minutes, donc en tout 1 heure 10 minutes.

Ce raisonnement peut s'appuyer sur un schéma :

horaires	18 h 15		19 h 15	19 h 25
durées		1 heure		10 minutes

INDIVIDUEL OU ÉQUIPES DE 2

Le calcul des durées étant difficile, engager les élèves à marquer les horaires sur une horloge et à simuler la rotation de la grande aiguille, avec appui sur les horaires intermédiaires en heures entières, ou bien à utiliser un schéma (une ligne du temps).

Les durées peuvent être exprimées en heures et minutes ou en minutes, mais on n'attend pas une aisance dans les conversions.

PHASE 4 Cumul et comparaison de durées

Question 2 de la recherche

> **2** Lou enregistre ses émissions préférées : *Nouvelles techniques* et *Cap Sport*.
> Mais mercredi, elle n'aura qu'une heure pour regarder les deux émissions.
> Est-ce possible ?   OUI   NON   (Entoure la bonne réponse.)
> Explique ta réponse : ....

Pour savoir si Lou peut regarder chacune de ces deux émissions :

– pour *Nouvelles techniques*, il faut comparer la durée de cette émission calculée à la question précédente (35 min) à 60 minutes ;

– pour *Cap Sport*, il faut d'abord calculer sa durée (de 16 h 30 à 17 h 10 avec appui sur 17 h, soit 40 min), et la comparer à 60 minutes.

Mais si Lou veut regarder les deux émissions à la suite, la durée sera : 35 min + 40 min = 75 min, soit une durée plus grande que 60 min, donc plus grande qu'1 heure. Il ne peut donc pas regarder les deux émissions à la suite.

RÉPONSE : Lou peut regarder *Cap Sport* ou *Nouvelles techniques*, mais pas les deux émissions à la suite.

La résolution de cette question amène à utiliser la conversion : **1 h = 60 min**.

ENTRAINEMENT

CAHIER MESURES ET GÉOMÉTRIE **p. 36**

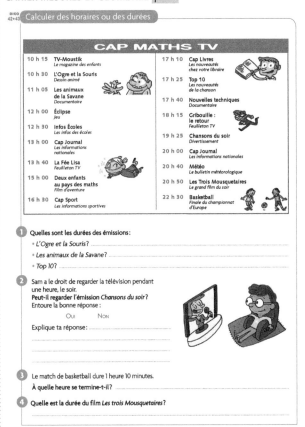

INDIVIDUEL

UNITÉ 5

Exercice

Calculer des durées connaissant deux horaires.

Cet exercice est du même type que précédemment et amène au calcul de durées.

RÉPONSE : *L'Ogre et la Souris* : 35 min,
Les animaux de la savane : 55 min,   *Top 10* : 15 min.

Exercice

Comparer des durées.

Cet exercice demande de comparer deux durées et d'utiliser l'équivalence 1 h = 60 min. Il faut auparavant calculer la durée de l'émission *Chansons du soir* de 19 h 25 à 20 h.

RÉPONSE : Sam peut regarder l'émission car *Chansons du soir* dure 35 min.

Exercice

Calculer un horaire connaissant l'horaire de début et la durée.

Cet exercice demande de calculer l'horaire de fin, connaissant l'horaire de début et la durée. Cet aspect sera repris en unité suivante.

RÉPONSE : Le match de basket-ball se termine à 23 h 40.

Exercice 4

Calculer une durée connaissant deux horaires.

Ce calcul de durée de 20 h 50 à 22 h 30 demande l'appui sur deux horaires en heures entières (21 h et 22 h) :
– de 20 h 50 à 21 h, il y a **10 minutes** ;
– de 21 h à 22 h, il y a **1 heure** ;
– de 22 h à 22 h 30 il y a **30 minutes**.
Donc en tout **1 heure 40 minutes**.
Ce calcul peut être représenté par une ligne du temps :

RÉPONSE : 1 heure 40 minutes.

Différenciation : Exercice 1 → **CD-Rom du guide, fiche n° 22.**

À SUIVRE

En **séance 9** de cette unité, aura lieu un entraiment au calcul de durées en heures et minutes.

En **unité 7**, seront abordées les durées en secondes.

	Tâche	Matériel	Connaissances travaillées
CALCULS DICTÉS	Ajout, retrait de dizaines et de centaines – Ajouter, soustraire un multiple simple de 10 ou de 100.	**par élève :** – ardoise ou cahier de brouillon	– **Calcul réfléchi** – Addition, soustraction.
RÉVISER Géométrie	Carrés, triangles, triangles rectangles dans une figure complexe – Reconnaître des carrés, des rectangles, des triangles rectangles dans une figure complexe.	**pour la classe :** – figure du cahier sur transparent rétroprojetable – feutres à encre non permanente : bleu, rouge et vert **par élève :** – règle graduée, équerre, trois stylos ou feutres de couleurs rouge, verte et bleue CAHIER GÉOMÉTRIE **p. 37 A**	– **Carré, rectangle, triangle rectangle :** côtés et angles.
APPRENDRE Géométrie	Le cercle (1) RECHERCHE **Le cercle puzzle** – Retrouver une pièce manquante d'un « cercle-puzzle » pour le compléter, puis tracer cette même pièce. – Utiliser le compas pour tracer ou compléter un cercle.	**pour la classe :** – **fiche 20** à agrandir au format A3, avec les 3 formes à découper – **fiches 21 et 22** à agrandir au format A3 – quelques calques du cercle non agrandi de la fiche 20 pour la validation – pâte à fixer **par élève :** – **fiches 21 et 22** – feuille de papier uni – règle graduée – compas – ciseaux, colle CAHIER GÉOMÉTRIE **p. 38 ❶ et ❷**	– **Cercle : courbure constante.**

CALCULS DICTÉS

Ajout, retrait de dizaines et de centaines

– Calculer mentalement des sommes et des différences du type 75 + 30 et 345 – 200.

INDIVIDUEL/COLLECTIF

• Dicter les calculs suivants qui peuvent être écrits au tableau en ligne (réponses sur ardoise ou cahier de brouillon) :

a. 43 + 20	d. 43 – 20
b. 75 + 30	e. 75 – 30
c. 345 + 200	f. 608 – 300

RÉPONSE : a. 63   b. 105   c. 545   d. 23   e. 45   f. 308.

• Les élèves peuvent se préparer ou s'entrainer à ce moment de calcul mental en utilisant l'**exercice 8** de **Fort en calcul mental, p. 55.**

RÉPONSE : a. 86   b. 108   c. 838   d. 820   e. 26   f. 28   g. 238   h. 550.

Lors de la correction, insister sur le fait qu'ajouter ou retrancher 20 ou 30 revient à ajouter ou retrancher 2 dizaines ou 3 dizaines.

Carrés, triangles, triangles rectangles dans une figure complexe

– Mobiliser les propriétés du triangle rectangle, du carré et du rectangle relatives aux côtés et aux angles.

CAHIER MESURES ET GÉOMÉTRIE p. 37

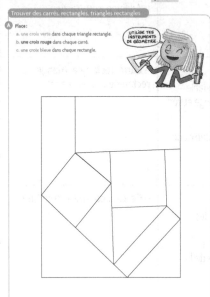

Les élèves peuvent s'aider du **dico-maths n° 51 et 53**.

Exercice Ⓐ

Identifier des carrés, rectangles et triangles rectangles dans une figure complexe.

Informer les élèves qu'ils disposent de leur **règle graduée** et de leur **équerre** (ou d'un gabarit d'**angle droit** pour les élèves ayant des difficultés à utiliser l'équerre).

Après la recherche mettre en évidence :

Triangle rectangle, carré, rectangle

• **Pour identifier un triangle rectangle, un carré ou un rectangle :**
– on commence par identifier perceptivement les figures qui peuvent convenir ;
– ensuite, on contrôle avec les instruments les propriétés des figures retenues : un angle droit pour le triangle rectangle, quatre angles droits et quatre côtés de même longueur pour le carré, quatre angles droits et côtés opposés de même longueur pour le rectangle.

• **Pour identifier perceptivement un angle droit, un carré ou un rectangle**, on peut procéder de différentes manières :
– tourner la feuille ou tourner la tête afin que les côtés de l'angle ou du quadrilatère soient horizontaux et verticaux ;
– imaginer le mouvement, sans l'effectuer physiquement ;
– dans le cas de l'angle droit, imaginer venir placer sur l'angle une équerre ou le « coin » d'un carré ou d'un rectangle.

RÉPONSE : 4 triangles rectangles, 1 carré et 1 rectangle (plus le grand rectangle).

Des exercices similaires sont proposés dans *90 Activités et jeux mathématiques CE2.*

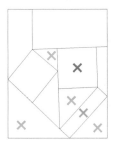

Le cercle

– Concevoir un cercle comme étant une ligne courbe toujours à la même distance d'un point qu'on appelle le centre du cercle.
– Utiliser le compas pour tracer ou compléter le tracé d'un cercle.

RECHERCHE

Le cercle puzzle : Les élèves disposent d'un disque dont on a retiré un secteur angulaire. Ils doivent retrouver le secteur manquant parmi plusieurs pièces.

PHASE 1 Retrouver la pièce manquante du cercle puzzle

• Afficher au tableau le cercle agrandi de la **fiche 20** et montrer que les trois pièces du puzzle de la même fiche remplissent exactement l'intérieur du cercle :

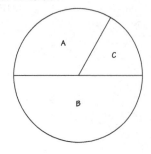

• Afficher l'agrandissement de la **fiche 21** et commenter avec la classe :

➡ *On voit le cercle puzzle incomplet avec la pièce A manquante ainsi que des pièces numérotées de 1 à 7. Ces pièces ont toutes été dessinées avec la même ouverture (ou le même écartement) des segments, celle (ou celui) qui correspond à l'emplacement de la pièce A sur le puzzle à compléter*

(présenter le secteur angulaire préalablement découpé suivant son contour sur la fiche 20 et le superposer à l'emplacement de la pièce A sur le puzzle à compléter et à quelques-unes des 7 pièces). *Parmi les pièces numérotées de 1 à 7, une seule est identique à la pièce A. C'est celle qui convient pour terminer le puzzle.*

En CE2, le terme « **angle** » n'est défini que dans un polygone et donc l'expression « secteur angulaire » n'a pas à être utilisée avec les élèves.

• Distribuer la **fiche 21** à chaque élève, puis préciser :

➡ *Vous allez devoir trouver laquelle des pièces numérotées de 1 à 7 est la pièce qui convient pour compléter le puzzle. Pour la choisir, vous pouvez utiliser tous les instruments que vous voulez. Vous devez vous mettre d'accord deux par deux sur le choix de la pièce. Quand vous pensez l'avoir trouvée, vous la découpez et la collez à sa place sur le cercle-puzzle. Je vous donnerai ensuite un calque du cercle pour que vous puissiez vérifier si votre choix est le bon.*

• Recenser les pièces choisies et valider les choix. Demander pourquoi les autres pièces, choisies ou non, ne conviennent pas.

Les arguments, qui doivent se dégager de la discussion pour rejeter des pièces, sont :
– **pièce 2** : la ligne courbe n'est pas régulière ;
– **pièce 3** : les segments, ou les côtés, n'ont pas la même longueur ;
– **pièces 5 et 6** : la ligne courbe se rapproche trop ou s'éloigne trop du sommet (par commodité, on utilise le terme « sommet » pour désigner l'extrémité commune aux 2 côtés d'une pièce) ;
– **pièces 1 et 4** : la ligne courbe est toujours à la même distance du sommet, mais cette distance est soit trop petite (1), soit trop grande (4).

• Conclure :

La pièce 7 permet de compléter le puzzle car :
– la ligne courbe est régulière, toujours pareille ;
– la ligne courbe est toujours à la même distance du sommet : elle ne s'en éloigne pas, elle ne s'en rapproche pas ;
– les côtés de la pièce ont la même longueur, celle des côtés de l'emplacement sur le puzzle où doit venir se loger la pièce manquante.

• Demander aux élèves, qui n'ont pas choisi la pièce 7, de la découper et de s'assurer qu'elle convient.

PHASE 2 Construction de la pièce manquante du cercle puzzle

• Distribuer une moitié de **fiche 22** à chaque élève :

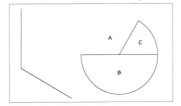

➡ *Sur la fiche figurent :*
– le cercle puzzle auquel il manque toujours la pièce A ;
– le début de la construction de cette pièce A (on a déjà tracé les 2 traits qui limitent la ligne courbe) ; vous devez terminer la construction de cette pièce.

• À l'issue de la recherche, demander aux élèves comment ils ont procédé. Mettre en évidence les deux temps :

1. **Détermination de l'écartement du compas sur le cercle puzzle**
– piqué de la pointe sèche du compas sur le centre du cercle, c'est le point où se rejoignent les segments *(voir commentaire pour le mot « centre »)* ;
– écartement des branches du compas jusqu'à amener la mine du crayon sur le cercle.

2. **Tracé de l'arc de cercle pour terminer la pièce A**
– sans changer l'écartement des branches, piqué de la pointe sèche du compas sur le « **sommet** » ou le « **coin** » de la figure (extrémité commune aux deux segments) ;
– tracé de la portion de cercle entre les deux segments.

• Faire valider la construction par découpage et placement de la pièce sur le cercle puzzle.

À propos du vocabulaire du cercle :
– Le « **centre** » du cercle est spontanément appelé « milieu » par les élèves. Préciser que si le mot « **milieu** » sert indifféremment dans la vie courante à désigner un point entre deux autres, le centre d'un cercle, un point à l'intérieur d'une figure..., il a en mathématiques une signification bien précise. Demander de la rappeler ou renvoyer au **dico-maths n° 47**.
– Le terme « **rayon** » n'est pas nécessaire à l'activité. Par conséquent il ne sera pas introduit, sauf si un élève l'emploie. Auquel cas, il est utilisé pour désigner l'écartement des branches du compas en leurs extrémités. Sinon l'introduction se fera en séance 9.
– Le terme « **arc de cercle** » peut être utilisé par commodité, mais il n'est pas demandé aux élèves de le mémoriser.

ENTRAINEMENT

CAHIER MESURES ET GÉOMÉTRIE p. 38

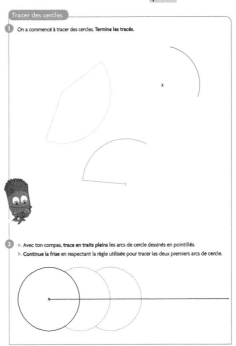

Exercice ❶

Terminer le tracé des cercles.

Cet exercice a pour objectif de permettre aux élèves de gagner en dextérité dans l'utilisation du compas.

Exercice ❷

Continuer une frise faite d'arcs de cercle.

En cas de difficultés, procéder à une analyse collective de la figure, accompagnée de la vérification avec le compas :
– tous les arcs de cercle correspondent à un même écartement de compas ;
– le centre du premier arc est situé à l'intersection *(préciser que ce mot est synonyme de « croisement »)* de la ligne droite et du cercle, puis pour les suivants à l'intersection de la ligne droite et de l'arc de cercle situé immédiatement à sa gauche.

	Tâche	Matériel	Connaissances travaillées
CALCULS DICTÉS	Ajout, retrait de dizaines et de centaines – Ajouter, soustraire un nombre comme 50 ou 500.	par élève : – ardoise ou cahier de brouillon	– **Calcul réfléchi** – Addition, soustraction.
RÉVISER Mesures	Calcul d'horaires et de durées (en heures et minutes) – Calculer un horaire (connaissant un horaire de début et une durée) et une durée (connaissant deux horaires).	par élève : – ardoise – horloge en carton › **planche C du cahier** CAHIER GÉOMÉTRIE **p. 39 A, B et C**	– **Horaires et durées :** calcul de durées et d'horaires – Heures et minutes.
APPRENDRE Géométrie	Le cercle (2) RECHERCHE **Reproduire, construire, décrire un cercle** – Identifier le centre et le rayon ou diamètre d'un cercle pour reproduire une figure.	pour la classe : – figures A et B › **fiche 23** à agrandir au format A3 – figure A sur transparent rétroprojetable – calques de la figure A pour validation par équipe de 2 : – feuille pour noter les informations prises sur la figure A, assez opaque pour ne pas permettre une reproduction par transparence par élève : – figures A et B › **fiche 23** – règle graduée, compas, crayon CAHIER GÉOMÉTRIE **p. 39-40 1 à 4**	– **Centre et rayon du cercle** – **Diamètre du cercle** – **Cercle passant par un point.**

CALCULS DICTÉS

Ajout, retrait de dizaines et de centaines
– Calculer mentalement des sommes et des différences du type 53 + 50 et 945 – 500.

• Dicter les calculs suivants qui peuvent être écrits au tableau en ligne (réponses sur ardoise ou cahier de brouillon) :

a. 54 + 50	d. 740 – 500
b. 78 + 50	e. 110 – 50
c. 93 + 500	f. 930 – 500

RÉPONSE : a. 104 b. 128 c. 593 d. 240 e. 60 f. 430.

• Les élèves peuvent se préparer ou s'entrainer à ce moment de calcul mental en utilisant l'**exercice 9** de **Fort en calcul mental, p. 55**.

RÉPONSE : a. 105 b. 128 c. 438 d. 950 e. 45 f. 70 g. 78 h. 250.

Lors de la correction, insister sur le fait qu'ajouter ou retrancher 50 revient à ajouter ou retrancher 5 dizaines.

RÉVISER

Calcul d'horaires et de durées (en heures et minutes)
– Résoudre des problèmes liant horaires et durées, et utiliser l'équivalence 1 h = 60 min.

PHASE 1 **Les compléments à l'heure suivante**
• Poser plusieurs questions du type :

Il est **14 h 10**. Combien de temps jusqu'à l'heure suivante ?

Les élèves répondent sur leur ardoise, soit « 50 min » pour aller à 15 h.

• Proposer ensuite les horaires suivants :

8 h 30	8 h 40	midi et demi
5 heures moins le quart		9 h 40
11 heures moins le quart		20 h 20

Le calcul du complément à l'heure suivante est souvent utile dans la recherche de durées.

CAHIER MESURES ET GÉOMÉTRIE p. 39

Calculer des horaires et des durées

A a. Il est 4 h 30.
Dans combien de temps sera-t-il 5 h ?

b. Il est 9 h 15.
Dans combien de temps sera-t-il 10 h ?

c. Il est 18 h 40.
Dans combien de temps sera-t-il 19 h ?

B Le cours de dessin de Sam commence à 18 h 20 et se termine à 19 h 30.
Combien de temps dure-t-il ?

C L'entrainement de pingpong de Lou commence à 13 h 20 et dure 40 minutes.
À quelle heure se termine-t-il ?

Exercice

Recherche du complément à l'heure entière suivante.

RÉPONSE : a. 30 minutes ou une demi-heure
b. 45 minutes ou trois quarts d'heure   c. 20 minutes.

Exercice B

Recherche d'une durée connaissant deux horaires de l'après-midi.

RÉPONSE : 1 heure 10 minutes.

Exercice C

Recherche d'un horaire connaissant l'horaire de début et la durée.

RÉPONSE : 14 h.

≡ Les élèves peuvent s'aider de l'horloge en carton.

APPRENDRE

Le cercle (2)

– Caractériser un cercle par son centre et par son rayon ou son diamètre (au sens de mesure de longueur).
– Comprendre le vocabulaire relatif au cercle : « centre », « rayon », « diamètre », « cercle passant par », et les différentes formulations associées.

RECHERCHE

Reproduire, construire, décrire un cercle : Sur une figure A faite de 2 droites perpendiculaires et de 3 cercles concentriques ayant pour centre le point d'intersection des deux droites, les élèves doivent prendre des informations pour en terminer la reproduction sur une feuille où seules les deux droites perpendiculaires sont tracées (figure B). La figure modèle leur est retirée lors des tracés.

En CE2, l'accent est mis sur le lien entre l'objet « cercle » et l'instrument utilisé pour tracer, ce qui légitime l'emploi et la mémorisation du mot « **rayon** » en tant que **mesure**. Le terme « **diamètre** » est lui aussi utilisé en tant que mesure double du rayon.
En CM1, **rayon** et **diamètre** seront vus comme étant aussi des **segments**, et un diamètre comme étant la plus grande des cordes.

PHASE 1 **Prise d'information sur le modèle**

• Afficher au tableau les agrandissements des figures A et B. Cet affichage est conservé durant toute l'activité.

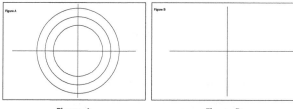

Figure A   Figure B

• Montrer la **figure B** à compléter et préciser :

➡ *Sur la **figure B**, on a commencé à reproduire la **figure A**. Seules les deux droites sont tracées. Vous allez devoir terminer la reproduction en prenant comme modèle la figure A. Quand la figure sera terminée, on devra pouvoir la superposer exactement au modèle.*

• Distribuer la **figure A** à chaque élève et une **feuille blanche** à chaque équipe :

➡ *Vous allez utiliser vos instruments de géométrie pour prendre sur la **figure A** toutes les informations que vous jugez utiles pour tracer les cercles sur la **figure B**. Vous avez une feuille pour deux sur laquelle vous noterez ces informations après vous être mis d'accord. Vous pourrez faire des dessins si vous le souhaitez, mais uniquement à main levée, c'est-à-dire sans utiliser d'instruments et uniquement avec le crayon. Quand vous aurez pris les informations sur la figure A, je la ramasserai et, à ce moment seulement, je vous distribuerai la figure B. Lorsque vous tracerez les cercles, vous n'aurez donc plus que la figure B et les informations que vous aurez notées sur la feuille.*

≡ **Les segments matérialisant les droites n'ont pas la même longueur** sur le modèle et sur la figure à reproduire. Ceci rend incontournable la mesure d'un rayon ou d'un diamètre pour réussir.

PHASE 2 **Reproduction de la figure A**

• Ramasser les **figures A**, puis distribuer à chaque élève la **figure B**. Laisser les élèves la compléter individuellement.

• Une fois la construction achevée par chacun, demander à deux voisins de comparer leurs productions. Mettre ensuite un calque du modèle à la disposition des élèves pour valider leurs tracés.

≡ **La confrontation à deux** permet de repérer d'éventuelles erreurs de tracé ou d'interprétation des informations, de prendre conscience de l'insuffisance de certaines d'entre elles.

Plusieurs types d'informations permettent de réussir, mais tous nécessitent d'identifier le centre du cercle :
– **mesure du rayon** de chaque cercle (faite ou non sur une des droites) ;
– **mesure du diamètre** du cercle à condition toutefois de voir qu'il faut prendre la moitié de cette mesure pour obtenir l'écartement à donner aux branches du compas ;
– **mesure du rayon ou du diamètre** d'un des cercles et positionnement d'un second cercle en mesurant la distance séparant les 2 cercles.

PHASE 3 Mise en commun avec projection de la figure A

• Choisir des **productions non abouties** et demander aux élèves qui n'ont pas réussi à reproduire correctement les 3 cercles d'en expliquer les raisons.

• Dégager ces éléments :

– du fait que, sur la figure B, le point d'intersection des deux segments n'est pas le milieu du segment horizontal et que le segment vertical n'a pas même longueur que sur la figure A, les élèves ne peuvent pas reproduire le cercle à partir des extrémités de ces segments comme le montre le dessin ci-dessous :

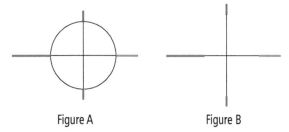

Figure A   Figure B

– la « largeur » du cercle, terme utilisé par les élèves pour désigner le diamètre, ne correspond pas à l'écartement du compas pour le tracer. Introduire le mot « **diamètre** » qui désigne cette largeur pour la différencier de la largeur d'un rectangle.

• Choisir des **productions réussies** et demander aux équipes qui pensent avoir réussi quelles informations elles ont prises et comment elles les ont utilisées. Vérifier ces informations sur le modèle et valider les différents procédés par utilisation des calques.

• Faire une **synthèse** à partir des différents éléments dégagés des productions :

Le cercle

• **Pour tracer un cercle**, il faut :
– localiser la position de son **centre**.
– déterminer son **rayon**.

• **Le rayon du cercle :**
– C'est l'écartement à donner au compas pour tracer le cercle.
– C'est aussi la distance qui sépare le cercle de son centre.
Sa mesure peut être prise en positionnant le « 0 » de la règle sur le centre du cercle et en lisant le nombre correspondant au repère de la règle qui est en face du cercle.

• **Le diamètre du cercle :**
C'est la longueur d'un segment qui a ses extrémités sur le cercle et qui passe par le centre du cercle.

• **Le diamètre d'un cercle est le double de son rayon.**
ou **Le rayon est la moitié du diamètre.**
Pour déterminer le rayon, on peut donc commencer par déterminer le diamètre du cercle.

• Inviter les élèves à mesurer le rayon et le diamètre sur un des cercles afin de vérifier les éléments de cette synthèse.

• Récapituler au tableau **les informations qu'il fallait noter** en faisant remarquer que la manière de noter ces informations est importante (*voir commentaire*) :

– les 3 cercles ont le même centre : le point où les 2 droites se coupent ;
– le plus petit des cercles a **3 cm** de rayon (signaler qu'on peut également dire « le cercle a pour rayon 3 cm » ou « le cercle a un rayon de 3 cm »), le cercle intermédiaire a **4 cm** de rayon, le plus grand des cercles a **5 cm** de rayon ;
ou encore :
– le plus petit des cercles a **6 cm** de diamètre, le cercle intermédiaire a **8 cm** de diamètre, le plus grand des cercles a **10 cm** de diamètre.

TRACE ÉCRITE

Renvoi au **dico-maths n° 54 et 55**.

Noter des informations est important. Pour cela, il est utile :
– **d'accompagner les nombres ou les mesures de commentaires** car des nombres seuls sont difficiles à comprendre après coup ; exemple de notes : « petit cercle : 3 cm ou 6 cm » ou mieux encore « petit cercle : rayon = 3 cm ou diamètre = 6 cm » ;
– **de faire un schéma à main levée avec des indications chiffrées.**

ENTRAINEMENT

CAHIER MESURES ET GÉOMÉTRIE p. 39-40

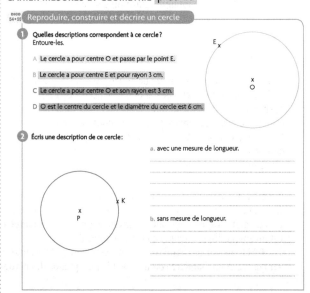

Il est impératif que tous les élèves traitent les **exercices 1 et 3**.

Exercice ①

Associer des descriptions à un cercle.

Faire une correction collective.

RÉPONSE : Les descriptions qui correspondent à la figure sont **A**, **C** et **D**.

Exercice ②

Écrire deux descriptions d'un cercle.

Les élèves doivent mobiliser le vocabulaire approprié pour décrire le cercle : « centre », « qui passe par », « rayon », « diamètre ».

RÉPONSE : a. Cercle qui a pour centre P et pour rayon 2 cm 5 mm.
ou Cercle qui a pour centre P et pour diamètre 5 cm.
b. Cercle qui a pour centre P et qui passe par le point K.

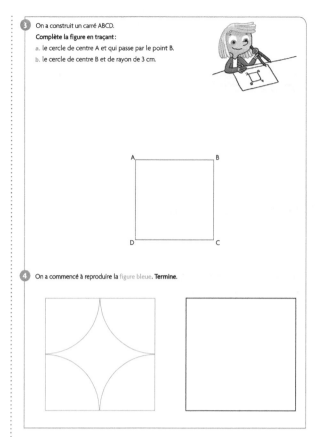

3 On a construit un carré ABCD.

Complète la figure en traçant :

a. le cercle de centre A et qui passe par le point B.

b. le cercle de centre B et de rayon de 3 cm.

4 On a commencé à reproduire la figure bleue. **Termine.**

Exercice **3**

Tracer 2 cercles à partir d'un programme de construction.

Consigne a

Demander aux élèves d'effectuer le tracé correspondant à la première consigne.

Une **mise en commun** permet de revenir sur les difficultés rencontrées :

– « **cercle de centre A** » indique que la pointe doit être piquée sur le point A (attention : le point et non la lettre utilisée pour le désigner) ;

– « **qui passe par B** » signifie que la ligne tracée avec le compas passe sur le point B ou encore que le point B est sur le cercle. Faire aussi constater que le cercle passe également par le **point D** ; c'est l'occasion de faire remarquer que si une consigne contient toutes les informations nécessaires au tracé, elle n'indique pas nécessairement toutes les propriétés de la figure.

Consigne b

Demander aux élèves d'effectuer le tracé correspondant à la deuxième consigne. Celle-ci permet de revenir sur la signification du mot « rayon » et sur la façon de prendre un écartement de **3 cm** avec le compas.

Exercice **4**

Terminer la reproduction d'une figure avec des arcs de cercle.

Après avoir repéré la position des centres des arcs de cercle, il existe trois possibilités :

– repérer sur le modèle la position des extrémités des arcs et commencer par placer ces points sur les côtés du carré de la figure à compléter puis tracer les arcs cercles ;

– prendre avec le compas, sur le modèle, l'écartement correspondant au rayon des arcs de cercle et l'utiliser pour tracer les arcs ;

– mesurer le rayon des arcs de cercle et prendre l'écartement du compas correspondant sur la règle.

En conclusion, les élèves doivent retenir que, pour **définir ou tracer un cercle**, il faut préciser ou connaître son centre et, selon le cas, son rayon ou son diamètre ou un point qui est sur le cercle.

Différenciation : Exercice 3 → **CD-Rom du guide, fiche n° 23.**

UNITÉ 5

Comment utiliser les pages Bilan et Consolidation ❯❯ p.VIII.

BILAN de l'UNITÉ 5

CONSOLIDATION

NOMBRES ET CALCULS

▶ Calcul mental (séances 1 à 9)

Connaissances à acquérir

→ **Tables de multiplication de 4 et de 8.**

→ **Ajout et retrait de 9 et de 11.**

→ **Ajout et retrait de dizaines et de centaines.**

Pas de préparation de bilan proposée dans le fichier.

Je fais le bilan ❯ FICHIER NOMBRES p. 63

Exercice ❶ Tables de multiplication de 4 et de 8.
a. 48   b. 32   c. 5   d. 3   e. 6   f. 7.

Exercice ❷ Ajouter ou soustraire 9 ou 11, ou des dizaines ou des centaines entières.
a. 40   b. 15   c. 56   d. 38   e. 138   f. 454.

Je consolide mes connaissances ❯ FICHIER NOMBRES p. 55

Fort en calcul mental : exercices 1 à 9

Autres ressources

❯ CD-Rom Jeux interactifs CE2-CM1-CM2

  9. As du calcul : domaine additif
  10. Calcul éclair : domaine multiplicatif

❯ Activités pour la calculatrice CE2-CM1-CM2

  2. Utiliser la touche opérateur constant
  12. Tables d'addition et de multiplication

NOMBRES ET CALCULS

▶ Multiplication par 4, 40, 400... (séances 1 et 2)

Connaissances à acquérir

→ **Pour multiplier 106 par 4, il faut :**

1. **Multiplier les unités** (ça fait 24 unités), écrire 4 unités au résultat et garder 2 dizaines dans la boite à retenues.

2. **Multiplier les dizaines** (ça fait 0 dizaine, plus les 2 dizaines retenues, donc 2 dizaines), écrire 2 dizaines au résultat, **etc.**

→ **Pour multiplier un nombre par 80 ou par 800**, on peut :
– d'abord le multiplier par **8** ;
– puis multiplier le résultat par **10** ou par **100**.

Je prépare le bilan ❯ FICHIER NOMBRES p. 62

QCM Ⓐ Le chiffre des dizaines est 1 (23 × 5 = 115).

▌ Les principales réponses erronées seront « **5** » (chiffre des unités) et
▌ « **0** » (retenue non prise en compte).

QCM Ⓑ Le calcul exact est 106 × 4 = 424.

▌ La réponse avec pour résultat « **404** » correspond au fait que la retenue
▌ due au calcul de 6 × 4 n'a pas été prise en compte, la réponse « **604** »
▌ au fait que cette retenue a été répercutée sur les centaines au lieu de
▌ l'être sur les dizaines.

QCM Ⓒ deux 0 (65 × 80 = 5 200).

▌ La réponse « **un seul 0** » correspond au fait que seul le 0 de 80 a été
▌ pris en compte et pas celui qui vient de la multiplication de 5 par 8

Je fais le bilan ❯ FICHIER NOMBRES p. 63

Exercices ❸ et ❹ Calculer des produits en ligne ou en colonnes.
❸ a. 180   b. 3 840   c. 9 600.   ❹ a. 700   b. 4 480   c. 1 000.

Exercice ❺ Trouver les chiffres manquants de multiplications.

a.
```
    3 0
  ×   4
  ─────
  1 2 0
```
b.
```
    3 5
  ×   4
  ─────
  1 4 0
```
c.
```
    5 6
  ×   5
  ─────
  2 8 0
```

Je consolide mes connaissances ❯ FICHIER NOMBRES p. 64

Exercice ❶ 64 crayons (4 × 16).

Exercice ❷ 1 840 feuilles.

Exercice ❸ 6 660 m.

Exercice ❹ a. 448   b. 3 300   c. 1 400   d. 7 600.

Exercice ❺ a. 2 540   b. 8 520   c. 2 880   d. 6 000.

Exercice ❻

a.
```
    7 8
  ×   5
  ─────
  3 9 0
```
b.
```
    4 5
  ×   8
  ─────
  3 6 0
```
c.
```
    4 5
  ×   6
  ─────
  2 7 0
```
d.
```
    1 0 7
  ×    3 0
  ───────
  3 2 1 0
```

CD-Rom du guide

❯ Fiche différenciation n° 19

Autres ressources

❯ 90 Activités et jeux mathématiques CE2

  38. Jetons bien placés (2)

❯ CD-Rom Jeux interactifs CE2-CM1-CM2

  10. Calcul éclair : domaine multiplicatif

▌ Compléments et soustraction (séances 3, 4 et 5)

Connaissances à acquérir

→ **Pour calculer « 7 pour aller à 20 »**, on peut soit chercher ce qu'il faut ajouter à **7** pour obtenir **20** (par bonds, par exemple), soit calculer **20 – 7**.

→ **Pour calculer 45 – 39, on peut** soit chercher ce qu'il faut ajouter à **39** pour obtenir **45** (c'est facile) ; soit soustraire **30**, puis **9** (c'est plus difficile).

Je prépare le bilan > FICHIER NOMBRES p. 62

QCM D 13 points cachés.

▤ Des erreurs peuvent provenir d'une incompréhension de la tâche (réponses « **7 points cachés** » et « **27 points cachés** » notamment), d'un calcul fait sans référence à la situation (« **27 points cach**és »). Un retour à la situation de recherche peut être nécessaire.
La réponse « **12 points cachés** » peut être d'une autre nature et concerner des élèves qui ont voulu surcompter de 7 à 20, mais se sont égarés.

QCM E 58 + ... = 213   213 – 58 = ...

▤ La réponse « **58 + 213 = ...** » peut être due à la présence du mot « ajouter » dans la consigne. La réponse « **58 – 213 = ...** » peut concerner des élèves qui ont compris que la recherche d'un complément peut se faire en calculant une soustraction et qui ont écrit les termes de celle-ci dans leur ordre d'apparition dans la question sans tenir compte du fait que le 2e terme d'une différence devait être inférieur au 1er.

Je fais le bilan > FICHIER NOMBRES p. 63

Exercices 6 et 7 Comprendre les problèmes de recherche de compléments.

6 48 images de fleurs.   **7** 15 cubes.

Exercice 8 Utiliser l'équivalence entre recherche d'un complément et calcul d'une soustraction.

a. 16   b. 6   c. 4   d. 67.

NOMBRES ET CALCULS

Je consolide mes connaissances > FICHIER NOMBRES p. 64-65

Exercice 7 8 images de tigres.

Exercice 8 40 images.

Exercice 9 76 enfants.

Exercice 10 Non, il lui manque 19 €.

Exercice 11 **Sam** : 32 kg   **Flip** : 28 kg   **Lou** : 26 kg.

▤ Ce problème est difficile, il peut être réservé aux élèves plus rapides.

Exercice 12
a. 21	d. 13	g. 4
b. 6	e. 52	h. 107
c. 10	f. 25	i. 60.

Exercice 13
a. 4	d. 4	g. 73
b. 35	e. 34	h. 12
c. 30	f. 19	i. 65.

CD-Rom du guide

> Fiches différenciation nº 20 et 21

Ateliers

> Points cachés

Reprendre l'activité « Points cachés » des séances 3 et 4.

Autres ressources

> 90 Activités et jeux mathématiques CE2

18. De l'autre côté
25. Qu'as-tu écrit ?

NOMBRES ET CALCULS

▌ Soustraction : calcul posé (nombres < 10 000) (séance 6)

Connaissances à acquérir

→ **Pour calculer 1 503 – 187 en posant la soustraction**, il faut :
– bien aligner les chiffres, unités sous unités, dizaines sous dizaines... ;
– commencer le calcul par les unités : comme 3 – 7 n'est pas possible, il faut remplacer dans le 1er terme de la soustraction 50 dizaines par 49 dizaines et 10 unités...

$$\begin{array}{r} 1\ \overset{4}{\cancel{5}}\ \overset{9}{\cancel{0}}\ \cancel{1}3 \\ -\quad 1\ 8\ 7 \\ \hline \end{array}$$

Je prépare le bilan > FICHIER NOMBRES p. 62

QCM F Le chiffre des dizaines est 1 (1 503 – 187 = 1 416).

▤ Les réponses « **2** » et « **8** » peuvent concerner des élèves qui n'ont pas tenu compte du calcul sur les unités, la réponse « **8** » correspondant au fait que l'élève a soustrait 0 de 8 au rang des dizaines...

QCM G 2 135 + 869.

Je fais le bilan > FICHIER NOMBRES p. 63

Exercice 9 Calculer une soustraction en ligne ou en colonnes.
a. 581   b. 1 973   c. 2 267   d. 3 517.

Je consolide mes connaissances > FICHIER NOMBRES p. 65

Exercice 14
a. 2 868	c. 1 889	e. 755
b. 195	d. 561	f. 4 345.

CD-Rom du guide

> Fiche différenciation nº 26

Ateliers

> Soustraction posé

Reprendre les calculs de soustraction, avec le matériel de numération.

Autres ressources

> 90 Activités et jeux mathématiques CE2

22. Bizarre

UNITÉ 5

GRANDEURS ET MESURES

▶ Durées en heures et minutes (séance 7)

Connaissances à acquérir

→ **Pour calculer la durée de l'émission**, il faut s'appuyer sur des horaires en heures entières.

Exemple : de **10 h 30** à **11 h 05**

Sur l'horloge, il s'écoule **30 minutes** de 10 h 30 à 11 h 00 (complément de 30 à 60), puis encore **5 minutes**, donc en tout **35 minutes**, ce que l'on peut représenter par une ligne du temps :

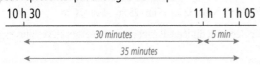

Je prépare le bilan ❯ CAHIER GÉOMÉTRIE p. 41

QCM Ⓐ   La durée du dessin animé est de 35 minutes.

Je fais le bilan ❯ CAHIER GÉOMÉTRIE p. 41

Exercice ❶ Lire l'heure en h et min sur une horloge à aiguilles. **Calculer une durée et un horaire.**

30 minutes.

Exercice ❷ Calculer une durée et un horaire.

a. 50 minutes   b. 10 h 20.

Je consolide mes connaissances ❯ CAHIER GÉOMÉTRIE p. 43

Exercice ❶   a. 13 h 25   b. 16 h 55   c. 15 h 47.

Exercice ❷   50 minutes.

Exercice ❸   40 minutes.

Exercice ❹   50 minutes.

Exercice ❺   75 minutes ou 1 h 15 minutes.

Les exercices de 2 à 5, pour lesquels on demande de calculer une durée connaissant les horaires de début et de fin, sont rangés par ordre de difficulté croissante.

Exercice ❻   16 h 50 min.

Exercice ❼   a. 55 minutes   b. 1 heure
c. 1 heure 10 minutes   d. 1 heure 30 minutes
e. 2 heures   f. 1 heure 30 minutes

Comparaison de durées et utilisation de l'équivalence 1 heure = 60 minutes.

CD-Rom du guide

❯ Fiche différenciation n° 22

Autres ressources

❯ 90 Activités et jeux mathématiques CE2

58. C'est l'heure de la sortie
60. Jeu des questions sur les durées n° 2

ESPACE ET GÉOMÉTRIE

▶ Le cercle (séance 8 et 9)

Connaissances à acquérir

→ **Pour décrire ou construire un cercle**, il faut connaître :
– **son centre** (point où piquer la pointe sèche du compas) ;
– **son rayon** (distance du cercle à son centre et écartement des branches du compas) ou **son diamètre qui est le double du rayon** ou **un point par où passe le cercle.**

Je prépare le bilan ❯ CAHIER GÉOMÉTRIE p. 41

QCM Ⓑ   Le cercle a pour centre B ; Le rayon du cercle est 2 cm.

Je fais le bilan ❯ CAHIER GÉOMÉTRIE p. 42

Matériel par élève : un compas et un double décimètre

Exercice ❸ Tracer un cercle à partir d'une description.

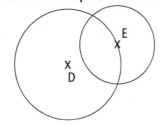

Exercice ❹ Associer un cercle à une description.

a. cercle orange   b. cercle rouge.

Je consolide mes connaissances ❯ CAHIER GÉOMÉTRIE p. 44

Exercice ❽

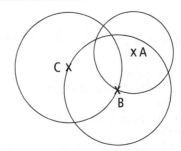

Exercice ❾   a. rouge   b. jaune   c. verte.

Exercice ❿   Cercle de centre H qui passe par le point D
ou cercle de centre H et de rayon 2 cm 5 mm
ou cercle de centre H et de diamètre 5 cm.

CD-Rom du guide

❯ Fiche différenciation n° 23

Autres ressources

❯ 90 Activités et jeux mathématiques CE2

64. Reproduction de figures faites de cercles sur quadrillage
74. Reproduction de figures faites de cercles sur papier blanc
75. Descriptions de cercles

La cible

Tous les problèmes sont indépendants les uns des autres. Cependant les réponses au problème 5 peuvent prendre appui sur celles obtenues aux problèmes précédents.

Problèmes et

OBJECTIF : Addition de 3 nombres.

TÂCHE : Trouver combien de points sont marqués en plaçant 3 fléchettes sur une cible.

RÉPONSES : 555 points.   510 points.

Problème

OBJECTIFS : Addition de 3 nombres ; calcul d'un complément.

TÂCHE : Trouver comment compléter un nombre de points déjà obtenus pour obtenir un score avec 2 fléchettes supplémentaires.

RÉPONSES : 2 fléchettes dans la zone 50.

Problème

OBJECTIF : Trouver toutes les possibilités.

TÂCHE : Trouver tous les scores réalisables en lançant 3 fléchettes dans 2 zones parmi 3 zones.

RÉPONSE : $50 + 5 + 5 = 60$ $50 + 50 + 5 = 105$
$500 + 5 + 5 = 510$ $500 + 50 + 50 = 600$
$500 + 500 + 5 = 1\,005$ $500 + 500 + 50 = 1\,050$

Problème

OBJECTIF : Trouver toutes les possibilités

TÂCHE : Trouver tous les scores réalisables en lançant 3 fléchettes dans 3 zones.

RÉPONSE : – 3 fléchettes dans 3 zones différentes (cf. problème 1) : 555
– 3 fléchettes dans 2 zones différentes (cf. problème 4) : 1 050 ; 1 005 ; 600 ; 510 ; 105 ; 60.
– 3 fléchettes dans la même zone : 1 500 ; 150 ; 15.

Problème

OBJECTIF : Trouver 2 décompositions additives de 70 avec 50 et 5.

TÂCHE : Trouver comment réaliser 70 points en plaçant des fléchettes sur les zones 50 et 5.

RÉPONSE : $50 + 4 \times 5$ 14×5.

Problème

OBJECTIF : Trouver s'il est possible de décomposer additivement 72 avec 50 et 5.

TÂCHE : Trouver un argument justifiant l'impossibilité de décomposer 72 avec 50 et 5.

RÉPONSE : outes les sommes de 50 et de 5 ont 0 ou 5 pour chiffre des unités.

Problème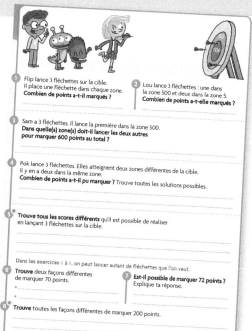

OBJECTIF : Trouver les décompositions additives de 100 avec 50 et 5.

TÂCHE : Trouver comment réaliser 100 points en plaçant des fléchettes sur les zones 50 et 5.

RÉPONSE : 5 façons : $50 + 50 + 50 + 50$ $50 + 50 + 50 + 10 \times 5$
$50 + 50 + 20 \times 5$ $50 + 30 \times 5$ 40×5.

1 Flip lance 3 fléchettes sur la cible. Il place une fléchette dans chaque zone. **Combien de points a-t-il marqués ?**

2 Lou lance 3 fléchettes : une dans la zone 500 et deux dans la zone 5. **Combien de points a-t-elle marqués ?**

3 Sam a 3 fléchettes. Il lance la première dans la zone 500. **Dans quelle(s) zone(s) doit-il lancer les deux autres pour marquer 600 points au total ?**

4 Pok lance 3 fléchettes. Elles atteignent deux zones différentes de la cible. Il y en a deux dans la même zone. **Combien de points a-t-il pu marquer ?** Trouve toutes les solutions possibles.

5* **Trouve tous les scores différents** qu'il est possible de réaliser en lançant 3 fléchettes sur la cible.

Dans les exercices 6 à 8, on peut lancer autant de fléchettes que l'on veut.

6 **Trouve deux façons différentes** de marquer 70 points.

7 **Est-il possible de marquer 72 points ?** Explique ta réponse.

8* **Trouve** toutes les façons différentes de marquer 200 points.

Fichier p. 66

Mise en œuvre

Comme pour les problèmes des unités précédentes, le travail peut prendre la forme suivante :
– recherche des élèves au brouillon ;
– mise au net de la méthode de résolution sur une feuille soit directement après la recherche, soit après une exploitation collective.

La solution retenue peut être choisie par l'élève parmi celles reconnues comme correctes ou non par l'enseignant (cette manière de faire ne doit pas être systématique). Il est également possible de faire coller un montage photocopié de quelques solutions reconnues correctes.

Aides possibles

Pour les élèves qui ont des **difficultés pour comprendre la situation**, leur remettre une cible et des pions en guise de fléchettes.

Problèmes 4 à 10 : Inciter les élèves à trouver toutes les solutions possibles. Pour cela, il est possible au bout d'un certain temps de leur indiquer le nombre de solutions trouvées par certains ou même le nombre total de solutions qu'il est possible de trouver.

Procédures à observer particulièrement

Tous les problèmes : Observer si les élèves ont recours directement au calcul ou s'ils ont besoin de s'appuyer sur un dessin de la cible. Observer également s'ils utilisent la multiplication ou uniquement l'addition.

Problèmes 4 à 6 : Observer les types d'organisation mis en œuvre pour trouver le plus de solutions possibles :
– essais non organisés ;
– essais d'abord non organisés, puis organisation des solutions trouvées pour pouvoir dégager celles qui manquent ;
– organisation des solutions dès le début de la recherche.

Problème 5 : Observer si les élèves prennent en compte les solutions déjà élaborées dans les questions précédentes.

13 ou 14 séances
- 10 séances programmées (9 séances d'apprentissage + 1 bilan)
- 3 ou 4 séances pour la consolidation et la résolution de problèmes

	environ 30 min par séance		environ 45 min par séance
	CALCUL MENTAL	**RÉVISER**	**APPRENDRE**
Séance 1 FICHIER NOMBRES p. 68	**Problèmes dictés** Calculs sur la monnaie (domaines additif et multiplicatif)	**Problèmes écrits** Calculs sur la monnaie (domaines additif et multiplicatif)	**Ligne graduée : placement approximatif de nombres inférieurs à 10 000** RECHERCHE Où placer ce nombre ?
Séance 2 FICHIER NOMBRES p. 69	**Dictée de nombres** Nombres < 10 000	**Nombres inférieurs à 10 000 :** écriture en chiffres et en lettres	**Estimation de l'ordre de grandeur d'une somme** RECHERCHE À peu près égal à … ? (1)
Séance 3 FICHIER NOMBRES p. 70	**Tables de multiplication de 3 et de 6**	**Multiplication par 10, 100 et 1 000**	**Estimation de l'ordre de grandeur d'une différence** RECHERCHE À peu près égal à … ? (2)
Séance 4 FICHIER NOMBRES p. 71	**Tables de multiplication de 3 et de 6**	**Multiplication par 20, 200 et 2 000…**	**Multiplication : calcul réfléchi (1)** RECHERCHE Les bonbons à la fraise
Séance 5 FICHIER NOMBRES p. 72	**Problèmes dictés** Calculs sur la monnaie (domaines additif et multiplicatif)	**Problèmes écrits** Calculs sur la monnaie (domaines additif et multiplicatif)	**Multiplication : calcul réfléchi (2)** RECHERCHE Les produits proches
Séance 6 FICHIER NOMBRES p. 73	**Tables de multiplication de 9**	**Soustraction posée ou en ligne**	**Résolution de problèmes : essais, ajustements** RECHERCHE À quels nombres pense Sam ?
Séance 7 CAHIER GÉOMÉTRIE p. 45	**Tables de multiplication de 9**	**Reproduction d'une figure sur quadrillage**	**Polyèdres : description** RECHERCHE Jeu du portrait
Séance 8 CAHIER GÉOMÉTRIE p. 46	**Calcul de compléments et soustraction**	**Description de polyèdres**	**Contenances : comparaison et mesures** RECHERCHE Litre, décilitre, centilitre
Séance 9 CAHIER GÉOMÉTRIE p. 47	**Calcul de compléments et soustraction**	**Mesure de contenances**	**Polyèdres : reproduction, construction** RECHERCHE Reproduire un polyèdre

Bilan	**Je prépare le bilan** puis **Je fais le bilan** FICHIER NOMBRES p. 74-75 CAHIER GÉOMÉTRIE p. 48-49	**L'essentiel à retenir de l'unité 5**

L'essentiel à retenir de l'unité 5

- **Calcul mental**
  - Nombres dictés (inférieurs à 10 000)
  - Multiplication : tables de 3, 6 et 9
  - Compléments et différences

- **Valeur approchée d'un nombre**

- **Estimation d'une somme ou d'une différence**

- **Multiplication : calcul réfléchi**

- **Résolution de problèmes : essais et ajustements**

- **Contenances : litre, décilitre, centilitre**

- **Polyèdres : description, construction**

- **Cube : patron**

Consolidation Remédiation

Fort en calcul mental
FICHIER NOMBRES   p. 67

Je consolide mes connaissances
FICHIER NOMBRES   p. 76-77
CAHIER GÉOMÉTRIE   p. 50-51

Banque de problèmes

Carrés et demi-cercles
CAHIER GÉOMÉTRIE   p. 52

Joue avec Flip

Comme les Mayas, il y a 1 500 ans
FICHIER NOMBRES   p. 78

	Tâche	Matériel	Connaissances travaillées
PROBLÈMES DICTÉS	Calculs sur la monnaie – Résoudre des problèmes des domaines additif et multiplicatif.	par élève : FICHIER NOMBRES **p. 68 a et b**	– Monnaie – **Problèmes des domaines additif et multiplicatif.**
PROBLÈMES ÉCRITS	Calculs sur la monnaie – Résoudre des problèmes des domaines additif et multiplicatif.	par élève : FICHIER NOMBRES **p. 68 A, B et C**	– Monnaie – **Problèmes des domaines additif et multiplicatif** – Résolution de problèmes : diverses possibilités.
APPRENDRE Nombres et numération	Ligne graduée : placement approximatif de nombres RECHERCHE **Où placer ce nombre ?** – Situer approximativement des nombres inférieurs à 10 000 sur une ligne graduée de 10 en 10, ou de 100 en 100, ou de 1 000 en 1 000.	pour la classe et quelques équipes : – les 3 lignes graduées agrandies par vidéo ou rétroprojetées ou encore dessinées au tableau par élève : – 3 lignes graduées › **fiche 24** – crayon à papier, gomme FICHIER NOMBRES **p. 68 1, 2 et 3**	– **Ligne graduée** – **Valeur approchée d'un nombre** – **Encadrement de nombres** – **Écart ou différence entre deux nombres** – Nombres inférieurs à 10 000.

PROBLÈMES DICTÉS

Calculs sur la monnaie

– Résoudre mentalement un problème dans lequel il faut faire des calculs sur la monnaie.

INDIVIDUEL ET COLLECTIF

FICHIER NOMBRES ET CALCULS p. 68

Problème a

> Sam a acheté **3 croissants** qui coutent **50 centimes** chacun. **Combien a-t-il payé ?**

• Inventorier les réponses, puis proposer une rapide **mise en commun** :
– faire identifier les résultats qui sont invraisemblables ;
– faire expliciter, comparer et classer quelques procédures utilisées ;
– formuler des mises en relation, des ponts entre ces procédures : 3×50 ou 50×3 ou addition de 50 (3 fois) ;
– faire remarquer qu'il y a deux réponses possibles :
150 c ou **1 € 50 c** (car 1 € = 100 c).

Problème b

> Béatrice part avec **1 €** et **20 centimes**. Elle achète un journal qui coute **90 centimes. Combien lui reste-t-il ?**

• Le déroulement est le même que pour le **problème a**. Les procédures utilisées peuvent être :
– convertir 1 € et 20 c en 120 c, puis chercher le complément de 90 c à 120 c ;
– convertir en centimes puis calculer 120 c – 90 c ;
– chercher directement le complément de 90 c à 100 c (ou 1 €), puis ajouter 20 c.
RÉPONSE : a. 150 c ou 1 € 50 c   b. 30 c.

• Les élèves peuvent se préparer ou s'entrainer à ce moment de calcul mental en utilisant l'**exercice 1** de **Fort en calcul mental, p. 67**.
RÉPONSE : a. 250 c ou 2 € 50 c   b. 35 c.

Calculs sur la monnaie

– Résoudre mentalement des problèmes des domaines additif et multiplicatif.
– Chercher différentes possibilités.

INDIVIDUEL

FICHIER NOMBRES ET CALCULS p. 68

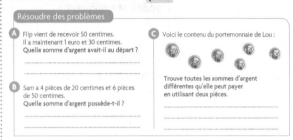

Résoudre des problèmes

A Flip vient de recevoir 50 centimes.
Il a maintenant 1 euro et 30 centimes.
Quelle somme d'argent avait-il au départ ?

B Sam a 4 pièces de 20 centimes et 6 pièces de 50 centimes.
Quelle somme d'argent possède-t-il ?

C Voici le contenu du portemonnaie de Lou :

Trouve toutes les sommes d'argent différentes qu'elle peut payer en utilisant deux pièces.

Problèmes Ⓐ et Ⓑ

Calculer une somme d'argent.

Il s'agit de problèmes classiques qui peuvent être résolus mentalement de différentes façons. Faire remarquer l'utilisation de l'égalité **1 € = 100 c.**

RÉPONSE : Ⓐ 80 c.   Ⓑ 3 € 80 c.

Problème Ⓒ

Trouver toutes les possibilités d'avoir une somme d'argent avec deux pièces.

Problème plus difficile, car sa résolution nécessite d'envisager toutes les possibilités. Il peut être réservé aux élèves plus rapides.

RÉPONSE : 20 c ; 30 c ; 40 c ; 60 c ; 70 c.

Ligne graduée : placement approximatif de nombres

– Placer approximativement un nombre inférieur à 10 000 sur une ligne graduée régulièrement.
– Trouver la meilleure valeur approchée d'un nombre parmi un ensemble de nombres.
– Encadrer un nombre entre deux dizaines, deux centaines ou deux milliers.

INDIVIDUEL ET COLLECTIF

RECHERCHE Fiche 24

Où placer ce nombre ? : Les élèves doivent trouver où placer approximativement un nombre sur trois lignes graduées différentes et justifier les placements proposés.

PHASE 1 Placer approximativement le nombre 38

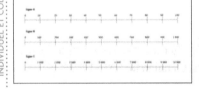

• Après avoir distribué la fiche aux élèves, leur demander de commenter les 3 lignes (nombres déjà placés et pas de graduation).

• Préciser que le nombre écrit **10 000** se lit *dix-mille*, qu'il est égal à 9 000 + 1 000 et qu'il sera étudié plus tard, au CM1.

• Écrire au tableau le nombre **38** et préciser la tâche :

➡ *Sur chacune des lignes, vous devez marquer par un trait au crayon un repère qui correspond approximativement au nombre 38. Il ne s'agit pas de le placer exactement, mais de trouver à peu près où il peut être placé. Il faut trouver sa place approximative sur chacune des lignes. Il faudra pouvoir expliquer pourquoi vous l'avez placé à cet endroit.*

• Après que chaque élève a répondu, organiser une **mise en commun** avec appui sur les réponses des élèves qui sont reproduites soit au tableau (le plus précisément possible), soit par vidéo ou rétroprojetées.

1. Commencer par des réponses où 38 n'est pas placé dans le bon intervalle

Exemple : 38 a été placé entre 300 et 400.

Faire expliquer par d'autres élèves pourquoi la réponse est erronée en utilisant la comparaison des nombres : 0 < 38 < 100, donc il ne peut pas être situé entre 300 et 400.

2. Poursuivre avec des réponses où 38 est situé dans le bon intervalle en marquant au tableau ou en projetant simultanément plusieurs réponses différentes, puis en demandant de déterminer pourquoi certaines réponses sont meilleures ou moins bonnes que d'autres.

Pour le placement sur la **ligne B** *(voir ligne en bas de page)*, les arguments peuvent être de trois types :

– 38 est situé dans le bon intervalle car 0 < 38 < 100.
Mais comme 0 < 38 < 50 et que 50 est au milieu de l'intervalle (à situer approximativement), 38 doit être placé plus à gauche.

– 38 est situé dans le bon intervalle car la différence entre 0 et 38 (égale à **38**) est plus petite que la différence entre 38 est 100 (égale à **62**), donc 38 doit être plus proche de 0 que de 38.

– 38 est situé dans le bon intervalle car si on gradue approximativement de 10 en 10 l'intervalle [0 ; 100]…, 38 est proche de 40, donc à peu près ici.

Voir commentaire en page suivante pour les placements sur les deux autres lignes.

ligne B

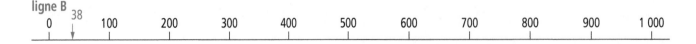

| 38 | | | | | | | | | | |
| 0 | 100 | 200 | 300 | 400 | 500 | 600 | 700 | 800 | 900 | 1 000 |

Le **placement approximatif de nombres sur des lignes graduées régulièrement** est l'occasion de travailler plusieurs connaissances :
– celle de **valeur approchée** d'un nombre qui sera exploitée pour le calcul approché *(voir séances 2 et 3 de cette unité)* ;
– celle d'**encadrement** d'un nombre entre deux autres ;
– celle de **différence** (ou d'écart) entre deux nombres.
Il est important que ces différentes modalités soient effectivement sollicitées dans cette activité.

La demande de placer un **même nombre sur plusieurs lignes** (lorsque c'est possible) permet d'insister sur l'adaptation nécessaire à la graduation choisie :
– **ligne A** : 38 peut être placé assez précisément, en imaginant une sous-graduation de 1 en 1 ;
– **ligne B** : 38 peut être placé de façon moins précise, mais assez facilement si on se réfère au milieu de l'intervalle [0 ; 100] ;
– **ligne C** : comme la différence entre 38 et 0 et celle entre 1 000 et 38 sont très différentes, 38 ne peut être placé que très près de 0.

PHASE 2 **Placer le nombre 682, si c'est possible**

• Même déroulement qu'en **phase 1**.

• Lors de l'exploitation des réponses, à partir des justifications données par les élèves, conclure que :

1. Le placement n'est possible que sur les lignes B et C.

2. Le repère doit être placé sur la **ligne B** :
– **entre 600 et 700** car 600 < 682 < 700 ;
– **plus près de 700 que de 600** pour deux raisons :
→ 650 < 682 < 700 sachant que 650 est placé au milieu de l'intervalle [600 ; 700] ;
→ la différence entre 682 et 600 (682 − 600 = **82**) est supérieure à la différence entre 682 et 700 (700 − 682 = **18**).

Ces différences peuvent être matérialisées par les traits bleus et rouges *(voir ligne B en bas de page)*.

3. Le repère doit être placé sur la **ligne C** :
– **entre 0 et 1 000** car 0 < 682 < 1 000 ;
– **plus près de 1 000 que de 0** pour deux raisons :
→ 500 < 682 < 1 000 sachant que 500 est placé au milieu de l'intervalle [0 ; 1 000] ;
→ la différence entre 682 et 0 (égale à **682**) est supérieure à la différence entre 682 et 1 000 (1 000 − 682 = **318**).

PHASE 2 **Placer le nombre 3 025, si c'est possible**

• Même déroulement qu'en **phases 1** et **2**.

• Lors de l'exploitation des réponses, à partir des justifications données par les élèves, conclure que :

1. Le placement n'est possible que sur la ligne C.

2. Le repère doit être placé sur la **ligne C** :
– **entre 3 000 et 4 000** car 3 000 < 3 025 < 4 000 ;
– **plus près de 3 000 que de 4 000** pour deux raisons :
→ 3 000 < 3 025 < 3 500 sachant que 3 500 est placé au milieu de l'intervalle [3 000 ; 4 000] ;

→ la différence entre 3 025 et 3 000 (3 025 − 3 000 = **25**) est inférieure à la différence entre 3 025 et 4 000 (4 000 − 3 025 = **975**).

On peut aussi conclure que 3 025 est très proche de 3 000.

Ces différences peuvent être matérialisées par les traits horizontaux bleus et rouges *(voir ligne C en bas de page)*.

PHASE 4 **Synthèse**

• En synthèse, formuler trois éléments importants à retenir pour **situer approximativement un nombre sur une ligne graduée** de 10 en 10, 100 en 100 ou 1 000 en 1 000 :

Situer approximativement 3 025 sur une ligne graduée

• **Un nombre peut être situé en l'encadrant par deux nombres déjà repérés.**
Exemple : 3 000 < 3 025 < 4 000.

• **Le placement peut être précisé en situant ce nombre par rapport au nombre qui correspond au milieu d'un intervalle.**
Exemple :
3 500 correspond au milieu de l'intervalle [3 000 ; 4 000].
3 000 < 3 025 < 3 500.

• **Le placement peut également être précisé en comparant la différence de ce nombre avec chacun des nombres qui l'encadrent.**
Exemple : 3 025 est plus près (et même beaucoup plus près) de 3 000 que de 4 000
car 3 025 − 3 000 = **25** et 4 000 − 3 025 = **975**.

TRACE ÉCRITE

Conserver au tableau le placement des nombres étudiés sur les lignes.

ENTRAINEMENT

FICHIER NOMBRES ET CALCULS p. 68

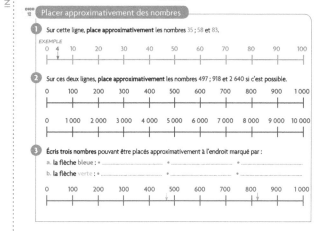

ligne B

0	100	200	300	400	500	600	700	800	900	1 000

682

ligne C

0	1 000	2 000	3 000	4 000	5 000	6 000	7 000	8 000	9 000	10 000

3 025

UNITÉ 6

Exercices ❶ et ❷

Placer approximativement des nombres sur une ligne graduée.

Lors de la correction, observer si :
– les nombres sont situés dans le bon intervalle ;
– les nombres sont à peu près bien placés dans l'intervalle considéré, en référence au milieu de l'intervalle et en référence à la différence entre le nombre à placer et ceux associés aux extrémités de l'intervalle.

RÉPONSE : *voir lignes graduées en bas de page.*

Exercice ❸

Trouver les nombres qui peuvent être placés approximativement à un emplacement donné.

Les réponses peuvent être validées de la même façon que pour les deux exercices précédents.

RÉPONSE : **flèche bleue :** nombres compris entre 440 et 460
flèche verte : nombres compris entre 805 et 820.

Différenciation : Exercices 1 à 3 → **CD-Rom du guide, fiche n° 24.**

À SUIVRE

En **séances 2 et 3**, les élèves sont invités à utiliser des valeurs approchées de nombres pour obtenir des estimations de sommes et de différences.

❶ Au voisinage des extrémités de ces flèches :

| 0 | 10 | 20 | 30 | 35 | 50 | 58 60 | 70 | 80 83 | 90 | 100 |

❷ Au voisinage des extrémités de ces flèches :

| 0 | 100 | 200 | 300 | 400 | 497 500 | 600 | 700 | 800 | 900 918 | 1 000 |

| 0 | 497 918 1 000 | 2 000 2 640 3 000 | 4 000 | 5 000 | 6 000 | 7 000 | 8 000 | 9 000 | 10 000 |

	Tâche	Matériel	Connaissances travaillées
NOMBRES DICTÉS	**Nombres inférieurs à 10 000** – Écrire en chiffres des nombres dictés oralement.	**par élève :** FICHIER NOMBRES **p. 69** a à h	– Nombres inférieurs à 10 000 – Désignations orales et chiffrées.
RÉVISER Nombres	Nombres inférieurs à 10 000 : écriture en chiffres et en lettres – Écrire en chiffres des nombres donnés en lettres et inversement.	**par élève :** FICHIER NOMBRES **p. 69** Ⓐ et Ⓑ	– Nombres inférieurs à 10 000 – Désignations chiffrées et littérales.
APPRENDRE calcul	Estimation de l'ordre de grandeur d'une somme RECHERCHE **À peu près égal à ... ? (1)** – Estimer l'ordre de grandeur d'une somme de deux ou plusieurs nombres. – Utiliser une telle estimation pour vérifier la vraisemblance d'un résultat.	**pour la classe :** – les 3 lignes graduées agrandies par vidéo ou rétroprojetées ou encore dessinées au tableau **par équipe de 2 ou individuel :** – 3 lignes graduées ⟩ **fiche 24** – crayon à papier, gomme **par élève :** FICHIER NOMBRES **p. 69** ❶, ❷ et ❸	– **Valeur approchée d'une somme** – Encadrement de nombres – Écart ou différence entre deux nombres – Ligne graduée – Nombres inférieurs à 10 000.

NOMBRES DICTÉS

Nombres inférieurs à 10 000
– Écrire en chiffres des nombres donnés oralement.

INDIVIDUEL ET COLLECTIF

• Demander aux élèves d'écrire en chiffres les nombres dictés avec réponses dans le fichier :

a. 378	c. 3 190	e. 1 080	g. 7 999
b. 4 070	d. 5 400	f. 2 856	h. 5 309

• Les élèves peuvent se préparer ou s'entrainer à ce moment de calcul mental en utilisant l'**exercice 2** de **Fort en calcul mental, p. 67.**

RÉPONSE : a. 740   b. 7 040   c. 7 400   d. 7 004   e. 1 700   f. 1 074.

RÉVISER

Nombres inférieurs à 10 000 : écriture en chiffres et en lettres
– Écrire en chiffres des nombres donnés en lettres et inversement.

INDIVIDUEL

FICHIER NOMBRES ET CALCULS p. 69

Exercice Ⓐ

De l'écriture en lettres à l'écriture en chiffres.

Lors de l'exploitation, travailler particulièrement sur les erreurs des élèves, notamment celles qui consistent à traduire chaque

mot par le nombre correspondant (complètement ou partiellement), par exemple : **cinq-mille-quatre-vingt-douze** écrit *5 000 812* ou *5 1000 4 20 12* ou *5 00092*…

RÉPONSE : a. 778   b. 1 117   c. 5 092   d. 1 710.

Exercice Ⓑ

De l'écriture en chiffres à l'écriture en lettres.

Même exploitation que pour l'exercice A avec un travail spécifique sur les erreurs comme **6 075** écrit *soixante-soixante-quinze* ou *six-cent-soixante-quinze*…

RÉPONSE : a. sept-cent-six   b. huit-mille-cinq-cent-quarante
c. six-mille-soixante-quinze   d. mille-sept-cent-soixante-dix-sept.

Estimation de l'ordre de grandeur d'une somme

– Estimer l'ordre de grandeur d'une somme.
– Utiliser un ordre de grandeur pour s'assurer de la vraisemblance d'un résultat.

RECHERCHE Fiche 24

À peu près égal à … ? (1) : Une somme est **d'abord** proposée aux élèves qui doivent choisir, parmi 5 nombres, le nombre le plus proche du résultat. **Ensuite**, pour vérifier leurs réponses, ils doivent chercher des arrondis des termes de cette somme, en les plaçant sur une droite numérique, puis utiliser ces arrondis pour estimer l'ordre de grandeur d'une somme. **Enfin**, ils sont invités à utiliser cette méthode pour s'assurer de la vraisemblance d'un résultat.

PHASE 1 Estimation de la somme 98 + 274 + 315

• Écrire la somme au tableau, puis préciser la tâche :

➡ *Voici une **somme de 3 nombres**. Nous n'allons pas la calculer exactement tout de suite, mais nous allons chercher ensemble à quel nombre elle est à peu près égale. Je vous propose **5 nombres**. Essayez de trouver lequel est le plus proche du résultat exact (écrire les 5 nombres suivants au tableau). Vous pouvez chercher par deux :*

| 500 | 600 | 700 | 1 000 | 1 200 |

• Après la recherche, recenser les choix faits dans la classe et indiquer au tableau le nombre d'élèves ou d'équipes de deux élèves qui ont choisi chacun des nombres, par exemple sous la forme :

| 500 | 600 | 700 | 1 000 | 1 200 |
| (4) | (6) | (11) | (5) | (2) |

• Demander à chacun de justifier son choix et mettre en débat les arguments avancés, sans chercher pour le moment à donner raison à tel ou tel. Proposer ensuite, collectivement, de placer approximativement les termes de la somme sur une des droites graduées (en reprenant celles de la séance précédente), la **droite B** étant reconnue comme plus adaptée *(voir ligne graduée 1 en bas de page)*.

• Conclure que les 3 termes sont proches respectivement de **100** (pour 98) et de **300** (pour 274 et 315), et que la somme donnée est donc proche de **100 + 300 + 300 = 700**.

• Vérifier la prévision en calculant la valeur exacte de la somme, par exemple avec une calculatrice : **98 + 274 + 315 = 687**. Le résultat peut être lui aussi placé sur la droite graduée, entre **600** et **700**, à proximité de 700.

• Faire une **première synthèse** :

Estimer l'ordre de grandeur d'une somme

• On peut estimer à quel nombre est **à peu près égale une somme** en remplaçant chacun de ses termes par un nombre qui rend facile le calcul mental.

• On dit qu'on a calculé un **ordre de grandeur de la somme**.

L'estimation d'ordres de grandeur reste difficile à ce moment de la scolarité car, en plus d'engager plusieurs compétences (choisir les arrondis, calculer mentalement), cette estimation ne peut pas être automatisée, mais nécessite des choix, notamment sur la nature des arrondis qui dépendent des nombres en présence. C'est pourquoi, nous nous limitons ici à des **cas simples** pour lesquels le choix des arrondis ne pose pas de trop grandes difficultés. Ce travail sera repris au CM1 et au CM2, puis au collège.
L'**appui sur une ligne graduée** peut faciliter le choix des arrondis, mais il peut aussi être effectué sans cet appui.

PHASE 2 Vraisemblance d'un résultat par estimation de son ordre de grandeur

• Écrire une somme et plusieurs résultats au tableau :

la somme : **457 + 289 + 136**
les résultats : **A : 762   B : 1 082   C : 882   D : 972**

• Préciser la tâche :

➡ *Quatre élèves ont fait le calcul et ils ont trouvé des résultats différents. Je ne vous demande pas de calculer le résultat, mais en faisant une estimation d'éliminer les résultats qui sont faux à coup sûr. Pour cela, vous pouvez utiliser une des lignes graduées de la fiche (remettre la fiche aux élèves qui la demandent).*

• Après la recherche, recenser les choix faits dans la classe et indiquer au tableau le nombre d'élèves ou d'équipes de deux élèves qui ont éliminé chaque résultat, par exemple sous la forme :

| A : 762 | B : 1 082 | C : 882 | D : 972 |
| (10) | (18) | (7) | (11) |

• Demander à chacun de justifier son choix et mettre en débat les arguments avancés, en précisant que ceux-ci doivent être basés sur une estimation de l'ordre de grandeur du résultat (pour cette séance, les autres arguments ne sont pas retenus), sans chercher pour le moment à donner raison à tel ou tel.

• Proposer ensuite aux élèves, collectivement, de placer approximativement les nombres de la somme sur une des droites graduées, la **droite B** étant reconnue comme plus adaptée *(voir ligne graduée 2 en bas de page)*.
Dans ce cas, 136 peut être arrondi à **100**, 289 à **300** et 457 à **450**. Faire remarquer que ce dernier nombre est à peu près à égale distance de 400 et de 500. L'estimation de la somme est donnée par le calcul : 100 + 300 + 450 = **850**, ce qui permet d'éliminer avec certitude le résultat **1 082** et d'affirmer que **882** est le résultat le plus vraisemblable, ce qui peut être vérifié par un calcul avec la calculatrice ou par un calcul posé.

ligne graduée 1

| 0 | 98 100 | 200 | 274 300 315 | 400 | 500 | 600 | 700 | 800 | 900 | 1 000 |

ligne graduée 2

| 0 | 100 136 | 200 | 289 300 | 400 | 457 500 | 600 | 700 | 800 | 900 | 1 000 |

- Faire une **deuxième synthèse** :

<u>S'assurer de la vraisemblance d'un résultat</u>

- **En faisant une estimation de l'ordre de grandeur du résultat d'un calcul**, on peut s'assurer de la vraisemblance d'un résultat et surtout détecter des réponses qui sont, à coup sûr, fausses.

ENTRAINEMENT

FICHIER NOMBRES ET CALCULS p. 69

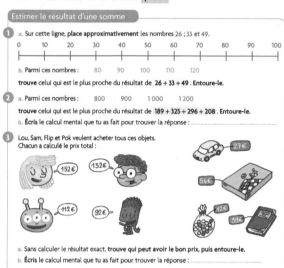

Estimer le résultat d'une somme

1 a. Sur cette ligne, **place approximativement** les nombres 26 ; 33 et 49.

| 0 | 10 | 20 | 30 | 40 | 50 | 60 | 70 | 80 | 90 | 100 |

b. Parmi ces nombres : 80 90 100 110 120

trouve celui qui est le plus proche du résultat de **26 + 33 + 49**. **Entoure-le.**

2 a. Parmi ces nombres : 800 900 1 000 1 200

trouve celui qui est le plus proche du résultat de **189 + 325 + 296 + 208**. **Entoure-le.**

b. **Écris** le calcul mental que tu as fait pour trouver la réponse : ....

3 Lou, Sam, Flip et Pok veulent acheter tous ces objets. Chacun a calculé le prix total :

152 €   132 €   27 €   54 €   112 €   92 €   12 €   33 €

a. Sans calculer le résultat exact, **trouve** qui peut avoir le bon prix, puis **entoure-le.**

b. **Écris** le calcul mental que tu as fait pour trouver la réponse : ....

Exercice 1

Placer approximativement 3 nombres sur une ligne graduée, puis estimer mentalement l'ordre de grandeur de leur somme.

Exercice reprenant la phase 1 de la recherche.

RÉPONSE : a. *voir ligne graduée 3 en bas de page*.

b. 110 (calcul mental : 30 + 30 + 50 = 110).

Exercice 2

Estimer mentalement l'ordre de grandeur d'une somme.

Exercice reprenant la phase 1 de la recherche.

RÉPONSE : a. 1 000

b. calcul mental : 200 + 300 + 300 + 200 = 1 000.

Exercice 3

Évaluer la vraisemblance du résultat du calcul d'une somme par estimation de son ordre de grandeur.

Exercice reprenant la phase 2 de la recherche.

RÉPONSE : a. Sam : 132 €   b. calcul : 30 + 50 + 10 + 40 = 130.

À SUIVRE

En **séance 3**, le travail sur l'estimation d'une somme est étendu au calcul d'une différence.

UNITÉ 6

---

ligne graduée 3

| 0 | 10 | 20 | 26 | 30 | 33 | 40 | 49 | 50 | 60 | 70 | 80 | 90 | 100 |

	Tâche	Matériel	Connaissances travaillées
CALCULS DICTÉS	Tables de multiplication de 3 et de 6 – Répondre à des questions du type « 4 fois 3 » et « combien de fois 6 dans 12 ? ».	par élève : FICHIER NOMBRES **p. 70 a à h**	– Tables de multiplication de 3 et de 6 (mémorisation).
RÉVISER Calcul	Multiplication par 10, 100 et 1 000 – Calculer des produits dont un facteur est 10, 100, 1 000.	par élève : FICHIER NOMBRES **p. 70 A et B**	– Multiplication par 10, 100, 1 000 – Numération décimale.
APPRENDRE Calcul	Estimation de l'ordre de grandeur d'une différence RECHERCHE **À peu près égal à … ? (2)** – Estimer l'ordre de grandeur d'une différence. – Utiliser une telle estimation pour vérifier la vraisemblance d'un résultat.	pour la classe : – les 3 lignes graduées agrandies par vidéo ou rétroprojetées ou encore dessinées au tableau par élève : – 3 lignes graduées ❭ **fiche 24** – crayon à papier, gomme FICHIER NOMBRES **p. 70 1 , 2 et 3**	– **Valeur approchée d'une différence** – Encadrement de nombres – Écart ou différence entre deux nombres – Ligne graduée – Nombres inférieurs à 10 000.

CALCULS DICTÉS

Tables de multiplication de 3 et de 6

– Répondre à des questions du type « 4 fois 3 » et « combien de fois 6 dans 12 ? ».

INDIVIDUEL ET COLLECTIF

• Dicter les calculs suivants avec réponses dans le fichier :

a. **3** fois **6**	e. Combien de fois **3** dans **12** ?
b. **8** fois **3**	f. Combien de fois **3** dans **21** ?
c. **3** fois **7**	g. Combien de fois **6** dans **12** ?
d. **6** fois **7**	h. Combien de fois **6** dans **36** ?

RÉPONSE : a. 18   b. 24   c. 21   d. 42   e. 4   f. 7   g. 2   h. 6.

• Les élèves peuvent se préparer ou s'entrainer à ce moment de calcul mental en utilisant l'**exercice 3** de **Fort en calcul mental, p. 67**.

RÉPONSE : a. 12   b. 24   c. 18   d. 36   e. 5   f. 9   g. 4   h. 8.

Les élèves ont déjà été entrainés à la mémorisation de produits dont un facteur est **2**, **4**, **5** et **8**.

En utilisant la commutativité de la multiplication, ils ont travaillé aussi bien sur **6** fois **8** que sur **8** fois **6**. Si tous les résultats de ces tables sont mémorisés, il leur reste peu de nouveaux produits à mémoriser, ce que peut faire apparaitre un table de Pythagore où tous les résultats connus sont coloriés. En théorie, il ne reste donc que 3×3, 3×6, 3×7, 3×9, 6×6, 6×7, 6×9, 7×7, 7×9 et 9×9 à mémoriser. Dans la pratique, pour chaque élève, la situation est sans doute différente.

Au cours de cette unité, les produits dont un facteur est **3**, **6** ou **9** sont travaillés. Un seul produit n'aura peut-être alors pas été rencontré : **7 × 7**. On peut faire remarquer que les résultats de la table de **6** sont les **doubles** de ceux qui leur correspondent dans la table de **3**.

La mémorisation des tables fera encore l'objet d'un entrainement régulier jusqu'à la fin de l'année.

RÉVISER

Multiplication par 10, 100 et 1 000

– Maitriser ce type de produits pour des calculs du type 36 × 100 ou 36 × … = 3 600.
– Faire le lien avec la numération décimale : 23 × 100, c'est aussi 23 dizaines ou 2 dizaines et 3 unités prises 100 fois.

INDIVIDUEL

FICHIER NOMBRES ET CALCULS p. 70

Multiplier par 10, 100, 1 000

A Complète.
a. 25 × 100 =   c. 40 × 100 =   e. 100 × ...... = 3 000
b. 6 × 1 000 =   d. 10 × ...... = 1 400   f. 430 × ...... = 4 300

B Sam, Lou et Pok ont placé leurs jetons sur le plateau.
Sam a gagné 15 cartes de 1 point et 2 cartes de 1 000 points.
Lou a gagné 23 cartes de 100 points et 3 cartes de 1 000 points.
Pok a gagné 102 cartes de 10 points et 13 cartes de 100 points.

Combien de points chacun a-t-il gagnés ?

Sam : ...... points   Lou : ...... points   Pok : ...... points

Exercice A

Multiplier par 10, 100, 1 000

Les élèves peuvent répondre en utilisant la « règle des 0 » ou leurs connaissances sur la numération décimale. Lors de la correction, un lien peut être établi avec les unités de numération, par exemple :

25 × 100, c'est **25 centaines**, donc **20 centaines** (ou 2 milliers) et **5 centaines**, donc **2 500**.

Le tableau de numération peut être utilisé pour en rendre compte (*voir unité 4*).

Exercice B

Utiliser la multiplication par 10, 100, 1 000

APPRENDRE

Estimation de l'ordre de grandeur d'une différence

– Estimer l'ordre de grandeur d'une différence.
– Utiliser un ordre de grandeur pour s'assurer de la vraisemblance d'un résultat.

ÉQUIPES DE 2, PUIS COLLECTIF

RECHERCHE   Fiche 24

À peu près égal à … ? (2) : Une différence est **d'abord** proposée aux élèves qui doivent choisir, parmi 5 nombres, le nombre le plus proche du résultat. **Ensuite**, pour vérifier leurs réponses, ils doivent chercher des arrondis des termes de cette différence, en les plaçant sur une droite numérique, puis utiliser ces arrondis pour estimer l'ordre de grandeur d'une différence. **Enfin**, ils sont invités à utiliser cette méthode pour s'assurer de la vraisemblance d'un résultat.

PHASE 1   Estimation de la différence 613 – 387

● Écrire la différence au tableau, puis préciser la tâche :

➡ *Voici une **différence de 2 nombres**. Nous n'allons pas la calculer exactement tout de suite, mais nous allons chercher ensemble à quel nombre elle est à peu près égale. Je vous propose **5 nombres**. Essayez de trouver lequel est le plus proche du résultat exact (écrire les 5 nombres suivants au tableau). Vous pouvez chercher par deux :*

100	200	300	400	900

● Après la recherche, recenser les choix faits dans la classe et indiquer au tableau le nombre d'élèves ou d'équipes de deux élèves qui ont choisi chacun des nombres, par exemple sous la forme :

100	200	300	400	900
(4)	(6)	(11)	(5)	(2)

● Demander à chacun de justifier son choix et mettre en débat les arguments avancés, sans chercher pour le moment à donner raison à tel ou tel. Proposer ensuite aux élèves, collectivement, de placer approximativement les nombres de la différence sur une des droites graduées (en reprenant celles des séances 1 et 2), la **droite B** étant reconnue comme plus adaptée (*voir ligne graduée 1 en bas de page*).

● Conclure que les deux termes sont proches respectivement de **400** (pour 387) et de **600** (pour 613) et que la différence donnée est donc proche de **600 – 400 = 200**.

● Vérifier la prévision en calculant la valeur exacte de la différence, par exemple avec une calculatrice : **613 – 387 = 226**.

● Le résultat peut aussi être visualisé sur la droite numérique par la distance entre les repères associés aux deux nombres : on voit que celle-ci est un peu plus grande que **200** (*voir ligne graduée 2 en bas de page*).

● Faire une **première synthèse** :

<u>Estimer l'ordre de grandeur d'une différence</u>

● On peut estimer à quel nombre est **à peu près égale une différence** en remplaçant chacun de ses termes par un nombre qui rend facile le calcul mental.

● On dit qu'on a calculé un **ordre de grandeur de la différence**.

Dans le cas de la différence, l'appui sur une ligne graduée a un double intérêt :
– il peut faciliter le choix des arrondis (qui peut aussi être effectué sans cet appui) ;
– il permet de visualiser la différence par la distance entre les repères associés aux deux nombres.

ÉQUIPES DE 2, PUIS COLLECTIF

PHASE 2   Vraisemblance d'un résultat par estimation de son ordre de grandeur

● Écrire une différence et plusieurs résultats au tableau :

la différence : **2 783 – 937**
les résultats : **A :** 1 256   **B :** 2 316   **C :** 2 654   **D :** 1 846

● Préciser la tâche :

➡ *Quatre élèves ont fait le calcul et ils ont trouvé des résultats différents. Je ne vous demande pas de calculer le résultat, mais en faisant une estimation d'éliminer les résultats qui sont faux à coup sûr. Pour cela, vous pouvez utiliser une des lignes graduées de la fiche (remettre la fiche aux élèves qui la demandent).*

● Après le travail des élèves, recenser les choix faits dans la classe et indiquer au tableau le nombre d'élèves ou d'équipes de deux élèves qui ont éliminé chaque résultat, par exemple sous la forme :

A : 1 256	B : 2 316	C : 2 654	D : 1 846
(10)	(18)	(7)	(11)

ligne graduée 1

ligne graduée 2

• Demander à chacun de justifier son choix et mettre en débat les arguments avancés, en précisant que ceux-ci doivent être basés sur une estimation de l'ordre de grandeur du résultat (pour cette séance, les autres arguments ne sont pas retenus), sans chercher pour le moment à donner raison à tel ou tel.

• Proposer ensuite aux élèves, collectivement, de placer approximativement les nombres de la différence sur une des droites graduées, la **droite C** étant reconnue comme plus adaptée (voir ligne graduée 3 en bas de page).

Dans ce cas, 937 peut être arrondi à **1 000** et 2 783 à **2 800** ou **3 000**. Faire remarquer que 2 800 est une meilleure approximation et ne rend pas le calcul plus difficile.

L'estimation de la différence est donnée :
– soit par le calcul 3 000 – 1 000 = **2 000** ;
– soit par le calcul 2 800 – 1 000 = **1 800**,
ce qui permet d'éliminer avec certitude les résultats **1 256** et **2 654**.

L'arrondi du deuxième terme à 2 800 et le deuxième calcul est plus sûr que l'autre arrondi à 3 000 car il permet d'affirmer que **1 846** est le résultat le plus vraisemblable, ce qui peut être vérifié par un calcul avec la calculatrice ou par un calcul posé.

Le fait que la différence est un peu plus petite que 2 000 est également visualisé par la distance entre les repères associés aux deux termes de la différence.

• Faire une **deuxième synthèse** :

S'assurer de la vraisemblance d'un résultat

• **En faisant une estimation de l'ordre de grandeur du résultat d'un calcul**, on peut s'assurer de la vraisemblance d'un résultat et surtout détecter des réponses qui sont, à coup sûr, fausses.

• Il faut bien choisir les arrondis pour avoir une bonne estimation.

ENTRAINEMENT
FICHIER NOMBRES ET CALCULS p. 70

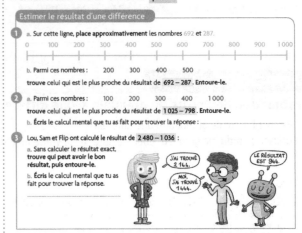

Exercice ❶

Placer approximativement 2 nombres sur une ligne graduée, puis estimer mentalement l'ordre de grandeur de leur différence.

Exercice reprenant la phase 1 de la recherche.

RÉPONSE : a. voir ligne graduée 4 en bas de page.
b. 400 (calcul mental : 700 – 300).

Exercice ❷

Estimer mentalement l'ordre de grandeur d'une différence.

Exercice reprenant la phase 1 de la recherche.

RÉPONSE : a. 200
b. calcul mental : 1 000 – 800 = 200.

Exercice ❸

Évaluer la vraisemblance du résultat du calcul d'une différence par estimation de son ordre de grandeur.

Exercice reprenant la phase 2 de la recherche.

RÉPONSE : a. Sam : 1 444 €
b. calcul mental : 2 500 – 1 000 = 1 500.

ligne graduée 3

| 0 | 937 1 000 | 2 000 | 2 783 3 000 | 4 000 | 5 000 | 6 000 | 7 000 | 8 000 | 9 000 | 10 000 |

ligne graduée 4

| 0 | 100 | 200 | 287 300 | 400 | 500 | 600 | 692 700 | 800 | 900 | 1 000 |

	Tâche	Matériel	Connaissances travaillées
CALCULS DICTÉS	**Tables de multiplication de 3 et de 6** – Répondre à des questions du type « 4 fois 3 » et « combien de fois 6 dans 12 ? ».	**par élève :** FICHIER NOMBRES **p. 71 a à h**	– **Tables de multiplication de 3 et de 6** (mémorisation).
RÉVISER Calcul	Multiplication par 20, 200 et 2 000… – Calculer des produits dont un facteur est un multiple simple de 10, 100, 1 000.	**par élève :** FICHIER NOMBRES **p. 71 A et B**	– **Multiplication par 40, 400, 4 000** – **Numération décimale.**
APPRENDRE Calcul	Multiplication : calcul réfléchi (1) RECHERCHE **Les bonbons à la fraise** – Déterminer combien de bonbons sont contenus dans plusieurs boites en utilisant des résultats déjà élaborés.	**par élève :** – **fiche recherche 24** – la calculatrice n'est pas autorisée FICHIER NOMBRES **p. 71 ❶, ❷ et ❸**	– **Multiplication : calcul réfléchi** – **Propriétés de la multiplication** (associativité, distributivité sur l'addition).

CALCULS DICTÉS

Tables de multiplication de 3 et de 6

– Répondre à des questions du type « 4 fois 3 » et « combien de fois 6 dans 12 » ?

INDIVIDUEL ET COLLECTIF

• Dicter les calculs suivants avec réponses dans le fichier :

a. **3** fois **4**   e. Combien de fois **3** dans **18** ?

b. **6** fois **3**   f. Combien de fois **3** dans **24** ?

c. **6** fois **8**   g. Combien de fois **6** dans **30** ?

d. **6** fois **9**   h. Combien de fois **6** dans **42** ?

RÉPONSE : a. 12   b. 18   c. 48   d. 54   e. 6   f. 8   g. 5   h. 7.

• Les élèves peuvent se préparer ou s'entrainer à ce moment de calcul mental en utilisant l'**exercice 4** de **Fort en calcul mental, p. 67**.

RÉPONSE : a. 21   b. 54   c. 42   d. 30   e. 8   f. 6   g. 6   h. 9.

RÉVISER

Multiplication par 20, 200 et 2 000…

– Maitriser ce type de produits pour des calculs du type 12 × 400 ou 12 × … = 4 800.

– Faire le lien avec la numération décimale : 23 × 100, c'est aussi 23 dizaines ou 2 dizaine et 3 unités prises 100 fois.

INDIVIDUEL

FICHIER NOMBRES ET CALCULS p. 71

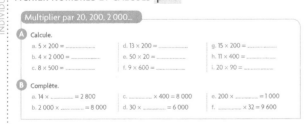

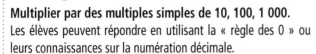

Lors de la correction, un lien peut être établi avec les unités de numération, par exemple :

5 × 200, c'est **5** fois **2 centaines**, donc **10 centaines** ou **1 millier**, donc **1 000**. Le tableau de numération peut être utilisé pour en rendre compte (*voir unité 4*).

RÉPONSE :

a. 1 000   d. 2 600   g. 3 000

b. 8 000   e. 1 000   h. 4 400

c. 4 000   f. 5 400   i. 1 800.

Exercice Ⓐ

Multiplier par des multiples simples de 10, 100, 1 000.

Les élèves peuvent répondre en utilisant la « règle des 0 » ou leurs connaissances sur la numération décimale.

Exercice Ⓑ

Trouver le facteur manquant dans des multiplications avec des multiples simples de 10, 100, 1 000.

RÉPONSE : a. 200   b. 4   c. 20   d. 200   e. 5   f. 300.

Multiplication : calcul réfléchi (1)

– S'appuyer sur des résultats connus pour en élaborer d'autres.
– Utiliser, en acte, les propriétés de la multiplication (distributivité sur l'addition, associativité).

RECHERCHE Fiche recherche 24

Les bonbons à la fraise : Les élèves doivent déterminer combien de bonbons à la fraise sont contenus dans diverses quantités de boites de 25 bonbons, certains calculs pouvant être traités en utilisant des résultats déjà établis. Ils ont ensuite à calculer des produits en utilisant les mêmes procédures.

PHASE 1 **Calcul du nombre de bonbons à la fraise**

Question 1 de la recherche

● Le confiseur a noté chaque jour, sur de petites feuilles, le nombre de boites de bonbons à la fraise qu'il a vendues.

Complète chaque petite feuille en indiquant le nombre de bonbons à la fraise qui ont été vendus.

LUNDI	MARDI	MERCREDI	JEUDI	VENDREDI
2 boites	4 boites	10 boites	12 boites	14 boites
..... bonbons	...... bonbons	..... bonbons	...... bonbons	...... bonbons

● Faire reformuler par les élèves ce qui est attendu d'eux (chercher le nombre de bonbons vendus chaque jour), puis proposer de chercher le nombre de bonbons pour **2, 4 et 10 boites**.

● Observer les élèves en repérant ceux qui utilisent une procédure additive (ou un comptage de 25 en 25) et ceux qui utilisent une procédure multiplicative ou la multiplication par 10 (pour 10 boites).

● Provoquer une **première mise en commun**, centrée sur les procédures utilisées. Conserver ces diverses procédures au tableau et les mettre en relation les unes avec les autres. *(voir commentaire ci-après).*

● Demander de compléter les nombres de bonbons dans les cases restantes, pour **12 et 14 boites**, et exploiter les réponses en mettant en évidence les procédures utilisées *(voir commentaire ci-après).*

TRACE ÉCRITE

Traduire, avec les élèves, les résultats sous forme de produits et les conserver au tableau :

25 × 2 = 50	25 × 10 = 250
25 × 4 = 100	25 × 12 = 300
	25 × 14 = 350

RÉPONSE : **lundi** : 50 bonbons   **mardi** : 100 bonbons
mercredi : 250 bonbons   **jeudi** : 300 bonbons   **vendredi** : 350 bonbons.

1. Exemples de procédures

● **Pour 2 boites :**
– addition itérée ;
– recours direct au double de 25 (procédures probables) ;
– multiplication posée de 25 × 2.

● **Pour 4 boites :**
– multiplication par 2 du résultat pour 2 boites (50 × 2) : « 4 boites, c'est 2 fois 2 boites » ;
– addition 50 + 50 : « c'est 2 boites et encore 2 boites » ;
– multiplication posée de 25 × 4.

● **Pour 10 boites :**
– multiplication de 25 par 10 et réponse directe 250 (règle des 0) ;
– remplacement de 10 fois 25 par 25 fois 10 (25 dizaines) ;
– addition de 10 fois le nombre 25 (avec les difficultés de calcul que cela peut comporter).
C'est l'occasion de relever à nouveau que 10 fois 25 donne le même résultat que 25 fois 10, les deux pouvant se traduire par 25 × 10 ou 10 × 25.

● **Pour 12 boites :**
Les procédures les plus rapides sont celles qui prennent appui sur le résultat obtenu pour 10 boites : « 12 boites, c'est 10 boites et encore 2 boites », soit **300 bonbons**.
Si l'**erreur** « c'est 252 bonbons car 250 + 2 = 252 » apparait, proposer un schéma ou recourir à des boites réelles pour aider à distinguer « 2 boites de plus » et « 2 bonbons de plus ».

● **Pour 14 boites :**
Les procédures les plus rapides sont celles qui prennent appui sur le résultat obtenu pour 10 boites ou pour 12 boites : « 14 boites, c'est 10 boites et encore 4 boites » ou « 14 boites, c'est 12 boites et encore 2 boites », soit **350 bonbons**.
Si l'**erreur** « c'est 254 bonbons car 250 + 4 = 254 » apparait, proposer un schéma ou recourir à des boites réelles pour aider à distinguer « 4 boites de plus » et « 4 bonbons de plus ».

2. Remarques à propos des procédures

● **Il est fort possible qu'une majorité d'élèves ne pensent pas à s'appuyer sur des résultats déjà élaborés** dans les premières questions. La mise en commun doit être axée sur ces procédures.

● **D'autres procédures sont possibles** et ne doivent pas être rejetées :
– certains élèves peuvent savoir que 25 × 4 = 100, sans avoir à le calculer ;
– d'autres peuvent poser des multiplications comme 25 × 4, ce qui est évidemment également correct.

● **Les premières questions sont posées dans un contexte pratique**, permettant aux élèves d'appuyer leur raisonnement sur la manipulation des objets, évoquée mentalement, figurée par un schéma ou même par des boites réelles. **Dans les questions suivantes en phase 2, les calculs sont proposés directement**, mais les élèves peuvent les contextualiser pour s'aider à trouver le bon raisonnement.

● **Les raisonnements attendu**s sont relatifs principalement :
– à la **distributivité de la multiplication sur l'addition** : cette propriété est sollicitée, quand 25 × 10 = 250 et 25 × 2 = 50 étant déjà établis, trouver 25 × 12 revient à considérer que 12 fois 25 c'est 10 fois 25 et 2 fois 25 (la maitrise de cette propriété est indispensable pour comprendre la technique de calcul posé de la multiplication lorsque le multiplicateur est supérieur à 10) ;
– à l'**associativité de la multiplication** : cette propriété est également sollicitée lorsque les élèves s'appuient sur le fait que 25 × 4, c'est 25 × 2 pris 2 fois.

PHASE 2 **Calcul de 25 × 3 et de 25 × 20**

Question 2 de la recherche

❷ Calcule avec la méthode de ton choix.
● 25 × 3 = ...
● 25 × 20 = ...

• Demander aux élèves de traiter la **question 2** avec le procédé de leur choix. Préciser qu'ils peuvent utiliser les résultats établis en **question 1**.

• Faire un bilan des procédures utilisées et des erreurs à l'issue de la recherche *(voir commentaire ci-après).*

• Les procédures peuvent être illustrées à l'aide des boites, de schémas des boites ou à l'aide de l'évocation de rectangles quadrillés, par exemple :

25		25

3   2
          1

TRACE ÉCRITE

Conserver les résultats au tableau :

$25 \times 3 = 75$ $25 \times 20 = 500$

1. Remarques à propos des procédures

• **Recours à l'addition itérée**, le terme « itéré » pouvant varier et rendre les calculs plus ou moins agréables : calculer la somme de 25 termes égaux à 3 est plus délicat que calculer la somme de 3 termes égaux à 25 !

• **Appui sur un résultat précédent :**
– **25 × 3**, « c'est 2 fois 25 plus 1 fois 25 » ;
– **25 × 20**, « c'est 2 fois 10 fois 25, donc 2 fois 250 » ou « c'est 10 fois 2 fois 25, donc 10 fois 50 »…

• **Recours au procédé de calcul par un multiple simple de 10** rappelé en révision dans cette séance.

2. Remarque à propos du contexte numérique

Le saut du contexte des boites à celui purement numérique peut être difficile à franchir pour certains. L'incitation à interpréter les produits dans le contexte « des boites » ou plus simplement à l'aide du mot « fois » peut constituer une aide suffisante. **Les formulations orales à l'aide du mot « fois »** jouent donc un rôle important.

PHASE 3 **Nouveaux produits**

Question 3 de la recherche

❸ Utilise les résultats que tu as obtenus dans la question 2 pour calculer :
a. 25 × 21 = ...   c. 25 × 40 = ...
b. 25 × 23 = ...   d. 25 × 43 = ...

• À l'issue du travail des élèves, faire l'inventaire des procédures utilisées et des erreurs rencontrées. Là encore, les procédures peuvent être exprimées :

– **avec le langage du mot « fois »** : « 23 fois 25, c'est 20 fois 25 et encore 3 fois 25 » ;

– **en référence à un contexte** (boites, quadrillage…) ;

– **en référence à l'addition itérée :**

$25 \times 23 = 25 + 25 + 25 + 25 + \ldots + 25 + 25 + 25.$
　　　　　　　　　20 fois　　　　　　3 fois

• Insister, lors de l'exploitation, sur l'intérêt d'utiliser les résultats établis précédemment et conservés au tableau *(voir synthèse)* :
25 × 21 est égal à :
20 fois 25 plus **1 fois** 25 ou $(25 \times 20) + 25$;
25 × 23 est égal à :
20 fois 25 plus **3 fois** 25 ou $(25 \times 20) + (25 \times 3)$;

25 × 40 est égal à :
2 fois 20 fois 25 ou $(25 \times 20 \times 2)$
c'est aussi **20 fois** 25 plus **20 fois** 25 ou $(25 \times 20) + (25 \times 20)$;
25 × 43 est égal à :
40 fois 25 plus **3 fois** 25 ou $(25 \times 40) + (25 \times 3)$.

RÉPONSE : a. 525   b. 575   c. 1 000   d. 1 075.

PHASE 4 **Synthèse**

Calcul réfléchi de produits

Exemple : Multiplier 25 par un certain nombre de fois.

• **Les procédures par comptage de 25 en 25 ou par addition itérée de 25** sont fastidieuses et deviennent rapidement inefficaces.

• **Il est possible de prendre appui sur un résultat précédemment élaboré**, par exemple :
– **25 × 12**, c'est **12 fois** 25, c'est **10 fois** 25 et **encore 2 fois** 25.
– **25 × 40**, c'est **40 fois** 25, c'est **20 fois** 25 et **20 fois** 25
　　　　　　　　　　ou **2 fois 20 fois** 25.

• **25 × 12 peut être illustré de deux manières :**
– **avec les boites de bonbons** (25 bonbons par boite) :

– **avec un rectangle quadrillé :**

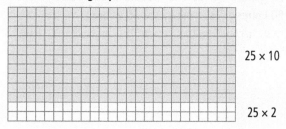

25 × 10

25 × 2

Il est important, pour soutenir la compréhension des élèves, de mettre en relation les trois formes d'expressions avec :
– des représentations matérielles (paquets, rectangle) ;
– des expressions langagières (utilisation du mot « fois ») ;
– des expressions symboliques (signes ×, +, =).

Des formalisations du type $25 \times 12 = (25 \times 10) + (25 \times 2)$ peuvent être utilisées, mais avec précaution sans être exigées des élèves, dans la mesure où elles risquent de n'être pas interprétées par les élèves et de rester purement formelles.

On préfèrera par exemple des formalisations comme :

$$25 \times 10 = 250 \quad 25 \times 2 = 50$$

$$25 \times 12 = 300$$

Progressivement, les raisonnements correspondant aux procédures évoquées s'appuieront sur les **expressions langagières** et seront traduites dans le **langage symbolique**. Les **représentations matérielles**, de plus en plus schématisées, viendront, si nécessaire, au secours d'une compréhension défaillante.

ÉQUIPES DE 2

COLLECTIF

ENTRAINEMENT

FICHIER NOMBRES ET CALCULS p. 71

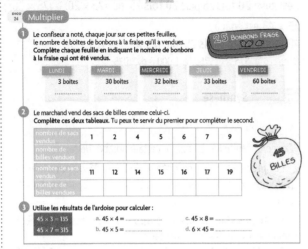

Pour les exercices 1 à 3 :

Utiliser des résultats relatifs à des multiplications pour en élaborer de nouveaux.

Exercice ①

En référence au contexte matériel de la recherche (boites de bonbons).

Au moment de l'exploitation des réponses, mettre l'accent sur quelques procédures intéressantes :

– **3 boites** : on peut ajouter 25 trois fois ou utiliser le résultat connue pour 2 boites (c'est une boite de plus) ;

– **30 boites** : c'est comme 10 fois 3 boites ;

– **32 boites** : c'est comme 30 boites plus 2 boites ;

– **29 boites** : c'est comme 30 boites moins 1 boite ;

– **60 boites** : c'est comme 2 fois 30 boites.

RÉPONSE : **lundi** : 75 bonbons **mardi** : 750 **mercredi** : 800 **jeudi** : 825
vendredi : 1 500.

Exercice ②

En référence à un autre contexte matériel (sacs de billes).

Dans le **tableau a**, il faut repérer que, pour 2 et 4 sacs, le nombre de sacs est doublé à chaque fois : il suffit donc de doubler les résultats précédents. Ensuite, il faut repérer des variations de 1 ou de 2 pour le nombre de sacs (c'est aussi le cas dans le **tableau b**).

RÉPONSE :

Nombre de sacs vendus	1	2	4	5	6	7	9
Nombre de billes vendues	15	30	60	75	90	105	135

Nombre de sacs vendus	11	12	14	15	16	17	19
Nombre de billes vendues	165	180	210	225	240	255	285

▦ AIDE Inciter les élèves à utiliser des schémas des sacs du type
⌐15⌐, en utilisant également le mot *fois* dans les raisonnements.

Exercice ③

Hors du contexte matériel.

Cet exercice permet d'utiliser toutes les connaissances déjà établies, avec appui sur des résultats déjà calculés ou fournis sur une ardoise.

RÉPONSE : a. 180 b. 225 c. 360 d. 270.

▦ AIDE Inciter les élèves à répondre directement à partir des produits, en utilisant le mot fois dans les raisonnements. Si nécessaire, recourir à un matériel ou à des schématisations de ce matériel pour illustrer ces raisonnements. Ce type d'aide est valable pour les trois exercices.

À SUIVRE

En **séance 5**, les connaissances de cette séance seront reprises pour être exploitées dans un contexte plus abstrait.

	Tâche	Matériel	Connaissances travaillées
PROBLÈMES DICTÉS	Calculs sur la monnaie – Résoudre un problème des domaines additif et multiplicatif – Décomposer 20 € avec 2 €, 5 € et 10 €.	pour la classe : – pièce de 2 €, billet de 5 € et billet de 10 € en 10 exemplaires chacun par élève : FICHIER NOMBRES **p. 72 a, b et c**	– Monnaie – **Problèmes des domaines additif et multiplicatif** – Résolution de problèmes : diverses possibilités.
PROBLÈMES ÉCRITS	Calculs sur la monnaie – Résoudre des problèmes des domaines additif et multiplicatif. – Décomposer différentes sommes d'argent avec 2 €, 5 € et 10 €.	par élève : FICHIER NOMBRES **p. 72 A, B et C**	– Monnaie – **Problèmes des domaines additif et multiplicatif** – Résolution de problèmes : diverses possibilités.
APPRENDRE Calcul	Multiplication : calcul réfléchi (2) RECHERCHE **Les produits proches** – Pratiquer un jeu dans lequel, en s'appuyant sur des résultats connus ou qui viennent d'être calculés, il faut en calculer de nouveaux.	par équipe de 2, 3 ou 4 : – règle du jeu « Les produits proches » ⟩ **fiche 25** – plateau de jeu 6 × 6 ⟩ **fiche 26** – 36 cartes portant au recto des produits et au verso les résultats ⟩ **fiches 27 et 28** – 36 pions d'une couleur par équipe – la calculatrice n'est pas autorisée FICHIER NOMBRES **p. 72 1 à 4**	– **Multiplication : calcul réfléchi** – **Propriétés de la multiplication (associativité, distributivité sur l'addition et sur la soustraction).**

PROBLÈMES DICTÉS

Calculs sur la monnaie

– Résoudre mentalement un problème des domaines additif et multiplicatif.
– Décomposer 20 € avec 2 €, 5 € et 10 €.

INDIVIDUEL ET COLLECTIF

FICHIER NOMBRES ET CALCULS **p. 72**

• Formuler le problème en montrant des exemplaires de chaque billet et pièce :

Problème

Voici des pièces et des billets de **2 €, 5 €** et **10 €**. Écrivez trois façons différentes d'obtenir **20 €** avec ces pièces et ces billets.

• Inventorier les réponses, puis proposer une rapide mise en commun et expliquer que plusieurs réponses sont possibles car il existe plus de trois façons d'obtenir 20 €.

RÉPONSE :
2 billets de 10 € ; 4 billets de 5 € ; 10 pièces de 2 € ;
1 billet de 10 € et 2 billets de 5 €…

• Les élèves peuvent se préparer ou s'entrainer à ce moment de calcul mental en utilisant l'**exercice 5 de Fort en calcul mental, p. 67**.

RÉPONSE :

a. **16 €** : 1 billet de 10 € et 3 pièces de 2 €
2 billets de 5 € et 3 pièces de 2 €
8 pièces de 2 €.

b. **24 €** : 2 billets de 10 € et 2 pièces de 2 €
1 billet de 10 € et 7 pièces de 2 €
12 pièces de 2 €…

Calculs sur la monnaie

– Résoudre mentalement des problèmes des domaines additif et multiplicatif.

INDIVIDUEL

FICHIER NOMBRES ET CALCULS p. 72

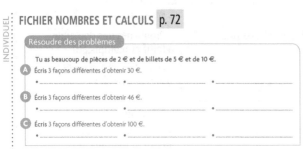

Résoudre des problèmes

Tu as beaucoup de pièces de 2 € et de billets de 5 € et de 10 €.

A Écris 3 façons différentes d'obtenir 30 €.

....

B Écris 3 façons différentes d'obtenir 46 €.

....

C Écris 3 façons différentes d'obtenir 100 €.

....

Problèmes A, B et C

Composer des sommes avec des pièces et billets de 2 €, 5 €, 10 €.

Lors de la correction, mettre en évidence différentes manières d'exprimer les solutions, par exemple pour **46 €** :
– dessin des pièces et billets ;
– somme : $10 + 10 + 10 + 10 + 2 + 2 + 2 = 46$;
– somme de produits : $(4 \times 10) + (3 \times 2) = 46$;
– suite de calculs : $4 \times 10 = 40$, $3 \times 2 = 6$, $40 + 6 = 46$.

RÉPONSE : **A** $30 = 3 \times 10 = 6 \times 5 = 15 \times 2…$
B $46 = (4 \times 10) + (3 \times 2) = (8 \times 5) + (3 \times 2) = 23 \times 2…$
C $100 = 10 \times 10 = 20 \times 5 = 50 \times 2…$

L'objectif est ici de favoriser l'expression d'un nombre sous diverses formes en utilisant les connaissances relatives à l'addition et à la multiplication.

AIDE La situation a été présentée dans le calcul mental à l'aide de pièces et de billets fictifs ; on peut en permettre l'utilisation à certains élèves pour faciliter leur recherche.

Multiplication : calcul réfléchi (2)

– S'appuyer sur des résultats connus pour en élaborer d'autres.
– Utiliser en acte les propriétés de la multiplication (distributivité sur l'addition et la soustraction , associativité).

RECHERCHE

Les produits proches : Dans une situation de jeu, les élèves s'appuient sur des résultats connus ou encore qu'ils viennent de calculer pour en calculer de nouveaux.

COLLECTIF, PUIS PAR 2, 3 OU 4

PHASE 1 Jeu collectif, puis par équipes

• Distribuer les règles du jeu « Les produits proches », le plateau de jeu, le lot de 36 cartes et 36 pions à chaque équipe. Demander aux élèves de placer les cartes sur le plateau de jeu comme sur la fiche 25.

• Demander aux élèves de prendre connaissance de la **règle du jeu**, puis de formuler ce qu'ils ont retenu. Puis commencer une partie devant la classe, en reformulant les différentes contraintes.

• Mettre en place le jeu par équipes :
– aider les équipes à comprendre les règles du jeu ;
– les inciter à jouer le plus rapidement possible (par exemple, un joueur peut être chargé de compter, dans sa tête, jusqu'à 15 de façon à déterminer le temps accordé pour répondre) ;

– éviter, pour le moment, de donner des indications sur les procédures de calcul à mettre en place.

À **travers ce jeu**, les élèves prennent conscience du fait que, un produit étant connu, d'autres produits, dont l'un des termes est semblable et dont le deuxième terme est « voisin » de celui du premier, peuvent être calculés facilement.
Exemple : $8 \times 12 = 96$ étant connu, le calcul de 8×14 est facilité. Il suffit d'avancer deux fois de 8 à partir de 96 ou d'ajouter 2 fois 8 à 96.
Il est important que les élèves pratiquent suffisamment le jeu pour avoir l'occasion de mettre en œuvre les propriétés des « produits proches » dont ils prennent en général conscience très progressivement ; au début, certains élèves refont tous les calculs par addition itérée. Ce jeu nécessitant de bonnes compétences en calcul mental, les élèves peuvent être autorisés à calculer par écrit dans le temps imparti.

AIDE Pour certains élèves, une **version allégée** (réduite par exemple à 16 produits de 6×12 à 9×15) peut être proposée, le jeu se jouant alors à deux.

COLLECTIF

PHASE 2 Échanges entre élèves, puis synthèse

• Organiser une phase d'échanges au cours de laquelle certains élèves expliquent ce qui leur permet de réussir rapidement, en appuyant leurs arguments à partir du plateau de jeu.

• Reprendre, sous forme de **synthèse**, les principaux arguments exprimés :

Calcul de produits

Pour les calculs de produits, on peut utiliser :

- **Des produits connus** (rares ici).

- **La règle des 0** pour les produits par **10**.

- **Des stratégies pour passer d'un produit à un « produit proche »**, par exemple :

– **11 × 14** peut être obtenu à partir de **10 × 14 = 140**, en ajoutant **1 fois 14** : « 11 fois 14, c'est 10 fois 14 plus 1 fois 14 ».

– **9 × 13** peut être obtenu à partir de **10 × 13 = 130**, en soustrayant **1 fois 13** : « 9 fois 13, c'est 10 fois 13 moins 1 fois 13 ».

- **La multiplication posée** (pour les produits dont un facteur est inférieur à 10), mais c'est rarement la méthode la plus efficace et la plus rapide.

- Une nouvelle partie peut être jouée à l'issue de la synthèse.

Une matérialisation par des rangées de points qu'on ajoute ou qu'on enlève peut suffire à illustrer la propriété vue en synthèse. Ainsi le passage de **10 × 14** à **11 × 14** formulé sous la forme « **11 fois 14** c'est **10 fois 14** plus **1 fois 14** » peut être illustré par le fait, qu'à une grille rectangulaire de **10 lignes de 14 points**, il suffit d'ajouter **1 ligne de 14 points**. Cela fait référence à la propriété de distributivité de la multiplication sur l'addition.

ENTRAINEMENT

FICHIER NOMBRES ET CALCULS **p. 72**

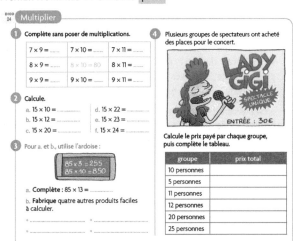

Pour les exercices 1 à 3 :

Calculer de nouveaux produits en utilisant des résultats connus.

Exercice

En référence au contexte du jeu précédent.

Reprise de l'activité avec des nombres qui permettent différents types de calcul :

– calcul direct (appel aux tables, à la multiplication par 10) ;

– utilisation des acquis précédents (11 fois 7, c'est 10 fois 7 plus 1 fois 7).

RÉPONSE :

7 × 9 = **63**	7 × 10 = **70**	7 × 11 = **77**
8 × 9 = **72**	8 × 10 = 80	8 × 11 = **88**
9 × 9 = **81**	9 × 10 = **90**	9 × 11 = **99**

Exercice

Hors du contexte du jeu précédent.

Il faut repérer pour chaque question que l'un des facteurs ne change pas et que l'autre varie :

– en étant soit doublé, soit multiplié par 10 ;

– en étant soit augmenté, soit diminué de 1 ou de 2.

Le résultat obtenu au premier calcul (15 × 10 = 150) permet d'obtenir tous les autres :

– 12 fois 15, c'est 10 fois 15 plus 2 fois 15 ;

– 20 fois 15, c'est 2 fois 10 fois 15.

RÉPONSE : ❷ a. 150   b. 180   c. 300   d. 330   e. 345   f. 360.

Exercice

Hors du contexte du jeu précédent, avec appui sur des produits fournis.

RÉPONSE :   a. 85 × 13 = 1 105.

b. Exemples de produits : 85 × 14 = 1 190
85 × 6 = 510   85 × 20 = 1 700   85 × 23 = 1 955…

Exercice

Utiliser des résultats relatifs à des multiplications pour en élaborer de nouveaux (dans le contexte d'une situation du type relation entre quantité et prix).

Les raisonnements sont du même type que ceux déjà évoqués, le contexte permettant des formulations du type « 2 fois plus de spectateurs, donc 2 fois plus cher » ou « un spectateur de plus donc 30 € de plus ».

RÉPONSE :

10 personnes : 300 €	5 personnes : 150 €
11 personnes : 330 €	12 personnes : 360 €
20 personnes : 600 €	25 personnes : 750 €.

AIDE   Inciter les élèves à répondre directement à partir des produits, en utilisant le mot fois dans les raisonnements. Si nécessaire, recourir à un matériel pour illustrer ces raisonnements.

Différenciation : Exercice 4 → **CD-Rom du guide, fiche n° 25**.

À SUIVRE

En **unité 7** (séances 4 à 6), les acquis de cet apprentissage seront exploités pour mettre en place et justifier une technique de calcul posé pour la multiplication. Ce type d'aide est valable pour tous les exercices.

	Tâche	Matériel	Connaissances travaillées
CALCULS DICTÉS	Table de multiplication de 9 – Répondre à des questions du type « 4 fois 9 » et « combien de fois 9 dans 27 ? ».	par élève : FICHIER NOMBRES **p. 73** a à h	– **Table de multiplication de 9** (mémorisation).
RÉVISER Calcul	Soustraction posée ou en ligne – Chercher la plus grande et la plus petite différence entre 3 nombres. – Résoudre un problème (domaine additif).	par élève FICHIER NOMBRES **p. 73** Ⓐ et Ⓑ	– **Soustraction : calcul posé ou calcul réfléchi** – Résolution de problèmes.
APPRENDRE Problèmes	Résolution de problèmes : essais, ajustements RECHERCHE **À quels nombres pense Sam ?** – Trouver 2 nombres connaissant leur somme et sachant que l'un est le double de l'autre.	par élève : – la calculatrice n'est pas autorisée FICHIER NOMBRES **p. 73** ❶, ❷ et ❸	– **Résolution de problèmes : stratégies de recherche** – Addition – Double.

Tables de multiplication de 9

– Répondre à des questions du type « 4 fois 9 » et « combien de fois 9 dans 27 ? ».

INDIVIDUEL ET COLLECTIF

• Dicter les calculs suivants avec réponses dans le fichier (cases a à h) :

a. 3 fois 9	**e.** Combien de fois 9 dans **18** ?
b. 4 fois 9	**f.** Combien de fois 9 dans **45** ?
c. 6 fois 9	**g.** Combien de fois 9 dans **36** ?
d. 7 fois 9	**h.** Combien de fois 9 dans **72** ?

RÉPONSE : a. 27   b. 36   c. 54   d. 63   e. 2   f. 5   g. 4   h. 8.

• Les élèves peuvent se préparer ou s'entrainer à ce moment de calcul mental en utilisant l'**exercice 6** de **Fort en calcul mental, p. 67**.

RÉPONSE : a. 18   b. 45   c. 27   d. 54   e. 1   f. 3   g. 7   h. 9.

En dehors de 7 fois 9, les produits proposés ont déjà été rencontrés lors des interrogations sur les autres tables de multiplication.

À partir des résultats établis ou de l'examen de la table de Pythagore, diverses remarques peuvent être formulées qui peuvent aider les élèves à retrouver des résultats de cette table :

– les nombres vont de 9 en 9 ;

– en passant d'un produit au plus proche suivant (par exemple de 6 fois 9 égale à 54 à 7 fois 9 égale à 63), le chiffre des dizaines du résultat augmente de un (il passe de 5 à 6), celui des unités diminue de un (il passe de 4 à 3) ;

– pour 6×9, le chiffre des dizaines est 5 (soit 6 − 1) ; pour 7×9, c'est 6 (soit 7 − 1)… ;

– pour tous les résultats de la table de 9, si on ajoute le chiffre des dizaines et celui des unités, on trouve toujours **9** : le résultat 27 de « 3 fois 9 » donne bien 2 + 7 = 9.

– pour multiplier par exemple **6** par **9**, on peut multiplier 6 par 10 et enlever 6 : **9 fois 6**, c'est 10 fois 6 moins 1 fois 6.

Soustraction posée ou en ligne

– Calculer des différences par un calcul écrit en ligne ou en colonnes.

INDIVIDUEL

FICHIER NOMBRES ET CALCULS **p. 73**

Soustraire en colonnes ou en ligne

Ⓐ Avec deux de ces nombres : 675   2 067   1 958
a. trouve la plus grande différence, puis **calcule-la**. _____
b. trouve la plus petite différence, puis **calcule-la**. _____

Ⓑ Un bateau fait le tour du lac Léman. Il peut emmener 1 200 passagers.
Dimanche matin, 685 adultes sont montés à bord, accompagnés de 287 enfants.
Combien restait-il de places libres sur le bateau ?

Exercice Ⓐ

Trouver la plus grande et la plus petite différence en choisissant 2 nombres parmi 3.

La **plus grande différence** est simple à trouver (c'est celle entre le plus grand et le plus petit des nombres de la liste) ; la **plus petite** est plus difficile à déterminer (c'est celle entre les deux nombres les plus proches). Un calcul approché est très utile et des essais peuvent être nécessaires.

RÉPONSE : a. plus grande différence : 2 067 − 675 = **1 392**
b. plus petite différence : 2 067 − 1 958 = **109**.

Exercice B

Résoudre un problème relatif à une situation de la « vie courante » et relevant du domaine additif.

La résolution de ce problème nécessite de déterminer les étapes nécessaires, ce qui peut faire l'objet d'une exploitation collective.

Deux stratégies sont possibles :

– déterminer le nombre total de passagers, puis le nombre de places vides ;

– déterminer le nombre de places restantes en soustrayant d'abord le nombre d'adultes, puis le nombre d'enfants.

RÉPONSE : 228 places vides.

Différenciation : Exercices A et B → **CD-Rom du guide, fiche n° 26.**

UNITÉ 6

APPRENDRE

Résolution de problèmes : essais, ajustements

– Engager une recherche en faisant des essais.
– Organiser la résolution en tenant compte de l'information apportée par les essais précédents.

RECHERCHE

INDIVIDUEL, PUIS PAR 2

À quels nombres pense Sam ? : Les élèves doivent trouver deux nombres connaissant leur somme et sachant que l'un est le double de l'autre.

PHASE 1 Deux nombres à trouver

• Formuler le problème à résoudre, en écrivant les deux contraintes au tableau :

➡ *Sam a choisi deux nombres que vous devez trouver. Pour cela, il vous donne deux indications :*

  – *Le deuxième nombre est le double du premier.*
  – *Si j'additionne les 2 nombres, je trouve 48.*

• Faire reformuler les données principales du problème :
– on cherche 2 nombres ;
– l'un est le double de l'autre ;
– leur somme est égale à 48.

• Préciser aux élèves :

➡ *Vous allez d'abord chercher, ensuite vous échangerez avec un camarade pour vous mettre d'accord sur la réponse. Enfin, nous mettrons vos solutions en commun : il faudra dire comment vous avez trouvé.*

• Laisser un temps suffisant de recherche individuelle. Si certains élèves ne démarrent pas, leur suggérer de faire un essai, par exemple sous la forme « Est-il possible que le premier nombre soit 6 ? ».

• Demander aux élèves par deux de vérifier d'abord si la réponse trouvée par chacun convient (en rappelant les deux conditions), puis de se mettre d'accord sur une seule réponse.

Au départ, il est possible que certains élèves restent bloqués ou se lancent dans des calculs sans signification par rapport au problème posé, par exemple du type addition de 48 et de 2. Il s'agit de ne pas les laisser trop longtemps dans une situation de blocage ou dans une stratégie erronée, mais aussi de ne pas intervenir prématurément. C'est seulement dans le cas où ce type de situation perdure que l'enseignant prend l'initiative de faire une suggestion (par exemple, le nombre de Sam peut-il être 6 ?) pour aider à démarrer ou d'organiser une courte mise en commun intermédiaire.

Il s'agit de trouver le bon équilibre entre ne pas interrompre prématurément une démarche erratique que les élèves pourraient eux-mêmes réorienter et ne pas laisser les élèves en situation de blocage ou d'erreur durant toute la séance, ce qui serait dommageable pour eux.

COLLECTIF

PHASE 2 Mise en commun et synthèse

• Commencer la **mise en commun** par un recensement des réponses et la recherche de celles qui sont erronées, en référence aux trois conditions : la réponse doit comporter 2 nombres, l'un doit être le double de l'autre, si on les additionne la somme doit être égale à 48.

• Poursuivre par un **débat** autour de certaines résolutions, en distinguant :
– les essais aléatoires ;
– les essais qui, à partir d'un moment, tiennent compte des essais précédents ;
– d'autres stratégies, peu probables à ce moment de l'année mais envisageables, de type déductif comme par exemple : « si le deuxième nombre est le double du premier, c'est comme si on additionnait 3 fois le premier pour trouver 48 ; le problème revient donc, pour trouver le premier nombre, à chercher un nombre qui additionné 3 fois ou multiplié par 3 donne 48 ». Si cette stratégie n'apparait pas, elle n'est pas donnée par l'enseignant.

• Faire une **synthèse** sur trois points :

Résoudre un problème en faisant des essais

• **Il faut s'assurer que la réponse trouvée vérifie bien toutes les contraintes de l'énoncé.**

• **Pour trouver, on peut essayer des nombres :** un essai est intéressant même s'il ne donne pas la réponse tout de suite.

• **Pour trouver plus rapidement, il faut tenir compte de ce qu'ont donné les essais précédents :**
– si on essaie par exemple avec **6** et **12**, la somme est **18**, mais on est loin du résultat, il faut donc essayer des nombres plus grands ;
– si on essaie avec **15** et **30**, on est très près du résultat…

RÉPONSE : 16 et 32.

Si les stratégies par essais et ajustements ne sont pas apparues, elles font l'objet d'un travail collectif. Dans tous les cas, lors de la synthèse, c'est sur ce type de stratégie que l'accent est mis, et notamment la nécessité de faire des ajustements en tenant compte des informations apportées par les essais précédents pour engager un nouvel essai.

Si la stratégie purement déductive n'est pas apparue, elle n'est pas envisagée lors de la mise en commun (une autre séquence est consacrée à un travail sur la déduction).

SÉANCE 6 **195**

ENTRAINEMENT

FICHIER NOMBRES ET CALCULS **p. 73**

Pour les exercices 1 à 3 :
Résoudre un problème par essais et ajustements.

Ces problèmes permettent de consolider les acquis de la recherche. Dans tous les cas, les nombres sont choisis simples pour permettre des calculs mentaux et centrer l'attention des élèves sur les stratégies de recherche.

Exercice ❶

Contraintes identiques à celles de la recherche.

Les contraintes étant identiques à celles de la recherche, les élèves peuvent s'inspirer directement des apports de cette recherche.

RÉPONSE : 12 et 24.

Exercices ❷ et ❸

Contraintes différentes de celles de la recherche.

La résolution peut être plus délicate dans la mesure où le lien qui lie le premier et le deuxième nombre n'est pas aussi directement exprimé que dans les cas précédents.

Les élèves peuvent essayer des couples de nombres et calculer ensuite leur somme et leur différence.

Les élèves peuvent aussi essayer des nombres en fixant une contrainte, par exemple celle qui précise que le deuxième nombre vaut 8 de plus (ou 10 de plus) que le premier (différence égale à 8 ou à 10), ce qui rend les contraintes plus faciles à gérer.

Il est également possible de considérer, par exemple pour l'**exercice 2**, que si on soustrait 8 du total, on obtient une somme égale à deux fois le plus petit des 2 nombres, soit 32 et que ce plus petit des 2 nombres est donc égal à 16 ; mais il est peu probable que cela soit exploité par les élèves.

RÉPONSE : ❷ 16 et 24.   ❸ 14 et 24.

AIDE Fournir aux élèves une feuille avec 3 colonnes pour qu'ils écrivent dans une colonne le plus petit nombre essayé, dans l'autre le plus grand et dans la troisième leur somme, en barrant un couple et la somme associés si l'essai ne donne pas la réponse. Les inviter à tirer parti des couples de nombres successivement essayés.

Différenciation : Exercices 1 à 3 → **CD-Rom du guide, fiche n° 27.**

	Tâche	Matériel	Connaissances travaillées
CALCULS DICTÉS	Table de multiplication de 9 – Répondre à des questions du type « 4 fois 9 » et « combien de fois 9 dans 27 ? ».	par élève : – ardoise ou cahier de brouillon	– Table de multiplication de 9 (mémorisation).
RÉVISER Géométrie	Reproduction d'une figure sur quadrillage – Reproduire une figure complexe.	pour la classe : – calques des 2 figures du cahier pour la validation – quelques photocopies de la page du cahier pour les élèves qui auraient besoin de reprendre la reproduction par élève : – règle, compas et crayon CAHIER GÉOMÉTRIE **p. 45 (A)**	– Repérage sur quadrillage d'un nœud par rapport à un autre – Reproduction d'une figure.
APPRENDRE Géométrie	Polyèdres : description RECHERCHE **Jeu du portrait** – Différencier les polyèdres des autres solides. – Retrouver un polyèdre parmi d'autres en posant des questions, puis à partir d'une description du polyèdre.	pour la classe : – **un lot de plusieurs solides :** - les solides (a) à (g), (i), (k) et (l) ❯ à réaliser à partir des patrons de la **pochette de solides** ou photocopiés sur du papier fort à partir des **fiches 29 à 39** - une **boule**, un **ovoïde** (œuf dur par exemple), un **tore** (du type anneau ou jouet du premier âge) - des **cylindres** du type boîte de camembert et boîte de conserve - différentes **boîtes cubiques** (boîte de thé) ou **parallélépipédiques** (boîte de dentifrice ou de jus de fruit) et d'autres boîtes de différentes formes ❯ écrire une lettre à partir de (r) sur ces solides – une enveloppe – 3 étiquettes pouvant être glissées dans l'enveloppe par équipe de 4 : – un lot de 8 polyèdres : (a) à (f), (i) et (k)	– Polyèdres et autres solides – Polyèdres : faces, sommets, arêtes.

UNITÉ 6

CALCULS DICTÉS

Table de multiplication de 9
– Répondre à des questions du type « 4 fois 9 » et « combien de fois 9 dans 27 ? ».

INDIVIDUEL ET COLLECTIF

• Dicter les calculs suivants avec réponses sur l'ardoise ou le cahier de brouillon :

a. 2 fois **9**   e. Combien de fois **9** dans **9** ?
b. 9 fois **9**   f. Combien de fois **9** dans **54** ?
c. 5 fois **9**   g. Combien de fois **9** dans **81** ?
d. 8 fois **9**   h. Combien de fois **9** dans **27** ?

RÉPONSE : a. 18   b. 81   c. 45   d. 72   e. 1   f. 6   g. 9   h. 3.

• Les élèves peuvent se préparer ou s'entrainer à ce moment de calcul mental en utilisant l'**exercice 7** de **Fort en calcul mental**, p. 67.

RÉPONSE : a. 0   b. 36   c. 72   d. 81   e. 2   f. 5   g. 6   h. 8.

Reproduction d'une figure sur quadrillage

– Analyser une figure : identification des éléments qui la constituent et repérage de leur position les uns par rapport aux autres.
– Identifier le centre et le rayon d'un cercle.
– Repérer un point par rapport à un autre sur quadrillage.

CAHIER MESURES ET GÉOMÉTRIE **p. 45**

Reproduire sur quadrillage

A Reproduis ces deux figures.

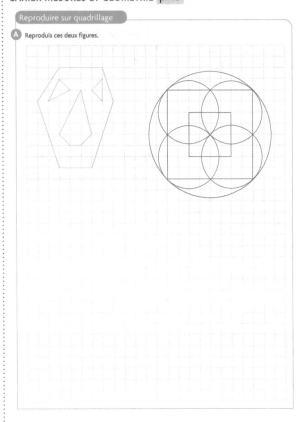

Exercice **A**

Reproduire une figure.

Indiquer aux élèves la figure qu'ils reproduiront prioritairement. Les plus rapides reproduiront les deux.

Figure verte

L'aspect figuratif de la figure incite à reproduire les polygones qui la constituent l'un après l'autre. Pour cela, après avoir reproduit un premier polygone, il faut positionner un sommet ou un côté d'un deuxième polygone par rapport à un sommet ou un côté de ce premier polygone.

Figure rouge

L'analyse de cette figure est plus difficile à conduire car les figures élémentaires qui la composent s'entrecroisent. Tous les élèves ne font pas la même lecture de la figure :
– certains élèves la verront comme faite de cercles et de carrés, d'autres comme un agencement de cercles et de segments, sans voir les carrés ;
– certains éléments sont plus prégnants que d'autres et ce ne sont pas les mêmes d'un élève à l'autre.

Autant de lectures qui conduisent à des stratégies de tracé différentes *(voir commentaire)*. L'analyse de la figure pourra être conduite **collectivement**. Une des difficultés est d'identifier le centre de chaque cercle (faire remarquer que ce sont des nœuds du quadrillage). Apporter une aide individuelle pour préciser l'analyse de la figure ou prendre les informations utiles à la reproduction d'un élément ou encore contrôler l'exactitude d'un tracé. Une fois la figure reproduite, remettre à l'élève le **calque de la figure** pour qu'il valide sa construction.

> **Les élèves ne commencent pas par faire une analyse globale de la figure :** ils repèrent un élément plus prégnant à leurs yeux que les autres et en engagent la reproduction ; ensuite, ils retournent à la figure pour en poursuivre l'analyse. La reproduction se fait pas à pas en faisant des allers et retours entre la figure à reproduire et sa construction.
>
> **Selon l'élément choisi comme point de départ** (carré, segment ou cercle pour la figure de droite), la construction ne revêt pas le même degré de difficulté.

Différenciation : Exercice A → **CD-Rom du guide, fiche n° 28.**

Polyèdres : description

– Différencier un polyèdre d'un autre solide.
– Identifier un polyèdre en recourant à la forme et au nombre de ses faces, de ses arêtes et de ses sommets.

RECHERCHE

Jeu du portrait : Les élèves vont **d'abord** trier les solides entre ceux qui « roulent » et ceux dont les faces sont des polygones. **Ensuite** ils posent des questions pour retrouver le polyèdre choisi par l'enseignant : une première partie, jouée sans contrainte sur le vocabulaire, est suivie d'une deuxième où le nom et la forme des faces ne peuvent plus être utilisés. **Enfin**, par équipes de 4, ils doivent retrouver le polyèdre correspondant à la description qui leur en est donnée.

Préparation avant la séance

Les solides pour la classe et les équipes de 4 élèves sont à réaliser :
– soit à partir des patrons de la **pochette de solides** (une pochette est prévue pour équiper un groupe de 4 élèves) ;
– soit à partir des patrons présents du **matériel photocopiable** et reproduits dans ce cas sur du papier cartonné *(voir fiches 29 à 39)*.

INDIVIDUEL ET COLLECTIF

Pour la classe :

– un lot de solides réalisés à partir des patrons :

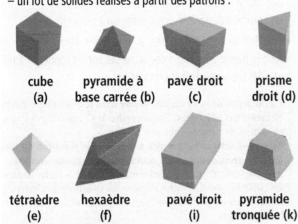

cube
(a)

pyramide à
base carrée (b)

pavé droit
(c)

prisme
droit (d)

tétraèdre
(e)

hexaèdre
(f)

pavé droit
(i)

pyramide
tronquée (k)

À ce lot de solides, il faut ajouter :
– deux autres solides réalisés à partir des patrons du matériel : un **cylindre** (g) et un **cône** (l) ;
– une **boule**, un **ovoïde** (œuf dur par exemple), un **tore** (du
type anneau ou jouet du premier âge) ;
– des **cylindres** du type boîte de camembert et boîte de
conserve, différentes **boîtes cubiques** (boîte de thé) ou
parallélépipédiques (boîte de dentifrice ou de jus de fruit),
et d'autres boîtes de différentes formes (écrire une lettre sur
ces solides en commençant à (r)).

Par équipe de 4 : un lot constitué des 8 polyèdres (a) à (f), (i)
et (k).

Sur chaque solide, une lettre est écrite qui sert à le repérer.

> **Le terme « solide » désigne un objet à trois dimensions, limité
> par une surface fermée.** Les solides dont les patrons sont fournis
> ont déjà été utilisés en CE1, à l'exception du solide (k).
> **Le cylindre et le cône**, difficiles à réaliser, peuvent être rempla-
> cés par n'importe quels objets ayant ces formes, mais écarter tout
> cylindre ou cône oblique.
> **Le lot de solides peut être enrichi avec d'autres polyèdres**, cer-
> tains pouvant ne pas être convexes. Toutefois, ne prendre qu'un
> solide de chaque type de façon à ne pas faire intervenir les dimen-
> sions.

PHASE 1 Découverte des solides

• Disposer l'ensemble des solides sur une table à la vue de tous,
puis indiquer :

➡ *Voici plusieurs objets qu'il va falloir trier, mais seule leur **forme**
nous intéresse, pas la matière, ni la couleur, ni leurs contenus, ni
les inscriptions figurant sur les boîtes d'emballage. D'ailleurs ces
inscriptions ne pourront pas être utilisées pour désigner les objets.
Pour les désigner, nous les appellerons par leur lettre (montrer une
lettre sur un solide).*

• Faire remarquer qu'on appelle ces objets des « **solides** », mais
ce mot n'a pas la signification de « résistant » ou « contraire de
liquide » qu'on lui donne dans le langage courant.

• Demander aux élèves de faire part de leurs remarques. Certains
vont reconnaître des solides et les nommer. Parmi les remarques
des élèves, il y a celle-ci : « Il y a des solides qui ont une partie qui
n'est pas plate, quand on les pose sur cette partie ils roulent ».

• Demander à un élève de venir isoler ces solides des autres, ce
qu'il fait sous le contrôle de la classe qui donne son avis à chaque
fois qu'un solide est retiré. Nommer la **boule** et le **cône**.

• Ne conserver que les solides (a) à (f), (i) et (k), puis poser cette
question :

➡ *À quelle famille de figures appartiennent toutes les faces de ces
solides ?*

• Après avoir confirmé que ce sont tous des « **polygones** »,
conclure :

Vocabulaire sur les solides

• Les solides qui restent au terme de ce classement n'ont que des
surfaces planes, ils sont appelés « **polyèdres** ».

• Leurs surfaces planes sont des « **polygones** ». Elles portent le
nom de « **faces** ».

• Demander aux élèves :

➡ *Connaissez-vous le nom de certains de ces polyèdres et comment
faites-vous pour les reconnaître ?*
Le **cube** (a), la **pyramide** (b), éventuellement le **pavé droit** (c)
seront reconnus à la forme de leurs faces et au fait que, pour la
pyramide, quand elle est posée sur la table elle est « pointue ».

• Faire observer le **solide** (c) : il a 6 faces qui sont toutes des
rectangles. Les faces opposées (celles qui ne se touchent pas, qui
sont en face l'une de l'autre) sont identiques. Si les élèves n'ont
pas donné son nom, indiquer que c'est un « **pavé droit** ».

• Présenter le **solide** (i) : il a 6 faces, quatre sont des rectangles
et deux des carrés. Indiquer qu'on lui donne aussi le nom de
« **pavé droit** ».

• Faire une **synthèse** :

Cube et pavé droit

• **Un cube a 6 faces qui sont toutes des carrés identiques.**

• **Un pavé droit a 6 faces qui sont toutes des rectangles.**
Les faces opposées sont identiques.
Un pavé droit peut avoir 2 faces qui sont des carrés et les 4 autres
des rectangles.

• Placer ensuite le **tétraèdre** (e) et la **pyramide** (b) côte à côte :
➡ *Qu'est-ce qui différencie ces deux solides ?*

Réponses possibles :
– « Les faces qui reposent sur la table sont différentes : un carré
pour l'un, un triangle pour l'autre. »
– « Toutes les faces placées de côté sont des triangles. »
– « Les deux polyèdres sont « pointus. »

• Conclure :

Les polyèdres (b) et (e) sont deux **pyramides**.

PHASE 2 Jeu du portrait avec l'hexaèdre

Chaque équipe dispose des polyèdres (a) à (f), (i)
et (k).

• Montrer l'enveloppe dans laquelle a été glissée
l'étiquette (f) qui est celle de l'**hexaèdre** et indiquer :

➡ *Dans cette enveloppe se trouve la lettre d'un polyèdre que j'ai
choisi. Vous devez trouver ce polyèdre. Pour cela, vous pourrez me*

poser des questions auxquelles je répondrai uniquement par oui ou par non. Mais vous n'avez pas le droit de me questionner sur le nom du polyèdre, ni sur la lettre écrite dessus.

• Au cours de ce premier jeu, il n'y a pas d'autres contraintes. Les élèves peuvent donc recourir à la forme des faces, au nombre de faces de chaque forme. Un premier élève pose une question ; après que la réponse a été donnée, un élève élimine sous le contrôle de la classe les solides qui ne conviennent pas et formule les raisons pour lesquelles il les élimine. Une seconde question est posée et ainsi de suite jusqu'à ce qu'il ne reste qu'un solide. L'étiquette est sortie de l'enveloppe pour valider la solution.

• Amener les élèves à faire la distinction entre le **solide** et ses **faces**. En effet, certains élèves utilisent par exemple le terme « carré » pour désigner un « cube ».

 PHASE 3 Jeu du portrait avec le prisme droit

Chaque équipe dispose du lot de **polyèdres** utilisé en **phase 2**.

• Placer dans l'enveloppe l'étiquette (**d**) qui est celle du **prisme droit à base triangulaire**, puis donner les nouvelles contraintes :

➡ *Nous allons jouer une nouvelle partie. Mais cette fois, en plus de ne pas utiliser le nom du polyèdre et la lettre écrite dessus, vous n'avez pas le droit d'utiliser le nom des faces, ni de décrire la forme des faces. À chaque réponse que je donnerai, chaque équipe éliminera les solides qui ne conviennent pas. Nous arrêterons le jeu quand il ne restera plus qu'un polyèdre sur la table de chaque équipe.*

La nouvelle contrainte oriente le questionnement vers le dénombrement des faces, des arêtes ou des sommets.

• Écrire les questions et les réponses au tableau afin de pouvoir s'y reporter. Le retrait des polyèdres qui ne conviennent pas se fait au sein de chaque équipe.

• Refuser de répondre aux questions où les termes employés sont ambigus et aider à la mise en place du vocabulaire approprié (face, arête, sommet) :

– une **face** désigne n'importe quel polygone constituant la surface du solide ;
– une **arête** désigne un côté commun à deux faces ;
– un **sommet** désigne le point commun à plusieurs arêtes.

• Une fois la partie terminée, si toutes les équipes n'ont pas trouvé le même polyèdre, faire un retour sur les solides écartés à partir des réponses écrites au tableau.

La difficulté de cette activité réside dans le dénombrement des éléments des polyèdres. Elle nécessite de s'organiser pour ne pas en oublier ou compter deux fois le même.
Ce type d'activité est propice à travailler la précision du vocabulaire géométrique, l'organisation d'un questionnement, la mise en mémoire des réponses ainsi que certaines règles à respecter (attendre son tour, tenir compte des questions des autres…). Certains termes utilisés spontanément par les élèves peuvent prêter à confusion :
– ainsi le mot « côté » peut aussi bien désigner une face plane pour certains qu'une arête (côté d'une face) pour d'autres ;
– la présence, parmi le lot de polyèdres, d'un tétraèdre et d'un hexaèdre doit aider à préciser le terme « **sommet** », notamment en le différenciant du « point le plus élevé » d'un polyèdre par analogie avec le sommet d'une montagne.

PHASE 4 Jeu du portrait avec un troisième polyèdre

Si le temps le permet, le jeu peut être repris à l'identique de la phase 3.

• Veiller à choisir un polyèdre autre que les polyèdres (**a**), (**c**), (**i**) et (**k**) pour lesquels le nombre de faces, de sommets et d'arêtes ne permettent pas de les différencier.

Polyèdres	Faces	Arêtes	Sommets
Cube (**a**)	6	12	8
Pyramide à base carrée (**b**)	5	8	5
Pavé droit (**c**)	6	12	8
Prisme droit à base triangulaire (**d**)	5	9	6
Tétraèdre (**e**)	4	6	4
Hexaèdre (**f**)	6	9	5
Pavé droit (**i**)	6	12	8
Pyramide tronquée (**k**)	6	12	8

ÉQUIPES DE 4 ET COLLECTIF

ÉQUIPES DE 4

Tâche	Matériel	Connaissances travaillées
CALCULS DICTÉS — **Calcul de compléments et soustraction** — Calculer des compléments ou des différences en choisissant la méthode la plus efficace.	**par élève :** − ardoise ou cahier de brouillon	− **Calcul réfléchi** − Addition, soustraction.
RÉVISER Géométrie — Description de polyèdres — Associer des descriptions et des polyèdres.	**par équipe de 4 :** − les 8 polyèdres (a) à (f), (i) et (k) de la séance 7 **par élève :** − feuille de brouillon pour noter les informations prises sur les polyèdres CAHIER GÉOMÉTRIE **p. 46 A**	− **Polyèdres : description** − **Faces, sommets, arêtes.**
APPRENDRE Mesures — Contenances : comparaison et mesures RECHERCHE **Litre, décilitre, centilitre** − Comparer des contenances par estimation, par transvasement, puis par calcul, les mesures dans les unités usuelles étant connues.	**pour la classe :** − 5 à 6 récipients transparents sur lesquels sont mentionnées les contenances (voir activité) − de l'eau colorée pour faire des transvasements − bassine pour évacuer les trop-pleins − des entonnoirs − récipient d'**1 dL** (verre ou flacon d'un produit d'hygiène par exemple) − récipient d'**1 cL** (dosette de liquide pharmaceutique ou petit flacon de vernis à ongles par exemple) **par équipe de 2 :** − feuille pour chercher et ardoise **par élève :** CAHIER GÉOMÉTRIE **p. 46 1 à 4**	− **Comparaison de contenances** − **Unités usuelles de contenances : litre, décilitre, centilitre et relations entre ces unités.**

CALCULS DICTÉS

Calcul de compléments et soustraction

− Calculer mentalement des compléments et des différences en choisissant une méthode efficace.

INDIVIDUEL ET COLLECTIF

• Dicter les calculs suivants qui peuvent être écrits au tableau, avec réponses sur l'ardoise ou le cahier de brouillon :

a. combien pour aller de **2 à 47** ?	d. 52 − 4
b. combien pour aller de **36 à 40** ?	e. 61 − 58
c. combien pour aller de **25 à 60** ?	f. 60 − 35

RÉPONSE : a. 45 b. 4 c. 35 d. 48 e. 3 f. 25.

• Les élèves peuvent se préparer ou s'entrainer à ce moment de calcul mental en utilisant l'**exercice 8** de **Fort en calcul mental, p. 67.**

RÉPONSE : a. 20 b. 3 c. 25 d. 58 e. 2 f. 26.

Ces questions sont du même type que celles posées dans les phases d'apprentissage en unité 5, mais sont maintenant situées dans un contexte numérique, ici avec des nombres simples.

Faire remarquer que, parfois, il est plus simple de faire un calcul équivalent à celui qui est proposé, par exemple :

− « combien pour aller de 2 à 47 » peut être remplacé par « 47 − 2 » ;

− « 61 − 58 » peut être remplacé par « combien pour aller de 58 à 61 ? ».

Description de polyèdres

– Identifier un polyèdre à partir d'une description portant sur le nombre et la forme de ses faces, le nombre de ses arêtes et de ses sommets.

ÉQUIPES DE 2

CAHIER MESURES ET GÉOMÉTRIE p. 46

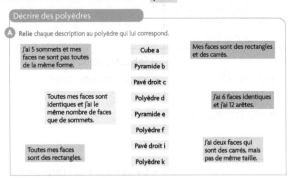

Décrire des polyèdres

A Relie chaque description au polyèdre qui lui correspond.

J'ai 5 sommets et mes faces ne sont pas toutes de la même forme.	Cube a	Mes faces sont des rectangles et des carrés.
	Pyramide b	
	Pavé droit c	
Toutes mes faces sont identiques et j'ai le même nombre de faces que de sommets.	Polyèdre d	J'ai 6 faces identiques et j'ai 12 arêtes.
	Pyramide e	
	Polyèdre f	
Toutes mes faces sont des rectangles.	Pavé droit i	J'ai deux faces qui sont des carrés, mais pas de même taille.
	Polyèdre k	

Exercice A

Les élèves sont groupés par quatre autour d'un lot de solides composé des polyèdres (a) à (f), (i) et (k) déjà utilisé pour le jeu du portrait en séance 7, mais la recherche se fait en équipes de 2 :

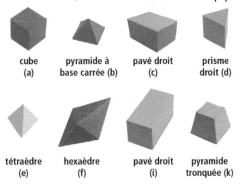

cube (a) pyramide à base carrée (b) pavé droit (c) prisme droit (d)

tétraèdre (e) hexaèdre (f) pavé droit (i) pyramide tronquée (k)

Informer les élèves que :

➡ *Chaque description correspond à un polyèdre. Il peut y avoir des polyèdres qui ne correspondent à aucune description. Vous devez relier chaque description au polyèdre qui lui correspond.*

Une brève **mise en commun** permet de faire expliciter quelques démarches et pointer l'utilité de noter les informations prises sur un polyèdre pour ne pas avoir à les reprendre.

Conclure :

> **Pour décrire un polyèdre**, on peut utiliser :
> – le nombre de ses faces, de ses arêtes, de ses sommets ;
> – la forme de ses faces ;
> – le nombre de faces de chaque forme.

RÉPONSE :

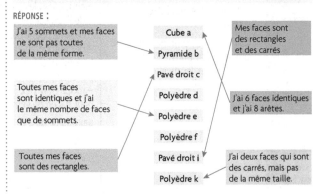

J'ai 5 sommets et mes faces ne sont pas toutes de la même forme.	Cube a	Mes faces sont des rectangles et des carrés
	Pyramide b	
	Pavé droit c	
Toutes mes faces sont identiques et j'ai le même nombre de faces que de sommets.	Polyèdre d	J'ai 6 faces identiques et j'ai 8 arêtes.
	Polyèdre e	
	Polyèdre f	
Toutes mes faces sont des rectangles.	Pavé droit i	J'ai deux faces qui sont des carrés, mais pas de la même taille.
	Polyèdre k	

La difficulté de cette activité réside dans le dénombrement des éléments des polyèdres qui nécessite de s'organiser pour ne pas en oublier ou compter deux fois le même. Il est plus simple et plus économique quand la description l'autorise de s'intéresser d'abord à la forme des faces et à leur nombre.

Contenances : comparaison et mesures

– Comprendre ce qu'est la contenance d'un récipient.
– Utiliser des unités conventionnelles (litre, décilitre, centilitre) et connaître les équivalences entre ces unités.

RECHERCHE

> **Litre, décilitre, centilitre :** Les élèves vont comprendre ce que représentent les unités usuelles : litre, décilitre, centilitre. Pour chaque problème de comparaison de contenances, les élèves réalisent des estimations qui sont ensuite vérifiées par des transvasements. La situation peut être menée collectivement ou seulement avec un groupe d'élèves.

Préparation avant la séance

• Rassembler 5 à 6 récipients transparents vides du commerce portant les lettres :

A : une bouteille de **1 L**

B : un récipient de **plus de 1 L**

C : une bouteille de **50 cL**

D : une bouteille de **75 cL**

E : un récipient de **1 L** mais d'une forme plus large et moins haute qu'une bouteille (un récipient de 1 dm³ en plexiglass ou une boîte de crème glacée par exemple).

Les contenances (en cL ou L, sans écriture décimale) sont encore inscrites sur les étiquettes d'origine des bouteilles **A**, **C** et **D** ou sur le corps du récipient, mais elles ne doivent pas être visibles en phase 1.

PHASE 1 Comparaison de contenances par transvasement

• Présenter **les 5 récipients vides A, B, C, D et E** :

➡ *Chacun de ces récipients peut être rempli de liquide. Vous allez, par équipe de deux, **ranger ces récipients**, de celui qui contient le moins de liquide à celui qui en contient le plus. Notez votre réponse sur la feuille avec vos explications.*

L'estimation se fait à l'œil. Autoriser un élève par groupe à se déplacer pour regarder les objets de plus près.

• Recenser les **estimations** de chaque groupe et engager la discussion : des désaccords apparaîtront certainement concernant la comparaison des contenances des récipients **A** et **E**. Certains, pour justifier leur réponse, donneront des arguments du type : « celui-là contient moins car il est moins haut » ou « moins haut et aussi large » ou encore « moins haut mais plus large »…

• Engager les élèves à rechercher une manipulation de vérification :

➡ *Comment s'assurer d'une méthode efficace permettant de comparer des contenances ?*

Recenser les **différentes méthodes trouvées** : certains élèves proposeront de vérifier leurs estimations en remplissant les récipients d'eau et en comparant ces quantités d'eau.

• Inviter deux élèves à faire, devant toute la classe, les transvasements nécessaires pour comparer deux à deux les contenances de **A** et **E**, puis de **A** et **D**. Si besoin, faire également comparer **A** et **B**, puis **C** et **D**, mais suivant la forme des récipients, les comparaisons à l'œil de ces contenances peuvent suffire pour emporter l'adhésion du groupe.

• Noter au fur et à mesure les résultats des comparaisons au tableau, puis demander à chaque équipe de rechercher, à partir de ces données, le rangement correct.

RÉPONSE : **C / D / A = E / B**.

PHASE 2 Comparaison de contenances en L et cL

• Présenter la **bouteille A** et la **bouteille C**.

• Poser la question suivante :

➡ *Combien de fois faut-il verser le contenu de la petite bouteille dans la grande bouteille pour la remplir ? Mettez-vous d'accord par deux et écrivez votre réponse sur l'ardoise.*

• Recenser rapidement les réponses sans les commenter.

• Inviter un ou deux élèves à lire les inscriptions figurant sur les bouteilles :
– **1 l** ou **1 L** sur la **bouteille A** se lit « **1 litre** » ;
– **50 cl** ou **50 cL** sur la **bouteille C** se lit « **50 centilitres** ».

• Poser le problème :

➡ *Est-ce que cette information vous permet de trouver la réponse à la question précédente ? Mettez-vous d'accord par deux et écrivez votre réponse sur l'ardoise.*

• Recenser les réponses des différents groupes et encourager la discussion. Pour trouver le rapport entre **1 L** et **50 cL**, il faut utiliser l'équivalence **1 L = 100 cL**. Cette équivalence peut être trouvée par analogie avec les mesures de longueur comme :

1 mètre = 100 **centi**mètres   1 litre = 100 **centi**litres.

• Faire vérifier par transvasement le rapport trouvé par le raisonnement et le calcul :
– on peut verser **2 fois** le contenu de la bouteille de **50 cL** dans la bouteille de **1 L** ;
– la bouteille de **1 L** contient le **double** de la bouteille de **50 cL**.

• Faire lire l'inscription sur l'étiquette d'origine de la bouteille **D** (75 cL) et ainsi vérifier le rangement des contenances entre les récipients **A**, **C** et **D**.

PHASE 3 Comparaison de contenances en L et dL

• Présenter le **verre de 1 dL** et la **bouteille A de 1 L**, puis poser la question suivante :

➡ *Combien de fois faut-il verser le contenu du verre dans la grande bouteille pour la remplir ? Mettez-vous d'accord par deux et écrivez votre réponse sur l'ardoise.*

• Recenser rapidement les réponses sans les commenter, puis poser une nouvelle question :

➡ *Il est difficile de répondre à la question sans connaitre les mesures. On sait que la contenance de la bouteille est de 1 litre. Celle du verre est de 1 décilitre. Est-ce que cette information vous permet de trouver la réponse à la question précédente ? Mettez-vous d'accord par deux et écrivez votre réponse sur l'ardoise.*

• Recenser les réponses des différents groupes et encourager la discussion. Pour trouver le rapport entre **1 L** et **1 dL**, il faut utiliser l'équivalence **1 L = 10 dL**. Cette équivalence peut être trouvée par analogie avec les mesures de longueur comme :

1 mètre = 10 **déci**mètres   1 litre = 10 **déci**litres.

• Faire vérifier par transvasement le rapport trouvé par le raisonnement et le calcul :
– on peut verser **10 fois** le contenu du verre de **1 dL** dans la bouteille de **1 L**.

PHASE 4 Synthèse

• Avec l'aide des élèves, faire la **synthèse** de ce qui a été vu :

Les unités de contenance

• La propriété des objets qui peuvent contenir des liquides est la « **contenance** ». Les contenances se comparent et se mesurent par **transvasement**.

• **L'unité usuelle de contenance** est le **litre**, noté **l** ou **L**. C'est la contenance de la plupart des bouteilles d'eau, de lait…

• **Des unités permettent de mesurer des contenances plus petites :**
le **décilitre**, noté **dl** ou **dL** et le **centilitre**, noté **cl** ou **cL**. Le centilitre est utilisé pour les liquides alimentaires.

• Montrer en référence à chacune des unités les récipients correspondants : bouteille de **1 L**, verre de **1 dL**, dosette de **1 cL**, afin que les élèves aient une image de référence pour les ordres de grandeur de ces unités.

• **Ces équivalences doivent être connues :**
1 L = 10 dL   1 L = 100 cL   1 dL = 10 cL.

• Faire rechercher ces égalités dans le **dico-maths n° 38**.

• Il est important de rapprocher ces équivalences de celles connues des élèves sur les unités de longueur. Les élèves doivent prendre conscience de l'analogie de construction des unités du système métrique et du sens des préfixes « **déci** » et « **centi** ».

• Faire commenter les inscriptions présentes sur les récipients de la classe.

TRACE ÉCRITE

> Les récipients de **1 L, 1 dL, 1 cL** doivent être présents et visibles dans la classe avec une affiche où figurent leurs contenances et les équivalences à connaitre.

Un atelier de mesure de contenance peut être mis en place, afin que tous les élèves puissent effectuer les manipulations de transvasement *(voir consolidation p. 213)*.

Peu de récipients du commerce ont une contenance exprimée en dL. Mais, les élèves peuvent observer que, sur beaucoup de récipients du commerce, une autre unité est utilisée, notée **mL**. En référence aux unités de longueurs, on pourra dire que **1 cL = 10 mL**. Mais l'**unité millilitre** sera étudiée au CM1.

ENTRAINEMENT

CAHIER MESURES ET GÉOMÉTRIE p. 46

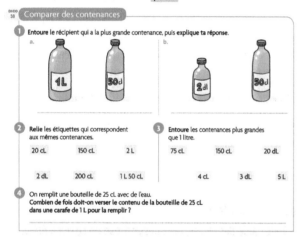

Ces exercices sur les contenances amènent à utiliser les équivalences 1 L = 100 cL, 1 L = 10 dL et 1 dL = 10 cL, donc à faire des conversions. Celles-ci sont plus abstraites que pour les mesures de longueurs, car elles ne peuvent pas être faites en référence aux graduations d'un instrument, comme c'est le cas pour les longueurs ou les durées.

Exercice **①**

Comparaison de contenances avec indications de mesure sur les récipients.

Reprise de ce qui a été fait dans l'activité collective. Insister sur le fait que « **pour comparer deux mesures de contenance, il faut qu'elles soient exprimées dans la même unité** ».

RÉPONSE : a. **1 L = 100 cL** est plus grand que **50 cL**.
b. **2 dL = 20 cL** est plus petit que **50 cL**.
(car 1 dL = 10 cL, donc 2 dL = 2 fois 10 cL = 20 cL).

Exercice **②**

Trouver des contenances équivalentes.

Procéder à une lecture collective et orale de l'énoncé pour permettre à chacun de repérer les abréviations utilisées : L, dL et cL.
200 cL = 2 fois 100 cL = 2 fois 1 L = **2 L**.
1 L 50 cL = 100 cL + 50 cL = **150 cL**
2 dL = 2 fois 1 dL = 2 fois 10 cL = **20 cL**.
RÉPONSE : 200 cL = 2 L   1 L 50 cL = 150 cL   2 dL = 20 cL.

Exercice **③**

Trouver des contenances supérieures à 1 L.

75 cL et **4 cL** sont plus petits que 100 cL, donc que 1 L.
150 cL est plus grand que 100 cL, donc que 1 L.
3 dL est plus petit que 10 dL, donc que 1 L.
20 dL est plus grand que 10 dL, donc que 1 L.
RÉPONSE : 20 dL   150 cL   5 L.

Exercice **④**

Trouver combien de fois une contenance est contenue dans une autre.

Reprise de ce qui a été fait dans l'activité collective.
1 L = 100 cL = 4 fois 25 cL.
RÉPONSE : 4 fois.

Différenciation : Exercices 1 à 3 → **CD-Rom du guide, fiche n° 29**.

À SUIVRE

En **séance 9**, seront entrainées les unités de contenance étudiées dans cette séance.

	Tâche	Matériel	Connaissances travaillées
CALCULS DICTÉS	Calcul de compléments et soustraction – Calculer des compléments ou des différences en choisissant la méthode la plus efficace.	par élève : – ardoise ou cahier de brouillon	– **Calcul réfléchi** – Addition, soustraction.
RÉVISER Mesures	Mesure de contenances – Calculer la contenance d'un récipient connaissant la contenance d'un autre. – Trouver le rapport entre les mesures de deux récipients.	pour la classe : – 3 bouteilles vides de 1 L, 75 cL, 50 cL dont les contenances sont inscrites sur les bouteilles – 2 récipients de 1,5 L et de 25 cL dont la contenance est inconnue des élèves par élève : CAHIER GÉOMÉTRIE **p. 47** Ⓐ et Ⓑ	– **Contenances : mesure** – **Unités usuelles de contenance : litre, décilitre, centilitre et relations entre ces unités.**
APPRENDRE Géométrie	Polyèdres : reproduction, construction RECHERCHE **Reproduire un polyèdre** – Reproduire un polyèdre en se servant du polyèdre comme gabarit.	pour la classe : – polyèdres (a) à (e) et (i) utilisés en séances 7 et 8 – 3 assemblages de 6 carrés photocopiés sur un papier épais et découpés suivant leur contour ▸ **fiches 40, 41 et 42** – les 5 assemblages de l'exercice 1 agrandis au format A3 ▸ **à découper suivant les contours et en marquer les plis** par équipe de 2 : – un polyèdre parmi les polyèdres (a) à (e) et (i) – feuille de papier uni de format A4 – feuille de type bristol uni de format A4 – crayon, ciseaux, rouleau de ruban adhésif par élève : CAHIER GÉOMÉTRIE **p. 47** ❶	– **Polyèdres : reproduction** – **Cube : patron.**

UNITÉ 6

CALCULS DICTÉS

Calcul de compléments et soustraction
– Calculer mentalement des compléments et des différences en choisissant une méthode efficace.

INDIVIDUEL ET COLLECTIF

• Dicter les calculs suivants qui peuvent être écrits au tableau, avec réponses sur l'ardoise ou le cahier de brouillon :

a. combien pour aller de **3** à **55** ? d. 79 – 9
b. combien pour aller de **24** à **64** ? e. 70 – 65
c. combien pour aller de **49** à **52** ? f. 70 – 35

RÉPONSE : a. 52 b. 40 c. 3 d. 70 e. 5 f. 35.

• Les élèves peuvent se préparer ou s'entrainer à ce moment de calcul mental en utilisant l'**exercice 9** de **Fort en calcul mental, p. 67**.

RÉPONSE : a. 42 b. 20 c. 7 d. 80 e. 4 f. 40.

Ces questions sont du même type que celles posées en séance précédente.

RÉVISER

Mesure de contenances
– Mesurer des contenances et utiliser l'équivalence 1 L = 100 cl.

ÉQUIPES DE 2

PHASE 1 **Mesure de la contenance du récipient de 1,5 L**

• Présenter ce récipient dont la contenance est inconnue des élèves, puis demander :

➡ *Réfléchissez par deux à une méthode qui permettra de déterminer la contenance de ce récipient. Vous pouvez bien sûr vous servir des récipients dont vous connaissez déjà la contenance, comme par exemple les bouteilles de 1 L, de 50 cL ou de 75 cL... (les montrer).*

• Recenser les méthodes et faire expérimenter, par deux élèves devant la classe, celles qui paraissent les plus pertinentes. Par exemple, le transvasement d'**une fois la bouteille de 1 L et une fois la bouteille de 50 cL** dans le récipient dont la contenance est à trouver.

• À partir du résultat de ces expériences, faire rechercher la contenance du récipient, puis amener les élèves à se mettre d'accord sur une mesure.

RÉPONSE : Le récipient a une contenance de **1 L 50 cL** ou **150 cL**.

PHASE 2 **Mesure de la contenance du récipient de 25 cL**

• Présenter la bouteille dont la contenance est inconnue des élèves et procéder de la même manière. Le transvasement de **2 fois la petite bouteille**, dont la contenance est à trouver, **dans la bouteille de 50 cL** amène les élèves à se mettre d'accord sur une mesure.

RÉPONSE : La petite bouteille a une contenance moitié de celle de la bouteille de 50 cL, soit **25 cL**.

La mesure de quelques contenances s'opère par transvasement à partir de contenances étalons. Un **atelier de mesure** pourra être mis en place afin que tous les élèves puissent effectuer les manipulations *(voir consolidation p. 213).*

PHASE 3 CAHIER MESURES ET GÉOMÉTRIE **p. 47**

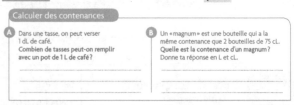

La résolution des exercices amène à des raisonnements du même type que ceux qui ont été vus en séance 8.

Exercice A

Trouver combien de fois une contenance est contenue dans une autre.

Calcul : 1 L = 10 dL = 10 fois 1dL.

RÉPONSE : 10 tasses.

Exercice B

Trouver une contenance qui est le double d'une autre.

Calcul : 2 × 75 cL = 150 cL = 1 L 50 cL.

RÉPONSE : 1 L 50 cL.

APPRENDRE

Polyèdres : reproduction, construction

– Repérer la forme, le nombre et l'agencement des différentes faces pour reproduire un polyèdre.
– Découvrir ce qu'est un patron d'un cube.

RECHERCHE

Reproduire un polyèdre : Les élèves vont reproduire deux polyèdres, à partir d'une feuille de papier, en utilisant le polyèdre modèle comme gabarit. Ils devront ensuite trouver les patrons d'un cube parmi plusieurs assemblages de carrés.

PHASE 1 **Reproduction d'un premier polyèdre**

• Distribuer à chaque équipe une feuille de papier uni de grammage normal, et un polyèdre parmi les trois polyèdres suivants :

| cube (a) | pyramide à base carrée (b) | tétraèdre (e) |

• Présenter la tâche :

➡ *Chaque équipe a un polyèdre, toutes les équipes n'ont pas le même. Vous allez devoir reproduire votre polyèdre. Il devra être pareil au modèle : il devra avoir la même forme et la même taille. Vous disposerez pour cela d'une feuille de papier, d'un crayon, d'une paire de ciseaux et d'un rouleau de ruban adhésif. Vous ne pourrez pas utiliser de règle, ni d'équerre, mais vous pourrez vous servir du polyèdre pour effectuer des tracés. Attention, ce n'est pas un dessin qu'on veut obtenir, mais un objet.*

• Repérer les différentes méthodes utilisées par les élèves *(voir commentaire).* Faire une brève intervention si, après un temps de recherche suffisamment long, certaines équipes n'ont toujours pas démarré :

➡ *J'ai vu des élèves qui, pour reproduire le polyèdre, dessinaient des faces du solide sur la feuille en se servant du solide comme gabarit.*

S'interdire de donner toute autre indication pouvant influer sur le choix d'une démarche.

Si un groupe n'est pas satisfait de sa production, il peut recommencer.

Règle et équerre sont interdites pour centrer l'attention des élèves sur l'identification et l'agencement des faces, en évacuant les difficultés de reproduction des faces avec des instruments.

Les procédures possibles :
1. **Dessiner toutes les faces séparément**, les découper et les assembler.
2. **Dessiner deux faces contiguës**, les découper, les assembler et continuer de proche en proche.
3. **Quand le solide s'y prête, assimiler le polyèdre à une boîte avec couvercle :**
– poser sur la feuille une face qui est considérée comme le fond de la boîte et en dessiner le contour ;
– faire rouler et basculer le solide sur la feuille de papier autour des différents côtés de cette face, dessiner le contour des faces, découper ce patron partiel et l'assembler ;
– dessiner et fixer la face qui servira de couvercle.
4. **Poser le solide sur la feuille**, dessiner le contour de la face en contact avec la feuille, faire ensuite rouler et basculer le solide sur la feuille et dessiner le contour de chaque face jusqu'à obtenir un patron complet.
5. **Tenter d'envelopper le solide dans la feuille**, pour ensuite :
– soit retirer le surplus de papier à l'articulation entre deux faces en découpant et continuer de proche en proche ;
– soit marquer les plis pour dessiner le contour des faces, découper et continuer jusqu'à obtenir un patron du polyèdre.
Cette dernière méthode qui consiste à envelopper le solide n'est pas utilisable avec un papier un peu fort.

PHASE 2 **Mise en commun**

• Quand un grand nombre d'équipes a terminé :
– demander à celles qui ont réussi de présenter la procédure qu'elles ont utilisée ;
– après chaque présentation, demander si d'autres ont procédé de la même manière mais sans aboutir, puis les interroger sur les difficultés qu'elles ont rencontrées. Ces difficultés sont de deux ordres : matériel et stratégique *(voir commentaire).*

• Conclure en récapitulant les différentes méthodes qui ont été utilisées (*cf.* **phase 1** ci-dessus) et qui ont permis de réussir, sans en privilégier aucune. Les élèves doivent surtout prendre conscience que pour réussir, il faut non seulement repérer les différentes formes des faces du solide ainsi que leur nombre, mais aussi observer comment ces faces s'assemblent.

Les difficultés d'ordre matériel peuvent concerner :
– l'utilisation du solide comme gabarit et le tracé du contour d'une face avec le crayon ;
– le découpage des faces ;
– l'assemblage des faces ou du patron…
Les autres difficultés sont d'ordre stratégique :
– savoir quelles sont les faces qui ont déjà été reproduites et celles qui restent à reproduire ;
– savoir où placer une face, soit sur le polyèdre qui est en cours d'assemblage, soit sur le patron qui est en cours de tracé ;
– ne pas pouvoir obtenir le polyèdre en assemblant deux faces par des côtés qui n'ont pas même longueur ;
– ne pas pouvoir terminer le patron par manque de place sur la feuille, ce qui peut conduire à combiner plusieurs méthodes pour reproduire le polyèdre…

PHASE 3 **Reproduction d'un second polyèdre**

• Distribuer à chaque équipe une feuille de papier uni de grammage plus épais de façon à permettre la réalisation d'un assemblage plus esthétique, et un polyèdre parmi les trois polyèdres suivants :

pavé droit (c)   prisme droit (d)   pavé droit (i)

• Une fois la reproduction faite, procéder à une nouvelle **mise en commun** pour pointer les **difficultés** qui subsistent dans la stratégie, mais pas dans la réalisation.

PHASE 4 **Synthèse**

Reproduire un polyèdre

• **Pour réussir à reproduire un polyèdre,** il faut :
– compter le nombre total de faces ;
– repérer les différentes formes de faces et, pour chacune d'elles, compter leur nombre ;
– savoir que l'assemblage de deux faces se fait par deux côtés de même longueur et qu'il faut donc bien repérer le côté par lequel deux faces sont en contact.

• **Quand on construit sur la feuille un assemblage de toutes les faces du polyèdre** et que ces faces sont correctement placées, on réalise ce qu'on appelle un « **patron du polyèdre** ».
Si on découpe ce patron selon son contour et qu'on le plie, on obtient le polyèdre.

1. Montrer les deux premiers assemblages découpés suivant leur contour (**fiches 40** et **41**) en effectuant des pliages :

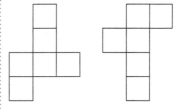

Ils ont chacun 6 faces carrées identiques. Si on les plie, on obtient un cube sans faces qui se chevauchent, ni vide à la surface du cube. Ce sont « **deux patrons d'un cube** ».

2. Montrer le troisième assemblage (**fiche 42**) :

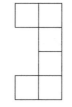

Ce « **n'est pas un patron d'un cube** » car, quand on le plie, il y a deux carrés qui se superposent et il manque une face au cube.

ENTRAINEMENT

CAHIER MESURES ET GÉOMÉTRIE **p. 47**

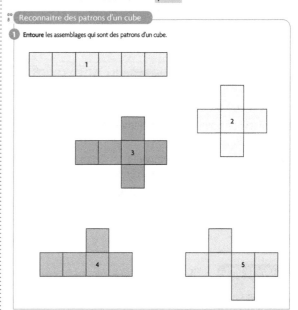

Reconnaître des patrons d'un cube

1 **Entoure** les assemblages qui sont des patrons d'un cube.

Exercice 1

Reconnaître des patrons d'un cube parmi plusieurs assemblages.

Après la recherche, recenser les assemblages qui ont été reconnus comme étant des patrons.

Demander aux élèves d'argumenter leurs réponses et les discuter. Si besoin, plier les différents assemblages agrandis qui ont été préalablement découpés pour valider.

RÉPONSE : assemblages 3 et 5.

Les assemblages ont été choisis très simples pour que les élèves puissent facilement envisager le pliage et décider s'ils obtiennent ou non un cube :
– les **assemblages 2 et 4** peuvent être facilement éliminés car ils ne comptent que 5 carrés ;
– pour l'**assemblage 1**, il est relativement facile d'anticiper que, lors du pliage, des carrés vont se chevaucher et que la boite n'aura pas de couvercle ou de fond.
En CE2, il ne s'agit que d'une **première approche de la notion de patron** qui sera travaillée au CM.

BILAN et consolidation

FICHIER NOMBRES p. 74 à 77
CAHIER GÉOMÉTRIE p. 48 à 5

Comment utiliser les pages Bilan et Consolidation » p. VIII.

BILAN de l'UNITÉ 6

CONSOLIDATION

NOMBRES ET CALCULS

Calcul mental (séances 1 à 9)

Connaissances à acquérir

→ **Tables de multiplication de 3, 6 et 9.**

→ **Calcul de compléments et soustraction.**

Pas de préparation de bilan proposée dans le fichier.

Je fais le bilan › FICHIER NOMBRES p. 75

Exercice 1 Tables de multiplication de 3, 6 et 9.
a. 24 b. 3 c. 7

Exercice 2 Calcul de compléments et de différences.
a. 3 b. 37 c. 56 d. 2 e. 2 f. 15.

Je consolide mes connaissances › FICHIER NOMBRES p. 67

Fort en calcul mental : exercices 1 à 9

Autres ressources

› CD-Rom Jeux interactifs CE2-CM1-CM2

10. Calcul éclair : domaine multiplicatif
11. As du calcul : domaine additif

› Activités pour la calculatrice CE2-CM1-CM2

12. Tables d'addition et de multiplication

NOMBRES ET CALCULS

Ligne graduée : placement approximatif de nombres (séance 1)

Connaissances à acquérir

→ **Pour placer un nombre approximativement entre des nombres donnés**, il faut :

1. **Le situer dans le bon intervalle** en l'encadrant entre deux nombres associés à des repères consécutifs.
2. **Déterminer de quel nombre il est le plus proche :**
– soit en le situant par rapport au milieu de l'intervalle ;
– soit en estimant sa différence avec chacun des deux nombres qui l'encadrent.

Je prépare le bilan › FICHIER NOMBRES p. 74

QCM A 785 peut être placé en face du **repère C**.

La réponse « **repère B** » traduit le fait que les élèves ont seulement cherché à situer le nombre dans le bon intervalle.
La réponse « **repère A** » peut indiquer que le pas de la graduation n'a pas été pris en compte ou a été mal identifié (graduation de 1 000 en 1 000 au lieu de 100 en 100).

QCM B 1 963 est proche de **2 000**.

La réponse « **1 000** » témoigne du fait que les élèves n'ont pris en compte que le chiffre des milliers.

Je fais le bilan › FICHIER NOMBRES p. 75

Exercice 3 Placer des nombres sur des lignes graduées de 100 en 100 ou de 1 000 en 1 000.

868 est placé : sur la 1re ligne entre **800** et **900**, plus proche de 900 ;
sur la 2e ligne entre **0** et **1 000**, plus proche de 1 000.

2 169 est placé : sur la 2e ligne entre **2 000** et **3 000**, plus proche de 2 000.

Je consolide mes connaissances › FICHIER NOMBRES p. 76

Exercice 1

a. **pour 58** → A : vrai B : faux C : vrai.
b. **pour 82** → B : vrai D : vrai F : faux.
c. **pour 560** → A : faux C : faux E : vrai.

Exercice 2

a. **la flèche A** : nombres de 10 à 80
b. **la flèche B** : nombres de 2 500 à 2 600
c. **la flèche C** : nombres de 7 200 à 7 400.

CD-Rom du guide

› Fiche différenciation n° 24

Autres ressources

› CD-Rom Jeux interactifs CE2-CM1-CM2

3. Sur une ligne graduée : nombres entiers

▸ Estimation d'une somme ou d'une différence (séances 2 et 3)

Connaissances à acquérir

→ **Pour estimer l'ordre de grandeur d'une somme ou d'une différence**, il faut arrondir chacun de ses termes pour permettre un calcul mental facile à réaliser.

Je prépare le bilan ❯ FICHIER NOMBRES p. 74

QCM ⓒ Le résultat de 589 + 117 est proche de **700**.

La réponse « **600** » témoigne du fait que les élèves n'ont pris en compte que le chiffre des centaines.

QCM ⓓ Le résultat de 692 − 319 est proche de **400**.

La réponse « **300** » témoigne du fait que les élèves n'ont pris en compte que le chiffre des centaines.

Je fais le bilan ❯ FICHIER NOMBRES p. 75

Exercice ④ Vérifier le résultat d'une somme par une estimation de son ordre de grandeur.
a. Pok : 729   b. calcul mental : 200 + 200 + 300 = 700.

Exercice ⑤ Estimer l'ordre de grandeur d'une différence.
a. 400   b. calcul mental : 700 − 300 = 400.

Je consolide mes connaissances ❯ FICHIER NOMBRES p. 76

Exercice ③
Estimation d'une somme :
pour **787 + 96 + 208 = 1 291**
résultat faux : 800 + 100 + 200 = 1 000
pour **1 087 + 989 + 606 = 2 682**
résultat possible : 1 100 + 1 000 + 600 = 2 700

Estimation d'une différence :
pour **802 − 295 = 507**
résultat possible : 800 − 300 = 500
pour **2 895 − 998 = 897**
résultat faux : 3 000 − 1 000 = 2 000.

Autres ressources
❯ CD-Rom Jeux interactifs CE2-CM1-CM2
   13. As du calcul approché

▸ Multiplication : calcul réfléchi (séances 4 et 5)

Connaissances à acquérir

→ **Pour multiplier un nombre par un autre, il est parfois possible de s'appuyer sur un résultat connu.**
Exemples : On sait que **25 × 5 = 125** et que **25 × 12 = 300**.
– Pour calculer **25 × 6**, on peut dire que c'est 6 fois 25, donc 5 fois 25 plus 1 fois 25 → **il suffit d'ajouter 25 à 125.**
– Pour calculer **25 × 17**, on peut dire que c'est 17 fois 25, donc 12 fois 25 plus 5 fois 25 → **il suffit d'ajouter 125 à 300.**

Je prépare le bilan ❯ FICHIER NOMBRES p. 74

QCM ⓔ dans 10 boites, il y a 80 biscuits
dans 12 boites, il y a 96 biscuits.

La réponse « **12 boites, 82 biscuits** » est donnée par l'élève qui pense que si un des facteurs augmente de **2**, le résultat augmente aussi de **2**. Le recours à une matérialisation des produits permet de montrer le caractère erroné de cette réponse.
La réponse « **12 boites, 20 biscuits** » correspond au cas où l'élève a ajouté **12** (nombre de boites) à **8** (nombre de biscuits par boite) : la structure multiplicative n'a pas été reconnue.

QCM ⓕ 25 × 6 est égal à **150**   25 × 17 est égal à **425**.

Les réponses fausses les plus caractéristiques sont :
126 : 1 de plus que 125 parce que 6 = 5 + 1 ;
305 : 5 de plus que 300 parce que 17 = 12 + 5 ;
137 : 12 de plus que 125 parce que 17 = 5 + 12.

Je fais le bilan ❯ FICHIER NOMBRES p. 75

Exercices ⑥ et ⑦ Calculer des produits de façon réfléchie.
⑥ a. 40   b. 80   c. 96   d. 160   e. 168   f. 176.
⑦ a. 275   b. 300   c. 500   d. 525   e. 550   f. 1 000.

Je consolide mes connaissances ❯ FICHIER NOMBRES p. 77

Exercice ④
a. 120   b. 144   c. 168   d. 180.

Exercice ⑤
a. 65 × 2 = 130   d. 65 × 12 = 780
b. 65 × 10 = 650   e. 65 × 20 = 1 300
c. 65 × 11 = 715   f. 65 × 19 = 1 235.

Exercice ⑥

15 × 10 = **150**	15 × 11 = **165**	15 × 12 = **180**
15 × 20 = **300**	15 × 22 = **330**	15 × 24 = **360**

Exercice ⑦
a. 25 × 2 = 50   e. 25 × 22 = 550
b. 25 × 20 = 500   f. 25 × 24 = 600
c. 25 × 4 = 100   g. 25 × 25 = 625
d. 25 × 5 = 125   h. 25 × 19 = 475.

CD-Rom du guide
❯ Fiche différenciation n° 25

Ateliers
❯ Produits proches
   Reprendre l'activité « Produits proches » de la séance 5.

Autres ressources
❯ 90 Activités et jeux mathématiques CE2
   39. Multiplier sans la touche ×

UNITÉ 6

NOMBRES ET CALCULS

▶ Résolution de problèmes : stratégie par essais (séance 6)

Connaissances à acquérir

→ **Pour résoudre certains problèmes**, il est possible d'essayer des réponses, même si on sait que ce ne seront pas les bonnes.

On obtient ainsi des indications qui permettent de faire d'autres essais pour s'approcher de la bonne réponse… et, à la fin, de la trouver.

Je prépare le bilan ❯ FICHIER NOMBRES p. 74

QCM G   3 roses et 7 iris   2 roses et 8 iris.

Les deux premières réponses (« **3 roses et 6 iris** », « **5 roses et 5 iris** ») sont données par des élèves qui ne prennent en compte qu'une seule contrainte : la valeur du bouquet ou le nombre total de fleurs.
Lors d'une évaluation nationale, il a été constaté que les élèves avaient tendance à privilégier la condition portant sur le cout total.

Je fais le bilan ❯ FICHIER NOMBRES p. 75

Exercice 8   Résoudre un problème en faisant des essais.
Sam a 3 pièces de 2 € et 6 billets de 5 €,
soit au total 36 € et 9 pièces et billets.

Je consolide mes connaissances ❯ FICHIER NOMBRES p. 77

Exercice 8   9, 11 et 13 images.

Exercice 9   **Lou** : 18 coquillages   **Sam** : 30 coquillages.

Exercice 10   **Lou** : 13 galets   **Sam** : 26 galets.

Exercice 11   4 marches.

Les élèves peuvent procéder en faisant des hypothèses sur la valeur du 1er saut :
– **un premier saut de 2 marches** conduirait à un total de 70 marches : $2 + 8 + 14 + 20 + 26 = 70$;
– **un premier saut de 5 marches** conduirait à un total de 87 marches : $5 + 11 + 17 + 24 + 30 = 87$.
Le premier saut est donc compris entre 2 et 5 marches, etc.

CD-Rom du guide

❯ Fiche différenciation n° 27

Autres ressources

❯ Activités pour la calculatrice CE2-CM1-CM2
   5. Résoudre un problème avec la calculatrice

ESPACE ET GÉOMÉTRIE

▶ Polyèdres : description (séance 7)

Connaissances à acquérir

→ **Pour décrire un polyèdre afin de le reconnaître parmi d'autres**, on peut :
– indiquer les différentes formes de ses faces ;
– compter le nombre de ses faces ;
– compter le nombre de ses arêtes ;
– compter le nombre de ses sommets.

*Matériel pour 4 élèves : lot de solides (**a**) à (**f**), (**i**) et (**k**)*

Je prépare le bilan ❯ CAHIER GÉOMÉTRIE p. 48

QCM A   pyramide à base carrée (**b**).

Je fais le bilan ❯ CAHIER GÉOMÉTRIE p. 49

Exercice 1   Associer des polyèdres et des descriptions.
a. prisme droit (**d**)   b. pyramide (**b**)

Exercice 2   Vérifier si des affirmations sur le pavé droit sont vraies ou fausses.
a. affirmation exacte
b. affirmation fausse : 8 sommets
c. affirmation exacte
d. affirmation fausse : 6 faces

Je consolide mes connaissances ❯ CAHIER GÉOMÉTRIE p. 50

*Matériel pour 2 à 4 élèves : lot de solides (**a**) à (**f**), (**i**) et (**k**).*

Exercice 1   a. (**i**)   b. (**a**)   c. (**b**)   d. (**e**)   e. (**k**)   f. (**f**)   g. (**d**)   h. (**e**).

Exercice 2

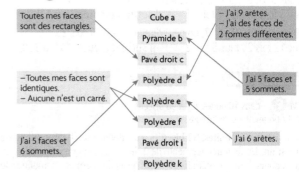

Ateliers

❯ Polyèdres : jeu du portrait
   Reprise du jeu de la séance 7 à l'oral ou par écrit.

*Matériel par équipe : lot de solides (**a**) à (**f**), (**i**) et (**k**), une feuille de papier (si jeu par écrit).*

Matériel par élève : une feuille de brouillon pour noter les informations.

Autres ressources

❯ 90 Activités et jeux mathématiques CE2
   88. De quel polyèdre s'agit-il ?

▶ Polyèdres : reproduction, construction (séance 9)

Connaissances à acquérir

→ **Pour reproduire un polyèdre :**

1. Il faut connaître :
– les différentes formes de ses faces ;
– le nombre de faces de chaque forme ;
– les longueurs des côtés des faces.

2. Il faut savoir que deux faces s'assemblent par des côtés de même longueur.

*Matériel pour 4 élèves : lot de solides (**a**) à (**f**), (**i**) et (**k**)*

Je prépare le bilan ❭ CAHIER GÉOMÉTRIE p. 48

QCM B prisme droit à base triangulaire (**d**).

Je fais le bilan ❭ CAHIER GÉOMÉTRIE p. 49

Exercice ③ **Déterminer si les carrés et rectangles donnés permettent de construire le pavé droit (i).**
Non, les rectangles ne sont pas tous pareils.

Exercice ④ **Déterminer si un assemblage de carrés est un patron d'un cube.**
Non, Il manque un carré ou une face *ou* il n'y a que 5 carrés ou 5 faces.

Je consolide mes connaissances ❭ CAHIER GÉOMÉTRIE p. 51

*Matériel pour 2 à 4 élèves : lot de solides (**a**) à (**f**), (**i**) et (**k**).*

Exercice ③

Polyèdre	Triangles	Carrés	Rectangles
(a)		6	
(b)	4	1	
(d)	2	3	
(e)	4		
(i)		2	4

Ateliers

❭ Reproduction d'un polyèdre

Reprise de l'activité de la séance 9, en individuel ou équipe de 2 : remettre un polyèdre du lot cité ci-dessus et une feuille de papier cartonné, puis demander de reproduire ce polyèdre.

Autres ressources

❭ 90 Activités et jeux mathématiques CE2

89. Demander les faces

▶ Contenances : comparaison et mesures (séance 8)

Connaissances à acquérir

→ **Les contenances sont comparées par transvasement.**

→ **Pour mesurer les contenances :**

– Elles sont souvent mesurées en **litres (L ou l)** ou **centilitres (cL ou cl)** :
1 L = 100 cL → 50 cL < 1 L et 1 L = 2 × 50 cL.

– Une autre unité est utilisée le **décilitre (dL ou dl)** :
1 L = 10 dL et **1 dL = 10 cL.**

Montrer les récipients référencés dans la classe.

→ **Ces équivalences sont analogues à celles existant pour les longueurs.**

Je prépare le bilan ❭ CAHIER GÉOMÉTRIE p. 48

QCM C La contenance de la brique est de 100 cL ;
La contenance de la brique est le double de celle de la bouteille.

Je fais le bilan ❭ CAHIER GÉOMÉTRIE p. 49

Exercice ⑤ **Comparer des mesures de contenance exprimées en litres et/ou décilitre et/ou centilitres.**
a. 1 L = 100 cL   120 cL = 1 L 20 cL   10 cL = 1 dL
b. la plus petite contenance : 10 cL = 1 dL
la plus grande contenance : 2 L.

Je consolide mes connaissances ❭ CAHIER GÉOMÉTRIE p. 51

Exercice ④ 1dL 1 L 2 L 500 cL.

Exercice ⑤ 135 cL *ou* 1 L 35 cL.

Exercice ⑥ 9 dL *ou* 90 cL.

▤ Dans 1 L, il y a 10 dL ; il manque donc 9 dL.
▤ Dans 1 dL, il y a 10 cL ; donc dans 9 dL, il y a 90 cL.

Exercice ⑦ 300 cL *ou* 3 L.

Exercice ⑧ 20 carafes.

▤ Dans 1 L, il y a 10 dL, donc avec 1 L on peut remplir 2 carafes. Donc avec 10 L on peut remplir 10 fois plus de carafes, donc 20 carafes. Pour résoudre ces petits problèmes de comparaison ou de calcul sur des mesures de contenances, il faut exprimer toutes les mesures dans une même unité en utilisant les équivalences connues.

CD-Rom du guide

❭ Fiche différenciation n° 29

Ateliers

❭ Comparer des contenances

Avec le matériel de la séance 8, faire comparer, par transvasements, la contenance des bouteilles **A** et **B**, puis **A** et **C**, puis **B** et **C**. Mettre en lien les rapports trouvés avec les mesures en **L** et / ou **cL**.

Autres ressources

❭ 90 Activités et jeux mathématiques CE2

50. Que de bouteilles !
51. Atelier de mesure de contenances
52. Jeu des questions sur les contenances

Carrés et demi-cercles

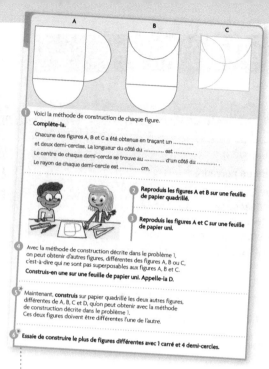

Cahier p. 52

Les problèmes se situent dans le même contexte, mais sont indépendants les uns des autres. Toutefois, le problème 2 constitue une aide à la résolution du problème 3 et le problème 5 est un prolongement du problème 4.

Problème ❶

OBJECTIFS : Analyse d'une figure (carré, cercle) ; vocabulaire : carré, côté, milieu ; mesure de longueurs.

TÂCHE : Compléter la description de plusieurs figures construites de la même manière.

RÉPONSES : **ligne 1** : carré   **ligne 2** : carré, 4 cm
ligne 3 : milieu, carré   **ligne 4** : 2

Problèmes ❷ et ❸

OBJECTIFS : Reproduction d'une figure ; stratégie de construction ; carré et cercle : propriétés.

TÂCHE : Reproduire deux des figures sur papier quadrillé 5 × 5 dans le problème 2, sur papier uni dans le problème 3.

RÉPONSES : Pas de corrigé.

Problème ❹

OBJECTIFS : Construction d'une figure à partir d'une description.

TÂCHE : Construire une figure différente en respectant les règles de construction des 3 figures données.

RÉPONSE : Voir problème 5.

Problème ❺✦

OBJECTIFS : Construction d'une figure à partir d'une description ; stratégie de recherche ; figures superposables mais orientées différemment.

TÂCHE : Construire les 2 figures manquantes avec les mêmes règles de construction que les 3 figures données, mais différentes de celles-ci et de la figure construite au problème 4.

RÉPONSE :

Remarque : Les élèves peuvent produire cette autre figure :

Bien que superposable à la 2ᵉ figure mais après retournement, elle sera acceptée comme une figure différente, à moins qu'un élève soulève la question.

Problème ❻✦

OBJECTIFS : Construction de figures ; stratégie de recherche ; figures superposables mais orientées différemment.

TÂCHE : Construire le plus grand nombre de figures différentes formées d'un carré et de quatre demi-cercles, les côtés du carré étant les diamètres des demi-cercles.

RÉPONSE :

Matériel par élève :

– feuilles de papier quadrillé 5 mm × 5 mm
– feuilles de papier uni
– double décimètre, équerre, compas
– calque des figures A, B et C.

Mise en œuvre

Problème 1 : Sa résolution est individuelle, suivie d'un temps de correction collectif. Ce premier problème a pour but d'amener les élèves à analyser chacune des figures et à utiliser le vocabulaire approprié à leur description.

Problèmes 2 et 3 : Ils sont également résolus individuellement. La tâche est la même pour les deux problèmes, mais l'utilisation d'un papier quadrillé allège le travail de l'élève en lui évitant d'avoir à manipuler l'équerre pour tracer des angles droits et facilite le placement des centres des demi-cercles.

Préciser aux élèves que pour les problèmes 4, 5 et 6, on ne doit pas voir de cercle « complet », seulement des demi-cercles.

Problème 4 : Il est intéressant qu'il soit recherché individuellement ou, à deux pour des élèves en difficulté. Il amorce la recherche que feront les élèves dans le problème 5.

Attention, il ne faut surtout pas procéder à un recensement des figures construites à l'issue de ce problème 4, sans quoi le problème 5 n'aurait plus d'intérêt.

Problème 5 : Sa recherche gagnera à être conduite à deux. Les échanges favorisent la construction d'une stratégie qui permet d'obtenir toutes les figures possibles.

À l'issue de ce problème, une mise en commun s'impose, elle portera :
– sur l'inventaire des figures construites et la recherche d'éventuelles figures identiques mais orientées différemment ;
– sur les différentes stratégies utilisées pour trouver les trois figures autres que les figures A, B et C.

Problème 6 : Sa recherche pourra se faire individuellement, suivie d'une confrontation et de la poursuite de la recherche en équipes de deux.

Aides possibles

Problème 1 : Pour les élèves qui ont des difficultés à compléter la description, leur demander :

– de rechercher des figures simples qu'ils connaissent bien dans chacune des figures (carré et demi-cercle) ;

– de rechercher en tâtonnant la position du centre de chaque demi-cercle avec leur compas, à le marquer et observer la position particulière de ce point sur chaque côté.

Problèmes 2 et 3 : Questionner sur la figure simple la plus facile à construire et donc celle par laquelle commencer la construction. Renvoyer les élèves à la description de la méthode de construction pour y trouver des indications pour réaliser les tracés.

Pour le **problème 3**, il est aussi possible de renvoyer les élèves à la construction de la figure A réalisée au problème 2.

Problème 4 : Pour les élèves qui auraient construit une figure identique à une des trois figures existantes, les interroger sur ce qu'ils peuvent faire pour savoir si leur figure est ou non différente des trois autres. Puisqu'ils ont réalisé la construction sur une feuille indépendante, ils peuvent tourner celle-ci et voir s'il y a une position où les figures seraient visiblement les mêmes.

Problème 5 : Demander aux élèves en difficulté ce qui change d'une figure à l'autre : côtés sur lesquels sont attachés les deux demi-cercles, demi-cercles intérieurs ou extérieurs au carré.

Problème 6 : Après que les élèves ont réalisé plusieurs figures et n'arrivent plus à en trouver d'autres, faire un point collectif pour savoir comment faire pour envisager tous les cas : nombre de demi-cercles par exemple extérieurs : 1, 2, 3 ou les 4. Relancer ensuite la recherche.

Procédures à observer particulièrement

Problème 1 : Les élèves identifient-ils le carré ou seulement quatre segments assemblés ? Observer comment ils déterminent la position du centre d'un demi-cercle : en utilisant leur compas et en tâtonnant, ou en faisant tout de suite l'hypothèse que c'est le milieu du côté.

Problème 4 : Observer, si pour construire une figure différente de A, B et C, les élèves commencent par envisager d'autres positions possibles pour les demi-cercles, en s'aidant éventuellement d'un tracé à main levée, ou s'ils se lancent directement dans des tracés et ensuite, seulement, comparent aux trois figures.

Problème 5 : Observer si les élèves essaient d'engager une réflexion préalable sur la façon dont ils vont pouvoir disposer les demi-cercles ou s'ils restent sur des tracés et contrôlent *a posteriori*.

13 ou 14 séances
– 10 séances programmées (9 séances d'apprentissage + 1 bilan)
– 3 ou 4 séances pour la consolidation et la résolution de problèmes

	environ 30 min par séance		environ 45 min par séance
	CALCUL MENTAL	**RÉVISER**	**APPRENDRE**
Séance 1 FICHIER NOMBRES p. 80	**Problèmes dictés** Problèmes sur la monnaie (compléments à 100)	**Problèmes écrits** Problèmes sur la monnaie (compléments à 100)	**Problèmes à étapes et calculatrice** RECHERCHE Achat de vélos
Séance 2 FICHIER NOMBRES p. 81	**Tables de multiplication** (répertoire complet)	**Multiplication par un nombre inférieur à 10**	**Écarts, différences et soustraction** RECHERCHE Les bandes
Séance 3 FICHIER NOMBRES p. 82	**Tables de multiplication** (répertoire complet)	**Multiplication par un multiple simple de 10, 100**	**Distances, durées et soustraction** RECHERCHE Sur l'autoroute
Séance 4 FICHIER NOMBRES p. 83	**Tables de multiplication** (répertoire complet)	**Multiplication : calcul réfléchi**	**Multiplication : vers le calcul posé (1)** RECHERCHE L'escalier du phare
Séance 5 FICHIER NOMBRES p. 84	**Problèmes dictés** Compléments à 100	**Problèmes écrits** Compléments à 100	**Multiplication : vers le calcul posé (2)** RECHERCHE Calcul de produits avec 256
Séance 6 FICHIER NOMBRES p. 85	**Dictée de nombres** Nombres inférieurs à 10 000	**Soustraction posée ou en ligne**	**Multiplication : calcul posé** RECHERCHE La multiplication de Lou
Séance 7 CAHIER GÉOMÉTRIE p. 53	**Le furet : doubles et moitiés** (à l'oral)	**Carrés, rectangles : construction et périmètre**	**Codage et programmation de déplacements sur un écran** RECHERCHE Tracés sur un écran (avec le logiciel GéoTortue)
Séance 8 CAHIER GÉOMÉTRIE p. 54	**Le furet : doubles et moitiés** (à l'écrit)	**Longueurs : mètre, décimètre, centimètre et millimètre**	**Durées en minutes et secondes** RECHERCHE Les courses de relais
Séance 9 CAHIER GÉOMÉTRIE p. 55	**Le furet : doubles et moitiés** (à l'écrit))	**Figures superposables**	**Figures planes : description** RECHERCHE Décrire une figure pour la reconnaître

Bilan	**Je prépare le bilan** puis **Je fais le bilan** FICHIER NOMBRES p. 86-87 CAHIER GÉOMÉTRIE p. 56

L'essentiel à retenir de l'unité 7

- **Calcul mental**
  – Nombres dictés (inférieurs à 10 000)
  – Multiplication : tables (répertoire complet)
  – Doubles et moitiés

Consolidation Remédiation	**Fort en calcul mental** FICHIER NOMBRES p. 79 Je consolide mes connaissances FICHIER NOMBRES p. 88-89 CAHIER GÉOMÉTRIE p. 57-58

- **Résolution de problèmes :** problèmes à étapes, utiliser
  une calculatrice

- **Soustraction :** problèmes d'écart, de différence et de distance

- **Multiplication :** calcul posé

Banque de problèmes	*Au cinéma* FICHIER NOMBRES p. 90

- **Durées en minutes et secondes**

- **Codage et programmation de déplacements sur un écran**

- **Figures planes : description.**

	Tâche	Matériel	Connaissances travaillées
PROBLÈMES DICTÉS	Problèmes sur la monnaie – Compléments à 100 € (rendre la monnaie).	par élève : FICHIER NOMBRES **p. 80 a et b**	– **Monnaie** – **Equivalence entre calcul d'un complément et d'une soustraction.**
PROBLÈMES ÉCRITS	Problèmes sur la monnaie – Compléments à 100 € (rendre la monnaie).	par élève : FICHIER NOMBRES **p. 80 Ⓐ et Ⓑ**	– **Monnaie** – **Equivalence entre calcul d'un complément et d'une soustraction.**
APPRENDRE Problèmes	Problèmes à étapes et calculatrice RECHERCHE **Achat de vélos** – Trouver les étapes de la résolution du problème posé. – Utiliser la calculatrice pour traiter les calculs.	par équipe de 2 : – **fiche recherche 25** – calculatrice FICHIER NOMBRES **p. 80 ❶ et ❷**	– **Problèmes à étapes** – **Utilisation de la calculatrice** – Problèmes des domaines additif et multiplicatif – Equivalence entre calcul d'un complément et d'une soustraction.

UNITÉ 7

PROBLÈMES DICTÉS

Problèmes sur la monnaie

– Résoudre mentalement des problèmes où il faut chercher le complément d'une somme à 100 €.

INDIVIDUEL ET COLLECTIF

FICHIER NOMBRES ET CALCULS p. 80

Problème a

Une personne a acheté un vélo qui coute **87 €**. Elle donne un billet de **100 €** au marchand.

Quelle somme d'argent le marchand doit-il lui rendre ?

• Inventorier les réponses, puis organiser une mise en commun au cours de laquelle des ponts sont faits entre les procédures.

Pour calculer le complément de 87 à 100, on peut :
– avancer à partir de **87** jusqu'à **100** (le rendu de monnaie peut être simulé avec la monnaie fictive ou illustré sur une ligne numérique) : on va de 87 à 90 €, puis de 90 € à 100 € ;
– reculer de **87** en partant de **100** (c'est plus difficile) ;
– calculer **100 – 87** ou encore **87 + … = 100**.

• Vérifier la réponse par addition de **87** et de **13**.

Problème b

Une personne a acheté un livre qui coute **14 €**. Elle donne un billet de **100 €** au marchand.

Quelle somme d'argent le marchand doit-il lui rendre ?

La démarche est la même que pour le **problème a**.
RÉPONSE : a. 13 € b. 86 €.

• Les élèves peuvent se préparer ou s'entrainer à ce moment de calcul mental en utilisant l'**exercice 1** de **Fort en calcul mental, p. 79**.
RÉPONSE : a. 15 € b. 88 €.

AIDE Certains élèves peuvent avoir des **difficultés à accepter que le billet de 100 € soit « sécable »**. Le recours aux pièces et billets peut permettre d'illustrer certaines **procédures** :
– rendre effectivement la monnaie ;
– échanger le billet de 100 € contre des pièces et billets pour pouvoir soustraire effectivement.
Pour le problème b, la soustraction directe de 12 ou indirecte (soustraction de 10 puis de 2 ou de 2 puis de 10) peut apparaitre comme « plus simple » que le calcul du complément de 12 à 100.

Ces problèmes, comme ceux proposés en Révision, viennent en entrainement des acquis de l'**unité 5** sur l'équivalence entre calcul d'un complément et calcul d'une soustraction.

Problèmes sur la monnaie

– Résoudre mentalement ou non des problèmes où il faut chercher le complément d'une somme à 100 €.

FICHIER NOMBRES ET CALCULS p. 80

Résoudre des problèmes

Ⓐ Chacun paie en donnant un billet de 100 euros au marchand. Combien le marchand rend-il à chacun ?

Le marchand rend .... €.   Le marchand rend .... €.   Le marchand rend .... €.

Ⓑ Pok achète trois BD qui coutent 16 € chacun et un livre qui coute 8 €. Il donne un billet de 100 € au libraire.
Combien le libraire lui rend-il ? ....

Problème Ⓐ

Problème de complément à 100.

Exploiter diverses procédures au moment de la correction. Par exemple pour **75 €**, les traitements possibles sont :

– compléter 75 jusqu'à 100 ;

– soustraire 75 de 100 ;

– compléter 75 + ... = 100, mentalement ou en posant l'addition.

RÉPONSE : **Flip** : 25 €   **Lou** : 80 €   **Sam** : 65 €.

Problème Ⓑ

Problème de complément à 100 avec calcul intermédiaire.

Même problème, mais avec la nécessité de faire un calcul intermédiaire pour déterminer la somme à payer (56 €).

RÉPONSE :   44 €.

▌ AIDE Des pièces et billets peuvent être proposés à certains élèves pour les aider dans la résolution de ces problèmes.

Problèmes à étapes et calculatrice

– Organiser les étapes de la résolution d'un problème.
– Opérer ensuite les déductions nécessaires.
– Présenter la solution d'un problème.

RECHERCHE Fiche recherche 25

Achat de vélos : Les élèves doivent trouver le prix d'un article sur plusieurs articles achetés à partir d'indications sur le montant total payé et le prix des deux autres articles.

PHASE 1 Que peut-on tirer des informations fournies ?

• Demander aux élèves de prendre connaissance du problème :

Achat de vélos...

VTT 206 €   Vélo de ville   Vélo enfant 57 €

Un centre de vacances achète plusieurs vélos : 7 VTT, 1 vélo de ville et 15 vélos pour enfant.
Le prix total de ces achats s'élève à 3 409 €.
Quel est le prix du vélo de ville ?

• Faire formuler les types de données qui figurent dans l'énoncé :
– l'illustration fournit le prix des 3 sortes de vélo ;
– le texte fournit le détail des achats et le prix total payé.

PHASE 2 Étapes de la résolution du problème

Question 1 de la recherche

❶ Que dois-tu chercher pour pouvoir répondre à la question ?
   Réponds sans faire les calculs.

• Préciser la question avec les élèves :

➡ *Avec les informations dont on dispose, que doit-on d'abord chercher pour pouvoir répondre à la question. Pour le moment, il ne faut pas effectuer de calculs. Il faut juste dire ce qu'il faudra connaitre pour pouvoir répondre à la question.*

• Après un temps de réflexion individuelle, les élèves doivent écrire par deux ce qu'ils estiment devoir être cherché

• Mettre en commun les réponses des élèves. L'exploitation collective porte d'abord sur l'organisation des étapes : faire d'abord repérer les informations inutiles, puis lister les étapes et conclure qu'il faudra calculer :
– le prix des 7 VTT ;
– le prix des 15 vélos enfant ;
– le prix total des 7 VTT et des 15 vélos.

• Conserver au tableau la liste des informations à obtenir par les calculs de la phase suivante, avant de pouvoir répondre à la question 2.

▌ **Dans cette séquence, l'accent est mis sur le travail de planification** qui permet de dégager les étapes de la résolution. Souvent ce travail nécessite une double démarche : **descendante** lorsqu'on cherche ce qui peut être immédiatement déduit de certaines données du problème, **remontante** en partant de la question et en cherchant ce qu'il faudrait connaitre pour y répondre.

▌ **Cette phase, sans calculs, est donc importante pour dégager les stratégies utilisées :**
– certaines informations peuvent être envisagées dès la lecture rapide de l'énoncé (analyse descendante), par exemple pour déterminer le prix des 7 VTT ;
– la nécessité d'autres informations est déterminée par la question (analyse remontante) : pour avoir le prix du vélo de ville, puisqu'on connait le cout total des achats, il faut avoir le cout total des objets dont le prix peut être déterminé.

Quel est le prix du vélo de ville ?

> **2** Tu peux utiliser une calculatrice.
> Effectue les calculs et écris les renseignements qu'ils te permettent d'obtenir.

• Préciser aux élèves :

➡ *Vous pouvez utiliser votre calculatrice à condition de bien noter les calculs effectués et l'information apportée par chaque calcul.*

• L'**exploitation collective** porte maintenant sur les calculs qu'il faut faire pour obtenir les informations nécessaires : faire d'abord repérer les calculs sans signification ou non nécessaires à la résolution, puis lister les calculs effectués à l'aide de la calculatrice et faire exprimer comment ils ont été notés avec l'indication de l'information donnée par le résultat :

– **prix total des VTT :**
265 € + 265 € + 265 € + 265 € + 265 € + 265 € + 265 € = 1 855 €
ou plus simplement 265 € × 7 = 1 855 € ;

– **prix des vélos pour enfant :** 87 € × 15 = 1 305 €
(l'addition n'est pas envisageable) ;

– **prix total de ces 2 sortes de vélos :**
1 855 € + 1 305 € = 3 160 €

– **prix du vélo de ville :** 3 409 € – 3 160 € = 249 €.

• En **synthèse**, revenir sur le travail effectué :

Résoudre un problème à étapes

• **Pour résoudre un problème**, on peut :
– soit **partir des données** pour savoir ce qu'on peut en tirer ;
– soit **partir de la question** pour déterminer ce dont on a besoin pour y répondre (ici, notamment le prix total des 2 sortes de vélos VTT et enfant).
Il faut, le plus souvent, utiliser les **deux stratégies** pour déterminer les étapes de la résolution.

• **La calculatrice permet d'effectuer rapidement certains calculs**, mais il faut :
– bien écrire les calculs demandés à la calculatrice ;
– penser à noter à côté du calcul l'information nouvelle qu'il permet d'obtenir.

RÉPONSE : Prix du vélo de ville : 249 €.

Une autre procédure possible consiste à déduire successivement, du prix total, celui des 7 VTT puis celui des 15 vélos pour enfants.

Pour la présentation de la solution, nous ne proposons pas d'imposer un modèle qui serait unique. Diverses possibilités existent :
– **La présentation classique** « **Solution / Opérations** » avec, par exemple, à gauche les questions successives qui balisent la planification et à droite les calculs effectués à la calculatrice ou posés ou mentaux avec une mise en relation. Cette présentation est adaptée pour ce type de problèmes, mais elle peut l'être moins pour d'autres problèmes (par exemple, ceux qui se résolvent par essais et ajustements).
– **La suite organisée des calculs**, chacun d'eux étant accompagné d'une note qui précise quelle information nouvelle il apporte…
Le choix peut dépendre des habitudes de la classe, d'un choix raisonné de l'enseignant, de la nature du problème proposé… Il peut être indiqué dès le départ ou laissé à l'initiative des élèves.

ENTRAINEMENT

FICHIER NOMBRES ET CALCULS **p. 80**

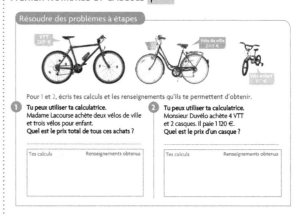

Pour 1 et 2, écris tes calculs et les renseignements qu'ils te permettent d'obtenir.

1 Tu peux utiliser ta calculatrice.
Madame Lacourse achète deux vélos de ville et trois vélos pour enfant.
Quel est le prix total de tous ces achats ?

2 Tu peux utiliser ta calculatrice.
Monsieur Duvélo achète 4 VTT et 2 casques. Il paie 1 120 €.
Quel est le prix d'un casque ?

Exercices **1** et **2**

Résoudre un problème à étapes.

Dans ces problèmes, l'**usage de la calculatrice est autorisé**, de façon à centrer l'attention des élèves sur les **étapes de la résolution.**

Chaque problème nécessite une prise en compte de la question pour déterminer les étapes de la résolution, mais le **problème 1** est plus simple à résoudre, les calculs pouvant être conduits dans l'ordre d'apparition des données. Dans tous les cas, des informations sont à prendre dans le texte et sur l'illustration.

Dans chaque problème, on pourra comparer les présentations où les étapes correspondent à une suite de calculs simples et celles où elles correspondent aux éléments, souvent avec parenthèses, d'un seul calcul.

Dans le problème 1, on peut avoir :
249 € × 2 = 498 €   87 € × 3 = 261 €   498 € + 261 € = 759 €
ou (249 € × 2) + (87 € × 3) = 759 €.

Dans le problème 2, lorsque le prix de 2 casques a été trouvé, celui d'un casque peut être obtenu par calcul mental.

RÉPONSE : **1** 759 €. **2** 30 €.

AIDE Les étapes de la résolution (c'est-à-dire les renseignements à établir à chaque étape et non les calculs pour y parvenir) peuvent faire l'objet de mises en commun intermédiaires ou d'une assistance personnalisée.

Différenciation : Exercices 1 et 2 → **CD-Rom du guide, fiche nº 30.**

		Tâche	Matériel	Connaissances travaillées
CALCULS DICTÉS		**Tables de multiplication** (répertoire complet) – Répondre à des questions du type « 4 fois 3 » et « combien de fois 6 dans 12 ? ».	par élève : FICHIER NOMBRES **p. 81 a à‡ h**	– Tables de multiplication (mémorisation).
RÉVISER Calcul		**Multiplication par un nombre inférieur à 10** – Trouver le plus grand et le plus petit produit du type * * * × * qu'on peut obtenir avec 4 chiffres donnés.	par élève : FICHIER NOMBRES **p. 81 A et B**	– Multiplication : calcul en ligne ou posé.
APPRENDRE Calcul		**Écarts, différences et soustraction** RECHERCHE **Les bandes** – Trouver des différences de longueurs entre plusieurs lignes. – Retrouver la longueur d'une bande connaissant la longueur de l'une et la différence de longueurs entre les 2 bandes.	par élève : – fiche recherche 26 FICHIER NOMBRES **p. 81 ❶ à ❹**	– Sens de la soustraction – Notions de différence et d'écart.

CALCULS DICTÉS

Tables de multiplication (répertoire complet)

– Répondre à des questions du type « 4 fois 3 » et « combien de fois 6 dans 12 ? ».

• Dicter les calculs suivants avec réponses dans le fichier :

a. **4** fois **7**	e. Combien de fois **7** dans **14** ?
b. **6** fois **7**	f. Combien de fois **7** dans **28** ?
c. **7** fois **7**	g. Combien de fois **7** dans **35** ?
d. **7** fois **8**	h. Combien de fois **7** dans **63** ?

RÉPONSE : a. 28 b. 42 c. 49 d. 56 e. 2 f. 4 g. 5 h. 9.

• Les élèves peuvent se préparer ou s'entrainer à ce moment de calcul mental en utilisant l'**exercice 2** de **Fort en calcul mental, p. 79.**

RÉPONSE : a. 14 b. 35 c. 42 d. 63 e. 3 f. 8 g. 1 h. 7.

Lorsque les produits dont un facteur est 2, 3, 4, 5, 6, 8 et 9 ont été mémorisés, il ne reste plus que le produit 7 × 7 à envisager. La plupart des questions ci-contre sont donc des révisions de calculs déjà rencontrés. Rappeler aux élèves que, au fur et à mesure que de nouveaux résultats sont connus « par cœur », ils peuvent être inscrits ou coloriés dans la table de Pythagore.

RÉVISER

Multiplication par un nombre inférieur à 10

– Calculer, en colonnes, des produits dont un facteur est inférieur à 10.

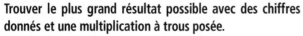

Pour les deux exercices, la recherche se fait au brouillon ou sur une feuille à part. Les élèves sont invités à écrire les essais qu'ils ont faits.

Exercice A

Trouver le plus grand résultat possible avec des chiffres donnés et une multiplication à trous posée.

Les élèves peuvent d'abord essayer plusieurs produits, ce qui les conduira sans doute à prendre conscience qu'il faut multiplier un grand nombre à 3 chiffres par un grand nombre à un chiffre. Ils peuvent alors essayer 931 × 6 ou 631 × 9 qui donnent respectivement pour résultats 5 586 et 5 679.

RÉPONSE : 631 × 9 = 5 679.

Exercice B

Trouver le plus petit résultat possible avec des chiffres donnés et une multiplication à trous posée.

Il faut multiplier un petit nombre à 3 chiffres par un petit nombre à un chiffre, ce qui conduit à envisager 169 × 3 ou 369 × 1 qui donnent respectivement pour résultats 507 et 369.

RÉPONSE : 369 × 1 = 369.

Cette révision, comme celle de la séance suivante, vient en préparation du travail sur le calcul posé d'une multiplication dans le cas général.

APPRENDRE

Écarts, différences et soustraction

– Résoudre des problèmes dans des situations de comparaison de longueurs.
– Comprendre la soustraction comme permettant de calculer une différence ou un écart.

RECHERCHE Fiche recherche 26

Les bandes : Les élèves doivent calculer des différences de longueurs ou retrouver une longueur connaissant sa différence avec une longueur donnée.

PHASE 1 **Comparaison des bandes noire et grise**

Question 1 de la recherche

Les bandes

① De combien de centimètres la bande noire est-elle plus longue que la bande grise ?

• Lors de la **mise en commun** qui suit le travail individuel des élèves, établir un bilan des procédures après avoir fait pointer par les élèves que la procédure qui consiste à ajouter les deux longueurs correspond à une mauvaise interprétation de la question.

Les principales procédures :
– **reproduire chaque bande l'une sous l'autre** en faisant coïncider l'une de leurs extrémités et mesurer « la longueur qui dépasse » ou « la longueur qui manque » (si cette procédure n'a pas été utilisée lors de la résolution, elle peut être mobilisée au moment de la validation) ;
– **chercher ce qu'il faut ajouter** à **9 cm** pour avoir **14 cm** ;
– **calculer 14 cm – 9 cm**.

• Faire justifier les deux dernières procédures, en s'appuyant éventuellement sur des bandes découpées :
– la procédure qui consiste à chercher ce qu'il faut ajouter à **9 cm** pour avoir **14 cm** revient à chercher comment il faut compléter la bande grise pour obtenir une bande de même longueur que la bande noire :

– la procédure qui consiste à calculer **14 – 9** peut être interprétée comme la recherche de ce qu'il faut enlever à la bande noire pour obtenir une bande de même longueur que la bande grise :

Des élèves peuvent aussi rappeler, dans leur langage, qu'ils ont appris que chercher un complément est équivalent à calculer une soustraction.

RÉPONSE : 5 cm (bande noire : 14 cm ; bande grise : 9 cm).

Les nombres ont été choisis petits pour que les élèves, dans cette séance, puissent se représenter plus facilement les situations (ou encore pour qu'ils puissent les schématiser).
Les élèves ont déjà appris que la soustraction permet de calculer un complément ou ce qui reste après une diminution. Ils apprennent ici que **la soustraction permet aussi d'obtenir la valeur d'un écart ou d'une différence entre deux états**. Plusieurs justifications peuvent en être données, notamment le fait qu'évaluer un écart revient à évaluer un complément en identifiant (dans la situation proposée en recherche) sur la grande bande une longueur égale à celle de la petite bande.

En dehors de la difficulté à identifier que la soustraction permet de résoudre ce type de problèmes (ce qui justifie d'ailleurs le terme « différence » associé à la soustraction), **des difficultés spécifiques proviennent de l'usage du langage « de plus », « de moins »** qui incite à mobiliser, souvent à tort, l'addition ou la soustraction.

PHASE 2 **Longueur de la bande verte et comparaison des bandes verte et bleue**

Questions 2 et 3 de la recherche

② La bande noire est moins longue de 10 cm qu'une bande verte.
Quelle est la longueur de la bande verte ?

③ De combien de centimètres la bande verte est-elle plus longue que la bande grise ?

Le déroulement et l'exploitation sont identiques à ceux de la phase 1.

• Au début de la mise en commun pour la **question 2**, la procédure incorrecte qui consiste à calculer **14 – 10** (en s'appuyant sur l'expression « moins longue ») fait l'objet de commentaires de la part des élèves :
– La bande verte ne peut pas mesurer 4 cm car on dit que « la bande noire est moins longue que la bande verte » ou encore « si la bande noire est moins longue que la bande verte, alors la verte est plus longue que la noire »…
– La procédure correcte (calcul de **14 + 10**) est justifiée à l'aide d'un schéma :

• La **question 3** est du même type que la question 1. Un schéma rapide à main levée peut également aider à répondre :

• En **conclusion**, insister sur le fait qu'il ne faut pas se fier aux mots « de plus », « de moins »…, mais toujours chercher à se représenter la situation et raisonner (« si la noire est moins longue que la verte, alors la verte est plus longue que la noire »).

RÉPONSE : 2. bande verte : 24 cm.   3. 15 cm.

PHASE 3 **Longueur de la bande construite par Lou**

Question 4 de la recherche

④ Pour construire une longue bande, Lou met bout à bout deux bandes jaunes et dix bandes blanches.
Chaque bande jaune est plus longue de 3 cm que la bande grise.
La bande noire est plus longue de 6 cm que chaque bande blanche.

Quelle sera la longueur de la longue bande construite par Lou ?

Le déroulement et l'exploitation sont identiques à ceux de la phase 1.

• Centrer la mise en commun sur :
– la nécessité de s'organiser pour répondre : chercher d'abord la longueur d'une bande jaune (12 cm), puis d'une bande blanche (8 cm) ;

– l'utilité de recourir à des représentations schématiques : dessin des 2 bandes jaune et grise, puis des 2 bandes blanche et noire ;
– l'organisation des calculs pour trouver la longueur de la « longue bande », par exemple :

calcul : 12 × 2 = 24   8 × 10 = 80   24 + 80 = 104 ;

ou calcul avec parenthèses : (12 × 2) + (8 × 10) = 104.

RÉPONSE : 104 cm.

> **Si le calcul avec parenthèses n'apparait pas**, il peut être introduit au cours de l'exploitation collective.

PHASE 4 Synthèse

● Proposer cette **synthèse** :

<u>Calculer la valeur d'un écart</u>

● **Lorsqu'un énoncé comporte des expressions comme « *plus que, moins que, plus long que, moins long que*… »**, il faut être vigilant et ne pas se précipiter trop vite pour utiliser l'addition ou la soustraction. Il faut essayer de s'imaginer la situation et, pour cela, un dessin rapide peut être utile.

● **Quand on cherche quel est l'écart entre deux longueurs (ou une différence de longueurs), on peut utiliser** soit la **recherche de complément**, soit la **soustraction**, car cela revient à chercher :

– comment compléter la plus petite longueur pour qu'elle soit égale à l'autre :

9 + … = 14

– ce qu'il faut enlever à plus grande longueur pour qu'elle soit égale à l'autre :

14 – 9 = …

● **Le même raisonnement peut être utilisé** lorsqu'on compare des quantités d'objets, des sommes d'argent…

TRACE ÉCRITE

Conserver au tableau les **2 schémas** ci-dessus avec les calculs associés.

ENTRAINEMENT

FICHIER NOMBRES ET CALCULS p. 81

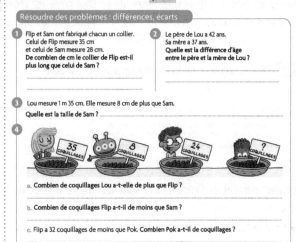

Résoudre des problèmes : différences, écarts

1. Flip et Sam ont fabriqué chacun un collier. Celui de Flip mesure 35 cm et celui de Sam mesure 28 cm. De combien de cm le collier de Flip est-il plus long que celui de Sam ?

2. Le père de Lou a 42 ans. Sa mère a 37 ans. Quelle est la différence d'âge entre le père et la mère de Lou ?

3. Lou mesure 1 m 35 cm. Elle mesure 8 cm de plus que Sam. Quelle est la taille de Sam ?

4.
a. Combien de coquillages Lou a-t-elle de plus que Flip ?
b. Combien de coquillages Flip a-t-il de moins que Sam ?
c. Flip a 32 coquillages de moins que Pok. Combien Pok a-t-il de coquillages ?

Exercices 1 et 2

Recherche de la valeur d'une différence.

Ces exercices sont voisins des questions de la recherche. Une schématisation peut accompagner leur résolution.

Les procédures utilisées sont mises en relation avec une reformulation des questions. Par exemple, l'**exercice 1** peut être reformulé en lien avec les procédures utilisées :

– combien de cm faut-il ajouter à 28 cm pour arriver à 35 cm : **28 + … = 35.**

– combien de cm faut-il enlever à 35 cm pour arriver à 28 cm : **35 – 28 = …**

RÉPONSE : 1 7 cm.   2 5 ans.

Exercice 3

Recherche d'un terme d'une comparaison.

La difficulté peut provenir du fait qu'il faut convertir 1 m 35 cm en 135 cm et reformuler l'information en « Sam mesure 8 cm de moins que Lou ».

RÉPONSE : 1 m 27 cm ou 127 cm.

Exercice 4

Recherche de la valeur d'une différence ou d'un terme d'une comparaison.

La **question c** peut être reformulée en « Pok a 32 coquillages de plus que Flip ».

RÉPONSE : a. 27 coquillages   b. 16 coquillages   c. 40 coquillages.

> AIDE ET REMÉDIATION   Une aide peut être apportée à certains élèves, en leur demandant de découper 4 étiquettes sur lesquelles ils notent les noms de chaque personnage, puis de les ranger dans l'ordre croissant du nombre de coquillages possédés.
> Pour des élèves en difficulté, les nombres ont été choisis simples pour permettre des schématisations des coquillages par des ronds ou des croix par exemple.

Différenciation : Exercices 1 à 4 → **CD-Rom du guide, fiche nº 31.**

	Tâche	Matériel	Connaissances travaillées
CALCULS DICTÉS	**Tables de multiplication** (répertoire complet) – Répondre à des questions du type « 4 fois 3 » et « combien de fois 6 dans 12 ? ».	par élève : FICHIER NOMBRES **p. 82 a et h**	– Tables de multiplication (mémorisation).
RÉVISER Calcul	Multiplication par un multiple simple de 10, 100 – Estimer et calculer des produits dont un facteur est inférieur à 10 ou multiple simple de 10 ou de 100.	par élève : FICHIER NOMBRES **p. 82 Ⓐ**	– Multiplication : calcul mental, en ligne ou posé.
APPRENDRE Calcul	Distances, durées et soustraction RECHERCHE **Sur l'autoroute** – Calculer des distances entre des bornes numérotées ou trouver ce qui doit figurer sur une borne.	par élève : – fiche recherche 27 FICHIER NOMBRES **p. 82 ❶, ❷ et ❸**	– Sens de la soustraction – Notion de distance.

UNITÉ 7

CALCULS DICTÉS

Tables de multiplication (répertoire complet)
– Répondre à des questions du type « 4 fois 3 » et « combien de fois 6 dans 12 ? ».

INDIVIDUEL ET COLLECTIF

FICHIER NOMBRES ET CALCULS p. 82

• Dicter les calculs suivants avec réponses dans le fichier :

a. **6** fois **7**	e. Combien de fois **7** dans **21** ?
b. **9** fois **8**	f. Combien de fois **7** dans **42** ?
c. **7** fois **4**	g. Combien de fois **7** dans **56** ?
d. **7** fois **9**	h. Combien de fois **7** dans **70** ?

RÉPONSE : a. 42   b. 72   c. 28   d. 63   e. 3   f. 6   g. 8   h. 10.

• Les élèves peuvent se préparer ou s'entrainer à ce moment de calcul mental en utilisant l'**exercice 3** de **Fort en calcul mental, p. 79**.

RÉPONSE : a. 36   b. 56   c. 64   d. 49   e. 6   f. 7   g. 9   h. 7.

RÉVISER

Multiplication par un multiple simple de 10, 100
– Estimer des produits.
– Calculer, en ligne ou en colonnes, des produits dont un facteur est un multiple simple de 10, 100.

INDIVIDUEL

FICHIER NOMBRES ET CALCULS p. 82

Exercice Ⓐ

Estimation de produits, puis vérification par le calcul.

Le premier travail d'estimation peut être difficile pour beaucoup d'élèves.

Lors de l'exploitation, mettre en évidence qu'il est possible de calculer mentalement :
– **200 × 5 = 1 000** (195 × 5 est un peu plus petit) ;
– **200 × 30 = 6 000** (205 × 30 est un peu plus grand) ;
– **30 × 80 = 2 400** (29 × 80 est un peu plus petit) ;
– **20 × 300 = 6 000** (19 × 300 est un peu plus petit).

RÉPONSE : a. le plus grand résultat sera celui de **205 × 30** ; le plus petit celui de **195 × 5**.
b. 195 × 5 = **975**   205 × 30 = **6 150**
   29 × 80 = **2 320**   19 × 300 = **5 700**

Distances, durées et soustraction

– Résoudre des problèmes liés à des distances.
– Comprendre la soustraction comme permettant de calculer une distance entre deux repères numériques ou une durée entre deux dates.

RECHERCHE Fiche recherche 27

Sur l'autoroute : Les élèves doivent calculer des distances entre différentes positions ou trouver une position connaissant la distance qui la sépare d'une position connue.

PHASE **1** **Première distance entre deux bornes**

Question 1 de la recherche

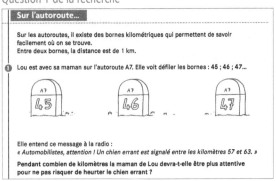

Sur l'autoroute...

Sur les autoroutes, il existe des bornes kilométriques qui permettent de savoir facilement où on se trouve.
Entre deux bornes, la distance est de 1 km.

❶ Lou est avec sa maman sur l'autoroute A7. Elle voit défiler les bornes : 45 ; 46 ; 47...

Elle entend ce message à la radio :
« *Automobilistes, attention ! Un chien errant est signalé entre les kilomètres 57 et 63.* »
Pendant combien de kilomètres la maman de Lou devra-t-elle être plus attentive pour ne pas risquer de heurter le chien errant ?

• Demander aux élèves de prendre connaissance de la **présentation** et de la **question 1**.

• Faire exprimer par des élèves ce qu'il faut retenir des **illustrations** :
– en haut de la borne se trouve une indication sur le nom de l'autoroute sur laquelle on se trouve ;
– au-dessous se trouve un repère kilométrique : il indique que, par exemple, on vient de parcourir 48 km depuis l'entrée sur l'autoroute : on dit qu'« on est au kilomètre 48 » ;
– sur cette autoroute, on remarque que les bornes kilométriques défilent en ordre croissant ;
– entre deux bornes successives (par exemple **45** et **46**), la distance est de **1 km** ;
– entre les bornes **45** et **47**, la distance est de **2 km**.

• Demander aux élèves de traiter la **question 1**.

• Faire une **mise en commun** des réponses et des **procédures** qui peuvent être de plusieurs types (*cf. commentaire*).

Les procédures possibles :
– dessin des bornes ou écriture des nombres 57, 58, 59, 60, 61, 62, 63 et dénombrement des kilomètres en tenant compte du fait que d'un nombre à l'autre, il y 1 km ;
– addition à trous : **57 + ... = 63** ;
– soustraction : **63 − 57 = ...** .

• Faire remarquer que la première procédure permet de valider la réponse trouvée à l'aide des deux autres procédures.

RÉPONSE : 6 km.

Les élèves ont déjà appris que la soustraction permet de calculer ce qui reste après une diminution, ou un complément, ou encore un écart ou une différence.
Ils apprennent ici que la soustraction permet aussi de calculer la distance entre deux repères numériques (distance entre deux bornes sur une carte, durée entre deux dates…). Ainsi, au CE2, ils ont l'occasion d'étendre très largement ce qu'on appelle souvent **« le sens » de la soustraction** et qui recouvre en fait plusieurs aspects. Il reste que ces acquis ne sont pas encore stabilisés pour

certains élèves qui doivent donc pouvoir recourir à d'autres types de calcul pour traiter ces problèmes (addition « à trous », calcul progressif de compléments…).
La situation est simple pour qu'une procédure de type pratique puisse être mise en œuvre (première procédure). Elle permet aussi aux élèves de s'approprier le contexte dans lequel les problèmes sont posés. A ce stade, aucune procédure n'est privilégiée.

PHASE **2** **Trouver la borne d'arrivée**

Question 2 de la recherche

❷ Elles viennent de passer devant la borne **63**. La voiture roule ensuite sur une distance de 27 km.
Devant quelle borne se trouvent-elles alors ?

Le déroulement est identique à celui de la phase 1. La procédure qui consiste à calculer **63 + 27** est dégagée avec les élèves comme plus rapide que d'autres.

RÉPONSE : 90 km.

Cette question permet de tester la compréhension que les élèves ont de la situation. L'écriture de la suite des nombres (ou le dessin de la suite des bornes) reste possible, mais devient plus fastidieuse qu'à la question précédente.

PHASE **3** **Deuxième distance entre deux bornes**

Question 3 de la recherche

❸ Après être passée devant la borne marquée **143**, Lou s'endort.
À son réveil, elle voit la borne marquée **228**.
Combien de kilomètres la voiture a-t-elle parcourus pendant son sommeil ?

Le déroulement et l'exploitation sont identiques à ceux de la question précédente.

• Centrer la **mise en commun** sur les deux procédures :
– chercher ce qu'il faut ajouter à **143** pour arriver à **228** (ce qui rappelle les problèmes de recherche d'un complément) ;
– calculer **228 − 143**, ce calcul pouvant être justifié par l'assimilation à la recherche d'un complément pour laquelle le recours à la soustraction a été étudié précédemment. En effet, on peut considérer que, pour obtenir la distance de 143 à 228, il faut enlever de 228 la distance de 0 à 143 (*voir schéma proposé en synthèse p. 223 et qui peut déjà être utilisé ici*).

RÉPONSE : 85 km.

Le recours au calcul devrait s'imposer comme plus rapide et plus sûr, étant donné l'écart entre les deux nombres. Une autre justification du recours possible à la soustraction est donnée en synthèse.

PHASE **4** **Synthèse**

Calcul de distances entre deux repères numériques

• **Le calcul de la distance entre deux repères numériques** peut se faire par deux calculs équivalents.

Exemple : Calcul de la distance entre **143** et **228**
– addition à trous ou complément : **143 + ... = 228**
– soustraction : **228 − 143 = ...** .

• **L'équivalence de ces deux calculs** a déjà été mise en évidence dans la résolution de problèmes de recherche d'un complément.

Une autre justification peut en être donné ici par **une représentation sur une ligne numérique** (représentant l'autoroute), à partir du départ (0).

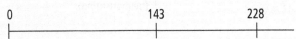

Chercher la distance entre **143** et **228** revient à « couper » la distance de 0 à 143, donc à « enlever » **143** de **228** :

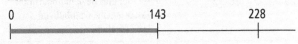

Dans cette séquence, les questions sont situées dans un contexte de nombres ordonnés dans le sens croissant. Cela nous a paru nécessaire pour une première approche de cette notion de distance qui sera retravaillée dans la suite de la scolarité (également dans des contextes de nombres ordonnés dans le sens décroissant).

ENTRAINEMENT

FICHIER NOMBRES ET CALCULS **p. 82**

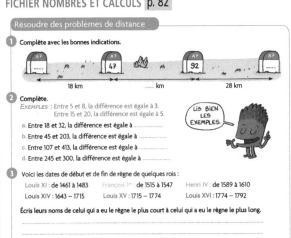

Exercice **1**

Recherche de distances ou de repères (bornes).

Les questions sont du même type que celles de la recherche.

RÉPONSE : première borne : **29**   dernière borne : **120**
distance entre 47 et 92 : **45 km**.

Exercice **2**

Calculer des différences.

Chaque question peut être illustrée dans le contexte de la recherche de cette séance ou celui de la séance précédente. Tous les calculs peuvent être réalisés mentalement, mais la pose de l'opération peut parfois être utile à certains élèves.

RÉPONSE : a. 14   b. 158   c. 306   d. 55.

D'autres questions du même type peuvent être proposées avec des nombres permettant un calcul mental rapide, par exemple : différences entre **10** et **14** ; entre **12** et **15** ; entre **3** et **23**…

AIDE Les nombres peuvent être écrits sur des petits cartons figurant des bornes ou encore placés sur la droite numérique.

Exercice **3**

Résoudre des problèmes relatifs à des calculs de durées.

L'assimilation entre les dates et les bornes peut être faite en plaçant les dates sur une frise chronologique (certains parlent d'ailleurs de « route du temps »).

RÉPONSE : Louis XVI : **18 ans** ; Henri IV : **21 ans** ; Louis XI : **22 ans** ;
François 1er : **32 ans** ; Louis XV : **59 ans** ; Louis XIV : **72 ans**.

La recherche de cet exercice peut être menée au brouillon ou sur une feuille à part.

Différenciation : Exercices 1 et 2 → **CD-Rom du guide, fiche n° 32.**

	Tâche	Matériel	Connaissances travaillées
CALCULS DICTÉS	**Tables de multiplication** (répertoire complet) – Répondre à des questions du type « 4 fois 3 » et « combien de fois 6 dans 12 ? ».	**par élève :** FICHIER NOMBRES **p. 83 a à h**	– Tables de multiplication (mémorisation).
RÉVISER Calcul	Multiplication : calcul réfléchi – Utiliser les propriétés de la multiplication pour calculer des produits sans poser les opérations.	**par élève :** FICHIER NOMBRES **p. 83 Ⓐ, Ⓑ et Ⓒ**	– **Multiplication : calcul réfléchi** – Propriétés de la multiplication (associativité, distributivité sur l'addition).
APPRENDRE Calcul	Multiplication : vers le calcul posé (1) RECHERCHE **L'escalier du phare** – Trouver combien de marches chaque personnage a montées pour arriver plusieurs fois au sommet d'un phare.	**par élève :** – fiche recherche 28 – la calculatrice n'est pas autorisée FICHIER NOMBRES **p. 83 ❶ et ❷**	– **Multiplication : calcul réfléchi** – Propriétés de la multiplication (associativité, distributivité sur l'addition).

CALCULS DICTÉS

Tables de multiplication (répertoire complet)

– Répondre à des questions du type « 4 fois 3 » et « combien de fois 6 dans 12 ? ».

INDIVIDUEL ET COLLECTIF

FICHIER NOMBRES ET CALCULS **p. 83**

• Dicter les calculs suivants avec réponses dans le fichier :

a. **9 fois 6**	e. Combien de fois **6** dans **48** ?
b. **8 fois 7**	f. Combien de fois **7** dans **28** ?
c. **4 fois 9**	g. Combien de fois **7** dans **42** ?
d. **7 fois 7**	h. Combien de fois **8** dans **64** ?

RÉPONSE : a. 54   b. 56   c. 36   d. 49   e. 8   f. 4   g. 6   h. 8.

• Les élèves peuvent se préparer ou s'entrainer à ce moment de calcul mental en utilisant l'**exercice 4** de **Fort en calcul mental, p. 79**.

RÉPONSE : a. 27   b. 48   c. 81   d. 36   e. 4   f. 5   g. 5   h. 8.

RÉVISER

Multiplication : calcul réfléchi

– Utiliser des produits connus pour en calculer de nouveaux.

INDIVIDUEL

FICHIER NOMBRES ET CALCULS **p. 83**

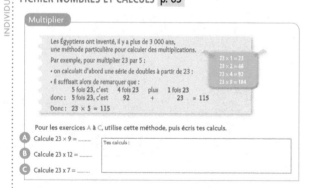

Exercices Ⓐ, Ⓑ et Ⓒ

Utiliser des résultats relatifs à des multiplications pour en élaborer de nouveaux (hors contexte matériel).

Préciser aux élèves qu'il faut obtenir les résultats demandés en calculant uniquement des additions, comme dans l'exemple. Les élèves devraient ainsi conduire des raisonnements similaires à l'exemple en utilisant, en acte, la distributivité de la multiplication sur l'addition.

Exemple pour **23 × 7** :

7 = 4 + 2 + 1

donc 7 fois 23, c'est 4 fois 23 plus 2 fois 23 plus 1 fois 23

donc 92 + 46 + 23 = 161.

Lors de la correction, mettre en évidence les raisonnements utilisés :

9 = 8 + 1 et 12 = 8 + 4.

RÉPONSE : Ⓐ 207.   Ⓑ 276.   Ⓒ 161.

> **Les raisonnements qui s'appuient sur la distributivité de la multiplication sur l'addition** seront exploités dans la recherche qui suit pour mettre en place une technique de multiplication posée.

Multiplication : vers le calcul posé (1)

– Utiliser les relations entre produits ayant un terme commun pour faciliter les calculs.
– Préparer la compréhension des étapes de la technique usuelle de calcul posé de la multiplication.

RECHERCHE Fiche recherche 28

L'escalier du phare : Les élèves vont avoir à utiliser des résultats connus ou établis pour en calculer d'autres, en s'appuyant sur le contexte d'une situation « réelle ».

ÉQUIPES DE 2

PHASE 1 Pok monte 4 fois 73 marches…

Question 1 de la recherche

L'escalier du phare

Pok, Lou et Sam ont passé leurs vacances près de ce phare, au bord de la mer.

MONTÉE AU SOMMET DU PHARE. TOUS LES JOURS DE 9H À 18H. 73 MARCHES.

❶ Pok est monté 4 fois au sommet du phare.
Combien de marches a-t-il montées au total ?

• Faire reformuler la situation et indiquer aux élèves :

➡ *Une fois votre travail terminé, vous devez expliquer et comparer vos réponses, le ou les calculs que vous avez faits.*

• Lorsque tous les élèves ont élaboré la réponse à cette question, organiser une **mise en commun** : recenser les réponses et faire éliminer celles qui sont manifestement fausses (ordre de grandeur) ; puis inventorier et faire expliciter les calculs utilisés :
– calculer le produit de 73 par 4 ;
– calculer le double de 73 puis le double de 146 ;
– additionner 4 fois 73 (ce qui est possible, dans ce cas).

• Rappeler la technique du calcul posé de 73 × 4, avec utilisation de la boite à retenues.

RÉPONSE : 292 marches.

ÉQUIPES DE 2

PHASE 2 Lou monte 50 fois 73 marches…

Question 2 de la recherche

❷ Lou est montée 50 fois au sommet du phare.
Combien de marches a-t-elle montées au total ?

• Même déroulement que pour la **phase 1**, avec à la fin inventaire et explicitation des calculs utilisés :
– multiplier directement 73 par 50 ;
– additionner 5 fois 730 ;
– multiplier 730 par 5 comme si Lou avait monté les marches 10 fois de suite, 5 fois.
– addition 10 fois de 73, puis 5 fois de 730.

• Rappeler la technique du calcul posé de **73 × 50**, avec utilisation de la boite à retenues (technique qui revient à calculer d'abord 73 × 5, puis à multiplier le résultat par 10 en utilisant la règle des 0).

RÉPONSE : 3 650 marches.

ÉQUIPES DE 2

PHASE 3 Sam monte 54 fois 73 marches…

Question 3 de la recherche

❸ Sam est monté 54 fois au sommet du phare.
Combien de marches a-t-il montées au total ?

• Même déroulement que pour la **phase 1**, mais en précisant qu'il faut faire le moins possible de calculs.

• Lorsque tous les élèves ont élaboré la réponse à cette question, organiser une mise en commun : recenser les réponses et faire éliminer celles qui sont manifestement fausses (ordre de grandeur) ; puis inventorier et faire expliciter les calculs utilisés, les **procédures** pouvant être variées, la situation étant plus complexe pour les élèves :
– des élèves ont pu essayer d'additionner 54 fois le nombre 73 (sans doute en faisant des « groupements » de calculs intermédiaires) ;
– d'autres ont considéré que dans 54, il y a « 50 et encore 4 » ou « 5 fois 10 et encore 4 » et ont calculé 50 fois 73 plus 4 fois 73 ou 5 fois 730 plus 4 fois 73 ;
– d'autres, enfin, auront reconnu que Sam a monté autant de marches que Pok et Lou réunis et qu'il suffit donc d'ajouter les deux nombres obtenus pour chacun d'eux (si cette solution n'apparait pas, la solliciter en demandant combien de fois Sam doit encore monter de fois au sommet du phare après être déjà monté 4 fois ou 50 fois).

RÉPONSE : 3 942 marches.

Les éléments nécessaires pour comprendre la multiplication posée en colonnes, dans le cas général, sont maintenant en place :
– savoir multiplier par un nombre inférieur à 10 ;
– savoir multiplier par un multiple simple de 10 ou de 100.
Il reste à les coordonner pour comprendre les étapes de ce type de calcul.

Dans cette séance, les élèves apprennent donc à combiner les résultats partiels qui permettent d'obtenir le résultat d'un produit comme **73 × 54**. À partir de là, dans la séance suivante, ils seront en mesure de comprendre et de réaliser eux-mêmes les **étapes d'une multiplication en colonnes**. Certains élèves utilisent déjà la technique classique de la multiplication, parfois apprise en famille. Elle comporte fréquemment des erreurs. L'enseignant peut annoncer que le travail réalisé ici est justement destiné à apprendre cette technique.

Les principales erreurs sont souvent liées :
– à la non-reconnaissance du caractère multiplicatif de la situation (le recours à l'addition itérée ou les formulations utilisant le mot « fois » devrait être une aide) ;
– à des erreurs de calcul ;
– à l'incapacité des élèves à voir comment ils peuvent calculer 73 × 54.

UNITÉ 7

PHASE 4 Synthèse

• Mettre l'accent sur la dernière procédure de la phase 3 et la traduire par écrit en rapprochant les trois calculs (les boites à retenue ne sont pas écrites ici, mais il est souhaitable qu'elles continuent à être utilisées par les élèves) :

```
    7 3        7 3        3 6 5 0
  ×   4      ×  5 0      +   2 9 2
  ─────      ───────     ─────────
    2 9 2      3 6 5 0      3 9 4 2
```

• Rappeler le raisonnement qui permet de justifier ces calculs : monter 54 fois les 73 marches, c'est les monter 50 fois, puis 4 fois.

ENTRAINEMENT

FICHIER NOMBRES ET CALCULS **p. 83**

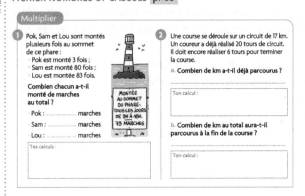

Exercices ❶ et ❷

Résoudre un problème dans lequel deux produits peuvent être utilisés pour en déterminer un troisième.

Lors de la correction, mettre en évidence qu'une méthode comparable à celle de la recherche peut être utilisée. Par exemple pour l'**exercice 1** :

```
    7 3        7 3        5 8 4 0
  ×  8 0      ×   3      +   2 1 9
  ───────     ─────      ─────────
    5 8 4 0      2 1 9      6 0 5 9
```

Pour l'**exercice 2** situé dans un contexte différent, il faut comprendre que, au total, le coureur a parcouru 26 tours, ce qui est décomposable en 20 tours plus 6 tours.

RÉPONSE :
❶ **Pok** : 219 marches
Sam : 5 840 marches
Lou : 6 059 marches.
❷ a. 340 km   b. 442 km.

AIDE   Si nécessaire, recourir à une autre concrétisation en utilisant des petits cartons portant l'indication « 73 marches », chaque carton représentant une montée au sommet du phare, 83 cartons pouvant être décomposés en 3 cartons et 80 cartons.

Différenciation : Exercices 1 et 2 → **CD-Rom du guide, fiche n° 33.**

À SUIVRE

En **séance 5**, les connaissances de cette séance seront reprises avec des calculs proposés hors contexte.

	Tâche	Matériel	Connaissances travaillées
PROBLÈMES DICTÉS	Compléments à 100 – Résoudre un problème du domaine additif. – Calculer un complément à 100.	par élève : FICHIER NOMBRES **p. 84 a, b et c**	– **Compléments à 100** – **Problèmes du domaine additif** – Résolution de problèmes : diverses possibilités.
PROBLÈMES ÉCRITS	Compléments à 100 – Résoudre un problème du domaine additif. – Calculer un complément à 100.	par élève : FICHIER NOMBRES **p. 84 A et B**	– **Compléments à 100** – **Problèmes des domaines additif et multiplicatif** – Résolution de problèmes : diverses possibilités.
APPRENDRE Calcul	Multiplication : vers le calcul posé (2) RECHERCHE **Calcul de produits avec 256** – Utiliser des résultats déjà calculé pour en obtenir de nouveaux (l'un des facteurs est toujours 256).	par élève : – la calculatrice n'est pas autorisée FICHIER NOMBRES **1, 2 et 3**	– **Multiplication : utilisation des propriétés (associativité, distributivité sur l'addition).**

UNITÉ 7

PROBLÈMES DICTÉS

Compléments à 100

– Résoudre mentalement des problèmes du domaine additif et calculer un complément à 100.

INDIVIDUEL ET COLLECTIF

FICHIER NOMBRES ET CALCULS p. 84

• Formuler le problème et poser successivement les questions :

> Pour arriver au sommet d'une tour, il faut monter exactement **100 marches**. Quatre enfants ont commencé à monter les marches :
>
> a. Audrey a déjà monté **50 marches**. Combien doit-elle encore monter de marches pour arriver au sommet ?
>
> b. Boris a monté **94 marches**. Combien doit-il encore monter de marches pour arriver au sommet ?
>
> c. Chloé n'a monté que **2 marches**. Combien doit-elle encore monter de marches pour arriver au sommet ?

• Inventorier les réponses, puis proposer une mise en commun :
– faire identifier les résultats qui sont invraisemblables ;

– faire expliciter et classer quelques procédures en distinguant leur nature (schéma ou type de calcul effectué : addition à trous, addition par sauts, soustraction, soustraction par sauts) ;
– formuler des mises en relation entre certaines de ces procédures.

RÉPONSE : a. 50 marches   b. 6 marches   c. 98 marches.

• Les élèves peuvent se préparer à ce moment de calcul mental en utilisant l'**exercice 5** de **Fort en calcul mental, p. 79**.

RÉPONSE : a. 8 marches   b. 96 marches.

Au moment de la correction, mettre en évidence que certaines procédures sont plus faciles à utiliser avec certains nombres :
– **reculer de 2** ou **soustraire 2** est plus facile que aller de **2 à 100** ;
– **aller de 94 à 100** est plus facile que de reculer de **94** en partant de **100** ou soustraire **94 à 100**.

PROBLÈMES ÉCRITS

Compléments à 100

– Résoudre mentalement des problèmes des domaines additif et multiplicatif et calculer un complément à 100.

INDIVIDUEL

FICHIER NOMBRES ET CALCULS p. 84

Résoudre des problèmes

A. Dans ce parking, il y a 25 voitures garées. Combien y a-t-il de places libres ?

B. Tu as besoin de 100 morceaux de sucre. Combien faut-il prendre de morceaux de sucre dans une autre boite ?

Problème Ⓐ

Recherche simple de complément à 100.

RÉPONSE : 75 places libres.

Problème Ⓑ

Recherche de complément à 100 pour des objets rangés sur trois dimensions.

Observer si les élèves utilisent ou non la multiplication pour déterminer le nombre de morceaux de sucre d'une boite (à exploiter lors de la correction) : calculs du type $3 \times 4 = 12$ puis $12 \times 6 = 72$ ou $4 \times 6 = 24$ puis $24 \times 3 = 72$ ou encore $3 \times 4 \times 6 = 72$.

RÉPONSE : 28 morceaux de sucre.

AIDE Certains élèves auront peut-être besoin d'une aide pour bien comprendre la situation. Un empilement de cubes représentant les sucres rangés peut les y aider.

Multiplication : vers le calcul posé (2)

– Utiliser les relations entre produits ayant un terme commun pour faciliter les calculs.
– Préparer la compréhension des étapes de la technique usuelle de calcul posé de la multiplication.

RECHERCHE

Des produits avec 256 : Les élèves vont avoir à utiliser des résultats connus ou établis pour en calculer d'autres, hors contexte.

PHASE 1 Premiers résultats

• Demander aux élèves de calculer les produits suivants écrits au tableau : 256×2 256×30 .

• Écrire et conserver les résultats au tableau, rangés sous une forme qui met en évidence les relations exprimées :
$256 \times 2 = 512$ $256 \times 30 = 7\,680$.

▐ **Ici, il n'y a pas de calculs nouveaux pour les élèves.** Cette phase est destinée à établir des résultats qui pourront être utilisés dans la phase suivante.

PHASE 2 Calcul de 256×32

• Demander aux élèves de calculer un nouveau produit écrit au tableau, en précisant qu'ils peuvent utiliser les résultats précédemment établis : 256×32 .

• À la suite des réponses des élèves, organiser une **mise en commun**, en mettant en évidence par exemple que :
256×32 peut être pensé comme **32 fois 256**, donc comme **30 fois 256** et **2 fois 256**.

• En **synthèse**, écrire la suite des calculs pour chaque produit, en explicitant le raisonnement à l'aide du mot « fois » et en proposant une illustration à l'aide de la décomposition d'un rectangle quadrillé (dont les carreaux sont seulement évoqués, ici pour le 1ᵉʳ produit) :

Calcul de 256×32

$256 \times 30 = 7\,680$
$256 \times 2 = 512$
$256 \times 32 = 7\,680 + 512 = 8\,192$

32 fois 256, c'est :
30 fois 256 plus 2 fois 256

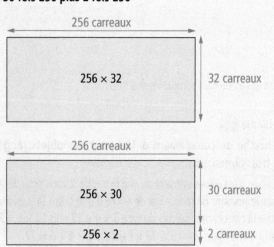

ENTRAINEMENT

FICHIER NOMBRES ET CALCULS p. 84

Multiplier

Pour les exercices 1 et 2, écris les calculs que tu n'as pas faits mentalement.

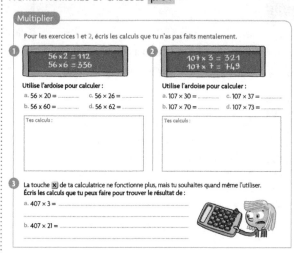

①
$56 \times 2 = 112$
$56 \times 6 = 336$

Utilise l'ardoise pour calculer :
a. $56 \times 20 = $ .... c. $56 \times 26 = $ ....
b. $56 \times 60 = $ .... d. $56 \times 62 = $ ....

Tes calculs :

②
$107 \times 3 = 321$
$107 \times 7 = 749$

Utilise l'ardoise pour calculer :
a. $107 \times 30 = $ .... c. $107 \times 37 = $ ....
b. $107 \times 70 = $ .... d. $107 \times 73 = $ ....

Tes calculs :

③ La touche ✕ de ta calculatrice ne fonctionne plus, mais tu souhaites quand même l'utiliser. **Écris les calculs que tu peux faire pour trouver le résultat de :**
a. $407 \times 3 = $
b. $407 \times 21 = $

Exercices ① et ②

Calculer des produits en utilisant des résultats donnés ou établis.

Pour cela, les élèves doivent mobiliser la multiplication par 10 et par 100 à partir des résultats fournis sur l'ardoise et combiner des résultats connus (application des procédures mises en évidence au cours de la recherche).

RÉPONSE :
① a. 1 120 b. 3 360 c. 1 456 d. 3 472.
② a. 3 210 b. 7 490 c. 3 959 d. 7 811.

▐ AIDE Recourir éventuellement à une concrétisation avec des cartons portant le facteur fixe (56 ou 107).
Pour les grandes quantités, les groupements intermédiaires (20 et 6 pour 56×26) peuvent n'être que schématisés :

20 fois 56	6 fois 56

Exercice ③

Utiliser la distributivité de la multiplication sur l'addition.

– **Calcul de 407×3** : c'est facile car il suffit de taper :
$407 + 407 + 407$.

– **Calcul de 407×21** : il peut aussi être réalisé de la même manière, mais il est plus simple de calculer :
$4\,070 + 4\,070 + 407$
(10 fois 407 plus 10 fois 407 plus 1 fois 407).
RÉPONSE : a. 1 221 b. 8 547.

À SUIVRE

En **séance 6**, les acquis de cette séance et de la précédente seront exploités pour mettre en place et justifier une technique de calcul posé pour la multiplication.

	Tâche	Matériel	Connaissances travaillées
NOMBRES DICTÉS	Nombres inférieurs à 10 000 – Ecrire en chiffres des nombres donnés oralement.	par élève : FICHIER NOMBRES **p. 85 a à h**	– Calcul sur les dizaines et les centaines (mémorisation).
RÉVISER Calcul	Soustraction posée ou en ligne – Chercher la plus grande et la plus petite différence entre 3 nombres. – Résoudre un problème (domaine additif).	par élève : FICHIER NOMBRES **p. 85 A et B**	– Nombres inférieurs à 10 000 – Ecritures littérales et chiffrées – Décompositions associées.
APPRENDRE Calcul	Multiplication : calcul posé RECHERCHE **La multiplication de Lou** – Comprendre une technique de multiplication posée et l'utiliser.	par élève : – **fiche recherche 29** – feuille de brouillon – la calculatrice n'est pas autorisée FICHIER NOMBRES **p. 85 1 et 2**	– **Multiplication : calcul posé** – Utilisation des propriétés (associativité, distributivité sur l'addition).

NOMBRES DICTÉS

Nombres inférieurs à 10 000

– Ecrire en chiffres un nombre donné oralement.

COLLECTIF

FICHIER NOMBRES ET CALCULS **p. 85**

• Dicter les nombres suivants écrits dans le fichier :

a. 205	c. 2 050	e. 5 005	g. 2 008
b. 1 275	d. 7 563	f. 5 000	h. 5 050

• Les élèves peuvent se préparer ou s'entrainer à ce moment de calcul mental en utilisant l'**exercice 6** de **Fort en calcul mental, p. 79.**

RÉPONSE : a. 1 200 b. 3 080 c. 2 010 d. 8 000 e. 4 004 f. 4 170.

RÉVISER

Soustraction posée ou en ligne

– Calculer des différences par un calcul écrit en ligne ou en colonnes.

INDIVIDUEL

FICHIER NOMBRES ET CALCULS **p. 85**

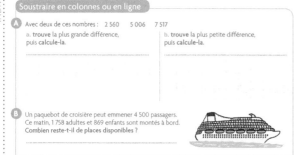

Soustraire en colonnes ou en ligne

A Avec deux de ces nombres : 2 560 5 006 7 517
a. **trouve la plus grande différence,** puis **calcule-la.**
b. **trouve la plus petite différence,** puis **calcule-la.**

B Un paquebot de croisière peut emmener 4 500 passagers. Ce matin, 1 758 adultes et 869 enfants sont montés à bord. Combien reste-t-il de places disponibles ?

Exercice A

Trouver la plus grande et la plus petite différence en choisissant 2 nombres parmi 3.

Il s'agit d'une reprise d'un exercice proposé en unité 6 (séance 6), mais avec des nombres plus grands.

La **plus grande différence** est simple à trouver (c'est celle entre le plus grand et le plus petit des nombres de la liste).

La **plus petite différence** est plus difficile à déterminer (c'est celle entre les deux nombres les plus proches). Un calcul approché est très utile et des essais peuvent être nécessaires.

RÉPONSE : **A** La plus grande différence : 7 517 – 2 560 = 4 957
B La plus petite différence : 5 006 – 2 560 = 2 446.

Exercice B

Résoudre un problème relatif à une situation de la « vie courante » et relevant du domaine additif.

Comme pour le problème proposé en unité 6, la résolution nécessite de déterminer les étapes nécessaires, ce qui peut faire l'objet d'une exploitation collective.

Deux stratégies sont possibles :
– déterminer le nombre total de passagers, puis le nombre de places vides ;
– déterminer le nombre de places restantes en soustrayant d'abord le nombre d'adultes, puis le nombre d'enfants.

RÉPONSE : 1 873 places disponibles.

Multiplication : calcul posé

– Comprendre et utiliser la technique de calcul posé de la multiplication.

RECHERCHE Fiche recherche 29

La multiplication de Lou : Les élèves doivent expliquer comment Lou a fait pour calculer une multiplication posée et utiliser le même procédé pour en calculer d'autres.

PHASE 1 **Un premier produit à calculer : 86 × 34**

Question 1 de la recherche

> **La multiplication de Lou**
>
> ❶ Calcule avec la méthode de ton choix.
>
> 86 × 34 = ...

• Demander aux élèves de répondre individuellement, en gardant la trace des calculs utilisés. Inventorier les réponses et les différentes procédures et les faire expliquer.

• Mettre en évidence les méthodes qui utilisent les acquis des séquences précédentes, notamment la décomposition de 34 en 30 + 4 et la suite de calculs suivants :

```
    86        86      2580
  × 30      ×  4    +  344
  ────      ────    ──────
  2580       344      2924
```

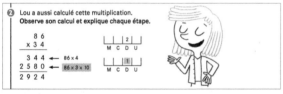

Le « 1 » situé dans les dizaines de la boite à retenues du produit 86 × 30 correspond au fait qu'on calcule d'abord 86 × 3 (et 6 × 3 = 18 donne 1 dizaine en retenue), puis qu'on multiplie le résultat par 10 en utilisant la règle des « 0 ».

PHASE 2 **Une nouvelle disposition pour la multiplication**

Question 2 de la recherche

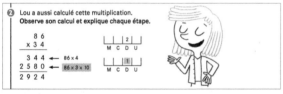

❷ Lou a aussi calculé cette multiplication.
Observe son calcul et explique chaque étape.

```
      86
    × 34
    ─────
     344  ← 86 × 4
    2580  ← 86 × 3 × 10
    ─────
    2924
```

• Préciser :

➡ *La méthode de Lou pour multiplier 86 par 34 est celle qu'utilisent les parents ou les élèves plus grands. Essayez d'expliquer les différentes étapes de ce calcul. Il faudra dire aux autres ce que vous avez compris.*

• En partant des commentaires des élèves, expliquer en **synthèse** la disposition suivante (avec reproduction des boites à retenues), en référence aux calculs de la phase 1 :

Calcul posé de 86 × 34

```
      86
    × 34
    ─────
     344  ← 86 × 4
    2580  ← 86 × 3 × 10
    ─────
    2924
```

pour 86 × 4
pour 86 × 3

On décompose **34** en **4 + 30** et **30 en 3 × 10.**
On calcule d'abord : **86 × 4.**
Puis on calcule : **86 × 30** (donc 86 × 3 × 10).
Enfin on ajoute les deux résultats obtenus.

On a donc calculé **34 fois 86**, mais en décomposant ce calcul en **4 fois 86** plus **30 fois 86.**
Il ne faut pas oublier les retenues, ni ce qu'elles veulent dire.

Pour le calcul posé de multiplications, au CE2 et même au début du CM1 :
• Les élèves sont invités :
– à préciser la **signification de chaque ligne de calcul**, en écrivant les produits à calculer à droite de l'opération posée, avant même d'entreprendre leur calcul ;
– à utiliser les **boites à retenues.**
• On peut soit **utiliser autant de boites à retenues** qu'il y a de produits à calculer, soit **utiliser une seule boite**, avec autant d'étages que de produits à calculer.
• De même, il est préférable d'écrire les « **0 terminaux** » plutôt que d'introduire un décalage qui perd rapidement toute signification pour les élèves.

Il nous parait important de bien mentionner que multiplier 86 par 30 (ou par 300 ou par 3 000…) **revient à calculer 86 × 3, puis à multiplier le résultat par 10, par 100 ou par 1 000…** (en utilisant la règle des 0). Cela simplifie la gestion des retenues dans la mesure où, à chaque étape, on multiplie d'abord 86 par un nombre inférieur à 10 avant de multiplier ensuite le résultat par 10, 100 ou 1 000…

PHASE 3 **Un autre calcul : 86 × 43**

Question 3 de la recherche

> ❸ Utilise cette méthode pour calculer 86 × 43.

• Faire une correction immédiate et, en particulier, mettre en évidence comme précédemment les deux lignes de calcul :

Calcul posé de 86 × 43

```
      86
    × 43
    ─────
     258  ← 86 × 3
    3440  ← 86 × 4 × 10
    ─────
    3698
```

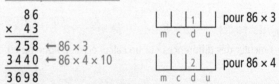

pour 86 × 3
pour 86 × 4

On décompose **43** en **3 + 40.**
On calcule d'abord : **86 × 3.**
Puis on calcule : **86 × 40** (donc 86 × 4 × 10).
Enfin on ajoute les deux résultats obtenus.

On a donc calculé **43 fois 86**, mais en décomposant ce calcul en **3 fois 86** plus **40 fois 86.**

Faire remarquer aux élèves qu'il est possible d'utiliser les résultats des calculs des phases précédentes pour calculer **86 × 43.**

PHASE 4 Un autre calcul : 102 × 95

Question 4 de la recherche

④ Utilise cette méthode pour calculer 102 × 95.

• Faire une correction immédiate et, en particulier, mettre en évidence que :
– on peut trouver un avantage à calculer 95 × 102 (mais les deux calculs sont possibles) ;
– deux lignes de calcul seulement sont nécessaires dans les deux cas : 102 × 5 et 102 × 90 ou 95 × 2 et 95 × 100;
– il faut distinguer les 0 issus de la multiplication par 100 de ceux qui proviennent des résultats de la table comme 2 × 5.

• Mettre en évidence les deux lignes de calcul :

Calcul posé de 102 × 95

```
    1 0 2
  ×   9 5
    5 1 0  ← 102 × 5
  9 1 8 0  ← 102 × 9 × 10
  9 6 9 0
```

| | | 1 | | pour 102 × 5
|m|c|d|u|

| | | 1 | | pour 102 × 9
|m|c|d|u|

On décompose **95** en **5 + 90**.
On calcule d'abord : **102 × 5**.
Puis on calcule : **102 × 90** (donc 102 × 9 × 10).
Enfin on ajoute les deux résultats obtenus.

On a donc calculé **95 fois 102**, mais en décomposant ce calcul en **5 fois 102** plus **90 fois 102**.

Autre possibilité :

Calcul posé de 95 × 102

```
      9 5
  ×  1 0 2
    1 9 0  ← 95 × 2
  9 5 0 0  ← 95 × 100
  9 6 9 0
```

| | | 1 | | pour 95 × 2
|m|c|d|u|

| | | | | pour 95 × 100
|m|c|d|u| (pas de retenue)

On décompose **102** en **100 + 2**.
On calcule d'abord : **95 × 2**.
Puis on calcule : **95 × 100**.
Enfin on ajoute les deux résultats obtenus.

On a donc calculé **102 fois 95**, mais en décomposant ce calcul en **2 fois 95** plus **100 fois 95**.

ENTRAINEMENT

FICHIER NOMBRES ET CALCULS **p. 85**

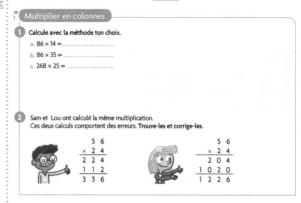

Ces problèmes permettent de consolider les acquis de la recherche. Dans tous les cas, les nombres sont choisis simples pour permettre des calculs mentaux et centrer l'attention des élèves sur les stratégies de recherche.

Exercice ❶

Calculer des produits.

Application directe de l'apprentissage précédent.

RÉPONSE : a. 1 204   b. 3 010   c. 6 700.

AIDE Faire identifier, autant de fois qu'il le faut, les étapes du calcul :
– décomposition du multiplicateur ;
– multiplication des unités, puis des dizaines… ;
– usage de la boite à retenues ;
– multiplications intermédiaires, par exemple dans le cas de 268 par 25 : par 5, puis par 20 (qui revient à multiplier par 2 et par 10). Pour cela, le recours au **dico-maths n° 26** peut être conseillé.

Exercice ❷

Repérer des erreurs dans le calcul de multiplications posées.

Sam n'a pas multiplié par 20 mais par 2 à la 2ᵉ ligne de calcul.
Lou a oublié des retenues.

RÉPONSE :
```
      5 6
  ×   2 4
    2 2 4
  1 1 2 0
  1 3 4 4
```

UNITÉ 7

	Tâche	Matériel	Connaissances travaillées
SUITES DE NOMBRES	**Le furet : doubles et moitiés** – Donner à l'oral une suite de nombres doubles ou moitiés les uns des autres.		– **Doubles et moitiés** – Mémorisation – Calcul réfléchi.
RÉVISER Mesures / Géométrie	Carrés, rectangles : construction et périmètre – Construire un carré et un rectangle sur papier uni à partir de la donnée de leurs dimensions. – Calculer le périmètre des figures construites.	pour la classe : – les figures construites sur calque pour la validation **> fiche 43** par élève : – double décimètre, équerre, crayon à papier CAHIER GÉOMÉTRIE **p. 53 Ⓐ et Ⓑ**	– **Carré, rectangle** (angles et côtés) – **Périmètre d'un polygone** – Angle droit et équerre – Mesure de longueurs.
APPRENDRE Géométrie	Codage et programmation de déplacements sur un écran RECHERCHE **Tracés sur un écran** – Découvrir un code qui permet de piloter des tracés. – Sélectionner des instructions pour tracer pas à pas un carré. – Programmer des instructions pour tracer en une seule étape un carré, un rectangle. – Programmer des instructions pour tracer un assemblage de carrés ou de rectangles.	pour le professeur : – présentation de GéoTortue **> CD-Rom du guide** pour la classe : – un ordinateur sur lequel est installé le logiciel GéoTortue et le fichier « GeoTortue_CE2_U7 S7 » – un TNI ou vidéoprojecteur – les figures de la question 4 de la fiche recherche photocopiées sur transparent ou agrandies par équipe de 2 élèves : – un ordinateur sur lequel est installé le logiciel Géotortue – le fichier logiciel « GéoTortue_CE2_U7 S7 » **> CD-Rom du guide** par élève : – **fiche recherche 30** – liste des commandes de GéoTortue **> fiche 44** – feuille de brouillon	– **Utilisation d'un code pour piloter des déplacements à l'écran** – **Programmation de déplacements à l'écran** – Carré, rectangle.

SUITES DE NOMBRES

Le furet : doubles et moitiés

– Connaitre les doubles et moitiés de nombres inférieurs à 100 ou de nombres « simples » (nombres entiers de centaines, par exemple).

COLLECTIF

• Faire rappeler sur deux ou trois exemples ce qu'est le double et la moitié d'un nombre. Demander par exemple :

le double de :	5	15	25	50	30
la moitié de :	40	200	80	24	50

• Donner la nouvelle consigne :

➡ *Il s'agit de donner une suite de doubles ou de moitiés à partir d'un nombre donné ; par exemple les doubles à partir de 2 sont : 4, 8, 16...*

• Les réponses sont données oralement, comme dans le jeu du furet, soit par un même élève, soit par une série d'élèves sollicités par l'enseignant :

départ

6	Donner 4 doubles : 12, 24, 48, 96
5	Donner 5 doubles : 10, 20, 40, 80, 160
64	Donner autant de moitiés que possible : 64, 32, 16, 8, 4, 2, 1
84	Donner autant de moitiés que possible : 84, 42, 21

• Les élèves peuvent se préparer ou s'entrainer à ce moment de calcul mental en utilisant l'**exercice 7** de **Fort en calcul mental, p. 79**.

RÉPONSE : 6 – 12 – 24 – 48 – 96 – 192 – 384 – 768 – 1 536.

Carrés, rectangles : construction et périmètre

– Mobiliser les propriétés d'un carré, d'un rectangle pour construire.
– Calculer le périmètre d'un polygone dont on connaît la longueur des côtés.
– Utiliser l'équivalence 1 cm = 10 mm.

CAHIER MESURES ET GÉOMÉTRIE **p. 53**

Construire un carré, un rectangle et calculer le périmètre

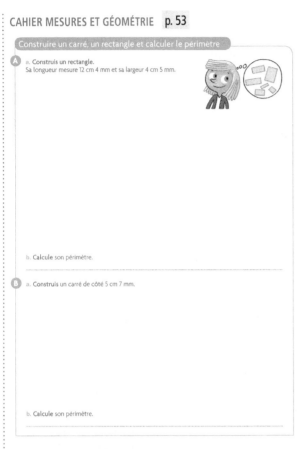

Ⓐ a. Construis un rectangle.
Sa longueur mesure 12 cm 4 mm et sa largeur 4 cm 5 mm.

b. Calcule son périmètre.

Ⓑ a. Construis un carré de côté 5 cm 7 mm.

b. Calcule son périmètre.

Exercices Ⓐ et Ⓑ

Construire un rectangle et un carré.

• Demander aux élèves de rappeler ce qu'ils savent d'un carré, d'un rectangle et du périmètre d'un polygone.

• Expliquer le travail à faire :

➡ *Vous allez construire un rectangle et un carré en respectant les mesures indiquées. Appliquez-vous pour réaliser les tracés. Après avoir terminé la construction, si des traits dépassent de la figure, vous ne les effacerez pas. L'important est que la figure soit visible.*

Vous pourrez vérifier l'exactitude de chaque construction avec un calque (montrer les calques des deux figures).

Tous les élèves ne traiteront pas les deux exercices. Certains se limiteront au premier.

• Lors du contrôle des constructions avec le calque, aider les élèves à analyser leurs erreurs : elles peuvent être dues soit à l'utilisation que de certaines des propriétés ou à des tracés effectués au jugé, soit à un manque de dextérité dans l'emploi des instruments et à des tracés approximatifs.

• Pour le calcul des deux périmètres, une **mise en commun** peut être faite sur la façon de conduire les calculs.

Exemple : **Calcul du périmètre du rectangle :**
12 cm 4 mm + 4 cm 5 mm + 12 cm 4 mm + 4 cm 5 mm.

Plusieurs procédures sont possibles :

– Calculer de proche en proche :
12 cm 4 mm + 4 cm 5 mm = 16 cm 9 mm ;
puis 16 cm 9 mm + 12 cm 4 mm ; etc.

– Faire la somme des nombres de cm (32) et de mm (18).
Dans les deux cas, l'équivalence en cm et mm permet de conclure :
32 cm 18 mm = 32 cm + 1 cm + 8 mm = 33 cm 8 mm.

– Utiliser le fait qu'ajouter 5 mm et 5 mm fait 10 mm = 1 cm
et qu'il reste alors à calculer d'une part :
12 cm + 4 cm + 12 cm + 4 cm + 1 cm = 33 cm,
et d'autre part : 4 mm + 4 mm = 8 mm.

RÉPONSE : Ⓐ b. 33 cm 8 mm.   Ⓑ b. 22 cm 8 mm.

L'observation des élèves en situation de tracé ou la demande de raconter ce qu'ils ont fait peut aider à lever l'incertitude entre une procédure correcte avec des tracés approchés et une procédure erronée ou des tracés au jugé.

Il est important que, au sortir du CE2, **les élèves sachent tracer un angle droit, un segment de longueur donnée et construire un carré, un rectangle ou encore un triangle rectangle.** Au besoin, proposer d'autres exercices de ce type en consolidation aux élèves qui auraient encore des difficultés dans l'utilisation des instruments ou des propriétés de ces figures (*voir consolidation, p. 245*).

Codage et programmation de déplacements sur un écran

– Découvrir un logiciel qui permet de piloter et de programmer des déplacements sur un écran.
– Coder des déplacements pour tracer une figure pas à pas sur l'écran.
– Anticiper, coder et programmer des déplacements pour tracer une figure en une seule étape sur l'écran.

RECHERCHE Fiche recherche 30

Tracés sur un écran : Les élèves commencent par découvrir un logiciel qui permet de piloter les déplacements d'une tortue sur un écran en utilisant un code et s'exercent à l'utilisation de ce code. **Ensuite**, ils écrivent une suite d'instructions pour tracer pas à pas un carré à partir de la donnée de ses dimensions,

puis réalisent le tracé en une seule étape. **Puis**, ils découvrent une commande qui permet de raccourcir la saisie d'instructions répétitives. **Enfin**, ils réinvestissent ces connaissances dans le tracé d'un rectangle et d'une ou deux figures faites d'un assemblage de rectangles et de carrés.

Choix du logiciel

Notre choix s'est porté sur **GéoTortue**[1] car ce logiciel libre, conçu pour enseigner les mathématiques et l'algorithmique, est simple à prendre en main par de jeunes enfants. Il est aussi facilement paramétrable par les enseignants qui souhaiteraient aller plus loin avec leurs élèves.

Le logiciel peut être téléchargé sur le site GéoTortue à l'adresse http://geotortue.free.fr/

Présentation de GéoTortue

Le document de présentation du logiciel, de ses principales commandes et de l'espace de travail, placé dans le CD-Rom, a été réalisé à partir de l'aide en ligne consultable sur le site GéoTortue.

Toujours avec ce logiciel, l'IREM de Paris-Nord propose sur son site http://www-irem.univ-paris13.fr d'autres activités scolaires pour les enseignants qui voudraient aller plus loin.

D'autres logiciels, comme par exemple **Scratch**, peuvent être utilisés, à charge de l'enseignant de procéder aux adaptations nécessaires de la séance et du bilan.

Organisation de l'apprentissage

Cet apprentissage peut être découpé en **deux séances** :
– **la prise en main du logiciel** avec la question 1 de la recherche qui permet de s'initier aux commandes du logiciel ;
– **la recherche** proprement dite (**questions 2 à 4**) où les élèves doivent tracer des figures.

Pour une meilleure efficacité, cette deuxième séance pourra elle-même être découpée en deux séances de plus courte durée : d'une part questions 2 et 3 (tracé d'un carré et d'un rectangle), d'autre part question 4 (tracé d'un assemblage de figures).

Préparation avant la séance

• Prendre connaissance de la présentation de GéoTortue (document dans le CD-Rom du guide) au moins quelques jours avant la séance.

• Télécharger et installer le logiciel sur les différents postes (un poste par équipe de 2 élèves).

• Installer sur chaque poste le fichier « **GeoTortue_CE2_U7 S7** » du CD-Rom du guide et tester l'ouverture de ce fichier.

PHASE 1 Premier contact avec GéoTortue

1. Initiation aux commandes « av » et « vg »

Si les élèves ont déjà utilisé GéoTortue en CE1, cette phase pourra être écourtée.

• Projeter sur le TNI ou vidéoprojecteur l'espace de travail qu'on voit à l'ouverture du logiciel et recueillir les commentaires avant de commencer la visite commentée.

• Demander dans quelle direction pointe la tortue dans la zone au centre de l'écran, puis indiquer :

➡ *Aujourd'hui, vous allez faire de la géométrie, mais vous n'allez pas utiliser vos instruments de géométrie. Vous allez donner des instructions à une tortue (la montrer). Quand elle se déplace dans cette zone appelée « espace graphique » (la montrer), elle va tracer ce que vous lui demanderez, mais seulement ce que vous lui demanderez. Pour commander la tortue, vous avez des instructions dans le panneau placé à droite de l'écran.*

• Approcher par exemple la souris de l'instruction **av 100**. Une bulle d'aide apparaît, la commenter. Cliquer sur l'instruction et demander ce qui a changé dans les différentes zones :

– dans l'espace graphique, la tortue a avancé de 100 pas ou unités ;
– en dessous, dans la fenêtre appelée « **fenêtre de commandes** », l'instruction sélectionnée et exécutée par la tortue est maintenant affichée.

• Procéder de même avec l'instruction **vg** située dans la partie inférieure du panneau de gauche. Constat : cette instruction permet d'effacer tous les tracés.

Nous distinguerons les commandes du logiciel (**av, re, td, tg, ct, mt, lc, bc, vg** et **rep**) des instructions qu'elles permettent d'écrire. Une instruction peut :
– se résumer à une commande : **ct** (cache la tortue) ; **vg** (vide l'espace graphique) ;
– consister en une commande suivie d'un nombre : **av 100** (la tortue avance de 100 pixels).

2. Découverte des autres commandes

Question 1 de la recherche (étapes 1, 2 et 3)

Tracer avec GéoTortue

① DÉCOUVERTE DE GÉOTORTUE

Étape 1 : Dans le panneau de droite, clique sur av 25
Puis sur av 25 ; re 25 ; td 90 ; av 100 ; td 90 ; av 100

Étape 2 : Clique sur l'instruction qui permet d'orienter la tête de la tortue vers la droite de l'écran, puis sur av 25.

Le déplacement de la tortue correspond-il à ce que tu attendais ? ....

Étape 3 : Clique sur vg dans le panneau de gauche, puis sur td 45 dans le panneau de droite.
Utilise des instructions du panneau de droite pour réaliser un tracé de ton choix.

Étapes 1 et 2

• Remettre aux élèves la **fiche recherche 30** et les inviter à effectuer le travail demandé aux **étapes 1 et 2** de la **question 1**. Préciser :

➡ *À chaque fois que vous donnez une instruction à la tortue en cliquant, vous devez bien observer les mouvements effectués par la tortue.*

• Faire un point à l'issue de ces deux étapes. Remarquer que la suite d'instructions **av 100** ; **td 90** ; **av 100** se traduit par le tracé d'un angle droit :

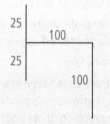

Conclure :
tg 90 et **td 90** sont utilisées pour tracer des angles droits.

• Demander aux élèves de faire part de leurs commentaires et surprises à propos du comportement de la tortue à l'**étape 2** et de chercher une explication entre, d'une part, l'instruction donnée (**td**) et l'effet qu'ils en attendaient et, d'autre part, le déplacement effectif de la tortue (elle a tourné à gauche).

• Conclure :

– Le segment qu'on veut tracer est sur la droite de la figure déjà tracée, mais il est à la gauche de la tortue qui a la tête en bas.
– **tg** indique à la tortue de tourner vers **sa** gauche.
– **td** indique à la tortue de tourner vers **sa** droite.

[1] Le logiciel GéoTortue inspiré du langage LOGO a été développé par une équipe de l'IREM de Paris-Nord.

COLLECTIF ET PAR ÉQUIPE DE 2

• Se reporter au document de présentation de GéoTortue à destination des enseignants pour présenter aux élèves l'**utilisation de la boussole** pour déterminer si la tortue doit se diriger vers sa gauche ou vers sa droite, si cet outil peut constituer une aide.

• En **synthèse**, récapituler ce que permet chaque commande et distribuer la **fiche 44 (commandes de GéoTortue)**, à l'exception de la partie comprenant la commande **rep**.

Étape 3

• Demander aux élèves, toujours par équipes de 2, d'effectuer ce qui est demandé à l'**étape 3** de la **question 1** afin de se familiariser avec les commandes qu'ils viennent de découvrir. Préciser de nouveau la fonction de la commande **vg** qui efface non seulement le dernier tracé effectué, mais tous les tracés.

Si les premières instructions (av 25, av 25 ; re 25, td 90, av 100 ; td 90 ; av 100) ne devraient pas poser problème, il n'en est pas de même du choix de la suivante : **tg 90**. En effet, alors qu'on vise un déplacement de la tortue vers la droite de l'écran, la commande **td 90** provoque une rotation vers la gauche de l'écran car le repérage s'effectue par rapport à la tortue qui est un objet orienté.

ÉQUIPE DE 2 ET COLLECTIF

PHASE 2 Tracé d'un carré

Question 2 de la recherche (étapes 1, 2 et 3)

② TRACÉ D'UN CARRÉ

Étape 1 : Écris une suite d'instructions pour que la tortue trace un carré de 100 unités de côté. Termine par la commande ct.

Étape 2 : Utilise les commandes vg et mt, puis écris une suite d'instructions pour que la tortue trace un carré de 150 unités de côté. Attention, cette fois tu ne dois appuyer qu'une seule fois sur la touche ENTRÉE.

Étape 3 : En utilisant la commande rep, écris une suite d'instructions pour que la tortue trace un carré de 200 unités de côté.

• Demander d'ouvrir le **fichier « GeoTortue_CE2_U7 S7 »**. Les élèves constateront que les deux panneaux, à gauche et à droite, sont vides. Indiquer :

➡ *À partir de maintenant, c'est à vous d'écrire les instructions dans la fenêtre de commandes.*

Étape 1

• Demander de traiter la question de l'**étape 1**, puis procéder à une correction après la recherche en dégageant ce qui est important à retenir :
– les commandes doivent être saisies en minuscules ;
– les mouvements de la main quand on trace à main levée un carré (tracé d'un premier trait, changement de direction : sens dans lequel la main tourne par rapport à la direction du tracé précédent, tracé d'un deuxième trait) permettent de prévoir les instructions à donner à la tortue ;
– la commande **ct** (cache la tortue) permet de voir si le carré se ferme bien.

RÉPONSE : **av 100** ; entrée ; **td 90** ; entrée ; **av 100** ; entrée ; **td 90** ; entrée ; **av 100** ; entrée ; **td 90** ; entrée ; **av 100** ; entrée.

Remarque : **td 90** peut être remplacé par **tg 90**.

Étape 2

• Indiquer :

➡ *Vous avez écrit une instruction par ligne, mais il est possible d'écrire toutes les instructions sur une même ligne, les unes à la suite des autres, en les séparant par un point-virgule (on peut laisser un espace avant ou après la point-virgule ou ne pas en laisser, cela n'a pas d'importance).*

• Écrire ces instructions sur l'ordinateur dont l'écran s'affiche au tableau puis appuyer sur la touche « entrée » pour que les instructions soient exécutées.

• Demander aux élèves de s'exercer à cette façon de procéder en répondant à la question de l'**étape 2**.

RÉPONSE : av 150 ; td 90 ; av 150 ; td 90 ; av 150 ; td 90 ; av 150 ; entrée.

Remarque : **td 90** peut être remplacé par **tg 90**.

Étape 3

• Informer ensuite les élèves :

➡ *Il existe une commande rep qui permet de raccourcir l'écriture d'instructions répétitives. Pouvez-vous repérer, dans la dernière ligne que vous avez écrite, la suite d'instructions qui se répète ?*

RÉPONSE : av 150 ; td 90 (*ou* av 150 ; tg 90).

• Écrire sur l'ordinateur dont l'écran s'affiche au tableau la suite d'instructions : **rep 4 [av 150 ; td 90]**, puis appuyer sur la touche « entrée ».

• Pour aider à la compréhension de la commande « répète », exécuter à la main au tableau ce que la tortue a fait à l'écran :
– exécution une première fois de la suite d'instructions placée entre crochets : av **150** ; td **90** ;
– marquer un temps d'arrêt ;
– exécution une deuxième fois de la même suite d'instructions ;
– marquer un nouveau temps d'arrêt ;
– procéder ainsi 4 fois de suite.

• Préciser comment taper l'instruction **rep 4 [av 150 ; td 90]** :
– laisser un espace entre la commande et le nombre de fois où la séquence sera répétée ;
– laisser un espace entre le nombre et le crochet ouvrant ;
– entre les crochets, les instructions sont séparées par un point-virgule ;
– indiquer comment taper un crochet ouvrant et un crochet fermant au clavier.

• Distribuer la partie de la **fiche 44** expliquant **le fonctionnement de la commande rep**, puis demander aux élèves de traiter la question de l'**étape 3** pour s'entrainer à utiliser cette commande.

RÉPONSE : rep 4 [av 200 ; td 90] ; entrée

Remarque : **td 90** peut être remplacé par **tg 90**.

Dans cette activité de découverte des commandes et de la syntaxe de GéoTortue, les élèves vont devoir solliciter leur **connaissance des propriétés du carré** (longueurs des côtés et angle droits).

ÉQUIPE DE 2 ET COLLECTIF

PHASE 3 Tracé d'un rectangle

Question 3 de la recherche (étapes 1 et 2)

③ TRACÉ D'UN RECTANGLE

Étape 1 : Écris une suite d'instructions pour que la tortue trace un rectangle de longueur 160 unités et de largeur 70 unités.

Étape 2 : Vide l'espace graphique. Puis, en utilisant la commande rep, écris une suite d'instructions pour que la tortue trace le même rectangle.

Il s'agit d'entrainer l'utilisation de la commande Rep qui nécessite, pour pouvoir être utilisée, de repérer la séquence d'instructions qui se répète. Inciter les élèves à s'aider d'un tracé à main levée au brouillon.

• Effectuer une correction à l'issue de la question de l'**étape 1**. Il est probable que les élèves auront commencé par le tracé de la longueur car c'est la première donnée, mais 4 suites d'instructions sont possibles. Laisser aux tableaux les réponses une fois qu'elles sont validées.

RÉPONSE : av 160 ; td 90 ; av 70 ; td 90 ; av 160 ; td 90 ; av 70
    ou av 70 ; td 90 ; av 160 ; td 90 ; av 70 ; td 90 ; av 160

Remarque : **td** peut être remplacé par **tg**.

Étape 2

• Lors de la recherche de la question de l'**étape 2**, venir en aide aux élèves en difficulté pour repérer la séquence à placer entre crochets ou pour utiliser correctement la syntaxe.

RÉPONSE : rep 2 [av 160 ; td 90 ; av 70 ; td 90]
    ou rep 2 [av 70 ; td 90 ; av 160 ; td 90]

Remarque : **td** peut être remplacé par **tg**.

• Conclure :

> Pour réussir le tracé d'un carré ou d'un rectangle sur l'écran, il faut connaître :
> – **ses propriétés** (longueur des côtés et angles droits) ;
> – **le code pour écrire des instructions** ;
> – **imaginer dans sa tête les mouvements et déplacements que doit faire la tortue** ou s'aider d'un brouillon pour prévoir et coder ses mouvements et déplacements.

Dans cette question, ce sont maintenant les propriétés du rectangle (longueur des côtés et angles droits) qui sont sollicitées. L'étape 1, où la suite d'instructions est intégralement écrite, prépare l'étape 2. En ayant cette suite sous les yeux, les élèves pourront plus facilement identifier la séquence qui se répète.

PHASE 4 Tracé d'un assemblage de figures

Question 4 de la recherche

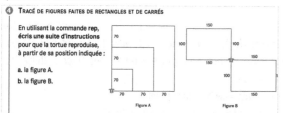

④ TRACÉ DE FIGURES FAITES DE RECTANGLES ET DE CARRÉS

En utilisant la commande rep, écris une suite d'instructions pour que la tortue reproduise, à partir de sa position indiquée :
a. la figure A.
b. la figure B.

Cette question pourra être proposée à un autre moment.
Elle pourra aussi être remplacée par le tracé d'un carré et d'un rectangle en utilisant la commande **rep**, avec d'autres dimensions que dans les **questions 2 et 3**.

Question 4a : figure A

• Projeter ou afficher la **figure A**.

• Demander d'observer comment est faite la figure A, faire exposer et discuter les différentes lectures de la figure (*voir commentaire*). Retenir la lecture de la figure faite de carré emboîtés.

• Demander de répondre à la **question 4a**, après avoir précisé que voir la **figure A** comme un **assemblage de 3 carrés** en facilite la reproduction. Rappeler l'intérêt de s'aider d'un tracé à main levée au brouillon pour prévoir les instructions à donner.

• Après que les équipes ont terminé ou sont dans l'impossibilité de résoudre le problème posé, faire expliciter et discuter les difficultés rencontrées et les erreurs faites. Ensuite solliciter une équipe qui a réussi : elle rentre alors sur l'ordinateur, au tableau, dont l'écran est projeté, la suite d'instructions qu'elle a écrite.

• Faire remarquer qu'après le tracé d'un premier carré en utilisant la commande **rep**, la tortue revient à sa position initiale et qu'il suffit ensuite pour tracer les deux autres carrés de taper la même instruction en modifiant la longueur des déplacements.

RÉPONSE : Exemple de suite d'instructions :
rep 4 [av 70 ; td 90]
rep 4 [av 140 ; td 90]
rep 4 [av 210 ; td 90]
L'ordre dans lequel ces fonctions sont exécutées est indifférent.

Question 4b : figure B

Le déroulement est identique.

• Faire porter la mise en commun sur deux points :
– la suite d'instructions qui permet de tracer chacun des deux rectangles ;
– l'instruction à écrire pour amener la tortue dans une position à partir de laquelle elle pourra tracer le deuxième rectangle. Revenue à sa position initiale, on peut lui faire effectuer un quart de tour à droite (**td 90**) ou un demi-tour qui s'obtient soit en tapant **td 90** puis **td 90** ou **td 180** (180 = 90 + 90).

RÉPONSE : Exemple de suite d'instructions :
rep 2 [av 100 ; tg 90 ; av 150 ; tg 90]
td 90
rep 2 [av 150 ; td 90 ; av 100 ; td 90]

Différentes lectures des figures A et B sont possibles.
Par exemple, la **figure A** peut être vue comme **trois carrés emboîtés ayant un sommet commun** (*voir le corrigé de la question a*). Mais elle peut aussi être vue comme **un carré avec à l'intérieur de celui-ci des segments qui forment des angles droits avec les côtés**. Cette lecture conduit à une programmation bien plus difficile des tracés. Après avoir tracé le grand carré (rep 4 [av 210 ; td 90]), il faut amener la tortue sur un côté du carré à l'extrémité du segment à tracer (par exemple av 70), l'orienter correctement (td 90), tracer le segment (av 70) et poursuivre.

ÉQUIPE DE 2 ET COLLECTIF

	Tâche	Matériel	Connaissances travaillées
SUITES DE NOMBRES	**Le furet : doubles et moitiés** – Donner par écrit une suite de nombres doubles ou moitiés les uns des autres.	**par élève :** – ardoise ou cahier de brouillon	**– Doubles et moitiés** – Mémorisation – Calcul réfléchi.
RÉVISER Mesures	**Longueurs : mètre, décimètre, centimètre et millimètre** – Calculer des sommes de longueurs en m, dm, cm ou en cm et mm. – Exprimer des longueurs à l'aide d'autres unités.	**pour la classe :** – règle de tableau **par élève :** – double décimètre CAHIER GÉOMÉTRIE **p. 54 Ⓐ et Ⓑ**	**– Mesures de longueurs : mètre, décimètre, centimètre, millimètre** (équivalences et conversions).
APPRENDRE Mesures	**Durées en minutes et secondes** RECHERCHE **Les courses de relais** – Comparer des durées et calculer des écarts de durées. – Calculer des chronométrages.	**pour la classe :** – des chronomètres à affichage digital ou projection d'un chronomètre en ligne n'affichant pas les dixièmes, centièmes et millièmes de seconde **par élève :** – **fiche recherche 31** CAHIER GÉOMÉTRIE **p. 54 ❶ , ❷ et ❸**	**– Durées en minutes et secondes : cumul et écart.**

SUITE DE NOMBRES

Le furet : doubles et moitiés

– Connaitre les doubles et moitiés de nombres inférieurs à 100 ou de nombres « simples ».

INDIVIDUEL ET COLLECTIF

• Rappeler la consigne (voir séance 7), les réponses sont données par écrit sur l'ardoise ou le cahier de brouillon :

départ

7	Donner 6 doubles : 14, 28, 56, 102, 204
30	Donner 5 doubles : 60, 120, 240, 480, 560
400	Donner autant de moitiés que possible : 200, 100, 50, 25
600	Donner autant de moitiés que possible : 300, 150, 75

• Les élèves peuvent se préparer ou s'entrainer à ce moment de calcul mental en utilisant l'**exercice 8** de **Fort en calcul mental, p. 79.**

RÉPONSE : **800** – 400 – 200 – 100 – 50 – 25.

RÉVISER

Longueurs : mètre, décimètre, centimètre et millimètre

– Utiliser les équivalences 1 m = 100 cm, 1 m = 10 dm, 1 dm = 10 cm et 1 cm = 10 mm.

INDIVIDUEL ET COLLECTIF

CAHIER MESURES ET GÉOMÉTRIE **p. 54**

Pour les conversions demandées, les élèves doivent se référer aux équivalences connues qui peuvent être affichées dans la salle. Les conversions s'appuient donc sur des échanges prenant en compte ces équivalences (*voir commentaire*).

Exercice Ⓐ

Conversion de mesures de longueurs.

Voici quelques raisonnements :

1 m = 100 cm, donc **2 m** = 2 fois 100 cm = **200 cm.**

1 m 5 cm = 100 cm et 5 cm = **105 cm.**

1 cm = 10 mm, donc **40 cm** = 40 fois 10 mm = **400 mm.**

Les conversions de dm en cm, ou de cm en mm peuvent aussi être lues sur le double décimètre.

RÉPONSE : a. 200 cm   b. 2 m 34 cm   c. 105 cm   d. 30 cm
e. 400 mm   f. 4 cm 5 mm.

Exercice B

Calculer la longueur de deux segments mis bout à bout.

Un contrôle entre voisins ou une mise en commun peuvent avoir lieu après la résolution de chaque question. Discuter avec les élèves du choix de l'unité la plus adaptée.

Ligne a : La longueur totale est 100 cm = **1 m**.

Lignes b et c : Les mesures sont exprimées en utilisant les notations complexes. Les élèves peuvent procéder de deux manières :

1. Ajouter séparément les mesures exprimées dans la même unité :

1 m 32 cm + 84 cm = 1 m + 116 cm
= 1 m + 1 m + 16 cm = **2 m 16 cm**.

5 cm 4 mm + 7 cm 6 mm = 12 cm 10 mm
= 12 cm + 1 cm = 13 cm = **1 dm 3 cm**.

2. Exprimer toutes les mesures dans la même unité avant de faire les calculs :

1 m 32 cm = 132 cm ; on ajoute 132 cm et 84 cm.

5 cm 4 mm = 5 fois 10 mm et 4 mm = 50 mm et 4 mm = 54 mm et par un raisonnement analogue : 7 cm 6 mm = 76 mm ; on ajoute 54 mm et 76 mm.

RÉPONSE : a. 1 m b. 2 m 16 cm ou 216 cm c. 1 dm 3 cm ou 13 cm ou 130 mm.

> **Tout formalisme dans les exercices de conversion sera évité.**
> Il s'agit de revenir à chaque fois au sens de l'équivalence, qui peut être comprise comme un échange :
> **1 m = 100 cm, 1 m = 10 dm, 1 dm = 10 cm** et **1 cm = 10 mm**.
> Si besoin, engager les élèves à s'aider de la lecture et du comptage des graduations sur le double décimètre ou sur la règle de tableau pour comprendre par exemple que :
> – soit **1 m** est un groupement de **100 cm** et **1 cm** un groupement de **10 mm** ;
> – soit **1 m** a la même longueur que **100 cm** et **1 cm** a la même longueur que **10 mm**.

APPRENDRE

Durées en minutes et secondes

– Aborder une unité de durée : la seconde.
– Calculer ou comparer des durées en minutes et secondes, et utiliser l'équivalence 1 min = 60 s.

RECHERCHE Fiche recherche 31

Les courses de relais : Ce sont les durées en minutes et secondes qui sont travaillées ici dans le contexte d'un chronométrage d'une course de relais. Les élèves ont à calculer des cumuls de durées et des écarts de durées.
La séance peut être menée en lien avec une séance d'EPS.

COLLECTIF

PHASE 1 Le chronomètre

Si **le chronomètre** n'a pas été encore utilisé avec les élèves, cette première phase a pour objectif de prendre connaissance de l'instrument et de son fonctionnement et de découvrir une nouvelle unité de mesure de durée : la seconde.

• Distribuer les chronomètres à affichage digital (un pour deux élèves) ou bien afficher le chronomètre en ligne :
http://www.litobox.com/chronometre

Le chronomètre

C'est un instrument qui permet de mesurer une durée.
On déclenche son fonctionnement au début d'un événement (au départ d'une course par exemple) et on l'arrête à la fin (quand le coureur dépasse la ligne d'arrivée). Le chronomètre affiche la mesure de la durée de l'événement, c'est-à-dire du **temps écoulé entre le début et la fin.**

• Demander aux élèves de déclencher le chronomètre, puis de l'arrêter ou bien faire cette manipulation sur le chronomètre projeté. Faire observer le défilement des affichages pendant **plus d'une minute.**

• Inviter les élèves à dire ce qu'ils voient de l'affichage des deux chiffres les plus à droite :

La seconde

• **Le nombre le plus à droite augmente de un en un jusqu'à 59** (les nombres se succèdent comme si on comptait). Le nombre le plus à droite compte les **secondes**. L'abréviation du mot seconde est « **s** ».

• **Une seconde correspond à une durée très courte**, celle que l'on met pour dire un nombre quand on compte posément de nombre en nombre (pour les petits nombres).
Après **59**, le nombre de secondes revient à **00**. Le nombre qui est à sa gauche augmente alors de **1**. Le nombre de gauche correspond à l'affichage des **minutes**. Ainsi, quand il s'est écoulé **60 secondes**, il s'est en fait écoulé **1 minute**.

• **1 minute = 60 secondes.**

TRACE ÉCRITE

Écrire au tableau l'équivalence **1 min = 60 s**.
Demander aux élèves de retrouver cette égalité dans le **dico-maths n° 42**. Compléter avec cette nouvelle égalité l'affiche de la classe.

• Si la classe dispose d'une horloge à aiguilles avec une trotteuse, faire observer la **rotation de la trotteuse** et l'**entraînement de la grande aiguille par la rotation de la trotteuse.**

• Faire mettre en lien les deux observations : « La **trotteuse** parcourt les **graduations** qui sont autour du cadran. On sait qu'elles sont au nombre de 60. On peut compter mentalement de un à cinquante-neuf pendant que l'aiguille tourne. Les graduations des minutes sont aussi celles des secondes et la trotteuse indique les secondes.
Lorsque la trotteuse a fait un tour complet sur l'horloge, elle parcourt les **60 graduations** qui sont autour de l'horloge, la grande aiguille avance d'**une minute**. On retrouve ainsi l'équivalence vue plus haut. »

PHASE 2 Calcul du temps de course (cumul de durées)

Question 1 de la recherche

INDIVIDUEL, PUIS COLLECTIF

• S'assurer de la compréhension du contexte. Faire si besoin au tableau le schéma suivant :

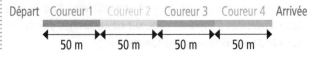

Départ Coureur 1 Coureur 2 Coureur 3 Coureur 4 Arrivée
50 m 50 m 50 m 50 m

On peut rester sur l'idée simple que, pour l'entraînement, le passage de relais se fait quand le premier coureur arrive à une marque (un plot sur la piste), qu'il touche le deuxième coureur qui l'y attend et que le deuxième coureur fait un départ arrêté à ce moment-là ou bien expliquer qu'il y a une zone de transmission du passage de relais dans laquelle le coureur suivant prend de la vitesse avant que le premier ne le rattrape.

• La distance parcourue est de **200 m**. La durée de la course est la somme des temps mis par chaque coureur, elle est égale à **36 secondes**.

• Le chronomètre du juge de course indique **00 : 36**. Si besoin faire défiler les **36 s** sur le chronomètre en ligne pour valider l'affichage.

RÉPONSE : a. 200 m   b. 36 s   c. 00 : 36.

PHASE 3 **Classement et écarts de temps entre équipes**

Question 2 de la recherche

• Lors de la phase collective pour la **question 2a**, discuter les résultats trouvés : l'équipe gagnante est celle qui a réalisé le temps le plus court. Présenter au tableau le classement des équipes dans un tableau, ce qui permettra d'inscrire les résultats de la question 2b :

Classement	Équipe	Chronométrage à l'arrivée du relais	Écart de temps / l'équipe classée première
1	Captour AC	35 s	
2	AS Capville	38 s	
3	Le cap sportif	39 s	
4	Cap athlétisme	41 s	
5	Club Montcap	45 s	

• Pour la **question 2b**, il s'agit de calculer l'écart de temps entre AS Capville et Captour AC, c'est-à-dire entre **35 s** et **38 s**. Les élèves peuvent utiliser la soustraction ou l'addition à trous comme il a été vu en séance 3, le calcul étant mental.

• Pour la **question 2c**, il s'agit de calculer l'écart de temps entre Cap athlétisme et Captour AC, c'est-à-dire l'écart entre **35 s** et **41 s**.

RÉPONSE : b. 3 s   c. 6 s.

En prolongement, on peut inscrire dans le tableau les écarts de temps des différentes équipes à celle classée première.

PHASE 4 **Calcul du temps de course avec conversion**

Question 3 de la recherche

• Pour la **question 3a**, les élèves réinvestissent ce qui a été vu à la question 1 et calculent la durée de la course sur 400 m, soit **77 s**.

• Pour la **question 3b**, faire discuter des affichages trouvés par le chronomètre du juge d'arrivée. Rappeler ce qui a été vu à la question 1 : l'affichage du nombre de secondes n'excède pas 59. 77 s = 60 s + 17 s = 1 min 17 s.
Le chronomètre indique **01 : 17**. Si besoin faire défiler les 77 s sur le chronomètre en ligne en comptant à haute voix de un en un à partir de **59 s** jusqu'à **77 s** pour valider l'affichage.

RÉPONSE : a. 77 s   b. 01 : 17.

ENTRAINEMENT

CAHIER MESURES ET GÉOMÉTRIE p. 54

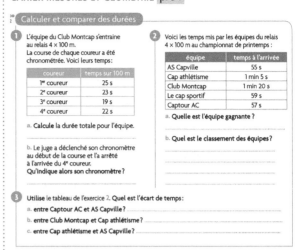

Exercice ❶

Calcul du temps de course (cumul de durées).

L'exercice est semblable à la **question 3** de la recherche. Les élèves ont à ajouter des durées. La somme obtenue est supérieure à 60 s.

RÉPONSE : a. 89 s, soit 1 min et 29 s   b. 01 : 29.

Exercice ❷

Classement des équipes.

L'exercice est semblable à la **question 2a** de la recherche, mais certains temps sont supérieurs à 1 min et il faut prendre en compte que 1 min = 60 s.

RÉPONSE : b. **1.** AS Capville   **2.** Captour AC   **3.** Le cap sportif
4. Cap athlétisme   **5.** Club Montcap.

Exercice ❸

Calcul des écarts de temps entre les équipes.

La **question a** est semblable à la question 2 (b et c) de la recherche.

Pour la **question b**, les élèves peuvent convertir tous les temps en secondes ou bien trouver l'écart entre **5 s** et **20 s**.

Pour la **question c**, il y a aussi deux raisonnements possibles :
– convertir 1 min 5 s en secondes en utilisant l'égalité 1 min = 60 s pour calculer l'écart de temps entre **55 s** et **65 s** ;
– compléter 55 s à 1 min (cela fait 5 s) et ajouter l'écart entre 1 min et 1 min 5 s, soit **5 s + 5 s = 10 s**.

RÉPONSE : a. 2 s   b. 15 s   c. 10 s.

Différenciation : Exercices 1 à 3 → **CD-Rom du guide, fiche n° 34**.

À SUIVRE

En **unité 8**, ce travail sur les durées en minutes et secondes sera entraîné. La lecture de l'heure en heures, minutes et secondes sera travaillée au CM1.

		Tâche	Matériel	Connaissances travaillées
SUITES DE NOMBRES		**Le furet : doubles et moitiés** – Donner par écrit une suite de nombres doubles ou moitiés les uns des autres.	**par élève :** – ardoise ou cahier de brouillon	– **Doubles et moitiés** – Mémorisation – Calcul réfléchi.
RÉVISER Géométrie		Figures superposables – Trouver les figures superposables à une figure modèle.	**pour la classe :** – **fiche 45** agrandie au format A3 – papier calque pour validation **par élève :** – papier calque (1/8 de format A4), crayon CAHIER GÉOMÉTRIE **p. 55 Ⓐ et Ⓑ**	– **Figures superposables** (directement ou après retournement).
APPRENDRE Géométrie		Figures planes : description RECHERCHE **Décrire une figure pour la reconnaître** – Décrire une figure pour permettre de la reconnaître parmi d'autres.	**pour la classe :** – **fiche 46** agrandie ou photocopiée sur transparent – instruments de tableau **par équipe de 2 ou 3 :** – les 8 figures **A à H › fiche 46** – une des figures **C, F** ou **H** découpée (chaque élève d'une équipe dispose d'une figure) – **fiche recherche 32 complétée** (*voir activité*) – feuille A3 pour le message de la question 1, feutre **par élève :** – instruments de géométrie, feuille A4	– **Analyse d'une figure** – **Description d'une figure** – Carré, rectangle, cercle.

SUITE DE NOMBRES

Le furet : doubles et moitiés

– Connaitre les doubles et moitiés de nombres inférieurs à 100 ou de nombres « simples ».

INDIVIDUEL ET COLLECTIF

• Rappeler la consigne (voir séance 7), les réponses sont données par écrit sur l'ardoise ou le cahier de brouillon :

départ

45	Donner 6 doubles : 90, 180, 360, 720, 1 440, 2 880
40	Donner 6 doubles : 80, 160, 320, 640, 1 280, 2 560
320	Donner autant de moitiés que possible : 160, 80, 40, 20, 10, 5
800	Donner autant de moitiés que possible : 400, 200, 100, 50, 25

• Les élèves peuvent se préparer ou s'entrainer à ce moment de calcul mental en utilisant l'**exercice 9** de **Fort en calcul mental, p. 79**.

RÉPONSE : **320 – 160 – 80 – 40 – 20 – 10 – 5**.

RÉVISER

Figures superposables

– Prendre conscience qu'il existe deux types de figures superposables : celles qui peuvent avoir une orientation différente mais qui sont directement superposables et celles qui le sont après retournement.

ÉQUIPES DE 2, PUIS COLLECTIF

CAHIER MESURES ET GÉOMÉTRIE p. 55

Exercice Ⓐ

Comprendre le sens du mot « superposable ».

• Préciser la consigne :

➡ *Imaginez que vous découpez les figures 1, 2, 3, 4, 5 et 6 en suivant leur contour. Quelles sont celles qui peuvent exactement recouvrir la figure modèle dessinée en bleue, sans déborder de la figure ? Entourez les numéros de ces figures.*

• Après la recherche, afficher l'agrandissement de la **fiche 45** :

➡ *Ce sont les mêmes figures que sur le cahier mais agrandies, et la figure bleue est gris foncé.*

• Recenser les réponses et faire suivre d'une discussion qui permet de préciser comment reconnaître 2 figures superposables :

– **les figures 1, 3 et 5** sont rapidement éliminées car n'ayant pas la même forme que le modèle ;

– **les figures 2 et 4** sont reconnues superposables au modèle : il faut les faire pivoter d'un quart de tour pour **4** et d'un demi-tour pour **2** ;

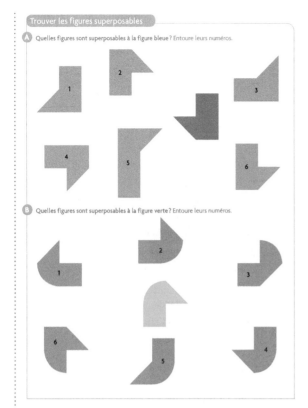

Trouver les figures superposables

A Quelles figures sont superposables à la figure bleue ? Entoure leurs numéros.

B Quelles figures sont superposables à la figure verte ? Entoure leurs numéros.

– **la figure 6** ne peut pas être superposée au modèle comme les figures 2 et 4 mais, si on imagine qu'on la retourne, on obtient une figure identique au modèle.

• Après discussion de chaque figure, valider la réponse sur l'agrandissement de la fiche en cherchant à superposer la figure au modèle à l'aide du calque : mettre bien en évidence la rotation du calque pour les figures directement superposables et le retournement du calque pour la figure 6.

• Conclure :

Il y a **deux types de figures superposables au modèle** :

• **Les figures directement superposables** comme **2** et **4** : on fait pivoter la figure pour la mettre dans la même position que le modèle et on la fait glisser pour l'amener sur la figure modèle.

• **Les figures superposables après retournement** comme **6** : on retourne la figure, on la fait pivoter pour la mettre dans la même position que le modèle, puis on la fait glisser pour l'amener sur la figure modèle.

En l'absence de précision dans la consigne, on retient les deux types de figures.

RÉPONSE : Les figures 2, 4 et 6 sont superposables à la figure bleue.

L'orientation de la figure 6 a été choisie de façon à en faciliter l'identification au modèle. Il suffit pour cela d'imaginer la faire pivoter autour du plus long de ses côtés.

Exercice **B**

Trouver les figures superposables.

Après avoir résolu l'exercice, les élèves utilisent un morceau de calque pour valider leurs réponses. Si besoin, faire un retour collectif sur la démarche de résolution :
– repérage des figures qui manifestement sont différentes de la figure modèle verte et à quoi on le voit : **3, 5, 6** ;
– recherche des figures directement superposables qu'on imagine faire pivoter pour les amener dans la même position que la figure modèle : **1** (quart de tour dans le sens inverse des aiguilles d'une montre) et **4** (demi-tour).
– examen de la figure restante **2** qu'on fait tourner d'un quart de tour à gauche ou à droite et qu'on retourne ensuite.

RÉPONSE : Les figures 1, 2 et 4 sont superposables à la figure verte.

APPRENDRE

Figures planes : description

– Identifier les propriétés d'une figure, les éléments qui la composent, ainsi que les relations entre ces éléments.
– Utiliser le vocabulaire et des formulations appropriés pour décrire une figure.

RECHERCHE Fiche recherche 32

Décrire une figure pour la reconnaître : Par équipes, les élèves ont une figure qu'ils doivent décrire pour que les autres équipes la reconnaissent parmi d'autres figures. La même activité est ensuite reprise avec une autre figure.

Préparation avant la séance

• Pour la **question 1** de la recherche, les figures à décrire sont :

Attribuer une de ces figures à chacune des équipes, en prévoyant de remettre un exemplaire de la figure à chaque élève.

• Pour la **question 2** de la recherche, les figures à décrire sont :

Avant de distribuer la **fiche recherche**, compléter la **question 2** en indiquant la figure que chaque équipe aura à décrire (figure **A, B, D, E** ou **G**). Les figures **A** et **D** seront attribuées aux équipes les plus solides.

PHASE 1 Description d'une figure

Question 1 de la recherche

Décrire une figure pour la reconnaître

Vous avez reçu une figure de la fiche 46. (Il ne faut pas la montrer aux autres équipes.)
Écrivez, sur l'affiche qui vous a été remise, un message qui doit permettre aux autres équipes de retrouver votre figure parmi celles de la fiche.

Attention, votre message ne doit comporter que des mots. Il ne doit pas y avoir de dessin, ni la lettre écrite à côté de la figure, ni d'indication de mesures et de position comme haut, bas, gauche, droite..., ni les mots « petit » et « grand ».
Vous pouvez utiliser ceux de cette liste :

• Carré   • Côté   • Longueur   • Centre
• Rectangle   • Segment   • Largeur   • Milieu
• Cercle   • Point   • Sommet   • Extrémité

Écrivez au dos de l'affiche la lettre qui se trouve à côté de votre figure.

• Moduler le nombre d'élèves par équipe en fonction du nombre d'élèves dans la classe, de façon à avoir plusieurs descriptions d'une même figure, sans toutefois en avoir trop.

• Distribuer à chaque équipe :
– la **fiche recherche 32** ;
– la **fiche 46** avec toutes les figures ainsi que la **feuille A3** pour écrire le message ;
– une des **trois figures C, F ou H** en double (ou triple) exemplaire, en précisant bien que les figures ne doivent pas être montrées aux autres élèves.

• Demander de lire les consignes et insister sur les contraintes du message. Faire écrire à chaque équipe la lettre désignant sa figure au dos de la feuille A3. Demander également aux équipes d'écrire suffisamment gros car leur message sera ensuite affiché au tableau.

• Au besoin, les élèves peuvent recourir au **dico-maths n° 50 à 54** pour consulter les figures étudiées dans les unités précédentes et la signification de certains termes de vocabulaire.

• Observer les équipes au travail, mais ne pas leur venir en aide dans l'analyse de la figure et l'écriture du message.

PHASE 2 **Étude des messages de la première figure**

1. **Afficher au tableau un premier message qui permet d'identifier la figure.**

• Indiquer :
➡ *J'ai affiché le message d'une équipe. Toutes les autres équipes vont essayer de trouver la figure qui correspond à ce message. Si vous n'arrivez pas à reconnaître la figure, vous expliquerez pourquoi.*

• Après un temps de recherche, projeter la **fiche 46** et lister au tableau la ou les figures que les équipes pensent avoir identifiées, puis engager la discussion de la façon suivante :
– passer en revue les raisons avancées par les équipes qui n'ont pas réussi à associer une figure au message ;
– examiner une par une les figures qui ont été identifiées : en cas de désaccord, contrôler les propriétés de la figure avec les instruments ;
– révéler ensuite la lettre qui repère la figure que l'équipe avait à décrire ;
– une fois validée, laisser le message au tableau.
Les éléments minimaux pour retrouver une figure sont mentionnés dans le **tableau de la phase 3**.

2. **Afficher ensuite un deuxième message d'une autre équipe qui avait la même figure.**

• Inviter les équipes à se prononcer sur ce message. Recueillir les avis. Dévoiler que l'équipe qui a rédigé ce message avait la même figure que la précédente.

• Pointer et rectifier les erreurs éventuelles, les insuffisances. Le faire avec les formulations des élèves dans la mesure où celles-ci sont géométriquement acceptables.

3. **Continuer avec les autres descriptions de la même figure.**

PHASE 3 **Étude des messages des deux autres figures**

• Afficher un message correspondant à la **deuxième figure**. Le déroulement s'effectue de la même manière que pour la première figure, mais devrait être conduit plus rapidement.

• Enchaîner avec les messages correspondant à la **troisième figure**.

Figure	Éléments suffisants pour conclure
A	Un cercle et un rectangle. Le centre du **cercle** est un sommet du **rectangle**.
B	Un cercle et un carré. Le **carré** est à l'intérieur du **cercle**.
C	Un cercle et un carré. Le centre du **cercle** est le milieu d'un côté du **carré**.
D	Un cercle et un carré. Le centre du **cercle** est un sommet du **carré**.
E	Un cercle et un carré. Le **cercle** à l'intérieur du **carré**.
F	Un cercle et un rectangle. Le centre du **cercle** est le milieu d'une longueur du **rectangle**.
G	Un cercle et un rectangle. Le **rectangle** est à l'intérieur du **cercle**.
H	Un cercle et un rectangle. Le centre du **cercle** est le milieu d'une largueur du **rectangle**.

• Énumérer, en **synthèse**, les caractéristiques des descriptions qui ont permis de reconnaître les figures :

Description d'une figure

• **Une description réussie** indique :
– les figures simples qui composent la figure ;
– comment ces figures sont placées l'une par rapport à l'autre.

• Il **existe plusieurs façons de décrire une même figure.**
(*En faire le constat, en utilisant les descriptions qui ont été validées.*)

Les principales erreurs portent sur :
– la non-identification de certaines particularités de la figure, notamment, confusion perceptive entre carré et rectangle ;
– la position relative du quadrilatère et du cercle ;
– l'emploi du vocabulaire ;
– la formulation.
Les descriptions peuvent contenir des informations redondantes comme pour la **figure C** : « Le centre du cercle est le milieu d'un côté du carré. Deux sommets du carré sont sur le cercle, les deux autres sommets du carré sont en dehors du cercle. »
Pour être valides, les descriptions doivent mentionner :
– le cercle et le quadrilatère ;
– la position relative des deux figures ou la position du centre du cercle ou la mention du (des) point(s) du quadrilatère qui est (sont) sur le cercle.

PHASE 4 **Nouvelle description d'une figure**

Question 2 de la recherche

> ② Écrivez un message qui doit permettre aux autres équipes de retrouver la figure .... parmi celles de la fiche.

• Il s'agit de réinvestir les caractéristiques d'un « bon » message qui ont été dégagées lors de l'exploitation des productions des équipes. Les équipes en difficulté seront aidées par l'enseignant. Les éléments utiles à la description de chaque figure sont mentionnés dans le **tableau de la phase 3**.

• Une correction collective pourra être faite à partir de quelques messages qui seront recopiés au tableau sur une ou deux figures choisies, d'une part parmi **B, E, G** et, d'autre part, entre **A** et **D**.

BILAN et consolidation

FICHIER NOMBRES p. 86 à 89
CAHIER GÉOMÉTRIE p. 56 à 58

Comment utiliser les pages Bilan et Consolidation >> p. VIII.

BILAN de l'UNITÉ 7

NOMBRES ET CALCULS

Calcul mental (séances 1 à 9)

Connaissances à acquérir

→ **Dictée de nombres inférieurs à 10 000.**
→ **Tables de multiplication (répertoire complet).**
→ **Compléments à 100.**
→ **Doubles et moitiés.**

Pas de préparation de bilan proposée dans le fichier.

Je fais le bilan › FICHIER NOMBRES p. 87

Exercice 1 Compléments à 100.
a. 16 b. 87 c. 55 d. 63.

Exercice 2 Tables de multiplication.
a. 72 b. 56 c. 49 d. 54 e. 6 f. 7.

Exercice 3 Doubles et moitiés.
a. 8 → 16 → 32 → **64** → **128** → **256** → **512** → **1 024** → **2 048**
b. 4 000 → 2 000 → **1 000** → **500** → **250** → **125**.

CONSOLIDATION

Je consolide mes connaissances › FICHIER NOMBRES p. 79

Fort en calcul mental : exercices 1 à 9

Autres ressources

› 90 Activités et jeux mathématiques CE2

26. Compléments à 100
27. Total 100
28. Le loto des doubles et des moitiés
31. Multi-grilles (tables de multiplication)
32. Bien misé (tables de multiplication)

› CD-Rom Jeux interactifs CE2-CM1-CM2

10. Calcul éclair : domaine multiplicatif
12. As du calcul : domaine additif

› Activités pour la calculatrice CE2-CM1-CM2

12. Tables d'addition et de multiplication

NOMBRES ET CALCULS

Problèmes à étapes et calculatrice (séance 1)

Connaissances à acquérir

→ **Pour résoudre un problème, plusieurs étapes sont parfois nécessaires.** Dans ce cas, il faut d'abord trouver ces étapes. Pour cela, on peut se demander ce qu'on peut calculer à l'aide des informations de l'énoncé, mais il faut aussi se demander de quelles informations on a besoin pour pouvoir répondre à la question.
→ **Pour chaque calcul effectué**, il faut noter l'information qui est apportée par le résultat obtenu.

Je prépare le bilan › FICHIER NOMBRES p. 86

QCM A Le nombre de perles dans chaque collier.

La difficulté peut provenir du fait que la couleur des perles n'intervient pas dans la résolution du problème.

Je fais le bilan › FICHIER NOMBRES p. 87

Exercice 4 Résoudre un problème à étapes et utiliser la calculatrice.
790 places.

Je consolide mes connaissances › FICHIER NOMBRES p. 88

Exercice 1 430 bonbons.
Exercice 2 5 boîtes de bonbons à la menthe.
Exercice 3 Non, il ne lui reste que 2 € ou il lui manque 13 €.
Exercice 4 **Lou** et **Flip** : 40 billes **Sam** : 70 billes.

CD-Rom du guide

› Fiche différenciation n° 30

Autres ressources

› Activités pour la calculatrice CE2-CM1-CM2

5. Résoudre un problème en utilisant la calculatrice

▶ Ecarts, différences et soustraction (séance 2)

Connaissances à acquérir

→ **Lorsque, dans un problème, tu lis « plus que » ou « moins que »**, réfléchis avant de faire une addition ou une soustraction. Il faut faire un raisonnement pour trouver le bon calcul. Pour cela, un schéma peut être utile.

Je prépare le bilan › FICHIER NOMBRES p. 86

QCM B 30 pages.

▤ La réponse « **20 pages** » provient sans doute du fait que les élèves se sont laissé influencer par le mot « moins » et n'ont pas cherché le raisonnement qui permet de répondre à la question posée (ou n'ont pas pu le mener à bien).

QCM C Lou en a 12 de moins que Sam ; Sam en a 12 de plus que Lou.

Je fais le bilan › FICHIER NOMBRES p. 87

Exercice 5 Résoudre un problème dans lequel intervient une comparaison de quantités.
Alex : **12 ans** Cyrille : **10 ans** Babette : **7 ans.**

Je consolide mes connaissances › FICHIER NOMBRES p. 88

Exercice 5

a. **Archibald :** 424 cm **Boubou :** 376 cm **Capman :** 328 cm
b. 96 cm.

CD-Rom du guide

› Fiche différenciation n° 31

Ateliers

Questions avec deux boites contenant des jetons.

› Avec deux boites ouvertes

– Combien de jetons de plus ou de moins dans cette boite ?
– Combien ajouter ou enlever de jetons dans cette boite-ci pour qu'il y en ait autant que dans cette boite-là ?

› Avec une 1re boite ouverte et une 2e boite fermée

– On a compté x jetons dans la 1re boite et x jetons de plus (ou de moins) dans la 2e boite. Quel est le contenu de la 2e boite ?

Autres ressources

› 90 Activités et jeux mathématiques CE2

12. Nombres croisés

▶ Distances, durées et soustraction (séance 3)

Connaissances à acquérir

→ **Pour déterminer la distance** entre deux lieux situés sur une même route et repérés par des nombres **ou la durée** entre deux dates, on peut utiliser l'addition à trous ou la soustraction.

Je prépare le bilan › FICHIER NOMBRES p. 86

QCM D 23 km.

▤ La réponse « **59 km** » témoigne d'une incompréhension de la situation. Un balisage de la route par une série de bornes placées de km en km peut aider à surmonter la difficulté.
La réponse « **33 km** » peut signifier que l'élève a compris la situation, mais a fait une erreur de calcul.

QCM E La différence entre 10 et 50 est égale à 40 ;
La différence entre 16 et 26 est égale à 10.

▤ Les réponses fausses témoignent d'une difficulté à comprendre la notion de différence. Celle-ci doit à nouveau être rattachée à celle de distance ou de comparaison.

Je fais le bilan › FICHIER NOMBRES p. 87

Exercice 6 Calculer une durée.
a. 1928 b. 41 ans.

Je consolide mes connaissances › FICHIER NOMBRES p. 89

Exercice 6

a. 163 km b. 70 km c. 55 km d. 460 km.

▤ Faire précéder la résolution des exercices par une phase d'appropriation du document, concernant notamment la signification des nombres indiqués.

CD-Rom du guide

› Fiche différenciation n° 32

Ateliers

› **Les bornes kilométriques**

Reprendre la situation des bornes kilométriques (voir séance 3).

› **Avec un calendrier**

Reprendre la situation des calculs de durée avec un calendrier (voir exercice 3 du fichier p. 82).

▶ **Multiplication : calcul posé** (séances 4, 5 et 6)

Connaissances à acquérir

→ **Pour multiplier 47 par 25**, il faut :
– d'abord écrire les étapes du calcul en pensant que 25 fois 47 c'est 5 fois 47 plus 20 fois 47 et que 20 fois 47 c'est 10 fois 2 fois 47 ;
– ensuite il faut faire les calculs en oubliant pas les retenues (on peut utiliser une boite à retenues).

Je prépare le bilan ❯ FICHIER NOMBRES p. 86

QCM **F** Le chiffre des dizaines est 6.

Les réponses peuvent être obtenues par raisonnement ou en calculant effectivement les produits. La réponse « **2** » est due au fait que l'élève a pris en compte la retenue provenant du calcul 4 × 6, mais a oublié les dizaines provenant du calcul de 4 × 1. La réponse « **0** » est liée au fait que l'élève n'a pris en considération que le 0 de 304.

QCM **G** le chiffre des unités est 5 ; le chiffre des dizaines est 7.

Les réponses erronées ont une explication voisine de celle du QCM F.

Je fais le bilan ❯ FICHIER NOMBRES p. 87

Exercice 7 Calculer des produits en colonnes.
a. 2 128   b. 4 650   c. 8 944.

Je consolide mes connaissances ❯ FICHIER NOMBRES p. 89

Exercice 7   **Sam :** 270 marches **Lou :** 540 marches **Flip :** 810 marches.

Exercice 8   2 970 marches.

Exercice 9   a. 6 870   b. 8 470   c. 8 596   d. 3 535.

Exercice 10

a.		b.		c.		d.	
	3 5 7		2 5 3		2 0 5		2 0 5
×	1 8	×	3 7	×	3 6	×	4 4
	2 8 5 6		1 7 7 1		1 2 3 0		8 2 0
	3 5 7 0		7 5 9 0		6 1 5 0		2 2 0 0
	6 4 2 6		9 3 6 1		7 3 8 0		9 0 2 0

CD-Rom du guide

❯ Fiche différenciation n° 33

Autres ressources

❯ Activités pour la calculatrice CE2-CM1-CM2

39. Multiplier sans la touche ×

▶ **Carrés, rectangles, triangles rectangles : construction** (séance 7)

Pas de bilan proposé.

→ La **construction de figures** ne fait pas l'objet d'un bilan spécifique car ce type d'activité sera développé au cycle 3. Nous proposons toutefois des exercices de consolidation sur ce thème car cette activité permet :
– d'entrainer l'**utilisation des instruments** ;
– soliciter les propriétés des figures ;
– de penser l'**ordre dans lequel utiliser** ces propriétés en prenant appui sur une image mentale de la figure ou des tracés à main levée.

Je consolide mes connaissances ❯ CAHIER GÉOMÉTRIE p. 57

Exercices 1, 2 et 3
matériel par élève :
feuille de papier blanc, règle graduée et équerre
Pas de corrigé.

▶ **Programmation de déplacements à l'écran** (séance 7)

Connaissances à acquérir

→ **Pour programmer des déplacements à l'écran**, il faut :
– prévoir la longueur de chacun des déplacements :
– prévoir les changements de direction ;
– écrire une seule instruction regroupant l'ensemble des déplacements ;
– connaitre le code et le respecter pour écrire les instructions.

Je prépare le bilan ❯ CAHIER GÉOMÉTRIE p. 56

QCM **A** av 160 ; td 90 ; av 80 ; td 90 ; av 160 ; td 90 ; av 80 ;
rep 2 [av 160 ; td 90 ; av 80 ; td 90].

Je fais le bilan ❯ CAHIER GÉOMÉTRIE p. 56

Exercice 1 Programmer les déplacements à l'écran de la tortue pour tracer un carré.
av 60 ; td 90 ; av 60 ; td 90 ; av 60 ; td 90 ; av 60
ou rep 4 [av 60 ; td 90].

Les réponses pourront être validées en demandant aux élèves de saisir leurs commandes dans le logiciel GéoTortue ou dans un logiciel similaire.

Je consolide mes connaissances ❯ CAHIER GÉOMÉTRIE p. 57

matériel pour 2 élèves :
le logiciel GéoTortue ou un logiciel similaire.

Exercice 4
av 85 ; td 90 ; av 85 ; td 90 ; av 85 ; td 90 ; av 85
ou rep 4 [av 85 ; td 90].

Exercice 5
av 130 ; td 90 ; av 40 ; td 90 ; av 130 ; td 90 ; av 40
ou rep 2 [av 130 ; td 90 ; av 40 ; td 90].

Attention, la position de la tortue contraint l'ordre des tracés et le sens de la rotation.

Autres ressources

❯ 90 Activités et jeux mathématiques CE2

73. Des constructions avec GéoTortue

▶ Durées en minutes et secondes (séance 8)

Connaissances à acquérir

→ **La seconde est une unité de durée utilisée pour mesurer des durées très courtes.** Une seconde est le temps que l'on met pour dire un nombre quand on compte posément de nombre en nombre (pour les petits nombres).

→ **Quand il s'est écoulé 60 secondes, il s'est en fait écoulé 1 minute : 1 minute = 60 secondes.**

→ **Pour mesurer des durées en secondes et minutes**, on utilise un **chronomètre**.

Je prépare le bilan ❯ CAHIER GÉOMÉTRIE p. 56

QCM B Le temps de Sam est le plus court ;
Le temps de Lou est de 60 secondes ;
L'écart de temps entre Lou et Sam est de 5 secondes.

Je fais le bilan ❯ CAHIER GÉOMÉTRIE p. 56

Exercice 2 Écrire les affichages successifs d'un chronomètre.
00 : 59   01 : 00   01 : 01.

Exercice 3 Comparer des durées et calculer des écarts de temps.
a. Morgane
b. écart de temps entre Morgane et Lili : 3 s ; entre Nanie et Lili : 0 s.

▦ La résolution des deux exercices oblige à utiliser l'équivalence
1 min = 60 s.

Je consolide mes connaissances ❯ CAHIER GÉOMÉTRIE p. 57-58

Exercice 6   a. Tableau complété

Coureur	Temps	Chronomètre à l'arrivée
Antoine	59 s	00 : 59
Fred	61 s	01 : 01
Walid	**70 s**	01 : 10
Toma	60 s	**01 : 00**
Luka	**58 s**	00 : 58

b. **1er** Luka   **2e** Antoine   **3e** Toma   **4e** Fred   **5e** Walid.

Exercice 7   a. 2 s   b. Luka   c. Walid.

Exercice 8   70 s = 1 min 10 s   1 min 20 s = 80 s   120 s = 2 min.

Exercice 9   1 min 6 s.

▦ Raisonnement : 34 s + 32 s = 66 s = 60 s et 6 s = 1 min 6 s.

Exercice 10   4 objets.

▦ Raisonnement : 1 min = 60 s = 4 fois 15 s.
▦ En 1 minute, la machine fabrique 4 objets.

CD-Rom du guide

❯ Fiche différenciation n° 34

Ateliers

❯ Chronométrer des actions en classe

Pour donner des ordres de grandeurs de durée, les élèves peuvent chronométrer certaines actions en classe : distribution des cahiers, recherche d'une page dans le livre...

ESPACE ET GÉOMÉTRIE

▶ Description de figures planes (séance 9)

Pas de bilan proposé.

→ Nous nous limitons dans cette unité à une première approche de la **description de figures complexes** qui sera travaillée au cycle 3, ce qui explique qu'elle ne soit pas évaluée dans le bilan.

Au cas où des élèves auraient été en grande difficulté en séance 9, les **exercices de consolidation 11 et 12** pourront leur être proposés, l'**exercice 13** étant destiné aux autres élèves.

Je consolide mes connaissances ❯ CAHIER GÉOMÉTRIE p. 58

Exercice 11   a. carré, cercle
b. Le cercle est dans le carré.   Le carré et le cercle se touchent.

Exercice 12   a. rectangle, cercle.
b. Le cercle passe par un sommet du rectangle. Un côté du rectangle est à l'intérieur du cercle. Le centre du cercle est un sommet du rectangle.

Exercice 13   Pas de corrigé.

▦ La description peut être formulée de bien des façons, mais doit comporter :
– les éléments constitutifs de la figure : un carré et un cercle (ou deux demi-cercles) ;
– les liens entre ces éléments.
▦ La description pourra contenir des informations redondantes.

Autres ressources

❯ 90 Activités et jeux mathématiques CE2

76. Description de figures complexes

Au cinéma

Tous les problèmes se situent dans le même contexte, mais sont indépendants les uns des autres, en dehors du fait qu'ils prennent parfois appui sur les informations apportées par les mêmes illustrations.

Problème

OBJECTIF : Calcul d'un nombre d'objets en disposition rectangulaire.

TÂCHE : Trouver le nombre de fauteuils de 25 rangées de 20 fauteuils, puis de 3 rangées de 20 fauteuils et du complément de 60 à 500.

RÉPONSE : a. 500 places   b. 440 places (500 − 60).

Problème

OBJECTIF : Résoudre un problème à étapes.

TÂCHE : Trouver un nombre d'enfants connaissant la relation entre le nombre d'enfants et le nombre connu d'adultes ; Trouver le prix total payé par l'ensemble des personnes.

RÉPONSE : a. 130 enfants   b. 3 020 €.

Problème

OBJECTIF : Résoudre un problème de recherche.

TÂCHE : Résoudre un problème par essais et ajustements ou par déduction.

RÉPONSE : 5 enfants et 2 adultes.

Problème

OBJECTIF : Résoudre un problème de recherche.

TÂCHE : Résoudre un problème par essais et ajustements ou par déduction.

RÉPONSE : 7 enfants et 7 adultes.

Problème

OBJECTIF : Résoudre un problème à étapes.

TÂCHE : Trouver le nombre d'images nécessaires pour réaliser un dessin animé de 3 minutes.

RÉPONSE : a. 4 320 images   b. 8 640 images.

Sur cette image de la salle de cinéma « Cap ciné », on ne voit que les trois premières rangées complètes de fauteuils.
En tout, il y a 25 rangées identiques de fauteuils.
a. Combien de places y a-t-il dans ce cinéma ?

b. Combien de fauteuils ne sont pas sur l'image ?

Pour les exercices 2 à 4, utilise ce dessin :
Samedi, 280 adultes assistent à la séance de 14 h.
Il y a 150 adultes de plus que d'enfants.
a. Combien d'enfants assistent à cette séance ?

b. Combien le caissier a-t-il encaissé pour cette séance ?

Un groupe de sept personnes se présente devant la caisse du cinéma.
Combien d'enfants et combien d'adultes y a-t-il dans ce groupe ?

Dans le même cinéma, un autre groupe a payé au total 98 €.
Dans ce groupe, il y a autant d'adultes que d'enfants.
Combien d'enfants et combien d'adultes y a-t-il dans ce groupe ?

Avant le film, un petit dessin animé est projeté.
Il dure 3 minutes.
Sam sait que pour réaliser un dessin animé, il faut projeter 24 images par seconde.
a. Combien d'images ont été utilisées pour réaliser le dessin animé ?

b. Combien faut-il d'images pour réaliser un dessin animé de 6 minutes ?

CAP CINÉ
POUR TOUT LE GROUPE, VOUS DEVEZ 66 EUROS.

Fichier p. 90

UNITÉ 7

Mise en œuvre

Comme pour les problèmes des unités précédentes, le travail peut prendre la forme suivante :
– recherche des élèves au brouillon ;
– mise au net de la méthode de résolution sur une feuille soit directement après la recherche, soit après une exploitation collective.

La solution retenue peut être choisie par l'élève parmi celles reconnues comme correctes ou non par l'enseignant (cette manière de faire ne doit pas être systématique). Il est également possible de faire coller un montage photocopié de quelques solutions reconnues correctes.

Aides possibles

Problème 1 : Une explication sur le nombre de fauteuils par rangée et le nombre de rangées peut être nécessaire.

Problèmes 2, 3 et 4 : Indiquer que les tarifs par enfant et par adulte sont fournis sur la même affiche.

Problème 5 : il peut être rappelé aux élèves que 1 minute = 60 secondes.

Procédures à observer particulièrement

Problème 1 : Observer si les élèves ont recours à la multiplication ou à l'addition répétée ou encore s'ils calculent le nombre de sièges globalement ou par zones de couleur.

Problèmes 3 et 4 : Observer les types de stratégies mises en place :
– essais non organisés ;
– essais organisés en fonction des essais précédents...

Problème 5 : Observer si les élèves ont besoin d'une schématisation des images ou s'ils utilisent directement un enchainement de calculs multiplicatifs.

Évaluation de fin de période 2 (unités 5 à 7)

Cette évaluation concerne les acquis des élèves relatifs aux apprentissages des unités 5 à 7.
Les supports élèves sont fournis sous forme de fiches photocopiables ou dans le CD-Rom du guide.

EXERCICES DICTÉS ORALEMENT PAR L'ENSEIGNANT

Chaque nombre ou chaque calcul est dicté deux fois.

Exercice ❶ Répertoire multiplicatif

Attendus de fin de cycle : Calculer avec des nombres entiers.

Compétence spécifique : Connaître les tables de multiplication (produits, facteurs d'un produit).

Commentaire : Certains résultats peuvent encore être mal assurés. Leur repérage permet de prévoir un entraînement adapté.

Calculs dictés :
a. 9 fois 3	f. Combien de fois 4 dans 24 ?
b. 4 fois 7	g. Combien de fois 5 dans 45 ?
c. 9 fois 6	h. Combien de fois 9 dans 18 ?
d. 8 fois 8	i. Combien de fois 8 dans 32 ?
e. 9 fois 5	j. Combien de fois 8 dans 56 ?

Exercice ❷ Multiplication par 10, 100 et des multiples simples de 10 ou de 100

Attendus de fin de cycle : Calculer avec des nombres entiers.

Compétence spécifique : Connaître et utiliser la multiplication par 10, 100 ou des multiples simples de ces nombres (produits, facteurs d'un produit).

Commentaire : La capacité à fournir rapidement ce type de résultats est essentielle pour aller plus loin en calcul mental. Si des difficultés persistent, l'entraînement doit être poursuivi.

Calculs dictés :
a. 7 fois 10	f. Combien de fois 10 dans 60 ?
b. 4 fois 20	g. Combien de fois 20 dans 60 ?
c. 20 fois 6	h. Combien de fois 50 dans 150 ?
d. 50 fois 4	i. Combien de fois 100 dans 300 ?
e. 100 fois 6	j. Combien de fois 100 dans 1 200 ?

Exercice ❸ Calcul réfléchi (addition, soustraction)

Attendus de fin de cycle : Calculer avec des nombres entiers.

Compétence spécifique : Ajouter ou soustraire un nombre entier de dizaines ou de centaines à un nombre donné, ajouter et soustraire 9 ou 11

Commentaire : Bien que relevant du calcul réfléchi, les résultats devraient être donnés rapidement.

Calculs dictés :
a. 57 + 30	b. 407 + 400	c. 57 − 30	d. 93 − 5	e. 432 − 200
f. 47 + 9	g. 63 − 9	h. 90 − 11	i. 74 − 11	j. 70 − 9

EXERCICES À ÉNONCES ÉCRITS

Pour certains élèves, les consignes peuvent être lues par l'enseignant.

Exercice ❹ Calcul réfléchi ou posé (multiplication)

Attendus de fin de cycle : Calculer avec des nombres entiers.

Compétence spécifique : Calculer un produit d'un nombre inférieur à 1 000 par un nombre inférieur à 10 ou par un multiple simple de 10.

Commentaire : Pour chaque calcul, observer la procédure utilisée (calcul mental ou posé).

Exercice ❺ Calcul réfléchi (multiplication)

Attendus de fin de cycle : Calculer avec des nombres entiers.

Compétence spécifique : Calculer des produits en prenant appui sur des résultats connus.

Commentaire : Cette compétence peut être difficile pour certains élèves. Elle est cependant essentielle pour comprendre la multiplication posée et progresser en calcul mental.

Exercice ❻ Calcul posé (multiplication)

Attendus de fin de cycle : Calculer avec des nombresentiers.

Compétence spécifique : Calculer un produit en utilisant la multiplication posée.

Commentaire : Cette compétence sera entraînée en période 3.

Exercice ❼ Soustraction en ligne ou posée

Attendus de fin de cycle : Calculer avec des nombres entiers.

Compétence spécifique : Élaborer ou choisir des stratégies de calcul à l'oral et à l'écrit ; calculer des différences mentalement, en ligne ou par soustraction posée en colonnes (nombres < 10 000).

Commentaire : La soustraction posée a été étudiée en période 1 pour les nombres inférieurs à 1 000. Il s'agit de vérifier ici si les élèves sont capables de l'exécuter avec des nombres plus grands, notamment dans le cas où le 1er terme comporte des 0. Le travail de remédiation éventuel doit s'accompagner d'un travail de compréhension de la technique utilisée (avec recours au matériel de numération, si nécessaire).

Exercice ❽ Calculs avec des parenthèses

Attendus de fin de cycle : Calculer avec des nombres entiers.

Compétence spécifique : Calculer une expression comportant des parenthèses.

Commentaire : Les calculs proposés sont simples pour que la compétence évaluée soit bien relative à l'usage des parenthèses.

Exercice ❾ Ligne graduée

Attendus de fin de cycle : Nommer, lire, écrire, représenter des nombres entiers.

Compétence spécifique : Associer approximativement un nombre entier à une position sur une demi-droite graduée.

Commentaire : Les erreurs peuvent provenir du fait que les élèves n'ont pas identifié le pas de la graduation (ici 100) ou n'ont pas respecté les encadrements par 2 centaines successives ou encore n'ont pas su positionner le nombre en respectant les proximités..

Exercice ⑩ Calcul réfléchi : approximation de sommes

Attendus de fin de cycle : Calculer avec des nombres entiers.

Compétence spécifique : Calculer l'ordre de grandeur d'une somme.

Commentaire : Cette compétence sera reprise au cycle 3. Elle ne fait l'objet que d'une première approche au CE2. Des difficultés sont donc prévisibles.

Exercices ⑪, ⑫ et ⑬ Problèmes

Attendus de fin de cycle : Résoudre des problèmes en utilisant des nombres entiers et le calcul.

Compétence spécifique : Problèmes relevant des structures additives (addition/soustraction) et/ou multiplicatives (multiplication), en particulier déterminer :
– un complément ou un reste ;
– un nombre d'objets organisés en disposition rectangulaire ;
– des valeurs résultant de comparaison.

Commentaire :
Problème 11 : Observer les procédures :dessin, calcul directe du complément, recours à la soustraction.
Problème 12 : Observer si les élèves ont identifié les étapes de la résolution et comment ils calculent le reste (complément ou soustraction).
Problème 13 : Observer si les élèves traitent correctement les comparaisons.

Exercice ⑭ Problème

Attendus de fin de cycle : Résoudre des problèmes en utilisant des nombres entiers et le calcul.

Compétence spécifique : Résoudre un problème de recherche.

Commentaire : Observer si les élèves procèdent :
– par essais de nombres avec vérification des données ;
– par déduction, par exemple : ils ont 40 timbres d'écart, il faut donc que Pierre en donne 20 à Paul.

Exercices ⑮ et ⑯ Horaires et durées

Attendus de fin de cycle : Résoudre des problèmes impliquant des durées.

Compétence spécifique : Calculer en heures ou heures et minutes, un horaire connaissant un horaire et une durée ou une durée connaissant deux horaires.

Commentaire : Proposer aux élèves en difficulté d'utiliser leur horloge en carton.
Exercice 15 : Il s'agit de calculer une durée connaissant l'horaire de début et l'horaire de fin. Certains élèves ont du mal à se représenter le défilement des horaires et travaillent sur les nombres présents : ils peuvent trouver ainsi une durée de 2 heures et 45 minutes. Pour les autres, observer les procédures :
– mime de la rotation des aiguilles sur l'horloge en carton avec appui sur 10 h ;
– tracé une représentation linéaire avec appui sur 10 h.
Exercice 16 : Il s'agit de calculer l'horaire de fin connaissant l'horaire de début et la durée.

Exercice ⑰ Durées en minutes et secondes

Attendus de fin de cycle : Comparer des durées.

Compétence spécifique : Ordonner des durées données en secondes ou en minutes et secondes ; calculer un écart.

Commentaire : Il s'agit ici de comparer des durées, puis de calculer un écart de durée en prenant en compte l'équivalence 1 min = 60 s. Certains élèves en difficulté ne prennent en compte que les nombres présents et pas les unités. Pour les autres, observer les procédures : transformation en secondes des expressions en minutes ou inversement.

Exercice ⑱ Mesure de contenances

Attendus de fin de cycle : Utiliser les unités de mesures de contenance.

Compétence spécifique : Comparer des contenances en L ou cL en utilisant les équivalences entre ces unités.

Commentaire : Il s'agit ici d'associer les contenances égales, en prenant en compte les équivalences entre unités : L et cL, dL et cL.

Exercice ⑲ Mesure de longueurs

Attendus de fin de cycle : Utiliser les unités de mesures de longueur.

Compétence spécifique : Convertir des mesures de longueur ; utiliser les équivalences entre les unités de longueur.

Commentaire : Il s'agit de convertir quelques expressions en utilisant les équivalences entre m et cm, cm et mm, dm et cm.

Exercice ⑳ Tracé d'un cercle

Attendus de fin de cycle : Construire quelques figures géométriques.

Compétence spécifique : Tracer un cercle défini par son centre et un point, son centre et un diamètre ; mesurer ou déterminer le rayon d'un cercle.

Commentaire : Cet exercice nécessite de connaitre la signification du vocabulaire attaché au cercle, de savoir en particulier que pour tracer un cercle, dont le diamètre est donné, il faut d'abord en déterminer le rayon.
Faire la part des choses entre la compréhension qui peut être bonne et le tracé qui lui peut être approximatif du fait d'un manque de dextérité dans l'utilisation du compas.

Évaluation de fin de période 2 (unités 5 à 7)

Exercice ㉑ Description d'un cercle

Attendus de fin de cycle : Décrire quelques figures géométriques.

Compétence spécifique : Utiliser le vocabulaire relatif au cercle pour décrire ; mesurer le rayon ou le diamètre d'un cercle.

Commentaire : Pour décrire le cercle, le vocabulaire doit être disponible et il est nécessaire de différencier un point sur le cercle du centre du cercle.

Par ailleurs, pour répondre aux questions posées, les élèves doivent isoler en pensée le cercle en pointillés et les points qui s'y rattachent des autres éléments de la figure.

Exercice ㉒ Rectangle : construction

Attendus de fin de cycle : Construire quelques figures géométriques.

Compétence spécifique : Construire un rectangle à partir de la donnée de sa longueur et de sa largeur ; tracer un segment de longueur donnée en cm et mm.

Commentaire : Cet exercice conjugue plusieurs connaissances et compétences : propriétés des côtés et des angles d'un rectangle, utilisation de l'équerre pour tracer un angle droit, de la règle graduée pour tracer un segment de longueur donnée.

L'analyse de la production d'un élève ne permet bien souvent pas de différencier l'intention qui peut être bonne, de la réalisation qui, elle, peut être approximative. L'observation des élèves en cours de tracé peut aider à identifier la cause des erreurs ou approximations.

Exercice ㉓ Cube

Attendus de fin de cycle : Décrire quelques solides.

Compétence spécifique : Connaitre le vocabulaire relatif aux polyèdres ; connaitre les caractéristiques d'un cube (faces, arêtes, sommets).

Commentaire : Bien qu'un cube est placé à proximité, des élèves peuvent répondre en se référant uniquement au dessin, sans utiliser le solide. Cette façon de procéder est source d'erreurs caractéristiques (3 faces, 9 arêtes) qui traduisent le fait que les élèves ne différencient pas le dessin de l'objet qu'il représente.

Matériel : Placer un cube à proximité de petits groupes d'élèves. Ils ne peuvent pas le manipuler.

Exercice ㉔ Pavé droit

Attendus de fin de cycle : Reproduire quelques solides.

Compétence spécifique : Décider si les rectangles donnés permettent de construire un pavé droit.

Commentaire : Cet exercice nécessite non seulement de savoir qu'un pavé droit a six faces qui sont des rectangles, mais aussi que ses faces sont deux à deux identiques. L'explication demandée permet de déceler l'oubli de cette dernière propriété.

Matériel : Placer un pavé droit à proximité de petits groupes d'élèves. Ils ne peuvent pas le manipuler.

Corrigés de l'évaluation de fin de période 2

Exercice 1

a. 27   b. 28   c. 54   d. 64   e. 45
f. 6   g. 9   h. 2   i. 4   j. 7.

Exercice 2

a. 70   b. 80   c. 120   d. 200   e. 600
f. 6   g. 3   h. 3   i. 3   j. 12.

Exercice 3

a. 87   b. 807   c. 27   d. 88   e. 232
f. 56   g. 54   h. 79   i. 63   j. 61.

Exercice 4

a. 180   b. 492   c. 8 280.

Exercice 5

a. 75   b. 120   c. 165   d. 210.

Exercice 6

a. 1 944   b. 6 885   c. 9 860.

Exercice 7

a. 765   b. 6 648   c. 7 096.

Exercice 8

a. 27   b. 2   c. 200.

Exercice 9

a. en face de la flèche **A** : 480, 486
b. en face de la flèche **B** : 810, 818.

Exercice 10

a. Lou : 230   b. 90 + 40 + 100 = 230.

Exercice 11

33 étoiles.

Exercice 12

185 chaises.

Exercice 13

Camille : 45   Louise : 52   Thomas : 54.

Exercice 14

20 timbres.

Exercice 15

1 h 15 min ou 75 min.

Exercice 16

21 h 45.

Exercice 17

a. **1re** Hasna   **2e** Célia   **3e** Auriane.
b. 2 s.

Exercice 18

1 L = 100 cL   3 L 50 cL = 350 cL   1dL = 10 cL.

Exercice 19

a. 300 cm   d. 1 m 23 cm
b. 145 cm   e. 10 cm
c. 40 mm   f. 2 cm 3 mm.

Exercice 20

a. rayon = 3 cm 8 mm   b. Pas de corrigé.
Photocopier la figure complétée sur papier calque pour la validation.
Pour la réponse à la question a, on accepte 3 cm 7 mm et 3 cm 9 mm.

Exercice 21

a. Cercle de centre C et de rayon 2,5 cm
(ou de diamètre 5 cm).
b. Cercle de centre C qui passe par le point B
(ou formulation équivalente).

Exercice 22

Pas de corrigé.
Construire le rectangle sur papier calque pour la validation.

Exercice 23

2 cases à cocher :
– toutes ses faces sont des carrés.
– 8 sommets.

Exercice 24

Non, car il y a trois rectangles identiques
ou il y a un seul rectangle d'une certaine forme.

UNITÉ 7

13 ou 14 séances
– 10 séances programmées (9 séances d'apprentissage + 1 bilan)
– 3 ou 4 séances pour la consolidation et la résolution de problèmes

	environ 30 min par séance		environ 45 min par séance
	CALCUL MENTAL	**RÉVISER**	**APPRENDRE**
Séance 1 FICHIER NOMBRES p. 92	**Problèmes dictés** Décompositions multiplicatives de 20	**Problèmes écrits** Décompositions multiplicatives de 50	**Tableaux et diagrammes** RECHERCHE Les sports préférés
Séance 2 FICHIER NOMBRES p. 93	**Tables de multiplication** (répertoire complet)	**Soustraction : écarts et différences**	**Calculs avec des parenthèses : avec ou sans la calculatrice** RECHERCHE Parenthèses et calculatrice
Séance 3 FICHIER NOMBRES p. 94	**Multiplication par 10, 20…**	**Soustraction : calcul de distances**	**Augmentation, diminution : recherche de l'état initial** RECHERCHE Les plantes
Séance 4 FICHIER NOMBRES p. 95	**Multiplication par 10, 20…**	**Multiplication : calcul posé**	**Augmentation, diminution : recherche de la valeur de la transformation** RECHERCHE Le voyage en ballon
Séance 5 FICHIER NOMBRES p. 96	**Problèmes dictés** Décompositions multiplicatives de 100	**Problèmes écrits** Décompositions multiplicatives de 60	**Approche de la division : partage équitable (1)** RECHERCHE Combien pour chacun ? (1)
Séance 6 FICHIER NOMBRES p. 97	**Le furet de 21 en 21**	**Multiplication : calcul réfléchi**	**Approche de la division : partage équitable (2)** RECHERCHE Combien pour chacun ? (2)
Séance 7 CAHIER GÉOMÉTRIE p. 59	**Le furet de 19 en 19**	**Durées en heures, minutes et secondes**	**Figure symétrique (1)** RECHERCHE Chercher les axes de symétrie d'une figure
Séance 8 CAHIER GÉOMÉTRIE p. 60	**Calculs avec les diviseurs de 100**	**Compléter une figure par symétrie**	**Longueurs en kilomètres et mètres** RECHERCHE Calculer des distances
Séance 9 CAHIER GÉOMÉTRIE p. 61	**Calculs avec les diviseurs de 100**	**Unités de longueur**	**Figure symétrique (2)** RECHERCHE Rouge sur jaune

Bilan

Je prépare le bilan puis Je fais le bilan
FICHIER NOMBRES p. 98-99
CAHIER GÉOMÉTRIE p. 62-63

Consolidation Remédiation

Fort en calcul mental
FICHIER NOMBRES p. 91

Je consolide mes connaissances
FICHIER NOMBRES p. 100-101
CAHIER GÉOMÉTRIE p. 64-65

Banque de problèmes

Le gouter d'anniversaire
FICHIER NOMBRES p. 102

L'essentiel à retenir de l'unité 8

● **Calcul mental**
– Décompositions multiplicatives de 20 et de 100
– Multiplication : tables (répertoire complet)
– Ajout, retrait de 19, de 21
– Calcul avec les diviseurs de 100

● **Tableaux et diagrammes**

● **Addition, soustraction : problèmes d'augmentation et de diminution**

● **Division : partages équitables**

● **Figure symétrique :**
– figure ayant un axe de symétrie ;
– figure dont le calque, une fois retourné, se superpose exactement à la figure

● **Longueurs : kilomètre et mètre**

	Tâche	Matériel	Connaissances travaillées
PROBLÈMES DICTÉS	Décompositions multiplicatives de 20 – Trouver toutes les façons de ranger 20 images en paquets identiques.	par élève : FICHIER NOMBRES **p. 92**	– **Multiplication : décomposition d'un nombre sous forme de produits** – Inventaire de toutes les solutions.
PROBLÈMES ÉCRITS	Décompositions multiplicatives de 50 – Trouver toutes les façons de réaliser des rectangles avec 50 petits carrés identiques.	par élève : FICHIER NOMBRES **p. 92** Ⓐ	– **Multiplication : décomposition d'un nombre sous forme de produits** – Inventaire de toutes les solutions.
APPRENDRE Problèmes	Tableaux et diagrammes RECHERCHE **Les sports préférés** – Organiser des données dans un tableau – Les représenter par un diagramme en bâtons.	par élève – **fiche recherche 33** – feuille avec un quadrillage de colonnes vierges ❯ à réaliser par l'enseignant *(voir activité)* FICHIER NOMBRES **p. 92** ❶ et ❷	– **Gestion et représentation de données** – **Tableau, diagramme.**

PROBLÈMES DICTÉS

Décompositions multiplicatives de 20

– Résoudre mentalement des problèmes où il faut chercher des décompositions multiplicatives de 20.

INDIVIDUEL ET COLLECTIF

FICHIER NOMBRES ET CALCULS p. 92

• Formuler le problème :

> Sam a **20 images**. Il veut les ranger en plusieurs paquets qui contiennent tous le même nombre d'images. **Combien de paquets peut-il faire ? Trouvez quatre solutions possibles.**

• Inventorier les réponses, puis proposer une rapide mise en commun en faisant expliciter quelques procédures. Souligner l'intérêt d'utiliser les connaissances sur la multiplication car le problème posé revient à résoudre : … × … = **20**.

• Souligner aussi que dès qu'un produit est trouvé, un autre est aussi trouvé comme **4 × 5** et **5 × 4**.

• Discuter les cas **1 × 20** et **20 × 1** qui seront finalement acceptés comme correspondant aux réponses **1** paquet de **20** images et **20** paquets de **1** image.

RÉPONSES POSSIBLES : 1 × 20   2 × 10   4 × 5   5 × 4   10 × 2   20 × 1. Les trois premières réponses suffisent à avoir toutes les réponses au problème posé.

• Les élèves peuvent se préparer ou s'entrainer à ce moment de calcul mental en utilisant l'**exercice 1** de **Fort en calcul mental, p. 91**.

RÉPONSES POSSIBLES : 1 × 24   2 × 12   3 × 8   4 × 6
6 × 4   8 × 3   12 × 2   24 × 1.

PROBLÈMES ÉCRITS

Décompositions multiplicatives de 50

– Résoudre mentalement des problèmes où il faut chercher des décompositions multiplicatives de 50.

INDIVIDUEL

FICHIER NOMBRES ET CALCULS p. 92

Résoudre un problème

Ⓐ Dans une boite, il y a 50 carrés identiques à celui-ci : ▪
En assemblant tous ces carrés côté contre côté, Lou construit un rectangle.
Puis, elle le défait et essaie d'en construire un autre différent du premier.
Trouve tous les rectangles que Lou peut construire. Pour chaque rectangle, écris le nombre de carrés sur la longueur et sur la largeur.

Problème Ⓐ

Trouver les différentes façons d'assembler 50 carrés identiques pour former un rectangle.

Il sera peut être plus difficile aux élèves de repérer que la question posée revient à chercher les décompositions de 50 sous forme multiplicative. Une mise en commun partielle peut être nécessaire après un temps de recherche.

RÉPONSE : 1 × 50   2 × 25   5 × 10.

AIDE **Il n'existe que 3 rectangles différents**, ce qui constitue une différence avec la question de calcul mental dans laquelle « 4 paquets de 5 » ne sont pas identiques à « 5 paquets de 4 », alors qu'ici les rectangles de 10 sur 5 et de 5 sur 10 sont identiques.

Différenciation : Exercice A → **CD-Rom du guide, fiche nº 35.**

Tableaux et diagrammes

– Lire et interpréter et construire quelques représentations graphiques : diagrammes, graphiques.

RECHERCHE   Fiche recherche 33

Les sports préférés : Après avoir réalisé une enquête sur les sports pratiqués dans la classe et organisé les résultats sous forme d'un tableau, les élèves vont être initiés à leur représentation par un diagramme.

PHASE 1 **Enquête sur les sports pratiqués par les élèves**

Questions 1 et 2 de la recherche

Les sports préférés

❶ Avec tes camarades, fais une enquête pour savoir quels sports vous pratiquez.
Faites une liste avec, pour chaque élève, son nom, son prénom et le sport ou les sports qu'il pratique comme dans l'exemple.

ARAT Sophie	danse, judo
AXILO Jeremy	judo, foot, tennis
BRAT Axel	foot, natation
...	

❷ Rassemblez ensuite les résultats de l'enquête dans un tableau comme celui que l'on a commencé à réaliser.

sport	danse	judo	foot	......
nombre d'élèves	4	8	10	......

• Inviter les élèves à recenser les sports pratiqués par les élèves de la classe.

• À la suite de ce recensement, récapituler avec les élèves les réponses dans un tableau, comme celui de la fiche recherche, avec sur la première ligne les sports pratiqués et sur la deuxième ligne le nombre des élèves pratiquant ce sport.

La présentation de l'information chiffrée sous diverses formes **(tableaux, diagrammes, graphiques)** occupe aujourd'hui une place importante. Au CE2, nous proposons une première étape vers la compréhension de ce type de présentation :
– dans la situation simple de la recherche, un carreau correspond à une unité représentée sur un diagramme en colonnes ;
– dans l'entrainement, un carreau représente 2 unités et les élèves sont confrontés à la lecture d'un autre graphique.

PHASE 2 **Le diagramme sur quadrillage**

Question 3 de la recherche

❸ Sur du papier quadrillé, construis un diagramme avec des colonnes de couleur comme dans l'exemple.
Choisis une couleur par sport.
Pour chaque sport, colorie autant de cases qu'il y a d'élèves qui le pratiquent.

• Questionner d'abord les élèves sur ce qu'ils comprennent du quadrillage fourni sur la fiche :
➡ *Que représente une colonne ? Que représente chaque case ?*

• Après discussion, préciser :
➡ *Ce quadrillage apporte les mêmes informations que celles recueillies et notées dans le tableau. Mais ces informations, au lieu d'être sous forme de nombres, sont illustrées par des colonnes de couleurs différentes : chaque colonne représente un sport et le nombre de cases par colonne représente le nombre d'élèves qui pratiquent ce sport. Ce schéma avec des colonnes s'appelle un « diagramme ».*

• Distribuer aux élèves la **feuille avec le quadrillage** composé d'un nombre de colonnes vierges et préparé en fonction des sports pratiqués par les élèves de la classe. Demander de réaliser

le **diagramme** avec les données recueillies. Préciser qu'il s'agit d'illustrer les données recueillies en coloriant les cases d'une colonne du quadrillage pour chaque sport (une case par élève).

Puis faire commenter cette représentation :
– Comment lire le nombre d'élèves qui pratiquent un sport donné ?
– Comment savoir le sport le plus pratiqué ou le moins pratiqué ?
– Comment savoir le sport pratiqué par un nombre donné d'élèves ?

AIDE Si nécessaire, le travail sur le diagramme peut être précédé d'une question portant sur la représentation des données recueillies en créant un **empilement de cubes de couleur différente** pour chaque sport.

ENTRAINEMENT

FICHIER NOMBRES ET CALCULS **p. 92**

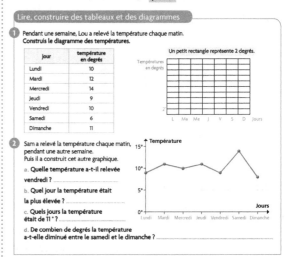

Lire, construire des tableaux et des diagrammes

❶ Pendant une semaine, Lou a relevé la température chaque matin. Construis le diagramme des températures.

jour	température en degrés
Lundi	10
Mardi	12
Mercredi	14
Jeudi	9
Vendredi	10
Samedi	6
Dimanche	11

❷ Sam a relevé la température chaque matin, pendant une autre semaine.
Puis il a construit cet autre graphique.
a. Quelle température a-t-il relevée vendredi ?
b. Quel jour la température était la plus élevée ?
c. Quels jours la température était de 11 ° ?
d. De combien de degrés la température a-t-elle diminué entre le samedi et le dimanche ?

Exercice ❶

Compléter un diagramme, le support étant fourni ainsi que l'échelle (1 carreau pour 2 degrés).

Au cours de la correction collective, insister sur la convention choisie pour représenter les données.

RÉPONSE :

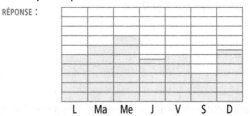

AIDE Faire remarquer que 1 degré doit être représenté par un demi-carreau. Utiliser éventuellement des carrés découpés : pour 9 et 11 degrés, il faudra utiliser des demi-carreaux.

Exercice ❷

Répondre à des questions en utilisant les informations données par un graphique.

Faire remarquer qu'il s'agit d'un autre type de représentation, appelé « **graphique** » et que les informations concernant les températures sont données sur chaque ligne verticale. Un trait de graduation correspond à 1°.

RÉPONSE : a. 9°   b. samedi   c. mardi et jeudi   d. 6°.

	Tâche	Matériel	Connaissances travaillées
CALCULS DICTÉS	**Tables de multiplication** (répertoire complet) – Répondre à des questions du type « 4 fois 3 » et « combien de fois 6 dans 12 ? ».	par élève : FICHIER NOMBRES **p. 93** a à h	– Tables de multiplication (mémorisation).
RÉVISER Calcul	Soustraction : écarts et différences – Trouver le plus grand et le plus petit produit du type * * * × * qu'on peut obtenir avec 4 chiffres donnés.	par élève : FICHIER NOMBRES **p. 93** Ⓐ	– Sens de la soustraction – Notions de différence et d'écart.
APPRENDRE Calcul	Calculs avec des parenthèses : avec ou sans la calculatrice RECHERCHE **Parenthèses et calculatrice** – Interpréter un calcul comportant des parenthèses. – Utiliser une calculatrice pour le traiter.	par élève : – fiche recherche 34 – calculatrice FICHIER NOMBRES **p. 93** ❶ à ❹	– Calculs avec parenthèses – Utilisation d'une calculatrice.

CALCULS DICTÉS

Tables de multiplication (répertoire complet)

– Mémoriser le répertoire multiplicatif.

FICHIER NOMBRES ET CALCULS **p. 93**

• Dicter les calculs suivants avec réponses dans le fichier :

a. 6 fois 6   e. Combien de fois 4 dans 36 ?
b. 3 fois 8   f. Combien de fois 9 dans 63 ?
c. 9 fois 9   g. Combien de fois 6 dans 54 ?
d. 7 fois 4   h. Combien de fois 7 dans 42 ?

RÉPONSE : a. 36   b. 24   c. 81   d. 28   e. 9   f. 7   g. 9   h. 6.

• Les élèves peuvent se préparer ou s'entrainer à ce moment de calcul mental en utilisant l'**exercice 2** de **Fort en calcul mental, p. 91**.

RÉPONSE : a. 45   b. 18   c. 45   d. 32   e. 3   f. 9   g. 9   h. 9.

RÉVISER

Soustraction : écarts et différences

– Résoudre un problème dans des situations de comparaison.

FICHIER NOMBRES ET CALCULS **p. 93**

Résoudre un problème

Ⓐ Les cinq plus hautes tours du monde sont celles de Dubaï, de Taïwan, de Shanghai, de Hong Kong et de Kuala Lumpur.

La tour de Shanghai mesure 8 m de plus que celle de Hong Kong et 336 m de moins que celle de Dubaï.

La tour de Hong Kong mesure 25 m de moins que celle de Taïwan et 32 m de plus que celle de Kuala Lumpur.

Complète le tableau à l'aide de ces informations.

Dubaï	Taïwan	Shanghai	Hong Kong	Kuala Lumpur
		492 m		

Exercice Ⓐ

Résoudre un problème relatif à des comparaisons de hauteurs.

Une aide peut être apportée à certains élèves, en leur demandant de construire, à main levée, des segments associés à chaque tour.

RÉPONSE :

Dubaï	Taïwan	**Shanghai**	Hong Kong	Kuala Lumpur
828 m	509 m	**492 m**	484 m	452 m

Calculs avec des parenthèses : avec ou sans la calculatrice

– Comprendre et maitriser l'usage des parenthèses dans un calcul.
– Utiliser une calculatrice pour traiter des calculs et pour résoudre un problème.

RECHERCHE Fiche recherche 34

Parenthèses et calculatrice : Les élèves ont d'abord à interpréter un calcul et en relier l'exécution avec des expressions comportant des parenthèses, puis en utilisant une calculatrice. Ensuite, ils ont à résoudre un problème en utilisant une calculatrice.

PHASE 1 Comprendre le rôle des parenthèses en calcul

Questions 1 et 2 de la recherche

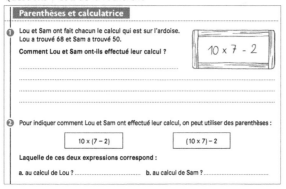

• Demander de traiter la **question 1**. Lors de la **mise en commun,** demander d'abord oralement ce que Lou et Sam ont fait pour obtenir des résultats différents à partir du calcul **10 × 7 – 2**, avant de parvenir à la conclusion que c'est l'ordre des calculs qui explique cette différence :
– Lou a d'abord calculé **10 × 7**, puis soustrait **2** au résultat : elle a fait les calculs de gauche à droite ;
– Sam a d'abord calculé **7 – 2**, puis **10 × 5**.

• Demander ensuite aux élèves de traiter la **question 2**. Lors de la **mise en commun,** relier les calculs de Lou et de Sam aux expressions présentées, pour arriver à la conclusion que le calcul de Sam correspond à **10 × (7 – 2)** et celui de Lou à **(10 × 7) – 2**.

• Terminer en illustrant chaque calcul par un **arbre de calcul** :

$$10 × (7 – 2) \qquad (10 × 7) – 2$$

Sam : 50 \qquad Lou : 68

• Faire remarquer qu'il est donc préférable d'utiliser les parenthèses pour une expression comportant des multiplications et des additions ou des soustractions.

• Conclure en indiquant aux élèves :

Suite d'opérations sans parenthèses

En mathématiques, lorsqu'il n'y a pas de parenthèses, il faut d'abord calculer les produits.
Ici, c'est Lou qui a effectué le bon calcul. Mais, pour le moment, on mettra les parenthèses.

Les élèves ont peut-être déjà été confrontés à ce genre d'expressions. L'activité a alors une fonction de rappel.
On peut signaler tout de même aux élèves que, **en l'absence de parenthèses, il faut d'abord calculer les multiplications, puis**

les additions ou les soustractions. L'expression $10 × 7 – 2$ correspond alors à la deuxième expression avec les parenthèses, soit $(10 × 7) – 2$. Cependant, il est préférable de toujours utiliser les parenthèses pour une expression comportant des multiplications et des additions ou des soustractions.

PHASE 2 Calcul d'expressions comportant des parenthèses

Question 3 de la recherche

③ Voici quatre résultats :

| 65 | 80 | 110 | 40 |

Pour chaque calcul, trouve le bon résultat :
a. (10 + 6) × 5 = ...
c. (10 × 6) + 5 = ...
b. 10 + (6 × 5) = ...
d. 10 × (6 + 5) = ...

• Avant la mise en commun, les élèves peuvent confronter leurs réponses par deux. La mise en commun est suivie d'une **synthèse :**

Calcul avec des parenthèses

• Lorsqu'un calcul comporte des parenthèses, **il faut d'abord effectuer les calculs qui sont à l'intérieur des parenthèses.**

• On peut s'aider d'un **arbre de calcul,** par exemple :

$$10 × (6 + 5)$$
$$11$$
$$110$$

RÉPONSE : A. 80   B. 40   C. 65   D. 110.

PHASE 3 Calcul d'expressions comportant des parenthèses avec calculatrice

Question 4 de la recherche

④ Calcule :
a. (175 + 86) × 27 = ...
b. 175 × (86 – 27) = ...

• L'exploitation de cette question dépend du **type de calculatrice** disponible dans la classe (il peut y en avoir plusieurs) :
– si la calculatrice possède des touches parenthèses, le calcul peut être tapé tel quel ;
– si la calculatrice ne possède pas de touches parenthèses, il est préférable de traiter le calcul en plusieurs étapes :
A. calculer d'abord 175 + 86 = 261, puis 261 × 27 = **7 047**
B. calculer d'abord 86 – 27 = 59, puis 175 × 59 = **10 325**

• En **synthèse,** noter que :

Calcul avec des parenthèses et avec une calculatrice

1. La calculatrice ne possède pas de touche parenthèses.
Il est préférable de faire des calculs séparés et noter les résultats intermédiaires. En effet, certains calculs tapés ne fournissent pas le résultat attendu.

Exemple : Si on tape **175 + 86 × 27** sur des calculatrices :
– certaines fournissent un résultat qui correspond à **(175 + 86) × 27 : elles ne respectent pas les règles mathématiques ;**
– d'autres fournissent un résultat qui correspond à **175 + (86 × 27) : elles respectent les règles mathématiques.**

Avec ce 2ᵉ type de calculatrice, si on veut calculer $(175 + 86) \times 27$, il faut faire deux calculs séparés :

$175 + 86 = 261$, puis $261 \times 27 = 7\,047$.

2. La calculatrice possède les touches parenthèses.

Il est possible de taper un seul calcul avec les parenthèses : $(175 + 86) \times 27$.

PHASE 4 Résoudre un problème

Question 5 de la recherche

> **5** Tu dois écrire tous les calculs que tu fais à la calculatrice.
>
> L'école de Lou a reçu 975 euros pour organiser un voyage.
> Les 47 élèves de l'école prendront le train,
> avec 6 accompagnateurs.
> Pour chaque personne, le billet de train coute 15 euros.
> Combien d'argent restera-t-il lorsqu'on aura payé
> tous les billets de train ?

- Préciser les contraintes de la résolution de ce problème :

➡ *Vous devez résoudre ce problème, en utilisant votre calculatrice. Vous devez noter sur votre feuille ce que vous avez tapé sur la calculatrice et ce que vous avez obtenu. Vous devez aussi écrire à quoi correspondent les résultats obtenus.*

- Après un temps de recherche, organiser une **mise en commun** autour de ce qui a été écrit sur quelques feuilles de recherche et de ce qui a été tapé sur la calculatrice.

- Faire une **synthèse** sur ces trois points :

Organisation des calculs avec une calculatrice

- **Il est nécessaire de bien connaitre sa calculatrice :** mise en route, touches nombres, touches opérations, touche parenthèses (si c'est le cas)…

- **Il faut organiser les calculs et les noter** en précisant ce que signifient les résultats pour s'y retrouver **ou formuler les calculs avec des parenthèses,** par exemple : $975 - (53 \times 15)$.

- **Il peut exister plusieurs stratégies pour obtenir la réponse à un problème.**

Exemple : Pour obtenir le prix des billets de train, on peut :
- ajouter le nombre d'enfants et d'adultes, puis multiplier par 15 ;
- calculer séparément le prix des billets pour les enfants et celui pour les adultes, puis additionner les deux résultats.

RÉPONSE : Il restera 180 euros.

ENTRAINEMENT

FICHIER NOMBRES ET CALCULS p. 93

Calculer avec des parenthèses

1 Calcule sans utiliser la calculatrice.
Écris les résultats intermédiaires.

a. $(8 \times 10) - 5 =$

b. $8 \times (10 - 5) =$

c. $(12 - 2) \times 5 =$

d. $12 - (2 \times 5) =$

2 Calcule sans utiliser la calculatrice.
Écris les résultats intermédiaires.

a. $(11 \times 3) + 10 =$

b. $11 \times (3 + 10) =$

c. $(10 - 2) \times (5 + 3) =$

d. $(10 \times 2) + (5 \times 3) =$

3 Calcule avec la calculatrice.
Écris les résultats intermédiaires.

a. $(24 \times 32) + 145 =$

b. $24 \times (32 + 145) =$

c. $(345 - 23) \times 15 =$

d. $345 - (23 \times 15) =$

4 Tu peux utiliser une calculatrice.
Un groupe de 15 adultes et de 32 enfants arrive au zoo.
Un des adultes paie pour tout le monde
et donne 9 billets de 50 €.
Quelle somme d'argent le caissier doit-il lui rendre ?

Exercices **1** et **2**

Calculer mentalement des expressions comportant des parenthèses, sans la calculatrice.

L'**exercice 1** est une application directe de l'apprentissage.

L'**exercice 2** est un peu plus difficile car deux des expressions comportent deux couples de parenthèses.

RÉPONSE :

1 a. 75   b. 40   c. 50   d. 2.

2 a. 43   b. 143   c. 64   d. 35.

AIDE Proposer de réaliser d'abord l'arbre de calcul ou de colorier le calcul à réaliser en premier lieu.

Exercice **3**

Calculer des expressions comportant des parenthèses, avec la calculatrice.

Il s'agit d'amener les élèves à adapter leurs calculs en fonction des possibilités de la calculatrice. Au cours de l'exploitation collective, à partir de l'analyse des différentes erreurs, mettre en évidence que certaines calculatrices ont des touches pour les parenthèses et d'autres non.

Pour les **calculatrices avec touches parenthèses,** les calculs sont plus simples.

Pour les **calculatrices sans touches parenthèses :**

– Si on tape $24 \times 32 + 145$, on a le résultat de la première expression $(24 \times 32) + 145$, mais pas celui de la deuxième expression $24 \times (32 + 145)$.

– Pour $24 \times (32 + 145)$, il faut donc calculer en deux temps et noter sur une feuille les résultats intermédiaires : d'abord $32 + 145$, puis le résultat de cette addition multiplié par **24**.

RÉPONSE : a. 913   b. 4 248   c. 4 830   d. 0.

AIDE Proposer de réaliser d'abord l'arbre de calcul ou de colorier le calcul à réaliser en premier lieu. Apporter une aide dans l'écriture des résultats intermédiaires si la calculatrice ne comporte pas de touches parenthèses.

Exercice **4**

Résoudre un problème à étapes (usage de la calculatrice autorisé).

Les calculs peuvent être :

– réalisés séparément, mentalement (pour 9×50) ou avec la calculatrice ;

– organisés avec des parenthèses, notamment pour calculer le prix total des entrées sous la forme $(12 \times 15) + (8 \times 32) = 436$.

RÉPONSE : 14 €.

AIDE Une mise en commun intermédiaire peut être organisée pour mettre en évidence les étapes de la résolution.

Tâche	Matériel	Connaissances travaillées
CALCULS DICTÉS Multiplication par 10, 20... – Répondre à des questions du type « 3 fois 20 ».	par élève : FICHIER NOMBRES **p. 94 a et h**	– **Multiplication par un multiple simple de 10, 100...** (automatisation) – Tables de multiplication (mémorisation) – Numération décimale.
RÉVISER Calcul Soustraction : calcul de distances – Résoudre des problèmes faisant intervenir des distances.	par élève : FICHIER NOMBRES **p. 94 A**	– **Sens de la soustraction** – **Notions de distance** – Soustraction mentale ou posée.
APPRENDRE Calcul Augmentation, diminution : recherche de l'état initial RECHERCHE **Les plantes** – Calculer une grandeur avant qu'elle n'ait subi une augmentation ou une diminution.	pour la classe – bouts de ficelle de 23 cm, 136 cm, 165 cm, 87 cm par élève : – **fiche recherche 35** – calculatrice autorisée FICHIER NOMBRES **p. 94 1 à 4**	– **Sens de l'addition et de la soustraction** – **Recherche d'un état final ou initial dans des situations d'augmentation et de diminution.**

CALCULS DICTÉS

Multiplication par 10, 20...

– Calculer un produit dont un facteur est un multiple simple de 10, 100.

INDIVIDUEL ET COLLECTIF

FICHIER NOMBRES ET CALCULS **p. 94**

• Dicter les calculs suivants avec réponses dans le fichier :

a. 4 fois 10	d. 3 fois 50	g. 40 fois 6
b. 8 fois 100	e. 20 fois 8	h. 200 fois 4
c. 3 fois 20	f. 20 fois 5	

RÉPONSE : a. 40   b. 800   c. 60   d. 150   e. 160   f. 100   g. 240   h. 800.

• Les élèves peuvent se préparer ou s'entrainer à ce moment de calcul mental en utilisant l'**exercice 3** de **Fort en calcul mental, p. 91.**

RÉPONSE : a. 50   b. 300   c. 150   d. 600   e. 40   f. 350   g. 450   h. 1 800.

Pour les calculs du type 20 fois 8, mettre en évidence qu'il est plus simple de les remplacer par **8 fois 20**.
Rappeler que **8 fois 20**, c'est **8 fois 2 fois 10** et qu'il est plus simple de commencer par calculer $8 \times 2 = 16$, puis $16 \times 10 = 160$.

RÉVISER

Soustraction : calcul de distances

– Résoudre des problèmes faisant intervenir la notion de distance.
– Utiliser la soustraction pour calculer une distance.

INDIVIDUEL

FICHIER NOMBRES ET CALCULS **p. 94**

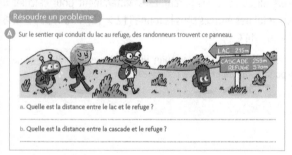

AIDE Si nécessaire, un schéma peut être réalisé collectivement ou avec quelques élèves pour aider à la compréhension de la situation, par exemple en invitant les élèves à reporter les informations sur ce schéma :

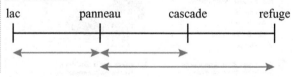

Différenciation : Exercice A → **CD-Rom du guide, fiche n° 32.**

Exercice A

Calcul de distances.

Les élèves doivent comprendre que ces panneaux sont situés à un même endroit, ce qui permet de répondre aux questions posées.

RÉPONSE : a. 785 m   b. 315 m.

Augmentation, diminution : recherche de l'état initial

– Trouver une valeur avant qu'elle ne subisse une augmentation ou une diminution, en utilisant différentes méthodes dont la soustraction.
– Utiliser le fait que le calcul d'un complément peut être remplacé par celui d'une soustraction.

RECHERCHE Fiche recherche 35

Les plantes : Les élèves cherchent ce que mesure une plante qui a grandi ou qui a été taillée ou ce que mesurait une plante avant qu'elle ne grandisse ou avant qu'on n'en coupe une partie.

PHASE 1 L'orchidée a grandi : combien mesure-t-elle maintenant ?

Question 1 de la recherche

Les plantes

Sam s'occupe de plusieurs plantes.

❶ En janvier, son orchidée mesurait 16 cm.
De janvier à mai, elle a grandi de 7 cm.

Combien mesure-t-elle au mois de mai ?
....

- Préciser que l'illustration est celle de la plante avant qu'elle ne grandisse, c'est-à-dire au mois de janvier. Coller au tableau un bout de ficelle de **16 cm** qui représente la hauteur de la plante au mois de janvier (sans écrire sa longueur).

- Faire reformuler la question, sans ajouter de commentaire supplémentaire. Indiquer que l'utilisation des calculatrices est autorisée, mais qu'on peut aussi s'en passer. Après le travail des élèves, organiser une mise en commun des procédures utilisées (voir synthèse).

- Conclure par une **synthèse** en mettant en évidence le raisonnement qui justifie le recours à l'addition (en l'accompagnant d'un schéma et, si nécessaire, du recours à la ficelle) :

État final après augmentation

Pour trouver ce que mesure l'orchidée après une augmentation de sa hauteur (on parle aussi d'« accroissement » de la plante) :
– l'**addition** permet de répondre rapidement : **16 + 7 = 23** ;
– un **schéma** peut aider à comprendre :

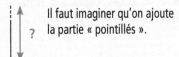

Il faut imaginer qu'on ajoute la partie « pointillés ».

RÉPONSE : L'orchidée mesure maintenant 23 cm.

Cette première phase a simplement pour but de familiariser les élèves avec le contexte. Elle devrait être très rapide.

PHASE 2 Le cactus a grandi : combien mesurait-il avant ?

Question 2 de la recherche

❷ De janvier à mai, son cactus a grandi de 25 cm.
En mai, il mesure 136 cm.

Combien mesurait-il en janvier ?
....

- Préciser que l'illustration est celle du cactus dans son état actuel, c'est-à-dire au mois de mai. Coller au tableau un bout de ficelle de **136 cm** qui représente la hauteur de la plante au mois de mai (sans écrire sa longueur). Le déroulement est le même qu'en phase 1, avec une mise en commun des procédures utilisées (voir synthèse).

- Conclure par une **synthèse** en mettant en évidence les raisonnements qui justifient le recours à chaque calcul (en accompagnant d'un schéma et, si nécessaire, du recours à la ficelle) :

État initial après augmentation

Pour trouver ce que mesurait le cactus avant que sa hauteur augmente, on peut utiliser :
– une **addition à trous** comme **25 + ... = 136** (on cherche le complément) ;
– une **soustraction** comme **136 – 25 = ...** (comme la plante de départ est plus petite, on enlève la hauteur supplémentaire à la hauteur de la plante actuelle) ;
– un **schéma** peut aider à comprendre :

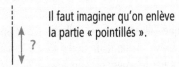

Il faut imaginer qu'on enlève la partie « pointillés ».

RÉPONSE : Le cactus mesurait avant 111 cm.

Pour le cactus, l'idée de couper la hauteur supplémentaire (25 cm) sera sans doute proposée. Cela revient effectivement à « enlever ce qui a été ajouté » et justifie le raisonnement utilisé par les élèves qui ont utilisé la soustraction.

PHASE 3 Le bananier a été taillé : combien mesure-t-il maintenant ?

Question 3 de la recherche

❸ En septembre, son bananier mesurait 165 cm.
Mais il a dû le tailler. Il en a coupé 48 cm.

Combien mesure-t-il après avoir été taillé ?
....
....

- Préciser que l'illustration est celle du bananier avant la taille et coller au tableau un bout de ficelle de **165 cm** qui représente la hauteur de la plante avant la taille (sans écrire sa longueur). Le déroulement est le même qu'en phase 1 avec une **mise en commun** des procédures utilisées (voir synthèse).

UNITÉ 8

• Conclure par une **synthèse**, en mettant en évidence les raisonnements qui justifient le recours à la soustraction (en accompagnant d'un schéma et, si nécessaire, du recours à la ficelle) :

État final après diminution

Pour trouver ce que mesure le bananier après une diminution de sa hauteur :
– la **soustraction** comme 165 – 48 = … permet de trouver rapidement la réponse (« j'ai enlevé la hauteur taillée ») ;
– un **schéma** peut aider à comprendre :

Il faut imaginer qu'on ajoute la partie « pointillés ».

RÉPONSE : Le bananier mesure 117 cm.

Pour le bananier, le problème posé correspond au sens commun de la soustraction et son utilisation ne devrait donc pas poser de difficulté.

PHASE 4 **Le rosier a été taillé : combien mesurait-il avant ?**

Question 4 de la recherche

4 Au printemps, il a dû tailler son rosier.
Il en a coupé 25 cm.
Maintenant, il ne mesure plus que 87 cm.

Combien mesurait-il avant d'avoir été taillé ?

• Préciser que l'illustration est celle du rosier après la taille et coller au tableau un bout de ficelle de **87 cm** (sans écrire sa longueur). Le déroulement est le même qu'en phase 1, avec une mise en commun des procédures utilisées (*voir synthèse*).

• Poser la question de la **validation des réponses** :

➡ *Comment faire pour avoir une ficelle qui corresponde à ce que mesurait le rosier avant la taille ?*

L'idée de « remettre » les 25 cm qui ont été taillés (donc de les ajouter aux 87 cm) sera sans doute proposée. Cela revient effectivement à « ajouter ce qui a été enlevé » et justifie le raisonnement utilisé par les élèves qui ont calculé une somme.

• Faire une **synthèse** du même type que précédemment :

État initial après diminution

Pour trouver ce que mesurait la plante avant que sa hauteur diminue (elle était donc plus grande), on peut utiliser :
– une **soustraction à trous** comme … – 25 = 87 ;
– une **addition** comme 87 + 25 = … (justification : « il faut trouver plus », « j'ai ajouté la hauteur enlevée lors de la taille »).
– un **schéma** peut aider à comprendre :

Il faut imaginer qu'on ajoute la partie « pointillés ».

RÉPONSE : Le rosier mesurait avant 112 cm.

À l'issue de ce travail, tous les élèves n'utiliseront pas les méthodes « expertes » pour résoudre de tels problèmes, dans tous les contextes où ils apparaissent. On acceptera qu'ils puissent encore avoir recours à des méthodes « personnelles ».

ENTRAINEMENT

FICHIER NOMBRES ET CALCULS p. 94

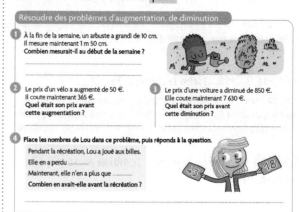

Résoudre des problèmes d'augmentation, de diminution

1 À la fin de la semaine, un arbuste a grandi de 10 cm.
Il mesure maintenant 1 m 50 cm.
Combien mesurait-il au début de la semaine ?

2 Le prix d'un vélo a augmenté de 50 €.
Il coute maintenant 365 €.
Quel était son prix avant cette augmentation ?

3 Le prix d'une voiture a diminué de 850 €.
Elle coute maintenant 7 630 €.
Quel était son prix avant cette diminution ?

4 **Place les nombres de Lou dans ce problème, puis réponds à la question.**
Pendant la récréation, Lou a joué aux billes.
Elle en a perdu …………
Maintenant, elle n'en a plus que …………
Combien en avait-elle avant la récréation ?

Exercices 1, 2 et 3

Recherche d'un état initial avant une augmentation ou une diminution.

Lors de l'exploitation, les différentes méthodes de résolution sont comparées, notamment addition à trous ou soustraction.

RÉPONSE : 1 1 m 40 cm. 2 315 €. 3 8 480 €.

Exercice 4

Recherche d'un état initial avant une diminution (après avoir complété l'énoncé).

L'énoncé peut être complété indifféremment en plaçant **43** et **18** à l'un ou l'autre des emplacements (même si la perte de 18 billes peut paraitre plus vraisemblable). On pourra faire remarquer que, quel que soit le placement, la réponse est la même.

RÉPONSE : 61 billes.

AIDE Pour les **exercices 2 et 3**, les élèves en difficulté peuvent avoir recours à une manipulation avec de la monnaie ou, pour chacun des deux exercices, à trois étiquettes sur lesquelles figurent le prix initial inconnu, l'augmentation et le prix final.

Différenciation : Exercices 1 à 4 → **CD-Rom du guide, fiche n° 36**.

À SUIVRE
En **séance 4**, les élèves auront à chercher la valeur d'une **augmentation** ou d'une **diminution** subie par une grandeur.

Augmentation, diminution : recherche de la valeur de la transformation

	Tâche	Matériel	Connaissances travaillées
CALCULS DICTÉS	Multiplication par 10, 20... – Répondre à des questions du type « 3 fois 20 ».	par élève : FICHIER NOMBRES **p. 95 a à h**	– **Multiplication par un multiple simple de 10, 100...** (automatisation) – Tables de multiplication (mémorisation) – Numération décimale.
RÉVISER Calcul	Multiplication : calcul posé – Retrouver des chiffres dans une multiplication posée.	par élève : FICHIER NOMBRES **p. 95 A**	– **Multiplication : calcul réfléchi posé.**
APPRENDRE Calcul	Augmentation, diminution : recherche de la valeur de la transformation RECHERCHE **Le voyage en ballon** – Rechercher de combien a augmenté ou diminué l'altitude d'un ballon au cours d'un déplacement.	par élève : – **fiche recherche 36** – calculatrice autorisée FICHIER NOMBRES **p. 95 1 à 4**	– **Sens de l'addition et de la soustraction** – **Recherche de la valeur d'une transformation dans des situations d'augmentation et de diminution.**

CALCULS DICTÉS

Multiplication par 10, 20...

– Calculer un produit dont un facteur est un multiple simple de 10, 100.

FICHIER NOMBRES ET CALCULS **p. 95**

• Dicter les calculs suivants avec réponses dans le fichier :

a. 7 fois 10   d. 4 fois 50   g. 80 fois 6
b. 0 fois 100   e. 300 fois 3   h. 200 fois 5
c. 4 fois 20   f. 50 fois 5

RÉPONSE : a. 70 b. 0 c. 80 d. 200 e. 900 f. 250 g. 480 h. 1 000.

• Les élèves peuvent se préparer ou s'entrainer à ce moment de calcul mental en utilisant l'**exercice 4 de Fort en calcul mental, p. 91.**

RÉPONSE : a. 90 b. 500 c. 200 d. 1 200 e. 210 f. 400 g. 210 h. 1 000.

RÉVISER

Multiplication : calcul posé

– Maitriser le calcul de multiplications posées en colonnes.

FICHIER NOMBRES ET CALCULS **p. 95**

> **Multiplier en colonnes**
>
> **A** Des chiffres ont été effacés dans ces multiplications. Retrouve-les.
>
> a.   8   b.   4   c.   8 7   d.   2 5 6
>   × 1 4   × 2   × 4   × 2
>   ─────   ─────   ─────   ─────
>   2 3 2   9 4   1   6 8
>   1 0

Exercice A

Compléter des multiplications posées en retrouvant les chiffres manquants.

Cet exercice sollicite une bonne maitrise de la technique de calcul d'une multiplication posée, des tables de multiplications et des capacités de raisonnement et d'attention.

Les élèves peuvent être incités à vérifier leurs réponses en recalculant les produits, une fois les chiffres trouvés.

RÉPONSE :

a.		b.		c.		d.	
	5 8		4 7		8 7		2 5 6
×	1 4	×	3 2	×	4 3	×	3 2
	2 3 2		9 4		2 6 1		5 1 2
	5 8 0		1 4 1 0		3 4 8 0		7 6 8 0
	8 1 2		1 5 0 4		3 7 4 1		8 1 9 2

Augmentation, diminution : recherche de la valeur de la transformation

– Déterminer la valeur d'une augmentation ou d'une diminution en calculant un complément ou par soustraction.
– Renforcer la maitrise de l'équivalence entre calcul d'un complément et d'une soustraction.

INDIVIDUEL OU ÉQUIPES DE 2

RECHERCHE Fiche recherche 36

Le voyage en ballon : Les élèves répondent à différentes questions où ils doivent évaluer de combien de mètres est monté ou descendu un ballon entre deux altitudes données.

PHASE 1 Calcul de la première différence d'altitude

Question 1 de la recherche

• Demander aux élèves de prendre connaissance de la **situation** sur la fiche recherche. Si nécessaire, expliciter la situation par une simulation du ballon à l'aide d'un objet qui monte et qui descend et en expliquant le rôle de l'altimètre sur lequel, à un moment donné, on peut lire l'altitude du ballon.

• Demander de répondre à la **question 1**. Après un temps de recherche suffisant, recenser les réponses trouvées et sélectionner quelques productions significatives (erronées et correctes) qui sont successivement examinées (explicitation, débat).

• En **synthèse**, mettre en évidence différentes procédures illustrées graphiquement sur une droite numérique :

Calcul d'une augmentation

• **Les différentes procédures de résolution :**
– évaluation de l'écart entre **453** et **900** en avançant par étapes ;
– addition à trous : **453 + … = 900** ;
– calcul de la différence **900 – 453** en posant l'opération ou avec la calculatrice.

• Expliquer ceci par un **schéma** :

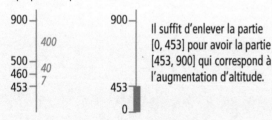

Il suffit d'enlever la partie [0, 453] pour avoir la partie [453, 900] qui correspond à l'augmentation d'altitude.

Dans une situation nouvelle, il s'agit de conforter, chez les élèves, la reconnaissance de l'équivalence entre calcul d'un complément (en avançant ou en reculant), **addition à trous et soustraction.** La possibilité d'utiliser différents moyens de calcul devrait renforcer cette reconnaissance.

Au départ, les principales erreurs peuvent provenir du fait que les élèves utilisent l'addition ou la soustraction selon que la situation évoque l'idée de monter ou de descendre.
Pour favoriser la reconnaissance et la correction des erreurs, on peut inciter les élèves à contrôler leurs réponses (dans le contexte de la situation) par un autre calcul : par exemple, si un élève a trouvé que le ballon est d'abord monté de 1 353 m, on demandera à quelle hauteur il se trouve (ici 900 m)…

INDIVIDUEL OU ÉQUIPES DE 2

PHASE 2 Calcul de la deuxième différence d'altitude

Question 2 de la recherche

• Le déroulement est le même que pour la phase 1.

• En **synthèse**, mettre en évidence différentes procédures, illustrées graphiquement sur une droite numérique :

Calcul d'une diminution

• **Les différentes procédures de résolution :**
– évaluation de l'écart entre **795** et **900** en avançant par étapes ;
– soustraction à trous : **900 – … = 795** ;
– addition à trous : **795 + … = 900** ;
– calcul de la différence **900 – 795** en posant l'opération ou avec la calculatrice.

• Expliquer ceci par un **schéma** :

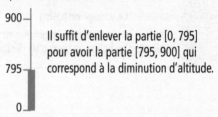

Il suffit d'enlever la partie [0, 795] pour avoir la partie [795, 900] qui correspond à la diminution d'altitude.

• Conclure : **Quand on cherche de combien une longueur, une hauteur, un prix… a augmenté ou diminué, on peut utiliser la soustraction.**

INDIVIDUEL, PUIS COLLECTIF

PHASE 3 Calcul des autres différences d'altitude

Questions 3 et 4 de la recherche

• Le déroulement est le même que pour les phases 1 et 2.

INDIVIDUEL

ENTRAINEMENT

FICHIER NOMBRES ET CALCULS **p. 95**

Exercices 1, 2 et 3

Recherche de la valeur d'une augmentation ou d'une diminution (ou recherche d'un complément).

Un schéma sommaire élaboré par les élèves ou fourni par l'enseignant peut aider les élèves à se représenter le problème. Les élèves doivent également être attentifs aux types de données concernées (nombre de marches ou mètres) et donc à la formulation de la réponse.

RÉPONSE : **1** 1 387 marches. **2** 57 m. **3** 218 m.

Exercice 4

Recherche d'un état initial avant une diminution (après avoir complété l'énoncé).

Contrairement à l'exercice 4 de la séance 3, cet énoncé ne peut être complété que d'une seule façon (54 et 38).

RÉPONSE : 16 billes.

	Tâche	Matériel	Connaissances travaillées
PROBLÈMES DICTÉS	Décompositions multiplicatives de 100 – Trouver toutes les façons de ranger 100 images en paquets identiques.	par élève : FICHIER NOMBRES **p. 96**	– **Multiplication : décomposition d'un nombre sous forme de produits** – Inventaire de toutes les solutions.
PROBLÈMES ÉCRITS	Décompositions multiplicatives de 60 – Trouver toutes les façons de réaliser des rectangles avec 60 petits carrés identiques.	par élève : FICHIER NOMBRES **p. 96 Ⓐ**	– **Multiplication : décomposition d'un nombre sous forme de produits** – Inventaire de toutes les solutions.
APPRENDRE Calcul	Approche de la division : partage équitable (1) RECHERCHE **Combien pour chacun ? (1)** – Résoudre des problèmes de partage équitable.	Pour la classe – 7 enveloppes contenant chacune 10 objets et une autre contenant 8 objets *(question 1)* ou 4 objets *(question 2)* par élève : – questions 1 et 2 ❯ **fiche recherche 37** – la calculatrice n'est pas autorisée FICHIER NOMBRES **p. 96 ❶ à ❺**	– **Division : approche** – **Partage équitable** – Signe « : » – Addition, soustraction, multiplication.

UNITÉ 8

PROBLÈMES DICTÉS

Décompositions multiplicatives de 100

– Résoudre mentalement des problèmes où il faut chercher des décompositions multiplicatives de 100.

INDIVIDUEL ET COLLECTIF

FICHIER NOMBRES ET CALCULS p. 96

• Formuler le problème :

Sam a **100 images**. Il veut les ranger en plusieurs paquets qui contiennent tous le même nombre d'images. **Combien de paquets peut-il faire ? Trouvez quatre solutions possibles.**

• Inventorier les réponses, puis proposer une rapide mise en commun en faisant expliciter quelques procédures. Souligner l'intérêt d'utiliser les connaissances sur la multiplication car le problème posé revient à résoudre : … × … = **100**.

• Souligner aussi que dès qu'un produit est trouvé, un autre est aussi trouvé comme **2 × 50** et **50 × 2**.

• Discuter les cas **1 × 100** et **100 × 1** qui seront finalement acceptés comme correspondant aux réponses **1** paquet de **100** images et **100** paquets de **1** image.

RÉPONSES POSSIBLES : 1 × 100   2 × 50   4 × 25   5 × 20   10 × 10   20 × 5   50 × 2   2 × 50   100 × 1.
Les cinq premières réponses suffisent à avoir toutes les réponses au problème posé.

• Les élèves peuvent se préparer ou s'entraîner à ce moment de calcul mental en utilisant l'**exercice 5** de **Fort en calcul mental, p. 91**.

RÉPONSES POSSIBLES : 1 × 90   2 × 45   3 × 30   5 × 18   6 × 15   15 × 6   18 × 5   30 × 3   45 × 2   90 × 1.

PROBLÈMES ÉCRITS

Décompositions multiplicatives de 60

– Résoudre mentalement des problèmes où il faut chercher des décompositions multiplicatives de 60.

INDIVIDUEL

FICHIER NOMBRES ET CALCULS p. 96

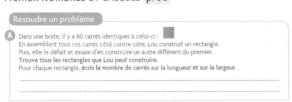

Résoudre un problème

Ⓐ Dans une boite, il y a 60 carrés identiques à celui-ci :
En assemblant tous ces carrés côté contre côté, Lou construit un rectangle.
Puis, elle le défait et essaie d'en construire un autre différent du premier.
Trouve tous les rectangles que Lou peut construire.
Pour chaque rectangle, écris le nombre de carrés sur la longueur et sur la largeur.

Problème Ⓐ

Trouver les différentes façons d'assembler 60 carrés identiques pour former un rectangle.

La question ayant déjà été envisagée pour 50 carreaux en **séance 1**, il sera sans doute plus facile aux élèves de repérer que la question posée revient à chercher les décompositions de **60** sous forme multiplicative.

RÉPONSE : 1 × 60   2 × 30   3 × 20   4 × 15   6 × 10.

Il n'existe que 5 rectangles différents, ce qui constitue une différence avec la question de calcul mental dans laquelle 5 paquets de 20 n'est pas identique à 20 paquets de 5, alors qu'ici les rectangles de 10 sur 6 et de 6 sur 10 sont identiques.

Approche de la division : partage équitable (1)

– Résoudre des problèmes de partage équitable.
– Utiliser le signe « : » pour la division exacte (reste nul) et calculer des quotients et des restes et utiliser l'égalité $a = (b \times q) + r$.

RECHERCHE Fiche recherche 37

Combien pour chacun ? (1) : Les élèves ont à résoudre des problèmes de partage (recherche de la valeur de chaque part) dans des cas où le nombre de parts est inférieur à 10 (il est d'abord égal à 2, puis à 4).

Les 4 problèmes de partage de la recherche sont proposés sur deux séances avec une évocation différente des quantités à partager :
– pour les trois premières questions (séances 5 et 6), **les quantités sont évoquées sous forme de dizaines et d'unités** de façon à orienter le travail des élèves vers une décomposition du dividende ; cela permet également d'envisager des procédures qui seront réutilisées pour mettre en place une technique de calcul posé de divisions ;
– pour la question 4 (séance 6), **les nombres exprimant ce dividende seront donnés sous leur forme habituelle** : les élèves peuvent soit les traiter de façon globale, soit les décomposer en centaines, dizaines et unités.

PHASE 1 **Partage de 48 pommes en 2 parts égales**

Question 1 de la recherche

• Faire commenter le texte du problème et préciser la signification du terme « **équitable** ». Si des élèves demandent si les sacs peuvent être ouverts, répondre par l'affirmative.

• Montrer **4 enveloppes** avec **10 objets** et **1 enveloppe** avec **8 objets** en indiquant que cela représente les sacs et les pommes et que ce matériel sera utilisé au moment de la validation.

• Au moment de la **mise en commun**, faire discuter les **réponses erronées** et la nature des erreurs, par exemple :
– le partage n'est pas équitable (les nombres donnés pour Lou et Sam sont différents) ;
– le total des 2 nombres n'est pas égal au nombre de pommes à partager.

• Faire expliciter les **procédures utilisées** (voir commentaire) en les illustrant à l'aide des enveloppes et des objets qu'elles contiennent, ce qui permet une validation des procédures. Faire remarquer que « dans ce cas, la quantité totale de pommes peut être partagée entre les deux personnages et qu'il ne reste pas de pommes ».

• Enfin, demander **comment les réponses peuvent être vérifiées**, notamment par addition (**24 + 24 = 48**) et multiplication par 2 (**24 × 2 = 48**).

Les procédures possibles des élèves :
– **partage séparé** des 4 sacs de 10 pommes (2 sacs à chacun) et des 8 pommes (4 pommes à chacun) ;
– **partage du contenu de chaque sac**, donc pour chacun 24 pommes (5 + 5 + 5 + 5 + 4 = 24) ;
– **calcul du nombre de pommes** (48), puis soit recherche d'un nombre qui additionné à lui-même ou qui multiplié par 2 donne 48, soit calcul mental de la moitié de 48.

PHASE 2 **Première synthèse**

• Reprendre en synthèse le partage précédent avec **introduction du signe « : »** et du **vocabulaire relatif à la division** :

Partage de 48 pommes en 2 parts égales

• **L'opération qui permet de présenter le résultat** à partir des données est la **division** (division de **48** par 2). Le résultat **24** a pu être obtenu de différentes façons.

• **Dans ce partage, on a pu répartir en totalité les 48 pommes.** On dit que « **la division est exacte** ».
On peut écrire **48 : 2 = 24** qui se lit « **48 divisé par 2 égale 24** ».
On dit aussi que « **24** est le **quotient exact** de la division de **48 par 2** ».

• **Le nombre qu'on divise** est appelé le « **dividende** » (ici c'est **48**), celui par lequel on divise est appelé le « **diviseur** » (ici 2). **Le résultat peut être vérifié** par une multiplication : **24 × 2 = 48**.

La notion de division est nouvelle pour les élèves, même si des problèmes de groupements et de partages ont été rencontrés. En s'appuyant sur des cas simples, et en partant de problèmes de partage, des éléments relatifs à cette opération sont introduits (la part de l'enseignant pouvant être ici plus importante que dans d'autres activités).
Le symbolisme de la division (« : ») est réservé au cas où le reste est nul (division dite exacte). Dans les autre cas, on se limite à utiliser le vocabulaire « 74 divisé par 4 », en insistant sur l'égalité caractéristique 74 = (4 × 18) + 2, avec un reste inférieur au diviseur.
Le vocabulaire de la division (division par, quotient, dividende, diviseur) est introduit, mais n'est pas immédiatement exigible de la part des élèves, en particulier pour les termes « dividende » et « diviseur ».

PHASE 3 **Partage de 74 prunes en 4 parts égales**

Question 2 de la recherche

• **Même déroulement que pour la phase 1**. Montrer **7 enveloppes** avec **10 objets** et **1 enveloppe** avec **4 objets** en indiquant que cela représente les sacs et les prunes. Préciser que les prunes doivent rester entières.

• Au moment de la **mise en commun**, faire discuter les **réponses erronées** et la nature des erreurs (voir phase 1).

• Faire expliciter les **procédures utilisées** (voir commentaire) en les illustrant à l'aide des enveloppes et des objets qu'elles contiennent. Faire remarquer que « la quantité totale de prunes ne peut pas être partagée et que, dans ce cas, il reste 2 prunes ».

• Enfin, demander **comment les réponses peuvent être vérifiées** : (18 × 4) + 2 = 74.

• Si on dispose d'une **calculatrice** qui permet d'afficher le quotient et le reste entiers, montrer qu'on obtient la réponse avec une touche particulière.

Les procédures possibles des élèves :
– **partage des 7 sacs** de 10 prunes (1 sac chacun), puis des **4 prunes** (1 prune chacun) et partage du contenu des **3 sacs** de prunes restants (7 prunes chacun) ;
– **suite de deux partages en deux**, la première part obtenue (37 prunes) étant à nouveau partagée en deux, soit 18 prunes chacun ;
– **calcul du nombre total de prunes** (74), puis recherche d'un nombre qui additionné 4 fois ou qui multiplié par 4 donne 74 ou s'en approche le plus possible ;

– **partage du contenu de chaque sac** de 10 prunes en 4 (soit 2 prunes par personne et il en reste 2 par sac, donc 14 qui restent à répartir), puis des 4 prunes (1 prune par personne).

PHASE 2 **Deuxième synthèse**

• Reprendre en **synthèse** le partage précédent :

Partage de 74 pommes en 4 parts égales

• **Deux méthodes de partage sont possibles** *(les présenter si elles n'ont pas été proposées)* :

méthode 1 Approcher **74** en choisissant un nombre, en l'additionnant 4 fois ou en le multipliant par 4, puis tester d'autres nombres en tenant compte des résultats successifs.

méthode 2

– Répartir d'abord les **7 sacs de 10 prunes** : on peut donner **1 sac à chacun.**

– Il reste 3 sacs qui peuvent être ouverts pour donner 30 prunes, et, avec les 4 prunes isolées, cela fait **34 prunes** à répartir, donc **8 prunes à chacun** et il en reste **2**.

Chacun a donc reçu 18 prunes et il en reste 2.

Une organisation schématique peut être proposée :

À partager en 4	Part de chacun	On a réparti	Reste
1re étape : 7 sacs de 10 prunes et 4 prunes	1 sac de 10 prunes	4 sacs de 10 prunes	3 sacs de 10 prunes et 4 prunes
2e étape : 3 sacs de 10 prunes et 4 prunes, soit 34 prunes	8 prunes	32 prunes	2 prunes
Total (74)	18 prunes	72 prunes	2 prunes

• **Il s'agit d'une division avec reste** car on n'a pu répartir que 72 prunes et il reste donc 2 prunes.

Lorsqu'on divise 74 par 4, le quotient est égal à **18** et le reste est égal à **2**. Le résultat peut être vérifié par une multiplication et une addition : $(18 \times 4) + 2 = 74$.

Dans la division de 74 par **4**, le **quotient** est **18** et le **reste** est **2**. Le reste doit être inférieur au diviseur.

La **méthode 1** met l'accent sur le lien entre **division** et **multiplication**. La **méthode 2** prépare à terme les **étapes du calcul posé d'une division avec la potence**, en commençant par partager les dizaines, mais celle-ci ne sera envisagée qu'au CM1.

ENTRAINEMENT

FICHIER NOMBRES ET CALCULS **p. 96**

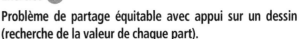

Résoudre des problèmes de partage équitable

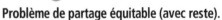

Sam et Lou se partagent équitablement ces billes.
Combien chacun reçoit-il de billes ? ....

Pok distribue les 28 cartes d'un jeu à 4 joueurs.
Combien chaque joueur recevra-t-il de cartes ? ....

Flip a donné ses images à 5 amis. Chacun a reçu 10 images.
Combien Flip avait-il d'images ? ....

Lou veut ranger ses 52 livres de poche en remplissant 6 cartons avec le même nombre de livres dans chaque carton.
a. **Combien de livres doit-elle mettre dans chaque carton ?** ....

b. **En restera-t-il ?** ....
Si oui, combien ? ....

Calcule.
a. 14 : 2 = ... c. 27 : 3 = ... e. 60 : 10 = ...
b. 15 : 3 = ... d. 25 : 5 = ... f. 56 : 8 = ...

Exercice ❶

Problème de partage équitable avec appui sur un dessin (recherche de la valeur de chaque part).

Les élèves peuvent utiliser les diverses procédures étudiées, mais ici le partage séparé des dizaines et des unités est avantageux.

RÉPONSE : 42 billes.
On peut écrire 84 : 2 = 42 et vérifier par 42 × 2 = 84.

Exercice ❷

Problème de partage équitable (recherche de la valeur de chaque part).

Les nombres sont donnés sous forme habituelle, ce qui peut inciter à une approche du quotient par des essais de produits dont un facteur est 4 ou une réponse directe en utilisant une connaissance de la table de multiplication par 4.

RÉPONSE : 7 cartes.
On peut écrire 28 : 4 = 7 et vérifier par 7 × 4 = 28.

AIDE ET REMÉDIATION Pour les exercices 1 et 2, proposer aux élèves en difficulté d'utiliser le matériel de numération pour illustrer les étapes du partage ou utiliser des schématisations de ce matériel.

Exercice ❸

Problème de distribution équitable (recherche du nombre total d'objets distribués).

Ce problème est destiné à maintenir la vigilance des élèves, puisque la réponse s'obtient par une multiplication.

RÉPONSE : 50 images.

Exercice ❹

Problème de partage équitable (avec reste).

La recherche par essais de produits est ici la plus efficace, en utilisant les connaissances relatives aux tables de multiplication. Insister auprès des élèves pour qu'ils vérifient leur réponse par un autre calcul.

RÉPONSE : a. 8 livres b. reste 4 livres.
On peut vérifier par (8 × 6) + 4 = 52.

Exercice ❺

Calculer des quotients (cas de divisions « exactes »).

Il s'agit de consolider la signification du symbole « : ». Les calculs sont simples et ne font référence qu'à la table de multiplication ou à la multiplication par 10.

RÉPONSE : a. 7 b. 5 c. 9 d. 5 e. 6 f. 7.

AIDE ET REMÉDIATION Proposer d'illustrer chaque calcul par une situation de partage. Rappeler le moyen de vérifier un résultat : **14 : 2 = 7** vérifié par **7 × 2 = 14.**
Le moyen de vérification peut aussi être utilisé comme moyen de trouver la réponse, en remplaçant **14 : 2 = ...** par **... × 2 = 14.**

À SUIVRE

En **séance 6**, les mêmes types de questions sont repris avec des nombres plus grands (questions 3 et 4 de la **fiche recherche 37**).

COLLECTIF

INDIVIDUEL

	Tâche	Matériel	Connaissances travaillées
SUITE DE NOMBRES	**Le furet de 21 en 21** – Donner une suite croissante ou décroissante de nombres de 21 en 21.		– **Addition, soustraction de 21** – **Calcul réfléchi.**
RÉVISER Calcul	Multiplication : calcul réfléchi ou posé – Calculer des produits sans poser d'opérations.	par élève : FICHIER NOMBRES **p. 97 A et B**	– **Multiplication : calcul réfléchi** – Propriétés de la multiplication.
APPRENDRE Calcul	Approche de la division : partage équitable (2) RECHERCHE **Combien pour chacun ? (2)** – Résoudre des problèmes de partage équitable.	par élève : – questions 3 et 4 ▸ **fiche recherche 37** – la calculatrice n'est pas autorisée FICHIER NOMBRES **p. 97 ❶, ❷ et ❸**	– **Division : approche** – **Partage équitable** – Signe « : » – Addition, soustraction, multiplication.

SUITE DE NOMBRES

Le furet de 21 en 21

– Réciter rapidement la suite des nombres de 21 en 21.

COLLECTIF

FICHIER NOMBRES ET CALCULS p. 97

• Demander aux élèves, à tour de rôle, de dire la suite des nombres en avançant de **21 en 21** à partir de **0** et en dépassant **99**.

• Reprendre plusieurs fois en changeant le nombre de départ et en avançant ou en reculant.

• Les élèves peuvent se préparer ou s'entrainer à ce moment de calcul mental en utilisant l'**exercice 6** de **Fort en calcul mental, p. 91.**

RÉPONSE : a. **5 – 26 – 47 – 68 – 89 – 110 – 131 – 152 – 173.**
b. **219 – 198 – 177 – 156 – 135 – 114 – 93 – 72 – 51.**

Faire remarquer les régularités et qu'ajouter **21** (ou retrancher 21) revient à ajouter (ou retrancher) **20**, puis **1** à chaque fois.

RÉVISER

Multiplication : calcul réfléchi ou posé

– Calculer des produits par calcul réfléchi.
– Résoudre des problèmes du domaine multiplicatif.

INDIVIDUEL

FICHIER NOMBRES ET CALCULS p. 97

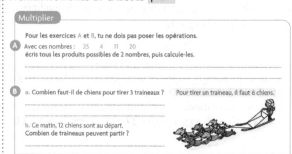

RÉPONSE

25 × 4 = 100
résultat connu
ou calcul de 25 × 2 × 2
ou de 20 × 4 + 5 × 4...

25 × 11 = 275
calcul de 25 × 10 + 25 × 1

4 × 20 = 80
calcul de 20 × 2 × 2
ou de 4 × 2 × 10

4 × 11 = 44
calcul de 11 × 2 × 2
ou de 10 × 4 + 1 × 4

25 × 20 = 500
calcul de 25 × 2 × 10

11 × 20 = 220
calcul de 11 × 2 × 10
ou de 10 × 20 + 1 × 20

Exercice A

Trouver et calculer tous les produits réalisables avec 4 nombres.

Faire remarquer que chaque résultat peut être obtenu directement (résultat connu) ou en décomposant un des facteurs et en utilisant des propriétés de la multiplication.

Exercice B

Résoudre un problème relevant du domaine multiplicatif et de la division.

Le premier résultat peut être obtenu à partir de la table de multiplication de 3 ou de 6, le deuxième nécessite un calcul réfléchi.

RÉPONSE : a. 18 chiens   b. 2 traineaux.

Approche de la division : partage équitable (2)

– Résoudre des problèmes de partage équitable.
– Utiliser le signe « : » pour la division exacte (reste nul).
– Calculer des quotients et des restes et utiliser l'égalité $a = (b \times q) + r$.

RECHERCHE Fiche recherche 37

Combien pour chacun ? (2) : Les élèves ont à résoudre des problèmes de partage (recherche de la valeur de chaque part) dans des cas où le nombre de parts est inférieur à 10 (il est d'abord égal à 4, puis à 5).

PHASE 1 Partage de 450 noisettes en 4 parts égales

Question 3 de la recherche

Lou, Sam, Pok et Flip ont cueilli des noisettes et les ont rangés dans des petits sacs.

Ils se sont partagé équitablement les noisettes.
Combien de noisettes chacun a-t-il reçues ? Écris un calcul pour vérifier ta réponse.

• Préciser que les noisettes doivent rester entières. Au moment de la **mise en commun,** faire discuter les **réponses erronées** et la nature des erreurs notamment :

– le partage n'est pas équitable (les nombres donnés pour chaque personnage sont différents) ;

– le total des 4 nombres n'est pas égal au nombre de noisettes à partager.

• Faire expliciter les **procédures utilisées** *(voir commentaire)*. Faire remarquer que « la quantité totale de noisettes ne peut pas être partagée et que, dans ce cas, il reste 2 noisettes ».

• Enfin, demander comment les réponses peuvent être vérifiées : $(112 \times 4) + 2 = 450$.

• Si on dispose d'une **calculatrice** qui permet d'afficher le quotient et le reste entiers, montrer qu'elle permet d'obtenir la réponse, avec une touche particulière.

Les procédures possibles des élèves :
– **partage des 4 sacs** de 100 noisettes (1 sac chacun), puis de 4 sacs de 10 noisettes (1 sac chacun) et partage du contenu du dernier sac de 10 noisettes (2 noisettes chacun) ;
– **suite de deux partages en deux**, la première part obtenue (225 noisettes) étant à nouveau partagée en deux, soit 112 noisettes chacun ;
– **calcul du nombre total de noisettes** (450), puis recherche d'un nombre qui additionné 4 fois ou qui multiplié par 4 donne 450 ou s'en approche le plus possible ;
– **partage du contenu de chaque sac** de 100 noisettes en 4 (soit 25 noisettes par personne) et de chaque sac de 10 noisettes (2 noisettes par personne), puis des 10 noisettes restantes.

PHASE 2 Synthèse

• Reprendre en synthèse le partage précédent :

Partage de 450 noisettes en 4 parts égales

• **Deux méthodes de partage sont possibles** *(les présenter si elles n'ont pas été proposées)* :

méthode 1

Approcher **450** en choisissant un nombre, en l'additionnant 4 fois ou en le multipliant par 4, puis tester d'autres nombres en tenant compte des résultats successifs.

méthode 2

Répartir 4 sacs de 100 noisettes et 5 sacs de 10 noisettes en 4 parts égales. On commence par répartir les sacs de 100 noisettes :

à partager en 4	part de chacun	on a réparti	reste
1ʳᵉ étape : 4 sacs de 100 noisettes et 5 sacs de 10 noisettes	1 sac de 100 noisettes	4 sacs de 100 noisettes	5 sacs de 10 noisettes
2ᵉ étape : 5 sacs de 10 noisettes	1 sac de 10 noisettes	4 sacs de 10 noisettes	1 sac de 10 noisettes
3ᵉ étape : 1 sac de 10 noisettes	2 noisettes	8 noisettes	2 noisettes
Total (450)	**112 noisettes**	**448 noisettes**	**2 noisettes**

• **Dans la division de 450 par 4**, le **quotient** est **112** et le **reste** est **2**.
Il s'agit à nouveau d'une **division avec reste.**
Les réponses peuvent être vérifiées par multiplication et addition :
$(112 \times 4) + 2 = 450$.
Le reste doit être inférieur au diviseur.

• **Selon les calculatrices** en usage dans la classe, certaines permettent d'obtenir le **quotient** et le **reste.**

PHASE 3 Partage de 24, 60 ou 208 coquillages en 5 parts égales

Question 4 de la recherche

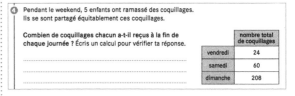

Pendant le weekend, 5 enfants ont ramassé des coquillages. Ils se sont partagé équitablement ces coquillages.

Combien de coquillages chacun a-t-il reçus à la fin de chaque journée ? Écris un calcul pour vérifier ta réponse.

	nombre total de coquillages
vendredi	24
samedi	60
dimanche	208

• Le déroulement est le même que précédemment : les élèves peuvent travailler directement avec les nombres exprimés sous leur forme habituelle ou sous forme décomposée, par exemple en 2 centaines et 8 unités pour **208**.

• Lors de l'**exploitation collective,** noter que :

– **pour le partage de 24 et 208**, on est dans le cas d'une division avec **reste non nul** (quotient égal à **4** ou **41** et reste égal à **4** ou **3**), ce qui peut être traduit par les égalités :
$(5 \times 4) + 4 = 24$ ou $(5 \times 41) + 3 = 208$.

– **pour le partage de 60**, on est dans le cas d'une division avec **reste nul** et on peut écrire :
$60 : 5 = 12$ ou encore $12 \times 5 = 60$.

La principale différence avec les questions précédentes réside dans le fait que les nombres sont donnés sous leur forme habituelle, ce qui peut inciter les élèves à recourir davantage à des procédures par essais de nombres ajoutés 5 fois ou multipliés par 5 pour atteindre les quantités données ou s'en approcher le plus possible.

ENTRAINEMENT

FICHIER NOMBRES ET CALCULS p. 97

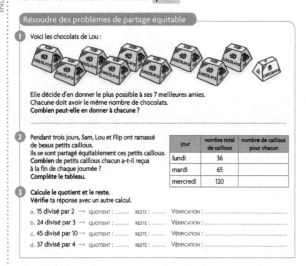

Ces problèmes permettent de consolider les acquis de la recherche. Dans tous les cas, les nombres sont choisis simples pour permettre des calculs mentaux et centrer l'attention des élèves sur les stratégies de recherche.

Exercice 1

Problème de partage équitable avec appui sur un dessin (recherche de la valeur de chaque part).

Les élèves peuvent utiliser les diverses procédures étudiées, mais ici le partage séparé des dizaines et des unités est avantageux : il nécessite de considérer qu'après le partage de 7 dizaines (10 chocolats par personne), il reste 25 unités à partager (3 chocolats par personne) et il restera 4 unités non partagées.

RÉPONSE : 13 chocolats, il en reste 4.
On peut écrire 95 = (7 × 13) + 4.

Exercice 2

Problème de partage équitable (recherche de la valeur de chaque part).

Les nombres sont donnés sous forme habituelle (*voir phase 3 de la recherche*).

RÉPONSE : **lundi :** 12 cailloux   **mardi :** 21 cailloux (il en reste 2)
mercredi : 40 cailloux.

AIDE ET REMÉDIATION Pour les exercices 1 et 2, proposer aux élèves en difficulté d'utiliser le matériel de numération pour illustrer les étapes du partage ou utiliser des schématisations de ce matériel.

Exercice 3

Calculer des quotients et des restes (cas de divisions où le reste peut être nul ou non).

Les calculs sont simples et ne font référence qu'à la table de multiplication ou à la multiplication par 10.

RÉPONSE :
a. $q = 7, r = 1$ vérification : $(2 \times 7) + 1 = 15$
b. $q = 8, r = 0$ vérification : $(3 \times 8) = 24$
c. $q = 4, r = 5$ vérification : $(10 \times 4) + 5 = 45$
d. $q = 9, r = 1$ vérification : $(4 \times 9) + 1 = 37$.

AIDE ET REMÉDIATION Proposer d'illustrer chaque calcul par une situation de partage.
Le moyen de vérification peut aussi être utilisé comme moyen de trouver la réponse, par exemple pour **45 divisé par 10** en cherchant à se rapprocher de 45 en multipliant 10 par un nombre.

Différenciation : Exercices 1 à 3 → **CD-Rom du guide, fiche n° 37.**

	Tâche	Matériel	Connaissances travaillées
SUITES DE NOMBRES	**Le furet de 19 en 19** – Donner une suite croissante ou décroissante de nombres de 19 en 19.		– Addition, soustraction de 19 – Calcul réfléchi.
RÉVISER Mesures	Durées en heures, minutes et secondes – Estimer ou comparer des durées. – Exprimer une durée dans une autre unité.	par élève : CAHIER GÉOMÉTRIE **p. 59** A, B et C	– Durées en heures, minutes et secondes.
APPRENDRE Géométrie	Figure symétrique (1) RECHERCHE **Chercher les axes de symétrie d'une figure** – Chercher l'axe ou les axes de symétrie d'une figure, puis contrôler en utilisant un calque. – Déterminer si des droites sont des axes de symétrie d'une figure.	pour la classe : – figure découpée agrandie au format A4 ❯ **fiche 47** – **fiche recherche 38** agrandie au format A3 – 4 feuilles de calque (demi-format A4) – plusieurs rouleaux de ruban adhésif, ciseaux par élève : – **fiche recherche 38** – 4 morceaux de papier calque (quart de format A4) par élève : CAHIER GÉOMÉTRIE **p. 59** 1	– **Figure symétrique** – **Axe de symétrie d'une figure** – Milieu d'un segment.

SUITES DE NOMBRES

Le furet de 19 en 19

– Réciter rapidement la suite des nombres de 19 en 19.

COLLECTIF

• Demander aux élèves, à tour de rôle, de dire la suite des nombres en avançant de 19 en 19 à partir de **0** et en dépassant **99**. Changer ensuite le nombre de départ et faire avancer ou reculer.

• Les élèves peuvent se préparer à ce moment de calcul mental en utilisant l'**exercice 7** de **Fort en calcul mental, p. 91**.

RÉPONSE : a. **5 – 24** – 43 – 62 – 81 – 100 – 119 – 138 – 157.
b. **219 – 200** – 181 – 162 – 143 – 124 – 105 – 86 – 67.

Faire remarquer les régularités et qu'ajouter **19** (ou retrancher 19) revient à ajouter (ou retrancher) **20**, puis retrancher (ou ajouter) **1**, ce qui peut être illustré avec des lots d'objets ou sur la droite numérique.

RÉVISER

Durées en heures, minutes et secondes

– Estimer un ordre de grandeur pour des durées.
– Exprimer des durées dans une autre unité en utilisant les équivalences 1 h = 60 min et 1 min = 60 s.
– Calculer des durées en heures et minutes connaissant deux horaires.

INDIVIDUEL

CAHIER MESURES ET GÉOMÉTRIE p. 59

Estimer, convertir, calculer des durées

A Complète avec l'unité qui convient : h, min ou s.
  a. Durée d'une journée d'école : 6 ....
  b. Durée de la récréation : 15 ....
  c. Durée d'un jour : 24 ....
  d. Durée d'une course de 50 m : 10 ....
  e. Durée d'un match de football : 90 ....
  f. Durée d'un éternuement : 2 ....

B Complète.
  a. 1 demi-heure = ... min
  b. 3 h = ... min
  c. 1 h 20 min = ... min
  d. 1 min = ... s
  e. 2 min = ... s
  f. 1 min 20 s = ... s

C Sam joue sur sa console depuis 17 h 30.
Il est exactement 18 h 12 quand sa maman lui dit : « Ça fait une heure que tu joues ! »
Sa maman a-t-elle raison ? Oui Non
Explique ta réponse : ....

Exercice A

Estimer un ordre de grandeur pour des durées.

RÉPONSE : a. 6 h b. 15 min c. 24 h d. 10 s e. 90 min f. 2 s.

Exercice B

Exprimer des durées dans une autre unité.

Les conversions attendues se font :
– par échange de **60 min** avec **1 h** ou l'inverse :
3 h = 3 fois 1 h = 3 fois 60 min = **180 min**.
1 h 20 min = 60 min et 20 min = **80 min**.
– par échange de **60 s** avec **1 min** ou l'inverse :
1 min 20 s = 60 s et 20 s = **80 s**.

RÉPONSE : a. 30 min b. 180 min c. 80 min d. 60 s e. 120 s f. 80 s.

Exercice C

Calculer une durée connaissant deux horaires.

Révision de ce qui a été travaillé en unité 5.

RÉPONSE : La maman de Sam a tort. S'il avait joué 1 heure il serait 18 h 30. Sam a joué pendant **42 min**.

Figure symétrique (1)

– Savoir ce que sont une figure symétrique et un axe de symétrie d'une figure.
– Reconnaître si une figure a un ou plusieurs axes de symétrie.

CHERCHER Fiche recherche 38

Chercher les axes de symétrie d'une figure : Les élèves vont utiliser leurs instruments de géométrie pour déterminer le ou les axes de symétrie de plusieurs figures. Puis, avec un calque, ils contrôleront si les droites qu'ils ont tracées sont bien des axes de symétrie.

PHASE 1 **Axe de symétrie d'une figure** (déjà vu en CE1)

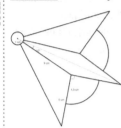

• Afficher la figure de la **fiche 47** agrandie au format A3 et découpée selon son contour, puis indiquer :

➡ *Cette figure a une particularité. Je peux la plier en deux de façon à avoir deux parties qui se superposent exactement.*

• Plier la figure selon son axe de symétrie, les commentaires devraient être : « les deux parties sont pareilles ». Présenter la figure pliée pour que les élèves voient bien que les deux parties se superposent exactement, sans que l'une ne déborde de l'autre.

• Repasser le pli en rouge et commenter :

Vocabulaire sur la symétrie

Quand on plie la figure le long du trait rouge, les deux parties viennent exactement l'une sur l'autre. On dit :
– **la figure est symétrique** ;
– le trait rouge est un **axe de symétrie** de la figure.

TRACE ÉCRITE

Laisser la figure au tableau ou sur une affiche en écrivant en dessous ou à côté :
– **La figure est symétrique.**
– Le trait rouge est un **axe de symétrie** de la figure.

Cette première phase a pour but de rappeler ce qu'est une « figure symétrique » et un « axe de symétrie », notions qui ont été travaillées en CE1, et de préparer la recherche de la phase 2.

PHASE 2 **Recherche des axes de symétrie**

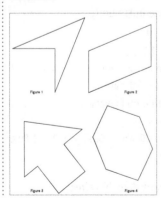

• Distribuer la **fiche recherche 38** en précisant

➡ *Attention, vous n'êtes pas autorisés à plier la feuille pour trouver les axes.*

Une fois la recherche terminée, faire confronter les réponses entre voisins. Les élèves peuvent alors revenir sur leurs réponses.

• Afficher la **fiche recherche agrandie** et recenser pour chaque figure le nombre d'axes trouvés et la position de ces axes.

• Faire expliciter les méthodes utilisées et discuter les réponses mais sans conclure en cas de désaccord sur la validité des propositions :

– **Figure 1** : L'accord se fait aisément.

– **Figure 4** : Tous les élèves n'auront pas trouvé les deux axes. De plus, si l'un est facile à tracer, le second pour répondre à la contrainte de précision nécessite de déterminer les milieux de deux des côtés.

– **Figure 2** : Certains affirmeront que la figure a un axe de symétrie car il est possible de la partager en deux figures pareilles ou superposables, soit en traçant une diagonale, soit en traçant la droite passant par les milieux de deux côtés opposés. Par exemple :

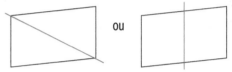
ou

– **Figure 3** : Certains affirmeront que la figure a un axe de symétrie sans vérifier si les deux parties situées de part et d'autre de l'axe sont rigoureusement identiques.

Les parties bleues et vertes ne sont pas identiques.

• Face au désaccord, annoncer que :

➡ *Comme il est interdit de plier pour vérifier que les droites que vous avez proposées sont ou non des axes de symétrie, nous allons apprendre à le faire avec un morceau de papier calque.*

Bien souvent, les élèves tracent une droite qui partage la figure en deux parties identiques, mais n'imaginent pas plier autour de l'axe pour contrôler que les deux parties se superposent ou encore, une fois qu'ils ont trouvé un axe, ils n'envisagent pas qu'il puisse en exister d'autres.

PHASE 3 **Validation avec le calque**

• Remettre un morceau de calque à chaque élève.

• Après avoir tracé en rouge la droite qu'on suppose être un axe de symétrie, exécuter pas à pas au tableau sur la **figure 1** les différentes étapes de la technique et demander aux élèves de les mettre en œuvre sur leur fiche *(voir schémas et étapes)*. S'assurer à chaque étape que les élèves exécutent correctement la consigne.

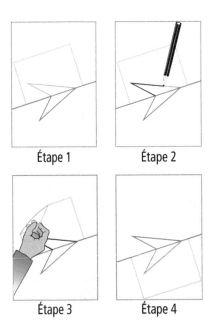

Étape 1   Étape 2

Étape 3   Étape 4

Étape 1 : Coller avec du ruban adhésif la feuille de calque le long de la droite. Cette étape requiert un soin tout particulier. Deux voisins pourront s'entraider pour fixer la feuille de calque.

Étape 2 : Repasser au crayon sur le calque la partie de la figure qui est visible par transparence.

Étape 3 : Rabattre la feuille de calque de l'autre côté de la droite en la faisant pivoter autour de la droite.

Étape 4 : Observer si la partie de la figure reproduite sur le calque se superpose exactement à la partie de la figure qui est maintenant sous le calque.

C'est le cas. La droite est donc bien un axe de symétrie de la figure.

• Demander aux élèves, par équipes de deux, d'en faire autant pour les axes qu'ils ont identifiés pour les trois autres figures.

• Recenser les conclusions auxquelles les différentes équipes arrivent. En cas de désaccord persistant, effectuer les vérifications au tableau.

RÉPONSE :

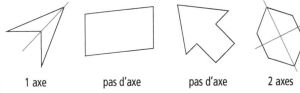

1 axe   pas d'axe   pas d'axe   2 axes

• Faire une **synthèse** associant symétrie, pliage et calque :

<u>Recherche des axe(s) de symétrie d'une figure</u>

Pour savoir, sans plier la feuille, si une figure admet un axe de symétrie :

1. On cherche une droite qui partage la figure en deux parties identiques.

2. On imagine qu'on **plie** la feuille le long de la droite ou qu'on **décalque** une des parties et qu'on fait pivoter le calque autour de la droite, pour « voir » si ces deux parties viennent exactement l'une sur l'autre. Si c'est le cas, la droite est un **axe de symétrie** de la figure.

3. On utilise les instruments pour tracer l'axe avec précision. En général, l'axe passe par des points particuliers de la figure : des sommets de la figure, des milieux de segments…

TRACE ÉCRITE

• Laisser affichées les quatre figures avec les axes tracés et à côté de chacune d'elle l'indication du nombre d'axes de symétrie qu'elle possède.

• Renvoyer au **dico-maths n° 60 et 61.**

ENTRAINEMENT

CAHIER MESURES ET GÉOMÉTRIE **p. 59**

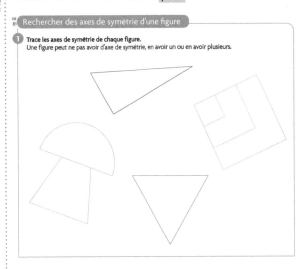

²⁰₆₁ Rechercher des axes de symétrie d'une figure

❶ **Trace les axes de symétrie de chaque figure.**
Une figure peut ne pas avoir d'axe de symétrie, en avoir un ou en avoir plusieurs.

Exercice ❶

Tracer les axes de symétrie de chaque figure.

Il s'agit de réinvestir les connaissances travaillées dans la séance.

Demander aux élèves de tracer les axes avec précision, ce qui contraint à utiliser le double décimètre pour déterminer les milieux de certains segments (figures orange et verte). Au besoin, donner un morceau de papier calque et du ruban adhésif aux élèves en difficulté pour qu'ils vérifient leurs réponses.

RÉPONSE :

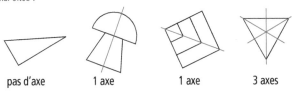

pas d'axe   1 axe   1 axe   3 axes

	Tâche	Matériel	Connaissances travaillées
CALCULS DICTÉS	Calculs avec les diviseurs de 100 – Calculer des sommes, des différences, des produits dont certains termes ou facteurs sont des diviseurs de 100.	**par élève :** – ardoise ou cahier de brouillon	– **Calcul : mémorisation et réflexion.**
RÉVISER Géométrie	Compléter une figure par symétrie – Compléter une figure pour qu'elle admette la droite tracée comme axe de symétrie.	**pour la classe :** – les 2 figures sur transparent rétroprojetable ou agrandies au format A3, des feutres – des morceaux de papier calque et ruban adhésif **par élève :** – règle et crayon à papier CAHIER GÉOMÉTRIE **p. 60 A**	– **Figure symétrique** – **Axe de symétrie d'une figure.**
APPRENDRE Mesures	Longueurs en kilomètres et mètres RECHERCHE **Promenades et randonnées** – Calculer des distances (sommes ou différences) exprimées en kilomètres ou mètres.	**pour la classe :** – le plan de la fiche recherche agrandi **par élève :** – **fiche recherche 39** – feuille de brouillon CAHIER GÉOMÉTRIE **p. 60 1 et 2**	– **Unités de longueurs : kilomètre et mètre** – **Équivalence 1 km = 1 000 m** – **Calcul et comparaison de longueurs.**

CALCULS DICTÉS

Calculs avec les diviseurs de 100

– Calculer des sommes, différences, produits dont certains termes ou facteurs sont des diviseurs de 100.

INDIVIDUEL ET COLLECTIF

• Dicter les calculs sous la forme « 50 plus 50 », « 100 moins 20 », « 5 fois 20 » avec réponses dans le cahier de brouillon ou ardoise :

a. 50 + 50	c. 100 − 20	e. 2 × 20	g. 5 × 20
b. 25 + 25	d. 75 − 25	f. 3 × 25	h. 4 × 25

RÉPONSE : **a.** 100 **b.** 50 **c.** 80 **d.** 50 **e.** 40 **f.** 75 **g.** 100 **h.** 100.

• Les élèves peuvent se préparer à ce moment de calcul mental en utilisant l'**exercice 8** de **Fort en calcul mental, p. 91**.

RÉPONSE : **a.** 75 **b.** 150 **c.** 50 **d.** 100 **e.** 50 **f.** 80 **g.** 200 **h.** 150.

Les **produits par 25** ne sont sans doute pas encore bien connus : les élèves doivent alors avoir un peu plus de temps pour pouvoir les reconstruire.

RÉVISER

Compléter une figure par symétrie

– Utiliser les propriétés des figures symétriques qui sont composées de deux parties identiques séparées par l'axe, l'une étant retournée par rapport à l'autre.
– Reproduire une figure sur quadrillage ou réseau de points.

INDIVIDUEL

CAHIER MESURES ET GÉOMÉTRIE p. 60

Compléter une figure par symétrie

A **Complète chaque figure.** La droite rouge doit être un axe de symétrie de la figure.

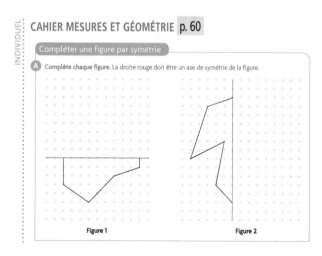

Figure 1   Figure 2

Exercice A

Compléter une figure pour qu'elle admette la droite tracée comme axe de symétrie.

Pour les élèves qui auraient des doutes sur leurs productions, mettre à leur disposition du **papier calque** et du ruban adhésif pour qu'ils vérifient leurs réponses. Si besoin, revenir collectivement sur les différentes **stratégies de tracé** utilisées et les erreurs *(voir commentaire)*. Effectuer pour cela les tracés utiles sur le transparent ou l'agrandissement d'une des figures.

Les élèves les plus rapides pourront se voir proposer une figure plus complexe où figurent des arcs de cercle. La difficulté principale est alors de déterminer les centres des arcs qui sont des points du réseau *(voir consolidation, p. 65 du cahier, figure 4)*.

Demander aux élèves de se reporter au **dico-maths n° 62**.

RÉPONSE :

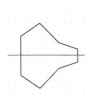

> **Pour anticiper la position de la partie manquante de la figure et guider leurs tracés**, les élèves peuvent mobiliser en pensée la technique du calque ou du pliage utilisées jusque-là pour chercher ou vérifier qu'une droite est axe de symétrie d'une figure *(voir séance 7)*.

Les stratégies de tracés possibles :
– **Construction du symétrique d'un premier côté et construction du restant de la figure à partir de ce premier côté** en cherchant à reproduire la partie connue (respect de la forme et des dimensions), mais en pensant à la retourner. Pour cela, les élèves utilisent le repérage de la position d'un point par rapport à un autre sur le papier pointé.
– **Construction du symétrique de chaque côté de la figure en commençant par repérer la position des symétriques de ses extrémités.** Les axes étant verticaux ou horizontaux, le symétrique d'un point est, selon le cas, situé sur une horizontale ou une verticale, à la même distance de l'axe que le point.
Aucune procédure ne sera privilégiée.
Les erreurs : erreurs de repérage de la position relative de deux points sur le réseau, ce qui conduit à une déformation de la figure.

APPRENDRE

Longueurs en kilomètres et mètres

– Lire les informations contenues dans un plan (directions, distances) et sur différents supports.
– Calculer des distances en kilomètres et utiliser l'équivalence 1 km = 1 000 m.

CHERCHER Fiche recherche 39

> **Calculer des distances :** Les élèves vont devoir compléter des données textuelles ou numériques en partie effacées et, pour cela, mettre en relation le plan fourni avec le texte à compléter, calculer les longueurs de plusieurs circuits, utiliser l'équivalence 1 km = 1 000 m. Ils vont aussi devoir calculer et comparer des distances pour déterminer quel circuit est le plus court parmi plusieurs circuits possibles.

PHASE 1 **Appropriation du plan et premier calcul de distance**

Question 1 de la recherche

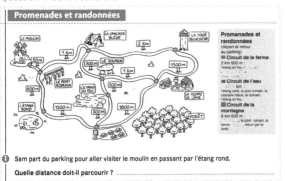

① Sam part du parking pour aller visiter le moulin en passant par l'étang rond.
Quelle distance doit-il parcourir ? ....

• Faire **observer le plan** et demander aux élèves de préciser ce qu'ils reconnaissent :
– un plan avec des chemins ;
– des nombres qui indiquent des distances ;
– l'abréviation « km » qui signifie « kilomètre » ;
– des distances dont certaines sont exprimées en mètres et d'autres en kilomètres.

• Demander aux élèves :
➡ *Que savez-vous du kilomètre ?*

Le **kilomètre** est une unité de longueur utilisée pour mesurer des longueurs assez grandes ou des distances :
1 kilomètre = 1 000 mètres.
Écrire l'égalité au tableau : **1 km = 1 000 m**.

• Faire traiter la **question 1** qui permet l'appropriation du problème.

RÉPONSE : Le chemin passant par l'étang rond a pour longueur **2 350 m**.

PHASE 2 **Calcul et comparaison de distances**

Question 2 de la recherche

> **②** a. Calcule la longueur du *circuit de l'eau* : ....
> b. Lou dit : « Le circuit de l'eau fait plus de 4 km. »
> Es-tu d'accord avec elle ? ....

• Faire traiter la **question 2**. Engager les élèves à prendre de l'information sur le document (les étapes du circuit sont données) et à calculer la longueur du circuit. Faire contrôler, si besoin par deux, les résultats trouvés individuellement.

• Lors de la **mise en commun**, recenser les **réponses** entre ceux qui pensent que Lou a tort et ceux qui pensent qu'elle a raison. Les premiers ont sans doute ajouté tous les nombres sans prendre en compte les unités de longueur (soit : 1 500 + 800 + 1 + 700 + 200 + 500 = 3 701) ou n'ont pas converti 4 km en m.

• Expliquer si besoin que
4 km = 4 fois 1 km = 4 fois 1 000 m = 4 000 m.

Puis faire échanger sur les **méthodes de calcul de la longueur du circuit** *(voir commentaire)* en mettant en évidence l'utilisation de l'équivalence 1 km = 1 000 m et les procédures de calcul malin comme 1 500 m + 500 m = 2 000 m.

• Faire une **synthèse** :

Le kilomètre

• **Pour mesurer des distances ou de grandes longueurs**, on utilise l'unité « **kilomètre (km)** » et l'équivalence « **1 km = 1 000 m** ».

• **Pour effectuer des calculs sur les mesures ou les comparer**, il faut s'assurer qu'elles sont exprimées dans la même unité. *Exemple :* pour calculer **1 500 m + 1 km**, on peut écrire :
1 500 m + 1 000 m = 2 500 m
ou 1 km 500 m + 1 km = 2 km 500 m.
On exprime toutes les longueurs en **mètres** ou en **kilomètres et mètres**.

• **Pour effectuer un calcul sur des mesures exprimées en kilomètres et mètres**, on calcule séparément les mesures en kilomètres et en mètres.

RÉPONSE : Lou a raison, le circuit de l'eau a pour longueur **4 700 m**.

Les méthodes de calcul :
– **La plupart ont converti toutes les longueurs en m :**
1 500 m + 800 m + 1 000 m + 700 m + 200 m + 500 m = 4 700 m ;
4 700 m est plus grand que 4 000 m.
– **D'autres ont pu faire les calculs en km et m :**
1 km 500 m + 800 m + 1 km + 700 m + 200 m + 500 m
= 2 km + 2 700 m = 2 km + 2 km + 700 m = 4 km 700 m ;
4 km 700 m est plus grand que 4 km.

PAR ÉQUIPE DE 2

PHASE 3 **Recherche des circuits**

Question 3 de la recherche

3 a. Écris les étapes du *circuit de la ferme*. Explique ta réponse.

b. Écris les étapes du *circuit de la montagne*. Explique ta réponse.

• Faire traiter la **question 3.** Les élèves doivent rechercher des étapes des circuits connaissant certaines étapes et leurs longueurs. Engager les élèves à bien observer le plan. Ils vont devoir faire des essais de calcul de longueurs de chemin, utiliser l'équivalence 1 km = 1 000 m et des procédures de calcul malin comme par exemple : 1 800 m + 200 m = 2 000 m = 2 km. Ils doivent ensuite vérifier que les longueurs de ces circuits correspondent aux longueurs indiquées.

• Valider collectivement les réponses aux questions a et b.

RÉPONSE : **a. Circuit de la ferme** : l'étang du fou, le dolmen, la ferme de l'âne, retour par la forêt. Sa longueur est de **3 500 m** ou **3 km 500 m**.

b. **Circuit de la montagne** : l'étang rond, le pont romain, la cascade bleue, le belvédère, la ferme de l'âne, retour par la forêt.
Sa longueur est de **8 600 m** ou **8 km 600 m**.

INDIVIDUEL

PHASE 4 **Questions complémentaires**

4. Quel est le chemin le plus court pour aller du parking à la ferme de l'âne ? Écris ses étapes.

5. Quel est le chemin le plus court pour aller du parking au belvédère ? Écris ses étapes.

6. Une bergerie est située à 150 m de la tour du belvédère sur le chemin qui joint la tour du belvédère à la cascade.
Quel est le chemin le plus court pour aller du parking à la bergerie ? Écris ses étapes.

• Proposer, suivant l'avancée du travail ou pour les élèves les plus rapides, les **questions 4, 5 et 6.**

• Procéder pour chaque question à une **mise en commun** des résultats, comme pour la question 3.

Pour la **question 6**, il faut calculer et comparer les deux chemins :
– celui qui passe par la ferme (3 350 m) ;
– celui qui passe par la cascade (3 250 m) après avoir calculé la distance de la bergerie à la cascade, soit :
2 km – 150 m = 2 000 m – 150 m = 1 850 m.
RÉPONSE : 4. Le chemin le plus court passe par le dolmen.
5. Le chemin le plus court passe par le dolmen et la ferme de l'âne.
6. Le chemin le plus court passe par le dolmen et la cascade.

INDIVIDUEL

ENTRAINEMENT

CAHIER MESURES ET GÉOMÉTRIE p. 60

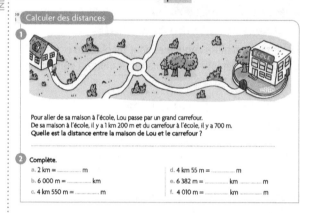

Pour aller de sa maison à l'école, Lou passe par un grand carrefour.
De sa maison à l'école, il y a 1 km 200 m et du carrefour à l'école, il y a 700 m.
Quelle est la distance entre la maison de Lou et le carrefour ?

2 Complète.
a. 2 km = ... m   d. 4 km 55 m = ... m
b. 6 000 m = ... km   e. 6 382 m = ... km .... m
c. 4 km 550 m = ... m   f. 4 010 m = ... km .... m

Exercice **1**

Calculer un complément de distance.

Pour cet exercice posé dans un autre contexte, l'élève peut :
– soit compléter 700 m à 1 km, cela fait 300 m auquel on ajoute 200 m ;
– soit convertir 1 km 200 m en m, puis calculer le complément.
RÉPONSE : 500 m.

Exercice **2**

Faire des conversions.

Ces problèmes se résolvent en réalisant l'échange de 1 000 m par 1 km ou de 1 km par 1 000 m. Ainsi :

– **4 km 55 m**, c'est 4 fois 1 km et 55 m, soit 4 fois 1 000 m et 55 m, soit 4 000 m et 55 m, soit **4 055 m** ;

– **6 382 m**, c'est 6 000 m et 382 m, soit 6 fois 1 000 m et 382 m, soit **6 km 382 m**.

RÉPONSE : a. 2 000 m   b. 6 km   c. 4 550 m   d. 4 055 m
e. 6 km 382 m   f. 4 km 10 m.

Aucune dextérité n'est attendue dans ces conversions. L'usage d'un tableau de conversion est un objectif du CM et n'est pas à envisager ici. Cet exercice peut être réservé aux élèves les plus avancés.

À SUIVRE
Le travail sur km et m sera entrainé en séance suivante.

	Tâche	Matériel	Connaissances travaillées
CALCULS DICTÉS	Calculs avec les diviseurs de 100 – Calculer des sommes, des différences, des produits dont certains termes ou facteurs sont des diviseurs de 100.	par élève : – ardoise ou cahier de brouillon	– **Calcul : mémorisation et réflexion.**
RÉVISER Mesures	Unités de longueur – Calculer ou comparer des longueurs.	par élève : – feuille de brouillon CAHIER GÉOMÉTRIE **p. 61 Ⓐ, Ⓑ et Ⓒ**	– **Longueurs : calcul et comparaison.**
APPRENDRE Géométrie	Figure symétrique (2) RECHERCHE **Rouge sur jaune** – Trouver parmi des figures cartonnées celles qui, une fois retournées, sont superposables. – Trouver parmi des figures dessinées, identiques aux figures cartonnées, celles qui sont symétriques. – Dessiner une figure dont le calque, une fois retourné, se superpose exactement à la figure.	pour la classe : – les 14 figures cartonnées jaunes (recto) et rouges (verso) ❭ **planche D du cahier** – **fiche 48** (les 14 figures de A à N) agrandies au format A3 ou sur transparents rétroprojetables – **fiche 49** (les 14 figures avec axes) au format A3 – **fiche 51** (morceau de quadrillage agrandi) en 2 exemplaires à afficher ou sur transparents rétroprojetables – les figures de l'exercice 1 agrandies ou sur transparent rétroprojetable par équipe de 2 ou 3 : – 2 enveloppes contenant chacune les 14 figures découpées ❭ chaque élève les aura détachées de la **planche D du cahier** un peu avant la séance et les aura placées dans une enveloppe ou une pochette plastifiée – **fiche 50** (2 morceaux de quadrillage), mais prévoir des exemplaires supplémentaires par élève : – **fiche 48** CAHIER GÉOMÉTRIE **p. 61 ❶**	– **Figure symétrique** : figure dont le calque peut être exactement superposé à la figure après retournement – **Axe de symétrie d'une figure.**

CALCULS DICTÉS

Calculs avec les diviseurs de 100

– Calculer des sommes, différences et produits dont certains termes ou facteurs sont des diviseurs de 100.

COLLECTIF

• Dicter les calculs suivants sous la forme « 50 plus 50 », « 100 moins 20 », « 5 fois 20 » :

a. 100 – 25	d. 100 – 20	g. 5 × 10
b. 50 + 25	e. 4 × 20	h. 2 × 75
c. 75 – 50	f. 2 × 25	

RÉPONSE : a. 75 b. 75 c. 25 d. 80 e. 80 f. 50 g. 50 h. 150.

• Les élèves peuvent se préparer ou s'entrainer à ce moment de calcul mental en utilisant l'**exercice 9** de **Fort en calcul mental, p. 91.**

RÉPONSE : a. 75 b. 125 c. 25 d. 175 e. 100 f. 100 g. 300 h. 200.

On peut faire remarquer que :
– pour **4 × 20** lu « quatre fois vingt », la réponse « quatre-vingts » est contenue dans la question ;
– pour **2 × 75**, les élèves peuvent calculer **2 × 60 + 2 × 15**, ce qui correspond à la décomposition de **soixante-quinze** liée à son énonciation orale, ou **2 × 70 + 2 × 5**, ce qui correspond à la décomposition de **75** liée à son écriture chiffrée.

Unités de longueur

– Utiliser les équivalences de longueurs connues pour calculer ou comparer.

CAHIER MESURES ET GÉOMÉTRIE p. 61

Calculer et convertir des longueurs

A. Lou va de Capterre à Capville à vélo.
La distance entre ces deux villes est de 5 km.
Son pneu crève 1 800 m avant d'arriver à Capville.
Quelle distance a-t-elle parcourue ?
Donne ta réponse en km et m.

B. Une pile de livres est constituée de 80 livres tous identiques.
Un livre a une épaisseur de 15 mm.
Quelle est la hauteur de la pile ? Donne ta réponse en m et cm.

C. Complète.
a. 300 cm = ... m
b. 4 km = ... m
c. 2 000 mm = ... m
d. 30 dm = ... m
e. 3 km 200 m = ... m
f. 2 m = ... cm
g. 50 mm = ... cm
h. 3 m 25 cm = ... cm
i. 1 m 8 cm = ... cm

Il s'agit de réinvestir les équivalences de mesure vues dans les unités précédentes. L'usage d'un tableau est exclu.

Exercices A et B

Problèmes de calcul d'une distance ou longueur.

Une mise en commun après chaque exercice permet de mettre en évidence les équivalences utiles :

– 1 km = 1 000 m pour l'exercice A ;
– 1 m = 100 cm et 1 cm = 10 mm ou 1 m = 1 000 mm pour l'exercice B.

RÉPONSE : A 3 km 200 m. B 1 m 20 cm.

Exercice C

Conversions.

Pour cet exercice plus formel, il faut faire des conversions en référence aux équivalences déjà vues, ainsi :
– **300 cm** = 3 × 100 cm = **3 m** (car 100 cm = 1 m).
– **2 m** = 2 × 100 cm = **200 cm** (car 1 m = 100 cm) ;
– **2 000 mm** = 2 × 1 000 mm = **2 m** (car 1 000 mm = 1 m).

RÉPONSE : a. 3 m b. 4 000 m c. 2 m d. 3 m e. 3 200 m
f. 200 cm g. 5 cm h. 325 cm i. 108 cm.

Différenciation : Exercices A, B et C → **CD-Rom du guide, fiche nº 38.**

Figure symétrique (2)

– Comprendre qu'une figure est symétrique si son calque se superpose exactement à la figure quand on le retourne.

RECHERCHE

Rouge sur jaune : Les élèves disposent de deux séries identiques de figures cartonnées avec un recto jaune et un verso rouge. Ils placent 2 figures identiques l'une sur l'autre et cherchent si la figure du dessus, une fois retournée, se superpose exactement à la figure du dessous. Ensuite, sur une fiche où sont dessinées les mêmes figures, ils cherchent celles qui sont symétriques et constatent qu'ils arrivent au même classement que précédemment.
Pour terminer, ils construisent sur quadrillage une figure dont le calque, une fois retourné, doit se superposer exactement à la figure.

PHASE 1 Figures cartonnées : superposables ou pas, une fois retournées ?

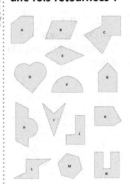

• Demander aux équipes de sortir les figures cartonnées de la première enveloppe et de les disposer sur leur table, **face jaune visible.**

• Demander ensuite de sortir les figures cartonnées de la **seconde enveloppe** et de placer chaque figure sur la figure qui lui est identique disposée sur la table. La figure du dessus doit, comme pour la figure du dessous, avoir sa **face jaune visible.**

• Donner ensuite la consigne

➡ *Vous avez placé sur votre table les figures identiques l'une au-dessus de l'autre. Elles se superposent exactement (le faire constater). Vous allez chercher les figures du dessus qui, une fois qu'on les a retournées (la face rouge est alors visible), se superposent exactement à la figure du dessous.*

Accompagner du geste pour aider à la compréhension de la consigne.

• Recenser les réponses et écrire les deux listes au tableau : figures pour lesquelles c'est possible et celles pour lesquelles ça ne l'est pas. Discuter et lever les éventuels désaccords.

• Fixer au tableau les figures qui satisfont la contrainte de la consigne.

RÉPONSE : Les figures superposables, une fois retournées, sont : C, D, E, F, G, I, M, N.

PHASE 2 Figures dessinées : symétriques ou pas ?

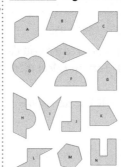

• Faire ranger les figures cartonnées dans les enveloppes, puis remettre à chaque élève la **fiche 48** et la commenter :

➡ *Sur cette fiche sont dessinées les mêmes figures que les figures cartonnées. Chacun va chercher, sans plier la feuille, mais en s'aidant de ses instruments,* *les figures qui sont **symétriques**, c'est-à-dire celles qui ont **au moins un axe de symétrie**. Vous tracerez un axe de symétrie pour chaque figure symétrique. Quand vous aurez terminé, vous comparerez votre réponse à celle de votre voisin et, si besoin, vous ferez les vérifications nécessaires pour vous mettre d'accord.*

• Recenser les réponses et discuter le cas des figures pour lesquelles il y a désaccord. Si besoin, valider par pliage après avoir reproduit la figure sur un calque

• Afficher au tableau la **fiche 49** (au format A3) av**ec les axes de symétrie tracés,** puis écrire la liste des figures qui sont symétriques.

RÉPONSE : les figures symétriques sont : C, D, E, F, G, I, M, N.

• Comparer cette liste avec celle des figures pour lesquelles on peut superposer l'exemplaire du dessus, après l'avoir retourné, sur l'exemplaire du dessous. Constater que ce sont les mêmes figures.

• Conclure :

La **reproduction d'une figure symétrique** se superpose exactement à la figure quand on la retourne.

Expliciter cette conclusion par le geste avec, d'une part, deux figures cartonnées identiques et, d'autre part, un calque. Décalquer une des figures symétriques, retourner le calque et le superposer à la figure.

TRACE ÉCRITE

Afficher la **fiche 49 a**vec les axes de symétrie tracés, à côté, des figures cartonnées fixées au tableau à l'issue de la phase 1. Écrire en bas de l'affiche la conclusion donnée ci-dessus.

PHASE 3 **Construction d'une figure**

Si le temps fait défaut, passer directement à l'entrainement.

• Distribuer à chaque équipe un morceau de quadrillage (**fiche 50**) en indiquant aux élèves :

➜ *Chaque équipe va tracer une figure sur le morceau de quadrillage : si on décalque cette figure, le calque, une fois retourné, doit se superposer exactement à la figure. Les sommets de la figure doivent tous être des nœuds du quadrillage. Un conseil : ne tracez pas des figures « compliquées ».*

• Afficher le **morceau de quadrillage agrandi** ou le projeter.

1. Reproduire la **figure d'une équipe qui a réussi** en se servant du fait que la figure doit être symétrique et lui demander de montrer comment elle a effectué sa construction *(voir commentaire)*. Pour emporter la conviction des élèves qui ne seraient pas convaincus, reproduire la figure sur le **second morceau de quadrillage** ou sur un transparent et le retourner pour valider que la seconde figure se superpose bien à la première.

2. Reproduire la **figure d'une équipe qui n'a pas réussi mais où des éléments symétriques sont déjà présents**. Demander si la figure va se superposer à elle-même quand on la retournera et d'argumenter les réponses. Après avoir convenu de ce que sera l'axe de symétrie, procéder collectivement à la modification de la figure pour qu'une fois reproduite, la seconde figure se superpose à la première dans le retournement.

• Demander à chaque équipe de reproduire sa figure sur un **second morceau de quadrillage (**à distribuer) et de vérifier si les deux figures se superposent après avoir retourné l'une. Les élèves pourront le faire en plaquant les deux feuilles contre une

fenêtre. Si ce n'est pas le cas, les élèves modifieront en conséquence la figure qu'ils avaient dessinée et vérifieront à nouveau.

Les procédures possibles

Les élèves peuvent soit **anticiper mentalement le retournement** en cours de construction (ce qui est difficile), soit **utiliser la propriété des figures superposables** (« une figure, dont le calque retourné se superpose à la figure, est une figure symétrique »). Pour cela, ils peuvent tracer un **axe** qui suit une ligne du quadrillage, puis au choix :

– tracer une « moitié » de figure d'un côté de l'axe, puis construire la seconde « moitié » symétrique par rapport à l'axe ;

– ou tracer un segment de la figure d'un côté de l'axe et le segment symétrique de l'autre côté de l'axe, enchainer avec un deuxième segment et ainsi de suite.

La donnée d'un quadrillage sans bords rectilignes ne permet pas de se repérer par rapport aux bords pour tracer la figure.

ENTRAINEMENT

CAHIER MESURES ET GÉOMÉTRIE **p. 61**

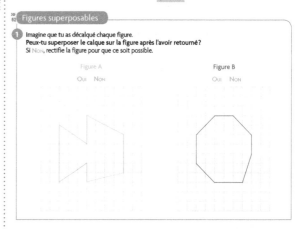

Exercice **1**

Chercher si des figures sont superposables à elles-mêmes, une fois retournées.

Préciser que s'il y a des modifications à apporter aux figures, celles-ci seront faites au crayon à papier.

Une **mise en commun** pourra être faite qui portera sur :

– les réponses données ;

– la façon dont les élèves ont construit leur réponse ;

– comment ils ont procédé pour modifier les figures ;

– les différentes figures obtenues.

RÉPONSE : **Figure A :** Non **Figure B :** Non.

Exemples de modifications possibles (traits bleus) :

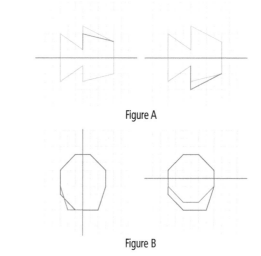

Figure A

Figure B

Comment utiliser les pages Bilan et Consolidation ›› p. VIII.

BILAN de l'UNITÉ 8

▶ Calcul mental (séances 1 à 9)

Connaissances à acquérir

→ **Tables de multiplication (répertoire complet).**
→ **Multiplication par 10, 20...**
→ **Ajout et retrait de 19 ou de 21.**
→ **Calculs avec les diviseurs de 100.**

Pas de préparation de bilan proposée dans le fichier.

Je fais le bilan › FICHIER NOMBRES p. 99

Exercice ❶ Tables de multiplication, multiplication par 10, 20…
a. 54 b. 28 c. 120 d. 1 200 e. 20 f. 4.

Exercice ❷ Ajout, retrait de 19 et de 21, calcul avec les diviseurs de 100.
a. 70 b. 28 c. 66 d. 28 e. 100 f. 150.

▶ Tableaux et diagrammes (séance 1)

Connaissances à acquérir

→ **Pour présenter des informations,** il est parfois utile d'utiliser un **diagramme** où les données sont représentées par des barres.
→ **Il faut faire attention à ce que représente un carreau sur le diagramme.**

Je prépare le bilan › FICHIER NOMBRES p. 98

QCM Ⓐ Aïcha a lu 6 livres ; Damien a lu 8 livres.

Les autres réponses cochées indiquent que l'élève s'est limité à compter les carreaux sans tenir compte du fait qu'un carreau représente 2 livres.

Je fais le bilan › FICHIER NOMBRES p. 99

Exercice ❸ Lire les informations données par un diagramme.
a. 4 mai b. 2, 4, 6 et 7 mai c. 15 degrés d. 5 degrés.

CONSOLIDATION

NOMBRES ET CALCULS

Je consolide mes connaissances › FICHIER NOMBRES p. 91

Fort en calcul mental : exercices 1 à 9

Autres ressources

› 90 Activités et jeux mathématiques CE2

33. Drôle de yam
34. Le jeu de Pythagore

› CD-Rom Jeux interactifs CE2-CM1-CM2

10. Calcul éclair : domaine multiplicatif
11. As du calcul : domaine additif
12. As du calcul : domaine multiplicatif

› Activités pour la calculatrice CE2-CM1-CM2

2. Utiliser la touche « opérateur constant »
12. Tables d'addition et de multiplication

NOMBRES ET CALCULS

Je consolide mes connaissances › FICHIER NOMBRES p. 100

Exercice ❶

Age	3 ans	6 ans	7 ans	4 ans	9 ans	10 ans
Poids	14 kg	20 kg	22 kg	16 kg	27 kg	30 kg

Exercice ❷
19 kg.

Exercice ❸
5 ans, 8 ans, 10 ans et 11 ans.

Exercice ❹
a. oui b. non c. oui.

Exercice ❺
Entre 6 ans à 10 ans (6 ans et 10 ans étant inclus ou non, selon l'interprétation de la question).

Autres ressources

› 90 Activités et jeux mathématiques CE2

45. Des diagrammes

▶ Calcul avec des parenthèses : avec ou sans la calculatrice (séance 2)

Connaissances à acquérir

→ **Pour effectuer un calcul qui comporte des parenthèses,** il ne faut pas calculer de gauche à droite, mais effectuer d'abord les calculs qui sont à l'intérieur des parenthèses.

Je prépare le bilan ❭ FICHIER NOMBRES p. 98

QCM B   Le résultat est 20.

Les réponses « **65** » et « **75** » permettent de repérer les élèves qui calculent de gauche à droite sans tenir compte des parenthèses, avec, de plus, le calcul d'une somme au lieu d'une différence pour la réponse « **75** ». La réponse « **12** » montre que l'élève a sans doute respecté les parenthèses, mais a calculé une somme au lieu d'un produit.

Je fais le bilan ❭ FICHIER NOMBRES p. 99

Exercice ❹ Calculer une expression comportant des parenthèses.
a. 47   b. 77   c. 8   d. 8.

Je consolide mes connaissances ❭ FICHIER NOMBRES p. 100-101

Exercice ❻   a. 50 b. 26 c. 54 d. 29 e. 35 f. 0.

Exercice ❼   a. 3 552 b. 2 706 c. 78 d. 7 332.

Exercice ❽   Nombreuses réponses possibles, par exemple :
a. $(3 \times 10) + 20 = 50$ $(9 \times 5) + 5 = 50$ $(7 \times 7) + 1 = 50$
b. $(10 - 5) \times 10 = 50$ $(30 - 5) \times 2 = 50$ $(3 - 1) \times 25 = 50$
c. $110 - (2 \times 5) = 100$ $109 - (3 \times 3) = 100$ $500 - (4 \times 100) = 100$
d. $(10 - 9) \times 100 = 100$ $(30 - 10) \times 5 = 100$ $(3 - 1) \times 50 = 100$

Exercice ❾   3 234 €.

CD-Rom du guide

❭ Fiche différenciation n° 40

Autres ressources

❭ 90 Activités et jeux mathématiques CE2
43. Le plus proche
44. Objectif 0

❭ Activités pour la calculatrice CE2-CM1-CM2
5. Résoudre un problème en utilisant la calculatrice

▶ Augmentation, diminution (séances 3 et 4)

Connaissances à acquérir

→ **Pour retrouver ce qu'il y avait avant une augmentation,** on peut penser à enlever ce qui a été ajouté.

→ **Pour trouver la valeur d'une augmentation,** on peut écrire une addition à trous ou calculer un complément ou une soustraction.
Exemple : Pour trouver l'augmentation entre **453** et **900**, on peut : calculer l'addition à trous **453 + ... = 900** ; chercher le complément de **453** à **900** ; calculer la soustraction **900 − 453**.

→ **Pour retrouver ce qu'il y avait avant une diminution,** on peut penser à ajouter ce qui a été enlevé.

→ **Pour trouver la valeur d'une diminution,** on peut écrire une soustraction à trous ou calculer un complément ou une soustraction.
Exemple : Pour trouver la diminution entre **900** et **795**, on peut : calculer la soustraction à trous **900 − ... = 795** ; chercher le complément de **795** à **900** ; calculer la soustraction **900 − 795**.

Je prépare le bilan ❭ FICHIER NOMBRES p. 98

QCM C   Avant, l'arbuste mesurait 33 cm.

Les réponses « **57 cm** » ou « **67 cm** » peuvent concerner des élèves qui ont utilisé l'addition, induite du fait que l'arbuste « a grandi ». Un schéma peut les aider à surmonter la difficulté.
La réponse « **23 cm** » peut provenir d'une erreur de calcul, mais témoigne que la situation a été comprise.
Le même type d'analyse peut être faite pour les **QCM D** et **E**.

QCM D   L'arbuste a grandi de 11 cm.

QCM E   Avant, le jouet coutait 38 €.

Je fais le bilan ❭ FICHIER NOMBRES p. 99

Exercices ❺ et ❻ Résoudre des problèmes relatifs à des situations d'augmentation ou de diminution.
❺ 232 voitures.   ❻ 46 images.

Je consolide mes connaissances ❭ FICHIER NOMBRES p. 101

Exercice ❿
a. 35 cm b. 100 cm c. 223 cm d. 230 cm
e. 40 cm f. 205 cm.

Exercice ⓫
155 km.

CD-Rom du guide

❭ Fiches différenciation n° 36 et n° 41

Ateliers

❭ Jeu de la boite 1

Placer des jetons dans une boite (**17**) sans en préciser le nombre, en **ajouter** une quantité (**23**), donner le total (**40**).
Question : Combien y avait-il de jetons au départ ?

❭ Jeu de la boite 2

Placer des jetons dans une boite (**58**) sans en préciser le nombre, en **retirer** une quantité (**19**), donner la quantité restante (**39**).
Question : Combien y avait-il de jetons au départ ?

❭ Jeu de la boite 3

Placer des jetons dans une boite (**70**), en préciser le nombre, puis en **ajouter** ou en **retirer** (**17**) sans préciser le nombre de jetons. Donner le nombre de jetons total (**87 ou 53**) qui sont dans la boite.
Questions : Combien de jetons ont été ajoutés ?
ou Combien de jetons ont été soustraits ?

UNITÉ 8

BILAN de l'UNITÉ 8

Division : partage équitable (séances 5 et 6)

Connaissances à acquérir

Pour résoudre un problème de **partage en parts égales**, deux cas sont à considérer :

→ **Le partage est possible exactement.**

Exemple : **12 objets** sont à répartir entre **4 personnes.**
Dans ce cas, on peut écrire **12 : 4 = 3**. On dit que 3 est le quotient exact obtenu par la division de **12** par **4**.
Pour vérifier, on peut calculer : **4 × 3 = 12.**

→ **Le partage n'est pas possible exactement, il y a un reste.**

Exemple : **23 objets** sont à répartir entre **4 personnes.**
On trouve **5** comme quotient et **3** comme reste.
Pour vérifier, on peut calculer : **(5 × 4) + 3 = 23.**
Dans ce cas, on ne peut pas utiliser le signe « : ».

Je prépare le bilan › FICHIER NOMBRES p. 98

QCM F Chacun en a 6 et il en reste 2.

QCM G Chacun recevra 13 bonbons.

La réponse « **10 bonbons** » peut être donnée par des élèves qui répartissent 4 boites de 10 bonbons et ne savent plus comment répartir ce qui reste.
La réponse « **12 bonbons** » peut être donnée par des élèves qui répartissent 5 boites de 10 bonbons (50 bonbons) et ne prennent pas en compte ceux qui restent.
La réponse « **52 bonbons** » correspond à des élèves qui ont calculé le nombre total de bonbons.

Je fais le bilan › FICHIER NOMBRES p. 99

Exercices 7 et 8 Résoudre des problèmes de partage équitable.

7 28 bonbons 8 a. 12 coquillages b. Oui, il reste 3 coquillages.

CONSOLIDATION

NOMBRES ET CALCULS

Je consolide mes connaissances › FICHIER NOMBRES p. 101

Exercice 12

25 pommes.
On peut vérifier par le calcul : 25 × 4 = 100.

Exercice 13

28 cerises.
On peut vérifier par le calcul : 28 × 4 = 112.

Exercice 14

44 perles.

CD-Rom du guide

› Fiches différenciation n° 37 et n° 45

Ateliers

› Partage équitable

Reprendre des activités de partage équitable, par exemple :
Donner un nombre de cartes (**36**) et un nombre de joueurs (**4**) en précisant que ces cartes sont distribuées à part égale entre tous les joueurs.
Question : Combien chacun aura-t-il de cartes à l'issue de la distribution ?

Figure symétrique (séances 7 et 9)

Connaissances à acquérir

→ **Pour savoir si une figure a un axe de symétrie :**

1. On cherche une droite qui la partage en deux parties qui sont superposables.
2. On imagine qu'on plie la feuille autour de la droite, pour « voir » si ces deux parties viennent exactement l'une sur l'autre.
3. On utilise ensuite les instruments pour tracer l'axe avec précision.

Je prépare le bilan › CAHIER GÉOMÉTRIE p. 62

QCM A La droite rouge est un axe de symétrie de la figure ;
La droite verte est un axe de symétrie de la figure.

suite p. 281

ESPACE ET GÉOMÉTRIE

Je consolide mes connaissances › CAHIER GÉOMÉTRIE p. 64-65

Exercice 1

pas d'axe
pas d'axe
1 axe
2 axes
2 axes

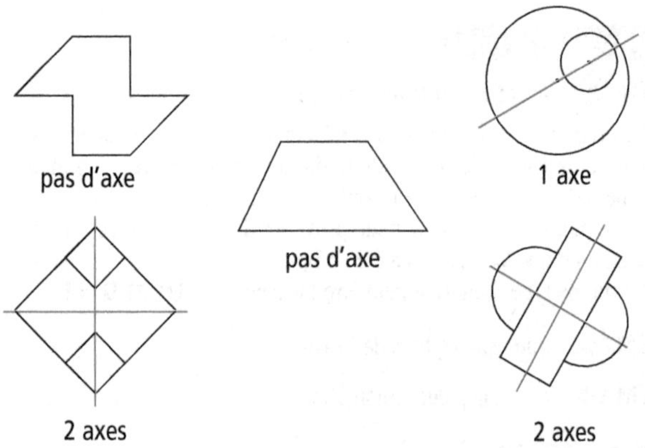

BILAN de l'UNITÉ 8

Je fais le bilan ⟩ CAHIER GÉOMÉTRIE p. 62-63

Exercice ① Compléter une figure sur un réseau de points à maille carrée pour que la droite tracée soit un axe de symétrie de la figure.

RÉPONSE :

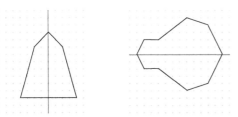

Exercice ② Tracer le ou les axes de symétrie d'une figure.

RÉPONSE :

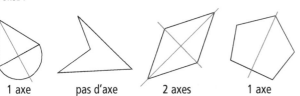

| 1 axe | pas d'axe | 2 axes | 1 axe |

CONSOLIDATION

Exercice ②

RÉPONSE :

 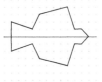

Exercice ③

RÉPONSE :

 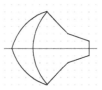

Autres ressources

⟩ 90 Activités et jeux mathématiques CE2

85. Suis-je un axe de symétrie ?
86. Où sont les axes ?
87. Compléter par symétrie

GRANDEURS ET MESURES

▶ Longueurs : kilomètre et mètre (séance 8)

Connaissances à acquérir

→ **Le kilomètre** est une unité utilisée pour de grandes longueurs :
1 km = 1 000 m.

Les grandes longueurs ou distances sont souvent exprimées en km, ou en m, ou en km et m.

→ **Pour effectuer des comparaisons ou des calculs sur ces mesures,** il est impératif de les exprimer dans la même unité ou les mêmes unités.

Je prépare le bilan ⟩ CAHIER GÉOMÉTRIE p. 62

QCM ⓑ Sam habite plus près de l'école que Pok ;
La distance entre la maison de Pok et l'école est de 1 000 m ;
Pok fait 300 m de plus que Sam pour venir à l'école.

Je fais le bilan ⟩ CAHIER GÉOMÉTRIE p. 63

Exercice ③ Faire des conversions sur les longueurs en utilisant l'équivalence 1 km = 1 000 m.

a. 1 km   b. 4 km   c. 2 000 m   d. 1 500 m
e. 1 230 m   f. 1 035 m

Exercice ④ Faire des calculs sur des longueurs exprimées dans différentes unités.

a. 700 m   b. 2 km   c. 850 m   d. 6 km 300 m.

Exercice ⑤ Résoudre un problème sur des distances en kilomètres et mètres.

a. 700 m   b. 3 km ou 3 000 m.

Je consolide mes connaissances ⟩ CAHIER GÉOMÉTRIE p. 65

Exercice ④   a. m   b. km   c. m   d. km.

Exercice ⑤   2 km.

Exercice ⑥   1 km 570 m.

Exercice ⑦   750 m.

Exercice ⑧   a. 4 230 m   b. 2050 m   c. 1 005 m
d. 8 km 234 m   e. 2 km 80 m   f. 2 km 350 m.

CD-Rom du guide

⟩ Fiche différenciation n⁰ 38

Ateliers

⟩ Calcul de distances dans le contexte local

Proposer des problèmes simples de calcul de distances dans le contexte local faisant intervenir l'équivalence 1 km = 1 000 m :
– distance école – mairie (en m)
– distance école – gymnase (en m)
– distance école – piscine (en km)
Puis faire comparer les distances.

Autres ressources

⟩ 90 Activités et jeux mathématiques CE2

49. Jeu des questions sur les longueurs n° 2

UNITÉ 8

Le gouter d'anniversaire

Tous les problèmes se situent dans le même contexte. La plupart sont indépendants les uns des autres, à l'exception des problèmes 4 et 5.

Problèmes à

OBJECTIFS : Prendre de l'information dans un texte et sur une illustration ; utiliser les opérations connues et mettre en œuvre des proportions.

TÂCHE : Trouver les quantités de chaque ingrédient et leur prix.

RÉPONSES : ❶ a. 8 pots de glace   b. 720 c ou 7 € 20 c.

❷ a. 2 paquets de sablés   b. 3 € 20 c.

❸ 6 oranges, 2 pamplemousses, 2 citrons.

❹ 4 € 70 c.   ❺ 15 € 10 c.

Problème

OBJECTIF : Optimiser le nombre d'objets de 2 sortes connaissant le prix de chaque sorte d'objets et la somme d'argent disponible.

TÂCHE : Trouver le nombre maximum de bouteilles de valeurs 60 c et 80 c qui peuvent être achetées avec 5 €.

RÉPONSE : 8 bouteilles (1 de soda et 7 de limonade).

Problème

OBJECTIFS : Prendre de l'information dans un texte et sur une illustration ; déterminer les étapes de la résolution ; utiliser les opérations connues et mettre en œuvre des proportions.

TÂCHE : Trouver le prix à payer pour une salade de fruits pour 12 personnes.

RÉPONSE : Il faut 9 oranges (5 € pour 12 oranges), 3 pamplemousses (2 € 10 c) et 3 citrons (1 € 20 c), le sucre n'est pas comptabilisé.

Prix total : 8 € 30 c (la réponse 7 € 5 c est également valide si on considère le prix de 9 oranges sur les 12 achetées, soit le cout de 6 + 3).

Mise en œuvre   *Voir p. 247.*

Aides possibles

Problèmes 1 à 3 : Des élèves peuvent avoir des difficultés à repérer les informations pertinentes pour répondre à chaque question. Un travail à deux ou le questionnement de l'enseignant peuvent être nécessaires.

Problème 6 : Des étiquettes portant le type de boisson et son prix (une dizaine de chaque sorte) peuvent aider certains élèves : le problème revient alors à combiner des lots d'étiquettes pour obtenir un prix total égal ou juste inférieur à 5 €.

Procédures à observer particulièrement

Problèmes 1 et 2 : Observer comment les élèves calculent le cout : par addition itérée ou par multiplication.

Problème 3 : Observer également si les élèves ont recours à la multiplication ou à l'addition répétée. De plus, on peut observer les erreurs dues au calcul des proportions : une erreur

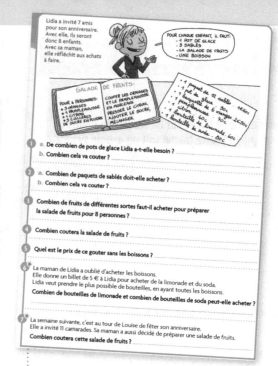

Fichier p. 102

parfois rencontrée consiste à considérer qu'on obtient les quantités pour **8 personnes** en ajoutant 4 à chaque composant (7 oranges, 5 pamplemousses, 5 citrons...). Cette erreur peut ici être facilement « démontée » en simulant la situations avec 2 groupes de 4 élèves pour lesquels il faut préparer une salade de fruits.

Problèmes 4 et 5 : Observer si les élèves prennent ou non en compte les résultats établis précédemment.

Problème 6 : Il faut additionner des **60 c** et des **80 c** (ou des multiples de 60 c et de 80 c) pour s'approcher ou atteindre **500 c**.

Observer si les élèves font des essais au hasard ou s'ils s'organisent, par exemple en fixant le nombre de bouteilles d'un type donné et en complétant avec des bouteilles de l'autre sorte. Ils peuvent aussi chercher s'il est possible de dépenser la somme en achetant une seule bouteille de soda (la plus chère des deux) et en complétant avec des bouteilles de limonade (on est sûr ainsi d'avoir le plus possible de bouteilles).

> **La solution optimale** (en nombre total de bouteilles) consiste à n'acheter qu'une seule bouteille de soda (80 c) et 7 bouteilles de limonade avec l'argent restant (420 c).
> Certains élèves voudront peut-être chercher une solution avec un nombre à peu près équivalent des deux sortes de bouteilles et utiliser la totalité du billet de 5 €. On arrive alors à 4 bouteilles de soda (320 c) et 3 bouteilles de limonade (180 c), mais sans avoir le plus possible de bouteilles.

Problème 7 : Observer si les élèves procèdent en considérant qu'il faut :

– soit 3 fois plus d'ingrédients que pour 4 personnes ;

– soit les quantités pour 8 personnes (déjà calculées) plus les quantités pour 4 personnes (données dans la recette).

Observer également le **traitement de l'information pour les oranges** : il faut donc 9 oranges (cout de 6 et de 3, soit 3 € 75), mais on peut aussi considérer qu'il faut acheter 2 barquettes, ce qui est plus réaliste, donc 5 €). Lors de l'exploitation collective, les deux réponses peuvent être considérées comme acceptables.

13 ou 14 séances
– 10 séances programmées (9 séances d'apprentissage + 1 bilan)
– 3 ou 4 séances pour la consolidation et la résolution de problèmes

environ 30 min par séance | environ 45 min par séance

	CALCUL MENTAL	RÉVISER	APPRENDRE
Séance 1 FICHIER NOMBRES p. 104	**Problèmes dictés** Partage équitable	**Problèmes écrits** Partage équitable	**Résolution de problèmes : déduction** RECHERCHE Des voitures et des camions
Séance 2 FICHIER NOMBRES p. 105	**Nombre pensé** État initial avant une augmentation ou une diminution	**Calculs avec des parenthèses**	**Résolution de problèmes : déduction, essais** RECHERCHE L'énigme de Lou
Séance 3 FICHIER NOMBRES p. 106	**Nombre pensé** État initial avant une augmentation ou une diminution	**Calculs avec des parenthèses**	**Approche de la division : groupements réguliers (1)** RECHERCHE Combien de rubans ? (1)
Séance 4 FICHIER NOMBRES p. 107	**Nombre pensé** État initial avant une augmentation ou une diminution	**Calculs avec la monnaie** Facture à compléter	**Approche de la division : groupements réguliers (2)** RECHERCHE Combien de rubans ? (2)
Séance 5 FICHIER NOMBRES p. 108	**Problèmes dictés** Augmentation, diminution	**Problèmes écrits** Augmentation, diminution	**Division : calcul réfléchi (1)** RECHERCHE Des quotients (avec reste égal à 0)
Séance 6 FICHIER NOMBRES p. 109	**Sommes et différences de deux nombres < 100**	**Égalisation de quantités**	**Division : calcul réfléchi (2)** RECHERCHE Des quotients (avec reste pas toujours égal à 0)
Séance 7 CAHIER GÉOMÉTRIE p. 66	**Sommes et différences de deux nombres < 100**	**Reproduction de figures : alignement**	**Lecture d'un plan** RECHERCHE La chasse au trésor
Séance 8 CAHIER GÉOMÉTRIE p. 67-68	**Sommes et différences de deux nombres < 100**	**Reproduction d'une figure complexe**	**Masses (1)** RECHERCHE Comparer et mesurer des masses
Séance 9 CAHIER GÉOMÉTRIE p. 69	**Calculs avec les multiples simples de 15**	**Horaires et durées en heures et minutes**	**Masses (2)** RECHERCHE Calculer des masses

Bilan

Je prépare le bilan puis Je fais le bilan
FICHIER NOMBRES p. 110-111
CAHIER GÉOMÉTRIE p. 70-71

Consolidation Remédiation

Fort en calcul mental
FICHIER NOMBRES p. 103

Je consolide mes connaissances
FICHIER NOMBRES p. 112-113
CAHIER GÉOMÉTRIE p. 72-73

Banque de problèmes

L'emploi du temps
CAHIER GÉOMÉTRIE p. 74

Joue avec Flip

Avec des allumettes
FICHIER NOMBRES p. 114

L'essentiel à retenir de l'unité 9

• **Calcul mental**
– Calculs additifs, soustractifs, multiplicatifs
– Ajout, retrait de nombres inférieurs à 100
– Calculs avec les multiples de 15

• **Résolution de problèmes : déduction , organisation des étapes**

• **Division : groupements réguliers (recherche du nombre de parts)**

• **Division : calcul réfléchi de quotients et de restes**

• **Lecture d'un plan**

• **Masses : comparer, mesurer, calculer des masses**

UNITÉ 9

	Tâche	Matériel	Connaissances travaillées
PROBLÈMES DICTÉS	**Partage équitable** – Résoudre des problèmes de partage équitable.	par élève : FICHIER NOMBRES p. 104 a, b et c	– **Division : approche** – **Partage équitable** – Addition, soustraction, multiplication.
PROBLÈMES ÉCRITS	Partage équitable – Résoudre des problèmes de partage équitable.	par élève : FICHIER NOMBRES p. 104 A et B	– **Division : approche** – **Partage équitable** – Signe « : » – Addition, soustraction, multiplication.
APPRENDRE Problèmes	Résolution de problèmes : déduction RECHERCHE **Des voitures et des camions** – Trouver la longueur d'un train de véhicules à partir de la donnée des longueurs de deux autres trains.	par élève : – fiche recherche 40 FICHIER NOMBRES p. 104 1 à 4	– **Résolution de problèmes** – **Déductions** – Étapes de la résolution – Analyse descendante et remontante.

PROBLÈMES DICTÉS

Partage équitable

– Résoudre mentalement des problèmes de partage équitable.

FICHIER NOMBRES ET CALCULS p. 104

INDIVIDUEL ET COLLECTIF

• Formuler les problèmes suivants et faire une rapide mise en commun après chaque problème.

Problème a

Sophie a acheté **12 caramels**. Avec ces caramels, elle prépare **2 paquets** de caramels identiques.

Combien de caramels doit-elle mettre dans chaque paquet ?

Problème b

Isidore a acheté **17 caramels**. Avec ces caramels, il prépare **2 paquets** de caramels identiques.

Combien de caramels doit-il mettre dans chaque paquet ? Combien de caramels ne peut-il pas utiliser ?

Problème c

Raoul a acheté **2 livres** qui coutent tous les deux le même prix. Au total, il a payé **24 euros**.

Quel est le prix d'un livre ?

RÉPONSE : a. 6 caramels   b. 8 caramels, reste : 1 caramel   c. 12 €.

• Les élèves peuvent se préparer ou s'entrainer à ce moment de calcul mental en utilisant l'**exercice 1** de **Fort en calcul mental, p. 103**.

RÉPONSE : a. 9 caramels   b. 12 caramels, reste : 1 caramel. c. 12 €.

Partage équitable

– Résoudre des problèmes de partage équitable.

FICHIER NOMBRES ET CALCULS **p. 104**

Résoudre des problèmes

A 32 cartes sont distribuées à cinq enfants. Chacun reçoit le même nombre de cartes. Les cartes restantes constituent la pioche.

a. Combien de cartes reçoit chaque enfant ?

....

b. Combien de cartes constituent la pioche ?

....

B Dans l'école de Lou, il y a 135 élèves. Le directeur veut les répartir en colonnes. Dans chaque colonne, il doit y avoir le même nombre d'élèves. Coche la ou les bonnes réponses. On peut répartir tous les élèves :

☐ en 5 colonnes. ....
☐ en 7 colonnes. ....
☐ en 9 colonnes. ....

Si tu as coché une réponse, écris le nombre d'élèves par colonne.

Problème A

Problème de partage équitable (avec reste).

Lors de la correction, demander une vérification par le calcul du type $(b \times q) + r = a$ et faire vérifier que le reste est bien inférieur au diviseur.

RÉPONSE : 6 cartes, il en reste 2, vérification : $6 \times 5 + 2 = 32$.

Problème B

Problème de partage équitable.

Ce problème est plus difficile, du fait de la taille des nombres. Une résolution par essais de produits par 5, 7 et 9 est sans doute ici la plus probable, mais les élèves peuvent aussi commencer par chercher à répartir 13 dizaines en 5, 7 ou 9 (soit 2 dizaines ou 1 dizaine par colonne), puis à répartir les enfants qui restent (35 dans le 1er cas, 65 dans le 2e cas et 45 dans le dernier cas) .

RÉPONSE :
5 colonnes : oui, 27 élèves par colonne
7 colonnes : non
9 colonnes : oui, 15 élèves par colonne.

Résolution de problèmes : déduction

– Organiser une résolution en effectuant une suite de déductions.
– Remarquer que les déductions peuvent s'opérer soit de manière descendante en partant des données, soit de manière remontante en partant de la question ou de sous-questions, les deux approches étant souvent combinées.

RECHERCHE Fiche recherche 40

Des voitures et des camions : Trois trains de longueurs différentes sont constitués de deux sortes de véhicules. Les élèves doivent trouver la longueur du troisième train à partir des longueurs données des deux premiers trains.

PHASE 1 Des voitures et des camions

Problème de la recherche

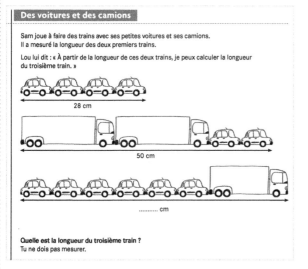

Des voitures et des camions

Sam joue à faire des trains avec ses petites voitures et ses camions. Il a mesuré la longueur des deux premiers trains.

Lou lui dit : « À partir de la longueur de ces deux trains, je peux calculer la longueur du troisième train. »

28 cm

50 cm

.... cm

Quelle est la longueur du troisième train ? Tu ne dois pas mesurer.

• Demander aux élèves de prendre connaissance du problème sur la fiche recherche. Faire formuler les données principales du problème :

– on connait la longueur du 1er train constitué de petites voitures identiques ;
– on connait la longueur du 2e train constitué des mêmes petites voitures et de 2 camions identiques ;
– il faut trouver la longueur du 3e train.

• Préciser que les élèves doivent d'abord travailler seuls, puis confronter leurs réponses par équipes et, enfin, qu'ils devront rendre compte de leur recherche.

• Laisser un temps suffisant de recherche. Si certains élèves ne démarrent pas, leur demander ce qu'il faudrait connaitre pour répondre à la question. Si trop d'équipes ne démarrent pas ou s'enferrent dans des calculs sans signification, proposer une mise en commun intermédiaire, en précisant qu'il ne s'agit pas de dire ce qu'on a trouvé, mais comment on a démarré. En particulier, formuler l'idée qu'il est possible de trouver la longueur d'une petite voiture ou de deux petites voitures *(voir commentaire)*.

> **Une démarche par essais et ajustements** est possible, mais difficile à mener à bien. Le fait que le 1er train ne comporte que des voitures devrait inciter les élèves à chercher la longueur d'une voiture (ou de deux voitures puisque cela est suffisant pour répondre).

PHASE 2 Mise en commun et synthèse

• Demander à quelques équipes repérées au préalable pour la diversité de leurs approches du problème (que les procédures soient ou non fécondes) de présenter leur travail et la réponse à laquelle ils ont abouti. Pour chacune d'elles :

UNITÉ 9

– faire contrôler par la classe si la réponse est compatible avec les données ;

– faire expliciter les étapes de la résolution ;

– demander à la classe d'en débattre pour savoir si elle peut mener à la réponse ;

– demander si d'autres équipes ont utilisé la même stratégie et le faire vérifier rapidement.

• Regrouper au tableau les feuilles de recherche qui correspondent à des stratégies comparables (voir synthèse qui suit).

• Organiser une **synthèse** relative à la **démarche déductive** et aux **étapes de résolution** qui peuvent être utilisées ici.

Résoudre un problème par déduction

• **Les déductions qu'il fallait faire pour trouver :**

1. Déduire la longueur d'une petite voiture (7 cm) ou de 2 petites voitures (14 cm), par essais ou en utilisant un résultat de la table de multiplication ou la notion de moitié.

2. Trouver la longueur de 2 camions (36 cm obtenu par 50 – 14 ou par le complément de 14 à 50), puis d'un camion (18 cm).

3. Trouver la longueur du 3e train (60 cm).

• **Pour résoudre ce type de problème, il faut partir :**

– **des données** pour savoir ce qu'on peut en déduire ;

– **mais aussi de la question** pour déterminer ce qu'il serait utile de connaitre, pour revenir ensuite à ce qu'on peut tirer des données.

RÉPONSE : Longueur du 3e train : 60 cm.

Si la stratégie par déduction n'apparait pas, elle est suggérée et menée avec l'enseignant au moment de la synthèse. On peut faire remarquer qu'il n'est pas nécessaire d'avoir la longueur d'une voiture, puisque les voitures peuvent toujours être groupées par deux. Ainsi, la longueur de 6 voitures peut être obtenue comme 6 fois celle d'une voiture ou comme 3 fois celle de 2 voitures.

ENTRAINEMENT

FICHIER NOMBRES ET CALCULS p. 104

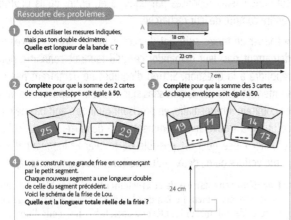

Exercice ❶

Problème avec une ou plusieurs déductions simples.

Cette question est très proche de celle de la recherche.

Insister auprès des élèves sur le fait qu'il s'agit d'un schéma et que les dimensions du dessin ne sont pas les dimensions réelles.

Lors du corrigé, faire remarquer les deux démarches possibles :

– la plus simple est de considérer que la 3e bande peut être obtenue en mettant bout à bout les deux premières ;

– la deuxième démarche consiste à trouver la longueur d'une bande bleue (9 cm), puis celle d'une bande rouge (7 cm) et de calculer la longueur de la 3e bande.

Une vérification peut être faite en utilisant des bandes ayant les longueurs indiquées.

RÉPONSE : 41 cm.

Exercices ❷ et ❸

Problème avec une déduction simple : trouver un nombre qui, additionné à un ou deux autres nombres, donne un résultat donné.

Le raisonnement est ici simple : il s'agit de calculer un complément, soit directement, soit par recours à la soustraction.

RÉPONSE : ❷ 25 21.   ❸ 20 19.

Exercice ❹

Problème avec une suite de déductions.

Les élèves doivent comprendre que chaque segment a une longueur double de celui qui le précède ou moitié de celui qui le suit. Il est, à partir de là, facile de déduire la longueur de chaque segment et donc du tracé tout entier.

RÉPONSE : 93 cm.

Différenciation : Exercices 1 à 4 → **CD-Rom du guide, fiche n° 39**.

À SUIVRE

En **séance 2**, un problème dont la résolution exige des déductions et des essais est proposé aux élèves.

	Tâche	Matériel	Connaissances travaillées
CALCULS DICTÉS	Nombre pensé – Retrouver un nombre avant qu'il n'ait subi un ajout ou un retrait.	par élève : FICHIER NOMBRES **p. 105 a à h**	– **Calcul réfléchi** – **Relation entre addition et soustraction** – Recherche d'un état final ou initial dans des situations d'augmentation et de diminution.
RÉVISER Calcul	Calculs avec des parenthèses – Former différents calculs à partir d'une moule donné. – Effectuer les calculs.	par élève : FICHIER NOMBRES **p. 105 A**	– **Calculs avec parenthèses** – **Calcul posé, calcul réfléchi** – Addition, soustraction, multiplication – S'organiser pour trouver toutes les solutions.
APPRENDRE Problèmes	Résolution de problèmes : déduction, essais RECHERCHE **L'énigme de Lou** – Retrouver les nombres d'un tableau à partir d'indications fournies	par élève : – **fiche recherche 41** FICHIER NOMBRES **p. 105 ❶ , ❷ et ❸**	– **Résolution de problèmes** – **Déductions, essais** – Étapes de la résolution – Analyse descendante et remontante.

CALCULS DICTÉS

Nombre pensé

– Retrouver un nombre avant qu'il n'ait subi un ajout ou un retrait.

INDIVIDUEL ET COLLECTIF

FICHIER NOMBRES ET CALCULS p. 105

• Expliquer l'activité à partir du premier exemple (a) de la première série :

➡ *Je pense un nombre, je lui ajoute 10, je trouve 23. Vous devez trouver le nombre auquel j'ai pensé.*

Les élèves écrivent les résultats des calculs dictés pour la première série, puis après correction ceux de la deuxième série.

Première série :

Je pense à un nombre	a	b	c	d
Je pense à un nombre	?	?	?	?
Je lui ajoute	10	20	50	200
Je trouve	23	57	84	500

Deuxième série :

	e	f	g	h
Je pense à un nombre	?	?	?	?
Je lui soustrais	10	20	50	100
Je trouve	3	47	35	300

RÉPONSE : a. 13   b. 37   c. 34   d. 300   e. 13   f. 67   g. 85   h. 400.

• Les élèves peuvent se préparer ou s'entrainer à ce moment de calcul mental en utilisant l'**exercice 2** de **Fort en calcul mental, p. 103**.

RÉPONSE : a. 12   b. 35   c. 26   d. 49.

Cette activité permet d'entrainer des connaissances travaillées en unité 8.
Pour répondre, les élèves peuvent soit travailler sur des additions ou soustractions à trous, soit considérer qu'il est possible d'utiliser la soustraction dans les **cas a** à **d** et l'addition dans les **cas e** à **g**. Cela peut être illustré soit dans un contexte matériel, soit par des déplacements sur la file numérique.

Exemple pour la **question f** :
– **contexte matériel :** le problème revient à « *Dans cette boite, il y a des cubes. J'en enlève 20, il en reste 47. Combien y en avait-il au départ ?* ». Le raisonnement qui conduit à l'addition de 47 et de 20 consiste à considérer que pour retrouver le contenu initial de la boite, il faut y replacer les 20 cubes enlevés.
– **ligne numérique :**

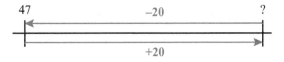

UNITÉ 9

Calculs avec des parenthèses

– Effectuer des calculs comportant des parenthèses.

INDIVIDUEL

FICHIER NOMBRES ET CALCULS p. 105

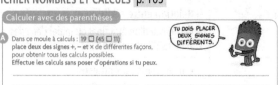

Exercice A

Calculer avec des parenthèses.

Il faut d'abord trouver les expressions possibles avant d'effectuer les calculs. Pour cela, les élèves peuvent être aidés par l'enseignant.

RÉPONSE : $19 + (45 - 11) = 53$ $19 + (45 \times 11) = 514$
$19 \times (45 + 11) = 1\ 064$ $19 \times (45 - 11) = 646$.

Résolution de problèmes : déduction, essais

– Organiser une résolution d'un problème en effectuant une suite de déductions et des essais organisés.

ÉQUIPES DE 2

RECHERCHE Fiche recherche 41

L'énigme de Lou : Les élèves doivent retrouver les nombres d'un tableau à partir d'indications fournies sur des sommes réalisées avec ces nombres.

PHASE 1 Résolution du problème

Problème de la recherche

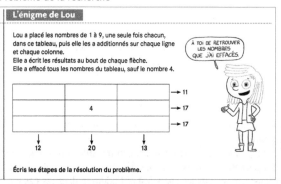

• Demander aux élèves de prendre connaissance du problème de la **fiche recherche**. Faire formuler les données principales du problème :

– on doit placer les nombres de **1** à **9**, chacun une seule fois (le nombre 4 est déjà placé) ;

– on connait les sommes des 3 nombres de chaque ligne et de chaque colonne.

• Préciser :

➡ *Chaque équipe doit noter tout ce qu'elle a fait pour résoudre ce problème, de façon à pouvoir échanger ensuite dans la classe à ce sujet.*

Laisser un temps suffisant de recherche.

• Si certains élèves ne démarrent pas, faire une mise en commun intermédiaire pour orienter le début de leur recherche, notamment sur le fait qu'on peut déduire des données que :

– sur la **2ᵉ ligne**, la somme des 2 nombres manquants doit être égale à **13** ;

– sur la **2ᵉ colonne**, la somme des 2 nombres manquants doit être égale à **16**.

COLLECTIF

Une démarche par essais seuls peut difficilement aboutir. On est cependant amené à mêler essais et déductions. La difficulté est de savoir par où commencer (*cf. mise en commun intermédiaire évoquée ci-dessus*).

PHASE 2 Mise en commun

• Demander à quelques équipes repérées au préalable pour la diversité de leurs approches du problème (que les procédures soient ou non fécondes) de présenter leur travail.

• À partir de l'analyse de quelques productions, mettre en évidence qu'il est très difficile résoudre le problème en plaçant des nombres au hasard et dégager les étapes possibles de la résolution :

Étape 1 : Ce qu'on peut déduire immédiatement

– sur la **2ᵉ ligne**, les nombres ne peuvent être que **5** et **8** ou **6** et **7** (4 et 9 sont à écarter puisque 4 est déjà placé) ;

– sur la **2ᵉ colonne**, les nombres ne peuvent être que **7** et **9** (8 et 8 sont à écarter puisque les nombres du tableau doivent être différents) ;

– sur la **2ᵉ ligne**, seuls les nombres **5** et **8** sont possibles puisque **7** est forcément dans la 2ᵉ colonne.

À l'issue de cette étape, **4 configurations** peuvent être examinées :

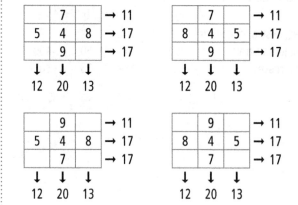

Étape 2 : **Certaines de ces configurations sont-elles à écarter ?**

C'est le cas des deux dernières, car sur la 1re ligne, on ne pourrait avoir que **1 / 9 / 1**, ce qui est impossible, compte-tenu du fait que les nombres du tableau doivent être différents.

Étape 3 : **Comment compléter les 2 premières configurations ?**

Sur la 1re ligne, on ne peut avoir que **1 / 7 / 3** ou **3 / 7 / 1** (2 / 7 / 2 étant à écarter).

Ce qui conduit à nouveau à **4 configurations** :

1	7	3	→ 11
5	4	8	→ 17
	9		→ 17

↓ ↓ ↓
12 20 13

1	7	3	→ 11
8	4	5	→ 17
	9		→ 17

↓ ↓ ↓
12 20 13

3	7	1	→ 11
5	4	8	→ 17
	9		→ 17

↓ ↓ ↓
12 20 13

3	7	1	→ 11
8	4	5	→ 17
	9		→ 17

↓ ↓ ↓
12 20 13

Étape 4 : **Quelles configurations peuvent être complétées avec des nombres différents de ceux déjà placés ?**

La première donne :

1	7	3	→ 11
5	4	8	→ 17
6	9	2	→ 17

↓ ↓ ↓
12 20 13

Les autres sont impossibles à compléter.

D'autres déductions sont envisageables. Elles seront étudiées en fonction des productions des élèves.

AIDE Il est possible de simplifier le travail des élèves en leur donnant un tableau déjà partiellement rempli.

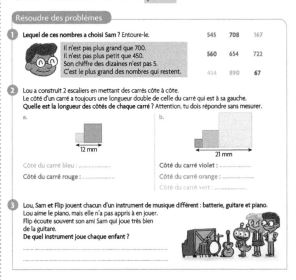

ENTRAINEMENT

FICHIER NOMBRES ET CALCULS p. 105

Résoudre des problèmes

① Lequel de ces nombres a choisi Sam ? Entoure-le.

Il n'est pas plus grand que 700.
Il n'est pas plus petit que 450.
Son chiffre des dizaines n'est pas 5.
C'est le plus grand des nombres qui restent.

545   708   167
560   654   722
454   890   67

② Lou a construit 2 escaliers en mettant des carrés côte à côte. Le côté d'un carré a toujours une longueur double de celle du carré qui est à sa gauche. **Quelle est la longueur des côtés de chaque carré ? Attention, tu dois répondre sans mesurer.**

a.   12 mm
Côté du carré bleu : ....
Côté du carré rouge : ....

b. 21 mm
Côté du carré violet : ....
Côté du carré orange : ....
Côté du carré vert : ....

③ Lou, Sam et Flip jouent chacun d'un instrument de musique différent : batterie, guitare et piano. Lou aime le piano, mais elle n'a pas appris à en jouer. Flip écoute souvent son ami Sam qui joue très bien de la guitare. **De quel instrument joue chaque enfant ?**

....
....

Exercice ①

Résoudre un problème par une chaine de déductions.

La solution la plus simple consiste à éliminer des nombres après lecture de chaque indication.

Il est également possible de procéder par essais en confrontant chaque nombre aux indications du texte.

RÉPONSE : 560.

Exercice ②

Résoudre un problème par déduction et par essais.

Il faut considérer que :

– **pour** a : on cherche deux nombres dont l'un est le double de l'autre et dont la somme est égale à 12 ;

– **pour** b : on cherche trois nombres dont le 2e est le double du 1er, le 3e est le double du 2e et dont la somme des trois est égale à 21.

RÉPONSE : a. 4 et 8   b. 3, 6 et 12.

Exercice ③

Résoudre un problème par déduction.

On déduit, de la 1re phrase, que Lou ne pratique pas le piano et, de la 2e phrase, que Sam pratique la guitare. D'où la réponse pour Lou (il ne reste pour elle que la batterie), puis pour Flip.

RÉPONSE : **Sam** : guitare   **Lou** : batterie   **Flip** : piano.

UNITÉ 9

	Tâche	Matériel	Connaissances travaillées
CALCULS DICTÉS	**Nombre pensé** – Retrouver un nombre avant qu'il n'ait subi un ajout ou un retrait.	par élève : FICHIER NOMBRES **p. 106 a à h**	– **Calcul réfléchi** – **Relation entre addition et soustraction** – Recherche d'un état final ou initial dans des situations d'augmentation et de diminution.
RÉVISER Calcul	Calculs avec des parenthèses – Former différents calculs à partir d'une moule donné. – Effectuer les calculs.	par élève : FICHIER NOMBRES **p. 106 Ⓐ**	– **Calculs avec parenthèses** – **Calcul posé, calcul réfléchi** – Addition, soustraction, multiplication – S'organiser pour trouver toutes les solutions.
APPRENDRE Calcul	Approche de la division : groupements réguliers (1) RECHERCHE **Combien de rubans ? (1)** – Déterminer combien de rubans d'une même longueur (indiquée) peuvent être découpés dans une bande de longueur donnée.	pour la classe : – 6 bandes de papier (ou fils) de 2 cm, 6 cm, 10 cm, 20 cm, 32 cm et 67 cm par équipe de 2 : – une feuille pour chercher – les calculatrices ne sont pas autorisées FICHIER NOMBRES **p. 106 ❶ à ❻**	– **Division : approche** – **Groupements réguliers** – Signe « : » – Addition, soustraction, multiplication.

CALCULS DICTÉS

Nombre pensé

– Retrouver un nombre avant qu'il n'ait subi un ajout ou un retrait.

FICHIER NOMBRES ET CALCULS p. 106

• Expliquer l'activité partir du premier exemple (a) de la première série :

➡ *Je pense à un nombre, je lui ajoute **8**, je trouve **25**. Vous devez trouver le nombre auquel j'ai pensé.*

Les élèves écrivent les résultats des calculs dictés pour la première série, puis après correction ceux de la deuxième série.

Première série :

	a	b	c	d
Je pense à un nombre	?	?	?	?
Je lui ajoute	8	10	200	150
Je trouve	25	57	250	200

Deuxième série :

	e	f	g	h
Je pense à un nombre	?	?	?	?
Je lui soustrais	10	20	100	50
Je trouve	47	63	20	50

RÉPONSE : a. 17   b. 47   c. 50   d. 50   e. 57   f. 83   g. 120   h. 100.

• Les élèves peuvent se préparer ou s'entrainer à ce moment de calcul mental en utilisant l'**exercice 3** de **Fort en calcul mental, p. 103**.

RÉPONSE : a. 20   b. 41   c. 48   d. 40.

RÉVISER

Calculs avec des parenthèses

– Effectuer des calculs comportant des parenthèses.

FICHIER NOMBRES ET CALCULS p. 106

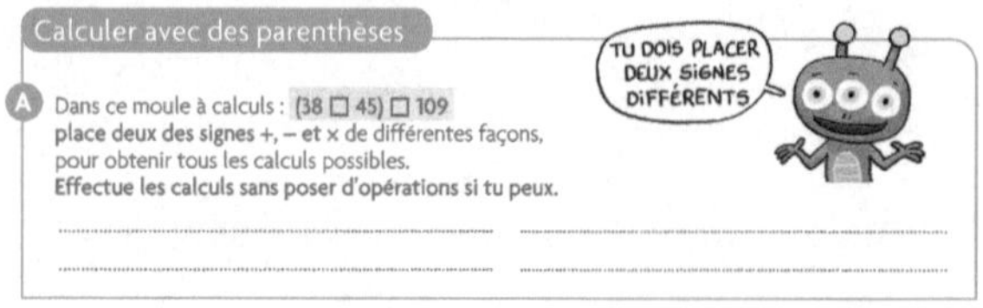

Calculer avec des parenthèses

Ⓐ Dans ce moule à calculs : (38 □ 45) □ 109 place deux des signes +, – et × de différentes façons, pour obtenir tous les calculs possibles. Effectue les calculs sans poser d'opérations si tu peux.

TU DOIS PLACER DEUX SIGNES DIFFÉRENTS

Exercice Ⓐ

Calculer avec des parenthèses.

Il faut d'abord trouver les expressions possibles avant d'effectuer les calculs. Pour cela, les élèves peuvent être aidés par l'enseignant.

RÉPONSE : (38 × 45) + 109 = **1 819**   (38 × 45) – 109 = **1 601**
(38 + 45) × 109 = **9 047**.

Approche de la division : groupements réguliers (1)

– Résoudre des problèmes dans des situations où on cherche combien d'éléments de longueur fixée (ou combien de groupements de taille donnée) peuvent être déterminés dans une longueur (ou dans une collection d'objets) connue.
– Utiliser le signe « : » pour la division exacte (reste nul).
– Calculer des quotients et des restes, et utiliser l'égalité $a = (b \times q) + r$.

RECHERCHE

Combien de rubans ? (1) : Les élèves doivent déterminer combien de rubans de 2 cm, de 6 cm, de 10 cm ou de 20 cm peuvent être découpés dans une bande de longueur donnée.

PHASE 1 **Combien de rubans dans une bande de 32 cm ?**

• Préciser la tâche :

⇒ *Voici une **bande** (ou un fil) de **32 cm** (montrer la bande aux élèves). Sam, Lou, Flip et Pok ont chacun une bande de même longueur que celle-ci : ils doivent y découper des rubans de même longueur. Pour **Sam**, ce sont des rubans de **2 cm** ; pour **Lou**, des rubans de **6 cm** ; pour **Flip**, des rubans de **10 cm** ; pour **Pok**, des rubans de **20 cm** (montrer à chaque fois le ruban adéquat).*
*Vous devez trouver combien de rubans chacun peut découper dans la bande de **32 cm**. S'il reste du tissu, vous devez aussi indiquer la longueur restante. N'oubliez pas de faire une phrase pour exprimer votre réponse, ni de vérifier si les réponses que vous avez trouvées sont correctes.*

• Noter au tableau les informations :

une bande de 32 cm	
Sam : rubans de **2 cm**	**Lou** : rubans de **6 cm**
Flip : rubans de **10 cm**	**Pok** : rubans de **20 cm**

• Après un temps de recherche qui devrait être assez court pour cette question, organiser une première **mise en commun** en trois temps :

1. **Collecte de toutes les réponses** : certaines réponses sont reconnues comme fausses très rapidement (en disant pourquoi), d'autres sont conservées en attendant le résultat de la discussion sur les procédures.

2. **Discussion de quelques procédures significatives** en gardant une trace de chacune de ces procédures au tableau (avec une bande de 32 cm, l'éventail des procédures est très large), notamment :
– utilisation d'un dessin en vraie grandeur ;
– utilisation d'un schéma ;
– addition itérée de **2**, de **6** ou de **10** ou soustraction itérée de **2**, de **6**, de **10** à partir de **32** (pour **20**, il n'y a pas itération) ;
– appui sur un résultat connu : $2 \times 15 = 30$ ou $6 \times 5 = 30$;
– essais de produits par **2** ou par **6** ou par **10** ou par **20** ;
– appui sur des résultats connus et ajouts de multiples de **2** ou de **6** :
exemple pour **6** → $12 + 12 = 24$, $24 + 6 + 2 = 32$;
– utilisation de la numération décimale :
exemple pour **10** → dans 32, il y a 3 dizaines, donc 3 fois 10 ;
– utilisation explicite de la division ou de la notion de moitié pour **2**.

3. **Validation des réponses** : elle peut se faire de façon expérimentale (découpage effectif des rubans et report du ruban de 2 cm, de 6 cm, de 10 cm ou de 20 cm sur la bande) ou par un calcul additif ou multiplicatif, par exemple : « c'est bien 5 bandes

de cm, car $6 \times 5 = 30$, il reste 2 cm de tissu », ce qui est traduit par $32 = (6 \times 5) + 2$.

RÉPONSE : **Sam** : 16 rubans de **2 cm**
Lou : 5 rubans de **6 cm** (reste 2 cm de tissu)
Flip : 3 rubans de **10 cm** (reste 2 cm de tissu)
Pok : 1 ruban de **20 cm** (reste 12 cm de tissu).

Le choix des quatre longueurs (2 cm, 6 cm, 10 cm et 20 cm) est motivé par le fait que :
– **2 cm** peut inciter les élèves à utiliser une division connue (notamment en remarquant qu'il suffit de prendre la moitié du nombre donné) ;
– **6 cm** incite à chercher combien de fois **6** il y a dans **32** ;
– **10 cm** peut inciter à utiliser le fait que dans **32** il y a **3 dizaines** ;
– **20 cm** donne un quotient égal à 1 et un reste assez élevé ;
– ces nombres permettent des observations du type : avec **10 cm**, on n'obtient pas 2 fois plus de rubans qu'avec 20 cm ou avec **2 cm** on n'obtient pas 3 fois plus de rubans qu'avec 6 cm.

Les erreurs possibles sont du type :
– choix d'une procédure inadaptée ;
– difficulté à interpréter une procédure adaptée : par exemple avec 6 cm, dans le calcul $12 + 12 = 24$, il faut associer 12 à 2 rubans et 24 à 4 rubans… ;
– erreurs de calcul…

Une autre organisation de l'activité peut être suggérée dans laquelle, pendant que les autres groupes cherchent la réponse par des calculs, un groupe témoin les cherche en utilisant le matériel (en découpant effectivement les rubans). Ce groupe témoin interviendrait alors au moment de la validation des réponses.

PHASE 2 **Combien de rubans dans une bande de 67 cm ?**

• Le déroulement est identique à celui de phase 1, avec une bande de **67 cm**.

• Centrer les échanges sur l'efficacité des procédures utilisées, ce qui fera l'objet de la **synthèse** *(voir phase 3)*.

RÉPONSE : **Sam** : 33 rubans de **2 cm** (reste 1 cm de tissu)
Lou : 11 rubans de **6 cm** (reste 1 cm de tissu)
Flip : 6 rubans de **10 cm** (reste 7 cm de tissu)
Pok : 3 rubans de **20 cm** (reste 7 cm de tissu).

PHASE 3 **Synthèse**

• Établir un inventaire des procédures utilisées et faire le **lien avec la division** :

Combien de rubans dans une bande de 67 cm ?
Exemple : Avec des rubans de 2 cm, de 6 cm, de 10 cm ou de 20 cm.

• **Les procédures :**

1. **Addition itérée, soustraction itérée ou dessin des bandes**
Cette procédure devient plus fastidieuse lorsque la taille de la bande de tissu augmente.

2. **Addition itérée ou soustraction itérée de multiples de 2, de 6, de 10 ou de 20**
Cette procédure est efficace, mais il faut ensuite bien interpréter les calculs. Par exemple, cette suite de calculs fait intervenir des multiples de 6 : $60 + 6 + 1 = 67$.

Pour répondre à la question, il faut repérer que « 60 » correspond à **10 rubans** de 6 cm et « 6 » **à un ruban**.

3. **Multiplication** : « Chercher combien il y a de fois 2, 6, 10 ou 20 dans 67 » peut se traduire par quel nombre il faut multiplier 2, 6, 10 ou 20 pour atteindre 67 ou s'en approcher le plus possible. Cette procédure est efficace et facile à interpréter.

Exemple : La suite d'essais $10 \times 2 = 20$, $20 \times 2 = 40$, $30 \times 2 = 60$, $33 \times 2 = 66$ permet de conclure qu'on peut découper 33 rubans de 2 cm et il reste 1 cm non utilisé.

4. **Division-partage** (vue en unité 8) : « Chercher combien de fois il y a 2 ou 6 dans 67 » peut être remplacé par le partage de 67 par 2 ou par 6, avec dans chaque cas, un reste égal à 1.

• **Vérification des résultats**
– La vérification se fait avec les **égalités** :
$(2 \times 33) + 1 = 67$ $(6 \times 11) + 1 = 67$
$(10 \times 6) + 7 = 67$ $(20 \times 3) + 7 = 67$
en veillant à ce que le nombre restant (le reste) soit plus petit que 2, 6, 10 ou 20.
– Dans le cas de la bande **32 cm**, pour la **division par 2**, comme le reste est nul, on peut écrire l'**égalité** $32 : 2 = 16$.

• Conclure :

• La **division** qui permet de « **partager 67 en 6** » permet aussi de trouver « **combien il y a de fois 6 dans 67** ».

• L'égalité $(6 \times 11) + 1 = 67$ permet de vérifier que **11 est le quotient** et que **1 est le reste** (il doit être plus petit que 6).

Il est possible que la recherche du nombre de rubans de 2 cm incite les élèves à utiliser la division et à en étendre ainsi le sens. La « démonstration » de l'équivalence entre « partage de 67 en 2 » et recherche de « combien de fois 2 dans 67 » est difficile pour des élèves de ce niveau. Une piste possible consiste à établir que, dans les deux cas, on cherche à compléter $2 \times ...$ pour atteindre **67** ou s'en approcher le plus possible.
Il s'agit en fait d'établir l'équivalence des trois procédures :
– partager **67** en **2** parts égales,
– chercher combien de fois **2** est contenu dans **67** ;
– compléter $2 \times ...$ pour atteindre **67** ou s'en approcher ;
La 3ᵉ procédure assure le lien entre les deux premières.

Cette question sera au centre de l'étude de la division au CM1. Dans ce sens, il faut considérer que le travail mené au CE2 ne constitue qu'une approche de cette opération.

ENTRAINEMENT

FICHIER NOMBRES ET CALCULS p. 106

Exercices ❶ et ❷

Résoudre des problèmes de type « recherche du nombre de parts égales ».

Ces exercices sont des applications des questions de recherche, avec recherche du « quotient » ou du nombre de parts.
RÉPONSE : ❶ 6 rubans.   ❷ 15 rubans (reste 3 cm).

AIDE ET REMÉDIATION Traduire les données du problème à l'aide de matériel (fils ou bandes de papier). Ce matériel peut également servir à illustrer les procédures et à valider les réponses. Donner une reformulation qui permet de généraliser les questions proposées, sous la forme « **combien de fois 5 dans 30 ou dans 78 ?** ».

Exercice ❸

Chercher la longueur de la bande initiale connaissant le nombre de parts, leur longueur et le reste.

Le contexte des rubans est le même, mais cette fois-ci on cherche la longueur de la bande. Cela permet de centrer l'attention sur l'égalité $(7 \times 9) + 4 = 67$.
RÉPONSE : 67 cm.

Exercice ❹

Chercher combien de fois un nombre est contenu dans un autre.

Ces questions ont déjà été rencontrées dans le cadre du calcul mental. Elles peuvent être illustrées à l'aide de la situation utilisée pour la recherche.
RÉPONSE : a. 8   b. 34   c. 50   d. 3   e. 10   f. 50   g. 2   h. 2.

AIDE ET REMÉDIATION Traduire les questions à l'aide de matériel (fils ou bandes de papier). Ce matériel peut également servir à illustrer les procédures et à valider les réponses. Etablir la nature « multiplicative » des questions, par exemple : « **combien de fois 25 dans 52 ?** » peut être assimilé à « **compléter 25 × ...** » pour atteindre 52 ou s'en approcher le plus possible.

Exercice ❺

Résoudre un problème faisant intervenir des groupements, la réponse étant donnée par le quotient augmenté de 1.

Dans cet exercice, on recherche toujours le « quotient » mais avec une difficulté supplémentaire : pour répondre, il faut augmenter le « quotient » de 1.
RÉPONSE : 7 minicars.

Exercice ❻

Résoudre un problème faisant intervenir des groupements, la réponse étant donnée par le reste.

Il faut déterminer combien de fois 7 est contenu dans 52, puis déterminer le reste.
RÉPONSE : 3 arbitres.

À SUIVRE
En **séance 4**, les élèves auront à résoudre le même problème, mais avec une bande de longueur nettement plus grande.

Différenciation : Exercices 1 à 6 → **CD-Rom du guide, fiche n° 40**.

	Tâche	Matériel	Connaissances travaillées
CALCULS DICTÉS	**Nombre pensé** – Retrouver un nombre avant qu'il n'ait subi un ajout ou un retrait.	**par élève :** FICHIER NOMBRES **p. 107 a à h**	**– Calcul réfléchi** **– Relation entre addition et de soustraction** – Recherche d'un état final ou initial dans des situations d'augmentation et de diminution.
RÉVISER Calcul	Calculs avec la monnaie – Compléter ou rédiger une facture.	**par élève :** – les calculatrices sont autorisées pour certains élèves FICHIER NOMBRES **p. 107 Ⓐ**	**– Calculs avec la monnaie** **– Calcul posé, calcul réfléchi, calculatrice** – Addition, soustraction, multiplication.
APPRENDRE Calcul	Approche de la division : groupements réguliers (2) RECHERCHE **Combien de rubans ? (2)** – Déterminer combien de rubans d'une même longueur (indiquée) peuvent être découpés dans une bande de longueur donnée.	**pour la classe :** – 5 bandes de papier (ou fils) de 2 cm, 6 cm, 10 cm, 20 cm, 248 cm **par équipe de 2 :** – feuille pour chercher – les calculatrices ne sont pas autorisées FICHIER NOMBRES **p. 107 ❶ à ❻**	**– Division : approche** **– Groupements réguliers** – Signe « : » – Addition, soustraction, multiplication.

CALCULS DICTÉS

Nombre pensé

– Retrouver un nombre avant qu'il n'ait subi un ajout ou un retrait.

INDIVIDUEL ET COLLECTIF

FICHIER NOMBRES ET CALCULS **p. 107**

• Expliquer l'activité partir du premier exemple (a) de la première série :

➡ *Je pense à un nombre, je lui ajoute 9, je trouve 37. Vous devez trouver le nombre auquel j'ai pensé.*

Les élèves écrivent les résultats des calculs dictés pour la première série, puis après correction ceux de la deuxième série.

Première série :

	a	b	c	d
Je pense à un nombre	?	?	?	?
Je lui ajoute	9	10	300	150
Je trouve	37	63	325	600

Deuxième série :

	e	f	g	h
Je pense à un nombre	?	?	?	?
Je lui soustrais	10	30	200	50
Je trouve	65	43	50	250

RÉPONSE : a. 28   b. 53   c. 25   d. 450   e. 75   f. 73   g. 250   h. 300.

• Les élèves peuvent se préparer ou s'entrainer à ce moment de calcul mental en utilisant l'**exercice 4** de **Fort en calcul mental, p. 103.**

RÉPONSE : a. 27   b. 150   c. 78   d. 419.

RÉVISER

Calculs avec la monnaie

– Résoudre un problème faisant intervenir la multiplication et l'addition.

INDIVIDUEL

FICHIER NOMBRES ET CALCULS **p. 107**

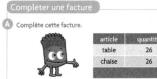

Compléter une facture

Ⓐ Complète cette facture.

article	quantité	prix à l'unité	prix à payer
table	26	36 €	
chaise	26	15 €	
		Total	

**Exercice **

Compléter une facture.

Une explicitation de ce type de document sera peut-être nécessaire.

RÉPONSE : tables : **936 €**   chaises : **390 €**   Total : **1 326 €.**

Approche de la division : groupements réguliers (2)

– Résoudre des problèmes dans des situations où on cherche combien d'éléments de longueur fixée (ou combien de groupements de taille donnée) peuvent être déterminés dans une longueur (ou dans une collection d'objets) connue.
– Utiliser le signe « : » pour la division exacte (reste nul).
– Calculer des quotients et des restes, et utiliser l'égalité $a = (b \times q) + r$.

RECHERCHE

Combien de rubans ? (2) : Les élèves doivent déterminer combien de rubans de 2 cm, de 6 cm, de 10 cm ou de 20 cm peuvent être découpés dans une bande de longueur donnée.

PHASE 1 **Combien de rubans dans une bande de 248 cm ?**

• Rappeler la tâche avec une nouvelle bande :

➡ *Voici une bande (ou un fil) de **248 cm** (montrer la bande ou le fil aux élèves). Sam, Lou, Flip et Pok ont chacun une bande de même longueur que celle-ci : ils doivent y découper des rubans de même longueur. Pour **Sam**, ce sont des rubans de **2 cm** ; pour **Lou**, des rubans de **6 cm** ; pour **Flip**, des rubans de **10 cm** ; pour **Pok**, des rubans de **20 cm** (montrer à chaque fois le ruban adéquat). Vous devez trouver combien de rubans chacun peut découper dans la bande de **248 cm**. S'il reste du tissu, vous devez aussi indiquer la longueur restante. N'oubliez pas de faire une phrase pour exprimer votre réponse, ni de vérifier si les réponses que vous avez trouvées sont correctes.*

• Noter au tableau les informations :

une bande de 248 cm	
Sam : rubans de **2 cm**	**Lou** : rubans de **6 cm**
Flip : rubans de **10 cm**	**Pok** : rubans de **20 cm**

• Après le temps de recherche, organiser une **mise en commun** en trois temps :

1. **Collecte de toutes les réponses** : certaines réponses sont reconnues comme fausses très rapidement (en disant pourquoi), d'autres sont conservées en attendant le résultat de la discussion sur les procédures.

2. **Discussion de quelques procédures significatives** *(voir synthèse)* en gardant une trace de chacune de ces procédures au tableau.

3. **Validation des réponses** : elle peut se faire dans quelques cas de façon expérimentale (découpage effectif des rubans et report du ruban de 20 cm, par exemple) ou par un calcul additif ou multiplicatif, par exemple : « c'est bien 41 bandes de 6 cm, car $(6 \times 41) + 2 = 248$, reste 2 cm de tissu ».

RÉPONSE : **Sam : 124 rubans de 2 cm**
Lou : **41 rubans de 6 cm** (reste 2 cm de tissu)
Flip : **24 rubans de 10 cm** (reste 8 cm de tissu)
Pok : **12 rubans de 20 cm** reste 8 cm de tissu).

Le choix de la longueur initiale (248 cm) est motivé par le fait que :
– les procédures pratiques (dessin et découpage de la bande) sont impossibles ;
– l'addition ou la soustraction itérée de 2 ou 6 est longue et source de difficultés ;
– l'addition de multiple de 2, 6, 10 et 20 permet d'être plus rapide.

Les erreurs possibles sont toujours du type :
– choix d'une procédure inadaptée ;
– difficulté à interpréter une procédure adaptée : par exemple, avec 6 cm, dans le calcul $60 + 60 = 120$, $120 + 120 = 240$… il faut associer 60 à 10 rubans et 120 à 20 rubans… ;
– erreurs de calcul…
Il est probable que ce soit la recherche du nombre de rubans de 2 cm qui incite les élèves à utiliser la division et à en étendre ainsi le sens. La « démonstration » de l'équivalence entre « **partage de 248 en 2** » et recherche de « **combien de fois 2 dans 248** » est difficile pour des élèves de ce niveau. Une piste possible consiste à établir que, dans les deux cas, on cherche à compléter $2 \times \ldots$ pour atteindre 248 ou s'en approcher le plus possible.

PHASE 2 **Synthèse**

• Établir un inventaire des procédures utilisées et faire le lien avec la division (comme en séance 3) :

Combien de rubans dans une bande de 248 cm ?

Exemple : Avec des rubans de 2 cm, de 6 cm, de 10 cm ou de 20 cm.

• **Les procédures :**

1. **Addition itérée, soustraction itérée ou dessin des bandes**
Cette procédure devient de plus en plus fastidieux, voire impossible, lorsque la taille de la bande de tissu augmente.

2. **Addition itérée ou soustraction itérée de multiples de 2, de 6 ou de 20**
Cette procédure peut être efficace, mais il faut ensuite bien interpréter les calculs.
Exemple : Cette suite de calculs fait intervenir des multiples de 6 : $60 + 60 = 120$, $120 + 120 = 240$, $240 + 6 + 2 = 248$.
Pour répondre à la question, il faut repérer que **60** correspond à 10 rubans de 6 cm, **120** à 20 rubans, **240** à 40 rubans.

3. **Multiplication**
« Combien de fois il y a 2, 6 ou 20 dans 248 ? » peut se traduire en cherchant par quel nombre il faut multiplier 2, 6 ou 20 pour atteindre 248 ou s'en approcher le plus possible, procédure efficace et facile à interpréter.
Exemples : La suite d'essais $100 \times 2 = 200$, $120 \times 2 = 240$, $124 \times 2 = 248$ permet de conclure qu'on peut découper exactement 124 rubans de 2 cm.
La suite d'essais $20 \times 6 = 120$, $40 \times 6 = 240$, $41 \times 6 = 246$ permet de conclure qu'on peut découper 41 rubans de 6 cm et il reste 2 cm non utilisés.

4. **Division-partage** *(vue en unité 8)*
« Combien de fois 2 ou 6 dans 248 ? » peut être remplacé par le partage de 248 par 2 ou par 6, avec dans le cas de 6 un reste égal à 2.

5. **248 vu comme 24 dizaines et 8 unités pour les rubans de 10 cm**
Cette procédure permet de répondre immédiatement.

• Vérification des résultats

– La vérification se fait avec les **égalités** :

$2 \times 124 = 248$ $(6 \times 41) + 2 = 248$ $(20 \times 12) + 8 = 248$

en veillant à ce que le nombre restant (le reste) soit plus petit que 2, 6, 10 ou 20.

– Pour la **division par 2**, comme le reste est nul, on peut écrire l'**égalité** 248 : 2 = 124.

• Conclure :

• La **division** qui permet de « **partager 248 en 6** » permet aussi de trouver « **combien il y a de fois 6 dans 248** ».

• L'égalité **(6 × 41) + 2 = 248** permet de vérifier que **41 est le quotient** et que **2 est le reste** (il doit être plus petit que 6).

Ce type de situation permet d'aborder l'équivalence entre :
– partager **248** en **2** parts égales ;
– chercher combien de fois **2** est contenu dans **248** ;
– compléter **2 × …** pour atteindre **248** ou s'en approcher.
La 3ᵉ formulation assurant le lien entre les deux premières.

Cette question sera au centre de l'étude de la division au CM1. Dans ce sens, il faut considérer que le travail mené au CE2 ne constitue qu'une approche de cette opération.

ENTRAINEMENT

FICHIER NOMBRES ET CALCULS p. 107

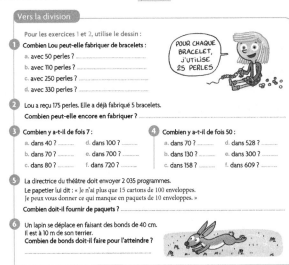

Vers la division

Pour les exercices 1 et 2, utilise le dessin :

1 Combien Lou peut-elle fabriquer de bracelets :

a. avec 50 perles ? _____
b. avec 110 perles ? _____
c. avec 250 perles ? _____
d. avec 330 perles ? _____

POUR CHAQUE BRACELET, J'UTILISE 25 PERLES

2 Lou a reçu 175 perles. Elle a déjà fabriqué 5 bracelets.
Combien peut-elle encore en fabriquer ?

3 Combien y a-t-il de fois 7 :
a. dans 40 ? _____   d. dans 100 ? _____
b. dans 70 ? _____   e. dans 700 ? _____
c. dans 80 ? _____   f. dans 720 ? _____

4 Combien y a-t-il de fois 50 :
a. dans 70 ? _____   d. dans 528 ? _____
b. dans 130 ? _____   e. dans 300 ? _____
c. dans 158 ? _____   f. dans 609 ? _____

5 La directrice du théâtre doit envoyer 2 035 programmes.
Le papetier lui dit : « Je n'ai plus que 15 cartons de 100 enveloppes.
Je peux vous donner ce qui reste en paquets de 10 enveloppes. »

Combien doit-il fournir de paquets ? _____

6 Un lapin se déplace en faisant des bonds de 40 cm.
Il est à 10 m de son terrier.
Combien de bonds doit-il faire pour l'atteindre ? _____

Exercices et

Problèmes faisant intervenir des groupements par 25.

Dans certains cas, il est possible de procéder par **addition itérée de 25** (pour 50 et 110 par exemple), dans d'autres cas (250 et 330), il est plus rapide de chercher à **compléter 25 × …** pour atteindre **250** ou s'approcher le plus possible de **330**.

Le problème **2 à étapes** peut être résolu en utilisant deux raisonnements :

– chercher le nombre total de bracelets qui peuvent être réalisés (7) et soustraire 5 ;

– chercher le nombre de perles déjà utilisées (125), le nombre de perles restantes (50) et le nombre de bracelets encore possibles (2).

RÉPONSE : **1** a. 2 bracelets   b. 4   c. 10   d. 13.
2 2 bracelets.

▤ AIDE ET REMÉDIATION   Du matériel figurant les paquets de 25 perles peut être remis à certains élèves. Demander de vérifier les réponses par des calculs du type :
$25 \times 10 = 250$ ou $(25 \times 4) + 10 = 250$,
le reste devant être inférieur à 25.

Exercices et

Chercher combien de fois un nombre est contenu dans un autre.

Ces questions ont déjà été rencontrées dans le cadre du calcul mental. Elles peuvent être illustrées à l'aide de la situation utilisée pour la recherche.

RÉPONSE : **3** a. 5   b. 10   c. 11   d. 14   e. 100   f. 102.
4 a. 1   b. 2   c. 3   d. 10   e. 6   f. 12.

▤ AIDE ET REMÉDIATION   Traduire les questions à l'aide de matériel (fils ou bandes de papier). Ce matériel peut également servir à illustrer les procédures et à valider les réponses.
Établir la nature « multiplicative » des questions, par exemple :
« **combien de fois 7 dans 80 ?** » peut être assimilé à « **compléter 7 × …** » pour atteindre **80** ou s'en approcher le plus possible.

Exercice

Problème faisant intervenir des groupements par 10 et par 100.

La résolution nécessite deux étapes qui font appel à des connaissances relatives à la multiplication par 100 et par 10 ou à la numération décimale.

RÉPONSE : 54 paquets de 10 enveloppes.

Exercice

Problème faisant intervenir des groupements (sous forme de « sauts réguliers »).

Il s'agit d'un problème de groupements représentés par des « sauts » de 40, mais il est probable que beaucoup d'élèves ne l'identifieront pas ainsi et que le recours à la multiplication (approche de chaque nombre par un calcul du type **40 × …**) sera moins fréquent que dans les activités de recherche.

Lors de la correction, on insistera donc sur le fait que, là aussi, on a cherché « **combien de fois 40 dans 1 000** » et que la division doit être exacte (reste nul).

RÉPONSE : 25 bonds.

▤ AIDE   Une aide peut être apportée pour la conversion de 10 m en 1 000 cm.

Tâche	Matériel	Connaissances travaillées
PROBLÈMES DICTÉS **Augmentation, diminution** – Trouver la valeur d'un état initial ou celle d'une transformation.	par élève : FICHIER NOMBRES **p. 108 a, b et c**	– **Addition, soustraction : sens des opérations.**
PROBLÈMES ÉCRITS **Augmentation, diminution** – Trouver la valeur d'un état initial ou celle d'une transformation.	par élève : FICHIER NOMBRES **p. 108 A et B**	– **Addition, soustraction : sens des opérations.**
APPRENDRE Calcul **Division : calcul réfléchi (1)** **RECHERCHE Des quotients (avec reste égal à 0)** – Calculer des quotients exacts en utilisant des décompositions du dividende (ou du diviseur).	par élève : – **fiche recherche 42** – la calculatrice n'est pas autorisée FICHIER NOMBRES **p.108 1 à 5**	– **Division : calcul réfléchi** – Signe « : » – Lien entre multiplication et division.

PROBLÈMES DICTÉS

Augmentation, diminution

– Résoudre mentalement des problèmes où il faut chercher un état initial ou une transformation dans des situations de déplacement sur une piste numérotée.

INDIVIDUEL ET COLLECTIF

FICHIER NOMBRES ET CALCULS **p. 108**

• Formuler chaque problème, en notant les informations au tableau :

Problème a

Sam joue au jeu de l'oie. Son pion est sur la **case 18**. Il lance 2 dés qui marque chacun **3 points**. Il avance son pion.
Sur quelle case va-t-il arriver ?

Problème b

Lou joue aussi au jeu de l'oie. Son pion était sur une case. Elle a lancé 2 dés qui marquaient chacun **4 points**. Elle a avancé son pion qui est arrivé sur la **case 18**.
Sur quelle case son pion était-il ?

Problème c

Loane joue aussi au jeu de l'oie. Son pion était sur la **case 19**. Elle a lancé 2 dés et avancé son pion qui est arrivé sur la **case 26**.
De combien de cases a-t-elle avancé son pion ?

RÉPONSE : a. case 24   b. case 10   c. 7 cases.

• Les élèves peuvent s'entrainer à ce moment de calcul mental en utilisant l'**exercice 5** de **Fort en calcul mental, p. 103**.
RÉPONSE : a. case 33   b. case 8.

Mettre en évidence les **procédures utilisées** : par exemple pour le **problème a**, les élèves ont pu ajouter d'abord 2 à 18 puis encore 4 à 20 ou ajouter directement 6 à 18. Utiliser des **schémas** pour en rendre compte, par exemple pour le **problème b** :

PROBLÈMES ÉCRITS

Augmentation, diminution

– Résoudre mentalement des problèmes où il faut chercher un état initial ou une transformation dans des situations de déplacement sur une piste numérotée.

INDIVIDUEL

FICHIER NOMBRES ET CALCULS **p. 108**

Résoudre des problèmes

Sam et Lou jouent sur une piste numérotée de 1 en 1. Pour savoir de combien ils doivent avancer ou reculer, ils tirent des cartes.

34 35 36 37 38 39 40 41

A Le pion de Sam est sur la case 37.
Il tire une carte **avancer de 18**
puis une carte **reculer de ?**
Il déplace son pion et arrive sur la case 43.
Quel était le nombre de la carte orange ?

B Le pion de Lou est sur la case 75.
Elle tire une carte **avancer de ?**
puis une carte **reculer de 17**
Elle déplace son pion et arrive sur la case 83.
Quel était le nombre de la carte verte ?

Après que les élèves ont pris connaissance de la situation, préciser que chaque personnage tire 2 cartes et ne réalise le déplacement qu'à l'issue du tirage des 2 cartes.

Au **moment de la correction**, mettre en évidence les différentes procédures envisageables, en utilisant des schémas du même type que pour l'activité de calcul mental qui précède.

Problème Ⓐ

Problème de recherche de la valeur d'une diminution.
Deux procédures sont possibles :
– procéder par étapes en suivant les tirages de cartes : avancer de **18** amène sur la **case 55** ; pour atteindre la **case 43**, il faut ensuite reculer de **12** ;
– considérer que pour passer de la **case 37** à la **case 43**, il faut avancer de **6** et que, donc, si la 1re carte fait avancer de **18**, la 2e doit faire reculer de **12** (procédure plus difficile que la précédente).
RÉPONSE : carte « reculer de 12 ».

Problème Ⓑ

Problème de recherche de la valeur d'une augmentation.
Ce problème, plus difficile, peut être réservé aux élèves qui ont traité rapidement (et correctement) le problème A. Il est ici plus difficile de procéder par étapes en suivant les tirages de cartes (sauf à tester des hypothèses sur ce qui était écrit sur la 1re carte).
Il est notamment possible :
– de procéder par étapes mais en « remontant les étapes » : si après avoir reculé de **17** on a atteint la **case 83**, c'est que le pion était sur la **case 100** et que, dans la 1re étape, on est passé de **75** à **100** en avançant de **25** ;
– de considérer que pour passer de la **case 75** à la **case 83**, il faut avancer de **8** et que, donc, si la 2e carte fait reculer de **17**, la 2e doit faire avancer de **25**.
RÉPONSE : carte « avancer de 25 ».

Les nombres ont été choisis pour que les calculs puissent se faire mentalement, de façon à centrer l'attention des élèves sur les procédures à mettre en place.

Différenciation : Exercices A et B → **CD-Rom du guide, fiche n° 41.**

APPRENDRE

Division : calcul réfléchi (1)

– Utiliser les tables de multiplication ou la connaissances des produits par 10 ou 100 et des décompositions du dividende ou du diviseur pour calculer des quotients.

RECHERCHE Fiche recherche 42

Des quotients (avec reste égal à 0) : Dans cette activité, les élèves doivent d'abord établir des résultats, puis les utiliser pour en déterminer d'autres.

PHASE 1 **Les six calculs de Lou**

Question 1 de la recherche

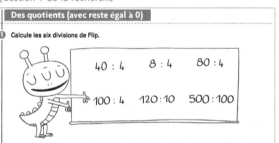

Des quotients (avec reste égal à 0)

❶ Calcule les six divisions de Flip.

$40 : 4$ $8 : 4$ $80 : 4$
$100 : 4$ $120 : 10$ $500 : 100$

• Préciser que ces calculs peuvent être faits mentalement. À l'issue de la recherche de la **question 1**, faire un **bilan des réponses et des procédures** utilisées.

Les procédures possibles :
– réponse directe (pour **8 : 4**) ;
– utilisation d'un résultat des tables de multiplication (pour **8 : 4** et **40 : 4**) ;
– utilisation de la multiplication par 10 ou par 100 (pour **120 : 10** et **500 : 100**) ;
– utilisation d'un résultat connu (pour **100 : 4**) ;
– division par 2 deux fois (pour **100 : 4** ou pour **80 : 4**).

TRACE ÉCRITE

Conserver les résultats au tableau en vue de la question suivante.

• En **synthèse**, formuler :

La division : calcul réfléchi

• Le signe « : » est celui de la division exacte.
Il indique que **le reste est égal à 0.**

• **Pour répondre**, on peut utiliser :
– le sens **« partage »** de la division :
Exemple : **80 : 4** peut être pensé comme « 80 objets à répartir équitablement en 4 tas » ;
– le sens **« groupement »** de la division :
Exemple : **500 : 100** peut être pensé comme « combien de tas de 100 objets peut-on faire avec 500 objets » ;

– la **relation entre division et multiplication** :
Exemple : chercher **40 : 4** revient à chercher « par quel nombre il faut multiplier 4 pour obtenir 40 » ou encore « comment compléter $4 \times .... = 40$ ».

• **La relation entre division et multiplication** est particulièrement intéressante, car on peut alors utiliser :
– les **tables de multiplications** : $8 : 4 = 2$ car $4 \times 2 = 8$;
– la **règle des 0** : $40 : 4 = 10$ car $4 \times 10 = 40$
ou $120 : 10 = 12$ car $10 \times 12 = 120$;
– les **multiplications par 20...** :
$80 : 4 = 20$ car $4 \times 20 = 80$.

• **On peut aussi remarquer que diviser un nombre par 4** revient à le diviser par 2, puis à diviser encore le résultat par 2 (donc à calculer la moitié de la moitié du nombre).

RÉPONSE : $40 : 4 = 10$ $80 : 4 = 20$ $8 : 4 = 2$ $100 : 4 = 25$
$120 : 10 = 12$ $500 : 100 = 5$.

PHASE 2 **D'autres quotients exacts**

Question 2 de la recherche

❷ Utilise les résultats que tu as obtenus à la question 1 pour calculer :

a. 48 : 4 = ...	d. 148 : 4 = ...
b. 108 : 4 = ...	e. 120 : 40 = ...
c. 180 : 4 = ...	f. 800 : 200 = ...

• À l'issue de la recherche, organiser une **mise en commun** au cours de laquelle **plusieurs procédures** sont examinées.

INDIVIDUEL, PUIS COLLECTIF

– **Les procédures qui prennent appui sur une décomposition additive du dividende et des résultats connus :**

Décomposition du dividende	Quotient dans la division par 4
48 = 40 + 8	10 + 2 = **12**
108 = 100 + 8	25 + 2 = **27**
180 = 100 + 80	25 + 20 = **45**
148 = 100 + 40 + 8	25 + 10 + 2 = **37**

– **Les procédures qui prennent appui sur une décomposition multiplicative du diviseur** (elles sont parfois plus difficiles que les précédentes, lorsque les moitiés sont plus délicates à trouver) :

Décomposition du diviseur	Quotient dans la division par 4
4 = 2 × 2	48 → 24 → **12**
4 = 2 × 2	108 → 54 → **27**
4 = 2 × 2	180 → 90 → **45**
4 = 2 × 2	148 → 74 → **37**
40 = 10 × 4	120 → 12 → **3**
200 = 100 × 2	800 → 8 → **4**

• En **synthèse**, formuler :

La division : calcul réfléchi (suite)

• **Pour certains calculs**, il est possible de décomposer le nombre à diviser en somme de nombres faciles à diviser.
Exemple : pour **diviser 48 par 4**, on peut décomposer **48** en **40 + 8**, diviser ensuite 40 et 8 par 4 et additionner les deux quotients obtenus (10 + 2 = 12).

• **Dans le cas de la division par 4**, on peut aussi diviser deux fois de suite par 2.
Exemple : **48 divisé par 4**, on obtient **24**, puis **12**.

• **Dans le cas de la division par 40**, on peut diviser d'abord par 10, puis par 4.
Exemple : pour **120 divisé par 40**, on obtient **12**, puis **3**.

Le **calcul réfléchi de divisions** repose souvent sur un double choix :

1. **Penser le calcul :**
– soit comme un **partage** :
Exemple : **36 divisé par 2** pensé comme « 36 partagé en 2 » ;
– soit comme « **combien de fois … dans … ?** » :
Exemple : **36 divisé par 12** pensé comme « combien de fois 12 dans 36 ? ».

2. **Chercher une décomposition intéressante du dividende :**
– soit une **décomposition additive** :
Exemple : **108 divisé par 4**
On peut décomposer 108 en 100 + 8 ou en 80 + 20 + 8 ;
– soit une **décomposition multiplicative** :
Exemple : **48 : 4**
On peut diviser deux fois de suite par 2, car 4 = 2 × 2.

Il convient toutefois d'insister sur le fait que d'**autres procédures** peuvent également être efficaces.
Exemple : **120 : 40** et **800 : 200**
Il est avantageux de traiter les produits à trous équivalents :
40 × … = 120 et 800 × …. = 200.

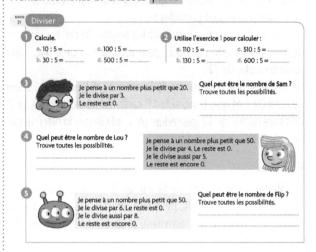

Exercices ① et ②

Calculer des quotients exacts par un calcul réfléchi.

Application directe de l'apprentissage précédent. Les élèves ont le choix du mode de calcul, mais, lors de la correction, rappeler les éléments de la synthèse qui peuvent être mobilisés pour chaque calcul.

RÉPONSE : ① a. 2   b. 6   c. 20   d. 100.
② a. 22   b. 26   c. 102   d. 120.

AIDE ET REMÉDIATION Pour l'**exercice 2**, aider les élèves à mettre en évidence les décompositions additives qui font appel aux nombres de l'**exercice 1**.

Exercices ③, ④ et ⑤

Trouver des nombres qui donnent un reste nul lorsqu'on les divise par un nombre donné.

Exercice 3 : Préciser la tâche, en prenant l'exemple du **nombre 6**. Lorsqu'on le divise par 3, le reste est égal à 0. On peut écrire **6 : 3 = 2** et vérifier le résultat par le calcul **3 × 2 = 6**. On peut dire aussi que dans 6, il y a exactement 2 fois 3 ou encore qu'on peut partager équitablement et exactement 6 cubes entre 3 enfants (chacun en recevra 2).
Il faut trouver tous les autres nombres plus petits que 20 qui ont la même caractéristique.

Exercices 4 et 5 : Insister sur le fait qu'il faut trouver les nombres inférieurs à 50 qui donnent 0 pour reste lorsqu'on les divise par chacun des deux nombres indiqués.

RÉPONSE : ③ 0   3   6   9   12   15   18.
④ 0   20   40   ⑤ 0   24   48.

Faire remarquer pour l'**exercice 3** que :
– les nombres sont ceux de la table de multiplication par **3** ;
– **0** divisé par n'importe quel nombre autre que 0 donne pour reste **0**.

À SUIVRE

En **séance 6**, les mêmes types de questions (calcul réfléchi de divisions) sont reprises, mais dans des cas où le reste n'est pas toujours égal à 0.

	Tâche	Matériel	Connaissances travaillées
CALCULS DICTÉS	Sommes et différences de deux nombres inférieurs à 100 – Calculer des sommes et des différences.	par élève : FICHIER NOMBRES **p. 109 a à h**	– Addition, soustraction – Calcul réfléchi.
RÉVISER Calcul	Égalisation de quantités – Modifier des quantités pour les rendre égales.	par élève FICHIER NOMBRES **p. 109 A et B**	– Addition, soustraction – Répartition équitable.
APPRENDRE Calcul	Division : calcul réfléchi (2) RECHERCHE **Des quotients (avec reste pas toujours égal à 0)** – Calculer des quotients et des restes en utilisant des décompositions du dividende (ou du diviseur).	par élève : – cahier de brouillon – la calculatrice n'est pas autorisée FICHIER NOMBRES **p. 109 1 à 4**	– Division : calcul réfléchi – Signe « : » – Lien entre multiplication et division.

CALCULS DICTÉS

Sommes et différences de deux nombres inférieurs à 100

– Calculer mentalement des sommes et des différences.

FICHIER NOMBRES ET CALCULS p. 109

INDIVIDUEL ET COLLECTIF

• Dicter les calculs suivants avec réponses dans le fichier, sous la forme « 23 plus 16 » ou « 24 moins 13 », et les écrire au tableau :

a. 23 + 16	d. 43 + 43	g. 67 – 12
b. 16 + 33	e. 24 – 13	h. 58 – 22
c. 35 + 34	f. 45 – 23	

RÉPONSE : a. 39   b. 49   c. 69   d. 86   e. 11   f. 22   g. 55   h. 36.

• Les élèves peuvent se préparer ou s'entrainer à ce moment de calcul mental en utilisant l'**exercice 6** de **Fort en calcul mental, p. 103.**

RÉPONSE : a. 48   b. 49   c. 77   d. 98   e. 33   f. 65   g. 53   h. 52.

Les calculs sont « sans retenue », ce qui permet plusieurs procédures pouvant être mises en évidence sur les premières sommes et différences.

Exemple : les procédures pour **24 – 13** :

– **Soustraire** séparément les unités et les dizaines : 2 d 4 u – 1 d 3 u = 1 d 1 u = 11.

– **Soustraire par « bonds »** en décomposant le 2ᵉ terme (13 = 10 + 3) : 24 – 10 = 14, puis 14 – 3 = 11 (on peut commencer à soustraire aussi bien les dizaines que les unités).

– **Chercher le complément** de 13 à 24.

RÉVISER

Égalisation de quantités

– Élaborer une stratégie pour égaliser des quantités.

INDIVIDUEL

FICHIER NOMBRES ET CALCULS p. 109

Obtenir des quantités égales

 Chaque enfant doit avoir le même nombre de coquillages.
Combien de coquillages chacun aura-t-il ?

B Sam a 12 coquillages, Lou en a 24 et Flip en a 12.
Chacun doit en avoir le même nombre.
Combien de coquillages chacun aura-t-il ?

Exercice A

Problème d'égalisation des quantités.

Cet exercice peut faire l'objet d'une exploitation collective avant que les élèves ne traitent l'**exercice B**. Le fait que la solution (10) corresponde déjà à l'un des avoirs peut constituer un point d'appui à la résolution par ajustement.

RÉPONSE : 10 coquillages par enfant.

Exercice B

Problème d'égalisation des quantités.

Des élèves ont pu commencer à prendre 12 coquillages chez Lou pour les répartir entre Sam et Flip, avant de corriger leur réponse.

RÉPONSE : 16 coquillages par enfant.

Il existe deux types de stratégies possibles :
– soit tenter de diminuer certains avoirs en en augmentant d'autres ;
– soit rassembler tous les coquillages et procéder à un partage équitable en trois parts : simulation de distribution, multiplication à trous, division…

Pour chaque problème, le recours à un dessin ou un schéma est possible et peut constituer une aide. L'explicitation des stratégies utilisées et la discussion sur leur pertinence et leur efficacité sont l'occasion de formuler un raisonnement rigoureux (si nécessaire avec l'aide de l'enseignant pour bien en préciser les étapes) et de participer à un débat où des arguments sont échangés et validés en référence à la situation.

APPRENDRE

Division : calcul réfléchi (2)

– Utiliser les tables de multiplication ou la connaissance des produits par 10 ou 100 et des décompositions du dividende ou du diviseur pour calculer des quotients.

RECHERCHE

INDIVIDUEL, PUIS COLLECTIF

Des quotients (avec reste pas toujours égal à 0) : Dans cette activité, les élèves doivent d'abord établir des résultats, puis les utiliser pour en déterminer d'autres.

• Écrire au tableau ces **divisions par 25** :

a. 43 divisé par 25   c. 85 divisé par 25
b. 102 divisé par 25   d. 200 divisé par 25

• Expliquez le travail :

➡ *Ces calculs peuvent être faits mentalement, mais vous pouvez écrire comment vous avez procédé. Lorsque vous pensez avoir trouvé, vous devez faire un autre calcul qui vous permettra de vérifier votre réponse.*

• Exploiter **quelques erreurs,** notamment celles qui correspondent à une confusion entre quotient et reste ou qui donnent un reste supérieur au diviseur (donc à 25). Puis faire un **bilan** des réponses et des procédures utilisées.

Les procédures possibles :
– addition ou soustraction itérée de 25 ;
– décomposition additive du dividende ;
– calcul du type « combien de fois 25 dans … ? ».

• En **synthèse**, formuler :

Division : calcul réfléchi

• **Le signe « : » est celui de la division exacte.**
Il indique que le reste est égal à **0**.
Ici, on ne peut l'utiliser que pour **200 divisé par 25** (200 : 25 = 8).

• **Pour répondre, il existe plusieurs possibilités :**

1. Décomposer le nombre à diviser en somme de nombres dont la division par 25 est facile.
Exemple : **102 divisé par 25**
Comme 102, c'est 100 + 2, si on sait que 100 : 25 = 4, dans la division par 25, le **quotient** est donc égal à **4** et le **reste** égal à **2**.

Exemple : **85 divisé par 25**
Comme 85, c'est 50 + 25 + 10, si on sait que 50 : 25 = 2, dans la division par 25, le **quotient** est donc égal à **3** (+ 1) et le **reste** égal à **10**.

2. Remplacer la question par « Combien de fois 25 est-il contenu dans … ? »
Exemple : **200 divisé par 25**
La question peut alors être résolu en ajoutant plusieurs fois 25 ou en cherchant par quel nombre il faut multiplier 25 pour obtenir 200 ou s'en approcher le plus possible.

• **Il faut s'assurer que le reste est plus petit que le diviseur.**

• **On peut vérifier le résultat de la division par un autre calcul.**
Exemple : pour **85 divisé par 25**, on calcule : **(25 × 3) + 10 = 85.**

RÉPONSE : a. q = 1, r = 18   b. q = 4, r = 2   c. q = 3, r = 10
d. q = 8, r = 0.

INDIVIDUEL

ENTRAINEMENT

FICHIER NOMBRES ET CALCULS p. 109

Diviser

Pour les exercices 1 et 2, tu dois calculer le quotient (q) et le reste (r) avec la méthode de ton choix, puis vérifier tes réponses en faisant d'autres calculs.

1 Complète le tableau.

calcul	13 divisé par 4	25 divisé par 4	86 divisé par 4	203 divisé par 4
réponse	q = ... r = ...	q = ... r = ...	q = ... r = ...	q = ... r = ...
vérification				

2 Complète le tableau.

calcul	25 divisé par 12	45 divisé par 12	84 divisé par 12	126 divisé par 12
réponse	q = ... r = ...	q = ... r = ...	q = ... r = ...	q = ... r = ...
vérification				

3 Lorsqu'on divise un nombre par 5, le reste peut-il être égal à :

a. 0 ? OUI NON nombres : ....   c. 3 ? OUI NON nombres : ....
b. 7 ? OUI NON nombres : ....   d. 5 ? OUI NON nombres : ....

Si oui, trouve deux nombres qui, lorsqu'on les divise par 5, donnent ce reste.

4 Quand on le divise par 5, le reste est égal à 4.   Quel est ce nombre ? ....
Quand on le divise par 7, le reste est égal à 0 et, dans les deux divisions, le quotient est le même.

**Exercices et **

Calculer des quotients et des restes par un calcul réfléchi.

Le fait que les diviseurs soient égaux à **4** ou à **12** permet de revenir sur les procédures de partage (ici en 4) ou de recherche de combien de fois le diviseur (ici 12 ou 4 dans certains cas) est contenu dans le dividende.

Attirer l'attention des élèves sur le fait que **le reste doit être inférieur au diviseur** et sur **l'égalité qui permet de vérifier chaque réponse.**

RÉPONSE :

❶

13 divisé par 4	25 divisé par 4	86 divisé par 4	203 divisé par 4
$q = 3$ $r = 1$	$q = 6$ $r = 1$	$q = 21$ $r = 2$	$q = 50$ $r = 3$
$4 \times 3 + 1 = 13$	$4 \times 6 + 1 = 25$	$4 \times 21 + 2 = 86$	$4 \times 50 + 3 = 203$

❷

25 divisé par 12	45 divisé par 12	84 divisé par 12	126 divisé par 12
$q = 2$ $r = 1$	$q = 3$ $r = 9$	$q = 7$ $r = 0$	$q = 10$ $r = 6$
$12 \times 2 + 1 = 25$	$12 \times 3 + 9 = 45$	$12 \times 7 = 84$	$12 \times 10 + 6 = 126$

**Exercice **

Chercher quels restes sont possibles dans la division par 5 et trouver des nombres qui donnent ce reste.

Les élèves doivent utiliser le fait que le reste doit être inférieur au diviseur (le nombre par lequel on divise).

RÉPONSE : a. **oui** (0 ; 5 ; 10 ; 15…)   b. **non**   c. **oui** (3 ; 8 ; 13…)   d. **non**.

Exercice ❹

Problème du type « recherche par essais et ajustements » ou par « étude exhaustive des cas ».

Différentes procédures sont possibles :

– choisir un nombre qui donne **4** pour reste dans la division par **5**, puis déterminer s'il donne le **même quotient** et **0** pour reste dans la division par **7** (ou l'inverse) ;

– écrire tous les premiers multiples de **5** augmentés de **4** et, pour chacun de ces nombres, essayer de vérifier s'il donne le **même quotient** et **0** pour reste dans la division par **7** (ou l'inverse) ;

– écrire les premiers multiples de **5** augmentés de **4**, puis les multiples de **7**, et chercher ceux qui ont un quotient commun.

RÉPONSE : 14.

UNITÉ 9

	Tâche	Matériel	Connaissances travaillées
CALCULS DICTÉS	Sommes et différences de deux nombres inférieurs à 100 – Calculer des sommes et des différences	par élève : – ardoise ou cahier de brouillon	– **Addition, soustraction** – **Calcul réfléchi.**
RÉVISER Géométrie	Reproduction de figures : alignement – Compléter une figure en utilisant l'alignement.	pour la classe : – les 3 figures à compléter agrandies ou sur transparent rétroprojetable – quelques calques des modèles par élève : – règle, crayon à papier CAHIER GÉOMÉTRIE **p. 66 A, B et C**	– **Figures planes : reproduction** – Alignement.
APPRENDRE Géométrie	Lecture d'un plan RECHERCHE **La chasse au trésor** – Retrouver des objets dans le bâtiment de l'école à partir d'informations portées sur un plan.	pour la classe : – plan vierge agrandi du bâtiment de l'école › **à se procurer ou à réaliser** – 6 cartons avec sur chacun un des symboles suivants : △ ○ + □ = × – un trésor pour chaque élève par équipe de 2 ou 3 : – liste des codes › **fiche 52** – plan du bâtiment de l'école au format A4 avec indications *(voir activité)*	– **Plan d'un espace connu : lecture et mise en relation du plan avec l'espace.**

Sommes et différences de deux nombres inférieurs à 100

– Calculer mentalement des sommes et des différences.

INDIVIDUEL ET COLLECTIF

• Dicter les calculs suivants sous la forme « 45 plus 15 » ou « 34 moins 24 » avec réponses sur ardoise ou cahier de brouillon, et les écrire au tableau :

a. 45 + 15	d. 46 + 18	g. 57 − 18
b. 27 + 43	e. 34 − 24	h. 62 − 57
c. 38 + 29	f. 45 − 19	

RÉPONSE : a. 60　b. 70　c. 67　d. 64　e. 10　f. 26　g. 39　h. 5.

• Les élèves peuvent se préparer ou s'entrainer à ce moment de calcul mental en utilisant l'**exercice 7** de **Fort en calcul mental, p.103.**

RÉPONSE : a. 60　b. 56　c. 73　d. 103　e. 20　f. 66　g. 9　h. 16.

Certains calculs comportent des « retenues », ce qui rend plus difficile les procédures de traitement séparé des unités et des dizaines.

Exemple : les procédures pour **45 − 19**

– **Calcul sur les unités et les dizaines :**
il faut remplacer 4d 5u − 1d 9u par 3d 15u − 1d 9u.

– **Soustraire par « bonds »** en décomposant le 2ᵉ terme en **somme** (19 = 10 + 9) :
45 − 10 = 35, puis 35 − 9 = **26** *(on peut commencer à soustraire aussi bien les dizaines que les unités)* ;

– **Soustraire par « bonds »** en décomposant le 2ᵉ terme en **différence** (19 = 20 − 1) :
45 − 20 = 25, puis 25 + 1 = **26** *(une illustration par des déplacements sur la droite numérique peut être utile).*

– **Chercher le complément de 19 à 45.**

Reproduction de figures : alignement

– Repérer et utiliser des alignements pour reproduire une figure.

CAHIER MESURES ET GÉOMÉTRIE **p. 66**

Reproduire des figures

Dans les exercices A à C, termine la reproduction en utilisant uniquement ta règle, mais sans mesurer.

A Modèle

B Modèle

C Modèle

Exercice Ⓐ

Terminer la reproduction d'une figure à partir d'un modèle.

Insister sur le fait que la règle ne doit pas être utilisée pour mesurer. Après un temps de recherche individuelle, procéder à une **analyse collective de la figure** sur l'agrandissement affiché au tableau ou sur le transparent rétroprojetable, en demandant :

➡ *Que faut-il repérer sur la figure pour pouvoir terminer la reproduction ?*

Si on place la règle, sur le modèle, le long des segments qui restent à reproduire, on s'aperçoit que :

– un segment a pour extrémité un sommet du rectangle et est dans le prolongement d'un segment déjà tracé ;
– les autres segments sont portés par des segments ayant pour extrémités des points particuliers : sommets du rectangle ou points sur un côté du rectangle facilement identifiables.

Après que les élèves ont terminé la reproduction de la figure, remettre la feuille de calque sur laquelle est reproduit le modèle pour qu'ils vérifient leur production.

Conclure après la correction :

Pour reproduire une figure, il peut être utile :
– de prolonger des traits déjà existants ;
– de repérer des alignements de points ou de segments.

Exercice Ⓑ

Terminer la reproduction d'une figure à partir d'un modèle.

L'ordre des tracés est essentiel ici :
– il faut commencer par prolonger le segment dont une des extrémités est le sommet inférieur gauche du rectangle ;
– tracer ensuite le segment porté par la droite qui passe par le sommet inférieur droit du rectangle et l'extrémité du segment vertical située sur la longueur du rectangle ;
– tracer, pour finir, le segment ayant pour extrémité le sommet supérieur gauche du rectangle. Il est aligné avec le sommet commun aux deux segments précédemment tracés.

Exercice Ⓒ

Terminer la reproduction d'une figure à partir d'un modèle.

Pour compléter la reproduction, il faut voir la figure comme étant constituée d'un quadrilatère qui masque une partie d'un rectangle ou voir les segments « horizontaux » et « verticaux » comme étant placés dans le prolongement l'un de l'autre.

Les élèves ne traiteront pas tous les exercices. Il est essentiel qu'ils fassent l'**exercice A**.
L'**exercice B** est le plus difficile des trois.

UNITÉ 9

Lecture d'un plan

– Lire des informations sur le plan d'un espace connu et les mettre en relation avec cet espace.
– Orienter un plan pour aider à la mise en correspondance des informations du plan et l'espace réel.

RECHERCHE

La chasse au trésor[1] : Le but du jeu est pour chaque équipe d'obtenir un trésor. Il faut, pour cela, en s'aidant d'un plan reconstituer un code composé de 3 symboles. Chaque symbole est placé sur une porte de l'école et chaque équipe a un code différent.

Préparation du jeu avant la séance

● Placer **six symboles** ($\triangle$ $\bigcirc$ $+$ $\square$ $=$ $\times$) à l'intérieur de l'école : un symbole par porte.

● Sur la **photocopie du plan du bâtiment de l'école** (plan d'évacuation par exemple), effacer toute indication écrite qui pourrait exister, puis le photocopier (un exemplaire par équipe).

---

1 D'après « le jeu des portes », situation proposée par R. Berthelot et M.-H. Salin dans « L'Enseignement de l'espace à l'école primaire », *Grand N n° 65*, IREM de Grenoble.

INDIVIDUEL ET COLLECTIF

• Choisir, pour chaque équipe, un **code différent** composé de trois symboles parmi les six (**fiche 52**).

• Sur l'**exemplaire du plan** destiné à chaque équipe, indiquer les emplacements où elle trouvera les symboles qui composent son code. Ce repérage se fait à l'aide des **numéros 1, 2 et 3** correspondant à l'ordre des symboles dans le code. Placer sous le plan les **trois cases réponses** n° 1, n° 2 et n° 3 pour que les élèves puissent écrire les symboles trouvés.

Exemple de plan remis à chaque équipe :

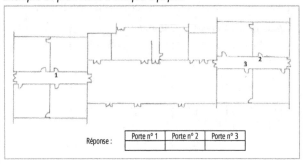

Réponse :	Porte n° 1	Porte n° 2	Porte n° 3

Les élèves cherchent des lieux indiqués sur le plan qu'ils ont du bâtiment de l'école : localiser ces lieux nécessite de mettre en relation le plan avec le bâtiment réel.

L'espace représenté sur le plan est connu des élèves pour qu'ils puissent mettre en relation ce qu'ils connaissent des lieux et les indications portées sur le plan. Mais, il n'y a pas de lieu où les élèves puissent se placer dans l'espace représenté sur le plan et d'où ils peuvent voir la totalité de cet espace. Le plan réalise un recollement de différents lieux à l'intérieur desquels les élèves vont avoir à se déplacer. Pour mettre en correspondance le plan et l'espace qu'il représente, les élèves vont devoir ne considérer qu'une partie du plan, celle qui correspond au lieu où ils sont et à ce qu'ils peuvent englober du regard de là où ils sont.

ÉQUIPES DE 2 OU 3

PHASE 1 La chasse au trésor

• Afficher le plan du bâtiment au tableau et demander ce qu'il représente. Les élèves citent ce qu'ils reconnaissent. Si certains éléments ne sont pas identifiés, ne pas intervenir pour le moment, on y reviendra en fin de séance.

• Puis préciser :

➡ *Nous allons faire une **chasse au trésor**. Vous jouerez par équipes de 2 (ou de 3). Pour accéder au trésor, il faut un **code qui est composé de 3 symboles** disposés dans un certain ordre. Chaque symbole se trouve sur une porte et chaque équipe a un code qui est différent de ceux des autres équipes. Vous allez devoir trouver quel est le code de votre équipe.*
*Pour cela, **je vais donner à chaque équipe un plan** sur lequel figurent les **numéros 1, 2 et 3**. Ces numéros indiquent les emplacements où vous trouverez les symboles qui composent votre code. En dessous du plan, il y a **trois cases numérotées de 1 à 3**. Quand vous aurez trouvé l'emplacement correspondant au n° 1 sur le plan, vous recopierez dans la case n° 1 le symbole que vous aurez découvert à cet emplacement. Vous ferez pareil pour le n° 2 et le n° 3. Quand vous aurez complété les trois cases, vous viendrez me voir et, si votre code est le bon, vous pourrez découvrir le trésor.*

• Montrer la fiche où sont portés les codes de toutes les équipes. C'est cette fiche qui permettra de contrôler l'exactitude du code reconstitué par chacune des équipes.

• Demander aux élèves de reformuler ce qu'ils ont compris de l'activité et ce qu'ils auront à faire, puis démarrer le jeu. Les équipes reviennent après avoir composé leur code ou lorsqu'elles sont vraiment dans l'incapacité de le reconstituer.

• Valider à leur retour le code proposé par chacune des équipes à l'aide de la liste et ramasser le plan. Les équipes qui ont réussi reçoivent leur trésor. Les erreurs seront exploitées dans la phase collective.

COLLECTIF

PHASE 2 Mise en commun et synthèse

• Recenser les lieux que toutes les équipes ont réussi à trouver et écrire les symboles de ces lieux sur le plan du bâtiment affiché au tableau.

• Reporter ensuite sur ce plan les **3 numéros** figurant sur le plan d'une première équipe qui n'a pas réussi à composer son code. Ces numéros doivent pouvoir être effacés quand on passera à l'examen du plan d'une autre équipe.

• Recueillir et mettre en débat les idées sur les emplacements possibles indiqués par ces numéros. Faire apparaître qu'« il est utile d'orienter le plan pour pouvoir mettre en correspondance les emplacements sur le plan et dans l'espace réel ». Cette orientation s'appuie sur des éléments faciles à identifier. Après accord sur les emplacements, l'équipe va lire sur place les symboles correspondants. À son retour, contrôler que son code est maintenant exact et écrire sur le plan les nouveaux lieux identifiés. L'équipe reçoit alors son trésor.

• Procéder de la même façon avec les plans d'autres équipes qui n'ont pas réussi à composer leur code, en ne recherchant que les symboles qui n'ont pas encore été trouvés par tous.

• Reprendre en **synthèse** les principaux points dégagés au cours de la **mise en commun**, en les illustrant par des exemples propres à l'école et au plan de l'école :

Lecture d'un plan

• **Sur le plan du bâtiment de l'école, on peut lire deux types d'informations :**
– des informations sur des éléments du bâtiment qui sont visibles de là où on est ;
– des informations sur des éléments qui pour être vus nécessitent qu'on se déplace dans le bâtiment.

• **Mettre en correspondance des éléments du plan et des éléments réels du bâtiment :**
Il faut orienter le plan. Pour cela, on se sert d'éléments de l'espace réel qui sont facilement reconnaissables sur le plan.

• **Retrouver un objet ou un emplacement réel correspondant à un élément du plan :**
On repère la position de cet élément sur le plan par rapport à d'autres éléments du plan qu'il est facile de localiser dans la réalité.

• **Retrouver sur le plan l'emplacement correspondant à un objet réel :**
On repère la position de cet objet réel par rapport à d'autres éléments réels qu'il est facile de localiser sur le plan.

	Tâche	Matériel	Connaissances travaillées
CALCULS DICTÉS	Sommes et différences de deux nombres inférieurs à 100 – Calculer des sommes et des différences.	par élève : – ardoise ou cahier de brouillon	– **Addition, soustraction** – **Calcul réfléchi.**
RÉVISER Géométrie	Reproduction d'une figure complexe – Reproduire une figure complexe faites de rectangles, d'un carré et de triangles rectangles.	pour la classe : – quelques calques du modèle par élève : – instruments de géométrie, crayon, gomme CAHIER GÉOMÉTRIE **p. 67 A**	– **Figures planes : reproduction** – Angle droit – Mesure de longueurs.
APPRENDRE Mesures	Masses (1) RECHERCHE **Comparer et mesurer des masses** – Comparer des masses par estimation, puis à l'aide d'une balance à plateaux. – Mesurer des masses à l'aide d'une balance de ménage ou balance à plateaux et masses marquées. – Comparer des mesures exprimées en g ou kg et g.	pour la classe : – balance Roberval avec les masses marquées – balance de ménage à affichage – poids de 1 kg et de 2 kg – objets pesant moins de 1 kg et entre 1 kg et 3 kg par équipe de 4 : – 4 sacs A, B, C, D (voir activité) – feuille pour répondre et une ardoise par élève – balance Roberval (sans les masses marquées) et / ou balance de ménage CAHIER GÉOMÉTRIE **p. 68 1 , 2 et 3**	– **Masses : comparaison, mesure en kg et g.**

CALCULS DICTÉS

Sommes et différences de deux nombres inférieurs à 100
– Calculer mentalement des sommes et des différences.

INDIVIDUEL ET COLLECTIF

• Dicter les calculs suivants sous la forme « 23 plus 47 » ou « 74 moins 34 » et les écrire au tableau :

a. 23 + 47	c. 76 + 19	e. 74 – 34	g. 72 – 18
b. 36 + 36	d. 48 + 22	f. 65 – 19	h. 84 – 69

RÉPONSE : a. 70   b. 72   c. 95   d. 70   e. 40   f. 46   g. 54   h. 15.

• Les élèves peuvent se préparer ou s'entrainer à ce moment de calcul mental en utilisant l'**exercice 8** de la page **Fort en calcul mental, p. 103.**

RÉPONSE : a. 80   b. 74   c. 58   d. 95   e. 44   f. 4   g. 36   h. 16.

RÉVISER

Reproduction d'une figure complexe
– Analyser une figure complexe et la reproduire.

INDIVIDUEL

CAHIER MESURES ET GÉOMÉTRIE p. 67

Reproduire une figure

A Reproduis cette figure.

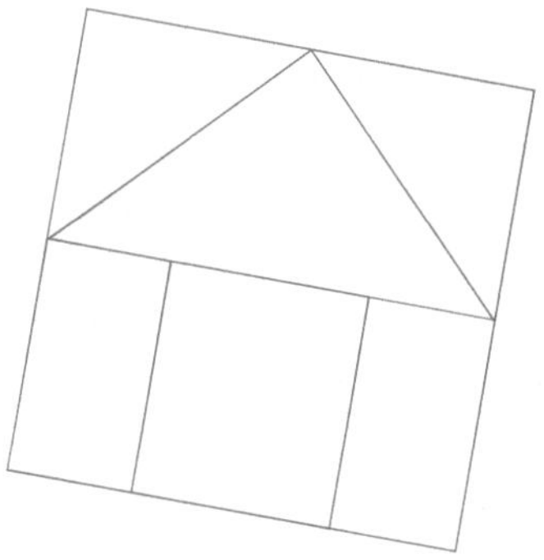

Exercice A

Reproduire une figure complexe à partir d'un modèle.

• Compléter la consigne du cahier :

➡ *La figure que vous allez construire doit être superposable au modèle. La vérification se fera en utilisant un calque du modèle. Veillez à bien choisir l'endroit où vous allez débuter la reproduction pour que la figure que vous allez construire tienne sur la page. La figure construite peut ne pas être placée de la même manière sur la page que la figure modèle.*

• Selon la classe, laisser les élèves réaliser seuls l'intégralité de la tâche ou décomposer celle-ci en deux étapes :

1. **Demander aux élèves d'observer d'abord individuel-lement comment est faite la figure** avant d'en faire une analyse collective :
– la figure peut être vue comme un assemblage de rectangles et de triangles rectangles qui forment un carré ;
– elle peut aussi être vue aussi comme constituée d'un grand carré à l'intérieur duquel sont tracés des segments dont les sommets occupent des positions particulières (milieux de côtés notamment) ou peuvent être repérés par leur distance par rapport à des points remarquables comme les sommets du carré.

Une lecture combinant ces deux approches de la figure peut également être faite.

2. **Engager les élèves à tracer individuellement la figure.**

• Lors de la **validation**, aider les élèves à faire la part des choses entre l'imprécision des tracés, due à un manque de maîtrise des instruments, et des tracés approchés qui ne respectent pas les caractéristiques de la figure ou qui ne s'appuient pas sur les propriétés identifiées.

• Une **mise en commun** pourra être faite sur les différentes stratégies de construction qui renvoient aux différentes lectures possibles de la figure :

– **Tracé des figures qui composent le carré en utilisant certaines relations entre ces figures.** Par exemple, commencer par tracer l'un après l'autre les trois rectangles placés côte à côte.

– **Tracé du carré de côté 9 cm** et ensuite mesurage en vue de placer des points sur ses côtés pour tracer des segments intérieurs au carré.

> Les élèves ont ici l'occasion de réinvestir leurs connaissances des figures usuelles, éventuellement du **milieu d'un segment**. Ils vont devoir utiliser l'**équerre** pour contrôler et tracer un angle droit, la **règle graduée** pour mesurer et reporter une longueur.

À SUIVRE
En **unité 10**, une activité du même type est proposée.

Masses (1)

– Comprendre ce qu'est la masse d'un objet et comparer des masses.
– Mesurer des masses à l'aide d'une balance et utiliser des unités usuelles : gramme, kilogramme.
– Comprendre l'équivalence 1 kg = 1 000 g.

RECHERCHE

> **Comparer et mesurer des masses :** Les élèves vont comparer des masses en les soupesant, puis en utilisant une balance. La balance Roberval permet une comparaison directe, la balance de ménage à graduations ou affichage oblige à passer par une mesure. Les élèves vont alors être confrontés à l'utilisation des unités conventionnelles.

Préparation du matériel

Préparer pour chaque équipe **4 sacs** repérés par les lettres **A** à **D** :
sac A : 500 g d'un matériau lourd (gravier ou clous)
sac B : 250 g du même matériau que A
sac C : identique à A
sac D : quelques dizaines de grammes (moins de 100 g) d'un matériau très léger (copeaux de polystyrène ou de mousse).

Il est important pour l'activité que les masses des sacs A et C soient assez précises ; une balance Roberval permettra de comparer les masses des sacs et une balance de ménage à affichage (voire à graduations) de les déterminer.

Organisation de la classe

Plusieurs organisations de classe sont possibles (phases 2 et 4) :
– La plus commode est de réaliser un **atelier tournant** : par équipe de 4, les élèves réalisent l'activité en atelier pendant 5 à 10 min, en présence de l'enseignant, pendant que les autres élèves réalisent le travail de révision en autonomie. Si deux ateliers fonctionnent en parallèles, deux équipes peuvent réaliser l'activité simultanément.
– Si on dispose de suffisamment de balances, on peut réaliser **autant d'ateliers que d'équipes de 4.**
– Enfin, l'enseignant peut faire réaliser les **manipulations avec les balances par deux élèves devant le reste de la classe,**

mais cette organisation privera la majorité des élèves d'une expérience de manipulation très utile.

Suivant l'organisation choisie, la durée totale de la séquence peut s'avérer assez longue.

ÉQUIPES DE 4

PHASE 1 **Comparaison de masses**

• Distribuer les lots de quatre sacs à chaque équipe formée selon la disponibilité du matériel.

• Poser le problème de comparaison :

➡ *Il s'agit de ranger ces sacs du moins lourd au plus lourd ! Il faudra vous mettre d'accord et donner la réponse du groupe sur la feuille-réponse. Vous expliquerez aussi ce qui vous permet de répondre.*

• Veiller à ce que les élèves se mettent d'accord sur un rangement et à ce que chacun puisse soupeser les sacs s'il le désire, puis que l'équipe note sur la fiche le rangement estimé.

• Vérifier les résultats en utilisant deux types de balance : la balance Roberval sans masses marquées et une balance de ménage. Faire remarquer que le sac le plus « gros » n'est pas le plus lourd.

Dans la configuration en ateliers

• Demander à l'équipe de se mettre d'accord sur les manipulations à effectuer avec la balance Roberval, de réaliser ces manipulations et d'en faire un schéma sur la fiche-réponse, puis de noter sur la fiche ses conclusions. Faire de même avec la balance de ménage : l'équipe fait alors la pesée de certains ou de tous les sacs.

• Quand toutes les équipes ont réalisé l'atelier, procéder à **une mise en commun.** Recenser les estimations premières de toutes les équipes, puis leurs conclusions après les pesées. Retenir certaines manipulations avec la balance Roberval et avec la balance de ménage, qui sont réalisées à nouveau devant toute la classe : il est important de comparer les masses de **A** et **C**, et les masses de **A** et **B**. Avec la balance de ménage, on peut effectuer la pesée en grammes de tous les sacs.

• S'accorder sur le rangement des sacs du moins lourd au plus lourd.

Dans la configuration en classe entière

• Une partie des équipes réfléchit à l'utilisation de la balance Roberval, l'autre à la balance de ménage. Puis, successivement, un élève vient effectuer les manipulations que son équipe pense nécessaires (les propositions de manipulations identiques peuvent ne pas être retenues). Noter alors les résultats des manipulations au tableau et demander à chaque équipe de traiter ces résultats et de noter sa conclusion sur la feuille-réponse.

• Engager la discussion pour amener à un accord sur le rangement des sacs du moins lourd au plus lourd.

RÉPONSE : Rangement des sacs : **D, B, A = C.**

Les erreurs les plus courantes sont :
– erreurs de déduction sur les comparaisons à l'aide de la balance Roberval ;
– erreurs de lecture des graduations sur les balances de ménage.

PHASE 2 **Première synthèse sur les balances**

• Définir ce qu'est une « masse » :

La **propriété** des objets que l'on vient de peser est la « **masse** ». L'objet le plus lourd a la plus grande masse.

• Faire décrire la **balance à plateaux** : « ce sont deux plateaux, un fléau, les plateaux sont mobiles ; vides, ils se mettent à la même hauteur, on dit qu'il y a équilibre ». Puis faire une **synthèse** sur l'utilisation de la balance à plateaux avec les sacs A, B et C :

Comparer des masses

Une balance à plateaux sert à comparer la masse de deux objets.

• Poser le **sac A** et le **sac B** sur chacun des plateaux et faire observer que le plateau du sac A est le plus bas.

A est plus lourd que **B**.
La masse de **A** est plus grande que celle de **B**.

Quand on met un objet sur chaque plateau, c'est **le plateau le plus bas qui porte l'objet le plus lourd.**

• Poser le **sac A** et le **sac C** sur chacun des plateaux et faire observer l'équilibre.

Les deux sacs ont même masse.

Quand on met deux objets de même masse sur chaque plateau, les deux plateaux restent au même niveau. On dit que la balance est **en équilibre.**

Reprendre sur une affiche les deux dessins de balance avec le texte explicatif.

• Expliquer également qu'avec des balances, on peut mesurer des masses :

Mesurer des masses

• **Avec les balances de ménage à affichage ou graduations**
Elles permettent de **mesurer la masse** d'un objet.
Les mesures (nombres affichés) sont en **grammes**, l'abréviation est « **g** ».
Pour **comparer les masses de plusieurs objets**, on mesure donc ces masses, puis on compare les nombres obtenus.

• **Avec la balance Roberval ou à plateaux**
On peut aussi **mesurer une masse** si on dispose de **masses marquées**, c'est-à-dire d'objets dont la masse est connue et inscrite dessus. On place, dans un des plateaux, l'objet de masse inconnue et sur l'autre plateau des masses marquées pour qu'il y ait équilibre. La masse de l'objet est égale à la **somme des masses marquées** utilisées.

• Présenter la boîte de masses marquées et un élève lit ce qui est marqué sur chaque poids.

• Faire peser sur une balance de ménage chaque sac. Puis refaire la pesée à l'aide de la balance Roberval en indiquant à la classe les masses marquées utilisées.

Comme dans le langage courant, les deux termes de « **masse** » et **poids** » sont employés de façon indifférente.
L'utilisation de la balance Roberval et des masses marquées pour effectuer une mesure est délicate. Elle sera étudiée plus précisément au CM1.

PHASE 3 **Mesure de masses**

La description correspond à une organisation collective. Trois activités sont proposées à faire à la suite.

Activité 1 **Pesée d'objets de moins de 1 kg**
(objets familiers comme le fichier de maths par exemple)

• **Pour chaque objet**, procéder de la même manière :
– demander à chacun de faire une estimation de mesure et de la noter sur son ardoise ;
– peser ensuite l'objet sur la **balance Roberval** : poser les masses marquées nécessaires pour équilibrer les plateaux, puis inscrire les valeurs des masses utilisées au tableau et demander à chaque élève d'écrire sur son ardoise la masse de l'objet ;
– faire peser l'objet sur la **balance de ménage** par un ou deux élèves : ils lisent la mesure sur les graduations ou donnée sur l'affichage ;
– faire comparer les données recueillies avec l'estimation préalable.

• **Une fois tous les objets de moins de 1 kg pesés**, demander aux élèves de les ranger du moins lourd au plus lourd.

Activité 2 Pesée d'un objet de plus de 1 kg
(objet de masse comprise entre 1 000 g et 1 500 g)

• Poser l'objet sur un des plateaux de la **balance Roberval** et demander à un élève d'équilibrer les plateaux à l'aide des masses marquées. Ce dernier va peut-être utiliser toutes les masses marquées sans pouvoir équilibrer la balance. Proposer alors l'**utilisation du poids de 1 kg** et aider l'élève à équilibrer les plateaux. Noter les masses marquées utilisées au tableau. La masse de l'objet est donnée en **kilogramme et grammes**.

• Faire peser ce même objet sur la **balance de ménage**. La masse est donnée en **kg et g** ou en **g**. Discuter des différences éventuelles trouvées :

– écart de quelques dizaines de grammes correspondant à la précision de la balance ;

– affichage dans des unités différentes, par exemple : 1 kg 200 g sur la balance à plateaux et 1 200 g sur la balance à affichage. Les élèves vont peut-être faire une analogie avec les unités de longueur (km et m) pour dire que 1 kg = 1 000 g.

• Mettre en évidence l'équivalence **1 kg = 1 000 g** par la pesée de la masse de 1 kg sur la balance de ménage. Cette égalité est retrouvée dans le **dico-maths n° 36**.

Activité 3 Pesée d'autres objets de plus de 1 kg
(objet de masse comprise entre 1 000 g et 3 000 g)

• Suivre la même procédure que pour l'activité 2.

PHASE 4 **Deuxième synthèse sur les unités de masse**

Le gramme et le kilogramme

• **Pour mesurer des masses,** on utilise usuellement deux unités :
le **gramme** et, une unité plus grande, le **kilogramme**.

• **Le kilogramme** permet de peser des objets plus lourds, comme certaines denrées alimentaires ou des personnes. Certains parlent de « kilo ».

• **L'équivalence kilogramme / gramme** est la même que l'équivalence **kilomètre / mètre**.
Le terme « kilo » indique que la relation est 1 000 fois plus grande.

TRACE ÉCRITE

Écrire au tableau l'équivalence :

1 kilogramme = 1 000 grammes   1 kg = 1 000 g

ENTRAINEMENT
CAHIER MESURES ET GÉOMÉTRIE **p. 68**

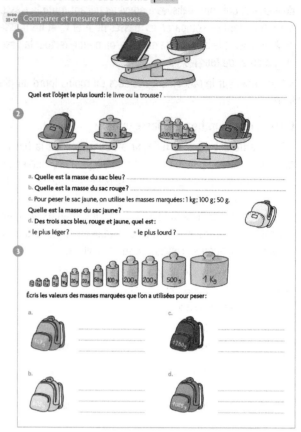

Ce sont des applications directes de ce qui a été vu précédemment. La résolution des exercices simule la comparaison de masses et les lectures de la pesée sur une balance à plateaux.

Exercice ❶

Comparer les masses de deux objets (balance à plateaux).
RÉPONSE : Le livre est plus lourd que la trousse.

Exercice ❷

Calculer la masse de trois sacs (balance à plateaux et masses marquées), puis les comparer.
RÉPONSE : a. 505 g   b. 325 g   c. 1 kg 150 g ou 1 150 g
d. Le **sac rouge** est le plus léger   le **sac jaune** le plus lourd.

Exercice ❸

Trouver les masses marquées qui ont servi à peser des objets connaissant leurs masses.
RÉPONSE : a. 100 g, 20 g, 20 g, 5 g, 2 g   b. 500 g, 100 g, 5 g
c. 1 kg, 200g, 50 g, 20 g, 10 g   d. 1 kg, 20 g, 5 g.

Différenciation : Exercices 2 et 3 → **CD-Rom du guide, fiche n° 42.**

À SUIVRE

En **séance 9**, les élèves auront à résoudre des problèmes portant sur les masses. **Le matériel** (sacs A et B) sera utilisé à nouveau avec un travail sur l'équivalence 1 kg = 1 000 g.
Un **entraînement à la pesée** pourra se faire en ateliers (voir consolidation).

	Tâche	Matériel	Connaissances travaillées
CALCULS DICTÉS	Calcul avec les multiples simples de 15 – Calculer des sommes, des différences, des produits dont certains termes ou facteurs sont des multiples simples de 15.	par élève : – réponses écrites (ardoise, cahier de brouillon)	– Calcul : mémorisation et réflexion.
RÉVISER Mesures	Horaires et durées en heures et minutes – Calculer un horaire (connaissant l'horaire de début et la durée) et une durée (connaissant 2 horaires) – Dire des horaires de *n* minutes en *n* minutes. – Savoir placer les aiguilles sur l'horloge.	par élève : – ardoise – horloge en carton › **planche C** CAHIER GÉOMÉTRIE **p. 69** Ⓐ, Ⓑ et Ⓒ	– Horaires, durées en heures et minutes.
APPRENDRE Mesures	Masses (2) RECHERCHE **Calculer des masses** – Trouver une masse totale par addition de masses	pour la classe : – 5 exemplaires des 2 sacs utilisés en séance 8 : **sac A** : 500 g d'un matériau lourd (gravier ou clous) **sac B** : 250 g du même matériau que A – balance Roberval avec des masses marquées (y compris 1 kg et 2 kg) par équipe de 2 : – feuille pour chercher par élève : CAHIER GÉOMÉTRIE **p. 69** ❶ à ❺	– Masses : calculer une masse totale – Unités : kilogramme et gramme.

UNITÉ 9

CALCULS DICTÉS

Calcul avec les multiples simples de 15

– Calculer des sommes, des différences, des produits dont certains termes ou facteurs sont des multiples simples de 15.

• Dicter les calculs suivants avec réponses sur ardoise ou cahier de brouillon :

a. 2 fois 15	e. 15 + 30
b. 2 fois 30	f. 45 + 15
c. 4 fois 15	g. combien de fois 15 dans 45 ?
d. 3 fois 15	h. combien de fois 15 dans 60 ?

RÉPONSE : a. 30 b. 60 c. 60 d. 45 e. 45 f. 60 g. 3 h. 4.

• Les élèves peuvent se préparer ou s'entrainer à ce moment de calcul mental en utilisant l'**exercice 9** de **Fort en calcul mental, p. 103**.

RÉPONSE : a. 30 b. 60 c. 45 d. 15 e. 30 f. 60 g. 45 h. 60.

Ces calculs peuvent être mis en relation avec le calcul sur les quarts d'heure, demi-heures et heures (et illustrés sur un cadran horaire).

INDIVIDUEL ET COLLECTIF

RÉVISER

Horaires et durées en heures et minutes

– Résoudre des problèmes liant horaires et durée, et utiliser l'équivalence 1 h = 60 min.

COLLECTIF

PHASE 1 **Le furet des heures**

• Proposer le jeu du furet de manière rituelle : les élèves disent un horaire chacun à leur tour, à partir d'un **horaire de départ** et un **intervalle de durée**.

Exemple pour **9 h** avec un intervalle de **15 min** :

9 h 15   9 h 30   9 h 45   10 h...

• Voici des exemples de jeu du furet :

horaire de départ	intervalle de durée
9 h	10 min
17 h	20 min
8 h 15	10 min
22 h	30 min
22 h 10	20 min

PHASE 2 Les compléments à l'heure suivante

• Poser plusieurs questions du type : « Il est 14 h 10. Combien de temps jusqu'à l'heure suivante ? ». Les élèves répondent sur leur ardoise (soit « 50 min » pour aller à 15 h).

• Proposer les horaires suivants :

| 8 h 30 | 8 h 40 | midi et demi | 5 heures moins le quart |
| 9 h 40 | 11 heures moins le quart | 20 h 20 | |

Le calcul du complément à l'heure suivante est souvent utile dans la recherche de durées.

PHASE 3 CAHIER MESURES ET GÉOMÉTRIE p. 69

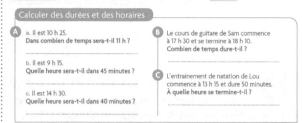

Calculer des durées et des horaires

A a. Il est 10 h 25.
Dans combien de temps sera-t-il 11 h ?

b. Il est 9 h 15.
Quelle heure sera-t-il dans 45 minutes ?

c. Il est 14 h 30.
Quelle heure sera-t-il dans 40 minutes ?

B Le cours de guitare de Sam commence à 17 h 30 et se termine à 18 h 10. Combien de temps dure-t-il ?

C L'entrainement de natation de Lou commence à 13 h 15 et dure 50 minutes. À quelle heure se termine-t-il ?

Exercices A, B et C

Calculer des horaires et des durées.

Les élèves peuvent s'aider de l'horloge en carton.

RÉPONSE : **A** a. 35 min   b. 10 h   c. 15 h 10.
B 40 minutes.   **C** 14 h 05.

APPRENDRE

Masses (2)

– Utiliser l'équivalence 1 kg = 1 000 g et résoudre des problèmes portant sur des masses.

CHERCHER

Calculer des masses : En utilisant le même matériel qu'à la séance précédente, les élèves vont avoir à calculer la masse de lots de plusieurs sacs. Cette masse peut être vérifiée par la pesée.

PHASE 1 Comment faire 1 kg ?

• Préparer cinq exemplaires du lot de 2 sacs utilisés en séance 8 :
– sac A : 500 g d'un matériau lourd (gravier ou clous) ;
– sac B : 250 g du même matériau que A.

• Montrer les sacs repérés par les lettres A et B. Rappeler leurs masses respectives (si besoin, effectuer à nouveau la pesée de chaque sac sur la balance Roberval à l'aide des masses marquées) et noter ces données au tableau.

• Placer une **masse de 1 kg** sur un des plateaux de la balance et demander :

➡ *Quels sacs faut-il placer sur le plateau vide pour équilibrer la balance ? On peut utiliser plusieurs fois un sac de même masse. Il y a plusieurs solutions. Vous les chercherez toutes.*

• Recenser les solutions trouvées et les faire discuter. À chaque calcul proposé, mettre en évidence l'équivalence 1 kg = 1 000 g :

2 × 500 g = 1 000 g = 1 kg

ou 500 g + 2 × 250 g = 1 000 g = 1 kg

ou 4 × 250 g = 1 000 g = 1 kg.

• Si nécessaire, faire valider les solutions en plaçant les sacs sur la balance.

PHASE 2 Recherche d'une masse totale

• Placer **5 sacs B** sur un plateau de la balance et demander :

➡ *Quelles masses marquées faut-il placer sur le plateau vide pour équilibrer la balance ?*

• Recenser les réponses et les faire discuter :
les 5 sacs pèsent 5 × 250 g = 1 250 g = 1 kg 250 g.
Les élèves peuvent aussi utiliser le fait que 4 sacs de 250 g pèsent 1 kg, vu à la question précédente. Inviter un élève à vérifier en effectuant la pesée.

• Poser successivement **plusieurs problèmes** de recherche d'une masse totale en procédant de la même manière que précédemment, par exemple :

Quelle est la masse totale pour :
a. 3 sacs B et 2 sacs A ?   b. 2 sacs B et 3 sacs A ?

RÉPONSE : a. 1 750 g   b. 2 000 g.

L'objectif de cette séance est de rendre opérationnelle l'équivalence **1 kg = 1 000 g**. Les masses étudiées seront exprimées en **g** et **kg**, conformément à l'usage social courant.
Les unités comme cg, dg, dag, hg peuvent être évoquées ou utilisées si elles figurent sur les masses marquées par exemple, mais leur apprentissage se fera au CM1.

ENTRAINEMENT

CAHIER MESURES ET GÉOMÉTRIE **p. 69**

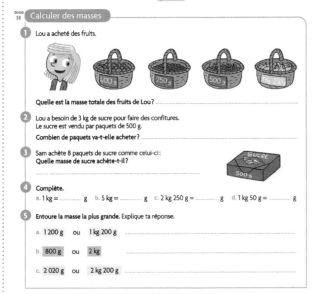

Calculer des masses

1. Lou a acheté des fruits.

Quelle est la masse totale des fruits de Lou ? ....

2. Lou a besoin de 3 kg de sucre pour faire des confitures.
Le sucre est vendu par paquets de 500 g.
Combien de paquets va-t-elle acheter ? ....

3. Sam achète 8 paquets de sucre comme celui-ci :
Quelle masse de sucre achète-t-il ?

4. Complète.
a. 1 kg = ... g   b. 5 kg = ... g   c. 2 kg 250 g = ... g   d. 1 kg 50 g = ... g

5. Entoure la masse la plus grande. Explique ta réponse.

a. 1 200 g   ou   1 kg 200 g ....
b. 800 g   ou   2 kg ....
c. 2 020 g   ou   2 kg 200 g ....

Exercice 1

Calculer la masse totale.

Les élèves peuvent :
– ajouter séparément les kilogrammes et les grammes ;
– chercher à associer les masses en grammes pour faire 1 kg ;
– tout exprimer en grammes et ajouter les nombres.
La masse totale est de :
1 kg 250 g + 400 g + 250 g + 500 g = 1 kg + 1 400 g
= 1 kg + 1 000 g + 400 g = 1 kg + 1 kg + 400 g = 2 kg 400 g.
RÉPONSE : 2 kg 400 g.

Exercice 2

Calculer combien de fois la masse d'un objet est contenue dans une masse donnée.

La résolution de ce problème de groupements oblige à chercher l'équivalent de 1 kg en grammes. Pour faire 1 kg ou 1 000 g, il faut 2 paquets. Il faut donc 6 paquets pour faire 3 kg de sucre.
RÉPONSE : 6 paquets de sucre.

Exercice 3

Calculer la masse de plusieurs objets identiques, connaissant la masse d'un objet.

1re méthode : 8 × 500 g = 4 000 g = 4 kg.
2e méthode : 2 paquets de 500 g pèse 1 kg, donc 8 paquets pèsent 4 fois plus, donc 4 kg.
RÉPONSE : 4 kg.

Exercice 4

Convertir en g des masses exprimées en kg et g.

Les conversions sont réalisées à l'aide de l'équivalence 1 kg = 1 000 g. L'usage du tableau de conversion n'est pas à envisager ici.
5 kg, c'est 5 fois 1 kg, donc 5 fois 1 000 g, soit **5 000 g**.
1 kg 50 g, c'est 1 000 g et 50 g, donc **1 050 g**.
RÉPONSE : a. 1 000 g   b. 5 000 g   c. 2 250 g   d. 1 050 g.

Exercice 5

Comparer des masses exprimées en g et en kg et g.
RÉPONSE : a. les deux masses sont égales : 1 200 g = 1 kg 200 g
b. 800 g < 2 kg   c. 2 020 g < 2 kg 200 g.

Différenciation : Exercices 1 à 5 → **CD-Rom du guide, fiche n° 43.**

À SUIVRE

En **unité 10**, le travail sur les masses sera entrainé. L'utilisation de balances adaptées sera étudiée et une nouvelle unité abordée : **la tonne.**

Comment utiliser les pages Bilan et Consolidation ›› p. VIII.

BILAN de l'UNITÉ 9

CONSOLIDATION

NOMBRES ET CALCULS

▶ Calcul mental (séances 1 à 9)

Connaissances à acquérir

→ **Nombre pensé (addition, soustraction).**

→ **Addition et soustraction de nombres inférieurs à 100.**

→ **Calcul avec les multiples de 15.**

Pas de préparation de bilan proposée dans le fichier.

Je fais le bilan › FICHIER NOMBRES p. 111

Exercice ❶ Nombres pensés.
1er nombre : 17   2e nombre : 37   3e nombre : 33   4e nombre : 94.

Exercice ❷ Addition, soustraction de nombres < 100, calcul avec les multiples de 15.
a. 69   b. 70   c. 70   d. 72   e. 35   f. 33   g. 45   h. 60.

Je consolide mes connaissances › FICHIER NOMBRES p. 103

Fort en calcul mental : exercices 1 à 9

Ateliers

› Nombre pensé

Reprendre l'activité « Nombre pensé » en petits groupes.

Autres ressources

› CD-Rom Jeux interactifs CE2-CM1-CM2

11. As du calcul : domaine additif

NOMBRES ET CALCULS

▶ Résolution de problèmes : déduction, essais (séances 1 et 2)

Connaissances à acquérir

→ **Pour résoudre certains problèmes :**
– il faut trouver ce que l'on peut déduire des informations données et déterminer les étapes de la résolution ;
– il faut souvent partir de la question pour savoir de quelles informations on aura besoin.

Je prépare le bilan › FICHIER NOMBRES p. 110

QCM Ⓐ Chaque segment rouge mesure 5 mm.

La réponse « **chaque segment rouge mesure 10 mm** » correspond au fait que les élèves n'ont reconnu qu'un problème de complément, après avoir déterminé correctement la longueur d'un segment bleu.

Je fais le bilan › FICHIER NOMBRES p. 111

Exercice ❸ Résoudre un problème en faisant des déductions.
Prix de la chèvre : 4 €.

Je consolide mes connaissances › FICHIER NOMBRES p. 112

Exercice ❶ 350 g.

Exercice ❷ 16 points.

CD-Rom du guide

› Fiche différenciation n° 39

Autres ressources

› Activités pour la calculatrice CE2-CM1-CM2

19. Carrés magiques
20. Cascade de nombres

NOMBRES ET CALCULS

▶ Division : groupements réguliers (nombre de parts) (séances 3 et 4)

Connaissances à acquérir

→ **Résoudre le problème « Combien de rubans de 6 cm peut-on découper dans une bande de 50 cm »** revient à se demander « combien il y a de fois **6** dans **50** », et donc par quel nombre il faut multiplier **6** pour atteindre **50** ou s'en approcher le plus possible. On obtient alors **un quotient** et **un reste** qui peut être égal ou non à **0**, mais qui doit être **plus petit que 6**. Dans ce cas, le quotient est **8** car $6 \times 8 = 48$ et le reste est **2** car $50 - 48 = 2$.

→ **On peut vérifier** le résultat en calculant : $(6 \times 8) + 2 = 50$.

Je consolide mes connaissances › FICHIER NOMBRES p. 112

Exercice ❸ 11 rubans

Exercice ❹ oui, avec 5 rubans.

Exercice ❺ non.

Exercice ❻ oui, avec 5 rubans

Exercice ❼

4 cm	0	3	6	9	12
6 cm	8	6	4	2	0

suite p. 313

Je prépare le bilan › FICHIER NOMBRES p. 110

QCM B   8 rubans.

La réponse « **44 rubans** » correspond à une incompréhension du problème, les élèves considérant qu'on a découpé un ruban de 6 cm et qu'on demande la longueur du ruban restant.

Je fais le bilan › FICHIER NOMBRES p. 111

Exercices 4 et 5 Résoudre des problèmes de groupements réguliers.

4 12 paquets (reste 3 cm de ruban).   **5** 11 paquets (reste 5 cm).

▶ Division : calcul réfléchi (séances 5 et 6)

Connaissances à acquérir

→ **Pour calculer un quotient et un reste**, il est souvent efficace de décomposer le **dividende** (le nombre à diviser) en sommes de nombres faciles à diviser.

Exemple : pour **diviser 60 par 5**, on peut décomposer **60** en **50 + 10**, les nombres 50 et 10 étant faciles à diviser par 5.

Je prépare le bilan › FICHIER NOMBRES p. 110

QCM C   Le résultat de 60 : 5 est **12**.

QCM D   un quotient égal à 11 ;   un reste égal à 1.

Les réponses « **60 : 5 = 10** » pour le **QCM C** et « **un quotient égal à 10** » pour le **QCM D** peuvent être dues au fait que les élèves ont accepté un reste (10 ou 6) supérieur au diviseur, en ignorant également, pour le **QCM C**, que l'usage du signe « : » est réservé aux cas où le reste est nul.

QCM E   Le reste peut être égal à **3** ou **0**.

Ici, c'est la connaissance du fait que le reste doit être inférieur au diviseur qui est testée.

QCM F   Le nombre que Lou a divisé est **50**.

On teste ici la connaissance de la relation qui lie le dividende, le diviseur, le quotient et le reste.

Je fais le bilan › FICHIER NOMBRES p. 111

Exercices 6 et 7 Utiliser le calcul réfléchi pour déterminer des quotients et des restes.

6 a. 11   b. 14   c. 13   d. 12.

7

35 divisé par 4	37 divisé par 3	58 divisé par 5	72 divisé par 15
q = 8 r = 3	q = 12 r = 1	q = 11 r = 3	q = 4 r = 12
$4 \times 8 + 3 = 35$	$3 \times 12 + 1 = 37$	$5 \times 11 + 3 = 58$	$15 \times 4 + 12 = 72$

Exercice 8 Chercher un nombre par essais et ajustements.

Nombre pensé possible : 0   12   24.

Je consolide mes connaissances › FICHIER NOMBRES p. 112-113

Exercice 8 a. 18   b. 2   c. 15   d. 3   e. 24   f. 6.

Exercice 9

17 divisé par 7	52 divisé par 13	65 divisé par 15	78 divisé par 5
q = 2 r = 3	q = 4 r = 0	q = 4 r = 5	q = 15 r = 3
$7 \times 2 + 3 = 17$	$13 \times 4 = 52$	$15 \times 4 + 5 = 65$	$5 \times 15 + 3 = 78$

Exercice 10

77 divisé par 8	62 divisé par 5	105 divisé par 5	84 divisé par 7
q = 9 r = 5	q = 12 r = 2	q = 21 r = 0	q = 12 r = 0
$8 \times 9 + 5 = 77$	$5 \times 12 + 2 = 62$	$5 \times 21 = 105$	$7 \times 12 = 84$

Exercice 11 $(6 \times 32) + 3 = 195$.

Exercice 12

problème 1 : 32 pages   problème 4 : 33 voitures
problème 2 : 32 colliers   problème 5 : 1 170 personnes
problème 3 : 3 bonbons.

Les problèmes proposés sont :

– soit de type **partage équitable** :
exemple : « On répartit 114 œufs dans 12 boîtes de façon équitable, en mettant le plus possible d'œufs dans chaque boîte. Combien met-on d'œufs par boîte ? »

– soit de type **groupements réguliers** :
exemple : « Combien de boîtes de 12 œufs peut-on remplir avec 114 œufs ? ».

Remarque : le problème 5 ne peut pas être résolu grâce au calcul de l'exercice 11.

Exercice 13 $(9 \times 12) + 6 = 114$.

Exercice 14 0   8   16   24   32   40   48.

UNITÉ 9

▶ **Reproduction de figures** (séances 7 et 8)

Connaissances à acquérir

→ **Pour reproduire une figure sur papier blanc**, il faut :
– repérer les éléments qui la composent et comment ces éléments sont liés les uns aux autres ;
– repérer s'il y a des alignements de points, de segments, ou de points et de segments ;
– prendre les informations nécessaires à la reproduction de chaque élément de la figure ;
– décider dans quel ordre reproduire les éléments de la figure.

→ **Il faut aussi savoir utiliser :**
– la **règle** pour prendre et reporter une longueur, contrôler et réaliser des alignements ;
– l'**équerre** pour contrôler et tracer des angles droits.

Je prépare le bilan ❭ CAHIER GÉOMÉTRIE p. 70

QCM Ⓐ chercher s'il y a des figures que je connais ;
chercher s'il y a des angles droits ;
mesurer les longueurs des côtés et des segments ;
chercher s'il y a des points et des segments qui sont alignés.

Je fais le bilan ❭ CAHIER GÉOMÉTRIE p. 70-71

Exercice ❶ Repérer des alignements pour reproduire une figure.

Exercice ❷ Reproduire une figure sur papier blanc.

matériel par élève : instruments de géométrie.
Prévoir un calque des deux modèles pour la correction.
Pas de corrigé pour les 2 exercices.

Je consolide mes connaissances ❭ CAHIER GÉOMÉTRIE p. 72

Exercice ❶ Pas de corrigé.

Exercice ❷ Pas de corrigé.

matériel par élève : instruments de géométrie.
Prévoir un calque des deux modèles pour la correction.

L'**exercice 1** sollicite le repérage d'alignement de segments.
L'**exercice 2** mobilise la reconnaissance de figures usuelles (rectangle ou triangle rectangle), l'utilisation de la règle graduée et l'équerre.

Autres ressources

❭ 90 Activités et jeux mathématiques CE2

77. Reproduction de figures complexes (1)
83. Des frises (alignement)

▶ **Lecture d'un plan** (séance 7)

Connaissances à acquérir

→ **Pour se repérer plus facilement sur un plan**, il faut commencer par l'orienter. Pour cela, on se sert d'éléments de l'espace réel qui sont facilement reconnaissables sur le plan.

→ **Pour retrouver dans la réalité un objet ou un emplacement correspondant à un élément du plan**, on repère la position de cet élément sur le plan par rapport à d'autres éléments du plan qu'il est facile de localiser dans la réalité.

→ **Pour retrouver sur le plan l'emplacement correspondant à un objet réel**, on repère la position de cet objet réel par rapport à d'autres éléments réels qu'il est facile de localiser sur le plan.

Je prépare le bilan ❭ CAHIER GÉOMÉTRIE p. 70

QCM Ⓑ L'étiquette 1 correspond à l'aire de jeux ;
L'étiquette 2 correspond à l'entrée.

Je fais le bilan ❭ CAHIER GÉOMÉTRIE p. 71

Exercice ❸ Identifier des éléments localisés sur un plan.

matériel par élève : un plan « muet » d'un espace familier des élèves (école, environs de l'école...) sur lequel l'enseignant aura indiqué par des numéros des éléments facilement identifiables.
Pas de corrigé.

Ateliers

❭ Indication d'emplacements numérotés sur le plan

Les élèves doivent indiquer sur leur plan, à côté de chaque numéro, le lieu ou l'élément qui se trouve à cet emplacement dans la réalité.

❭ Repérage par une lettre d'éléments sur le plan

Désigner quelques éléments et demander aux élèves de les repérer par une lettre sur leur plan, par exemple : P pour le portail de l'école, A pour l'arbre le plus proche de la BCD…

matériel par élève :
– plan de l'école au format A4 avec des emplacements repérés par des numéros, par exemple : la classe, le bureau du directeur / de la directrice, le bac à sable… (aucun mot ne figure sur le plan).

matériel pour la classe :
– plan remis aux élèves agrandi au format A3.

❱ Masses : comparaison, mesure et calcul (séances 8 et 9)

Connaissances à acquérir

→ **La masse** est une propriété des objets qui est comparée et mesurée à l'aide d'une balance.

→ **Une balance à plateaux** permet de **comparer** des masses, mais aussi de **mesurer** la masse d'un objet en utilisant des masses marquées. Il faut alors placer l'objet sur un plateau et équilibrer la balance en ajoutant des masses marquées dans l'autre plateau. La masse de l'objet est égale à la somme des masses utilisées.

→ **L'unité usuelle de masse est le gramme.** Des masses plus lourdes se mesurent en **kilogrammes**.

→ **1 kg = 1 000 g.**

Je prépare le bilan ❱ CAHIER GÉOMÉTRIE p. 70

QCM Ⓑ La masse du sac jaune est 1 050 g ;
Le sac jaune a pour masse 1 kg 50 g.

Je fais le bilan ❱ CAHIER GÉOMÉTRIE p. 71

**Exercice ❹ Trouver une masse totale.
Exprimer une masse en g ou en kg et g.
Utiliser l'équivalence 1 kg = 1 000 g.**

a. 710 g   b. 1 100 g ou 1 kg 100 g.

c. Le sac bleu est le plus lourd car 1 kg > 710 g.

Je consolide mes connaissances ❱ CAHIER GÉOMÉTRIE p. 73

Exercice ❸ a. Le sac le plus lourd est jaune.

b. La balance penchera du côté du sac jaune mais à gauche.

Exercice ❹ Le melon pèse 400 g, c'est le fruit le plus lourd.

Exercice ❺ C est plus lourd que B et B est plus lourd que A.
Le rangement est : C, B, A.

Exercice ❻ a. 115 g   b. 60 g.

Exercice ❼ 1 000 g ou 1 kg.

Exercice ❽ Avec 1 kg, on peut faire 4 paquets, donc avec 2 kg on peut faire 8 paquets.

CD-Rom du guide

❱ Fiches différenciation n° 42 et n° 43

Ateliers

❱ Estimer des masses
  Faire soupeser des objets et estimer la comparaison de leurs masses.

❱ Mesurer des masses
  Peser des objets sur une balance de ménage et noter leur masse en g.

❱ Calculer des masses
  Faire calculer la masse de 2 sacs A, 3 sacs B, 5 sacs B, 3 sacs A et vérifier les résultats trouvés par pesée.

matériel : les sacs A et B de la séance 8.

Autres ressources

❱ 90 Activités et jeux mathématiques CE2

  53. Atelier de mesure de masses
  54. jeu des questions sur les masses
  55. Masses de produits alimentaires

❱ CD-Rom Jeux interactifs CE2-CM1-CM2

  19. Masses jeux 1 et 2

UNITÉ 9

L'emploi du temps

À partir d'informations prises dans l'emploi du temps d'une classe (tableau à double entrée), les élèves ont à résoudre des problèmes portant sur les durées en heures et minutes. Le problème 7 est lié aux problèmes 1 et 6.

Problèmes et

OBJECTIF : Déterminer une durée.

TÂCHE : Lire les horaires de début et de fin de deux séances et déterminer la durée de chacune d'elles.

RÉPONSE : ❶ 1 heure 5 minutes. ❷ 1 heure 15 minutes

Problème

OBJECTIF : Déterminer une durée et un horaire.

TÂCHE : Déterminer la durée des récréations puis, connaissant l'horaire de début de celle de l'après-midi, déterminer l'horaire de fin.

RÉPONSE : 15 h.

Problème

OBJECTIF : Déterminer une durée.

TÂCHE : Déterminer la durée de présence d'un élève à l'école durant une journée donnée après lecture des horaires d'arrivée et de sortie.

RÉPONSE : 7 heures 30 minutes
La méthode la plus simple consiste à calculer la durée écoulée entre 8 h 30 et 16 h.

Problème

OBJECTIF : Déterminer un horaire.

TÂCHE : Déterminer l'horaire de début d'une séance.

RÉPONSE : 12 h 45.

Problème

OBJECTIF : Déterminer une durée.

TÂCHE : Déterminer les durées de plusieurs séances d'une même discipline.

RÉPONSE : a. 1 heure 5 minutes   b. 40 minutes.

Problème

OBJECTIF : Déterminer la somme de plusieurs durées.

TÂCHE : Déterminer la durée d'enseignement d'une même discipline durant une semaine.

RÉPONSE : 5 h (4 séances de 1 h 15 min et une séance de 40 min).

Problème

OBJECTIF : Déterminer une durée.

TÂCHE : Déterminer une durée passée par un enfant chez sa grand-mère connaissant les horaires de son arrivée et de son départ.

RÉPONSE : 15 h.

Voici l'emploi du temps de la classe d'Anthony.

1. Quelle est la durée de la séance de mathématiques (maths) du lundi ?

2. Quelle est la durée de la séance d'éducation physique et sportive (EPS) du lundi ?

3. La récréation du matin et celle de l'après-midi ont la même durée.
À quelle heure se termine la récréation de l'après-midi ?

4. Anthony reste à la cantine le lundi midi.
Combien de temps Anthony reste-t-il à l'école le lundi ?

5. Après le repas à la cantine, Anthony joue au pingpong. L'atelier pingpong dure 30 minutes et se termine à 13 h 15.
À quelle heure commence-t-il ?

6. Quelle est la durée de la séance de mathématiques (maths) :
a. le mardi ? _____   b. le mercredi ? _____

7. Chaque semaine, pendant combien de temps la classe d'Anthony fait-elle des mathématiques (maths) ?

8. Le lundi soir, après la classe, Anthony va chez sa Mamie.
Il y arrive à 17 h et y passe la soirée et la nuit.
Il part de chez sa Mamie le mardi matin à 8 h.
Combien de temps Anthony reste-t-il chez sa Mamie ?

Cahier p. 74

Mise en œuvre

La recherche des sept premiers problèmes est individuelle, le problème 8, plus difficile, peut être résolu en équipes. Un **contrôle à deux** peut s'avérer intéressant avant d'envisager la correction collective de certains problèmes.

Une **mise en commun intermédiaire** après un temps de recherche pourra être utile pour les problèmes :
– qui nécessitent d'enchaîner plusieurs étapes (**problèmes 3 et 7**) ;
– qui utilisent plusieurs données dont des réponses à des problèmes précédemment résolus (**problème 7**) ;
– qui sont difficiles comme le **problème 8** où la durée porte sur deux jours consécutifs.

Aides possibles

Problème 3 : Aider certains élèves à déterminer les étapes de la résolution du problème :
– calcul de la durée de la récréation du matin connaissant les horaires de début et de fin ;
– puis calcul de l'horaire de fin de la récréation de l'après-midi connaissant l'horaire de début et la durée.

Problème 5 : Il peut paraître difficile car peu rencontré : déterminer l'horaire de début connaissant l'horaire de fin et la durée. Proposer d'utiliser l'horloge en carton pour s'appuyer sur la rotation de la grande aiguille ou une ligne du temps.

Problème 8 : Inviter les élèves qui seraient en difficulté à s'appuyer sur une ligne du temps :

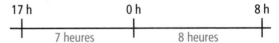

Procédures à observer particulièrement

La façon dont les élèves déterminent :
– **les durées** connaissant les horaires de début et de fin. (pour le problème 1, les élèves peuvent s'appuyer sur des lignes du temps et/ou des raisonnements du type « de 9 h 05 à 10 h 05, il s'écoule 1 heure ») ;
– **un horaire** connaissant la durée et l'horaire de début ou de fin ;
– **le calcul d'une durée totale** qui peut se faire en ajoutant respectivement les heures et les minutes et en utilisant l'équivalence 1 h = 60 min.

13 ou 14 séances
– 10 séances programmées (9 séances d'apprentissage + 1 bilan)
– 3 ou 4 séances pour la consolidation et la résolution de problèmes

environ 30 min par séance | environ 45 min par séance

	CALCUL MENTAL	RÉVISER	APPRENDRE
Séance 1 FICHIER NOMBRES p. 116	**Problèmes dictés** Groupements réguliers	**Problèmes écrits** Groupements réguliers	**Résolution de problèmes : sélection et utilisation d'informations** RECHERCHE Les éléphants du parc animalier
Séance 2 FICHIER NOMBRES p. 117	**Nombre pensé** État initial avant une multiplication	**Calcul mental, posé ou calculatrice** Choisir son moyen de calcul	**Multiplication, division : aspect ordinal (1)** RECHERCHE Rendez-vous sur la piste (1)
Séance 3 FICHIER NOMBRES p. 118	**Nombre pensé** État initial avant une multiplication	**Calcul mental, posé ou calculatrice** Choisir son moyen de calcul	**Multiplication, division : aspect ordinal (2)** RECHERCHE Rendez-vous sur la piste (2)
Séance 4 FICHIER NOMBRES p. 119	**Le bon compte** Atteindre un nombre donné ou s'en approcher	**Le bon compte** Atteindre un nombre donné ou s'en approcher	**Relations entre nombres : addition, soustraction** RECHERCHE Sommes et différences égales
Séance 5 FICHIER NOMBRES p. 120	**Problèmes dictés** Partage équitable et groupements réguliers	**Problèmes écrits** Partage équitable et groupements réguliers	**Relations entre nombres : multiplication** RECHERCHE Produits égaux
Séance 6 FICHIER NOMBRES p. 121	**Le bon compte** Atteindre un nombre donné ou s'en approcher	**Le bon compte** Atteindre un nombre donné ou s'en approcher	**Résolution de problèmes : calculer des distances** RECHERCHE La visite du zoo
Séance 7 CAHIER GÉOMÉTRIE p. 75	**Le bon compte** Atteindre un nombre donné ou s'en approcher	**Estimation de masses et pesées**	**Représentation plane de polyèdres** RECHERCHE Photographies et dessins de polyèdres (avec le logiciel Poly)
Séance 8 CAHIER GÉOMÉTRIE p. 76-77	**Le bon compte** Atteindre un nombre donné ou s'en approcher	**Repérage sur quadrillage : plan de ville**	**Unités de mesure** RECHERCHE Grandeurs et unités de mesure
Séance 9 CAHIER GÉOMÉTRIE p. 78	**Le bon compte** Atteindre un nombre donné ou s'en approcher	**Reproduction d'une figure complexe**	**Repérage sur une carte** RECHERCHE Utiliser une carte (avec le logiciel Géoportail)

Bilan

Je prépare le bilan puis Je fais le bilan
FICHIER NOMBRES   p. 122-123
CAHIER GÉOMÉTRIE   p. 79

Consolidation Remédiation

Fort en calcul mental
FICHIER NOMBRES   p. 115

Je consolide mes connaissances
FICHIER NOMBRES   p. 124-125
CAHIER GÉOMÉTRIE   p. 80

Banque de problèmes

Je pense à des nombres
FICHIER NOMBRES   p. 126

L'essentiel à retenir de l'unité 9

- **Calcul mental**
  – Calculs additifs, soustractifs, multiplicatifs

- **Calcul de distances**

- **Résolution de problèmes : choix d'informations**

- **Multiplication, division et déplacements sur une piste numérotée**

- **Relations entre nombres (addition et soustraction, multiplication)**

- **Approche du Système International d'unités de mesure**

- **Polyèdres : représentations planes (photographies et dessins)**

- **Repérage sur une carte**

		Tâche	Matériel	Connaissances travaillées
PROBLÈMES DICTÉS		**Groupements réguliers** – Résoudre des problèmes de groupements réguliers.	par élève : FICHIER NOMBRES **p. 116 a, b et c**	– **Division : approche** – **Groupements réguliers** – Signe « : » – Addition, soustraction, multiplication.
PROBLÈMES ÉCRITS		**Groupements réguliers** – Résoudre des problèmes de groupements réguliers.	par élève : FICHIER NOMBRES **p. 116 Ⓐ, Ⓑ et Ⓒ**	– **Division : approche** – **Groupements réguliers** – Signe « : » – Addition, soustraction, multiplication.
APPRENDRE Problèmes		**Résolution de problèmes : sélection et utilisation d'informations** RECHERCHE **Les éléphants du parc animalier** – En sélectionnant les informations pertinentes, trouver ce qu'il faut prévoir pour nourrir 3 éléphants pendant une semaine.	par élève : – fiche recherche 43 FICHIER NOMBRES **p. 116 ❶ à ❹**	– **Résolution de problèmes** – **Sélection d'informations** – Étapes de la résolution – Analyse descendante et remontante.

PROBLÈMES DICTÉS

Groupements réguliers

– Résoudre mentalement des problèmes de partage équitable.

FICHIER NOMBRES ET CALCULS p. 116

• Formuler les problèmes suivant, avec réponse dans le fichier :

Problème a

> Boris a **17 œufs**. Il les range par boîte de **6**.
> **Combien peut-il remplir de boîtes ?**

Problème b

> Carole a **25 œufs**. Elle les range par boîte de **6**.
> **Combien peut-elle remplir de boîtes ?**

Problème c

> Maud a **37 œufs**. Elle les range par boîte de **6**.
> **Combien peut-elle remplir de boîtes ?**

• Faire une rapide mise en commun après chaque problème.

RÉPONSE : a. 2 boites   b. 4 boites   c. 6 boites

• Les élèves peuvent se préparer ou s'entrainer à ce moment de calcul mental en utilisant l'**exercice 1** de **Fort en calcul mental, p. 115**.

RÉPONSE : a. 5 boites   b. 7 boites.

PROBLÈMES ÉCRITS

Groupements réguliers

– Résoudre mentalement des problèmes de partage équitable.

FICHIER NOMBRES ET CALCULS p. 116

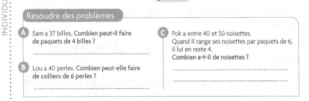

Résoudre des problèmes

Ⓐ Sam a 37 billes. Combien peut-il faire de paquets de 4 billes ?

Ⓑ Lou a 40 perles. Combien peut-elle faire de colliers de 6 perles ?

Ⓒ Pok a entre 40 et 50 noisettes. Quand il range ses noisettes par paquets de 6, il lui en reste 4. Combien a-t-il de noisettes ?

Problèmes Ⓐ et Ⓑ

Problèmes de groupements.

La taille des nombres autorise tous les modes de résolution, du dessin au recours à la table de multiplication.

RÉPONSE : Ⓐ 9 paquets.   Ⓑ 6 colliers.

Problème Ⓒ

Problème plus complexe de groupements.

Une procédure additive est possible. L'utilisation de la table de multiplication est plus rapide. Les résultats situés entre 40 et 50 sont **42** et **48**, mais seul **42** convient puisqu'il faut ajouter les **4** noisettes non rangées.

RÉPONSE : 46 noisettes.

Résolution de problèmes : sélection et utilisation d'informations

– Choisir parmi un ensemble d'informations celles qui permettent de répondre à une question.
– Déterminer les étapes pour résoudre un problème.
– Présenter la solution d'un problème.

RECHERCHE Fiche recherche 43

Les éléphants du parc animalier : Les élèves ont à répondre à une question en utilisant des informations données dans plusieurs textes courts.

PHASE 1 Recherche des informations

Problème de la recherche

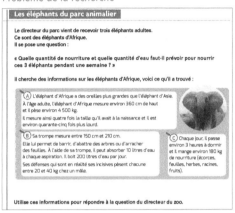

Les éléphants du parc animalier

Le directeur du parc vient de recevoir trois éléphants adultes.
Ce sont des éléphants d'Afrique.
Il se pose une question :

« Quelle quantité de nourriture et quelle quantité d'eau faut-il prévoir pour nourrir ces 3 éléphants pendant une semaine ? »

Il cherche des informations sur les éléphants d'Afrique, voici ce qu'il a trouvé :

A L'éléphant d'Afrique a des oreilles plus grandes que l'éléphant d'Asie. À l'âge adulte, l'éléphant d'Afrique mesure environ 360 cm de haut et il pèse environ 4 500 kg. Il mesure ainsi quatre fois la taille qu'il avait à la naissance et il est environ quarante-cinq fois plus lourd.

B Sa trompe mesure entre 150 et 210 cm. Elle lui permet de barrir, d'abattre des arbres ou d'arracher des feuilles. À l'aide de sa trompe, il peut absorber 10 litres d'eau à chaque aspiration. Il boit 200 litres d'eau par jour. Ses défenses qui sont en réalité ses incisives pèsent chacune entre 20 et 40 kg chez un mâle.

C Chaque jour, il passe environ 3 heures à dormir et il mange environ 180 kg de nourriture (écorces, feuilles, herbes, racines, fruits).

Utilise ces informations pour répondre à la question du directeur du zoo.

• Demander aux élèves de prendre connaissance du texte introductif. Les interroger pour tester la compréhension de ce texte. Puis préciser la tâche :

➡ *Lisez les textes A, B et C et notez les lettres des textes dans lesquels on trouve des informations qui permettent de répondre à la question du directeur du parc. Notez ces informations sur votre feuille.*

• Faire l'inventaire des réponses et les discuter :
– le **texte A** ne fournit pas d'indication utile ;
– le **texte B** évoque la quantité d'eau absorbée à chaque aspiration, mais cela ne permet pas de répondre à la question ; par contre il donne la quantité d'eau nécessaire par jour et cela sera utile ;
– le **texte C** est également utile puisqu'il indique la quantité de nourriture avalée chaque jour.

• Noter les informations utiles au tableau :

– un éléphant boit 200 litres d'eau par jour
– un éléphant mange 180 kg de nourriture par jour

Cette phase ne comporte pas de calcul. Elle ne vise qu'à identifier les types d'informations utiles pour préparer la nourriture des éléphants.
Les élèves ont déjà eu à choisir, parmi plusieurs informations, celles qui sont utiles pour répondre à une question. Un travail est conduit ici de façon plus systématique sur ce point.

PHASE 2 Réponse à la question

• Demander à chaque élève de répondre individuellement en gardant la trace de ses calculs et en présentant une solution rédigée.

• Organiser une **mise en commun**, centrée d'abord sur les réponses, puis sur la présentation de la solution. Conclure :
– il faut tenir compte de l'eau nécessaire et de la nourriture ;

– on peut utiliser l'addition itérée ou la multiplication.

• Faire une **synthèse** des points importants :

Répondre à une question à partir de plusieurs textes

• **Il faut choisir les bonnes informations,** celles qui sont utiles pour répondre à la question.

• **Il faut présenter les calculs** en les accompagnant de l'information qu'on peut en tirer.

• **Il ne faut pas oublier de formuler la réponse** à la question posée en une ou plusieurs phrases.

RÉPONSE : 4 200 litres d'eau et 3 780 kg de nourriture.

En dehors des erreurs de calcul, **les principales erreurs** peuvent venir soit du fait que l'élève a calculé les besoins pour 1 éléphant pendant 1 semaine, soit qu'il a calculé les besoins pour 3 éléphants mais pendant 1 seule journée.

ENTRAINEMENT

FICHIER NOMBRES ET CALCULS p. 116

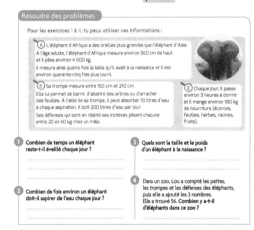

Résoudre des problèmes

Pour les exercices 1 à 4, tu peux utiliser ces informations :

A L'éléphant d'Afrique a des oreilles plus grandes que l'éléphant d'Asie. À l'âge adulte, l'éléphant d'Afrique mesure environ 360 cm de haut et il pèse environ 4 500 kg. Il mesure ainsi quatre fois la taille qu'il avait à la naissance et il est environ quarante-cinq fois plus lourd.

B Sa trompe mesure entre 150 cm et 210 cm. Elle lui permet de barrir, d'abattre des arbres ou d'arracher des feuilles. À l'aide de sa trompe, il peut absorber 10 litres d'eau à chaque aspiration. Il boit 200 litres d'eau par jour. Ses défenses qui sont en réalité ses incisives pèsent chacune entre 20 et 40 kg chez un mâle.

C Chaque jour, il passe environ 3 heures à dormir et il mange environ 180 kg de nourriture (écorces, feuilles, herbes, racines, fruits).

1 Combien de temps un éléphant reste-t-il éveillé chaque jour ?

2 Combien de fois environ un éléphant doit-il aspirer de l'eau chaque jour ?

3 Quels sont la taille et le poids d'un éléphant à la naissance ?

4 Dans un zoo, Lou a compté les pattes, les trompes et les défenses des éléphants, puis elle a ajouté les 3 nombres. Elle a trouvé 56. Combien y a-t-il d'éléphants dans ce zoo ?

Exercices 1, 2 et 3

Utiliser des informations pour répondre à une question.

Problème 1 : la réponse est à déduire d'une information figurant dans le **texte C** et d'une donnée connue (1 jour = 24 h).
Problème 2 : un calcul est nécessaire à partir de deux informations figurant dans le **texte B**.
Problème 3 : les informations permettant de résoudre ce problème figurent dans le **texte A**.
RÉPONSE : **1** 21 h. **2** 20 fois. **3** taille : 90 cm ; poids : 100 kg.

Exercice 4

Problème de recherche.

La résolution peut se faire par essais et ajustements ou par déduction en considérant que chaque éléphant correspond à 7 éléments (4 pattes, 1 trompe, 2 défenses).
RÉPONSE : 8 éléphants.

UNITÉ 10

Multiplication, division : aspect ordinal (1)

	Tâche	Matériel	Connaissances travaillées
CALCULS DICTÉS	**Nombre pensé** – Retrouver un nombre avant qu'il n'ait été multiplié par un autre nombre.	par élève : FICHIER NOMBRES **p. 117** a à h	**– Calcul réfléchi** **– Table de multiplication** – Recherche d'un état final ou initial dans des situations de multiplication.
RÉVISER Calcul	**Calcul mental, posé ou calculatrice** – Choisir le moyen de calcul le plus rapide.	par élève : – feuille de papier – la calculatrice est autorisée FICHIER NOMBRES **p. 117** A	**– Calcul mental, calcul posé, calculatrice** – Addition, soustraction, multiplication
APPRENDRE Calcul	**Multiplication, division : aspect ordinal** (1) RECHERCHE **Rendez-vous sur la piste (1)** – Sur une piste numérotée, en partant de 0, déterminer soit le nombre de sauts, soit la valeur d'un saut qui permet d'atteindre une position donnée.	par élève, puis équipes de 2 : – **fiche recherche 44** – feuille pour chercher – la calculatrice n'est pas autorisée par élève : FICHIER NOMBRES **p. 117** 1 à 5	**– Multiplication, division : aspect ordinal** – Signe « : » – Addition, soustraction, multiplication.

CALCULS DICTÉS

Nombre pensé

– Mémoriser le répertoire multiplicatif.

INDIVIDUEL ET COLLECTIF

FICHIER NOMBRES ET CALCULS p. 117

• Expliquer l'activité à partir du premier exemple (a) de la première série :

➡ *Je pense à un nombre, je le multiplie par **2**, je trouve **10**. Vous devez trouver le nombre auquel j'ai pensé.*

• Les élèves écrivent les résultats des calculs dictés pour la première série, puis après correction ceux de la deuxième série.

Première série :

	a	b	c	d
Je pense à un nombre	?	?	?	?
Je le multiplie par	2	2	2	2
Je trouve	10	18	30	600

Deuxième série :

	e	f	g	h
Je pense à un nombre	?	?	?	?
Je le multiplie par	5	5	5	5
Je trouve	15	40	50	100

RÉPONSE : a. 5 b. 9 c. 15 d. 300 e. 3 f. 8 g. 10 h. 20.

• Les élèves peuvent se préparer ou s'entrainer à ce moment de calcul mental en utilisant l'**exercice 2** de **Fort en calcul mental, p. 115.**

RÉPONSE : a. 4 b. 10 c. 8 d. 7.

Cette activité permet d'entrainer des connaissances relatives aux résultats multiplicatifs à mémoriser. Pour la première série de nombres, un lien peut être fait avec les notions de double et de moitié.

RÉVISER

Calcul mental, posé ou calculatrice

– Effectuer des calculs le plus rapidement possible en choisissant un outil adapté.

INDIVIDUEL

FICHIER NOMBRES ET CALCULS p. 117

Calculer le plus vite possible

A **Choisis** la méthode de ton choix pour effectuer ces calculs (calcul mental, opération posée, calculatrice). Tu peux les faire dans l'ordre que tu veux. **Attention**, il faut répondre le plus vite possible.

7 + 5 = ...	9 + 981 = ...	756 – 98 = ...	25 × 12 = ...
568 + 30 = ...	600 – 50 = ...	95 × 24 = ...	2 568 + 97 = ...
12 – 9 = ...	80 × 100 = ...	360 + 500 = ...	983 + 2 504 = ...
47 + 23 = ...	798 + 209 = ...	862 – 168 = ...	45 × 4 = ...

Exercice A

Faire un calcul avec la méthode de son choix.

• Préciser que, pour chaque calcul, un moyen différent peut être utilisé. Indiquer :

➡ *Dès que trois élèves auront terminé, tous les élèves devront s'arrêter.*

• Les calculs sont alors vérifiés. Chaque résultat correct rapporte un point. Chaque résultat erroné en fait perdre un. Un calcul non traité ne rapporte pas de point, mais n'en fait pas perdre.

• Recenser les moyens utilisés pour les différents calculs.

≡ **Le concours peut aussi être organisé ligne après ligne ou encore en utilisant un chronomètre**. À la fin, faire remarquer que « le calcul mental est parfois plus rapide que les autres moyens ».

APPRENDRE

Multiplication, division : aspect ordinal (1)

– Comprendre $a \times b$ comme donnant la position atteinte à partir de 0, en se déplaçant de a en a (b fois) ou de b en b (a fois).
– Relier la division à la recherche d'un facteur d'un produit.
– Utiliser les propriétés de la multiplication et préparer le travail sur la proportionnalité.
– Calculer des quotients et des restes et utiliser l'égalité $a = (b \times q) + r$.

RECHERCHE Fiche recherche 44

Rendez-vous sur la piste (1) : Les élèves doivent déterminer soit le nombre de sauts, soit la valeur d'un saut qui permet d'atteindre une position donnée sur une piste numérotée, en partant de 0. Progressivement, le recours à la multiplication ou à la division sera reconnu comme pertinent pour résoudre ce type de problème.

PHASE 1 Atteindre la case 24 par sauts de 3, de 4 ou de 5 ?

Questions 1 et 2 de la recherche

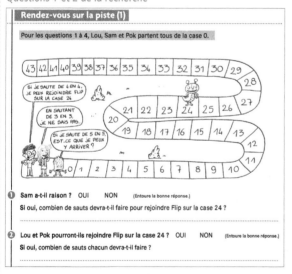

• Expliciter les données :
– les 3 personnages partent de la case **0** ;
– ils se déplacent par bonds réguliers de **3** en **3**, de **4** en **4** ou de **5** en **5** ;
– ils voudraient pouvoir rejoindre Flip qui les attend sur la **case 24** ; pour cela, il faut pouvoir « tomber exactement sur la case 24 » et non sur une case voisine. Pour les personnages qui peuvent rejoindre Flip, il faut également préciser combien de sauts ils doivent faire.

• Organiser une **mise en commun** visant à enregistrer les réponses et les procédures utilisées, sans privilégier de procédure particulière : ce sont les questions suivantes qui devraient inciter davantage à recourir aux résultats connus de la table de

multiplication. En cas de difficulté, faire un premier bilan après la réponse à la question 1.

RÉPONSE : 1. **Sam** : 6 sauts.

2. **Lou** : 8 sauts ; **Pok** : impossible (il passe par 20, puis 25).

≡ **La plupart des problèmes pouvant être traités par une multiplication ou une division ont jusque-là porté sur des quantités ou des grandeurs.** Les situations proposées dans cette séquence concernent des déplacements réguliers sur une piste numérotée, en partant de 0, et se situent donc dans **un contexte de type « ordinal »**. Elles permettent de confronter les élèves à un nouveau type de problèmes dans lesquels on cherche à déterminer comment atteindre une position au terme d'un certain nombre de déplacements d'amplitude donnée. Les réponses peuvent être trouvées en mobilisant soit l'addition itérée, soit des essais de produits, soit la division.
Les deux premières questions ont été choisies de façon à permettre à chaque élève de s'approprier la situation, au besoin en expérimentant effectivement les déplacements sur la piste et donc pour favoriser le plus grand éventail possible de **procédures** :
– déplacement effectif ;
– recours à l'addition itérée (ou au comptage de n en n), procédure en général la plus fréquente ;
– recours à la multiplication (résultats connus de la table ou essais de produits) ;
– recours à la division de 24 par les valeurs de sauts données.
Certains élèves confondent « longueur d'un saut » et « nombre de sauts ». Le recours à une expérience ou à une schématisation peut aider à lever cette ambigüité.

PHASE 2 Atteindre la case 40 par sauts de 5, de 8 ou de 12 ?

Questions 3 et 4 de la recherche

> ❸ Flip change de case. Il est maintenant sur la case 40.
> Pok décide de sauter de 5 en 5, Lou de 8 en 8 et Sam de 12 en 12.
>
> **Qui va pouvoir rejoindre Flip ? En combien de sauts ?**
> ....
> ....
>
> ❹ Trouve d'autres sauts possibles pour arriver à 40.
> ....
> ....

• Le déroulement est identique à celui de la **phase 1**, excepté que maintenant la recherche se fait par deux.

• Centrer les échanges sur l'efficacité des procédures :
– certains auront encore compté ou additionné de 5 en 5 ou de 8 en 8 (ce qui est fastidieux) ;

– d'autres auront utilisé le résultat de la table 8 × 5 = 40 pour justifier les propositions de deux des personnages : 8 sauts de 5 et 5 sauts de 8 ;

– d'autres ont pu chercher combien de fois il y a 5, 8 ou 12 dans 40 ;

– le calcul de 3 × 12 = 36 et 4 × 12 = 48 ou la division de 40 par 12 qui donne un reste égal à 4 permet de justifier le fait que 12 n'est pas une solution possible ;

– pour la **question 4**, des élèves ont pu remarquer que dans 40, il y a 4 dizaines et donc 4 fois 10, ce qui permet de trouver les réponses « 4 sauts de 10 » et « 10 sauts de 4 » ;

– pour cette même question, la facilité de calcul avec 10 a pu inciter d'autres élèves à remarquer que 4 × 10 = 40 et à trouver facilement les solutions 4 sauts de 10 et 10 sauts de 4.

RÉPONSE : 3. **Pok** : 8 sauts de 5 ; **Lou** : 5 sauts de 8 ; **Sam** : impossible.

4. Les autres sauts possibles : 1 saut de 40 et 40 sauts de 1 ;
2 sauts de 20 et 20 sauts de 2 ; 4 sauts de 10 et 10 sauts de 4.

La taille du nombre à atteindre et le fait de travailler par deux devraient inciter à recourir au calcul, voire favoriser l'utilisation de la multiplication ou de la division. S'il apparait que trop peu d'élèves ont utilisé la multiplication ou la division, les problèmes proposés en **séance 3** avec des nombres plus grands (atteindre **72** avec des sauts de 10 en 10, de 8 en 8 et de 9 en 9, puis **160** avec des sauts de 16 en 16, de 4 en 4 et de 20 en 20) devraient les inciter à y avoir recours.
La notion de multiple est sous-jacente à cette question, mais il n'est pas nécessaire de la mettre en évidence au CE2.

PHASE 3 **Synthèse**

• Faire porter la synthèse sur les **questions 3 et 4**.

Quels sauts pour atteindre une case donnée ?

• **La multiplication est efficace pour vérifier si un type de saut est possible.**
Exemple : Peut-on atteindre la case **40** avec **5 sauts** de 8 en 8 ?
Pour répondre :
– on peut utiliser la **multiplication** : 8 × 5 = 40 ;
– on peut considérer que cela revient à se demander si la **division** de 40 par 5 donne bien **8** pour résultat, soit **40 : 5 = 8** ou, autrement dit, on a cherché si la réponse à « combien de fois 5 dans 40 ? » était bien 8.

• **Lorsqu'une solution est trouvée, une deuxième l'est souvent aussi.**
Exemple : La solution **5 sauts** de 8 en 8 permet de trouver la solution **8 sauts** de 5 en 5. C'est lié au fait que **8 × 5 = 40** peut être pensé comme **5 fois 8** ou comme **8 fois 5** ou encore que **8 × 5 = 5 × 8**.

• **Il est nécessaire de s'organiser pour chercher et de faire des remarques astucieuses.**
Exemple : Pour trouver le pas et les nombres de sauts qui permettent d'atteindre **40**, on peut remarquer que :
– **40** étant pair, l'un au moins des deux nombres doit être pair ;
– **1** et **40**, **2** et **10** sont des réponses faciles à trouver ;
– **5 × 8 = 40** est dans la table de multiplication.

Se déplacer sur une piste graduée.

Pour les exercices 1 à 3, Sam saute de 2 en 2, Lou saute de 6 en 6 et Pok saute de 8 en 8. Ils partent tous de la case 0.

1 Qui arrivera sur la case **16** ? En combien de sauts ?

2 Qui arrivera sur la case **24** ? En combien de sauts ?

3 Qui arrivera sur la case **60** ? En combien de sauts ?

4 EN PARTANT DE LA CASE 0 POUR ARRIVER À 18, ON PEUT FAIRE ... SAUTS DE ... EN ...
Complète ce que dit Flip. Trouve toutes les possibilités.

5 Flip et Pok décident de se retrouver sur la case **20**. Ils ne veulent pas faire les mêmes sauts.
a. **Quels sauts peuvent-ils faire ?**
b. **Combien de sauts chacun doivent-ils faire ?**

Exercices 1, 2 et 3

Résoudre un problème dans lequel il s'agit de déterminer si un nombre peut être atteint par des sauts de longueur donnée.

Pour Sam, il est plus facile de se demander si les nombres à atteindre peuvent être « partagés en 2 » que si « 2 est contenu dans chacun des nombres un nombre entier de fois ».

Pour Lou et Pok, la deuxième interrogation est plus simple.

RÉPONSE : **1** **Sam** : 8 sauts de 2 ; **Lou** : impossible ; **Pok** : 2 sauts de 8.
2 **Sam** : 12 sauts de 2 ; **Lou** : 4 sauts de 6 ; **Pok** : 3 sauts de 8.
3 **Sam** : 30 sauts de 2 ; **Lou** : 10 sauts de 6 ; **Pok** : impossible.

AIDE ET REMÉDIATION Si nécessaire, fournir le début de la piste numérique, jusqu'à 30 par exemple.

Exercice 4

Trouver les sauts réguliers permettant d'atteindre 18.

L'intérêt de 18 est lié au fait que la plupart des réponses se trouvent dans les tables de multiplication : 1 × 18, 2 × 9, 3 × 6.

RÉPONSE : **1 saut de 18 ou 18 sauts de 1 ;**
2 sauts de 9 ou 9 sauts de 2 ; 3 sauts de 6 ou 6 sauts de 3.

Exercice 5

Trouver tous les sauts réguliers permettant d'atteindre 20.

Tous les diviseurs de 20 sont des réponses possibles : 1, 2, 4, 5, 10, 20. Au moment de la correction, on peut montrer que dès qu'on a une solution, on en a deux. Par exemple : 4 et 5, 5 et 4 car 4 × 5 = 20 et 5 × 4 = 20.

RÉPONSE : **1 saut de 20 ou 20 sauts de 1 ;**
2 sauts de 10 ou 10 sauts de 2 ; 4 sauts de 5 ou 5 sauts de 4.

Différenciation : Exercices 1 à 4 → **CD-Rom du guide, fiche n° 44.**

À SUIVRE

En **séance 3**, le même type de question est repris avec des nombres plus grands.

	Tâche	Matériel	Connaissances travaillées
CALCULS DICTÉS	Nombre pensé – Retrouver un nombre avant qu'il n'ait été multiplié par un autre nombre.	par élève : FICHIER NOMBRES **p. 118 a à h**	– **Calcul réfléchi** – **Table de multiplication** – Recherche d'un état final ou initial dans des situations de multiplication.
RÉVISER Calcul	Calcul mental, posé ou calculatrice – Choisir le moyen de calcul le plus rapide.	par élève : – feuille de papier – la calculatrice est autorisée FICHIER NOMBRES **p. 118 A**	– **Calcul mental, calcul posé, calculatrice** – Addition, soustraction, multiplication
APPRENDRE Calcul	Multiplication, division : aspect ordinal (2) RECHERCHE **Rendez-vous sur la piste (2)** – Sur une piste numérotée, en partant de 0, déterminer le nombre de sauts qui permet d'atteindre une position donnée.	par élève, puis équipes de 2 : – **fiche recherche 45** – feuille pour chercher – la calculatrice n'est pas autorisée par élève : FICHIER NOMBRES **p. 118 1 à 4**	– **Multiplication, division : aspect ordinal** – Signe « : » – Addition, soustraction, multiplication.

CALCULS DICTÉS

Nombre pensé

– Mémoriser le répertoire multiplicatif.

FICHIER NOMBRES ET CALCULS **p. 118**

• Expliquer l'activité à partir du premier exemple (a) de la première série :

➡ *Je pense à un nombre, je lui ajoute **10**, je trouve **30**. Vous devez trouver le nombre auquel j'ai pensé.*

• Les élèves écrivent les résultats des calculs dictés pour la première série, puis après correction ceux de la deuxième série.

Première série :

	a	b	c	d
Je pense à un nombre	?	?	?	?
Je le multiplie par	10	10	10	10
Je trouve	30	120	400	1 000

Deuxième série :

	e	f	g	h
Je pense à un nombre	?	?	?	?
Je le multiplie par	4	4	4	4
Je trouve	28	36	40	120

RÉPONSE : a. 3   b. 12   c. 40   d. 100   e. 7   f. 9   g. 10   h. 30.

• Les élèves peuvent se préparer ou s'entrainer à ce moment de calcul mental en utilisant l'**exercice 3** de **Fort en calcul mental, p. 115.**

RÉPONSE : a. 7   b. 9   c. 6   d. 7.

Cette activité permet d'entrainer des connaissances relatives aux résultats multiplicatifs à mémoriser. Pour la première série de nombres, un lien peut être fait avec les notions de double et de moitié.

RÉVISER

Calcul mental, posé ou calculatrice

– Effectuer des calculs le plus rapidement possible en choisissant un outil adapté.

FICHIER NOMBRES ET CALCULS **p. 118**

Calculer le plus vite possible

A Choisis la méthode de ton choix pour effectuer ces calculs (calcul mental, opération posée, calculatrice). Tu peux les faire dans l'ordre que tu veux.
Attention, il faut répondre le plus vite possible.

8 + 6 = ...	53 − 14 = ...	47 × 15 = ...	453 × 9 = ...
30 − 20 = ...	11 × 3 = ...	23 × 5 = ...	89 + 2 568 = ...
4 × 8 = ...	28 × 28 = ...	410 + 90 = ...	860 − 25 = ...
153 × 2 = ...	563 + 358 = ...	980 − 68 = ...	40 × 30 = ...
17 + 17 = ...	136 − 87 = ...	23 × 20 = ...	15 × 3 = ...

Exercice A

Faire un calcul avec la méthode de son choix.

• Préciser que, pour chaque calcul, un moyen différent peut être utilisé. Indiquer :

➡ *Dès que trois élèves auront terminé, tous les élèves devront s'arrêter.*

UNITÉ 10

- Les calculs sont alors vérifiés. Chaque résultat correct rapporte un point. Chaque résultat erroné en fait perdre un. Un calcul non traité ne rapporte pas de point, mais n'en fait pas perdre.
- Recenser les moyens utilisés pour les différents calculs.

> Le concours peut aussi être organisé ligne après ligne ou encore en utilisant un chronomètre. À la fin, faire remarquer que « le calcul mental est parfois plus rapide que les autres moyens ».

RÉPONSE :

8 + 6 = **14**	53 − 14 = **39**	47 × 15 = **705**	453 × 9 = **4 077**
30 − 20 = **10**	11 × 3 = **33**	23 × 5 = **115**	89 + 2 568 = **2 657**
4 × 8 = **32**	28 × 28 = **784**	410 + 90 = **500**	860 − 25 = **835**
153 × 2 = **306**	563 + 358 = **921**	980 − 68 = **912**	40 × 30 = **1 200**
17 + 17 = **34**	136 − 87 = **49**	23 × 20 = **460**	15 × 3 = **45**

APPRENDRE

Multiplication, division : aspect ordinal (2)

– Comprendre $a \times b$ comme donnant la position atteinte à partir de 0, en se déplaçant de a en a (b fois) ou de b en b (a fois).
– Relier la division à la recherche d'un facteur d'un produit.
– Utiliser les propriétés de la multiplication et préparer le travail sur la proportionnalité.
– Calculer des quotients et des restes et utiliser l'égalité $a = (b \times q) + r$.

RECHERCHE Fiche recherche 45

Rendez-vous sur la piste (2) : Les élèves doivent déterminer le nombre de sauts qui permet d'atteindre une position donnée sur une piste numérotée, en partant de 0. Progressivement, le recours à la multiplication ou à la division sera reconnu comme pertinent pour résoudre ce type de problème.

INDIVIDUEL, PUIS COLLECTIF

PHASE 1 Atteindre la case 72 par sauts de 8, de 9 ou de 10 ?

Question 1 de la recherche

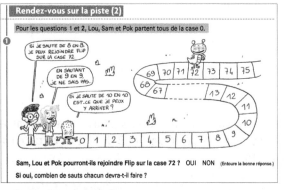

- Expliciter les données :
– les 3 personnages partent de la case **0** ;
– ils se déplacent par bonds réguliers de **8** en **8**, de **9** en **9** ou de **10** en **10** ;
– ils voudraient pouvoir rejoindre Flip qui les attend sur la **case 72** ; pour cela, il faut pouvoir « tomber exactement sur la case 72 » et non sur une case voisine. Pour les personnages qui peuvent rejoindre Flip, il faut également préciser combien de sauts ils doivent faire.

- Organiser une **mise en commun** visant à enregistrer les réponses et l'efficacité des **procédures** utilisées, par exemple :
– certains ont pu compté ou additionné de 8 en 8, de 9 en 9 ou de 10 en 10 (ce qui peut être fastidieux) ;
– d'autres auront utilisé le résultat de la table 8 × 9 = 72 pour justifier les propositions de deux des personnages : 8 sauts de 9 et 9 sauts de 8 ;
– d'autres ont pu chercher combien de fois il y a 8, 9 ou 10 dans 72 ;

– pour les **sauts de 10 en 10**, le fait que dans 72 il y a 7 dizaines ou la facilité de calcul avec 10 a pu inciter certains élèves à remarquer que 7 × 10 = 70 et 8 × 10 = 80 et trouver qu'il est donc impossible d'atteindre 72 avec ces sauts.

RÉPONSE : **Sam** : 9 sauts de 8 ; **Lou** : 8 sauts de 9 ; **Pok** : impossible.

> **Cette question** est destinée à permettre aux élèves de réutiliser des **procédures vues en séance 2**.

ÉQUIPES DE 2, PUIS COLLECTIF

PHASE 2 Atteindre la case 160 par sauts de 4, de 16 ou de 20 ?

Question 2 de la recherche

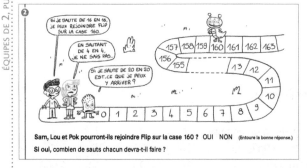

- Le déroulement est identique à celui de la **phase 1**, excepté que maintenant la recherche se fait par deux.

- Centrer les échanges sur l'efficacité des procédures, par exemple :
– pour 4 et 16, les procédures additives sont à écarter (trop longues et fastidieuses) ;
– les tables de multiplication ne fournissent pas directement les réponses ;
– pour **16**, on peut remarquer que, dans 160, il y a 16 dizaines ou que 16 × 10 = 160 ;
– pour **4**, on peut chercher à résoudre 4 × … = 160 (la réponse 40 est obtenue avec des connaissances travaillées au CE2) ;
– pour **20**, on peut également chercher à résoudre 20 × … = 160.

RÉPONSE : **Sam** : 10 sauts de 16 ; **Lou** : 40 sauts de 4 ; **Pok** : 8 sauts de 20.

PHASE 3 Synthèse

Quels sauts pour atteindre une case donnée ?

Exemple : Peut-on atteindre la case **160** avec **des sauts** de 20 ?

• **La multiplication est efficace pour vérifier si un type de saut est possible**, surtout lorsque les nombres sont grands. Si la réponse proposée est 8 sauts, 20 × 8 = 160 permet de le vérifier.

• **Cela revient aussi** à se demander si la division de **160** par 20 donne bien un reste égal à 0, en cherchant « **combien de fois 20 dans 160 ?** » ou en cherchant à compléter 20 × ... = 160. Le reste étant bien égal à 0, on peut écrire **160 : 20 = 8**.

ENTRAINEMENT

FICHIER NOMBRES ET CALCULS p. 118

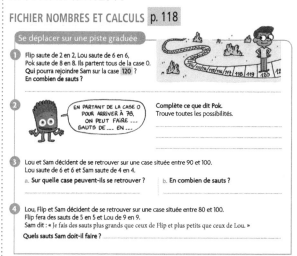

Se déplacer sur une piste graduée

① Flip saute de 2 en 2, Lou saute de 6 en 6, Pok saute de 8 en 8. Ils partent tous de la case 0. Qui pourra rejoindre Sam sur la case 120 ? En combien de sauts ?

② EN PARTANT DE LA CASE 0 POUR ARRIVER À 78, ON PEUT FAIRE ... SAUTS DE ... EN ...
Complète ce que dit Pok. Trouve toutes les possibilités.

③ Lou et Sam décident de se retrouver sur une case située entre 90 et 100. Lou saute de 6 en 6 et Sam saute de 4 en 4.
a. Sur quelle case peuvent-ils se retrouver ? b. En combien de sauts ?

④ Lou, Flip et Sam décident de se retrouver sur une case située entre 80 et 100. Flip fera des sauts de 5 en 5 et Lou de 9 en 9. Sam dit : « Je fais des sauts plus grands que ceux de Flip et plus petits que ceux de Lou. » **Quels sauts Sam doit-il faire ?**

Exercice ①

Déterminer si un nombre peut être atteint par des sauts de longueur donnée.

Pour **Flip**, il est plus facile de se demander si 120 peut être « partagé en 2 » que si « 2 est contenu dans 120 un nombre entier de fois ».

Pour **Lou** et **Pok**, la deuxième interrogation est plus simple.

RÉPONSE : **Flip** : 60 sauts de **2** ; **Lou** : 20 sauts de **6** ; **Pok** : 15 sauts de **8**.

⫶ AIDE ET REMÉDIATION Si nécessaire, fournir le début de la piste numérique, jusqu'à 30 par exemple.

Exercice ②

Trouver les sauts réguliers permettant d'atteindre 78.

78 n'étant pas un résultat du répertoire additif, il faut procéder par essais de nombres :
– 1 et 78 sont des solutions évidentes ;
– le fait que 78 soit pair guide vers la solution 2 ;
– les autres solutions sont plus délicates à trouver.

RÉPONSE : **1** saut de **78** ou 78 sauts de **1** ; **2** sauts de **39** ou 39 sauts de **2** ; **3** sauts de **26** ou 26 sauts de **3** ; **6** sauts de **13** et 13 sauts de **6**.

Exercice ③

Trouver le ou les nombre(s) situé(s) entre 90 et 100 que l'on peut atteindre par des sauts réguliers de 6 et de 4.

Lors de l'exploitation, on peut mettre en évidence trois stratégies différentes :

1. **Recours à deux listes de nombres** en cherchant si elles ont un nombre commun entre 90 et 100 :
– par comptage de 4 en 4 et de 6 en 6 ou par addition itérée *(ce qui peut être fastidieux)* ;
– par additions utilisant des multiples de 4 et de 6 comme 40 ou 60 ;
– par multiplication, le problème revenant à se demander si en multipliant 4 ou 6 par des nombres, on peut trouver un résultat commun situé entre 90 et 100 *(procédure reconnue comme efficace au moment de la correction)*.

2. **Test de chaque nombre compris entre 90 et 100** pour déterminer s'il peut être atteint à la fois par des sauts de 4 et des sauts de 6, par les procédés mis en évidence dans la synthèse.

3. **Recherche d'abord des nombres compris entre 90 et 100 qui peuvent être atteints par des sauts de 6**, puis recherche, parmi ceux-ci, de ceux qui peuvent l'être par des sauts de 4 (on peut aussi commencer par la liste des nombres atteints par des sauts de 4).

RÉPONSE : a. Le rendez-vous est sur la case **96**.
b. **Lou** doit faire 16 sauts de 6 et **Sam** 24 sauts de 4.

Exercice ④

Problème du type recherche par essais, par examen systématisé des nombres ou par déduction.

Les stratégies sont du même type que celles de l'**exercice 3** pour trouver d'abord le nombre rendez-vous de Lou et Flip :
– établir les deux listes de multiples de 5 et de 9 et chercher les nombres communs aux deux listes entre 80 et 100 ;
– tester chaque nombre situé entre 80 et 100 ;
– établir la liste des multiples de 9 situés entre 80 et 100, puis chercher ceux qui sont aussi multiples de 5.

Il faut ensuite déterminer comment atteindre ce nombre (**90**) par d'autres sauts dont la longueur est comprise entre **5** et **9**. Les élèves peuvent tester chaque nombre : 6, 7 et 8.

RÉPONSE : Le rendez-vous est sur la case **90**.
Sam doit faire 15 sauts de 6.

		Tâche	Matériel	Connaissances travaillées
CALCULS DICTÉS		**Le bon compte** – Obtenir un nombre à partir de nombres donnés et des opérations indiquées.	par élève : – ardoise ou cahier de brouillon	– **Calcul : mémorisation et réflexion** – Utilisation des parenthèses.
RÉVISER Calcul		**Le bon compte** – Obtenir un nombre à partir de nombres donnés et des opérations indiquées.	par élève : FICHIER NOMBRES **p. 119** Ⓐ et Ⓑ	– **Calcul : mémorisation et réflexion** – Utilisation des parenthèses.
APPRENDRE Calcul		**Relations entre nombres : addition et soustraction** RECHERCHE **Sommes et différences égales** – Calculer une somme ou une différence et trouver d'autres sommes ou différences donnant le même résultat.	par équipe de 2 : – une feuille pour chercher par élève : FICHIER NOMBRES **p. 119** ❶ à ❻	– **Addition, soustraction** – **Propriétés relatives à l'égalité des sommes ou des différences** – Statut du signe « = ».

CALCULS DICTÉS

Le bon compte

– Calculer mentalement des expressions comportant des sommes, des différences et des produits.
– Utiliser les parenthèses pour décrire un calcul.

● Écrire au tableau les nombres et les symboles suivants :

3	5	7	10
+	−	×	( )

● Écrire le nombre cible : 15 , puis le nombre-cible : 57 , et préciser la tâche :

➡ *Il faut atteindre le nombre-cible en faisant des calculs avec les nombres et les opérations indiqués. Vous ne pouvez pas utiliser plusieurs fois le même nombre et vous n'êtes pas obligés d'utiliser tous les nombres. Vous pouvez utiliser les parenthèses si c'est utile.*

● Faire exprimer et vérifier les calculs proposés par les autres élèves, puis solliciter rapidement d'autres réponses que celles déjà trouvées (s'il reste des possibilités).

RÉPONSES POSSIBLES : **pour 15 :** $10 + 5$ ou $5 + 10$; 3×5 ou 5×3 ; $3 + 5 + 7$ (ou d'autres combinaisons des 3 nombres) ; $10 + 7 + 3 - 5$ (ou d'autres combinaisons des 4 nombres).
pour 57 : $(5 \times 10) + 7$ ou $(10 \times 5) + 7$.

● Les élèves peuvent s'entrainer à ce moment de calcul mental en utilisant l'**exercice 4** de **Fort en calcul mental, p. 115.**

RÉPONSES POSSIBLES : $10 + 6 + 4$ $(10 - 6) \times 5$ $10 \times (6 - 4)$ $(15 - 10) \times 4$...

▐ **Cette activité sera reprise** dans les séances de calcul mental et de révision des séances 4 et 6 car elle réalise une bonne synthèse des compétences en calcul mental travaillées au CE2.
Pour commencer, des cas assez simples ont été choisis pour permettre aux élèves de s'approprier le jeu proposé. L'enseignant peut choisir d'autres cibles simples comme 17, 4, 30...

RÉVISER

Le bon compte

– Calculer mentalement des expressions comportant des sommes, des différences et des produits.
– Utiliser les parenthèses pour décrire un calcul.

FICHIER NOMBRES ET CALCULS p. 119

Le bon compte

Avec 2 4 5 6 8 10
+ − × ( )

UTILISE CES NOMBRES MAIS UNE SEULE FOIS POUR CHAQUE SOLUTION.

Ⓐ Tu dois obtenir le nombre 26. Trouve trois solutions différentes.

Ⓑ Tu dois obtenir le nombre 48. Trouve trois solutions différentes.

Exercices Ⓐ et Ⓑ

Obtenir un nombre en opérant avec des nombres donnés.
L'**exercice A** peut être exploité avant de passer éventuellement à l'**exercice B**. Au début, les solutions comme $(2 \times 10) + 6$ et $6 + (10 \times 2)$ sont reconnues comme différentes, puis il sera décidé de n'en accepter qu'une.

RÉPONSE : Ⓐ $(2 \times 10) + 6$ $(4 \times 6) + 2$ $(8 + 5) \times 2$...
Ⓑ $(4 \times 10) + 8$ $(2 + 4) \times 8$ $2 \times 4 \times 6$ $(5 \times 10) - 2$...

Relations entre nombres : addition et soustraction

– Trouver une méthode pour produire des sommes ou des différences égales entre elles.

RECHERCHE

D'autres sommes ou d'autres différences : Après avoir trouvé une somme ou une différence égale à un nombre donné, les élèves doivent en chercher d'autres en tenant compte des contraintes imposées.

▤ Cette activité peut nécessiter 2 séances de travail.

PHASE 1 Sommes égales à un nombre de la liste

• Écrire **6 nombres** au tableau :

10	17	25	32	39	42

• Préciser la tâche :

➡ *En additionnant 2 nombres de cette liste, on peut obtenir un autre nombre qui est aussi dans la liste. Il y a plusieurs possibilités, il faut toutes les trouver.*

• Après le temps de recherche, organiser un recensement des réponses en faisant vérifier qu'il n'y a pas d'erreurs de calcul et que la contrainte (nombres de la liste) a bien été respectée.

• Conserver les deux réponses possibles au tableau :

$$10 + 32 = 42 \quad \text{et} \quad 17 + 25 = 42$$

Faire remarquer qu'on peut donc écrire : 10 + 32 = 17 + 25.

• Proposer une **nouvelle tâche** :

➡ *Vous venez de trouver deux sommes de 2 nombres. Ces deux sommes sont égales et donnent le même résultat : 42. Il faut maintenant trouver d'**autres sommes de 2 nombres** qui sont aussi égales à 42, mais en utilisant d'autres nombres que ceux de la liste. Les nombres que vous utiliserez doivent tous être compris entre 10 et 40 (10 et 40 peuvent être utilisés).*

Écrire les deux contraintes au tableau :

nombres compris 10 et 40	somme égale à 42

• Après un temps de recherche, organiser un recensement des réponses, en faisant vérifier qu'il n'y a pas d'erreurs de calcul et que les contraintes ont bien été respectées.

• Organiser les réponses trouvées, par exemple par ordre croissant du premier terme de la somme, ce qui devrait conduire à identifier les sommes manquantes et à faire quelques remarques utiles pour la question suivante *(voir commentaire).*

RÉPONSE : 11 + 31   12 + 30   13 + 29   14 + 28   15 + 27   16 + 26   18 + 24   19 + 23   20 + 22   21 + 21.

▤ **Les élèves peuvent remarquer** par exemple : quand un des termes **augmente** de **1** (ou de **2** ou de **3**…), l'autre terme **diminue** aussi de **1** (ou de **2** ou de **3**…).

PHASE 2 Sommes égales entre elles

• Écrire **4 sommes** au tableau :

486 + 78	496 + 68	487 + 79	386 + 178

• Préciser la tâche :

➡ *Parmi les **trois dernières sommes**, trouvez celles qui sont égales à la **première somme**. Attention, vous devez répondre sans calculer le résultat de chacune des additions.*

• Après un temps de recherche, faire formuler les réponses et leurs justifications :

1re somme :

496 + 68 est égale à **486 + 78**
car on a **ajouté** 10 à 486 et **soustrait** 10 à 78.

$$\begin{array}{c} 486 + 78 \\ {}_{+10} \downarrow \quad \downarrow {}_{-10} \\ 496 + 68 \end{array}$$

On peut écrire :

486 + 78 = 496 + 68.

2e somme :

386 + 178 est égale à **486 + 78**
car on a **ajouté** 100 à 78 et **soustrait** 100 à 486.

$$\begin{array}{c} 486 + 78 \\ {}_{+100} \downarrow \quad \downarrow {}_{-100} \\ 396 + 178 \end{array}$$

On peut écrire :

486 + 78 = 386 + 178.

3e somme :

487 + 79 n'est pas égale à **486 + 78** car on a **ajouté** 1 à chacun des termes (on aurait dû ajouter 1 à un terme et soustraire 1 à l'autre terme).

• Formuler cette **propriété de l'addition** :

• **Pour obtenir une somme égale à une somme donnée**, on peut **ajouter** un nombre à un des termes de la somme et **soustraire** le même nombre à l'autre terme de la somme.

• **Pour vérifier que deux sommes sont égales**, on peut utiliser des petites flèches :

29 + 47   30 + 46   30 + 45   19 + 57
      ça va   *ça ne va pas*   *ça va*

Une fois vérifiée l'orientation des flèches, contrôler si l'écart est le même.

▤ **La propriété mise en évidence** pourra être utilisée en calcul mental, par exemple : 29 + 47 = 30 + 46. On **ajoute 1** à 29 et on **soustrait 1** à 47 pour obtenir une somme égale à la somme de départ.

PHASE 3 Différences égales à un nombre de la liste

• Écrire **6 nombres** au tableau :

12	15	27	35	40	50

• Préciser la tâche :

➡ *En soustrayant 2 nombres de cette liste, on peut obtenir un autre nombre qui est aussi dans la liste. Il y a plusieurs possibilités, il faut toutes les trouver.*

• Après le temps de recherche, organiser un recensement des réponses en faisant vérifier qu'il n'y a pas d'erreurs de calcul et que la contrainte (nombres de la liste) a bien été respectée.

UNITÉ 10

• Conserver deux des réponses possibles au tableau :

> 27 – 12 = 15   et   50 – 35 = 15

Faire remarquer qu'on peut donc écrire : 27 – 12 = 50 – 35 et qu'on peut aussi avoir : 27 – 15 = 12 et 50 – 15 = 35.

• Proposer une **nouvelle tâche** :
➡ *Vous venez de trouver deux différences de 2 nombres. Ces deux sommes sont égales et donnent le même résultat : **15**. Il faut maintenant trouver d'**autres différences de 2 nombres** qui sont aussi égales à 15, mais en utilisant d'autres nombres que ceux de la liste. Les nombres que vous utiliserez doivent tous être compris entre **10** et **40** (10 et 40 peuvent être utilisés).*

Écrire les deux contraintes au tableau :

> nombres compris entre 10 et 40   différence égale à 15

• Après un temps de recherche, organiser un recensement des réponses, en faisant vérifier qu'il n'y a pas d'erreurs de calcul et que les contraintes ont bien été respectées.

• Organiser les réponses trouvées, par exemple par ordre croissant du premier terme de la somme, ce qui devrait conduire à identifier les sommes manquantes et à faire quelques remarques utiles pour la question suivante *(voir commentaire)*.

RÉPONSE : 25 – 10   26 – 11   28 – 13   29 – 14   30 – 15
31 – 16   32 – 17   33 – 18   34 – 19   35 – 20   36 – 21
37 – 22   38 – 23   39 – 24   40 – 25.

Les élèves peuvent remarquer par exemple : quand un des termes **augmente** de 1 (ou de 2 ou de 3…), l'autre terme **augmente** aussi de 1 (ou de 2 ou de 3…).

PHASE 4 **Différences égales entre elles**

• Écrire **4 différences** au tableau :

> **486 – 78**   496 – 68   487 – 79   586 – 178

• Préciser la tâche :
➡ *Parmi les **trois dernières différences**, trouvez celles qui sont égales à la **première différence**. Attention, vous devez répondre sans calculer le résultat de chacune des additions.*

• Après un temps de recherche, faire formuler les réponses et leurs justifications :

1ʳᵉ différence :

487 – 79 est égale à **486 – 78** car on a ajouté 1 au deux termes :

$$
\begin{array}{cc}
486 & - & 78 \\
+1 \downarrow & & \downarrow +1 \\
487 & + & 79
\end{array}
$$

2ᵉ différence :

586 – 178 est égale à **486 – 78** car on a ajouté 100 aux deux termes :

$$
\begin{array}{cc}
486 & - & 78 \\
+100 \downarrow & & \downarrow +100 \\
586 & + & 178
\end{array}
$$

3ᵉ différence :

496 – 68 n'est pas égale à **486 – 78** car on a ajouté 10 à un des termes et soustrait 10 à l'autre terme (on aurait dû ajouter 10 aux deux termes ou soustraire 10 aux deux termes).

• Formuler cette **propriété de la soustraction** :

• **Pour obtenir une différence égale à une différence donnée**, on peut **ajouter** le même nombre aux deux termes de la différence.

• Faire remarquer qu'on peut aussi leur **soustraire le même terme**.

• **Pour vérifier que deux différences sont égales**, on peut utiliser des petites flèches :

47 – 29   48 – 30   46 – 30   46 – 28
              ça va   *ça ne va pas*   *ça va*

Une fois vérifiée l'orientation des flèches, contrôler si l'écart est le même.

La propriété mise en évidence pourra être utilisée en calcul mental, par exemple : 47 – 29 = 48 – 30. On **ajoute 1** aux deux termes (47 et 29) pour obtenir une différence égale à la différence de départ.
Cette propriété fondamentale de la soustraction sera retravaillée au CM1 de façon à pouvoir être mobilisée par les élèves.

ENTRAINEMENT

FICHIER NOMBRES ET CALCULS p. 119

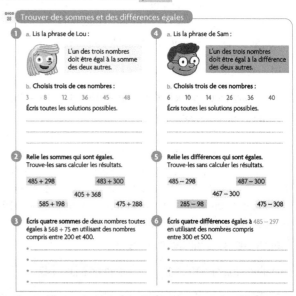

Exercices ❶, ❷ et ❸

Reconnaître ou produire des sommes égales.

Ces exercices sont du même type que ceux de la recherche.
RÉPONSE : ❶ 3 + 45 = 48   12 + 36 = 48.
❷ 485 + 298 = 483 + 300 = 585 + 198.
❸ Exemples : 368 + 275   369 + 274…

Exercices ❹, ❺ et ❻

Reconnaître ou produire des différences égales.

Ces exercices sont du même type que ceux de la recherche.
RÉPONSE : ❹ 36 – 10 = 26   36 – 26 = 10   40 – 14 = 26   40 – 26 = 14.
❺ 485 – 298 = 487 – 300 = 285 – 98.
❻ Exemples : 490 – 302   491 – 303…

	Tâche	Matériel	Connaissances travaillées
PROBLÈMES DICTÉS	**Partage et groupements** – Résoudre des problèmes dans des situations de partage équitable ou de groupements réguliers.	par élève : FICHIER NOMBRES **p. 120 a, b et c**	– Multiplication, division : sens des opérations.
PROBLÈMES ÉCRITS	Partage et groupements – Résoudre des problèmes dans des situations de partage équitable ou de groupements réguliers.	par élève : FICHIER NOMBRES **p. 120 A, B et C**	– Multiplication, division : sens des opérations.
APPRENDRE Calcul	Relation entre nombres : multiplication RECHERCHE **Produits égaux** – Calculer un produit. – Trouver d'autres produits donnant le même résultat.	par équipe de 2 : – une feuille pour chercher – les calculettes sont autorisées pour procéder à des vérifications par élève : FICHIER NOMBRES **p.120 1 à 7**	– **Multiplication** – **Propriétés relatives à l'égalité des produits** – Statut du signe « = ».

PROBLÈMES DICTÉS

Partage et groupements

– Résoudre mentalement des problèmes où il faut chercher la valeur d'une part ou le nombre de parts.

FICHIER NOMBRES ET CALCULS **p. 120**

• Formuler ces problèmes en notant les informations au tableau :

Problème a

> Félix a acheté **3 paquets de bonbons**. Dans chaque paquet, il y a **4 bonbons. Combien a-t-il acheté de bonbons ?**

Problème b

> Sophie achète **4 livres** qui valent tous le même prix. Elle paie **28 €. Quel est le prix d'un livre ?**

Problème c

> Isidore a **15 petites voitures**. Il les range dans **3 boites**. Il doit y en avoir autant dans chaque boite. **Combien doit-il mettre de voitures dans chaque boite ?**

RÉPONSE : a. 12 bonbons   b. 7 €.   c. 5 voitures

• Les élèves peuvent s'entrainer à ce moment de calcul mental en utilisant l'**exercice 5** de **Fort en calcul mental, p. 115.**
RÉPONSE : a. 8 voitures   b. 6 €.

PROBLÈMES ÉCRITS

Partage et groupements

– Résoudre mentalement des problèmes où il faut chercher la valeur d'une part ou le nombre de parts.

FICHIER NOMBRES ET CALCULS **p. 120**

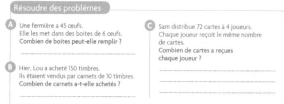

RÉPONSE : **A** 7 boites (il reste 3 œufs).   **B** 15 carnets.   C 18 cartes.

Problème **C**

Problème de partage équitable.

Le partage de 72 en 4 parts égales peut être réalisé par différentes méthodes :

– partager 72 en deux, puis chaque part en deux ;

– décomposer 72 : par exemple en 60 + 12 ou en 40 + 20 + 12… ;

– chercher à compléter 72 = … × 4 ;

– additionner des 4 ou des multiples de 4 pour atteindre 72…

RÉPONSE : 18 cartes.

Différenciation : Exercice **A** → **CD-Rom du guide, fiche nº 45.**

Problèmes **A** et **B**

Problèmes de groupements.

Il s'agit de problèmes classiques que les élèves peuvent résoudre en utilisant les différentes méthodes rencontrées précédemment.

UNITÉ 10

Relation entre nombres : multiplication

– Trouver une méthode pour produire des produits égaux entre eux.

RECHERCHE

Produits égaux : Après avoir trouvé un produit ou un quotient égal à un nombre donné, les élèves doivent en chercher d'autres en tenant compte des contraintes imposées

PHASE 1 Produits égaux à un nombre de la liste

• Écrire ces nombres au tableau :

| 4 | 5 | 6 | 8 | 9 | 18 | 72 |

• Préciser la tâche :

➡ *En multipliant 2 nombres de cette liste, on peut **obtenir un autre nombre qui est aussi dans la liste**. Il y a plusieurs possibilités, il faut toutes les trouver.*

• Après le temps de recherche, organiser un recensement des réponses, en faisant vérifier qu'il n'y a pas d'erreurs de calcul et que la contrainte (nombres de la liste) a bien été respectée.

• Conserver les deux réponses possibles au tableau :

$4 \times 18 = 72$ $8 \times 9 = 72$

Faire remarquer qu'on peut donc écrire : $4 \times 18 = 8 \times 9$.

• Proposer une **nouvelle tâche** :

➡ *Vous venez de trouver des produits de 2 nombres égaux à **72**. Ces deux produits sont donc égaux. Il faut maintenant trouver d'autres produits de 2 nombres qui sont aussi égaux à 72, mais en utilisant d'autres nombres que ceux de la liste.*

Écrire la contrainte au tableau : produit égal à 72.

• Après un temps de recherche, organiser un recensement des réponses, en faisant vérifier qu'il n'y a pas d'erreurs de calcul (les réponses trouvées peuvent, par exemple, être présentées par ordre croissant du premier terme du produit).

RÉPONSE : 1 × 72 ou 72 × 1   2 × 36 ou 36 × 2   3 × 24 ou 24 × 3
6 × 12 ou 12 × 6.

Contrairement au cas de la somme (ou, pour partie, de la différence) vu en séance 4, des nombres consécutifs ne peuvent pas tous être facteur d'un produit égal un nombre donné (ici 5, par exemple, est écarté).
Les élèves peuvent remarquer par exemple :
2 × 36 et **4 × 18** : pour passer du premier au second produit, le premier facteur est **multiplié par 2** et le deuxième est **divisé par 2** ;
2 × 36 et **6 × 12** : pour passer du premier au second produit, le premier facteur est **multiplié par 3** et le deuxième est **divisé par 3**.

PHASE 2 Produits égaux entre eux

• Écrire 4 **produits** au tableau :

18 × 12   9 × 24   36 × 24   6 × 36

• Préciser la tâche :

➡ *Parmi les **trois derniers produits**, trouvez ceux qui sont égaux au **premier produit**. Attention, vous devez répondre sans calculer le résultat de chacun des produits.*

• Après un temps de recherche, faire formuler les réponses et leurs justifications :

1er produit :

9 × 24 est égal **18 × 12** car on a divisé 18 par 2 et multiplié 12 par 2.

$$:2 \downarrow \begin{array}{c} 18 \times 12 \\ \\ 9 \times 24 \end{array} \downarrow \times 2$$

On peut écrire 18 × 12 = 9 × 24,
ce qui peut s'expliquer par :
18 × 12 = 9 × 2 × 12 = 9 × 24.

2e produit :

6 × 36 est égal à **18 × 12** car on a divisé 18 par 3 et multiplié 12 par 3.

$$:3 \downarrow \begin{array}{c} 18 \times 12 \\ \\ 6 \times 36 \end{array} \downarrow \times 3$$

On peut écrire 18 × 12 = 6 × 36,
ce qui peut s'expliquer par :
18 × 12 = 6 × 3 × 12 = 6 × 36.

3e produit :

36 × 24 n'est pas égal à **18 × 12** car on a multiplié par 2 chacun des facteurs.

• Formuler cette **propriété de la multiplication** :

• **Pour obtenir un produit égal à un produit donné**, on peut **multiplier** un des facteurs du produit par un nombre et **diviser** l'autre facteur par le même.

ENTRAINEMENT

FICHIER NOMBRES ET CALCULS **p. 120**

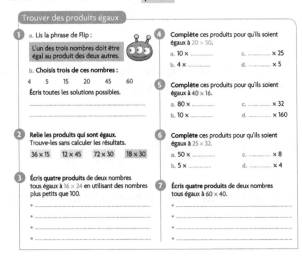

Exercices ① à ⑦

Reconnaitre ou produire des produits égaux.

Ces exercices sont du même type que ceux de la recherche.

RÉPONSE : ❶ 4 × 5 = 20 ou 5 × 4 = 20   4 × 15 = 60 ou 15 × 4 = 60.

❷ 36 × 15 = 12 × 45 = 18 × 30.

❸ Exemples : 4 × 96   8 × 48   32 × 12   64 × 6...

❹ 10 × 100   4 × 250   40 × 25   200 × 5.

❺ 80 × 8   10 × 64   20 × 32   4 × 160.

❻ 50 × 16   5 × 160   100 × 8   200 × 4.

❼ Exemples : 30 × 80   6 × 400   240 × 10...

	Tâche	Matériel	Connaissances travaillées
CALCULS DICTÉS	Le bon compte – Obtenir un nombre à partir de nombres donnés et des opérations indiquées.	<u>par élève</u> : – ardoise ou cahier de brouillon	– **Calcul : mémorisation et réflexion** – Utilisation des parenthèses.
RÉVISER Calcul	Le bon compte – Obtenir un nombre à partir de nombres donnés et des opérations indiquées.	<u>par élève</u> FICHIER NOMBRES **p. 121 Ⓐ et Ⓑ**	– **Calcul : mémorisation et réflexion** – Utilisation des parenthèses.
APPRENDRE Problèmes / Calcul	Résolution de problèmes : calcul de distances RECHERCHE **La visite du zoo** – Déterminer un itinéraire et utiliser des indications pour trouver des distances manquantes. – Calculer la longueur d'un itinéraire.	<u>par élève</u> : – **fiche recherche 46** – cahier de brouillon – la calculatrice est autorisée FICHIER NOMBRES **p. 121 ❶ et ❷**	– **Organiser une solution** – **Choisir des informations** – Calcul de distances.

CALCULS DICTÉS

Le bon compte

– Calculer mentalement des expressions comportant des sommes, des différences et des produits.
– Utiliser les parenthèses pour décrire un calcul.

INDIVIDUEL ET COLLECTIF

• Écrire au tableau les nombres et les symboles suivants :

2	4	5	6	8
+	–	×		( )

• Écrire le nombre cible : 18 , puis le nombre-cible : 30 , puis préciser la tâche :

➡ *Il faut atteindre le nombre-cible en faisant des calculs avec les nombres et les opérations indiqués. Vous ne pouvez pas utiliser plusieurs fois le même nombre et vous n'êtes pas obligés d'utiliser tous les nombres. Vous pouvez utiliser les parenthèses si c'est utile. Ecrivez votre calcul sur l'ardoise ou le cahier de brouillon.*

• Faire exprimer et vérifier les calculs proposés par les autres élèves, puis solliciter rapidement d'autres réponses que celles déjà trouvées (s'il reste des possibilités).

RÉPONSES POSSIBLES : **pour 18** : 4 + 6 + 8   (5 × 2) + 8…
pour 30 : 5 × 6   (8 × 4) – 2…

• Les élèves peuvent se préparer ou s'entrainer à ce moment de calcul mental en utilisant l'**exercice 6** de **Fort en calcul mental, p. 115.**

RÉPONSES POSSIBLES : (6 × 5) + 4   (4 × 7) + 6   (10 × 4) – 6   (6 × 4) + 10…

UNITÉ 10

RÉVISER

Le bon compte

– Calculer mentalement des expressions comportant des sommes, des différences et des produits.
– Utiliser les parenthèses pour décrire un calcul.

INDIVIDUEL

FICHIER NOMBRES ET CALCULS p. 121

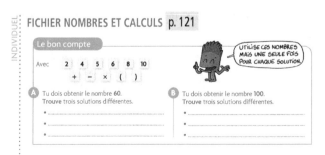

Exercices Ⓐ et Ⓑ

Obtenir un nombre en opérant avec des nombres donnés.

L'**exercice A** peut être exploité avant de passer éventuellement à l'**exercice B**. Au début, les solutions comme (8 × 5) + (2 × 10) et (10 × 2) + (8 × 5) sont reconnues comme différentes, puis il sera décidé de n'en accepter qu'une.

RÉPONSES POSSIBLES : Ⓐ 6 × 10   (8 × 5) + (2 × 10)   (5 × 10) + 6 + 4…
Ⓑ (4 + 6) × 10   2 × 5 × 10   (8 × 10) + (4 × 5)…

Résolution de problèmes : calcul de distances

– Déterminer une solution optimale.
– Calculer des distances.

RECHERCHE Fiche recherche 46

La visite du zoo : Les élèves ont à utiliser les informations données sur une carte pour déterminer un itinéraire, trouver des indications manquantes et calculer des distances, par addition, addition à trous ou soustraction.

PHASE 1 Appropriation dun plan du zoo

• Demander aux élèves d'observer le plan du zoo :

• Afin de s'assurer que tous les élèves comprennent bien les informations fournies par le plan :
– faire reformuler la situation ;
– poser quelques questions dont les réponses peuvent être lues directement sur le plan (distance entre le rocher des lions et l'abri des loups par exemple) ;
– faire identifier les informations manquantes ;
– demander aux élèves de suivre du doigt un trajet…

PHASE 2 Le meilleur parcours

Question 1 de la recherche

> **La visite du zoo**
>
> ❶ Lou et Sam organisent leur visite du zoo. Ils posent donc cette question au gardien :
> « Existe-t-il un parcours permettant de voir tous les animaux, sans passer deux fois devant les mêmes animaux ? Nous devons partir de l'entrée du zoo et y revenir. »
>
> Le gardien leur répond :
> « Je pense que c'est possible. Pour vous aider, je vous donne le plan du zoo. »
>
> Trace, sur ce plan, un parcours que Lou et Sam peuvent réaliser.

• Préciser la tâche :

➡ *Il faut trouver un parcours qui part de l'entrée, qui passe devant **tous les animaux** (mais pas deux fois devant les mêmes) et qui revient à l'entrée du zoo. Vous pouvez suivre avec votre doigt et dessiner le parcours au crayon lorsque vous êtes sûrs de l'avoir trouvé.*

• À la suite du travail des élèves, faire expliciter et vérifier certains parcours en relevant les erreurs éventuelles : parcours incomplet (tous les animaux ne sont pas visités), parcours passant plusieurs fois devant les mêmes animaux, parcours ne partant pas de l'entrée ou n'y revenant pas.

RÉPONSE : parcours à suivre : entrée, lions, loups, ours, tigre, singe, dauphin, éléphant, cygne, entrée (ou parcours inverse).

PHASE 3 Les distances à trouver

Question 2 de la recherche

> ❷ Il manque des indications de distances sur le plan.
> Lou et Sam questionnent à nouveau le gardien qui leur donne ces informations :
>
> **A.** « Pour aller de l'abri des loups à la cage des tigres en passant par la fosse aux ours, il y a 541 m. »
>
> **B.** « Pour aller du bassin des dauphins à la cage au tigre en passant par l'aire des éléphants, il faut parcourir 180 m. »
>
> **C.** « Pour aller du lac des cygnes à l'entrée du zoo, il y a 30 m de plus que pour aller de l'arbre des singes à la cage des tigres. »
>
> **D.** « Pour aller de l'entrée du zoo à la cage aux tigres en passant par le bassin des dauphins et l'arbre des singes, il faut parcourir 260 m. »
>
> **E.** La longueur du chemin qui va du bassin des dauphins à l'aire des éléphants est le double de celle du chemin qui va de l'aire des éléphants à la cage aux tigres.
>
> Écris, sur le plan, toutes les distances qui manquent.

• Préciser la tâche :

➡ *Il faut trouver les **distances qui manquent** sur le plan en utilisant certaines informations du guide. Il est possible que certaines informations ne soient pas utiles. Indiquer sur votre fiche, les informations que vous avez utilisées et les calculs que vous avez faits.*

• Si nécessaire, la recherche des distances peut faire l'objet d'un travail progressif guidé par l'enseignant, en suivant par exemple l'ordre de l'exploitation décrite ci-dessous.

• À la suite du travail des élèves, faire préciser et discuter les distances cherchées, la ou les informations utilisées et les calculs effectués :

Distance entre l'abri des loups et la fosse aux ours
Il faut utiliser l'**information A**.
Le calcul peut être : 356 + … = 541 *ou* 541 − 356 = … .
RÉPONSE : 185 m.

Distance entre l'arbre des singes et le bassin des dauphins
Il faut utiliser l'**information D**.
Le calcul peut être : 127 + 57 + …. = 260
ou 127 + 57 = 184 et 260 − 84 = … .
RÉPONSE : 76 m.

Distance entre l'entrée du zoo et le lac des cygnes
Il faut utiliser l'**information C**.
Le calcul peut être : 127 + 30 = … .
RÉPONSE : 157 m.

Distance entre le bassin des dauphins et l'aire des éléphants et entre l'aire des éléphants et la cage des tigres
Il faut utiliser les **informations B et E**.
Il faut chercher deux nombres dont la somme est 180, l'un étant le double de l'autre.
RÉPONSE : 120 m et 60 m.

• À la suite de ce travail, faire reporter les distances manquantes sur le plan.

Les déterminations de distances sont de difficultés variables, ce qui justifie un guidage par l'enseignant notamment dans l'ordre de traitement de ces distances et dans le choix des informations pertinentes.

PHASE 4 **La longueur du meilleur parcours**

Question 3 de la recherche

> ③ Calcule la longueur du parcours suivi par Lou et Sam.

• Demander aux élèves de répondre à la dernière question.

RÉPONSE : 1 339 m ou 1 km et 339 m.

La difficulté de cette question peut provenir du fait que certaines distances figurant sur le plan ne sont pas utiles pour y répondre.

ENTRAINEMENT

FICHIER NOMBRES ET CALCULS **p. 121**

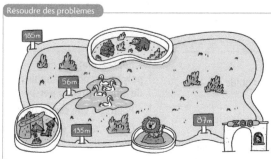

Résoudre des problèmes

① Sam et Lou se sont donné rendez-vous au lac des cygnes.
Sam part de l'entrée et passe par le rocher des lions.
Lou part de la fosse aux ours et passe par l'abri des loups.

a. Qui va parcourir le plus long chemin ? ....

b. De combien de mètres sera-t-il plus long que l'autre ?
....

② Le gardien dit à Lou qu'un nouveau chemin va être construit pour aller du rocher des lions au lac des cygnes.
On pourra ainsi faire un circuit : en partant du rocher des lions, en passant par l'abri des loups et le lac des cygnes et en revenant au rocher des lions, on aura 345 m à parcourir.
Quelle est la longueur du nouveau chemin ? ....

Exercice ①

Comparer deux distances et calculer leur différence.

Il s'agit d'un problème à étapes : calcul de la distance parcourue par Lou et de celle parcourue par Sam, comparaison et calcul de la différence.

RÉPONSE : a. Le chemin de Sam (278 m) est plus long que celui de Lou (241 m).

b. Sam parcourt 37 m de plus que Lou.

Exercice ②

Calculer une distance par recherche d'un complément.

Il faut comprendre que le circuit est composé des deux chemins de 135 m et de 56 m et du nouveau chemin de longueur inconnue. Les calculs peuvent être du type :

135 + 56 + ... = 345 ou 135 + 56 = 191,

puis 345 − 191 = 154.

RÉPONSE : 154 m.

		Tâche	Matériel	Connaissances travaillées
CALCULS DICTÉS		**Le bon compte** – Obtenir un nombre à partir de nombres donnés et des opérations indiquées.	**par élève :** – ardoise ou cahier de brouillon	– **Calcul : mémorisation et réflexion** – Utilisation des parenthèses.
RÉVISER	Mesures	Estimation de masses et pesées – Estimer une masse, l'exprimer dans une unité adaptée. – Comparer des masses.	**pour la classe :** – plusieurs sortes de balances *(voir activité)* – 4 ou 5 objets de masses différentes **par élève :** – ardoise CAHIER GÉOMÉTRIE **p. 75 Ⓐ et Ⓑ**	– **Masses : estimation, comparaison de mesures, équivalence kg et g.**
APPRENDRE	Espace et Géométrie	Représentation plane de polyèdres RECHERCHE **Photographies et dessins de polyèdres** – Reconnaître un polyèdre à partir d'une photographie. – Placer un cube de façon à le voir comme sur une de ses représentations. – Rechercher le nombre de faces qu'on peut voir simultanément sur une pyramide.	**pour le professeur :** – présentation de Poly ❭ **CD-Rom du guide** **pour la classe :** – un ordinateur sur lequel est installé le logiciel Poly – un TNI ou vidéoprojecteur – le lot de 8 polyèdres (**a**) à (**f**), (**i**) + (**k**) + la pyramide (**n**) – **fiche 53** en 3 parties sur transparent rétroprojetable ou agrandie au format A3 et photocopiée sur papier calque – un très gros cube d'au moins 10 cm de côté – **fiche recherche 48*** sur transparent rétroprojetable ou agrandie **par équipe de 4 élèves :** – un lot de 8 polyèdres (**a**) à (**f**), (**i**) + (**k**) utilisés en unité 6 **par équipe de 2 élèves :** – un ordinateur sur lequel est installé le logiciel Poly – la pyramide (**b**) ou (**n**) pour la question 2 de la recherche ❭ **fiches 30 et 39 ou pochette solides** – **fiche recherche 48*** **par élève :** – **fiche recherche 47** (questions 1 et 2) – un cube d'au moins 4 cm de côté FICHIER NOMBRES **p. 75 ❶**	– **Représentations de polyèdres : photographies et dessins en pseudo perspective** – **Points de vue sur un polyèdre** – Cube, pyramide régulière à base carrée.

* La fiche recherche 48 est à utiliser en phase 3 si la séance est mise en œuvre sans le logiciel Poly.

CALCULS DICTÉS

Le bon compte

– Calculer mentalement des expressions comportant des sommes, des différences et des produits.
– Utiliser les parenthèses pour décrire un calcul.

INDIVIDUEL ET COLLECTIF

• Écrire au tableau les nombres et les symboles suivants :

2	4	7	12	20
+	−	×	(	)

• Écrire le nombre cible : 80 , puis le nombre-cible : 25 , puis préciser la tâche :

➡ *Il faut atteindre le nombre-cible en faisant des calculs avec les nombres et les opérations indiqués. Vous ne pouvez pas utiliser plusieurs fois le même nombre et vous n'êtes pas obligés d'utiliser tous les nombres. Vous pouvez utiliser les parenthèses si c'est utile. Ecrivez votre calcul sur l'ardoise ou le cahier de brouillon.*

• Faire exprimer et vérifier les calculs proposés par les autres élèves, puis solliciter rapidement d'autres réponses que celles déjà trouvées (s'il reste des possibilités).

RÉPONSES POSSIBLES : **pour 80 :** 20×4 $(7-3) \times 20$ $(7 \times 12) - 4...$
pour 25 : $(4 \times 7) - 3$ $20 + 12 - 7...$

• Les élèves peuvent se préparer ou s'entrainer à ce moment de calcul mental en utilisant l'**exercice 7** de **Fort en calcul mental, p. 115**.

RÉPONSES POSSIBLES : 15×4 6×10 $(4 \times 10) + 5 + 15...$

Estimation de masses et pesées

– Estimer, puis mesurer une masse avec une balance adaptée.
– Utiliser des unités conventionnelles de masses (gramme, kilogramme) et l'équivalence 1 kg = 1 000 g.

PHASE 1 **Estimation de masses et pesée d'objets familiers**

• Mettre à la disposition des élèves :
– une balance Roberval avec des masses marquées (y compris des masses de 1 kg et de 2 kg) ;
– une balance de ménage à affichage ;
– un pèse-personne qui permettra de mesurer la masse d'objets plus lourds et éventuellement un pèse-lettre.

• Expliquer la tâche :

➡ *Vous allez estimer quelques masses d'objets que vous connaissez bien : un trombone, une feuille de papier, un stylo, un livre, un dictionnaire... Pour chaque objet, vous noterez votre estimation sur votre ardoise.*

• Pour chaque objet, recenser les estimations, puis faire effectuer la pesée de l'objet par un élève ou l'effectuer.

• Poursuivre l'activité d'estimation en demandant le poids de un ou deux élèves ou encore d'objets lourds dont on pourra mesurer la masse sur le pèse-personne.

• En **synthèse**, mettre en évidence :

Les différentes balances

• Il est important d'utiliser une balance adaptée à la masse de l'objet :
– la **balance Roberval** ou les **balances de ménage** permettent de peser des objets de **50 g** à **3 kg** environ ;

– pour des objets plus légers, on utilise un **pèse-lettre** ;
– pour des objets plus lourds, on utilise d'autres balances : le **pèse-personne**, par exemple, permet de peser des personnes de **10** à **120 kg**.

• Il est également important de choisir la « **bonne unité** ».

PHASE 2 CAHIER MESURES ET GÉOMÉTRIE **p. 75**

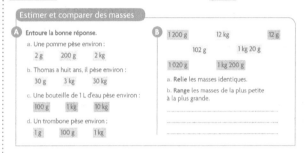

Exercice A

Estimer des masses.

RÉPONSE : a. 200 g   b. 30 kg   c. 1 kg   d. 1 g.

Exercice B

Trouver les masses identiques, puis les ranger.

Les élèves doivent utiliser l'équivalence 1 kg = 1 000 g.

RÉPONSE : a. 1 kg 200 g = 1 200 g   1 kg 20 g = 1 020 g.
b. 12 g ; 102 g ; 1 020 g ou 1 kg 20 g ; 1 200 g ou 1 kg 200 g ; 12 kg.

Représentation plane de polyèdres

Prendre conscience que :
– une photographie ou un dessin ne renseigne que partiellement sur un polyèdre ;
– on ne voit pas la même chose selon le point de vue qu'on a sur un polyèdre ;
– plusieurs photographies ou dessins peuvent correspondre à un même polyèdre.

RECHERCHE Fiche recherche 47

Photographies et dessins de polyèdres : Les élèves cherchent à associer des photographies à des polyèdres, **puis** à placer un cube de façon à le voir comme sur certaines représentations en 2D produites par un logiciel. **Enfin** ils déterminent, à l'aide du logiciel et en ayant le polyèdre à disposition, le nombre et la nature des faces qui peuvent être vues simultanément sur une pyramide.

Cette activité a un double objectif : apprendre aux élèves à reconnaître certains types de représentations planes (photographies et pseudo-perspectives) comme étant celles de solides, mais aussi les initier à un logiciel de simulation qui permet d'animer un solide sur écran et de simuler des changements de point de vue sur le solide. **Un travail à partir de photographies de solides** a déjà été conduit en CP et CE1. Si la **prise de vue** permet d'établir une relation entre l'objet et une photographie de l'objet, le **passage au dessin** est plus délicat car le lien n'est pas immédiat entre l'objet et l'image. Un premier travail sur une représentation dessinée ne peut donc se faire que sur des solides familiers des élèves.

Le logiciel Poly peut être téléchargé à l'adresse suivante :
http://www.peda.com/poly/

Préparation avant la séance

• Demander aux élèves d'apporter des **cubes suffisamment grands** (jeux de construction, boites…) ayant au minimum 4 cm d'arête de façon à ce que chaque élève dispose d'un cube.

• Prendre connaissance de la **présentation de Poly** (*voir fichier dans le CD-Rom du guide*), puis s'exercer :
– à sélectionner un polyèdre et à colorer ses faces ;
– à placer l'image à l'écran dans la même position que sur les copies d'écran de la phase 3.

• Télécharger et installer le **logiciel Poly** sur les différents postes. Il est conseillé de placer un raccourci sur le bureau.

• Récupérer de l'unité 6 les **8** polyèdres **(a)** à **(f)**, **(i)** + **(k)**.

UNITÉ 10

Associer polyèdres, photographies et dessins

Question 1 de la recherche

• Remettre un lot de polyèdres (a) à (f), (i) et (k) à chaque équipe. Distribuer à chaque élève la **question 1** de la **fiche recherche 47**.

• Afficher ou projeter la **partie supérieure** de la **fiche 53**, recenser les réponses pour chaque photographie et les discuter :
– *photos 1 et 2* : la reconnaissance de la pyramide tronquée (k) et du pavé droit (c) ne présente pas de difficulté ;
– *photo 3* : on peut y associer le tétraèdre (e), la pyramide (b) ou encore l'hexaèdre (f).

Après échange d'arguments, demander aux élèves de prendre ces trois derniers polyèdres et de les positionner devant leurs yeux pour se convaincre que, placé dans une certaine position, chacun d'eux peut correspondre à la photographie 3.

L'objectif est ici de faire prendre conscience qu'une photographie de polyèdre est porteuse de certaines informations, mais pas de toutes, et qu'il n'est donc pas toujours possible d'identifier de façon certaine un polyèdre à partir d'une photographie.

• Afficher ou projeter la **partie médiane** de la **fiche 53**, puis recueillir les commentaires des élèves. Après quoi, superposer les dessins aux photographies et conclure :
– ce sont des dessins des polyèdres photographiés à la question 1 ;
– ce sont les mêmes faces et les mêmes arêtes qu'on voit sur une photographie et sur le dessin qui lui correspond ;
– sur les dessins, les faces visibles sont coloriées et les arêtes visibles sont tracées.

• Procéder de même avec la **partie inférieure** de la **fiche 53**. Conclure :
– sur ces dessins, seules les arêtes visibles sont tracées ;
– les faces visibles sont les intérieurs des polygones qu'on voit sur les dessins, elles ne sont pas coloriées.

Présentation du logiciel Poly

• Ouvrir la page d'accueil du logiciel :

Dans la fenêtre de sélection, choisir **Cube** dans **Solides platoniciens** :

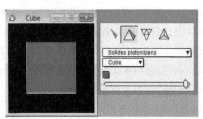

• Passer l'affichage en plein écran et, avec la souris, afficher un dessin du cube où trois faces sont visibles, puis figer l'image :
➡ *Il existe des applications qui permettent de représenter un solide sur un écran dans différentes positions. Sur l'écran, on voit*

---

une image représentant ce que voit un observateur qui a placé le cube dans une certaine position devant ses yeux. Les faces que voit l'observateur sont colorées et les arêtes sont tracées en blanc. Cette image représente assez bien ce qu'on verrait sur une photographie du cube dans la même position.

Cette application permet de simuler la manipulation du solide comme si on le tenait dans la main, comme vous l'avez fait dans la question 1. (Prendre le gros cube et lentement le faire pivoter, puis avec la souris modifier l'image du cube à l'écran).

Trouver la position d'un cube correspondant à une image sur l'écran

• Remettre un cube à chaque élève et préciser :
➡ *Je vais déplacer l'image du cube sur l'écran comme un cube que j'aurais devant mes yeux et je m'arrêterai. Vous devrez alors chercher à placer votre cube de façon à le voir comme sur l'image à l'écran.*

• Déplacer l'image du cube de façon à l'amener dans cette position :

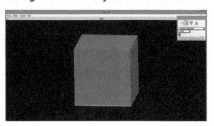

• Faire décrire aux élèves ce qu'ils voient : « une face carrée devant, au-dessus et à droite deux faces qui sont déformées ».

• Observer les élèves qui cherchent à placer leur cube de façon à le voir selon le même point de vue et venir en aide individuellement à ceux qui ont des difficultés, en les faisant verbaliser ce qu'ils voient du cube qu'ils ont dans la main.

• Poursuivre en affichant successivement les images suivantes sur l'écran, au moins trois :

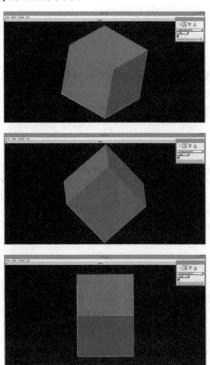

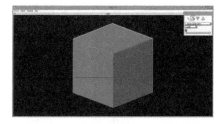

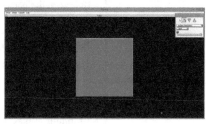

• Demander aux élèves ce qu'ils retiennent des questions qu'ils viennent de résoudre et conclure avec leurs mots, dans la mesure où les formulations ne contreviennent pas au sens mathématique :

Selon la façon de placer le cube devant nous :
– on n'a pas la même image du cube ;
– on ne voit pas toutes les faces, le nombre de faces visibles peut varier ;
– certaines des faces visibles peuvent apparaître déformées.

▤ **Si la séance est mise en œuvre sans le logiciel Poly**, cette phase est conduite de façon similaire à partir de la **fiche recherche 48** qui est distribuée à chaque élève. Le cube, au lieu d'être vu à l'écran, est photographié dans différentes positions.

ÉQUIPES DE 2

PHASE 4 **Nombre et nature des faces visibles sur une pyramide**

Question 2 de la recherche

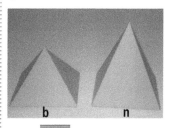

Les équipes, chacune devant un poste, ont une pyramide (**b**) ou (**n**) :

• Demander aux élèves de bien suivre les consignes :
– dans la fenêtre de sélection, cliquer sur la seconde icône ◁△ à partir de la gauche (pour que les arêtes apparaissent en blanc) ;
– toujours dans cette fenêtre, choisir « Solides de Johnson », la pyramide à base carrée s'affiche ;
– cliquer sur la première case colorée et choisir une couleur sur la palette ;
– faire de même avec la seconde case colorée et sélectionner la même couleur que pour la première case ;
– passer la fenêtre contenant l'image de la pyramide en plein écran ;
– déplacer l'image avec la souris de façon à voir au moins deux faces de la pyramide.

• Distribuer à chaque élève la **question 2** de la **fiche recherche 47**, puis préciser la tâche :

➡ *Vous allez répondre aux questions les unes après les autres* (faire lire la **question 2.a**). *Dans chaque équipe, un élève va travailler*

avec le solide, l'autre avec le logiciel. Quand vous avez terminé la question 2.a, vous échangez les rôles, le premier élève travaille avec le logiciel et le second avec le solide.

• À l'issue de la recherche de l'ensemble des questions ou des deux premières, procéder à une mise en commun. Recenser les réponses et les mettre en discussion.

• Demander aux équipes, qui n'auraient pas trouvé la réponse ou qu'une partie de la réponse, de visualiser sur l'écran et avec le solide la ou les solutions, aidées par une équipe qui, elle, a trouvé.

RÉPONSE : a. Oui, 2 triangles ou le carré + 1 triangle
b. Oui, 3 triangles ou le carré + 2 triangles
c. Oui, 4 triangles   d. Oui, le carré ou un triangle   e. Non

• Au terme de cette question procéder à une **synthèse** :

Représentation de polyèdres

• **Sur une photographie ou un dessin d'un polyèdre :**
– toutes les faces ne sont pas visibles ;
– les faces visibles ne suffisent pas toujours pour identifier le polyèdre ;
– certaines des faces visibles peuvent apparaître déformées sur la photographie.

• **Pour un même polyèdre,** on ne voit pas la même image du polyèdre et le nombre de faces visibles peut être différent selon la position du polyèdre devant soi.

▤ **Si l'activité est mise en œuvre sans le logiciel**, la **question 2** est conduite avec les mêmes questions et avec seulement une pyramide par équipe.

INDIVIDUEL

ENTRAINEMENT

FICHIER NOMBRES ET CALCULS p. 75

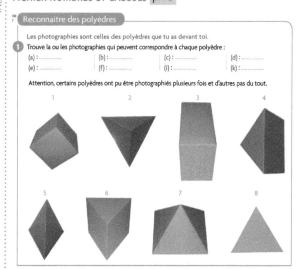

Exercice ❶

Les élèves, regroupés par équipes de 4, disposent d'un lot constitué des 8 polyèdres (**a**) à (**f**), (**i**) et (**k**), mais la résolution est individuelle. Les élèves peuvent manipuler les polyèdres.

RÉPONSE :
cube (**a**) : **1**   pyramide (**b**) : **4 – 7 – 8**   pavé droit (**c**) : **3**
prisme (**d**) : **4 – 6 – 8**   tétraèdre (**e**) : **2 – 8**   hexaèdre (**f**) : **5**
pavé droit (**i**) : **rien**   pyramide tronquée (**k**) : **rien**.

UNITÉ 10

		Tâche	Matériel	Connaissances travaillées
CALCULS DICTÉS		Le bon compte – Obtenir un nombre à partir de nombres donnés et des opérations indiquées.	par élève : – ardoise ou cahier de brouillon	– **Calcul : mémorisation et réflexion** – Utilisation des parenthèses.
RÉVISER Géométrie		Repérage sur quadrillage : plan de ville – Coder et décoder la localisation d'un lieu sur un plan de ville.	par élève : CAHIER GÉOMÉTRIE **p. 76 A**	– **Repérage dans un quadrillage** – **Plan de la commune, de la ville.**
APPRENDRE Mesures		Unités de mesure RECHERCHE **Grandeurs et unités de mesure** – Déterminer pour un objet les grandeurs mesurables et les unités appropriées. – Utiliser les unités de mesure adéquates et réaliser des conversions simples.	pour la classe : • **objets à mesurer :** ficelle, bouteille, livre, tablette de chocolat, crayon... • **objets de référence :** – 2 récipients avec mesures indiquées en L, en cL : une bouteille de 1 L et une de 25 cL par exemple – 2 produits alimentaires avec mesures indiquées en kg et en g : un paquet de 1 kg de farine et un de 250 g de café par exemple – double décimètre, règle de tableau – balance de ménage par élève : – une feuille de brouillon CAHIER GÉOMÉTRIE **p. 77 ① à ❻**	– **Grandeur et mesure** – **Système International d'unités de mesure** – Unités de mesure et préfixes – Équivalences entre unités de mesure d'une même grandeur.

CALCULS DICTÉS

Le bon compte

– Calculer mentalement des expressions comportant des sommes, des différences et des produits.
– Utiliser les parenthèses pour décrire un calcul.

INDIVIDUEL ET COLLECTIF

• Écrire au tableau les nombres et les symboles suivants :

3	5	8	12	15
+	–	×		( )

• Écrire le nombre cible : 60 , puis le nombre-cible : 0 , puis préciser la tâche :

➡ *Il faut atteindre le nombre-cible en faisant des calculs avec les nombres et les opérations indiqués. Vous ne pouvez pas utiliser plusieurs fois le même nombre et vous n'êtes pas obligés d'utiliser tous les nombres. Vous pouvez utiliser les parenthèses si c'est utile. Ecrivez votre calcul sur l'ardoise ou le cahier de brouillon.*

• Faire exprimer et vérifier les calculs proposés par les autres élèves, puis solliciter rapidement d'autres réponses que celles déjà trouvées (s'il reste des possibilités).

RÉPONSES POSSIBLES : **pour 60 :** $(12 - 8) \times 15$ 12×5...
pour 0 : $15 - (3 \times 5)$ $15 - 12 - 3$...

• Les élèves peuvent se préparer ou s'entrainer à ce moment de calcul mental en utilisant l'**exercice 8** de **Fort en calcul mental, p. 115.**

RÉPONSES POSSIBLES : $(6 \times 10) - 5$ $(15 \times 4) - 5$ $(10 \times 7) - 15$...

Repérage sur quadrillage : plan de ville

– Utiliser le repérage d'une case d'un quadrillage par un couple pour retrouver un lieu ou en communiquer la localisation.

CAHIER MESURES ET GÉOMÉTRIE **p. 76**

Exercice Ⓐ

Repérer une case d'un quadrillage par un couple.

Il s'agit de réviser dans un contexte de la vie courante le codage d'une case d'un quadrillage par un couple lettre et nombre. Par ailleurs, les élèves vont devoir :

– induire la codification d'un espace vert par la couleur verte, celle d'une église par une croix... ;

– se reporter à la légende du plan (en haut) pour identifier le cryptogramme associé à un parking, la couleur associée à une voie piétonne pour ensuite les localiser sur le plan.

RÉPONSE : b. la place André Malraux : **I9**
la cathédrale Notre Dame : **J8**   le Champ de Mars : **H9.**

c. Les voies piétonnes sont surtout localisées en **I9** et **J9.**

d. Les parkings sont surtout localisés en **I8, I9** et **J8.**

Une activité similaire peut être proposée en remplacement de celle-ci avec comme support un plan de la commune où est située l'école ou un plan de la ville voisine.

Se repérer sur un plan de ville

Ⓐ **BOURG-EN-BRESSE** CENTRE VILLE ECHELLE 1/5 400e   Parkings ⊡ Voies Piétonnes

a. Entoure sur ce plan du centre-ville de Bourg-en-Bresse :
• la rue Charles Robin J 8   • l'avenue Louis Jourdan H 9 - I 9   • l'office de tourisme I 9
b. Indique où se trouve :
• la place André Malraux : ....   • la cathédrale Notre Dame : ....   • le Champ de Mars : ....
c. Repère deux voies piétonnes. Cite leurs noms et indique leur localisation. ....

d. Repère au moins deux parkings. Indique leur localisation. ....

UNITÉ 10

Unités de mesure

– Associer objet, grandeur et mesure, et utiliser la bonne unité.
– Connaître des équivalences pour certains multiples (kilo) et sous-multiples (déci, centi, milli) des unités usuelles.
– Aborder une nouvelle unité pour les masses : la tonne.
– Approcher les régularités du Système International d'unités de mesure (mêmes préfixes).

RECHERCHE

Grandeurs et unités de mesure : Les élèves commencent par repérer les grandeurs qu'il est possible de mesurer pour les objets présentés ainsi que les unités de mesure appropriées. **Puis,** ils listent toutes les unités de mesure qu'ils connaissent et, pour une même grandeur, les équivalences entre les unités de mesure. **Enfin,** ils s'exercent à quelques conversions de mesure.

PHASE 1 Différentes grandeurs pour un même objet

• Présenter à la classe, trois ou quatre objets : une bouteille d'eau, une pelote de ficelle, une tablette de chocolat ou une boîte de sucre, une table d'élève.

• Donner la consigne :

➡ *Pour chacun de ces objets, vous allez écrire ce que l'on peut mesurer : la hauteur, la largeur, la longueur, la masse, la contenance (écrire ces mots au tableau). Plusieurs réponses sont possibles. Indiquez, à chaque fois, dans quelles unités vous pouvez exprimer la mesure.*

• Présenter l'objet réel et recenser les réponses possibles :

Pour la bouteille
– sa hauteur peut être mesurée en centimètres ;
– sa contenance en centilitres ou en litres ;
– sa masse (vide ou pleine) en grammes ou en kilogrammes.

Pour la table :
– sa hauteur peut être mesurée en centimètres ;
– la longueur et la largeur du plateau en mètres et centimètres ou centimètres ;
– sa masse en kilogrammes.

Pour la pelote de ficelle :
– le diamètre de la pelote en centimètres ;
– la longueur de la ficelle en mètres et centimètres ;
– sa masse en grammes.

• Si besoin, faire effectuer les mesures par deux élèves.

Les termes « hauteur », « longueur », « largeur » expriment des longueurs mesurées dans des directions privilégiées : verticale ou horizontale.

Le mot « **longueur** » a donc plusieurs significations : propriété de ce qui est long (longueur d'une ficelle) ou dimension horizontale dans un objet rectangulaire ou parallélépipédique (longueur, largeur et hauteur de la tablette de chocolat).

PHASE 2 **Les unités de mesure**

• Donner la nouvelle consigne :

➡ *Quelles unités de mesure connaissez-vous ? Notez-les sur votre feuille de brouillon. Écrivez également toutes les équivalences entre les unités de mesure que vous connaissez.*

• Recenser toutes les réponses de la première partie de la question et demander à quelle grandeur correspond chaque unité donnée. Au besoin, montrer des objets qui servent de référence : litre (contenance d'une bouteille), kilogramme (masse ou poids d'un paquet de farine).

• Disposer les unités au tableau de manière à **mettre en évidence les similitudes** (laisser une première ligne vide dans le tableau pour ajouter la tonne) :

Longueur	Contenance	Masse
kilomètre (km)		kilogramme (kg)
mètre (m)	litre (l ou L)	gramme (g)
décimètre (dm)	décilitre (dl ou dL)	
centimètre (cm)	centilitre (cl ou cL)	
millimètre (mm)		

• Recenser toutes les équivalences écrites par les élèves, au besoin les faire corriger, puis les écrire au tableau.

PHASE 3 **Le Système International d'unités de mesure**

L'objectif de l'activité est l'approche des règles qui fondent le Système International d'unités de mesure. Il s'agit d'aider les élèves à organiser ce qu'ils connaissent déjà des unités de mesure. On attend d'eux qu'ils comprennent que les unités qu'ils connaissent font partie d'un système plus vaste et construit.

• À partir des équivalences écrites, montrer les régularités du système :

Au même préfixe correspond la même équivalence :

1 **kilo**mètre = 1 000 mètres   1 mètre = 10 **déci**mètres
1 **kilo**gramme = 1 000 grammes   1 litre = 10 **déci**litres
1 mètre = 100 **centi**mètres   1 **déci**mètre = 10 **centi**mètres
1 litre = 100 **centi**litres   1 **déci**litre = 10 **centi**litres
Et on a aussi 1 **centi**mètre = 10 **milli**mètres.

PHASE 4 **Une autre unité pour les masses**

• Présenter un nouvelle unité de mesure :

La tonne

Il existe une autre unité usuelle pour mesurer des masses très grandes : **la tonne**. L'abréviation de tonne est « **t** ».
1 tonne = 1 000 kilogrammes
Une automobile pèse environ 1 tonne.

• Écrire le mot « tonne » dans le tableau à la colonne « Masse » sur la première ligne (phase 2) et compléter la liste des équivalences en écrivant **1 t = 1 000 kg** (phase 3).

ENTRAINEMENT

CAHIER MESURES ET GÉOMÉTRIE p. 77

Estimer, calculer et convertir des grandeurs

Pour les exercices 1 et 2, utilise : t   kg   g   km   m   cm   mm   L   cL

1 Complète avec les unités qui conviennent.
a. un paquet de 2 .... de lessive.
b. une brique de 1 .... de lait.
c. un chemin de 1 500 .... de long.
d. un verre de 10 ....
e. un pain de 500 ....
f. une règle de 20 .... de long.

2 Quelle unité utilise-t-on pour mesurer :
a. la longueur d'une route ?
b. le poids d'une tablette de chocolat ?
c. la longueur d'un crayon ?
d. la contenance d'une bouteille ?
e. la hauteur d'une bouteille ?
f. l'épaisseur d'un trait de craie ?
g. le poids d'un éléphant ?

3 a. Pour réaliser une masse de 1 kg, que faut-il ajouter à 400 g ? ....
Explique ta réponse : ....
b. Pour réaliser une longueur de 1 km, que faut-il ajouter à 450 m ? ....
Explique ta réponse : ....
c. Pour avoir une quantité d'eau de 1 L, que faut-il ajouter à 75 cL ? ....
Explique ta réponse : ....
d. Pour avoir une masse de 1 t, que faut-il ajouter à 500 kg ? ....
Explique ta réponse : ....

4 Sur un camion, on charge 20 caisses de 100 kg chacune.
Quelle est la masse du chargement ? Donne ta réponse en tonnes.

5 Un agriculteur produit 4 t de pommes. Il les vend par sacs de 10 kg.
Combien de sacs peut-il vendre ?

6 Complète.
a. 2 kg = ... g   c. 3 m = ... cm   e. 2 t = ... kg
b. 2 cm = ... mm   d. 2 L = ... cL   f. 1 km 50 m = ... m

Exercices et

Compléter avec les unités appropriées, choisir la bonne unité.
Les élèves, ayant des difficultés dans le choix des unités, peuvent se référer aux exemples fournis par les objets présents dans la classe.
RÉPONSE : **1** a. kg (ou L)   b. L   c. m   d. cL   e. g   f. cm.
2 a. km   b. g   c. cm   d. L ou cL   e. cm ou dm   f. mm   g. t.

Exercice **3**

Trouver des compléments de grandeurs.
Pour cela les élèves doivent utiliser les équivalences connues entre unités usuelles.
RÉPONSE : a. 600 g   b. 550 m   c. 25 cL   d. 500 kg.

Exercice **4**

Utiliser l'équivalence 1 t = 1 000 kg.
RÉPONSE : 2 t.

Exercice **5**

Problème de groupements.
Il faut penser à exprimer les mesures dans la même unité.
RÉPONSE : 400 sacs.

Exercice **6**

Conversions de mesure.
Les conversions nécessaires se font en référence aux équivalences déjà connues. Lors d'un temps collectif, faire remarquer les similitudes de raisonnement pour les différentes unités :
1 km = 1 000 m, donc **1 km 50 m = 1 050 m** ;
1 kg = 1 000 g, donc **2 kg = 2 000 g**.
RÉPONSE : a. 2 000 g   b. 20 mm   c. 300 cm   d. 200 cL   e. 2 000 kg   f. 1 050 m.

Différenciation : Exercices 3 à 6 → **CD-Rom du guide, fiche n° 46.**

	Tâche	Matériel	Connaissances travaillées
CALCULS DICTÉS	**Le bon compte** – Obtenir un nombre à partir de nombres donnés et des opérations indiquées.	**par élève :** – ardoise ou cahier de brouillon	– **Calcul : mémorisation et réflexion** – Utilisation des parenthèses.
RÉVISER Géométrie	Reproduction d'une figure complexe – Reproduire une figure complexe faite d'un rectangle, d'un demi-cercle et d'un triangle.	**pour la classe :** – quelques calques du modèle **par élève :** – instruments de géométrie, crayon, gomme CAHIER GÉOMÉTRIE **p. 78** Ⓐ	– **Figures planes : reproduction** – Angle droit – Mesure de longueurs.
APPRENDRE Espace	Repérage sur une carte RECHERCHE **Utiliser une carte** – Effectuer dans le village ou le quartier le parcours tracé sur une carte. – Tracer sur la carte un parcours en même temps qu'on l'effectue.	**pour le professeur :** – présentation de Géoportail **› CD-Rom du guide** **pour la classe :** – carte du village ou du quartier avec un 1er parcours tracé, sur transparent ou TNI et photocopie **›** exemple : **fiche 54** – carte du village ou du quartier avec le point de départ du 2e parcours, sur transparent ou TNI **›** exemple : **fiche 55** – enveloppe A4 cachetée contenant un exemplaire de la carte avec le tracé du 2e parcours *(voir activité)* – feutres ou stylos pour transparent de couleurs différentes **par équipe de 2 :** – carte avec le 1er parcours – carte avec le point de départ du 2e parcours **› les 2 cartes sont à compléter et à enregistrer sur le site Géoportail** – planchette-support, bracelet, feuille et crayon à papier pour la prise de notes au cours du trajet	– **Utilisation de plans et cartes** – **Orientation d'une carte** – **Repérage d'éléments facilement identifiables** – **Anticipation d'un déplacement.**

CALCULS DICTÉS

Le bon compte
– Calculer mentalement des expressions comportant des sommes, des différences et des produits.
– Utiliser les parenthèses pour décrire un calcul.

INDIVIDUEL ET COLLECTIF

• Écrire au tableau les nombres et les symboles suivants :

4	6	10	18	25
+	–	×	(	)

• Écrire le nombre cible : 100 , puis le nombre-cible : 36.

• Préciser la tâche :

➡ *Il faut atteindre le nombre-cible en faisant des calculs avec les nombres et les opérations indiqués. Vous ne pouvez pas utiliser plusieurs fois le même nombre et vous n'êtes pas obligés d'utiliser tous les nombres. Vous pouvez utiliser les parenthèses si c'est utile. Ecrivez votre calcul sur l'ardoise ou le cahier de brouillon.*

• Faire exprimer et vérifier les calculs proposés par les autres élèves, puis solliciter rapidement d'autres réponses que celles déjà trouvées (s'il reste des possibilités).

RÉPONSES POSSIBLES : **pour 100 :** 25 × 4   (4 + 6) × 10.
pour 36 : 6 × (10 – 4)   (6 – 4) × 18...

• Les élèves peuvent se préparer ou s'entrainer à ce moment de calcul mental en utilisant l'**exercice 9** de **Fort en calcul mental, p. 115.**

RÉPONSES POSSIBLES : (6 × 15) + 10   (4 + 6) × 10   (7 × 15) – 5...

UNITÉ 10

Reproduction d'une figure complexe

– Analyser une figure complexe et la reproduire.

PHASE 1 CAHIER MESURES ET GÉOMÉTRIE p. 78

Reproduire une figure

Ⓐ Reproduis cette figure.

Exercice Ⓐ

Reproduire une figure.

• Rappeler en sollicitant les élèves que :

➡ *La reproduction doit être superposable au modèle. La vérification se fera en utilisant un calque du modèle. La figure construite peut ne pas être placée de la même manière sur la feuille que la figure modèle. Veillez à bien choisir l'endroit où vous allez débuter la reproduction pour que la figure que vous allez construire tienne dans l'espace libre.*

• Selon la classe, laisser les élèves réaliser seuls l'intégralité de la tâche ou décomposer celle-ci en deux étapes :

1. Faire observer d'abord individuellement comment est faite la figure, puis en faire une analyse collective :

– Les élèves peuvent faire une lecture figurative de la figure : ils voient une enveloppe surmontée d'un demi-cercle.

– Ils peuvent aussi la voir comme un rectangle surmonté d'un demi-cercle dont le centre est le milieu d'une longueur du rectangle. À l'intérieur de ce rectangle, les élèves peuvent voir soit un triangle qui a deux côtés de même longueur, soit deux segments de même longueur ayant une extrémité commune, leurs autres extrémités étant des sommets du rectangle.

Quelle que soit la lecture de la figure, la principale difficulté réside dans la localisation du sommet du triangle intérieur au rectangle qui est l'intersection des deux diagonales.

2. Engager individuellement le tracé de la figure.

• Lors de la validation, aider les élèves à faire la part des choses entre l'imprécision des tracés, due à un manque de maîtrise des instruments, et des tracés approchés qui ne respectent pas les caractéristiques de la figure.

Cette activité est la reprise à l'identique de l'activité « Réviser » de la séance 8 de l'unité 9.

Repérage sur une carte

– Mettre en correspondance un espace réel connu et une représentation de cet espace (carte).
– Effectuer un déplacement correspondant au tracé indiqué sur une carte.
– Transcrire un parcours sur une carte pour qu'une autre personne puisse faire le même déplacement.

RECHERCHE

Utiliser une carte : Sur un parcours tracé sur une carte de leur village ou du quartier, les élèves vont **d'abord** anticiper les changements de direction (gauche ou droite), **puis** ils réaliseront le parcours pour valider leurs prévisions. **Enfin,** conduits par l'enseignant, ils effectueront un second parcours qu'ils devront reporter sur leur carte pour qu'une autre personne puisse faire le même.

Choix du logiciel

Le choix s'est porté sur **Géoportail** car ce site cartographique couvre toute la France (métropole et outremer). Il permet d'afficher une carte de son village ou de son quartier, d'y effectuer des tracés et de porter des informations dessus, de l'enregistrer sur un ordinateur ou une tablette et de l'imprimer. **Se reporter à la présentation de Géoportail sur le CD-Rom du guide.**

Le logiciel est accessible à l'adresse http://www.geoportail.gouv.fr/

Organisation de l'apprentissage

Cette séance – qui croise plusieurs enseignements : mathématiques, questionner le monde, éducation physique et sportive – nécessite **plus de 45 minutes**. L'horaire consacré à cette séance pourra être pour partie décompté sur les horaires des autres enseignements.

La séance gagnera à être conduite **en demi-classe** si cette organisation est possible. Elle comporte plusieurs moments qui pourront **ne pas être consécutifs** : présentation de l'activité en classe, réalisation des deux déplacements dans le village ou le quartier, retour en classe pour exploiter les tracés des élèves. Toutefois, il est souhaitable que la séance soit mise en œuvre sur une seule journée.

Cet apprentissage peut être découpé en **deux séances** :
– réalisation du parcours tracé sur la carte ;
– tracé sur la carte d'un parcours effectué dans le village ou quartier. Dans ce cas, le point de départ des deux parcours peut être le même : l'école.

Préparation avant la séance

- Se connecter au site Géoportail et prendre connaissance de la présentation de Géoportail sur le CD-Rom du guide. S'exercer à l'utilisation de ce logiciel.

Carte n° 1

- Afficher dans Géoportail une **première carte** du village ou du quartier, tracer dessus le **premier parcours** que devront suivre les élèves, l'enregistrer et imprimer un exemplaire afin de s'assurer que l'impression correspond à la zone et à l'affichage voulus. Veiller à ce que le parcours nécessite des changements de direction à gauche (ou à droite) alors que le tracé du parcours sur la carte tourne vers la droite (ou la gauche) de la feuille.

- Faire figurer sous la carte n° 1 la question 1 en vous inspirant de la **fiche 54**.

Carte n° 2

- Prévoir le **second parcours** qui aura les mêmes caractéristiques que le premier :
– le point de départ pourra être le lieu d'arrivée du premier parcours ou un autre lieu ;
– choisir pour destination un lieu qui ne soit pas indiqué en toutes lettres sur la carte, un bâtiment public ou un lieu facilement repérable par un logo ;
– le parcours ne devra pas être le plus direct mais comporter des détours.

- Afficher dans Géoportail une **seconde carte** du village ou du quartier, marquer dessus le point de départ, l'enregistrer et l'imprimer.

- Faire figurer sous la carte n° 2 la question 2 en vous inspirant de la **fiche 55**.

- Tracer sur un autre exemplaire de cette carte le parcours qui sera suivi et le placer dans l'enveloppe A4.

> **Les compétences travaillées dans cette séance sont délicates à construire.** C'est pour cette raison que le travail s'effectue dans un espace familier des élèves pour les aider à mettre en relation l'espace réel et l'une de ses représentations et à utiliser la carte pour effectuer ou transcrire un déplacement.

COLLECTIF ET ÉQUIPES DE 2

PHASE 1 Premier parcours : anticiper les changements de direction

Question 1 de la recherche (carte n° 1)

1. Pour chaque changement de direction repéré par un numéro sur la carte, indique si tu dois tourner à gauche ou à droite. Entoure la bonne réponse.

❶ GAUCHE	DROITE	❷ GAUCHE	DROITE	❸ GAUCHE	DROITE
❹ GAUCHE	DROITE	❺ GAUCHE	DROITE	❻ GAUCHE	DROITE
❼ GAUCHE	DROITE	❽ GAUCHE	DROITE	❾ GAUCHE	DROITE

- Projeter la **carte n° 1** et demander aux élèves ce qu'ils voient et reconnaissent : un plan, une carte du village ou du quartier, des éléments remarquables (bâtiments publics, cours d'eau, rues...), un chemin tracé sur la carte.

- Repérer l'école sur la carte qui est le point de départ du parcours tracé. Pour le reste, se limiter à ce que les élèves reconnaitront.

- Distribuer une carte par équipe et présenter l'activité :

⇒ *Nous allons suivre dans le village ou le quartier le parcours qui est tracé sur la carte et qui part de l'école. Mais avant, en équipe, vous allez prévoir de quel côté nous tournerons en marchant, à chaque changement de direction numéroté sur votre carte.*

- Les changements de direction sont traités l'un après l'autre. Pour le **changement de direction 1**, écrire au tableau le numéro et en face les réponses données. Si toutes les équipes sont d'accord, passer rapidement au suivant et procéder de la même façon.

- En cas de désaccord sur un changement de direction, demander à deux équipes ayant donné une réponse différente d'expliquer comment elles ont décidé :
– le tracé tourne vers la droite de la feuille, donc on doit tourner à droite ;
– sur la carte, on vient d'en haut et on va vers le bas, donc c'est inversé ; on tourne à gauche (ou à notre gauche).

- Entendre les avis des autres élèves et conclure :

⇒ *J'ai bien noté que vous n'êtes pas d'accord pour le changement de direction n° x. Je l'ai noté sur ma carte. Nous verrons en faisant le parcours qui avait raison.*

> **L'objectif de la question 1 est de faire percevoir l'intérêt d'orienter la carte** en conformité avec ce qu'on voit de l'espace réel pour faciliter la mise en correspondance des éléments de la carte et de l'espace réel et effectuer les bons changements de direction. Dans ce cas, la gauche et la droite de la carte correspondent respectivement à la gauche et à la droite de l'observateur, le haut et le bas de la carte correspondant respectivement pour l'observateur à devant lui et derrière lui.

COLLECTIF

PHASE 2 Deuxième parcours : les consignes

Question 2 de la recherche (carte n° 2)

2. Trace sur la carte le nouveau parcours que t'a fait suivre le maître ou la maitresse.

- Une fois que tous les changements de direction ont été examinés, présenter la seconde partie de l'activité :

⇒ *Quand nous aurons terminé le premier parcours, nous en ferons un deuxième. Quand nous serons au point de départ du deuxième parcours, je vous donnerai une deuxième carte où sera marqué le point de départ du parcours, et rien d'autre (projeter la carte n° 2). Cette fois-ci, ce sera à vous de tracer sur votre carte le parcours que nous suivrons pour qu'une autre personne, qui ne nous aura pas vus nous promener, puisse avec votre carte effectuer le même parcours.*

- Montrer à la classe l'enveloppe et indiquer :

⇒ *J'ai placé dans cette enveloppe un exemplaire de la carte sur laquelle j'ai tracé le second parcours que nous allons suivre. J'ai cacheté l'enveloppe que nous ouvrirons à la fin de l'activité pour savoir quelles sont les équipes qui auront réussi.*

- Distribuer à chaque équipe les planchettes-supports et bracelets en caoutchouc pour tenir les feuilles ainsi que la **carte n° 2** et une feuille en apportant les précisions suivantes :

⇒ *Pendant notre promenade, vous pourrez aussi prendre en notes ce qui peut aider à tracer le parcours sur la carte. Notez également ce qui est difficile pour vous. Cela permettra de vous en souvenir une fois revenus en classe.*

UNITÉ 10

PHASE 3 Réalisation du parcours tracé sur la carte n° 1

• Suivre le parcours tracé sur la **carte n° 1** et à chaque bifurcation, rappeler les réponses qui avaient été données.

• En cas de désaccord, demander comment décider :

– mise en relation d'un élément facile à repérer en vrai et sur la carte, observation du tracé par rapport à cet élément : il s'en rapproche ou il s'en éloigne ;

– orienter la carte de façon à voir les éléments en vrai et les éléments sur la carte dans les mêmes positions : à ma gauche dans l'espace réel et à gauche sur la carte, devant moi dans l'espace réel et vers le haut de la carte (en projetant le schéma corporel sur la carte).

• Poursuivre le parcours jusqu'à son terme et préciser que nous en discuterons quand nous serons de retour en classe.

PHASE 4 Tracé sur la carte n° 2 du parcours suivi

• Conduire les élèves sur le lieu de départ avec le matériel et la **carte n° 2** déjà distribués et leur indiquer que l'endroit où nous sommes est marqué par un point sur la carte.

• Leur demander de repérer des éléments facilement identifiables dans l'espace réel et sur la carte, de tourner la carte de façon à les voir dans la même position en vrai et sur la carte. S'assurer que tous orientent correctement leur carte. Venir en aide à ceux qui ont des difficultés.

• Rappeler la consigne :

➡ *Vous aller devoir tracer sur votre carte le parcours que nous allons suivre pour qu'une autre personne, qui ne nous aura pas vus nous promener, puisse avec votre carte effectuer le même parcours.*

• Effectuer le parcours lentement, le ponctuer de plusieurs arrêts en évitant les endroits stratégiques correspondant à des bâtiments ou lieux identifiés sur la carte, mais en marquant un temps d'arrêt à proximité immédiate d'un changement de direction.

• Tout en veillant à la sécurité, observer les repères que prennent les élèves, tendre l'oreille pour écouter leurs échanges.

• Indiquer aux élèves la fin du parcours une fois arrivés.

Pour transcrire un parcours sur une carte, il faut prendre des repères dans l'espace réel et identifier les éléments correspondants sur la carte (ce peut être des noms sur des plaques de rue), mais aussi prendre des indications comme par exemple le nombre de rues ou chemins laissés sur sa gauche ou sur sa droite, le nombre de feux tricolores ou de ronds-points sur un parcours rectiligne, les lieux où on bifurque en notant l'orientation prise par rapport à soi ou par rapport à un point de repère.
Une mise en concordance de la carte avec le schéma corporel (orientation de la carte de façon à avoir le tracé de la rue orienté dans la direction du déplacement) aide au tracé du parcours (tourner à gauche correspond alors à un tracé vers la gauche sur la carte).

PHASE 5 Exploitation des productions

1. Retour sur la question 1 :

Réalisation du parcours tracé sur la carte n° 1

• Rappeler l'activité et demander aux élèves ce qu'ils en retiennent, ce qu'ils ont appris.

• Conclure :

• **Il faut l'orienter ou la tourner correctement. Les éléments représentés sur la carte doivent être disposés comme en vrai :**

– ce qui est à gauche en vrai doit être à gauche sur la carte ;

– ce qui est devant moi en vrai doit être en haut sur la carte ;

– un virage à gauche en vrai correspond alors à un déplacement vers la gauche sur la carte ;

– un virage à droite en vrai correspond alors à un déplacement vers la droite sur la carte.

2. Retour sur la question 2 :

Tracé sur la carte n° 2 du parcours suivi

• Projeter la carte n° 2.

• Commencer par demander aux équipes **ce qui a été difficile** pour elles. Les réponses peuvent être du type :

– on a fait trop de détours, on était perdus ;

– sur la carte, tous les noms de rue ne sont pas écrits ;

– on n'a pas bien fait attention, quand on a tourné on ne se souvenait plus si c'était la deuxième ou troisième rue à droite ;

– on n'est pas arrivés à retrouver sur la carte un repère qu'on a pris (une enseigne de magasin par exemple) ;

– on a tourné au feu, mais le feu n'est pas noté sur la carte ;

• Demander ensuite **ce qui les a aidés** :

– les plaques de rue quand les noms étaient écrits sur la carte ;

– des lieux faciles à retrouver sur la carte : un rond-point, une place, la mairie, l'église…

• Afficher ensuite les cartes d'équipes qui ont tracé un chemin mais pour lesquelles les points d'arrivée diffèrent ou reporter leurs tracés sur la carte projetée, mais de couleurs différentes.

• Après que les élèves ont constaté que les points d'arrivée sont différents et localisé à partir de quel point les parcours diffèrent, demander à ces équipes, si elles sont en mesure de le faire, de dire à partir de leurs notes ou souvenirs ce qu'elles ont vu sur le parcours à cet endroit, l'information qu'elles ont prise. L'erreur de tracé peut être consécutive à une erreur de prise d'information ou à une erreur de transcription consécutive, par exemple, au fait que la carte n'était pas orientée dans le sens du déplacement.

• Conclure :

• **Il faut prendre des repères en vrai qui sont faciles à retrouver sur la carte.** Ce sont :

– des noms de rue ;

– un rond-point, la poste, la mairie, l'église… ;

Certains éléments comme les feux tricolores ne se retrouvent pas sur la carte.

• **On peut aussi compter le nombre de rues**, sur la gauche ou sur la droite, qu'on a traversées avant de tourner.

L'exploitation des tracés du parcours est difficile à effectuer de manière différée en classe car les éléments ne sont pas à disposition pour valider les différents points de vue et arguments.

À SUIVRE

En **cycle 3**, les compétences travaillées ici dans un espace connu, plus vaste que l'école, le seront à nouveau dans un espace plus vaste encore et pas toujours connu des élèves.

BILAN et consolidation

FICHIER NOMBRES p. 122 à 125
CAHIER GÉOMÉTRIE p. 79 à 80

Comment utiliser les pages Bilan et Consolidation » p. VIII.

BILAN de l'UNITÉ 10

CONSOLIDATION

NOMBRES ET CALCULS

Calcul mental (séances 1 à 9)

Connaissances à acquérir

→ **Répertoire mutiplicatif** (le nombre pensé).

→ **Calcul avec parenthèses : sommes, différences, produits** (le bon compte).

Pas de préparation de bilan proposée dans le fichier.

Je fais le bilan › FICHIER NOMBRES p. 123

Exercice 1 Nombres pensés.

1er nombre : **7** 2e nombre : **8** 3e nombre : **7** 4e nombre : **8**.

Exercice 2 Calculs avec parenthèses, décomposition d'un nombre.

Exemples : (3 × 10) + 2 (4 × 10) − 8 (2 × 10) + 8 + 4...

Je consolide mes connaissances › FICHIER NOMBRES p. 115

Fort en calcul mental : exercices 1 à 9

Ateliers

› Le nombre pensé

Ajuster le choix des nombres aux capacités des élèves.

› Le bon compte

Ajuster le choix des nombres aux capacités des élèves.

Autres ressources

› 90 Activités et jeux mathématiques CE2

43. Le plus proche
44. Objectif 0

NOMBRES ET CALCULS

Résolution de problèmes : choix d'informations (séances 1 et 6)

Connaissances à acquérir

→ **Pour résoudre certains problèmes,** il faut choisir les informations utiles. Pour cela, il faut souvent partir de la question posée.

Je prépare le bilan › FICHIER NOMBRES p. 122

QCM A L'information 2 seulement.

Les réponses « **l'information 3 seulement** » correspondent au fait que les élèves ont cherché une information qui comporte le mot « verres » contenu dans l'énoncé.

Je fais le bilan › FICHIER NOMBRES p. 123

Exercice 3 Résoudre un problème en choisissant les informations pertinentes.

a. **lundi** : randonnée **mardi** : peinture **mercredi** : mini-golf **jeudi** : tennis
b. 18 €.

Je consolide mes connaissances › FICHIER NOMBRES p. 125

Exercice 1

259 km.

Exercice 2

Nantes, Vannes et Ploërmel.

Exercice 3

a. Rennes, Ploermel, Vannes, Lorient, Ploërmel, Rennes.
b. 330 km.

NOMBRES ET CALCULS

Multiplication, division : aspect ordinal (séances 2 et 3)

Connaissances à acquérir

→ **Pour trouver si on passera par la case 56** en faisant des sauts de 7 en 7, il faut se demander s'il y a un nombre qui multiplié par **7** permet d'obtenir **56** comme résultat.

→ **Pour trouver quelles cases on peut atteindre** en partant de 0 et en faisant, par exemple, 10 sauts réguliers de 6 en 6, on peut multiplier **6** par **10**.

suite p. 346

Je consolide mes connaissances › FICHIER NOMBRES p. 125

Exercice 4

1 saut de 60 en 60 ; 2 sauts de 30 en 30 ; 3 sauts de 20 en 20 ;
4 sauts de 15 en 15 ; 5 sauts de 12 en 10 ; 6 sauts de 10 en 10 ;
10 sauts de 6 en 6 ; 12 sauts de 5 en 5 ; 15 sauts de 4 en 4 ;
20 sauts de 3 en 3 ; 30 sauts 2 en 2 ; 60 sauts de 1 en 1.

Exercice 5

1 saut de 12 ; 2 sauts de 6 ; 3 sauts de 4 ;
4 sauts de 3 ; 6 sauts de 2 ; 12 sauts de 1.

Exercice 6

1 saut de 18 ; 2 sauts de 9 ; 3 sauts de 6 ;
6 sauts de 3 ; 9 sauts de 2 ; 18 sauts de 1.

Je prépare le bilan > FICHIER NOMBRES p. 122

QCM B 8 bonds.

QCM C La case 24, la case 60, la case 72.

Les réponses erronées peuvent être dues à des erreurs de calcul.
Une réponse incomplète au **QCM C** peut être due au fait que l'élève
s'arrête après avoir trouvé une bonne réponse.

Je fais le bilan > FICHIER NOMBRES p. 123

Exercices ❹, ❺ et ❻ Résoudre un problème de
déplacements réguliers sur une piste numérotée.

❹ Lou et Flip se retrouvent sur la case 30.

❺ Flip et Sam se retrouvent sur la case 35.

❻ Lou et Sam se retrouvent sur la case 42.

Exercice ❼ 1 saut de 25 ; 5 sauts de 5 ; 25 sauts de 1.

Exercice ❽ 1 saut de 23 ; 23 sauts de 1.

Exercice ❾ 1 saut de 20 ; 2 sauts de 10 ; 4 sauts de 5 ; 5 sauts de 4 ;
10 sauts de 2 ; 20 sauts de 1.

Exercice ❿ 1 saut de 56 ; 2 sauts de 28 ; 4 sauts de 14 ; 7 sauts de 8 ;
8 sauts de 7 ; 14 sauts de 4 ; 28 sauts de 2 ; 56 sauts de 1.

CD-Rom du guide

> Fiche différenciation n° 44

Autres ressources

> 90 Activités et jeux mathématiques CE2

41. Combien de sauts, des sauts de combien ?
42. Éviter les pièges

NOMBRES ET CALCULS

▶ Sommes et différences égales (séance 4)

Connaissances à acquérir

→ **Pour obtenir une somme de 2 nombres égale à une somme
donnée**, on peut en même temps **ajouter** un nombre à l'un des
termes et **soustraire** ce même nombre à l'autre terme.

→ **Pour obtenir une différence de 2 nombres égale à une
différence donnée**, on peut en même temps **ajouter (ou soustraire)**
un même nombre aux deux termes de la différence.

Je prépare le bilan > FICHIER NOMBRES p. 122

QCM D 177 + 47   186 + 38.

QCM E 216 − 78   205 − 67.

Les erreurs sont probablement dues à une confusion des propriétés entre
l'addition et la soustraction.

Je fais le bilan > FICHIER NOMBRES p. 123

Exercices ❼ et ❽ Reconnaitre des sommes ou des différences
égales.

❼ 88 + 115   et   80 + 123.   ❽ 315 − 97   et   308 − 90.

Je consolide mes connaissances > FICHIER NOMBRES p. 125

Exercice ⓫

a. 457 + **186**   c. 466 + **177**
b. 455 + **188**   d. 356 + **287**.

Exercice ⓬

a. 457 − **188**   c. 466 − **197**
b. 455 − **186**   d. 356 − **87**.

NOMBRES ET CALCULS

▶ Produits égaux (séance 5)

Connaissances à acquérir

→ **Pour obtenir un produit de 2 nombres égal à un produit
donné**, on peut en même temps **multiplier** par un nombre l'un des
facteurs et **diviser** par ce même nombre l'autre facteur.

Je prépare le bilan > FICHIER NOMBRES p. 122

QCM F 32 × 22   8 × 88.

Les erreurs sont probablement dues à une confusion des propriétés entre
les diverses opérations.

Je fais le bilan > FICHIER NOMBRES p. 123

Exercice ❾ Reconnaitre des produits égaux.

126 × 14   et   21 × 84

Je consolide mes connaissances > FICHIER NOMBRES p. 125

Exercice ⓭

a. 96 × **20**   d. 480 × **4**
b. 24 × **80**   e. 240 × **8**
c. 12 × **160**   f. **192** × 10.

▌ Représentation de polyèdres (séance 7)

Connaissances à acquérir

→ **Une photographie ou un dessin ne suffit pas toujours pour identifier un polyèdre.**

→ **Sur une photographie ou un dessin d'un polyèdre :**
– toutes les faces ne sont pas visibles ;
– certaines des faces visibles peuvent apparaître déformées.

→ **Pour un même polyèdre**, on ne voit pas le même nombre de faces selon la façon de regarder ce polyèdre.

Je prépare le bilan ❭ CAHIER GÉOMÉTRIE p. 79

QCM A Photo 1.

Je fais le bilan ❭ CAHIER GÉOMÉTRIE p. 79

Exercice 1 Identifier les dessins d'un cube.
Dessins 1, 3 et 4. *matériel par élève : un cube.*

Ateliers

❭ Percevoir qu'un polyèdre peut être vu différemment selon sa position

Demander aux élèves de prendre des photos d'un polyèdre familier dans des positions différentes, puis projeter les photographies à l'aide d'un vidéoprojecteur ou en faire des tirages papier. Faire échanger les élèves sur les différences d'informations perçues sur les photographies.

matériel : prévoir un ou plusieurs appareils photos numériques.

Autres ressources

❭ 90 Activités et jeux mathématiques CE2

90. Photographies et points de vue (pavé droit)

▌ Unités de mesure (séance 8)

Connaissances à acquérir

→ **À un objet** (par exemple une pelote de ficelle), peut être associée une grandeur (la longueur de la ficelle) et / ou plusieurs autres grandeurs (la hauteur de la pelote, la masse). La **mesure de cette grandeur** est exprimée dans une unité appropriée (ici le m ou le cm ou le g) ou avec deux unités (par exemple le m et le cm pour la longueur).

→ **Plusieurs grandeurs et mesures du Système International d'unités de mesure** sont maintenant connues. Au même préfixe correspond la même équivalence *(voir synthèse p. 340)* :

→ **Pour effectuer des comparaisons ou calculs sur ces mesures**, il est impératif de les exprimer dans la même unité ou les mêmes unités.

Je prépare le bilan ❭ CAHIER GÉOMÉTRIE p. 79

QCM B la longueur ; la masse.

Je fais le bilan ❭ CAHIER GÉOMÉTRIE p. 79

Exercice 2 Identifier une grandeur et lui associer la bonne unité de mesure.
1 300 m   3 kg   33 cL ou cl   100 g.

Exercice 3 Réaliser des conversions en utilisant les équivalences connues.
a. 3 000 m   b. 300 cm   c. 4 cm   d. 40 cL   e. 2 L   f. 30 dL   g. 1 t
h. 4 000 g   i. 3 200 g.

Atelier

❭ Trouver les grandeurs qui peuvent être mesurées

Reprise de la phase 1 de la séance 8 avec différents objets du commerce :
– bouteilles de boissons (1 L et 25 cL) ;
– paquets de farine (1 kg) ;
– paquets de biscuits (300 ou 500 g) ;
– ficelle de plus d'1 m.

Consigne : Pour chacun de ces objets, vous allez écrire ce que l'on peut mesurer : la hauteur, la largeur, la longueur, la masse, la contenance. Plusieurs réponses sont possibles. Indiquez, à chaque fois, dans quelles unités vous pouvez exprimer la mesure.

Faire effectivement mesurer par les élèves les longueurs avec un double décimètre ou un mètre, les masses avec une balance de ménage. Revenir sur les équivalences qui doivent être connues.

CD-Rom du guide

❭ Fiche différenciation n° 46

Autres ressources

❭ 90 Activités et jeux mathématiques CE2

55. Masses de produits alimentaires

▌ Reproduction d'une figure complexe (séance 9)

Pas de bilan proposé.

Ce type d'activité a fait l'objet d'un exercice dans le bilan de l'unité 9. Les compétences qu'il requiert ont été entraînées dans cette unité sur des figures complexes et ont encore besoin d'être consolidées.

Je consolide mes connaissances ❭ CAHIER GÉOMÉTRIE p. 80

Exercice 1 et 2 Pas de corrigé.

Pour les deux exercices, la construction peut être indifféremment commencée par le carré ou les triangles.

Autres ressources

❭ 90 Activités et jeux mathématiques CE2

78 et **79.** Reproduction de figures complexes (2) et (3)

Je pense à un nombre

Il s'agit de déterminer un ou plusieurs nombres sur lesquels des informations sont données. Certains problèmes admettent plusieurs réponses. Tous les problèmes sont indépendants les uns des autres.

Problèmes , et

TÂCHE : Trouver le nombre pensé :
– avant qu'on lui ajoute un nombre ;
– avant qu'on lui ajoute un nombre puis qu'on multiplie le résultat par un autre nombre ;
– avant qu'on le multiplie par un nombre.

RÉPONSE : ❶ 8.   ❷ 7.   ❹ 11.

Problème

TÂCHE : Trouver un nombre à partir d'indications sur les chiffres qui le composent.

RÉPONSE : 854.

Problème

TÂCHE : Trouver tous les nombres dont le produit est égal à un nombre donné.

RÉPONSE : 1 et 27 ou 3 et 9.

Problèmes , et

TÂCHE : Trouver 2 nombres à partir de deux contraintes.

RÉPONSE : ❸ 24 et 48   ❼ 7 et 4   ❽ 12 et 18.

Problème

TÂCHE : Trouver 3 ou 5 nombres choisis dans une liste et dont la somme est donnée.

RÉPONSE :

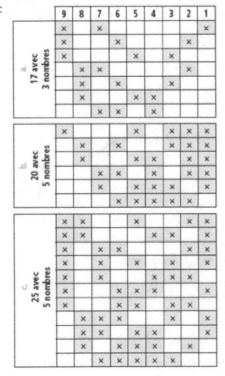

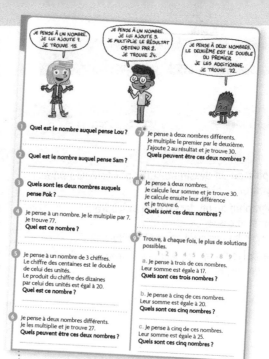

Fichier p. 126

Mise en œuvre

Comme pour les problèmes des unités précédentes, le travail peut prendre la forme suivante :
– recherche des élèves au brouillon ;
– mise au net de la méthode de résolution sur une feuille soit directement après la recherche, soit après une exploitation collective.

La solution retenue peut être choisie par l'élève parmi celles reconnues comme correctes ou non par l'enseignant (cette manière de faire ne doit pas être systématique). Il est également possible de faire coller un montage photocopié

Aides possibles

Problème 3 : Indiquer aux élèves qu'il faut d'abord exploiter la deuxième information : d × u = 20 (on en déduit que le chiffre des unités peut être 4 ou 5). Comme le chiffre des centaines est son double, la seule réponse possible est 4. Il est probable que beaucoup d'élèves répondront en testant des chiffres.

Pour la plupart des problèmes, il est possible de suggérer aux élèves d'essayer des nombres et de réajuster en fonction des résultats obtenus.

Problème 9 : Il peut être proposé aux élèves un travail sur une longue durée (2 semaines, par exemple), chacun devant trouver le plus possible de réponses différentes, écrites sur une affiche dans la classe destinée à recevoir de nouvelles solutions..

Procédures à observer particulièrement

Pour l'ensemble des problèmes, observer si les élèves procèdent par essais hasardeux, par essais organisés ou par déduction. Par exemple :

– pour le **problème 2**, il est possible de répondre en testant des nombres ou en « remontant » les calculs ;

– pour le **problème 3**, il est possible de déduire des informations données que le 1ᵉʳ nombre est le tiers de 72 (mais il est probable que très peu d'élèves feront cette déduction).

Évaluation de fin de période 3 (unités 8 à 10)

Cette évaluation concerne les acquis des élèves relatifs aux apprentissages des unités 8 à 10.

Les supports élèves sont fournis sous forme de fiches photocopiables ou dans le CD-Rom du guide.

EXERCICES DICTÉS ORALEMENT PAR L'ENSEIGNANT

Chaque nombre ou chaque calcul est dicté deux fois.

Exercice ❶ Répertoire multiplicatif

Attendus de fin de cycle : Calculer avec des nombres entiers.

Compétence spécifique : Connaitre les tables de multiplication (produits, facteurs d'un produit).

Commentaire : Certains résultats peuvent encore être mal assurés. Leur repérage permet de prévoir un entrainement adapté.

Calculs dictés :

a. 9 fois 7	f. Combien de fois 6 dans 36 ?
b. 8 fois 7	g. Combien de fois 7 dans 49 ?
c. 6 fois 9	h. Combien de fois 3 dans 27 ?
d. 3 fois 8	i. Combien de fois 8 dans 48 ?
e. 9 fois 8	j. Combien de fois 7 dans 42 ?

Exercice ❷ Calcul avec les diviseurs de 60 et de 100

Attendus de fin de cycle : Calculer avec des nombres entiers.

Compétence spécifique : Connaitre et utiliser certaines relations entre nombres d'usage courant : entre 5, 10, 25, 50 et 100, entre 15, 30 et 60.

Commentaire : Ces relations entre nombres d'usage courant doivent être mémorisées ou retrouvées rapidement.

Calculs dictés :

a. 2 fois 50	f. moitié de 50
b. 5 fois 10	g. moitié de 60
c. 4 fois 25	h. Combien de fois 5 dans 25 ?
d. 10 fois 10	i. Combien de fois 25 dans 100 ?
e. 4 fois 15	j. Combien de fois 15 dans 60 ?

Exercice ❸ Calcul réfléchi (addition, soustraction)

Attendus de fin de cycle : Calculer avec des nombres entiers.

Compétence spécifique : Additionner ou soustraire des nombres voisins d'une dizaine entière.

Commentaire : Diverses procédures sont possibles et devraient être mobilisées plus ou moins rapidement par tous les élèves.

Calculs dictés :

a. 28 + 21	b. 28 + 19	c. 39 + 11	d. 39 + 31	e. 19 + 19
f. 28 − 21	g. 28 − 19	h. 47 − 12	i. 60 − 12	j. 41 − 12

Exercice ❹ Calcul réfléchi (addition, soustraction, multiplication)

Attendus de fin de cycle : Calculer avec des nombres entiers.

Compétence spécifique : Trouver un nombre avant qu'il ne subisse une transformation (addition, soustraction, multiplication).

Commentaire : Observer si les élèves ont recours ou non à l'opération inverse ou, dans le cas de la multiplication, s'ils utilisent les résultats du répertoire.

Calculs dictés :

Je pense à un nombre ...	Quel est ce nombre ?
a. Je lui ajoute 7	Je trouve 15
b. Je lui ajoute 8	Je trouve 30
c. Je lui ajoute 6	Je trouve 43
d. Je lui soustrais 5	Je trouve 7
e. Je lui soustrais 8	Je trouve 16
f. Je lui soustrais 9	Je trouve 35
g. Je le multiplie par 5	Je trouve 40
h. Je le multiplie par 7	Je trouve 42
i. Je le multiplie par 8	Je trouve 72
j. Je le multiplie par 9	Je trouve 27

EXERCICES À ÉNONCES ÉCRITS

Pour certains élèves, les consignes peuvent être lues par l'enseignant.

Exercice ❺ Calcul réfléchi (diverses opérations)

Attendus de fin de cycle : Calculer avec des nombres entiers.

Compétence spécifique : Former un nombre en utilisant d'autres nombres, les opérations connues et le calcul mental.

Commentaire : Cet exercice permet d'évaluer la capacité des élèves à mobiliser leurs connaissances des nombres et du calcul, et de faire preuve d'inventivité.

Exercice ❻ Utilisation d'une calculatrice

Attendus de fin de cycle : Calculer avec des nombres entiers.

Compétence spécifique : Organiser un calcul avec parenthèses pour trouver le résultat avec une calculatrice.

Commentaire : Les méthodes utilisées peuvent différer selon le type de calculatrice utilisée.

Exercice ❼ Tableau et graphique

Attendus de fin de cycle : Résoudre des problèmes en utilisant des nombres entiers et le calcul (organisation et gestion de données).

Compétence spécifique : Utiliser un tableau ou un graphique en vue d'un traitement de données.

Commentaire : Une difficulté peut provenir du fait que des élèves n'ont pas identifié l'échelle utilisée pour le graphique (1 carreau → 5 élèves).

UNITÉ 10

Exercices ⑧ et ⑨ Problèmes (sens de l'addition et de la soustraction)

Attendus de fin de cycle : Résoudre des problèmes en utilisant des nombres entiers et le calcul.

Compétence spécifique : Résoudre un problème de recherche de la valeur d'une augmentation ou d'une diminution (problème 8) et d'un état initial avant une augmentation (problème 9).

Commentaire : Pour chaque problème, observer les procédures : calcul d'un complément, recours à la soustraction…

Exercices ⑩ et ⑪ Problèmes (sens de la multiplication et de la division)

Attendus de fin de cycle : Résoudre des problèmes en utilisant des nombres entiers et le calcul.

Compétence spécifique : Résoudre des problèmes de groupements réguliers avec recherche du nombre total d'objets ou du nombre de groupements (problème 10) et de partage équitable avec recherche de la valeur de chaque part (problème 11).

Commentaire : Pour chaque problème, observer les procédures : dessin, recours à l'addition itérée, à la multiplication ou tentative de divisions…

Exercice ⑫ Problème à étapes

Attendus de fin de cycle : Résoudre des problèmes en utilisant des nombres entiers et le calcul.

Compétence spécifique : Résoudre un problème à étapes demandant de trouver une valeur avant qu'elle ne subisse une augmentation.

Commentaire : Observer comment les élèves organisent les étapes de la résolution :
– prix d'un dictionnaire (20 €) ;
– prix d'un atlas (18 €).

Exercice ⑬ Problème de recherche

Attendus de fin de cycle : Résoudre des problèmes en utilisant des nombres entiers et le calcul.

Compétence spécifique : Résoudre un problème de recherche.

Commentaire : Observer si les élèves procèdent par déduction (par exemple en considérant que le nombre de chocolats de Flip est donné par le calcul 30 – 20 (nombre total de chocolats moins nombre de chocolats de Lou et Sam ensemble) ou par essais de nombres et déduction en vérifiant la compatibilité avec les données.

Exercices ⑭ et ⑮ Calcul sur les longueurs

Attendus de fin de cycle : Résoudre des problèmes impliquant des longueurs ; résoudre des problèmes impliquant des opérations sur les grandeurs et des conversions simples d'une unité usuelle à une autre.

Compétence spécifique : Calculer sur des longueurs en km et m en utilisant l'équivalence entre ces unités.

Commentaire :

Exercice 14 : La comparaison des longueurs nécessite d'utiliser la relation entre m et cm : 1 m = 100 cm. Différencier les types d'erreur :
– non prise en compte des unités (l'élève répond 85) ;
– erreur dans la relation m/cm ;
– erreur dans le calcul du complément de 86 à 100.

Exercice 15 : Cette fois le calcul de distance amène à utiliser l'équivalence 1 km = 1 000 m. Observer les procédures : expressions de toutes les distances en m, ajout séparé des expressions en m et en km. Différencier les types d'erreur :
– non prise en compte des unités (l'élève répond 2 452) ;
– erreur dans la relation km/m ;
– erreur dans le calcul ;
– réponse juste mais où les échanges km/m ne sont pas faits (2 km et 2 450 m).

Exercice ⑯ Masses

Attendus de fin de cycle : Comparer des masses ; résoudre des problèmes impliquant des masses.

Compétences spécifiques : Réaliser une masse à l'aide de masses marquées ; comparer des masses exprimées en g ou kg.

Commentaire : La question a ne nécessite pas d'utiliser forcément l'équivalence 1 kg = 1 000 g (la masse de 1 000 g pouvant être réalisée par deux masses de 500 g), mais son utilisation est nécessaire pour répondre correctement à la question b.

Exercice ⑰ Unités de mesure

Attendus de fin de cycle : Estimer des longueurs, des masses, des durées ; utiliser les unités spécifiques de ces grandeurs.

Compétences spécifiques : Pour des objets, associer une grandeur à sa mesure exprimée dans une unité ; évaluer un ordre de grandeur ; choisir la bonne unité.

Commentaire : Il s'agit d'associer à une grandeur l'unité correspondante et aussi de connaitre un ordre de grandeur pour cette unité. On tâchera de différencier ces deux compétences.

Exercice ⑱ Unités de mesure

Attendus de fin de cycle : Utiliser les unités de longueur, de contenance et de masse et les relations entre ces unités.

Compétence spécifique : Réaliser des conversions en utilisant les équivalences entre unités.

Commentaire : Il s'agit de convertir quelques expressions en utilisant les équivalences connues entre m et cm, cm et mm, km et m pour les longueurs, L et cL pour les contenances, kg et g pour les masses.

Exercice ⑲ Reproduction de figure

Attendus de fin de cycle : Reproduire quelques figures géométriques ; reconnaitre et utiliser les notions d'alignement.

Compétences spécifiques : Repérer et contrôler avec les instruments les propriétés d'une figure (égalité de longueurs, angles droits, alignement) ; reproduire une figure complexe sur papier uni ; utiliser l'alignement d'éléments de la figure.

Commentaire : Observer les élèves, ou les questionner après coup, pour savoir quelle lecture ils font du modèle (assemblage de segments ou rectangle avec des segments tracés à l'intérieur), les informations qu'ils prennent sur le modèle, comment ils les utilisent pour décider de l'ordre dans lequel ils effectuent les tracés.
Percevoir l'alignement des deux segments portés par une diagonale du rectangle n'est pas indispensable. La mesure peut être utilisée pour placer les extrémités de ces segments qui sont sur les segments qui joignent un sommet du rectangle au milieu d'une de ses longueurs.
Il est difficile après coup pour les élèves d'expliquer leur lecture de la figure et de reconstituer la chronologie des tracés. Même si l'observation de tous les élèves n'est pas possible, c'est elle qui fournit le plus d'informations.

Exercice ⑳ Figures superposables

Attendus de fin de cycle : Reconnaitre quelques figures géométriques.

Compétence spécifique : Reconnaitre des figures superposables, retournées ou pas.

Commentaire : Toutes les figures sont des assemblages d'un carré et de deux triangles rectangles identiques. L'observation des figures permet d'en éliminer facilement certaines (la disposition des triangles autour du carré étant différente du modèle) : **figures 1**, **2** et **5**. Les **figures 3** et **6** sont directement superposables au modèle (il faut imaginer les faire pivoter pour les amener dans la même position que le modèle). Pour voir que la **figure 4** est superposable au modèle, il faut imaginer la retourner.

Exercice ㉑ Symétrie

Attendus de fin de cycle : Reconnaitre et utiliser la notion de symétrie.

Compétence spécifique : Identifier le ou les axes de symétrie d'une figure.

Commentaire : Le tracé de la droite de la figure B, qui la partage en deux parties identiques mais sans que l'une soit retournée par rapport à l'autre, permet de repérer les élèves qui associent figure symétrique à cette seule idée de partage en deux parties identiques. Cette conception de la symétrie peut être également repérée par le tracé d'une diagonale du rectangle.

Exercice ㉒ Symétrie

Attendus de fin de cycle : Reconnaitre et utiliser la notion de symétrie.

Compétence spécifique : Compléter une figure symétrique sur quadrillage ou réseau pointé quand l'axe est une ligne du quadrillage tracé ou suggéré par le réseau.

Commentaire : Les erreurs les plus probables peuvent avoir deux origines :
– les élèves cherchent à construire la seconde moitié de la figure de façon à ce qu'elle ait même forme que la partie connue et qu'elle soit retournée par rapport à celle-ci, mais le tracé est fait à vue ;
– ils peuvent faire une erreur de repérage soit sur la position d'un sommet par rapport à l'axe ou par rapport à un autre sommet sur la partie connue de la figure, soit lors du placement du symétrique de ce sommet.

Exercice ㉓ Repérage sur quadrillage

Attendus de fin de cycle : Repérer en utilisant des repères.

Compétence spécifique : Repérer un élément sur un plan en utilisant le codage d'une case du quadrillage du plan.

Commentaire : Outre le repérage d'une case d'un quadrillage, cet exercice nécessite d'utiliser le codage (pictogrammes) de certains bâtiments ou lieux spécifiques.

Corrigés de l'évaluation de fin de période 3

Exercice ❶
a. 63   b. 56   c. 54   d. 24   e. 72
f. 6   g. 7   h. 9   i. 6   j. 6

Exercice ❷
a. 100   b. 50   c. 100   d. 100   e. 60
f. 25   g. 30   h. 5   i. 4   j. 4

Exercice ❸
a. 49   b. 47   c. 50   d. 70   e. 38
f. 7   g. 9   h. 35   i. 48   j. 29

Exercice ❹
a. 8   b. 22   c. 37   d. 12   e. 24
f. 44   g. 8   h. 6   i. 9   j. 3

Exercice ❺
4   8 : 2   (10 − 8) + 2   10 − (8 − 2)…
16   8 × 2   10 + 8 − 2   8 × (10 : 5)…
30   10 × (8 − 5)   (10 + 5) × 2   (8 × 5) − 10…
100   10 × 5 × 2   10 × (8 + 2)   (10 + 8 + 2) × 5
82   (10 × 8) + 2

Exercice ❻
a. 9 489   b. 9 381   c. 1 642   d. 3 168.

Exercice ❼
a.
sport	lecture	cinéma	télévision	musique	danse
50	45	25	20	35	25

b. **musique :** 7 carreaux   **danse :** 5 carreaux.

Exercice ❽
Zoé en gagné 18   Arthur en a perdu 38.

Exercice ❾
128 voitures.

Exercice ❿
a. 40 feutres   b. 13 boites.

Exercice ⓫
13 cailloux.

Exercice ⓬
18 €.

Exercice ⓭
Lou : 5 chocolats   **Sam :** 15 chocolats   **Flip :** 10 chocolats.

Exercice ⓮
14 cm.

Exercice ⓯
4 km 450 m

Exercice ⓰
a. 1 kg   200 g   100 g   50 g   10 g   5 g
D'autre réponses sont possibles en utilisant plusieurs fois une même masse marquée.
b. sac **B** car dans le sac A (1 365 g) il n'y a qu'un kg
ou 2 kg = 2 000 g et 1 365 est plus petit que 2 000.

Exercice ⓱
Longueur du terrain : 100 m
Nombre de joueurs d'une équipe : 11
Durée d'une mi-temps : 45 minutes
Hauteur de la cage de but : 2 m 44 cm
Poids d'un ballon : 400 g.

Exercice ⓲
a. 4 kg = 4 000 g   d. 3 000 m = 3 km   g. 6 000 g = 6 kg
b. 3L = 300 cL   e. 400 cm = 4 m   h. 30 mm = 3 cm
c. 10 cm = 100 mm   f. 2 000 cL = 2 L   i. 2 km = 2 000 m

Exercice ⓳
Pas de corrigé.
Photocopier le modèle sur papier calque pour la validation.

Exercice ⓴
Les figures 3 4 et 6.
On pourra considérer comme correcte la réponse 3 et 6, le retournement de la figure 4 étant difficile à appréhender.

Exercice ㉑

A   B   C   D
pas d'axe de symétrie

Exercice ㉒
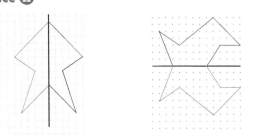

Exercice ㉓
a. Pas de corrigé.
b. Office du Tourisme ⬩ : C 2
Centre des pompiers ⬩ : D 2.

Achevé d'imprimer en France par Dupli-Print à Domont (95)
N° d'impression : 2019123017 - Dépôt légal n° 96440-4/05 - Janvier 2020